# 辽宁科技年鉴

LIAONING SCIENCE AND TECHNOLOGY YEARBOOK

2010

辽宁省科学技术厅 编

图书在版编目（CIP）数据

辽宁科技年鉴. 2010／辽宁省科学技术厅编. —沈阳：东北大学出版社，2012.9
ISBN 978-7-5517-0217-1

Ⅰ.①辽… Ⅱ.①辽… Ⅲ.①科学研究事业—辽宁省—2010年鉴 Ⅳ.①G322.731-54

中国版本图书馆CIP数据核字（2012）第223745号

## 内容提要

本书从重大科技活动、特载文献、宏观科技管理、行业科技、区域科技、高新区科技、高校科技、科研院所科技、技术创新示范企业选介、重要科技成果及科技奖励、科技大事记等角度，详细记述了2009年辽宁省各行业、领域、地区科技创新工作的进展和依靠科技进步促进各项工作的情况。

出 版 者：东北大学出版社
地　　址：沈阳市和平区文化路3号巷11号
邮　　编：110004
电　　话：024—83687331(市场部)　83680267(社务室)
传　　真：024—83680180(市场部)　83680265(社务室)
E-mail：neuph @ neupress.com
http：//www.neupress.com
印 刷 者：沈阳新华印刷厂
发 行 者：东北大学出版社
幅面尺寸：185mm × 260mm
印　　张：33
插　　页：10
字　　数：845千字
出版时间：2012年9月第1版
印刷时间：2012年9月第1次印刷
责任编辑：牛连功　刘　莹
责任校对：牛　晓
封面设计：刘克江
责任出版：唐敏智

ISBN 978-7-5517-0217-1　　定　　价：260.00元

# 《辽宁科技年鉴》编委会

# 编 纂 说 明

一、《辽宁科技年鉴》是由辽宁省科学技术厅主办、《辽宁科技年鉴》编委会编纂的地方科技综合性年鉴，以存史、资政、教化、服务社会为宗旨，客观记载年度全省重要科技活动与事项，是一部权威的科技编年史册和资料性工具书。

二、编辑科技年鉴，坚持以邓小平理论和“三个代表”重要思想为指导，用科学发展观统领全书，科学地分析研究辽宁科技进步的发展规律和特点，为开展自主创新提供参考依据。

三、《辽宁科技年鉴》2010卷，主要记录2009年度辽宁省科技工作的进展情况，涉及全省科技事业发展的各个方面，由省直各有关部门、高等院校、科研院所、各市科技局、各省级以上高新区及部分技术创新示范企业等单位供稿，并经有关单位领导和专家审定。本卷记载时限，除图文宣传和部分表彰奖励跨年度选编外，其余资料截止时间均为2009年12月31日。凡未注明确定时间的均指2009年。

四、本年鉴采取文字记述与图、表显示并用的方式，全书包括正文、附录、图片宣传三项内容。其中正文内设类目、栏目、条目三个层次，以条目为基本单元。主要设有特载文献、宏观科技管理、行业科技、区域科技、高新区科技、高校科技、科研院所、技术创新示范企业选介、重要科技成果选介及科技奖励、科技大事记和附录11大类目。

五、本年鉴正文采用语体文、记叙体，以第三人称书写；大事记采用纪事本末体，以时为序，记述全省科技活动的大事、要事、新事。全书的标点符号、数字用法、计量单位和各种专业术语等，均依照国家编辑出版规范和行业规定。但在某些数字的表述中，则按实际情况，如以“万”“亿”表述的数字，其后面的单位统一用中文。

六、本年鉴正文中的数据由各单位提供，部分数据因公告单位统计要求不同，所以数值也不尽相同。卷中稿件均通过公告单位领导审批；对部分机构、会议、文件等名称，在本栏目首次出现时使用全称，再次出现则用简称。

七、本年鉴卷首设目录，页眉上标注类目、栏目名称与页码，以方便查询。

八、本年鉴在征稿和编纂出版过程中，得到了有关单位、供稿人员和审稿专家的大力支持。在此，一并表示诚挚感谢，同时恳请广大读者对讹误与疏漏之处提出批评指正。

《辽宁科技年鉴》编辑部

2010年5月

# 部省工作会商会议

2009年4月16日，国家科学技术部与辽宁省人民政府在沈阳举行部省工作会商会议。双方以“深入实施国家振兴东北等老工业基地战略，依靠科技创新，积极应对国际金融危机，为辽宁实现全面振兴提供强有力的科技支撑”为主题，进行了高层次的交流和商讨，并就有关各项工作的推进和具体措施的落实等作出了部署与安排。全国政协副主席、国家科学技术部部长万钢，省长陈政高出席会议并作重要讲话。国家科学技术部党组成员、副部长杜占元主持会议。副省长滕卫平汇报了辽宁省科技工作情况。

全国政协副主席、国家科学技术部部长万钢出席会议并作重要讲话

中共辽宁省委副书记、省长陈政高在会上发表重要讲话

国家科学技术部党组成员、副部长杜占元主持会议

辽宁省副省长滕卫平在会上讲话

# 2009年辽宁省暨沈阳市科技活动周

5月16—22日，2009年辽宁省暨沈阳市科技活动周成功举行。本届科技活动周以“携手建设创新型国家”为主题，围绕“推进自主创新，促进和谐发展”这一主线，突出了科技支撑经济发展、科技惠及民生、依靠科技应对国际金融危机等热点问题。本届科技活动周不仅突出了时代感，而且更加贴近百姓生活，增强了群众参与性，特别是更加关注广大青少年科技创新意识的培养。

副省长滕卫平致辞

沈阳市副市长邹大挺致辞

省、市领导为“科技专家服务企业行动”授旗

与会领导参观主题科普展和竞赛活动

青少年科技创新竞赛活动

# 辽宁(本溪)第二届生物医药高新技术交易会

2009年8月6日，由国家科学技术部、辽宁省人民政府主办，辽宁省科学技术厅、本溪市人民政府承办的辽宁(本溪)第二届生物医药高新技术交易会在本溪隆重举行。本届药交会以“创新、投资、合作、发展”为主题，紧紧围绕“打造中国北方药谷，建设本溪生态新城”这一目标，采取“以会带展，以展促会”的互动模式，精心组织举办了企业家和海外学子代表座谈会、2009中国北方新特药及保健品交易会、中国药学会药事管理专业委员会年会、项目对接洽谈会、项目签约仪式、投资洽谈成果发布等一系列主体活动，吸引了来自境内外的295家企业参会，171家企业参展，省内外5万余人参与交易，实现合同成交额9600万元。

全国人大常委会副委员长桑国卫宣布开幕

中共辽宁省委副书记、省长陈政高在会上讲话

国家科学技术部副部长刘燕华致开幕辞

桑国卫（右）、陈政高（左）共同为辽宁省医药临床研究中心揭牌

项目签约仪式现场

与会人员进行项目对接洽谈

与会人员参观2009中国北方新特药及保健品交易会

# 2009年东北亚高新技术博览会

2009年9月24—26日，2009年东北亚高新技术博览会在沈阳隆重举行。全国政协副主席、国家科学技术部部长万钢，全国人大常委、民建中央副主席辜胜阻等领导出席开幕式。

本届展会规模宏大，内容丰富，展览总面积近3万平方米，共设展位2000个，特装展位达1706个，展示项目（产品）近700项。吸引了来自东北亚5国和其他16个国家63个代表团630多人，以及全国近百个科技代表团前来参会，参观总人数近4万人次，并取得了丰硕的科技经济合作成果。据初步统计，参展企业产品交易额达到14.2亿元，共签约项目689项，签约金额69.6亿元，吸引外资额6300万美元。

全国政协副主席、国家科学技术部部长万钢宣布开幕

中共辽宁省委副书记张成寅讲话

中共辽宁省委常委、沈阳市委书记曾维致欢迎辞

辽宁省副省长滕卫平主持开幕式

与会领导参观国家科学技术成果展

与会领导参观泗水科技城模型

# 辽宁省科学技术协会成立50周年纪念大会

2009年10月20日，辽宁省科学技术协会成立50周年纪念大会在辽宁人民会堂隆重举行。会议命名表彰了第七届辽宁青年科技奖。省委书记、省人大常委会主任张文岳出席大会并作重要讲话，省委副书记、省长陈政高出席会议。中国科学技术协会党组副书记、副主席、书记处书记齐让代表中国科学技术协会致辞。

省委副书记张成寅，省人大常委会副主任龚世萍，省政协副主席刘政奎出席会议。省直有关部门、人民团体、高等院校、科研院所负责同志，省级学会代表，各市、县（市、区）科学技术协会代表及全省900多名科技工作者代表参加会议。

省委书记、省人大常委会主任张文岳出席大会并作重要讲话

中国科学技术协会党组副书记、副主席、书记处书记齐让代表中国科学技术协会致辞

省科学技术协会党组书记、副主席康捷讲话

会议命名并表彰了第七届辽宁青年科技奖获奖者

# 第十届中国海外学子辽宁（大连）创业周

以“贯彻国家‘千人计划’，汇聚海外高端人才”为主题的第十届中国海外学子辽宁（大连）创业周于2009年10月22—24日在大连隆重举行。本届“海创周”吸引了来自世界各地的810多名海外学子、30家海外华人团体、200家国内外投融资机构、500多位政府机构代表、200多位国家海外高层次人才创新创业基地代表参展参会。参会的海外学子携带电子信息、生物医药、先进制造等领域的高科技项目达780个，并与国内近千家企业、科研院所、大专院校等单位签订项目合作意向86项，与企业达成用人意向1450个。

全国人大常委会副委员长、中国科学院院长路甬祥宣布开幕

中共辽宁省委书记、省人大常委会主任张文岳致开幕辞

国家科学技术部党组书记、副部长李学勇出席开幕式

中央组织部副部长李智勇宣读海外高层次人才基地名单

国务院侨务办公室主任李海峰在开幕式上讲话

辽宁省省长陈政高主持开幕式暨授牌仪式

①海外高层次人才创新创业基地授牌仪式

②2009中国设计节开幕式暨中国设计论坛

③海外高层次人才座谈会

④海外高层次人才创新创业基地发展论坛

# 第十三届中国（锦州）北方农业新品种、新技术展销会

2009年3月25—27日，以“科技创新与现代农业”为主题的第十三届中国（锦州）北方农业新品种新技术展销会在锦州隆重举行。本届农展会共组织了农业新品种、种植养殖新技术、新农（兽）药、新肥料等8大类展品展销，共设展位360个，参展技术、产品7850余种。展会期间，参会人数超过6万人次，138个项目正式签约，协议金额15.6亿元，现货成交额940万元。

辽宁省人民政府副省长陈海波出席开幕式并讲话

展销会现场

# 辽宁阜新液压产业项目对接与投资洽谈会

2009年3月27—29日，辽宁阜新液压产业项目对接与投资洽谈会在阜新举行。洽谈会期间，阜新市政府与中国液压气动密封件工业协会签订了共同推进液压产业发展的框架协议，组建了阜新液压产业产学研技术联盟，签订了10个科技合作项目、20个液压产业投资项目，达成合作意向20余项，项目签约金额达11.4亿元。

①辽宁省人民政府副省长滕卫平在开幕式上讲话

②中国液压气动密封件工业协会理事长沙宝森在会上讲话

③辽宁省科学技术厅厅长赵明鹏在会上讲话

④阜新市政府与中国液压气动密封件工业协会签订共同推进液压产业发展的框架协议

# 第六届全国健康科技高峰论坛

2009年5月15日，第六届全国健康科技高峰论坛在本溪成功举办。该论坛首次在辽宁举办，旨在深入贯彻辽宁老工业基地振兴战略，扩大本溪生物医药产业基地影响力和知名度，加强健康科技产业学术交流与合作，推动中国北方药谷、本溪生态新城建设，促进区域经济结构调整和经济发展方式转变。

辽宁省人民政府副省长滕卫平在论坛上讲话

辽宁省科学技术厅厅长赵明鹏主持开幕式

# 2009中国风险投资论坛

## ——振兴东北投资高峰会

2009年9月24—25日，以“挖掘区域新经济潜力，打造中国第四经济增长极”为主题的2009中国风险投资论坛——振兴东北投资高峰会在沈阳隆重举行。会议就全球金融危机经济形势下，如何加深东北地区企业对风险投资的认识、增进风险投资机构对东北投资环境的了解等深层次问题进行了深入的探讨。会议期间，还举办了圆桌会议、主题演讲、风险投资机构与企业对接会等形式多样的活动，同时还评选出2009中国东北最具投资价值企业。

全国人大常委、民建中央副主席辜胜阻作主题演讲

国家科学技术部党组成员、科技日报社社长张景安作主题演讲

辽宁省人民政府副省长滕卫平作主题演讲

# 辽宁（朝阳）新能源电器（超级电容器）产业基地建设研讨会

2009年9月29日，辽宁（朝阳）新能源电器（超级电容器）产业基地建设研讨会在沈阳召开。辽宁（朝阳）新能源电器（超级电容器）产业基地是国内首个省级规划的新能源产业基地，规划为研发、生产、商贸物流三大功能区。自2009年7月正式挂牌以来，基地建设进展顺利，基础设施建设全面铺开，已对接项目29个，投资额达1.41亿元人民币，有12家研发中心入驻研发基地。

辽宁省省长陈政高出席会议并讲话

辽宁省副省长刘国强主持会议

朝阳市市长张铁民介绍朝阳新能源电器产业基地建设进展情况

# “辽宁装备制造基地·沈抚新城黄金水岸”主题概念推介会

2009年10月15日，“辽宁装备制造基地·沈抚新城黄金水岸”主题概念推介会在抚顺经济开发区举行。本次推介会的理念是“跨界、融合、超越”，旨在推出一批以辽宁装备制造基地为主的工业项目和以黄金水岸房地产业为主的三产项目，全面展示沈抚新城的发展历程和美好前景，吸引多方力量和资源走进新城、认识新城、参与新城建设，实现沈阳经济区一体化高速发展。来自欧洲、韩国、日本等国家及中国香港、中国台湾、长江三角洲、珠江三角洲、京津地区的150多家企业参加了推介会，签约项目111个，签约金额达556亿元。

辽宁省省长陈政高在会上发表重要讲话

辽宁省政府秘书长冯韧出席会议

辽宁省科学技术厅厅长赵明鹏主持会议

2009年1月20日，辽宁省科技系统2008年度总结表彰大会在东北大学汉卿会堂隆重举行。副省长滕卫平出席会议，并对广大科技工作者提出殷切希望。

2009年3月20日，辽宁（本溪）生物医药产业基地入驻企业开工动员大会在本溪召开。副省长滕卫平出席会议并讲话。

2009年5月18日，国家科学技术部党组成员、副部长张来武等一行7人，到辽宁就沈阳沈北新区农业科技园区建设和辽宁省农民技术员培养工程实施情况进行专题调研。

2009年6月26日，副省长滕卫平到抚顺考察调研辽宁（抚顺）先进装备制造业基地建设工作。

2009年7月16日，第二次全国R&D资源清查科技系统工作会议在沈阳召开。国家科学技术部计划司副司长秦勇出席会议并在会上讲话。中国科学技术发展战略研究院副院长杨起全在会上讲话。

2009年11月2日，第三届辽宁省科技奖励委员会第四次全体委员会议在辽宁友谊宾馆举行。辽宁省科技奖励委员会主任委员、副省长滕卫平在会上作重要讲话。

# 目　录

## 特载文献



## 宏观科技管理



## 行业科技

## 区域科技



## 高新区科技



## 高校科技

## 科研院所

## 技术创新示范企业选介



## 重要科技成果选介及科技奖励



## 大事记



## 附　录

# 特载文献

# 搭建交流平台　提供创业舞台
# 凝聚人才资源　为建设创新型国家而奋斗

## ——在第十届中国海外学子辽宁（大连）创业周开幕式上的讲话

全国人大常委会副委员长、中国科学院院长　路甬祥

(2009年10月22日)

同志们、朋友们：

我受中共中央政治局委员、书记处书记、中央组织部部长李源潮同志的委托，并代表辽宁(大连)“海创周”主办单位，对第十届“海创周”的胜利召开表示热烈的祝贺！向接受第二批海外高层次人才创新创业基地授牌的各单位表示热烈的祝贺！向来自世界各地的海外人员、工作机构和来自全国各地的高等学校、科研机构、企业、政府部门和社会团体以及高新技术园区的朋友们表示热烈的欢迎！

辽宁(大连)“海创周”已经成功地举办了十届。十年来，成千上万的海外人才通过这个平台，了解到祖国的发展和对人才的需求，找到了施展才华、为国服务的舞台；千百家国内用人单位也通过这个平台，发出了对各方面人才的召唤，吸引和凝聚了大批优秀人员和项目，有力推动了经济社会的快速发展。经过“海创周”的举办方，特别是辽宁省、大连市各界的共同努力，“海创周”已经在广大海外人才中间成为一张响亮的名片，成为国内最具影响力的留学人员回国服务平台。

前不久，胡锦涛总书记在接见回国参加国庆观礼活动的海外高层次人才时，对广大海外人才提出了胸怀祖国、心系桑梓，以各种方式为祖国服务，为中华民族伟大复兴作出重要贡献的殷切希望。目前，在中国共产党的正确领导下，中国综合国力大幅提升，人民生活明显改善，国际地位显著提高。中国的发展最需要人才，中国的发展同样最能够成就人才。希望广大海外人才积极响应胡锦涛总书记的号召，紧紧抓住当前难得的发展机遇，加强与国内的交流与合作，积极投身到建设创新型国家的宏伟事业中来，在祖国腾飞的进程中实现人生理想。

谢谢大家！

# 加强部省交流合作　共谋区域科学发展

## ——在2009年国家科学技术部与辽宁省部省工作会商会议上的讲话

全国政协副主席、科学技术部部长　万　钢

(2009年4月16日)

尊敬的政高省长、卫平副省长、同志们：

很高兴再次到辽宁来，因为每一次来，都会看到新的发展、新的变化、新的气象、新的成果。

刚才政高省长也说了，前些日子，胡锦涛总书记、温家宝总理分别到辽宁来考察。温总理还特别强调指出：国家实施东北老工业基地振兴战略，为应对国际金融危机奠定了基础，希望辽宁进一步发挥老工业基地优势，促进经济平稳较快发展。

这次金融危机对我们既是一个挑战，也是一个机遇。刚才，政高省长满怀豪情、激情和信心的讲话，也给了我很多的感染。我们看到了一个逆势增长的、欣欣向荣的辽宁。“逆势增长”说起来好像很简单，但它真正的含义是十分深远的。逆势增长要有基础，对于辽宁而言，这个基础首先是得到了党中央、国务院的高度重视；还有一个就是辽宁省委、省政府在振兴东北老工业基地战略实施伊始，就高度注重自主创新，从而为老工业基地建设与振兴赋予了新的内涵和新的作用。

我第一次到辽宁来，就看了沈阳的铁西走廊，同时看了铁西区，感觉一个老工业基地的转变确实需要经过一段很艰苦的过程。今天，我们坐车进入沈阳市区的时候，滕卫平副省长很自豪地告诉我，沈阳今年比2000年的时候多了163个一级天气。其实我下飞机以后就感觉到这里的天气好了。说来很简单，但是这个“天气好了”真是不容易啊！没有一个阶段的努力是做不到的，是要下很大工夫的。比如，拔烟囱的时候你肯定要考虑拿什么东西来替代这些烟囱。烟囱拔了，人没“拔”啊！而且还要靠这些人来建设和改造老工业基地。我们除了要改造装备、改造生产内容，最重要的是要把人的结构改过来，把科技创新的内容改进去！

刚才滕卫平副省长在报告当中特别谈到了我们辽宁省的装备制造业有史以来第一次超过了冶金和重化工。这就是实实在在的科学发展。

我们讲“逆势增长”，实际上讲的是辽宁省委、省政府确定的一个发展战略。由于你们在经济发展方面高度地重视自主创新，在产业转型、结构调整当中早做了几年，先迈出了一步，所以才有了GDP（国内生产总值）9.6%的增长，所以才有财政收入的增长，才有消费、外资投资的增长，而且这些增长还展现了这么好的发展前景，这很不容易，说明我们的这个增长现在越来越多地体现了科学发展、和谐发展。这种和谐是人和人之间的和谐，人和社会发展、区域发展之间的和谐，更重要的是和自然的和谐。

刚才政高省长说，在应对危机的时候，我们很好地利用了“倒逼机制”。确实这个“倒逼机制”很重要，我觉得辽宁在这方面抓了两块：一块就是通过城乡建设把我们的社会建设得更加和谐。因为我们国家所处的发展状态和国外不一样，发达国家他们先是发展经济，当经济发展到一定程度以后，他们开始关注环保、民生等这些东西，而我们在发展过程当中就必须要把两者统筹兼顾。所以说，通过应对危机，对我们倒是形成了一个倒逼机制。第二块就是增强我们的国际竞争力，鼓励我们的企业走出去。我感到十分欣慰的就是刚才政高省长说的：省里和各市都制定了相应的政策，加上国家也有政策的支持，共同帮助我们的企业走出去，向外拓展。因为在这个经济危机的时候，大家都在收缩，而在这个收缩的过程中你要走出去，你就可能膨大。

昨天国务院召开常务会议，讨论第一季度的经济形势，我们全国GDP增长率是6.1%，看起来离我们保“8”的目标好像有一段距离，但是反过来想，在全世界，在发达国家普遍增长“-2”甚至“-5”个百分点的经济形势下，我们能够保证6.1%的增长，实际上已经很难得了。再仔细分析，我们国家的高技术产业保持了比较强劲的增长，去年全国高技术产业增长率是14%，高新区是18%。就是在应对国际金融危机这个过程中，很明显的，我们西部的高新区保持了25%～30%的增长；中部的高新区保持了将近20%的增长；东部的高新区尤其是外向型的高新区受到的影响就比较大，有的甚至达到了-5%的增长。但就是在这些区域里，一些特定的产业，比如说创意产业、信息产业、新能源产业、生物医药产业这些节能、环保的产业都在以20%～30%的速度增长。受冲击最严重的实际上是一些外商的企业，一些没有自主知识产权、又被束缚了手脚的合资企业。

我这次到辽宁来学到了很多经验。其中之一就是辽宁省科技厅在省委、省政府的大力支持下，开始致力于把过去的特色产业向特色产业基地发展。过去，我们讲一个高新区也是讲它的特色产业，但是从一个特色产业基地的角度来规划区域发展，算得上是一个创举。比如说本溪，它本来就是一个中医药产业的基地，已经形成了若干条比较完整的产业链，这样的话这个产业基地就形成一种特殊的产业集群，而这种产业集群，它最需要的就是聚集在产业基地里面、服务于其产业链发展的公共平台，以保持它开发的先进性，保持它思考、探索的先进性，保持它在市场竞争当中的先进性，保持它的生产质量和销售。只有这样，产业基地里的企业才可能成长，才可能发展壮大，最后形成影响整个区域的产业集群。同时产业的聚集也会促进人才的聚集。我们都知道“物以类聚，人以群分”，人就是按照不同的知识结构来划分群体的，所以，随着这个区域的人口结构的变化和人口素质的提高，高素质的人来了，他要求的社会服务是不一样的，他要求学校也要好，环境也要好，房子住得也要好，带动了这个区域的人也在变化。这些区域在今后的发展中把社会服务也要融入进去。产业基地发展需要资金，政府应该给予金融支持。

这些方面整合起来，就是我们一直讲的“高新区二次创业”。高新区二次创业究竟要做什么？首先就是产业集聚，完善产业链，扩展产业发展范围。第二就是搭建公共服务平台。这个公共服务平台就是要涵盖一个产品从研发到质量保障到市场准入的整个过程，同时要保有持续不断的研发能力，而这就需要汇聚人才。第三个就是给予金融支持，帮助聚集到高新区里的产业持续发展，把高新区做大做强。

我很高兴地看到，围绕着沈阳经济区建设过程中的不同产业布局，辽宁城市结构的不同特色正在形成。其实，在一个大的区域结构当中，每一个地方一定是独具特色的，我们过去在农村种地，常听说一句老话：

"多种不如偏得。"说的就是这个道理。我们的产业基地经过不断建设和发展，就会逐步形成区域特色，形成区域的产业结构。

我是在上海长大的。在我小的时候，徐汇区是高档区，南京路就是大众化的商业区，杨浦区就是工业区。实际上我们的经济区也是这样的，各有分工，各具特色。我很赞同政高省长的观点，我们一定要抓住这个机遇，深入研究经济区的形态和产业建设的形态以及它们之间的内在关系，有计划、有目标地构筑它们之间的关系。

我觉得葫芦岛的"海岸中关村"是一个很好的创意。我经常会回忆起我在奥迪工作时的一件事情。那时，安吉尔要建一个设计中心，专门设计车辆造型。当时就有两派意见，一派说就建在我们这个地块，离厂区近，方便。另一派坚持要建在巴塞罗那，我为了参与意见，跟老板去巴塞罗那考察了一下，给了我很深的感触，因为巴塞罗那是一个以创意和文化著称的城市，那里集聚了非常多的富有创意、思维开放的人。考察之后，老板就拍板把这个研究中心建在了巴塞罗那。经过三到四年以后，奥迪的造型就上去了。而我们打造"海岸中关村"，依山傍海建房子，人们在这里可以游泳，可以搞研发。这样的环境很容易激发人的想象力，会吸引众多搞游戏、搞软件、搞创意设计的人才到这里来创业发展。

在应对金融危机的过程中，我有三点感想：第一，我们的发展必须要立足于自主创新的基础上；第二，通过金融危机的压力形成的倒逼机制能够激发出我们的灵感和拼搏精神；第三，调整和优化产业结构，我们既要考虑特色，又要考虑全面，然后形成合理的布局。

利用这次机会，我向大家介绍一下，在这次金融危机当中，科技部都做了哪些工作。

温总理在两会中谈到我们应对国际金融危机的"一揽子计划"：第一是加大投入的10项措施；第二是10个支柱产业的振兴；第三是科技的支撑。在全国两会召开前的最后一次国务院常务会议上，通过了《国务院关于发挥科技支撑作用　促进经济平稳较快发展的意见》，这里面包括六大措施、四项政策。

第一个措施是加快实施重大专项。第二个措施是重点产业的振兴。第三个措施是支持企业的自主创新。这里提到了国家科技资源的开放共享，特别是对中小企业支持。第四个措施是加快高新区产业群的建设。第五个措施是动员科研院所和高等院校的科技力量主动服务企业。第六个措施是加强科技能力与资源的建设。首先是海外高智能人员的引进，再有就是加强我们现有创业人才的管理能力、技术人才创新能力和技能的培养，特别要解决好大学生就业的问题。

与六项措施配套的是四项保障政策：第一是加大财政的支持力度，来优化科技重大专项和国家科技计划投入的机制，2009—2010年中央和地方财政科技投入将达到1000亿元，用来完成上述任务；第二是加大对自主创新产品推广应用的支持力度，要鼓励国产品牌和"首台套"设备的应用，同时进一步完善高新技术企业认定的相关政策。第三是加大对科技创新的金融支持。第四是加大对服务企业的科技人员的政策支持。当时我自己有这样一个感觉：这实际上说明了当经济的发展受到压力的时候，改革的速度就会加快，力度就会加大。

中关村作为国家自主创新示范区，为了刺激它的发展，最近国家又给了它一系列新的政策。我觉得这个政策文件实际上是给国家级高新区进行二次创业提供了政策依据。既然是示范区，意思就是说中关村可以先学先试，但并不是说别的地方就不能这样做，符合条件的就可以参照着来做一些、试一下。这样的话，对今后的发展会有更多的好处。另外一个就是把一批具备条件的省级高新区升格为国家级高新区。我想这些都会对我们的技术创新体系建设有很大的促进作用。

刚才政高省长谈了我们这次合作的内容，希望我们的合作能够长效地坚持下去，这也是科技部的希望。我们非常希望能够同辽宁长期合作，因为辽宁既是科技大省，又是东北老工业基地，有很多创新的经验。我们也希望能够把辽宁省特色产业基地建设和规划的经验进行总结，然后在全国各地互相借鉴、互相学习。

刚才政高省长提出，希望同科技部合作，搞些大一点的课题研究，比如说关于沿海经济带建设与发展方面的研究。农业部、环保部等好几个部门的负责同志也都跟我谈过这个问题。事实上，环渤海海域从发展的角度来讲，是有一些问题的，也是当前要综合解决的。环渤海跨了好几个省（市）：山东、河北、辽宁和天津。这四省和几个有关部委，我们可以共同来开展关于沿海经济带发展的研究。如果环渤海区域能够发展起来，沿海经济带能够建设起来的话，将是具有世界影响的。所以我很赞成我们来共同做好这方面的工作。我也希望从科技部门到经济部门，从我们部门到省里，能有更多人员的交流，通过人员交流，彼此都能获得更好的经验，对工作的开展是非常有益的。

我特别赞成抓紧推进下面几项工作：一是我们要总结辽宁省在金融危机中利用倒逼机制实现逆势增长的经验做法。二是要从产业基地的角度来探索今后怎样更好地促进区域的发展。三是要研究如何加快推进跨区域的发展，也就是沿海经济带的发展，这个问题现在已经是当务之急。保护好我们环渤海地区的生态与环境，既是我们沿海各省、市社会发展的责任，同时又是我们经济发展的新的增长点。

我希望辽宁省能够通过应对金融危机，通过承受经济下行的压力，调整好经济结构，推动结构优化，促进经济社会可持续发展。我们很高兴能够和辽宁省长期合作，为辽宁省的发展也为我们国家的发展共同探索出一条新的路子，使我们能够平稳地度过金融危机，并取得新的发展。这对我们国家和民族的发展有着极其重要的意义。

（根据录音整理，未经本人审阅）

# 敞开怀抱欢迎四海学子<br>广纳人才共创老工业基地振兴伟业

## ——在第十届中国海外学子辽宁（大连）创业周开幕式上的致辞

中共辽宁省委书记、省人大常委会主任　张文岳

（2009年10月22日）

尊敬的路甬祥副委员长，尊敬的各位领导，各位来宾，女士们、先生们、朋友们：

大家上午好！

在金秋收获的季节里，我们十分高兴地迎来了参加第十届中国海外学子辽宁（大连）创业周活动的世界各地的海外学子和

企业家、科技精英。在此，我谨代表中共辽宁省委、辽宁省人民政府，对莅临本届海创周的各位嘉宾、各位海外学子表示诚挚的欢迎！对海外高层次人才创新创业基地的建立表示热烈的祝贺！

中国海外学子辽宁（大连）创业周自2000年开始，已连续举办了九届，共吸引了50多个国家和地区的7000多人次的海外学子、500余位国外客商先后到辽宁考察，与辽宁省4000多家企业、科研院所、大专院校等单位进行交流、洽谈，共签订3000余项合同。据不完全统计，已有2300多名海外学子携带技术或资金归国创业或开展合作，成为缩短我国与世界在先进技术上的差距的一支重要生力军。海创周活动作为人才交流、科技和金融资本对接、高科技项目合资合作的盛会，在国内外产生了广泛而深远的影响，已成为国内吸引海外学子归国创业层次最高、影响最大的大型活动之一。

党和国家越来越重视海外留学人员归国创业，将其作为“人才强国战略”的重要组成部分，制定和实施了海外高层次人才引进计划等一系列具体的政策措施。广大留学人员回国工作、为国服务的环境和条件越来越好。按照党中央的部署，我省在全国率先实施了“辽宁海外学子创业工程”，去年出台了《关于辽宁沿海经济带人才整体开发战略的实施意见》，提出实施优秀海外学子辽宁创业计划，积极发挥海创周“吸引海外学子归国创业，搭建人才项目合作平台，汇聚科技前沿创新成果，推动高新技术产业发展”的作用。多年来，我们不断创新办会形式，丰富办会内容，提升办会规模和层次，优化海外学子创业环境，不仅对于加快辽宁高新技术产业发展、提升区域核心竞争力等方面发挥了不可替代的作用，而且为我国广纳海外留学人才归国创业积累了宝贵的经验。

目前，辽宁已经进入全面振兴阶段，经济和社会步入又好又快发展的轨道，特别是辽宁沿海经济带的开发开放已经上升为国家战略，成为备受瞩目的热点，一个大开发、大开放的局面将迅速形成。这决定了我们需要大量高端人才和大量的科技产业项目，这也使我们能够为有志于来辽宁创业的海外学子和有识之士提供更多的合作领域和巨大的发展舞台。海外留学人员作为中国人才队伍的重要组成部分，是国家现代化建设的特需资源，是祖国的宝贵财富。辽宁省委、省政府始终把人才战略作为老工业基地振兴和沿海经济带建设的一项根本性措施，把吸引海外学子作为人才战略的重要工作。因此，在加快老工业基地振兴和沿海经济带开发开放建设的重要时期，举办第十届海外学子创业周，具有十分重要、不同寻常的意义。

本届海创周以“贯彻国家‘千人计划’，汇聚海外高端人才”为主题，坚持“立足辽宁，辐射全国”的区域定位，加速吸引海外高层次人才回国创新创业，努力把海创周办成国家“千人计划”及各地海外高层次人才引进工作的重要实施平台，办成国内最具影响力和品牌效应的“海归”创新创业盛会。其间，将举办“五会、六展、七论坛”等主体活动，都呈现了较高的层次和较大的规模。我们相信，本届海创周必将在更广泛的领域加深我们与国内外朋友的交流与合作，增进友谊，收获成果，实现共赢！

我们诚挚地邀请海外学子和国内外嘉宾趁此机会到辽宁各地多走一走，加深了解，深入洽谈，谋求合作。辽宁省委、省政府始终坚持人才资源是科学发展第一资源的战略思想，将竭诚为广大海外学子归国创业提供优质、高效的服务，提供更好的生活和工作环境，保护海外学子的合法权益和创业热情，让海外学子的聪明才智能够在辽宁大地上尽情发挥，为老工业基地振兴和辽宁沿海经济带开发开放建设，为祖国的繁荣昌盛作出自己的贡献。

学子们、朋友们，辽宁的各项事业正在

蓬勃兴起，充满了无限生机，这为海外学子创新创业、报效祖国提供了难得的机会和巨大的舞台。我们希望各位参会的海外学子，抓住当前辽宁发展的历史机遇，把自己所学知识与祖国建设的需要连在一起，把个人进取融入到与辽宁人民共图振兴的事业之中。让我们携起手来，共同创造辽宁更加灿烂辉煌的明天！

最后，预祝本届海创周圆满成功，祝愿各位嘉宾身体健康，万事顺达！

# 加强科技工作　坚持自主创新
# 为经济社会可持续发展提供有力支撑

## ——在2009年国家科学技术部与辽宁省部省工作会商会议上的讲话

中共辽宁省委副书记、省长　陈政高

（2009年4月16日）

尊敬的万钢副主席、尊敬的杜占元副部长、尊敬的科技部各位领导和同志们：

今天，万钢副主席带领科技部的各位领导和同志们到辽宁来现场办公，进行部省会商，这是对辽宁极大的支持和关心，也是对我们今年保增长的极大鼓舞和鞭策。首先，我代表省委、省政府，代表文岳书记对各位的光临表示热烈的欢迎。

回顾辽宁过去的工作，不论是推动老工业基地振兴进程，还是完成今年的保增长任务，特别是我们经济发展取得了一季度的开门红，这些都凝聚着科技部各位领导和同志们的心血和汗水。没有你们的支持和帮助，辽宁就不会有今天的这种局面。所以，在这里，我要代表省委、省政府，向你们表示由衷的感谢！

通过刚才刘司长对今天会商议题的介绍，我觉得这次我们双方会商解决的问题非常实在、非常具体，含金量很高。借这个机会，我汇报一下辽宁的有关情况和需求。

### 一、辽宁的经济形势

今年，由于金融危机愈演愈烈，党中央对辽宁高度重视。全国经济工作会议一结束，胡锦涛总书记就冒着寒风到辽宁来考察，对我们的工作提出具体的指导意见，与我们共同研究如何度过并战胜这场危机。春节后，周永康同志来辽宁视察工作，对我们提出了重要的要求。全国两会闭幕后，温家宝总理就来辽宁考察，对辽宁的各项工作都提出了明确的要求，作出了重要的指示。中央领导以这么高的频率、这么高的层次到辽宁视察工作，在历史上是没有过的。这不仅体现了中央对辽宁的关怀，同时也说明中央对辽宁寄予厚望。温家宝总理这次在辽宁就反复强调：“我这次来就是给你们加油，给你们鼓劲。”温总理希望我们做好工作，为全国保增长、遏止经济下滑作出应有的贡献。所以我们深感责任重大。

在省委、省政府的领导下，我们一季度实现了开门红，各项主要经济指标呈现出逐月回升的态势。一季度我们的GDP增长了9.6%，财政一般预算收入增长了10.4%，工业增加值增长了11.2%。同期，全国GDP增长可能是6%左右，社会消费品零售总额增长了18%，利用外资全国可能是负增长20%，辽宁则是增长19.9%。再就是中央最关心的固定资产投资，1-3月份增长了61.7%，其中房地产投资增长了61.2%，房地产回暖速度特别快，1-3月份我们的房地产销售面积和去年同期相比增长了8.8%，销售额增长20%，贷款的增加速度也很快，新增贷款比去年年底增加了1575亿元，比去年当月增加1000亿元。去年1-3月，增加500亿元。今年第一季度这个速度、规模等于去年全年总和的75%。中央最关心的就是三个指标：一个是固定资产投资速度如何拉动；第二个是货币投放，按我们省里的说法就是金融贷款；第三个是社会消费零售总额。因为只要市场不萎缩，我们的经济就有希望。而第一季度，我们的市场消费仍然是非常旺盛的。我们的整个想法是要实现开门红，上半年要实现时间过半、任务过半，全年要实现“两个不低于”。第一个“不低于”是指不低于振兴以来的平均增长速度。辽宁振兴以来这几年GDP平均增长速度是12.5%，财政预算收入增长速度是20%以上；第二个“不低于”是指不低于东部沿海地区的平均增长速度。因为现在东部沿海地区增速比较偏低，今年我们信心很足，希望科技部继续支持我们。我们一定要打好这个攻坚战，一定要完成党中央和国务院交给我们的保增长任务。

**二、辽宁如何利用金融危机形成的倒逼机制来实现科技的新发展、大发展、快发展**

我们省委、省政府认为，这场金融危机给我们提供了难得的发展机会。首先，这场金融危机给我们建立了一个倒逼机制，逼迫我们抓住产品优胜劣汰的周期规律，大力开发新产品，加快发展高新技术及其产业。其次，由于金融危机，我们能够比较容易地购买到外国的高新技术。同时也包括购买外国的企业，还包括引进和利用外国的研发人员。第三，这个时候我们发展高新技术，成本是偏低的，国家支持力度也更大，从金融机构贷款更容易，所以我说，这场金融危机从某种意义上说，也是一个重要的发展机会。比如，我们到国外收购科技型企业，中国银行表示愿意贷款50%，而且愿意和我们一起参加技术谈判，这在以前是不可能的，所以我说，这是我们抓科技的一个最好的良机。

我们省委、省政府提出：通过应对这场金融危机，我们要追求或者说要获得两大财富：第一个就是我们辽宁省将会有更高水平的、更完善的城乡基础设施和公用设施，比如，我们的铁路目前在全国应该是领先的。高速铁路的客运专线就达到1300公里，以后从沈阳去大连，1小时10分钟就到了，到北京也只需要2小时10分钟，这是基础设施。另外，我们的各个市、各个县以前都缺少公用设施，包括体育设施、文化设施、教育和医疗设施等。利用这个机会，我们可以追赶上去。第二个就是我们要形成一大批世界级的新产品。刚才卫平同志说我们要搞“双百”工程，这是其中之一。如果这个时候我们从国外收购一批，我们自己再研发一批，就可以形成一批占领前沿的世界级的高新技术产品，我们辽宁省的竞争力就会今非昔比。当然，在这方面我们希望得到科技部更多的支持和帮助。

我们已经制定出台了鼓励收购国外科技型企业的政策：省政府补贴20%，中行贷款50%，各市还要给予一定的补贴，这样，企业就不用拿多少钱了。当然，我们要收购的企业，必须是拥有世界一流产品的企业。现在我们已从国外收购了一些企业。最近大连就在德国收购了一个生产车床刀具的企业，效果非常好。我们下定决心，要在这方面大干一场。否则，辽宁装备制造业没法向国家交上合格的答卷。就我们现在这点东西，还够不上装备制造业基地，更够不上现代装备制造业基地。

## 三、辽宁正在加速建设高新技术产业园区

在建设高新技术产业园区方面，我们确实尝到了一些甜头。这个甜头主要源于我们称之为“本溪药谷”的本溪医药产业园。这个“本溪药谷”现在已经变成全省学习的楷模，同时它也是我们抓科技工作的典型代表。通过建设“本溪药谷”，给了我们很多启示。

第一个启示：原来我们的科技工作往往被认为是没有形的，看不着、摸不到。而现在通过这个药谷，科技就既看得着，也摸得到了。现在，各市对科技厅的态度与从前是大不一样了，科技厅的同志到哪儿都特别受欢迎。另外，科技厅的同志也越来越有成就感，因为找准了自己的位置，拥有了自己的阵地。以前是什么都干，但是成果在哪儿？找不着，看不到。今天，大家可以到本溪去看，这里已经入驻83户企业了，预计今年入驻企业将达到200户。我们坚信，1000亿元产值的园区建设目标一定能够实现。这样做科技工作，当然会有成就感。

第二个启示：我们的科技工作有若干个目标、若干个要求，在这个园区当中可以一举得到实现。比如说我们讲研发、讲人才、讲产品、讲体制，在这里都可以得到综合的体现。因为这个园区什么都少不了，包括测试中心都不可缺少。在沈阳就有八个测试中心是为这个医药产业园服务的。

第三个启示：我们的科技工作现在是真的进入核心、进入第一线了，真的在创造生产力了，也真的转化成生产力了。科技厅现在又增设了两个处，从中也可以看出我们对科技部门的重视。之所以重视科技部门，是因为它抓园区，抓生产力。我有个想法：在全省每个市搞这样一个园区，比如，阜新搞液压件，丹东搞仪器仪表，抚顺搞装备制造业，锦州搞光伏产业，朝阳搞超级电容器，葫芦岛搞数字装备……我们要在葫芦岛建“海岸中关村”。我这样想：中关村现在有1万户企业，我们引进1千户是完全可能的。今年刚开始就已经有38户企业入驻了，我们非常有信心实现全年引进200户企业的目标。原来很多人认为这是痴人说梦，但是现在都变成现实了。我们确定的产业园建设目标是：每个产业园要实现1千亿元产值。压力确实很大，但是就得这么干，否则辽宁就没有出路。

如今在辽宁，科技是真的进入了主战场，来到了核心。实践证明，没有科技支撑，就不能发展特色产业，而没有产业就没有就业机会，老百姓就没有饭吃。所以，各市的市长不可能不重视科技。重视科技已经不是一个口号了，而是关系到区域发展、关系到老百姓饭碗的现实问题了。

我希望在园区建设中，科技部能够继续为我们提供支持和指导，另外，能否部省共建特色产业园？如果我们的特色产业园能有“部省共建”这样一块招牌，无论是开展对外宣传还是招商引资，工作就好做多了。如果科技部再给我们派些人，到我们这儿来任职，那我们就更欢迎了。

## 四、辽宁将继续加大科技投入力度，要拿出真金白银来支持科技发展

今年，我们省本级科技三项费为9亿元，并且还会进一步追加。另外，省经委现在有7亿元的技改资金。最近，省委、省政府已经决定，将这项经费再增加6亿元。这样，技改资金就达到了13亿元。我们希望各市也和省里一样，加大投入力度。不投入怎么发展科技啊？！不发展科技怎么战胜危机保增长啊？！

## 五、希望科技部能够帮助和支持辽宁开展相关软科学研究

第一个题目是我们正在搞的沿海经济带。我估计五六月份国务院就会审批通过，那时，我们的沿海经济带就会上升为国家战略。但是，上升为国家战略之后，我们如何站在面向世界这个高度，来开发和建设我们的沿海经济带，如何来布局我们的生产力，

布局我们的城市？我们又如何选择和确立发展战略、发展道路、发展模式？因为现在的开放条件同20世纪90年代、乃至于同本世纪最初几年的情况是完全不一样的，我们搞新的沿海经济带的开发开放，再走“长三角”和“珠三角”的路显然是走不通了，必须要走一条新的路子。如果科技部能帮助我们搞一个这方面的软科学课题，我们是非常感谢的。

第二个题目是如何把沈阳建设成为辐射东北地区的中心城市。国家已经确定要把广州建设成为国家中心城市。最近我看到一个报道：新加坡一个著名的规划师叫刘太格，在广州发表了一个谈话，说广州未来的人口要按照1亿人来规划。我最初还以为自己看错了呢，仔细一想，觉得也对啊，作为一个国家中心城市，辐射整个珠三角地区，人口达到1亿也是理所应当的。现在北京可以肯定是国家中心城市了，上海也是，广州也是，那么东北照理说也应该有一个中心城市。我们现在自己说沈阳是东北地区的中心城市，但实际上规模还不够，辐射力也还比较差，我估计黑龙江和吉林两个兄弟省也不会很情愿认这个账的。现在我们正在搞沈阳经济区建设，纳入8个城市，人口加起来达到两千三百多万。这样一个规模，潜力就很大了。如何加快推进沈阳经济区建设，特别是沈阳中心城市建设，是我们思考的一个重大问题。我希望在这方面也能够得到科技部的支持与帮助。

最后，我想说，我们这种会商机制非常好。每年会商一次，每年都会向前迈进一大步。我们希望这种机制能够长期坚持下去。另外我非常倾向于建立一个常设机制，指派专人，保持固定的联系，同时负责落实双方会商确定的有关事宜。

总之，万钢副主席这次带领科技部的各位领导和同志们到辽宁来，给我们又加了油，打了气，我们搞振兴、保增长的劲头更足了。我们一定做好工作，决不辜负万钢副主席对我们的殷切期望，决不辜负国家科技部一直以来对我们的关心和支持！

谢谢大家！

（根据录音整理，未经本人审阅）

# 凝聚力量共建北方药谷<br>因地制宜发展特色产业集群

——在辽宁（本溪）第二届生物医药高新技术交易会开幕式上的致辞

中共辽宁省委副书记、省长 陈政高

（2009年8月6日）

尊敬的桑国卫副委员长，尊敬的刘燕华副部长，尊敬的各位来宾、同志们、朋友们：

今天，备受关注的第二届辽宁（本溪）生物医药高新技术交易会开幕了。在此，请允许我代表中共辽宁省委、辽宁省人民政府，代表张文岳书记，表示热烈的祝贺！

大家都记得去年的这个时候，我们的

"北方药谷"建设刚刚启动。能否成功，相信者有之，怀疑者更有之。一年后的今天，这里已有107个项目签约落地，7平方公里土地已经摆满项目，整个基地呈现出一派热火朝天的景象。事实告诉我们：有志者事竟成。本溪生物医药产业基地的成功，为全省树立了典范。现在，全省各地都在学习本溪的经验，都在大抓工业产业集群，狠抓工业产业集群，使工业产业集群成为振兴的支撑，成为城市的品牌，成为未来的竞争力。本溪生物医药产业基地的成功凝聚着国家科技部、国家食品药品监督管理局等国家部委的心血和汗水，凝聚着各位企业家、科技工作者的心血和汗水。借此机会，我代表省委、省政府向大家表示深深的感谢。同时我们希望同各有关方面长期合作，携手共创新的辉煌！

成功鼓舞着我们，未来激励着我们。我敢保证，一年后我们再相聚的时候，本溪生物医药产业基地肯定是另一番景象。在这里我还要告诉大家一件事，我们正在努力争取国家有关部委的支持，将辽宁（本溪）生物医药高新技术交易会上升为中国（本溪）生物医药高新技术交易会。众多有志于创业的有识之士，众多有志于发展医药产业的有识之士，将会像潮水一样涌向本溪。因为这里有沃土，这里有阳光雨露，这里能干成事业，这里能实现财富梦想。让我们今天的相聚成为明天创业发展的开始，让今年的交易会成为明年庆功会的预约。

最后，祝交易会圆满成功，谢谢！

# 进一步办好海外学子创业周<br>吸引和凝聚海外高端人才报效祖国

## ——在第十届中国海外学子辽宁（大连）创业周开幕式上的讲话

国务院侨务办公室主任　李海峰

（2009年10月22日）

尊敬的路甬祥副委员长，尊敬的文岳书记、政高省长，尊敬的各位来宾、朋友们：

"第十届中国海外学子辽宁（大连）创业周"今天隆重开幕了，在此我谨代表国务院侨务办公室，对来自世界各地的华侨华人专业人士和各界朋友表示热烈的欢迎和诚挚的慰问。

今年的金秋十月，神州大地万众欢腾。10月1日，天安门广场盛大的阅兵仪式、壮观的游行队伍、美轮美奂的国庆之夜振奋人心，让全世界的炎黄子孙为之神情飞扬。来自全球120多个国家和地区的2000多位华人华侨代表见证了这一历史时刻，为盛况所鼓舞，为祖国而骄傲。60年的辉煌成就，让世人见证了一个面向现代化、面向未来的社会主义中国巍然屹立在世界的东方，极大地凝聚了海内外中华儿女的力量，极大地振奋了海内外中华儿女的信心。我们坚信，掌握自己命运并团结起来的中国人民一定能够携手战胜一切艰难险阻，共同谱写中华民族伟大复兴的篇章。

当今世界综合国力的竞争，核心是知识创新、技术创新和高新技术产业化的竞争。海外侨胞中蕴藏的巨大智慧和力量涵盖各个领域，其中科技人才就有上百万人，他们是中华民族重要的人才资源。在互利互惠的基础上，积极发展与海外华侨华人专业人士的交流与合作，从中引进高层次人才以及基础研究方面的紧缺人才，对于我国创新型国家建设，造就一批能够承担核心科研任务的领军人物和具有世界前沿水平的学科带头人，将起到不可估量的作用。中国政府历来高度重视引进海外华侨华人高层次人才，不久前，胡锦涛总书记殷切地希望广大海外人才胸怀祖国、心系桑梓，努力创造出无愧于时代的辉煌业绩，为中华民族的伟大复兴作出重要的贡献。

可以说，在新中国走过60年后的新的历史起点上，华侨华人回国创业发展面临着千载难逢的机遇。近年来，国务院侨办紧紧围绕中央部署，在全国侨办系统实施了海外人才为国服务计划。我们成立了海外专家咨询委员会，创办了海外华侨华人专业协会，集聚了杨振宁、丁肇中等一批杰出的华侨华人专业人士与高端人才。以建设创新型国家为主题，我们举办了世界华人论坛，邀请了众多的华人华侨专家，为我国提高自主创新能力、建设创新型国家建言献策。与地方政府共同举办了华侨华人创业发展洽谈会，华商企业科技创新合作交流会等各类品牌活动。推动扶持海外华侨华人专业人才回国创新创业，组织海外人才为国服务。华侨华人专业人士创业研习班重点邀请生物制药、电子信息、环境保护、农业，以及金融、法律、管理等领域的高层次专家来华开展合作和交流。配合有关部门完善相关政策法规，帮助回国创业的侨胞排忧解难、维护权益等。继续通过发挥侨务部门的独特作用，吸引和凝聚一大批海外侨胞中的高层次人才和紧缺人才回国创业。

中国海外学子辽宁（大连）创业周自2000年开始至今已举办了九届，对促进辽宁高新技术产业的发展、东北老工业基地的振兴作出了突出的贡献。今年正值“海创周”创办十周年，十年间成效显著。我们衷心希望“海创周”深入贯彻落实中央海外高层次人才引进计划，不断创新办会方式，丰富办会内容，开拓引进渠道，完善服务政策，取得更大更好的成就。国务院侨办作为“海创周”的主办单位之一，将一如既往地给予大力支持。最后，祝第十届中国海外学子辽宁（大连）创业周圆满成功！

谢谢大家！

# 创新　投资　合作　发展
# 为加快辽宁生物医药产业发展提供有力支撑

## ——在辽宁（本溪）第二届生物医药高新技术交易会开幕式上的致辞

国家科学技术部副部长　刘燕华

（2009年8月6日）

尊敬的桑国卫副委员长，陈政高省长，各位来宾、女士们、先生们：

大家好！

在“辽宁（本溪）第二届生物医药高新技术交易会”开幕之际，首先，我谨代表国家科技部，对会议的召开表示热烈的祝贺，并向来自国内外的各位嘉宾致以良好的祝愿！

科学技术是推动经济发展和社会进步的根本动力。实践证明，每次重大经济危机都会催生新一轮的重组和调整，其中科学技术都发挥了至关重要的作用。辽宁省委、省政府以科技创新为引导，大力发展生物医药产业，既是应对金融危机、在逆境中求发展的重要举措，也是从发展理念、工作模式、运行机制等方面对科技进入经济建设主战场，在短时间内形成产业集聚而进行的有益探索和尝试。

众所周知，生物医药产业是个朝阳产业，也是创新驱动的产业，具有广阔的发展空间。近年来，全球生物产业销售收入每五年翻一番，增长速度也是世界经济平均增长速度的近十倍。生物经济正在成为继信息经济之后增长速度最快的经济领域。同时，由于公众对健康产业的需求具有较强的刚性，所以制药业成为受金融风暴影响最小的行业之一。有关数据表明，2008年，全球药品实现销售收入近8000亿美元，增长5%～6%。而且在今后的几年里，仍将以6%～8%的速度增长。这为我国大力发展生物医药产业带来了难得的历史机遇。

辽宁省委、省政府敏锐把握生物医药产业发展大趋势，以创新、投资、合作、发展为主题，举办了本届交易会。这不仅对加快辽宁生物医药产业发展，促进经济结构调整和经济发展方式转变有重大意义；而且也会通过经济交流与合作，对全国相关产业争取更大的市场空间，从而取得更大的突破，对发展起到积极的推动作用。希望大家能够充分利用这个平台，加强合作、优势互补、互利双赢，充分展示各地区生物医药产业实力和企业形象，寻找新的更大的合作空间。

科技部将一如既往地在重大新药创制、科研基地建设、人才、技术、资金引进等方面，对辽宁和全国各地的生物医药产业发展予以大力支持。我相信，在社会各界的关心支持下，本届交易会必将会对引领辽宁生物医药产业发展，推动辽宁经济转型升级，乃至促进全国的生物经济发展作出应有的贡献。

最后，预祝辽宁（本溪）第二届生物医药高新技术交易会取得圆满成功！

谢谢大家！

# 共襄东博会盛举　共促东北亚合作

## ——在2009年东北亚高新技术博览会开幕式上的致辞

中共辽宁省委副书记　张成寅

(2009年10月22日)

尊敬的万钢副主席，尊敬的各位来宾，女士们、先生们：

大家上午好！

正当全国喜迎新中国成立60周年之际，2009年东北亚高新技术博览会在辽宁开幕了。在此，我代表中共辽宁省委、省人大、省政府、省政协和全省4300万人民，向莅临本届东博会的中外嘉宾表示热烈的欢迎，向给予本届东博会大力支持和帮助的各位领导和各界人士，表示衷心的感谢！

在科技部等国家部委的大力支持下，在东北亚各国的积极参与下，东北亚高新技术博览会已经成功举办了三届，为增进东北亚各国间的友谊，推进东北亚地区科技经济交流与合作，实现互利互惠、共同发展作出了积极贡献，已经成为深受国内外科研机构和知名企业关注的国际性科技盛会！

当今时代，科学技术迅猛发展，科技已成为支撑与引领经济发展和人类文明进步的决定性力量。辽宁省委、省政府始终高度重视发挥科学技术是第一生产力的作用，坚持把科技创新作为调整经济结构的关键环节，以高新技术产业为先导，加快新型工业化进程，改造提升传统产业，发展壮大新兴产业，努力实现全省经济社会又好又快发展。从2003年开始，全省地区生产总值连续5年保持12%以上的增长速度，地方财政一般预算收入连续5年保持20%以上的增长速度，而今年我们继续保持了经济社会平稳较快发展的良好势头。

在辽宁全面振兴进程中，高新技术产业发展迅速，并为辽宁经济社会发展起到重要支撑作用。2006年到2008年，全省规模以上工业企业高新技术产品增加值增长了近一倍，年均增长39.9%，为全省经济持续、稳定增长作出了重要贡献。

当前，辽宁正处在发展的关键时期，我们将紧紧抓住东北老工业基地全面振兴和辽宁沿海经济带发展规划纳入国家战略的双重机遇，继续坚持以科技创新引领辽宁经济社会实现又好又快发展。辽宁作为中国重要的老工业基地，又处在东北亚经济圈的中心地带，有着发展高新技术产业所必备的基础条件，以及与东北亚各国开展经济技术合作得天独厚的地缘优势。这次博览会的成功举办，必将进一步为我们与东北亚各国和地区间的经济与技术合作起到重要的推动作用。我们诚挚地欢迎更多的企业、科研机构能够把握商机，扩大合作。我们将不断改善投资环境，为国内外科技界、工商界到辽宁投资兴业、创新发展创造良好条件。

最后，祝2009年东北亚高新技术博览会取得圆满成功！

谢谢大家！

# 加快推进阜新液压产业基地建设 凝聚力量与资源　打造“中国液压之都”

## ——在辽宁阜新液压产业项目对接与投资洽谈会上的讲话

辽宁省人民政府副省长　滕卫平

(2009年3月27日)

各位朋友，同志们：

今天，我们借着“国家装备制造业调整振兴规划”的东风，在这里隆重举行辽宁阜新液压产业项目对接与投资洽谈会。在此，我代表辽宁省人民政府，对会议的召开表示热烈的祝贺！对长期以来高度关注和积极参与辽宁经济社会发展的朋友们表示衷心的感谢！

辽宁是我国重要的装备制造业科研、生产基地，拥有国家划定的装备制造业8大行业178类产品中的58类产品。装备制造业是我省第一大工业支柱产业，在产品研发、制造水平和配套能力等方面具有显著的优势。当前，我省正在加快打造具有国际竞争力的世界级机械装备制造业基地的步伐。

阜新是我省装备制造产业方面的配套元器件制造基地，发展液压产业具有得天独厚的优势条件。独特的政治优势、优越的区位优势、雄厚的产业基础、明显的成本优势和产业集群式发展效应，使阜新成为辽宁大开放格局中的新星，吸引了众多国内外有识之士来这里投资兴业。

此次会议的召开，必将对促进资源型城市的经济转型和辽宁老工业基地的全面振兴产生积极而深远的影响。希望阜新抓住这一有利契机，加快打造“中国液压之都”的步伐，不断扩大产业规模，提高自主创新能力，以一流的服务、一流的环境，为阜新液压产业快速发展搭建平台，为各位企业家施展才华提供广阔的发展空间。我们也真诚地希望各位企业家朋友抓住机遇，更加踊跃地考察辽宁，投资辽宁。同时，盛邀各位朋友到辽宁旅游观光，寻找合作伙伴，谋求互惠双赢，共同发展。

最后，祝辽宁阜新液压产业项目对接与投资洽谈会取得圆满成功！

祝愿各位朋友幸福安康，事业兴旺！

谢谢！

# 锐意创新　团结拼搏
# 努力开创全省科技工作的新局面

## ——2009年科技创新工作总结及2010年工作安排

辽宁省科学技术厅厅长　赵明鹏

### 一、2009年科技创新主要工作完成情况

今年以来，我省科技工作紧紧围绕“保增长、保民生、保稳定、促振兴”这一中心任务和“两个不低于”的工作目标，调整投入结构，集成科技资源，突出重点工作，努力提升全省产业技术水平，培育新的经济增长点。主要成果如下。

——特色产业基地快速发展，正在成为结构调整、产业升级、资源型城市转型、新城区建设和经济快速增长的主要推动力量。本溪生物医药、抚顺先进装备制造、阜新液压、万家数字技术、朝阳新能源电器等5个特色产业基地落地项目418个，项目总投资650亿元，预计达产后可实现销售收入1200亿元。

——加强对科技型中小企业的培育和引导，促进了科技型中小企业产业集群的快速发展。支持了280家科技型中小企业科技创新，争取国家中小企业创新基金9100万元，比2008年翻了一番。高新区科技企业孵化总面积达到100万平方米，在孵企业1660家，累计毕业企业850家。通过帮助企业建立研发平台、产学研联盟等，促进了示范企业快速发展，开发新产品956个，实现新产品产值增长17.6%，销售收入增长17.7%，利税增长23.1%。三一重型装备等13家示范企业销售收入增幅达到50%以上。

——以企业为主体的技术创新体系进一步完善，有力地推动了重大关键技术攻关和高新技术产业发展。全省已建成省级以上各类企业研发中心619个，产学研技术联盟发展到535家。全年攻克重大关键技术200项，研制开发出90型大型船用曲轴、3兆瓦风机等重大装备和新产品50项。全省规模以上工业企业实现高新技术产品增加值2400亿元，增长20%。

——科技特派行动和农民技术员培训在全省广大农村遍地开花结果，大大促进了农业产业化发展。全省共派出省、市科技特派团103个，科技特派组63个，科技特派员3101名，培养农民技术员3405名，为“一县一业”和“一乡一品”的发展提供了强有力的技术支撑。截至目前，我省的科技特派行动已累计引进新品种1823个，推广新技术1293项，建立示范基地1468个，示范面积388万亩，创办农业专业技术合作组织982个，新增经济效益47.8亿元。

### 二、2010年科技创新重点工作

2010年科技创新工作的总体思路是：坚定不移地贯彻落实省委、省政府的战略部署，把提高经济增长质量和效益、推动经济发展方式转变和经济结构调整作为核心工

作，通过培育新兴产业和提升传统产业的自主创新能力，进一步引导生产要素向我省集聚，不断培育新的经济增长点，使科技创新成为支撑引领我省经济当前和长远发展的根本力量。

2010年着重实现“三个提升”目标。

——通过促进新兴产业发展和调整传统产业结构，提升高新技术产业在全省产业中的比重。全省高新技术产品增加值保持20%左右的增长速度，达到2900亿元，占同口径工业增加值的比重30%以上。

——通过特色产业基地和产业集群建设，提升高新技术产业集群在区域经济中的比重。在每个市支持一个具有区域特色优势、能够成为新的支柱产业的高新技术产业集群。

——通过深化科技特派行动，提升科技对县域经济发展的贡献率。重点培育新民、庄河等10个县的农业主导产业，年增长速度达到20%以上。

为实现上述目标，重点开展以下工作。

（一）深化基地建设，培育新兴产业，着重在依靠科技创新提升全省工业经济总量和质量上下工夫

继续把特色产业基地建设作为中心工作，下决心打造一批在全国有影响力的新兴产业和特色产业集群，形成一批新的经济增长极。明年，将对基地建设进行分类指导、分类推进。

（1）深化本溪生物医药等五个省级特色产业基地建设，加速形成生物医药（医疗器械）等产业集群。本溪生物医药、抚顺先进装备制造、阜新液压、朝阳新能源电器和万家数字技术等五个产业基地，力争新增落地项目600个、新增投资额900亿元，预计新增项目达产后实现年销售收入1500亿元。一是突出以科技研发为链条的集群化发展；二是建设产业特色鲜明的研发体系，各基地研发中心基本建成并运行；三是大力引进一批国内外知名的高新技术企业，一批投资规模大、牵动力强、科技含量高的重大项目，提升基地的档次和影响力。

（2）进一步支持其他省级特色产业基地研发体系和创新能力建设。围绕其他已明确的省级产业基地建设，以建立产业研发与公共技术服务体系为支撑，重点支持丹东仪器仪表、锦州光伏、辽阳芳烃等产业基地加快发展。

（3）要选择几个有发展前景的新兴产业，促使其迅速成为未来区域经济发展的支柱产业。加大对盘锦石油装备、营口微电子、鞍山光电、铁岭橡胶等产业基地的科技支持力度，加快培育一批有可能在较短时间内形成百亿和千亿规模的新的产业集群。

（二）加强技术攻关，开发重大装备和产品，着重在增强装备制造业的核心竞争力和持续发展能力上下工夫

依托重要骨干企业、重大工程项目，组织实施一批带动力强、影响面广、见效快的科技攻关项目，提升产业自主创新能力和系统集成能力。重点突破100项重大关键技术，开发50个重大装备和产品，推进产业链和产业集群的形成。

——数控机床关键技术及产品攻关。结合国家“高档数控机床与基础制造装备”重大专项的实施，依托沈阳机床、大连机床等骨干企业，开发高效五轴联动加工中心、多轴联动高速龙门式加工中心等高档数控产品和数控系统，以及伺服电机等关键功能部件，打造完整的数控机床产业链。

——IC装备关键技术及产品攻关。结合国家IC装备重大专项的实施，依托沈阳中科仪技术发展有限责任公司、沈阳芯源微电子设备有限公司、沈阳新松机器人自动化股份有限公司等骨干企业，开发12英寸等离子体增强化学气相沉积设备、匀胶显影设备、IC装备机械手等设备和产品，推进形成IC装备产业集群。

——新兴装备关键技术及产品攻关。依托大连重工·起重集团有限公司、沈阳鼓风机集团有限公司、特变电工沈阳变压器集团有限公司、瓦轴集团等骨干企业，开发兆瓦级大功率风力发电机组等风电装备及配套产品、百万千瓦核组泵等核电装备及配套产品，发展新能源装备产业集群。依托沈阳华晨金杯、辽宁曙光汽车等骨干企业，开发混合动力轿车、电动客车、高压共轨柴油机等系列产品，促进节能与新能源汽车产业链的形成。

（三）围绕产业发展，加大支持力度，着重在培育科技型中小企业集群上下工夫

围绕我省产业结构调整、新兴产业的发展方向，结合国家促进科技型中小企业发展的战略和各市产业发展重点、产业布局，从明年起，积极促进科技型中小企业产业集群快速发展。每年培育科技型中小企业200家，力争在未来3年培育500家成长性好的科技型中小企业，支持一批企业形成在创业板上市的能力，打造20个以上具有特色的科技型中小企业产业集群。

（四）进一步深化科技特派工作，大力推广农业科技成果，着重在促进县域经济发展和县域产业集群形成上下工夫

深入开展农村科技特派行动，为县域经济发展三年倍增计划提供强有力的技术支撑。

（1）开展“一县一业”“一乡一品”特色产业基地建设，重点发展新民设施果蔬、庄河海水养殖、阜新花生、新宾食用菌等10个县域产业集群，60个农业产业化龙头企业。

（2）组织103个科技特派团、63个科技特派组、3101名科技特派员，深入特色产业基地、产业化龙头企业和种养殖大户开展技术服务，使农村一线科技人员达到3500名。

（3）针对特色产业发展需求，继续组织省内涉农大专院校深入开展面向农村科技示范户的半年制、非学历的专业技术培训，培养“乡土专家”2000名，创建农业专业技术合作组织500个，带动农民20万人，形成以科技为依托的企业+农户、合作组织+农户的新型农业技术服务体系。

（五）完善创新链条，提高创新能力，着重在以企业为主体的技术创新体系建设上下工夫

（1）大力打造产业技术创新战略联盟。围绕高新技术产业和战略性新兴产业发展需求，结合科技部专项支持，重点开展生物医药产业和IC装备产业技术创新战略联盟试点，拉长产业技术创新链条，打造具有较强竞争力的产业集群。同时带动其他相关产业快速建立起产业技术创新战略联盟。

（2）积极扶持高技术服务业发展。一是着力扶持一批具有示范引导作用的科技中介机构、技术转移机构以及创业服务中心和孵化器建设，形成功能社会化、服务产业化、手段现代化的科技服务体系。全省科技企业孵化器达到120家，孵化面积360万平方米，在孵企业5600家。二是以沈阳、大连两大技术交易市场为依托，其他各地技术市场为补充，大力推进技术转移和成果交易，实现技术市场交易额110亿元。

（3）不断加强科技基础条件和人才队伍建设。一是继续加强企业研发中心、重点实验室建设；二是开展自主创新团队与创新人才培养工作，多渠道引进我省急需的各类创新人才；三是通过自然科学基金和博士启动基金，培养一批高层次中青年科技创新人才。

# 宏观科技管理

# 2009年辽宁省科技工作综述

2009年，全省科技创新工作紧紧围绕“保增长、保民生、保稳定、促振兴”的中心任务和“两个不低于”的工作目标，深入贯彻落实科学发展观，调整投入结构，集成资源，突出重点，加速推进特色产业基地建设和创新体系建设，全面提升企业自主创新能力和产业技术水平，培育了新的经济增长点，为确保全省经济社会实现平稳较快发展提供了强有力的科技支撑。

**一、以科技为引领的特色产业基地实现迅猛发展，正在成为结构调整、产业升级、资源型城市转型、新城区建设和经济快速增长的主要推动力量**

截至2009年年底，本溪生物医药、万家数字技术、抚顺先进能源装备、阜新液压、朝阳新能源电器等5个特色产业基地已完成51平方公里基础设施建设，落地项目453个，总投资673亿元，达产后可实现销售收入1307亿元。其中，本溪生物医药产业基地已落地项目131个，投资额147亿元，达产后可实现年销售收入365亿元；万家数字技术产业基地已落地项目78个，投资额127亿元，达产后可实现销售收入232亿元；抚顺先进能源装备制造业基地已落地项目111个，投资额258亿元，达产后可实现销售收入430亿元；阜新液压产业基地已落地项目103个，投资额75亿元，达产后可实现销售收入150亿元；朝阳新能源电器产业基地已落地项目30个，投资额66亿元，达产后可实现销售收入130亿元，已研发出拥有自主知识产权的国内外首块有机体系混合超级电容。此外，通过公共技术服务平台建设，推进了丹东仪器仪表、铁岭改装车、盘锦石油装备等产业基地建设。经过努力，本溪生物医药、抚顺先进能源装备、阜新液压、辽阳芳烃、大连新能源、沈阳集成电路等7个基地成为国家级科技产业基地，总数达到10个。沈阳辉山农业园区晋升为国家级农业科技园区，盘锦成为国家火炬计划石油装备特色产业基地。

**二、以企业为主体的技术创新体系加速完善，显著增强了企业自主创新能力**

金融危机爆发以来，针对企业发展遇到的困难，全省科技系统采取行动，开展“下基层、保增长、保民生、保稳定”活动，引导创新要素向企业集聚，动员广大科技人员服务企业，确保企业实现持续稳定发展。2009年，省本级科技计划经费的70%以上投入到企业，拉动企业投资200多亿元，预计实现产值2000亿元，创利税280亿元。一是通过实施“科技创新示范企业创建工程”，两年来，百家科技创新示范企业的产品结构实现了重大调整，新产品产值率平均达到50%以上，销售收入和利税均实现了30%的速度增长。二是通过加强科技创新平台建设，全省省级以上各类企业研发中心达到619个、工程技术中心达到317个，分别比科技大会前的2005年翻了两番；重点实验室达221个，翻了一番。三是通过推进建立以利益为纽带的产学研战略联盟，全省产学研战略联盟达到535家，比2005年翻了一番多，企业获得了长期、稳固的技术支持。四是通过创新基金和孵化器建设，支持培育了一批科技型中小企业群。2009年获得国家中小企业创新基金9100万元支持，比2008年翻了一番。全省高新区孵化总面积达到97.5万平方米，在孵企业1488家，累计毕业企业713家。全省国家高新技术创业服务中心达到19个。五是通过中国海外学子辽宁（大连）创业周、东北亚高新技术博览会等平台，2009年吸引了800余项高新技术项目到辽宁转化。六是推进落实鼓励创新的各项政策，已认定高新技术企业467家，沈阳新松机器人自动化股份有限公司等科技型企业实现上市。

**三、重大关键技术攻关和高新技术产业化取得新突破，提升了产业技术水平，促进了产业结构优化升级**

一是通过大力开展关键技术攻关和引进消化吸收再创新，2009年攻克了200余项重大关键技术，研制开发出90型大型船用曲轴、百万吨/年乙烯装置等50余项重大装备和新产品，提高了装备制造等重点产业的产品结构和市场竞争力，全省装备制造业中高新技术产品所占比重已达到50%以上。二是通过加强高新区建设，促进了高新技术产业化。2009年，沈阳、大连、鞍山、锦州、营口、辽阳、葫芦岛、阜新等8个省级以上高新区实现营业总收入4424.7亿元；外资实际到位额28.9亿美元，增长70.2%，区内世界五百强投资企业已达104家。本溪、铁岭、丹东、抚顺、朝阳、盘锦等6个筹建省级高新区引进项目97个，投资总额122亿元。三是通过大力推进科技成果转化，培育了一批新的经济增长点。2006年以来省政府已重奖271项重大科技成果转化项目，这批项目共解决了600多项关键技术，开发新产品820个，实现销售收入800亿元；农业新品种推广面积9000万亩，增收190亿元。四是通过积极争取国家IC装备、数控机床、新药创制等重大专项的实施，加速带动了相关产业发展。2009年，在金融危机的不利影响下，全省规模以上工业企业高新技术产品增加值保持了23.0%的增长，总量达到2473.7亿元，占工业增加值的比重达到31.9%，占地区生产总值的比重达到17%，分别比2008年提高了1.5个百分点和2个百分点，有力地支撑了经济发展。

**四、科技特派和农民技术员培训得到了广大农村的热烈响应，大大促进了农业产业化发展和县域经济发展**

一是深入实施农业种子创新工程，玉米新品种“辽丹565”实现亩产1157公斤；超级稻新品种“辽星1号”实现亩产840公斤，创北方单季粳稻历史新高。二是深入实施科技特派行动。2007年以来，共派出省市科技特派团103个、科技特派组63个、科技特派员3765名，培养农民技术员3445名，创办农业专业技术合作组织982个，累计引进新品种1823个，推广新技术1293项，建立示范基地1468个，示范面积388万亩，新增经济效益83.3亿元，有力地支持和带动了“一县一业”和“一乡一品”的发展。辽宁科技特派工作走在了全国前列，受到国家科学技术部的高度肯定，被评为“省级优秀组织管理单位”。三是大力加强设施农业建设和实施农业科技入户等工程。全省设施农业总面积超过750万亩，特色产业总面积达到386万亩。

**五、民生科技工作取得新成效，推进了社会发展领域的科技进步**

一是推进了节能减排科技工作。大连市成为全国为数不多同时承担全国“十城千辆”、“十城万盏”和“金太阳”三个示范试点工程的城市，已安装1.5万余盏LED灯具、示范运行257台节能与新能源汽车。沈阳市铁西区和本溪市南芬区成为国家可持续发展实验区。二是在人口与健康、环境保护、公共安全等领域取得了一批关键技术突破。三是实施了“农村卫生适宜技术推广”“农村饮水安全”等科技示范工程，使数十万农民受益。四是加强了科普工作，开展了“科技活动周”等科普活动，全省已建成各类科普场馆107个。

（辽宁省科学技术厅办公室　王连新）

# 全省科技活动情况统计

**【科技人力资源】** 科技人力资源是指实际从事或有潜力从事系统性科学和技术知识的产生、促进、传播与应用活动的人力资源，既包括实际从事科技活动的劳动力，也包含有潜力从事科技活动的劳动力。科技人力资源是科技创新建设的主导力量和战略资源。

2009年，全省共有地方国有企事业单位专业技术人员70.9万人，其中，科技领域专业技术人员60.8万人，占总量的85.7%。科技领域专业技术人员包括工程技术人员、农业技术人员、科学研究人员、卫生技术人员和教学人员5类，其数量反映了国有企事业单位开发利用科技人力资源的规模。2009年全国R&D活动全时人员当量前十位省市排序情况如图1所示。

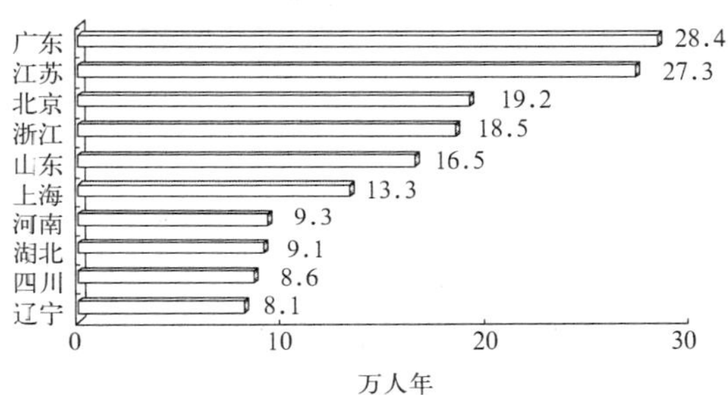


图1　2009年全国R&D活动全时人员当量前十位省市排序情况

全省共有两院院士49名，其中，中国科学院院士22名、中国工程院院士为27名，主要分布在科研院所（22名）和高等学校（18名），分别占44.9%和36.7%，另有9名院士分布在企业，占18.4%。如表1所示。

研究与试验发展（R&D）人员是科技人力资源中至关重要的组成部分，其数量与质量是衡量区域创新能力的重要指标。2009年R&D活动人员折合全时工作量8.1万人年，与2008年相比增长5.5%，人力投入数量居全国第10位。

从执行部门分布看，企业人力投入5.2万人年，约占2/3，研究机构和高等学校人力

表1　2009年全省两院院士地区和单位分布情况

| 全国两院院士 | 地区分布 | | | | 单位分布 | | |
|---|---|---|---|---|---|---|---|
| | 沈阳 | 大连 | 鞍山 | 抚顺 | 研究院所 | 大专院校 | 企业 |
| 合　计/人 | 25 | 22 | 1 | 1 | 22 | 18 | 9 |
| 中国科学院院士 | 8 | 14 | — | — | 13 | 8 | 1 |
| 中国工程院院士 | 17 | 8 | 1 | 1 | 9 | 10 | 8 |

表2　　辽宁省R&D经费支出活动类型分类情况（2005—2009）

| 时间 | 2005年 | 2006年 | 2007年 | 2008年 | 2009年 |
|---|---|---|---|---|---|
| 基础研究/万元 | 31140 | 63793 | 54576 | 51383 | 62404 |
| 所占比重/% | 2.5 | 4.7 | 3.3 | 2.7 | 2.7 |
| 应用研究/万元 | 242015 | 214788 | 259299 | 302958 | 269047 |
| 所占比重/% | 19.4 | 15.8 | 15.7 | 15.9 | 11.6 |
| 试验发展/万元 | 973982 | 1079276 | 1340114 | 1546320 | 1992237 |
| 所占比重/% | 78.1 | 79.5 | 81.0 | 81.4 | 85.7 |

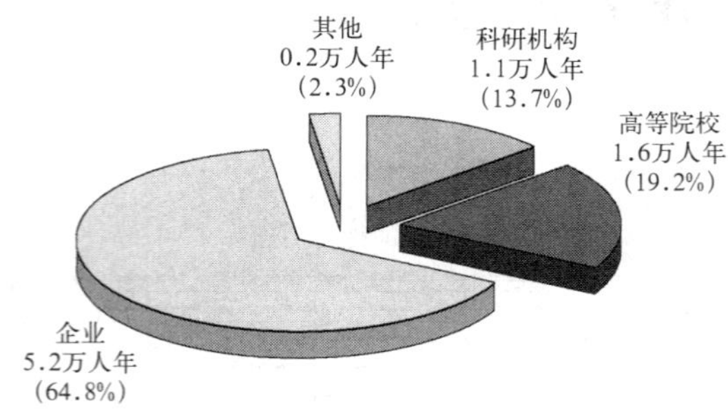


图2　2009年辽宁省R&D活动全时人员当量部门分类情况

投入分别为1.1和1.6万人年，二者合计不足1/3。从R&D人力投入看，企业已成为全省R&D活动的主体。

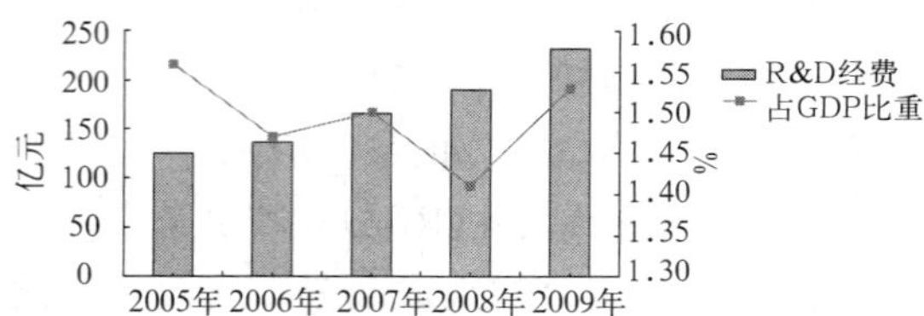


图3　2005—2009年辽宁省R&D经费支出情况

从R&D活动类型分布看，2009年从事基础研究、应用研究和试验发展人员分别为0.7万人年、1.4万人年和6.0万人年，分别占总量的8.7%，17.1%和74.2%。科学研究（基础研究和应用研究）人员所占比重比2008年下降了0.9个百分点，R&D人力资源投入继续向试验发展活动倾斜。我省基础研究活动人员主要集中在高等学校，其人力投入占全省总量的85.5%；而试验发展活动人员以企业为主，企业人员占总量的85.8%。

**【研究与试验发展经费】**　研究与试验发展活动是科技创新的核心，R&D经费的投入规模和投入强度是衡量一个地区科技实力和创新能力的重要指标。2009年，全省R&D经费支出为232.4亿元，比2008年增长22.3%（按现价计算，以下同），总量居全国第7位。R&D经费占GDP比重为1.53%，比2009年提高了0.1个百分点，居全国第10位。

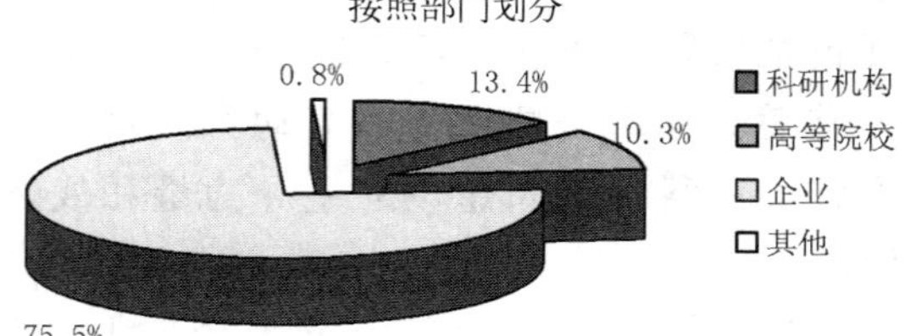


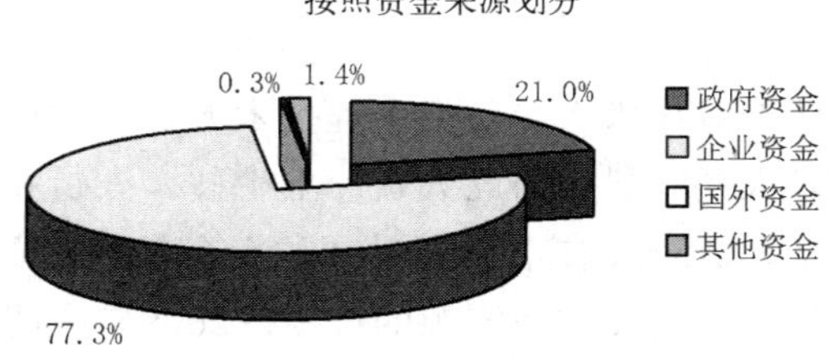


图4　2009年辽宁省R&D经费支出分布情况

按照R&D经费来源划分，企业资金最多为179.6亿元，占77.3%，比2009年高出4.2个百分点。其次为政府资金48.8亿元，占21.0%。按照执行部门划分，企业R&D经费支出175.4亿元，占75.5%，比2008年提高2个百分点；研究机构R&D经费支出31.2亿元，占13.4%；高等院校R&D经费支出23.9亿元，占10.3%。可见，企业既是我省R&D活动的投资主体，又是R&D活动的执行主体，并且所占的份额不断增大，企业在R&D活动中的主体地位在不断增强。

从R&D经费活动类型的分布看，基础研究经费6.2亿元，占2.7%；应用研究经费26.9亿元，占11.6%；试验发展经费199.3亿元，占85.7%。同2008年相比，应用研究经费所占比重下降了4.3个百分点，试验发展提高了4.3个百分点，基础研究与2008年持平。表明辽宁省的R&D活动过于偏重试验发展，资源的配置不够合理，需要引导更多的R&D经费特别是企业的R&D经费投向科学研究。

从地区分布来看，沈阳和大连两市集中了全省62.1%的R&D经费。其中，基础研究经费的93.2%、应用研究经费的89.8%集中在这两个地区。这主要是因为沈阳和大连两个城市地理优势明显，全省的国家级科研院所和重点高校基本云集于此，因此，也具有了从事科学研究的天然资源优势。

**【地方财政科技拨款】** 地方财政科技拨款是政府按照国家目标对科技发展给予直接的资金支持。2009年辽宁省地方财政科技拨款总额首次突破50亿元，达57.5亿元，比2008年增长17.3%，拨款规模居全国第7位。其中，省本级地方财政科技拨款14.0亿元，比2008年增长9.2%，财政科技拨款规模的扩大为政府增加R&D投入提供了有利条件。地方财政科技拨款占同级地方财政支出比重为2.14%，居全国第7位，所占比重同2009年相比下降了0.14个百分点。

从地方财政科技拨款的科学技术功能分，按照政府意向，用于各级科技管理部门的费用为2.6亿元，占4.5%；用于技术研究与开发（包括高新技术产业化，科技成果转化与扩散）项目研究的费用为21.2亿元，占36.8%；用于基础研究、应用研究、社会公

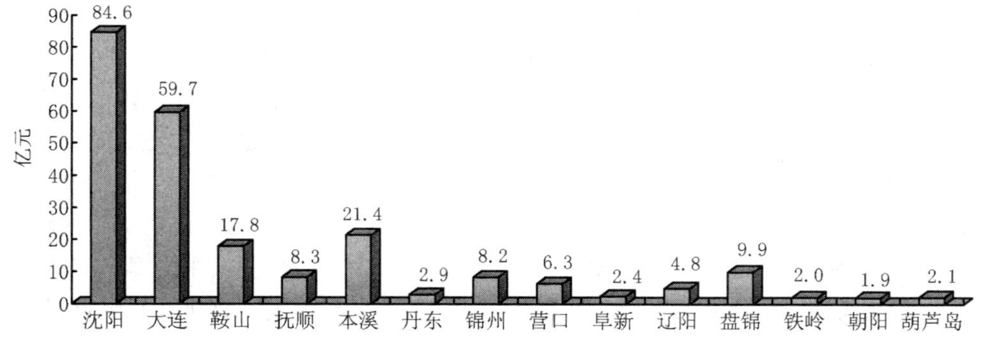


图5　2009年辽宁省R&D经费支出地区分布情况

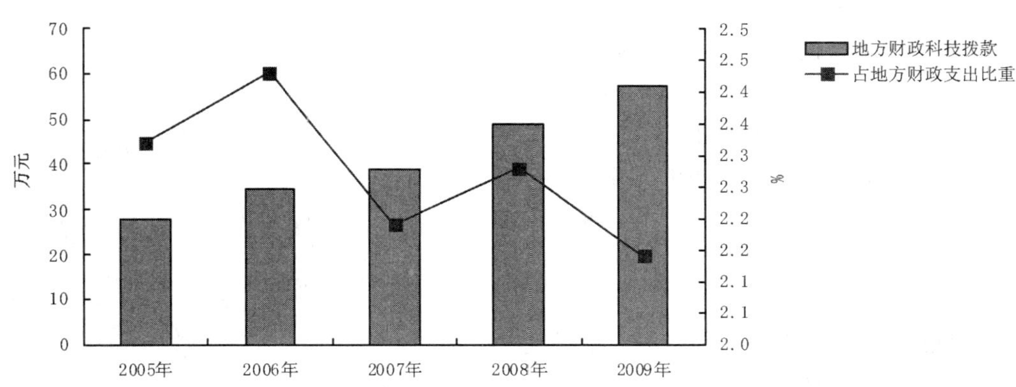


图6　2005—2009年辽宁省地方财政科技拨款情况

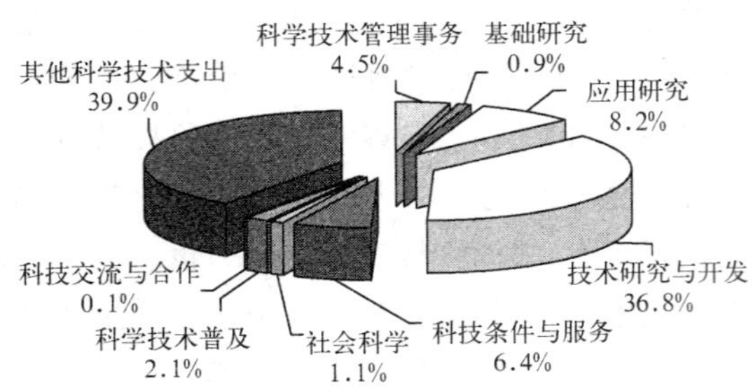


图7　2009年辽宁省地方财政科技拨款科学技术功能分布

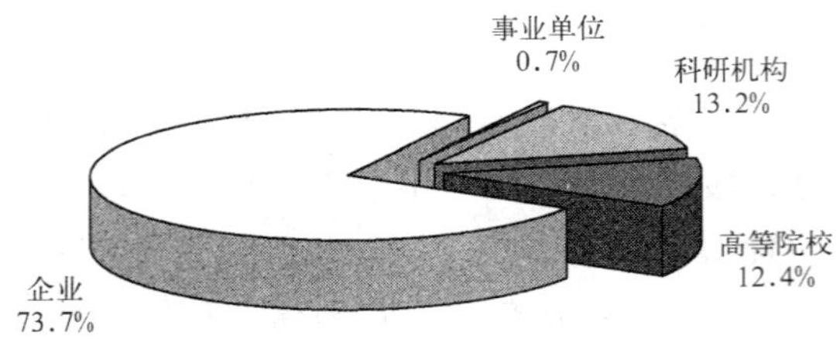


图8　2009年全省R&D项目（课题）经费按照执行部门分布

益和社会科学研究活动的费用为5.9亿元，占10.2%；用于科技条件专项（包括建立技术创新服务体系、科技条件专项）和科学技术普及的费用为4.9亿元，占8.6%；39.9%用于科技奖励、补助给转制为企业的科研机构及其他科技支出。

由于全省各地区的经济发展程度参差不齐，因此各地区地方财政科技支出的发展水平不够均衡。大连、沈阳地区经济优势明显，其政府的财政科技投入也远高于其他地区，对全省财政科技拨款规模的拉动作用明显。2009年大连、沈阳两市地方财政科技拨款分别为18.5亿元和13.6亿元，两市之和占全部市级财政科技拨款总额的74.3%。地方财政科技拨款占同级财政支出的比重分别为3.93%和1.63%，分别高出全省平均水平2.82和0.52个百分点。

**【R&D项目（课题）情况】** 2009年，全省各类单位共开展R&D项目（课题）研究2.5万项，参加项目人员全时当量5.7万人年，其中研究人员2.3万人年，占39.9%。课题经费投入153.5亿元，人均R&D项目（课题）投入27.1万元/人年，比2008年增加2.3万元/人年。

从执行部门看，企业作为投入主体，项目经费所占比重接近70%，科研机构、高等院校项目经费分别占13.2%和12.4%；从活动类型看，以试验发展项目为主，其经费支出占86.2%，基础研究、应用研究分别占2.4%和11.3%。

从学科分布来看，工程与技术科学是我省R&D项目的主要领域。2009年共开展工程与技术科学项目研究1.3万项，项目人员全时当量4.5万人年，经费支出144.8亿元，分别占总量的54.1%，79.0%和94.4%，这与辽宁工业大省的地位相符。此外，自然科学、农业科学、医药科学项目经费支出分别占总量的2.8%，1.4%和1.1%。

**【科技活动机构情况】** 2009年，全省共有各类科技活动机构1533个，与2008年相比增加170个，机构数量居全国第9位。企业属科技机构数量最多为897个，占58.5%。其中，工业企业属科技机构782个；高等学校属科技机构433个，占28.2%；政府部门属研究与开发机构169个，占全省科技机构总量的11.0%。

科技活动机构2009年R&D经费支出36.0亿元，从事R&D活动人员4.6万人，其中硕士以上学历人员1.1万人，占24.6%。政府部门

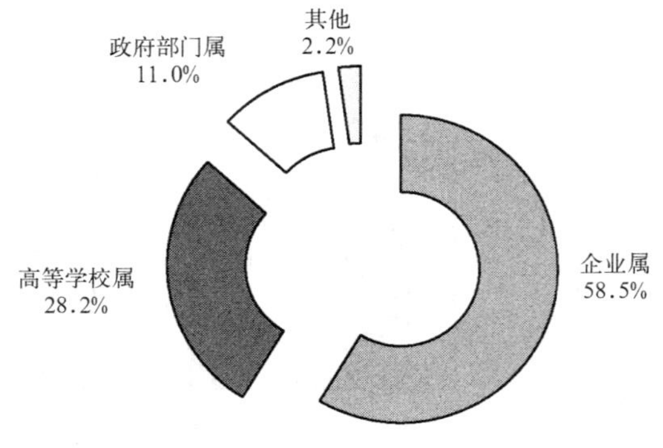


图9　2009年辽宁省科技机构分布情况

属科研机构综合实力最强，平均机构R&D经费支出1845.8万元，分别是企业属机构和高等院校机构的3.2倍和18.9倍。企业属研究机构的总体规模最大，其R&D经费支出占全部科技机构的59.1%。

从地区分布看，沈阳科技机构551个，占全省35.9%，其机构的R&D活动人员、R&D经费支出均居各市之首；大连科技机构达336个，占全省的21.9%，其机构的R&D活动人员和R&D经费支出均居全省第二位。从学科分布看，以工程与技术科学领域为主，其机构数量1148个，占74.9%，R&D活动人员、R&D经费支出分别占总量的83.7%和88.2%。

**【国家级科技计划项目执行情况】** 2009年，全省共有590项科技项目（含历年滚动实施项目）被列入国家科技计划资助和扶持的范围，进展良好的项目占93.6%，比2008年提高1.9个百分点，其中，2.2%的项目进度超前。在研项目到位资金（即到达项目承担单位账户的资金）48.2亿元，其中，来自政府的资金（包括中央政府和地方政府的拨款与资助）

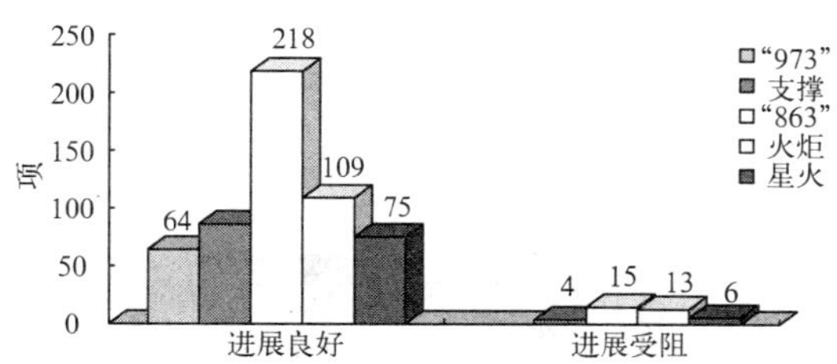


图10 2009年国家级科技计划项目进展情况

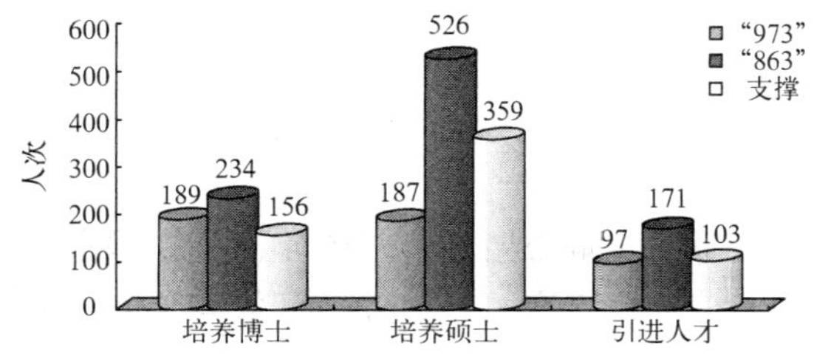


图11 2009年主体性科技计划项目培养和引进人才情况

4.1亿元，企业资金30.9亿元，金融机构贷款5.9亿元。企业资金所占比重为64.1%，同2008年相比提高6.7个百分点，表明国家科技计划项目引导企业资金投向的能力不断增强。

2009年参加五类国家级科技计划项目的人员共计1.3万人次，其中参加主体性计划项目的人员为9525人次，参加产业化项目的主要技术骨干为2998人次。三类主体性计划创造的科研环境，为培养、引进和凝聚人才提供了舞台。全省有163人首次担任国家级项目的负责人；在项目研究实践中，579人取得博士学位，其中35岁以下人员占86.9%，1072人取得硕士学位，提高了科研队伍的素质和水平；吸引了291名在国外取得博士或硕士学位的留学人员回国参与项目研究；聘请80名在所从事研究的领域有较深造诣的外籍专家共同开展合作研究。

全年共提出专利申请1142项，比2008年减少1.5%；获得专利授权431项，比2008年增长9.4%。在发明、实用新型、外观设计三种类型的专利中，技术含量最高、最能体现技术的新颖性和创造性的发明专利占主流，在专利申请和授权中分别占74.3%和58.2%。国家科技计划的实施有力地促进了发明专利的增长，推动了全省在提高自主知识产权方面的进步。

主体性计划的项目参加人员结合项目研究撰写科技著作1043万字。发表科技论文3753篇，其中向国外发表的论文1464篇，占39.0%。“863”计划和国家科技支撑计划项目成果获省部级以上奖励57项，并针对高技术、产业关键共性技术和引进技术的创新等问题，研制出具有创新性和产业应用价值的技术成果465项，转让技术成果98项次，获得成果转让收入9991万元。这些新技术成果将为推动企业技术创新和推进产业技术进步发挥重要作用。

火炬、星火两类产业化计划的实施，在促进高技术产业形成、改造和提升传统产业技术水平方面取得较好效果，通过支持一批市场前景好、产业化潜力大的企业科技项目，实现了较好的经济效益。实施过程中共创造新增产值284.6亿元，净利润额34.3亿元，实交税金22.2亿元，出口创汇4.2亿美元。

**【高新技术企业发展情况】** 按照科学技术部火炬中心最新高新技术企业认定办法（国科发火〔2008〕172号文件）统计，截至2009年年底，辽宁省共有高新技术企业459家。其中，2008年认定292家，撤销8家；2009年认定175家。高新技术企业的发展标志着企业自主研发能力不断提高，势必带动高新技术产业化总体水平的提高。

整体规模发展壮大。2009年，全省高新技术企业459家，比2008年增长57.2%。实现总收入1869.7亿元，比2008年增长109.8%；实现工业总产值1858.0亿元，工业增加值477.1亿元，分别比2008年增长116.0%和107.7%；研发经费投入54.2亿元，比2008年增长90.8%。全省高新技术企业发展规模不断扩大，有力地推动了全省高新技术产业发展。

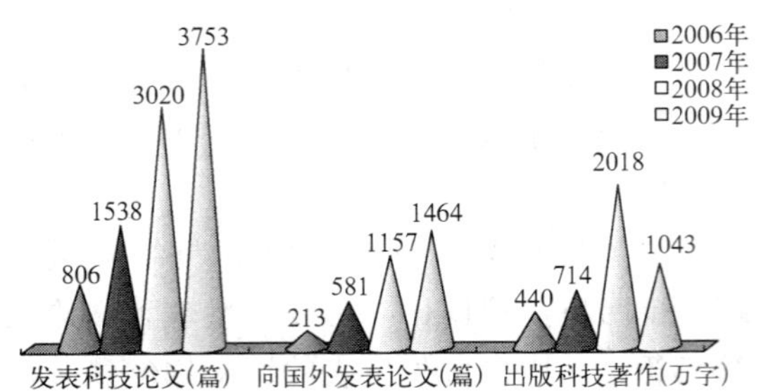


**图12　2006—2009年主体性科技计划项目论文和著作情况**

从2009年认定企业的数量来看，虽然比2008年缩减了40%，但平均企业收入规模由2008年的3.4亿元提高到5.2亿元，表明高新技术企业的认定注重大企业，尤其是收入在5亿元以上的大型企业，其中，大连船舶重工集团有限公司、中铁九局集团有限公司、中国北车集团大连机车车辆有限公司等5家企业年收入超过50亿元。

主要分布在大连和沈阳。大连居全省之首，有170家高新技术企业，实现总收入824.9亿元，分别占全省的37.0%和44.1%；其次是沈阳，有138家高新技术企业，实现总收入732.9亿元，分别占全省的30.1%和39.2%。沈阳、大连的高新技术企业共实现总收入1557.8亿元，占到全省收入的80%以上；居第三位的是鞍山，有高新技术企业52家，实现总收入127.9亿元；葫芦岛高新技术企业最少，仅有2家，实现总收入9.6亿元。

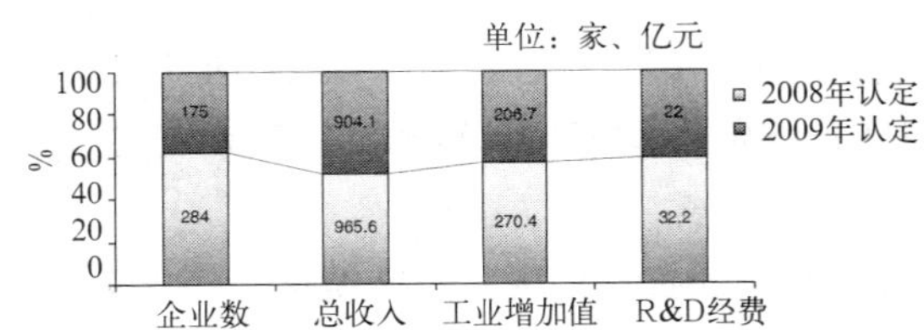


**图13　2009年全省高新技术企业主要经济指标**

“三大区域发展战略”推进各区域协调发展。沈阳经济区拥有高新技术企业241家，占全省52.5%，实现总收入957.7亿元，占全省的51.2%。辽宁沿海经济带拥有高新技术企业231家，占全省的50.3%；实现总收入919.8亿元，占全省的49.2%。辽西北三市有高新技术企业13家，占全省的2.8%；实现总收入22.4亿元，占全省的1.2%。

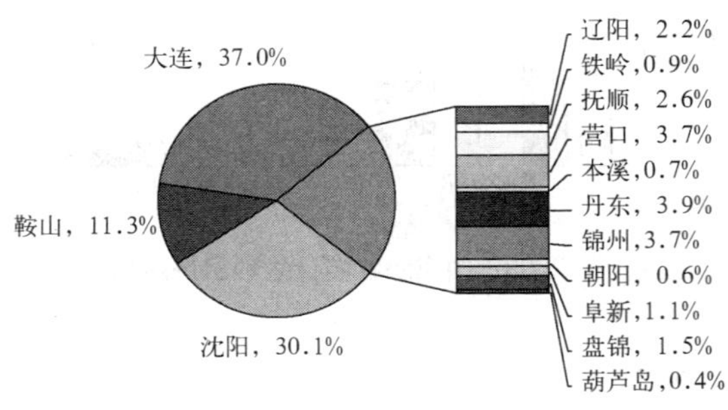


**图14　2009年全省高新技术企业地区分布情况**

市场竞争力增强。2009年高新技术企业全员劳动生产率（即工业总产值与年末从业人员的比值）为86.6万元/人，比2008年增长了24.6%，比全省规模以上工业企业的72.8

万元/人高出13.8万元/人；产值利税率为12.7%，明显高于规模以上工业企业的9.7%数值；459家高新技术企业的减免税为13.4亿元，拥有较为优越的优惠条件，企业资金有更广阔的投资空间；上市企业19家，实现总收入282.2亿元，占全省的15.1%；出口创汇4.5亿美元，占全省的7%；主营产品1298个，其中国际领先86个、国际先进250个、国内领先580个，三项之和占到全部产品数的70.6%。

研发能力不断加强。从人员投入来看，具有大学以上学历的人员7.0万人，具有高中级职称的技术人员3.7万人，从事研究与试验发展的人员3.1万人，分别比2008年增长59.1%，48.0%和106.7%，R&D人员比重达到14.5%；从资金投入来看，R&D经费投入54.2亿元，比2008年增长90.8%，占销售收入的比重达到3.1%；从科技产出情况看，专利申请3579项，其中发明专利1438项，专利授权1605项，拥有有效专利4979项，获得国家级奖励93项。高新技术企业的研发能力与水平有明显的提高。

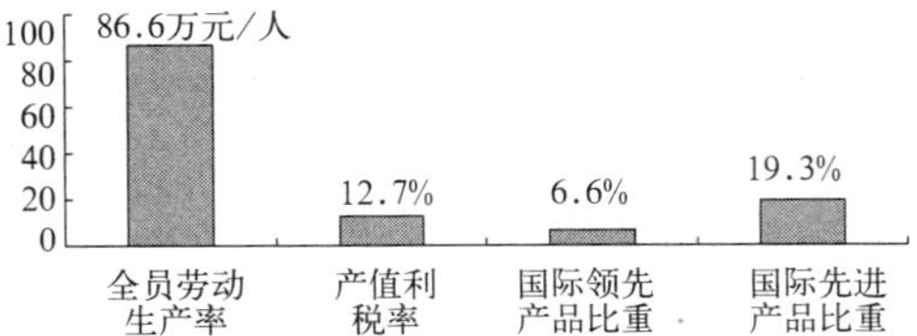


图15　2009年全省高新技术企业主要效率指标

先进装备制造、电子信息和新材料仍是主导领域。2009年这三个领域共有315家高新技术企业，占全省的68.6%，实现总收入999.0亿元、利税134.2亿元、研发经费投入30.0亿元，分别占全省的53.4%，57.1%和55.4%。其中，先进装备制造领域优势最为明显，有企业146家，占全省的31.8%；实现总收入536.7亿元、利税75.1亿元、研发经费投入12.8亿元，占全省的28.7%，31.9%和23.6%。其次是电子信息领域，有企业87家，占全省的19.0%；实现总收入313.5亿元、利税38.7亿元、研发经费投入12.4亿元，占全省的16.8%，16.5%和22.9%。再次是新材料领域，有企业82家，占全省的17.9%；实现总收入148.7亿元、利税20.4亿元、研发经费投入4.8亿元，分别占全省的8.0%，8.7%和8.9%。

可持续发展能力进一步提高。近年来，企业加大科技投入，增强自主研发能力，开发新产品，走可持续发展道路。2009年正在研发的项目1856项，投入科技人员3.1万

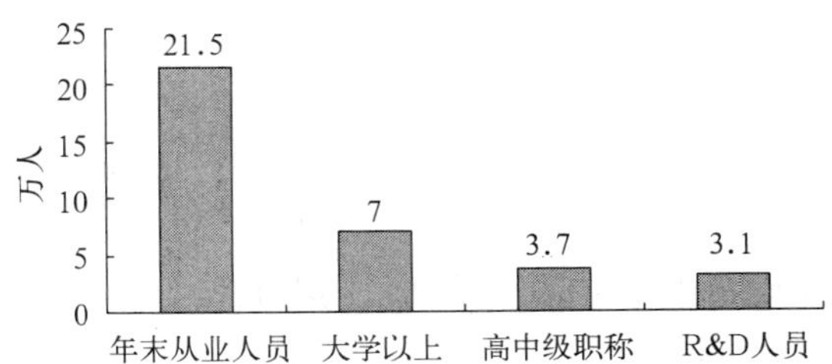


图16　2009年全省高新技术企业人员构成情况

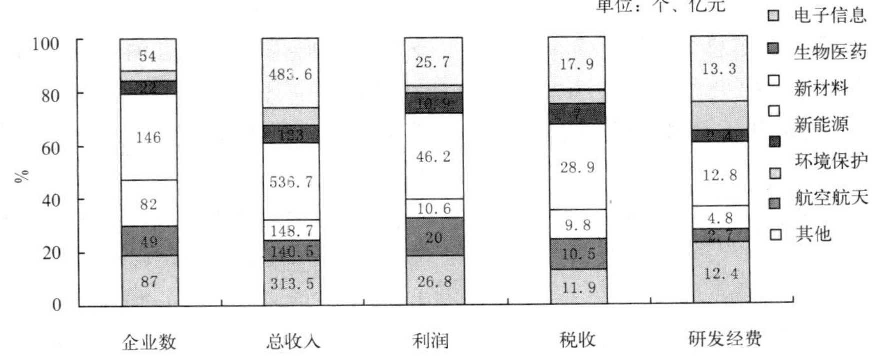


图17　2009年全省高新技术企业领域分布情况

人，投入经费72.1亿元。其中，R&D项目1227项，占66.1%；企业独立研发的项目1263项，占68.0%。2009年，全省高新技术企业实现新产品产值813.7亿元，占工业总产值的43.8%；新产品销售收入804.2亿元，占销售收入的45.4%。在1298个主营产品中，2008年以后投产的有423个，占到了32.6%，主营产品的平均投产时间为4.7年，大部分产品正处于销售黄金期，企业发展的潜力很大。

（辽宁省科学技术情报研究所　王锦生　高洪才）

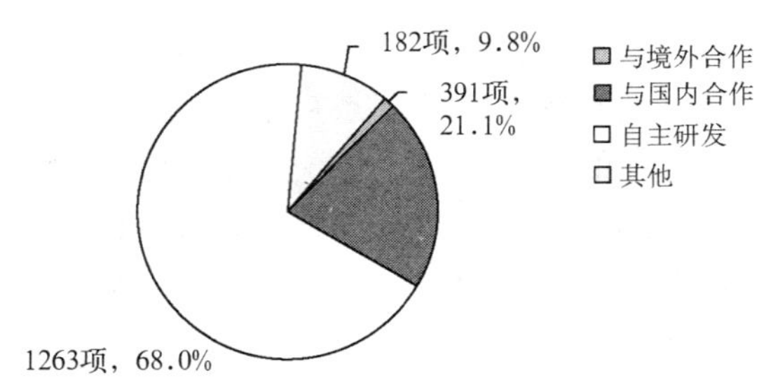


图18　2009年全省高新技术企业在研项目合作情况

# 科技政策与科技体制改革

**【概述】**　2009年，全省科技政策与科技体制改革工作重点围绕协调落实科技创新工作领导小组日常工作、落实科技创新政策、创建创新示范企业、推动产学研合作、促进科技中介发展、加强软科学研究和提高科普能力建设等工作展开，通过扎实有效的努力，较好地完成了各项工作任务。

**【科技创新工作领导小组办公室工作】**　全面总结全省2008年科技创新工作情况，印发《辽宁省2008年科技工作总结及2009年科技工作安排》。及时传达中央和省委、省政府关于科技工作的一系列重要指示和要求，加强对全省科技创新工作指导及具体事项的组织协调，及时沟通情况，推动创新工作的落实。

**【科技创新政策的落实】**　跟踪国家出台的创新政策，结合辽宁实际，提出相关政策的贯彻落实意见。采取多种形式宣传科技政策，进一步扩大政策的知晓度。协调相关部门制定出台落实创新政策的相关措施，截至2009年年底，省政府及相关部门共出台了50个落实创新政策的实施细则，使全省支持科技创新政策体系得到进一步完善。

开展科技政策调研工作。组织相关人员围绕国家、省提出的科技创新若干配套政策进行调研，通过“科技创新配套政策实施效果分析”，从科技投入、税收激励、金融支持、政府采购、引进消化吸收再创新、创造和保护知识产权、人才队伍等方面的实施效果入手，进行定量与定性分析，在充分用足其配套政策、营造激励自主创新环境、推动企业成为技术创新主体、加速建设辽宁创新体系等方面提出对策建议。在研究的过程中，注意了解兄弟省市在制定科技创新政策方面好的做法，并在推进本省科技政策工作中加以学习借鉴。

加强与上级部门协调沟通，及时汇报情况。积极传达省人大、省政府和政协领导关于政策推进工作的指示要求，多次了解政府有关部门和各市落实科技创新政策工作的情况，及时向科技部和省政府、省人大汇报科技创新政策落实情况。

编辑并印发《科技法规与政策选编》（上下册）。收集了2005年1月至2009年12月间国家和辽宁省颁布的相关科技法律、法规、规章与政策等主要文件。并按文件类型将其分为9个部分：科技体制与机制、财税金融与政府采购、科技计划与条件财务、高新技术及产业化、创新基地与平台、农村科技与社会发展、知识产权成果奖励与科技中介、科技人才国际合作与科普、其他等，每个部分按照法规颁布时间先后顺序排列。

**【科技体制改革】** 认真贯彻落实国家和省委、省政府关于深化科技体制改革的一系列要求，按照省委深入开展学习实践科学发展观领导小组要求，在深入调研和广泛征求意见的基础上，起草《关于建立健全辽宁省科技创新体制机制的意见（试行）》，进一步明确了全省深化科技体制机制改革的指导思想、基本原则、主要内容、方式方法等，并于2009年3月印发全省执行。

积极开展科技管理体制改革调研活动，向科学技术部上报了“十一五”以来我省科技管理与体制改革的基本情况。

根据省政协要求，起草《辽宁省技术创新体系建设情况（汇报提纲）》，向全国政协调研组作了专题汇报；按照省政府办公厅要求，及时收集并向国家调研组提供了《关于辽宁省省属科研单位机构改革的基本情况（汇报材料）》，参加了国家关于转制院所改革情况的调研活动。

**【创新示范企业创建工作】** 跟踪并掌握全省创新示范企业创建活动情况，对全省17家大型创新示范企业的创新活动情况进行综合分析和评估，对分工负责的11家中小型创新示范企业进行经常性督导，使创新示范企业在全球经济危机的不利形势下得到了快速发展。推荐鞍山钢铁集团公司、沈阳新松机器人自动化股份有限公司、辽宁奥克化学集团有限公司3家国家级创新示范试点企业，配合国家科技部开展全省创新型（试点）企业信息采集工作，向科技部上报《辽宁省创新型企业建设工作情况报告》。

**【产学研合作工作】** 依托省科技计划和省院校合作平台，结合创建特色产业基地和重大关键技术攻关项目，组织全省深入开展产学研技术创新战略联盟创建活动，充分调动产学研各方开展合作的积极性，进一步引导创新资源向企业聚集。截至2009年年底，全省产学研技术联盟已经发展到535家。

参与省人大对全省产学研合作情况的调研，在认真总结全省情况的基础上，代省政府起草了《关于推进产学研结合建设技术创新体系情况的工作报告》。根据省人大的审议意见，作了任务分解，明确了政府相关部门的落实责任，并向省人大提交了《关于省人大常委会组成人员对省政府〈关于推进产学研结合　建设技术创新体系情况的工作报告〉的审议意见研究处理情况的报告》。

根据省政协安排，全国政协调研组专题汇报了我省创新体系建设情况，并就加强技术创新体系建设提出了工作建议。

**【软科学管理】** 组织辽宁省2009年软科学项目申报工作。围绕提高辽宁省经济发展水平、优化产业结构、加强科技创新能力等内容发布项目指南，运用网络、新闻媒体等形式公开征集软科学项目，组织专家对申报的215个项目进行论证、评估。通过顶层设计，从区域协调发展、特色产业集群发展、科技创新体制与机制、科技创新配套政策、老工业基地振兴、产业结构调整、农民增收、科技人才等方面凝练了18个项目。组织申报国家软科学项目4项、省部合作项目2项，由辽宁省软科学研究会申报的部省合作项目《辽宁省特色产业基地建设若干重大问题研究》已通过专家答辩并批准立项。

软科学研究成果在决策中真正发挥作用，为领导决策提供科学依据和支撑。2009年，先后完成《辽宁科技创新重大战略问题研究》《辽宁现代农业物流发展对策研究》《节能减排政策体系研究》《打造辽宁世界级装备制造业基地系列研究》等课题，得到了相关决策部门的采纳和应用，其中《打造辽宁世界级装备制造业基地系列研究》得到省长陈政高的高度评价。

组织征集了上百篇软科学成果应用论文，评选出73篇优秀论文，编辑成《辽宁省软科学研究优秀论文集》。论文集中的成果有一部分直接应用于起草制定全省"十一五"科技、经济发展规划和省委、省政府领导讲话及其他文稿，许多建议得到省委、省政府领导同志的高度重视和重要批示，并在决策中起到了关键作用，对于指导和推动辽宁省科技与经济工作产生了重要影响。

组织软科学团队开展部省合作项目的研究。由省委政策研究室、省政府发展研究中心、省社会科学院、省软科学研究会、东北大学、辽宁大学等单位组成，围绕辽宁省特色产业基地建设若干重大问题研究从9个方面开展研究，预形成一个主报告——《辽宁省特色产业基地建设若干重大问题研究》，三个分报告——《特色产业基地带动区域产业体系优化升级研究》《特色产业基地的持续创新能力培育研究》和《特色产业基地建设的制度与政策研究》。

**【科技中介服务体系建设】** 支持35家具有发展前景和实力的各类骨干科技中介机构。通过支持科技中介公共服务平台网络建设，建立技术市场网络信息化创新经营模式系统，完善辽宁省中小企业技术创新网和信息产业科技中介网络，围绕科技中介公共服务平台网络联盟建设，通过扶持科技中介网络平台的建设整合资源，实现共享。通过扶持科技中介服务能力提升与联盟平台建设，加强技术转移科技中介服务功能，提升示范机构服务能力及品质；通过科技中介从业人员和创业人员的技能和职业化素质培训，加强成果转化示范基地建设研究，建立辽宁省科技中介服务体系，搭建科技中介服务联盟支撑平台。其中：大连亿城技术交易市场有限公司通过为技术供需方提供快捷的交易新模式，营业收入提高到380多万元。

**【科普工作】** 5月16—22日，成功举办了2009年辽宁省暨沈阳市科技活动周。本届科技活动周以"携手建设创新型辽宁"为主题，以"推进自主创新，促进和谐发展"为主线，展开了形式多样、内容丰富多彩的科普活动。

组织开展省级科普基地评比命名活动。在各单位推荐、专家评议的基础上，新命名了24家省级科普基地，全省省级科普基地总数达到75家。2009年年底，按照《辽宁省科普基地认定管理办法（试行）》规定，组织进行了对省级科普基地的年检。

积极组织实施了科普计划。以加强未成年人科普教育、完善省级科普基地配套设施和组织开展特色科普精品活动为重点，认真编制年度科普计划，有重点地支持了一批科普基地建设和科普人才培养，使全省科普能力得到进一步提高。

按照国家部署，组织全省开展科普工作统计，及时向国家科技部上报了统计数据，并形成了分析报告。

**【行政执法】** 认真贯彻落实国务院和省政

府关于依法行政的指示精神，及时传达国务院和省政府关于加强行政执法工作的各项要求，加强对科技厅全体公务员依法行政的宣传教育，认真落实行政执法事项，严格规范执法行为，进一步强化依法行政意识，提高依法行政水平。

组织开展行政法规规章清理工作。按照省政府办公厅和省法制办部署，组织科技厅全体同志认真学习贯彻国务院办公厅、国务院法制办和省政府办公厅、省政府法制办有关行政法规规章清理工作的指示精神，对本省制定的现行的科技行政法规规章进行了全面清理，提出了保留、废止、失效和修改的意见和建议，并向省政府法制办提交了报告。

组织对涉及科技厅的行政许可和行政审批项目进行确认。按照省政府法制办的统一安排，依据《行政许可法》和省政府《关于进一步清理行政审批项目的通知》（辽政办发［2007］45号）要求，对涉及科技厅的行政许可和行政审批项目进行了一次全面清理，填报了《确认行政许可项目登记表》《拟取消或调整行政审批项目意见表》《拟保留行政审批项目意见表》和《新设立行政审批项目登记表》等，组织科技厅相关处室参加了省行政审批工作领导小组办公室组织的听证会，就有关清理事项作了说明。

组织协调参与有关立法活动。积极配合省政府法制办开展了立法工作调研和立法计划制定，组织相关专家对省人大和省政府法制办交办的12份立法草案征求意见稿进行审查，并按时作了回复。

按照省行政审批制度改革工作领导小组办公室《关于进一步确认部门行政审批项目的函》的总体要求，对科技厅拟保留的行政审批项目的设置进行了审查确认，进一步明确了执法依据。

（省科技厅政策法规与体制改革处　邢兰兰）

# 科技计划管理

**【概述】**　2009年，全省科技计划管理工作紧紧围绕省委、省政府的中心工作，深入贯彻落实科学发展观，以提升全省区域创新能力为主线，以解决全省经济社会发展的重大技术需求为出发点，协调组织落实“科技创新示范企业创建工程”、“农业种子创新工程”和“辽宁特色产业基地建设”科技创新工作三大重点任务，进一步凝聚重大项目，不断深化计划改革，优化配置经费资源，做好年度预算，实施年度计划，争取国家资源，重视应用基础研究，做好科技统计工作。相关各项工作进展顺利，成效显著。

**【科技计划综合管理】**　2009年，落实科学技术厅归口省本级科技专项资金经费预算5.9亿元，比2008年预算新增5000万元，新增幅度为9.26%。全年实际安排资金7.9亿元（包括超前安排2010年资金2亿元，用于支持纳入全省发展战略的特色产业基地建设）。其中，特色产业基地资金3.52亿万元，农业种子创新工程资金8000万元，创新示范企业资金1亿万元，重大关键技术攻关及成果转化资金8000万元，创新体系建设资金8000万元，基础研究资金1900万元，重大科技工作资金1900万元（包括科学技术奖、院士津贴、中国海外学子辽宁（大连）创业周、东北亚高新技术博览会等所需资金），教育专项6000万元。

2009年，根据省委、省政府关于“保增长、扩内需、调结构、促振兴”的重要工作部署和我省经济社会发展对科技的需求，科技经费紧紧围绕重点工作组织实施重大科技专项，已组织实施了四批科技计划，集中科技经费4.57亿元，凝聚了572项重大重点科技项目。其中，支持单项项目的最大强度为1000万元，共计4项；支持500万元以上的重大项目5项；支持300万元以上的重大项目20项；支持100万元以上的重大项目185项。项目平均支持强度达到79.89万元。预计拉动企业和社会投资200多亿元，预计实现产值近2000亿元，创利税280亿元。科技创新对经济社会发展的支撑和引领作用进一步显现。

**【规划编制】** 2009年，辽宁“十二五”科技发展规划编制工作开始启动，形成了《辽宁省“十二五”科技发展规划研究与制定的工作方案》。在组织机构上，构建了由总体组、顾问组和专题组组成的工作体系；在专题设置上，形成了包括总体战略研究、装备制造业、原材料产业、战略性新兴产业、现代农业、社会发展重大民生科技问题、现代服务业、应用基础科学发展研究、创新体系建设、科技基础条件平台建设、区域科技发展战略、科技人才队伍建设和科技投入问题研究等共13个专题；在组织实施上，确定了各专题组的组长单位；在工作方法上，决定采用传统方法和制定技术路线图相结合的方式进行规划的研究与编制，即宏观规划仍以传统方式为主，重点产业和若干重大专项通过编制技术路线图对其发展愿景、共性技术及其实现路径予以系统、细化分析，提高规划的可操作性。

**【科技计划管理改革】** 继续深化科技计划管理改革工作，采取自上而下、自下而上、自上而下与自下而上相结合的方式，进行项目的遴选和推荐。一是网上发布年度项目申报指南和申报通知。所有申报项目实行网上申报。二是市以上科技管理部门与省直有关部门等初审授权单位进行初审推荐。三是科学技术厅组成重大、重点项目调研组，深入各市实地考察，充分听取市政府意见，再由厅计划归口处复审推荐。四是科学技术厅委托中介评估机构统一组织专家评审（或中期评估），确定拟支持项目清单。五是科学技术厅综合平衡后与财政厅进行会签审定并下达计划。

**【重点实验室建设】** 2009年，围绕辽宁省重点、优势产业，安排专项资金500万元用于支持省级重点实验室建设。全年共受理申报组建重点实验室105个，申报依托单位共计56家，主要分布于省内10个市，研究领域涉及全部9个领域；进入复审答辩阶段66个，占申报总数的63%；进入实地考察阶段64个，经审定后列入支持计划。

省级重点实验室积极开展多层次、多方位的科研合作与学术交流活动，提高了重点实验室在国内外的学术地位和知名度，引进消化吸收了一大批科技成果并在我省得到转化。目前，辽宁省省级重点实验室在科研水平、科研设备、管理水平等方面都得到了大幅提升，同时开辟了新的研究方向，促进了多学科、交叉学科的发展。近两年，省级重点实验室共承担各类科研项目近2100项，其中国家自然科学基金和国家各类计划近800项；共获得国家和省部级以上奖励150余项；在国内外重要学术刊物上发表论文5700余篇，其中近2500篇被SCI和EI收录；共获专利近700项。

**【自然科学基金资助项目计划】** 2009年度自然科学基金资助项目计划紧密围绕项目指南主题及专题，集中安排重点项目，进一步加大了项目集成和支持力度，全年共资助项目209项，资助经费1000万元。在计划编制过程中，一是注重科研项目、基地、人才培养一体化。年度计划安排上突出自主创新，对依托国家、省级重点实验室的项目优先给予支持，加大对中青年人才的培养力度，在本年度支持的209个项目中，40岁以下青年科研人员作为主持人的项目有95项，占全部项目的45%。二是加强联动，争取多渠道投入。加强与国家“973”计划、国家自然科学基金重大项目的对接，实行联动支持。全年共争取国家自然科学基金项目686项，经费达2.3114亿元，比2008年增长5.1%。三是加强对项目立项和项目实施过程的管理。通过完善规章制度，保证科技项目申请评审立项的公开、公平、公正、合理；加大对在研项目的管理力度，完善了基于互联网的辽宁省科技基金管理平台的建设。

**【科技统计工作】** 做好统计调查的基础工作。一是严格按照《中华人民共和国统计法》的要求，完成了国家和地方各项统计调查工作任务；二是开展了第二次全国R&D资源清查摸底调查工作；三是开展了辽宁省研究与试验发展情况调查；四是完成了2008年省政府对各市政府科技考核工作；五是开展了全省科技征信体系项目建设工作。

开展科技统计分析研究工作。一是继续编辑出版《辽宁科技统计》《辽宁省高新技术产业发展年度报告》《辽宁科技统计数据》《辽宁省高新技术产业数据》等科技统计工作资料；二是新创办了《科技统计分析专报》，先后编辑出版7期，进一步提高了统计分析工作的时效性和显示度；三是积极参与软科学课题研究工作。

加强科技统计支撑机构建设。一是形成了比较健全的科技统计支撑体系；二是进一步加强科技统计培训工作；三是进一步完善科技统计网络平台建设。

2009年，省科学技术厅科技统计中心荣获辽宁省统计厅、人事厅评定的“全省统计系统先进集体”荣誉称号，并在全省统计工作表彰会议上介绍了经验，得到常务副省长许卫国的充分肯定。

**【自主创新产品认定工作】** 为鼓励企业开展自主科技创新，与财政厅共同出台了《辽宁省自主创新产品认定管理办法（试行）》（辽科发〔2009〕37号），开展辽宁省自主创新产品认定工作，鼓励企业创建自主品牌，拥有自主知识产权。被认定的自主创新产品经相关程序审定后，将优先被列入辽宁省自主创新产品政府采购目录，从而取得更好的经济效益，并拥有较好的市场前景。经企业自主申请，市级科技主管部门推荐，2009年共受理自主创新产品认定申请200余项。

（辽宁省科学技术厅发展计划处　刘佳）

# 科技条件与财务管理

**【概述】** 2009年，辽宁省科技条件与财务管理工作紧紧围绕全省科技工作中心任务，着力加强科技公共服务平台建设，服务特色产业基地建设发展；努力加强科学事业费协调管理，促进省属科研单位加快改革发展；积极加强指导服务和监督管理，促进全系统财务管理运行规范、高效、有序。

**【科学事业经费】** 2009年，省财政批复科学技术厅部门预算财政拨款32086万元，同比增长6.3%。科学事业费持续增长，保障能力进一步增强。当年落实科学技术厅机关经费1446.2万元，同比增长17%，保证了机关工作的正常开展。

**【科研事业发展专项资金】** 2009年，落实科研事业发展专项资金2934万元，同比增长38%。支持省属科研单位重点科研设备购置、实验室维修改造和实验基地建设项目50个，改善了省属科研单位科研基础条件，科技创新和公共科技服务能力进一步提高。

**【会计核算与财务管理制度建设】** 根据省财政厅《关于印发辽宁省省直单位银行账户管理暂行办法的通知》要求，对归口管理的50个省属科研单位228个银行账户进行了全面清理，撤消了不符合要求的账户，指导并审核各单位建立规范的银行账户体系。

根据《中共辽宁省委办公厅、辽宁省人民政府办公厅关于深入开展“小金库”清理工作的意见》和《辽宁省党政机关和事业单位开展“小金库”专项清理工作实施方案》，制定了《辽宁省科技厅“小金库”专项清理工作方案》，认真组织厅机关及直属事业单位开展了自2007年以来的各类收入、支出和票据的“小金库”自查自纠工作，进一步规范了各单位财务收支行为。

制定并印发了《省科技厅系统资产管理暂行办法》和《省科技厅机关公务卡管理暂行办法》。

完成了财务档案整理和归类工作，建立了财务档案归档目录和备查簿，进一步完善和加强了财务档案保管、借阅、交接等管理制度。

**【科技公共服务平台体系建设】** 坚持“多种模式、项目拉动，加强集成、整合资源，开放共享、强化服务”的指导思想，重点面向辽宁省特色产业基地建设和科技基础条件建设，新组建了4个服务特色产业基地建设的科技公共服务平台，新组建1个、续建7个基础性科技公共服务平台，有效整合集成了科技资源，提高了科技公共服务能力，为辽宁省科技创新和特色产业基地建设提供了良好服务与有力支撑。

一是科技公共服务平台促进了特色产业基地依靠科技内涵式建设发展。按照“高起点规划、产学研支撑”原则，重点指导组建特色产业基地科技公共服务平台。高起点规划——聘请了清华大学、吉林大学、大连理工大学、哈尔滨工业大学、东北大学、中国仪器仪表协会、中国兵器集团北方车辆研究所、辽宁科技大学、中国科学院金属研究所等国内知名高校、科研单位及相关领域专家，帮助论证制定了平台建设规划。产学研支撑——丹东平台引入了中国仪器仪表协会、沈阳仪表研究院、辽东学院和辽宁机电学院，丹东测控公司与清华大学联合建立了电工测量联合实验室，丹东生产力促进中心与大连理工大学联合建立了模具研究与设计室，丹东思凯公司与哈尔滨工业大学联合建立了超级电容应用技术研发中心；铁岭平台与中国科学院沈阳分院、中国兵器集团北方车辆研究所、国家工程机械质量监督检测中心、清华大学汽车学院人机工程研究室、公安部机动车辆检测中心机动车检测实验室等9家研究机构达成入驻平台合作意向，另有SGS公司、香港通汇汽配有限公司、美国底特律LINKCAPA刹车认证和碰撞认证机构拟进入平台。

二是基础性科技公共服务平台为科技创新提供了基础条件和良好服务。按照“突出重点，有所为、有所不为”原则，依托具备条件能力的省属科研单位，重点加强了科技文献和科学数据、大型科学仪器设备、自然科技资源、平台应用服务支撑系统等平台建设与管理。

科技文献和科学数据资源共享平台通过引进、联合与对现有资源进行整合，科技文献信息资源更加全面丰富。其中，中文科技期刊12700种2811万篇，外文期刊15900种170万篇，中文会议论文99万篇，学位论文122万篇，中外专利文献343万件，国内外标准文献27万件。截至2009年10月末，已提供科技文献下载服务105万篇，同比增长25%；外文期刊下载10200篇，同比增长14%。平台服务用户数和全文下载量均同比增长15%以上。

大型科学仪器设备资源共享平台已收集仪器设备信息涉及176个单位、1450台套，其中30万元以上仪器设备913台。入网仪器设备使用率达到68%，通过仪器设备共享，为省内科研机构、高校、企业等各类单位累计检测项目5600项。

（辽宁省科学技术厅条件财务处　杜秉海）

# 国际合作与交流

**【概述】** 2009年，全省国际科技合作与交流工作认真贯彻落实省委、省政府提出的“沿海经济带”、“中部城市群”和“突破辽西北”三大战略，以“特色产业基地建设”、“科技创新示范企业创建工程”和“种子工程”等工作为重点，积极做好引进消化吸收再创新工作和国际科技合作与交流工作，致力于拓宽对外联络渠道，搭建国际科技交流与合作平台，提升科技创新型企业的创新能力和国际竞争力，进一步增强全省科技综合实力。

**【引进消化吸收再创新工作】** 2009年，在引进消化吸收再创新方面，组织实施了一批重大重点项目，攻克了一批关键技术，研发了一批重大装备。着重加强了辽宁省科技创新示范企业与国际知名企业、研发机构的合作与交流，解决了一批产业发展中存在的重大关键技术，开发了一批重大产品，引进了一批企业急需的高层次专业人才。

沈阳重型机械集团并购法国NFM技术公司，引进世界先进的隧道掘进设备制造新技术和海外研发团队，研发全系列全断面隧道掘进机，应用于沈阳地铁1，2号线工程，北京地下直径线工程，广州珠江新城核心区旅客运输系统，广深港铁路客运专线狮子洋隧道工程，青海“引大济湟”引水等大型工程项目。目前，企业已完成组装调试全断面掘进机11台，已签订39台全断面掘进机供货合同，产品在国内市场的占有率达到26%，替代了进口，每年可为国家节约外汇10余亿美元。截至2009年，盾构机国产化率已达到63%，同比增长9%。企业通过引进消化吸收再创新，实现了全断面掘进机生产和制造技术的跨越式发展。

荣信电力电子有限公司收购意大利安萨尔多工业系统有限公司的研发中心，成立荣信海外研发中心，利用其先进的无功补偿装置制造技术和高水平的研发团队，开发出采用光控晶闸管（LTT）技术66千伏直挂高压动态无功补偿装置（SVC）系列产品。该产品是目前世界直挂电压等级最高、触发方式最先进的SVC产品，技术处于国际领先水平，该产品已被国家科学技术部正式认定为首批国家自主创新产品（认定编号为2009211075），并获得国家自主创新产品证书。目前，企业已与鞍山电业局签订合作协议，共同组建产品示范应用基地，为东北电网的重大工程项目提供产品。

辽宁曙光汽车集团股份有限公司收购美国德纳公司的技术研发中心，成立曙光美国技术中心，引进国际先进的电动汽车混联式混合动力技术和海外研发团队，通过消化吸收再创新，开发出具有国际先进水平和自主知识产权的混联式混合动力电动客车。2009年企业已通过工业和信息化部专家对新能源汽车产品的准入审核，取得新能源客车生产许可证。样车从2009年5月26日开始在昆明市公交线路试运行，截至2009年年底，已行驶约2.5万多公里。

**【特色产业基地建设】** 在继续推进辽宁（本溪）生物医药产业基地对外招商工作的基础上，加大对辽宁（阜新）液压、辽宁（万家）数字技术、辽宁（朝阳）新能源电器（超级电容器）、辽宁（抚顺）先进装备制造业、丹东仪器仪表等特色产业基地的对外宣传力度，积极争取科学技术部国际合作司和教育部国际合作与交流司的大力支持，利用驻外使（领）馆科技外交官和教育外交官的渠道优势，邀请了美国GL国际医药集团代表团、德国黑森州中国合作促进中心、日本九州医药健康产业代表团、德国科技代表团（参加德中同行——走进辽宁·沈阳活动）等国外代表团和高端人才及团队来我省各特色产业基地参观考察，商谈投资合作事宜。2009年，已有来自美国、加拿大、日本等国家的外商和海外学子在我省特色产业基地投资创办了海康恩天然植物制药技术研发有限公司、辽宁益众医药有限公司、开泰克斯生物医用有限公司等企业，还有一大批项目正在洽谈中。

以2009中国海外学子辽宁（大连）创业周为契机，举办特色产业基地展、海外学子特色产业基地创业行等活动，加大了特色产业基地的对外宣传力度，为特色产业基地的发展拓展了空间，吸引了投资，引进了人才，扩大了影响。

**【海外学子创业周】** 第十届中国海外学子辽宁（大连）创业周以“贯彻国家‘千人计划’，汇聚海外高端人才”为主题，以吸引海外高层次人才为核心，紧紧围绕辽宁沿海经济带开发开放战略，坚持“立足辽宁、辐射全国”的区域定位，建设“项目对接、人才对接、资本对接、信息对接”四个平台。与往届相比，本届“海创周”规模和层次进一步提升，辐射力和影响力进一步加大，品牌效应进一步凸显。

“海创周”期间，开展了“五会、六展、七论坛”等18项活动，举办了国家“千人计划”、辽宁省“十百千工程”、沈阳市“凤来雁归工程”、大连市“海创工程”和以铁岭、阜新、朝阳三市为重点的“辽西北引智工程”等以人才交流与对接为主的活动，以体现国家人才战略；设置了创业辅导、风险投资、创意创新、特色产业、人力资源等围绕人才创业项目对接与资本运作为主的活动内容，以适应海外学子创业的需要。

本届“海创周”有来自世界各地的810多名海外学子，30家海外华人团体、200家国内外投融资机构、500多位政府机构代表、200多位国家海外高层次人才创新创业基地代表参展参会。参会的海外学子携带电子信息、生物医药、先进制造等领域的高科技项目达780个，与国内近千家企业、科研院所、大专院校等单位进行对接洽谈。截至2009年年底，已签订合作意向近100项，达成用人意向1450个。

**【东北亚高新技术博览会】** 由国家科学技术部、国家发展和改革委员会、国家知识产权局、中国科学院、中国工程院、中国科学技术协会，辽宁、吉林、黑龙江三省人民政府主办，辽宁省科学技术厅、沈阳市人民政府等共同承办的“2009年东北亚高新技术博览会”于9月24日在沈阳举办。全国政协副主席、国家科学技术部部长万钢，民建中央副主席辜胜阻，中国科学院副院长施尔畏，国家知识产权局副局长甘少宁等国家及有关部委领导出席了相关活动；朝鲜科学院副院长李成旭，日本民主党代表、国会议员山口壮，蒙古国总理顾问团团长巴·额尔登苏仁，俄中经贸合作中心理事长萨纳克耶夫，俄罗斯科学院乌拉尔分院院长、院士丘鲁申，俄罗斯科学院西伯利亚分院副院长、院士弗明，俄罗斯科学院远东分院副院长、院士托尔基赫，韩国高新技术企业协会常务副会长全大烈等国际友人和政要出席了开幕式，并参加了论坛等活动。

“东博会”期间，举办了国际科技成果展、国家科技奖励获奖成果展、重大科技专项成果展和中国风险投资论坛——振兴东北高峰会等18项主体活动，有483家国内外参展商展出了1199个项目，邀请30位主讲嘉宾、78家海内外风险投资机构与来自40多个国家和地区的300多位国内外专家参会，集中展示了一批国内外最新科技成果，进一步强化了东北亚地区的科技经济交流与合作。据不完全统计，本届“东博会”参展企业产品交易额达到14.2亿元。会议期间，签约项目689项，签约金额69.6亿元，吸引外资额6300万美元。

**【国际科技合作基地建设】** 在积极推进沈阳农业高新区、大连雪龙集团有限公司、齐二机床集团大连瓦机数控机床有限公司3家国家科学技术部国际科技合作基地工作的基础上，2009年，沈阳绿谷生物技术产业有限公司、荣信电力电子股份有限公司和丹东欣泰电气股份有限公司等6家单位获得国家科学技术部批准建立国际科技合作基地。国际科技合作基地的建设，使我省企业拓展了国际科技合作渠道，创新了合作方式，提升了合作层次。目前，国际科技合作基地已成为辽宁省技术领先、人才聚集的国际化研发基地，实现了国际科技合作方式从一般性人员交流、普通的项目合作向“项目—基地—人才”相结合的战略转变。

**【“双百”工程】** 百项引进国外智力工程。

为充分发挥国外人才智力资源，全面推动辽宁老工业基地振兴，辽宁省充分利用驻外使（领馆）科技处、教育处、国外行业协会、海外华人和留学人员等渠道，积极为企业牵线搭桥，鼓励和支持企业引进国外高水平专家与海外研发团队，推进产业基地快速发展。截至2009年，省政府已确定两批共80个重点项目，支持企业引进海外研发团队，每家入选企业获得省政府100万元的项目支持经费。

并购境外百家科技企业。积极鼓励高新技术企业在境外并购、建立海外研发中心，配合国家经济贸易委员会做好“并购境外百家科技企业”工作。继续支持沈阳重型机械集团收购法国NFM技术公司研发中心、辽宁曙光集团收购美国底特律北美汽车研发中心、鞍山荣信电力电子有限公司并购意大利安萨尔多工业系统有限公司电力电子研发中心、奥克化学并购德国美茵兹微技术研究所乙氧基化微化工技术开发部等项目的实施。通过鼓励企业在境外并购、建立海外研发中心，促进省内企业获取核心技术，与世界前沿技术接轨，整体提高企业和产品的国际竞争力。

**【科技考察与学术交流】** 2009年，辽宁省共邀请、接待来自俄罗斯、德国、法国、白俄罗斯、乌克兰、日本、韩国、美国等国家和地区的近40个团组，600余人次进行科技考察与学术交流；重点推进了生物医药、装备制造、新材料、新能源与节能、环境保护、民用航空航天、现代农业等领域的技术交流与合作；共发出授权单位签证通知25份，邀请来自加拿大、新加坡、俄罗斯、埃及、乌干达、尼日利亚、尼泊尔、蒙古、埃塞俄比亚、伊朗、泰国等17个国家的29人来华进行技术交流、参加国际会议和各类国际专业人才培训等活动。

（辽宁省科学技术厅国际合作处　许爱东）

# 科技成果转化与推广

**【概述】** 2009年，全省科技成果转化与推广工作以加强全省科技成果转化为工作重点，引导和支持创新要素向企业集聚，促进科技成果向现实生产力转化，为增强企业核心竞争力提供了有力的科技支撑。

**【科技成果转化奖励】** 2009年，科技成果转化奖遴选程序进一步完善。各市科学技术局、中省直各单位对网上自主申报的178个项目进行了认真的初审，推荐131个科技成果转化奖项目；对131个推荐项目进行形式审查和复审，经审核，共有112项符合科技成果转化奖励标准；委托辽宁经济技术评估中心组织专家进行独立评审，有105项通过专家评审；各市政府（市科技创新领导小组）、中省直有关单位在通过专家评审的项目中，推荐科技成果转化奖励项目93项；对93个项目进行重点审核，审核内容包括项目的销售收入、缴税和税后利润及推广类项目的各项经济技术指标是否经过所属税务部门、财政部门和行业主管部门的核准；是否开展了产学研合作；同时，严格审核了专利、知名品牌、推广应用等情况。此外，还组织7个考察组对推荐项目进行了全面的实地考察，现场查看了科技成果实际转化情况。

经过一系列的严格筛选，2009年，共有61个项目获得科技成果转化奖励，奖金总额达2000万元。其中，一等奖6项，每项奖励100万元；二等奖10项，每项奖励50万元；三等奖45项，每项奖励20万元。

科技成果转化奖励工作的实施取得显著成效。第一，经济效益和社会效益显著。在金融危机的不利形势下，项目实施单位仍取得较好的经济效益和社会效益。其中，48个工业类项目共计实现销售收入202亿元，利税34亿元；获国家、省和市名牌产品称号的有49项；共解决了200多项关键技术难题，开发出218项新产品。13个农业项目共计推广面积2472万亩，增产17.9亿公斤，增收48亿元。第二，充分发挥了科研院所、大专院校的科技创新源头作用。获奖项目均是产学研合作的成果，技术来源于省内的有47项，其中高等院校25项、科研单位12项、省内企业10项；技术来源于省外的有14项，包括与清华大学、西安交通大学、北京有色金属研究总院等单位合作的项目；技术来源于国外的有4项。第三，企业成为科技成果转化的实施主体。在获奖项目中，有54项是以企业为主体完成的，有5项由科研单位、2项由高等院校作为技术推广单位进行的技术转移、扩散和推广。第四，产学研合作使企业自主创新能力增强。获奖项目具有自主知识产权224项，其中，获得发明专利63项，农林品种审定3项，实用新型、外观设计等其他形式162项。

**【科技成果转化典型企业及项目】** 2009年，重点推进了300个重大科技成果转化项目，全年实现销售收入400亿元。沈阳鼓风机集团股份有限公司、大连船舶重工集团有限公司、鞍钢集团鞍千矿业有限责任公司等企业在金融危机的不利环境下，加大产学研合作力度，攻克了一批关键技术，并实现了产业化，使公司主导产品达到国际先进水平，取得了显著的经济效益和社会效益。沈阳鼓风机集团股份有限公司以科技创新为依托，充分依靠西安交通大学、大连理工大学和东北大学的科研优势，完成了百万吨乙烯压缩机等世界级产品的研制，实现销售收入增长68%。大连船舶重工集团有限公司进一步加大新产品开发力度，积极做好船型储备，为进入市场创造条件，开展了以32万吨VLCC，15.9万吨SUEZMAX原油船和11万吨AFRAMAX成品油船为代表的三型主力船型的优化升级设计开发，预计全年销售收入增长20%。鞍钢集团鞍千矿业有限责任公司应用“贫赤（磁）铁矿选矿新工艺、新药剂与新设备研究及工业”项目后，精矿售价提高55%。

**【科技成果鉴定及登记】** 2009年，全省鉴定科技成果362项。其中，科研机构完成49项，大专院校完成68项，企业完成180项，医疗机构完成42项，其他单位完成23项。所鉴定的成果全部应用半年以上，近60%的项目由企业独立或参与完成。

2009年，全省登记科技成果894项。其中，基础理论成果31项，应用技术成果790项，软科学成果73项；科研机构完成136项，大专院校完成247项，企业完成357项，医疗机构完成81项，其他单位完成73项。有790项成果得到实际应用。其中，处于成熟应用阶段的成果583项，占74%；处于中试阶段的174项，占22%；处于实验室、小试等初期阶段的33项，占4%。

（辽宁省科学技术厅成果推广应用处 马占军 盛利）

# 科技奖励

**【概述】** 根据《辽宁省科学技术奖励办法》的有关规定，2009年度辽宁省科技奖励受理范围是科技功勋奖、自然科学奖、技术发明奖、科技进步奖和国际科技合作奖。各市、中省直有关部门、有关单位共推荐科技功勋奖候选人4名，省科技奖励项目464项，其中自然科学奖26项、技术发明奖19项、科技进步奖419项，国际科技合作奖人选空缺。省科技奖励委员会办公室对推荐的功勋奖候选人和奖励项目的申报材料进行了逐项形式审查，4名功勋奖候选人申报材料全部符合要求；462个科技奖励项目通过形式审查，33个项目调整了评审组。

**【各奖种评审情况】** （1）省科技功勋奖。初评共聘请12名来自大专院校、科研院所、企业的著名专家和省直有关部门负责人组成专家组，参照科技功勋奖评价标准和评分表进行推荐，2名候选人获得1/2以上推荐票数，参加下一轮评审；依据科技奖励评审办法，共聘请9名院士（其中外省院士2名）组成院士评审组，采取分别阅卷形式，按照科技功勋奖评价标准进行实名制推荐，1名候选人获得2/3以上推荐票数，报省科技奖励委员会核准；奖励委员会采取投票方式，对评审结果进行了核准，1名候选人全票通过，获得提名。

（2）省自然科学奖、技术发明奖、科技进步奖。根据《辽宁省科技奖励评审办法》，结合奖励项目申报情况，随机从省科技奖励评审专家库中选取234名省内外专家，组建22个学科（专业）组，通过网络对462项成果进行了初审评分。按照当年各行业对经济建设与社会发展和科技进步的贡献大小设定行业获奖项目比例，遴选出300项候选获奖项目。之后，再次随机选取75名专家，组建11个行业评审组，通过网络对300项候选获奖项目进行了复审。

根据行业组复审结果和项目分布的领域，聘请51名来自省内各相关行业的知名专家，组建了2009年度辽宁省科技奖励评审委员会。一等奖采取电话答辩的形式，由全体评委集中进行评审，全部项目答辩结束后，获得到会评委2/3（含2/3）以上赞成票数的，确定为候选一等奖项目，不足2/3赞成票数的项目自动落为候选二等奖项目；二等奖采取分组答辩形式，共分5组，全部项目答辩结束后投票推荐，每组根据得票数从高到低、按照给定指标向大会推荐候选二等奖项目。根据各组推荐情况，全体到会评委进行实名制投票，获得到会评委1/2（含1/2）以上赞成票数的，确定为候选二等奖项目，不够1/2赞成票数的项目自动落为三等奖。整个评审过程邀请辽宁省纪委驻省科学技术厅纪检、监察部门全程监督。评审结果在《辽宁日报》、辽宁科技信息网和辽宁科技成果网上公示1个月。

**【获奖情况】** 根据科技奖励项目评审和公示结果，经省科技奖励委员会审定，2009年度辽宁省科技奖获奖项目270项，其中，一等奖25项、二等奖90项、三等奖155项；按照奖种划分：自然科学奖12项，技术发明奖14项，科技进步奖244项（其中发明专利82项）。这些获奖项目共实现销售收入192亿元，利税33亿元；农业新品种推广面积2200万亩，粮食增产1.8亿公斤，农民增收2.8亿元。

（辽宁省科学技术厅成果推广应用处　马占军）

# 技术市场管理及发展

**【概述】** 2009年，我省全面贯彻落实国家和辽宁省加速科技成果转化的相关政策，有力地促进了技术创新活动的开展和技术的转移与扩散。全省技术交易活动非常活跃，技术市场继续保持了良好的发展势头。以沈阳、大连两大技术交易市场为依托，其他各市技术市场为补充，充分利用国内外科技资源，大力推进企业与高校、科研机构之间的技术、产权流动和交易，加速了创新资源的流动和创新成果的扩散与转化。

**【合同登记及统计】** 从技术合同登记情况来看，2009年全省技术交易输出大于输入，技术贸易顺差21.92亿元。与往年不同的是，2009年电子信息和环境保护与资源综合利用等新兴技术领域的成交额出现增长，在技术交易合同中占据了较大份额；以往占明显优势的先进制造和新材料及其应用等领域的技术交易额在我省的技术交易中所占比例均出现明显减少。

**技术输出**　2009年，辽宁省签订技术输出合同15729项，较2008年度减少了1666项；成交额119.71亿元，同比增长20.03%；全国排名仍保持第4位。其中，电子信息领域技术输出合同成交额占技术输出合同总成交额的37.75%；环境保护与资源综合利用领域技术输出合同成交额占20.44%，同比增长68.81%；先进制造领域技术输出合同成交额占14.45%，同比下降7.50%；新材料及其应用领域技术输出合同成交额占3.50%。

2009年，辽宁省技术输出合同平均单项成交额达到76.11万元，为历年来最高；成交额在1000万以上的技术输出合同金额占技术输出成交总额的比例达到45.46%，也是历年最高。

**技术输入**　2009年，辽宁省签订技术输入合同12576项，较2008年减少了1666项；成交额97.79亿元，比2008年度下降了30.82%，相对2008年出现的110.34%的激增，出现了回落。在全国的排名由2008年的第4位回落到第7位。

**【技术转移示范机构】** 全省以技术市场为主渠道、以企业吸纳技术为主体、以技术转移机构为服务平台的新型技术转移体系正逐步形成。在已经创建的4家首批国家技术转移示范机构的基础上，2009年，创建了“东北大学技术转移中心”“大连交通大学现代轨道交通研究院”“中国科学院大连化学物理研究所技术转移转化中心”等3家国家技术转移示范机构。

东北大学技术转移中心是东北大学对

外进行技术转移及服务工作的唯一指定专门机构，是对外展示其技术转移及服务的唯一窗口，是承担技术转移及服务的主要依托实体。技术转移中心办公场地位于东北大学科技园内，现有从事技术转移等技术服务的专职工作人员14人，兼职人员（东北大学各学科知名学者、教授及成果发明人、持有人）340余名，并已通过ISO 9000质量体系认定。现已建立起较为稳固并不断发展的客户群体和合作伙伴群体。客户群体主要为国内钢铁冶金、新材料、装备制造、信息技术和自动化领域的大中型制造企业，并逐渐发展到这些企业的直接客户（委托东北大学技术转移中心作第三方验证测试并出具测试报告）。该中心在技术转移及服务方面取得了较大进展，特别是在国家公共财政投入方面，转移了大量的优秀科技成果，同时在提高自主知识产权转化率和自主知识产权在国家重点工程中的应用率、占有率方面作出了较大贡献。

大连交通大学现代轨道交通研究院是大连交通大学与长春轨道客车股份有限公司联合共建的技术转移机构。该研究院是为适应轨道交通装备制造业跨越式发展的需求，推进产品的技术创新，增强自主研发能力，充分整合高校与企业的实验设备和人力资源而建立的，自成立以来，先后被评为大连交大轨道交通工程研究中心、大连市交通运输装备及配套产品技术研发中心、辽宁省现代轨道交通工程技术研究中心。该研究院围绕国家产业结构调整和重点企业技术创新的需要，紧紧抓住中国铁路跨越式发展和振兴东北老工业基地的战略机遇，结合学校科研优势、专业特色和行业、区域经济的发展方向，建立立足辽宁、面向东北、辐射全国的技术转移有效途径，加速学校科技成果向企业的转移和扩散，使研究院成为链接科技与经济特别是产业的桥梁，成为助推东北老工业基地振兴的技术支撑与服务保障平台。

中国科学院大连化学物理研究所技术转移转化中心主要负责协调和加强研究所与地方企业之间的联系沟通，全面推进该所的技术成果转移转化工作。其科技发展目标为：以可持续发展的能源研究为主导，坚持资源环境优化和生物技术创新协调发展；其战略发展目标为：建设一个集先导性基础研究、战略高技术创新和高技术产业化为一体，布局合理，具有较强综合竞争能力的世界一流的研究所。目前，该中心已在催化化学、化学工程和以色谱为主的近代分析化学、生物技术等应用领域形成了自己的特色。

（辽宁省科学技术厅成果推广应用处　盛利）

# 高新技术发展与产业化

**【概述】** 2009年，全省高新技术发展与产业化工作紧紧围绕省委、省政府确定的中心工作，以提高企业自主创新能力为核心，以营造科技创新环境和促进高新技术产业化为主线，加大科技攻关和产业化计划的实施工作力度，推动优势产业的关键领域实现技术突破和跨越；努力营造高新区的良好创新创业环境，大力推进区域特色产业集群和创新集群建设。

受金融危机影响，2009年高新技术产业发展压力增大，增长速度明显减缓，其中规模以上工业高新技术产品产值、增加值、销售收入等3项指标的年增长率分别较2008年下降了6.7%，13.3%和1.2%。但与整体经济形势相比，高新技术产业受到影响的范围和程度相对较小，全年仍继续保持稳步增长态势，成为拉动国民经济增长的重要力量。

2009年，全省规模以上工业企业高新技术产品实现产值9195.4亿元、增加值2473.8亿元，分别比2008年增长20.2%和23.0%；高新技术产品实现销售收入8944.3亿元、利税762.4亿元，分别比2008年增长25.5%和54.2%；高新技术产品增加值占同口径工业增加值的比重为31.9%，比2008年提高1.5个百分点；占GDP的比重为16.4%，比2008年提高1.5个百分点；高新技术产品增加值对GDP增长贡献率达到28.9%，比2008年提高6.9个百分点。

**【高新区建设与发展】** 2009年，辽宁省高新区积极应对国际金融危机的冲击和国内外市场的变化，扎实推进各项工作，高新区发展呈现良好态势。

一是自主创新实现突破，重大科技项目取得新进展。在沈阳高新区内，东软数字医疗的大型高端医疗设备正电子发射断层扫描仪研制成功，填补了国内空白，获得美国食品药物管理局认证，成为我国第一家能够生产并面向国际市场销售PET的公司。中国科学院沈阳科学仪器研制中心有限公司、沈阳芯源先进半导体技术有限公司等IC装备骨干企业申报的“12英寸PECVD”等5个项目，获得国家IC装备重大专项立项，争取国家支持资金2.8亿元；“IGCC清洁能源”项目被国家科学技术部确定为国家“863”计划重大项目，获得支持资金1.8亿元。

二是创新体系逐步完善，科技创新能力不断提高。全省高新区新增孵化面积3.4万平方米，孵化总面积达到100万平方米，在孵企业1660家，累计毕业企业850家。拥有各类研发机构270余家。大连高新区建成动漫、EDA等4个公共技术平台和国家技术转移中心等4个大学科技园；建有IT、动漫等9个孵化器，总孵化面积达到35万平方米；入驻动漫企业132家，2009年产出动画片8146分钟，预计实现产值48亿元，被授予“中国十佳特色游戏产业基地”称号。

三是企业上市工作取得新进展，投融资体系建设进一步完善。在沈阳高新区内，沈阳新松机器人自动化股份有限公司于10月28日成为东北首家创业板上市企业，首批募集资金6亿元人民币。新松机器人成为继东软集团股份有限公司之后，园区内第二家在全国同行业中领军的科技型企业。大连高新区以创业投资企业的方式引进了汇富东方、富达投资基金等境外投资基金项目。担保投资公司为园区137家企业共171个项目提供担保，融资金额达到16.5亿元。

四是招商引资取得新进展，加速国际化和产业升级。全省高新区实际利用外资20.0亿美元，新引进世界五百强企业7家，高新区内世界五百强投资企业已达98家。沈阳高新区围绕软件及外包产业，引进了美国IBM实训基地、生态研究院、工程技术中心等世界五百强软件项目7个；围绕风电产业，引进了美国GE风机齿轮箱产业化项目。大连高新区引进了安永财务共享中心、日本软银客服中心等世界五百强项目和法马克金融投资及生活配套区等一批高水平外资项目，有力地推动了产业结构优化升级。

**【制造业信息化工程】** 2009年，按照“十一五”确定的工作目标和任务，辽宁省制造业信息化科技工程的“技术研发、应用示范、中介服务”三大体系建设又有新进展。

应用信息技术在重大装备产品开发方面

取得新突破。开发出了高档数控机床、船用发动机曲轴、超大型履带式起重机、MES系统等一批重大装备产品，获得了一批具有自主知识产权的技术成果，推动了先进装备制造业基地建设。

“以企业为主、区域为辅，带动行业发展”的应用示范体系进一步完善和壮大。9个省级制造业信息化示范城市的工作进展顺利，确定了百家“甩图纸、甩账表”重点示范企业，辐射带动信息化工程中小企业480家。企业信息化技术应用水平和领域不断提高与深化。

信息化人才队伍和服务平台建设力度加大。全省18个培训机构共举办30余期不同层次的信息技术培训（宣讲）班，组织10多位专家深入各地为40多家信息化应用企业进行培训、咨询。累计已培训各类信息化开发与应用人员1.4万多人。

**【工业领域重大关键技术攻关】** 围绕辽宁省重点行业和关键领域，组织实施了70个重大科技攻关项目，解决和掌握了215项关键技术，申请专利222项，开发重大装备及产品45个。预计这批项目达产后可实现年销售收入411.43亿元。其中，沈阳机床股份有限公司攻克了高档数控机床的高速高精并联机构的设计及制造等多项关键技术，完成了面向飞机大型结构件制造加工的高效五轴联动加工机床重要部件——新型并联式主轴头整体结构设计，打破了原有串联结构模式，提高了机床加工精度和效率，填补了国内空白；沈阳鼓风机集团股份有限公司完成了百万吨/年乙烯装置“三机”中的裂解气压缩机和丙烯压缩机产品的研制与乙烯压缩机的全部技术攻关，打破了我国该产品长期依赖进口的被动局面；大连重工·起重集团有限公司成功开发出首支90型大型船用曲轴，打破了我国“船等机、机等轴”的被动局面；特变电工沈阳变压器集团有限公司成功研制出世界首台特高压交流1000兆伏安/1000千伏变压器，并成功安装在我国首条百万伏输电线路中，填补了国内空白，增强了我国电力能源的输送能力；沈阳黎明公司开展了R0110合成气重型燃气轮机关键技术攻关，完成了燃烧室等热功能部件的设计与制造，部件加工量达到50%，提高了我国大型能源装备的国产化制造水平；辽宁忠旺集团有限公司解决了铝合金成分优化设计、均质化及气滑铸造等关键技术，开发出7×××系列工业铝合金型材，产品可用于飞机、舰船和车辆等运输及兵器装备的整体外型结构件与重要受力部件，打破了国外对该类产品的垄断；鞍山惠丰化工集团有限公司攻克了配套隐颜料官能团制备、隐颜料产品应用工艺等关键技术，开发出颜料黄180等系列产品，打破了高性能有机颜料改性深加工领域由国外大公司技术垄断的局面。

**【高新技术企业认定】** 2009年，辽宁省开展两批高新技术企业认定工作。第一批全省（不含大连）共有113家企业申报高新技术企业，经省高新技术企业认定管理工作领导小组办公室认真审查，主管税务机关复核，确定有65家申报企业符合认定基本条件，同意其参加评审，最终有47家企业通过高新技术企业认定。第二批全省（不含大连）共有81家企业申报高新技术企业，经省高新技术企业认定管理工作领导小组办公室认真审查，主管税务机关复核，确定有63家申报企业符合认定基本条件，同意其参加评审，最终有58家企业通过高新技术企业认定。截至2009年年底，辽宁省（不含大连）共组织认定高新技术企业297家。

（辽宁省科学技术厅高新技术发展与产业化处 宋兴奎）

# 农业科技

**【概述】** 2009年，辽宁省农业科技工作全面贯彻落实科学发展观和省委十届八次全会精神，按照辽委发〔2009〕1号文件的总体部署和要求，把保持农业农村经济平稳较快发展作为全年工作首要任务，以保增长、强县域、促增收、惠民生为主线，全面落实强农惠农政策，以科技体制和运行机制改革为动力，面向新农村建设的科技需求，积极开展农业种子创新工程、行业领域重大关键技术攻关和农村科技特派行动，着力促进农业和农村经济的快速发展，为加快推进社会主义新农村建设提供了强有力的科技支撑。

**【农村科技特派行动】** 2009年，全省农村科技特派行动在贯彻落实国家八部委《关于深入开展科技特派员农村科技创业行动的意见》的基础上，加大了对科技特派工作的投入力度，加强了辽宁省科技特派行动协调指导小组的队伍建设，把推动农业特色产业发展作为科技特派工作的切入点，采取政府引导和市场化运作相结合的方式，把城市里的科技资源引入农村一线，同时继续深入开展农民技术员培养工程，采取请上来的方式为农村培养了一大批“懂技术、善经营、留得住、用得上”的新型农民。

截至2009年年底，全省共有72个县（市、区）开展了科技特派工作，派出省级科技特派团17个，市级科技特派团190个，省级科技特派组63个，派出科技特派员2681名，2009年培养农民技术员1569名，累计培养农民技术员3445人。全省累计有7750名科技人员活跃在农村一线。实施科技特派员示范项目798项，形成利益共同体171个，引进新品种1823项，推广新技术1293项，研发新产品562个，申报专利131项，建立示范基地2277个，基地面积278万亩，创办农民专业技术合作组织1226个，开展各种培训7000余（场）次，培训农民70万人次，发放资料170万份，安置劳动力就业51.7万人，辐射带动农民143.2万人，增加经济效益209.4亿元。

2009年，我省农村科技特派行动主要从以下四方面开展了工作。

一是加大科技特派团派驻力度。科技特派团的下派工作得到了各级政府的重视和支持，深受广大农民的欢迎，在2008年派驻103个科技特派团的基础上，按照省抓县、市抓乡（镇）的原则，市级科技特派团达到190个。截至2009年，全省科技特派团派驻团队数量达到207个。特派团分别派驻到具有一定特色产业基础的县、乡，开展“一县一业”和“一乡一品”的农业特色产业基地建设。派出单位与派驻单位签订共建合同，确定特色产业基地建设目标，科技特派团成员常年深入农村生产一线，开展技术服务，并使派驻县、乡成为派出单位的科研基地、教学基地和创收基地。三年来，特派团围绕派驻县农业特色产业，从产前、产中、产后等多方面进行全方位技术服务。首批下派的12个省级科技特派团已经完成三年工作任务，收到很好的效果，深受当地政府的称赞和老百姓的肯定,其中10个科技特派团已在派驻地成立了产业化示范基地，形成了不走的科技特派团，为当地农民增产增收和农业特色产业的发展提供了强有力的技术支撑。

二是开展科技龙头企业创建活动，延长产业链。采取政府引导、市场化运作的模式，通过双向选择，从科研院所、大专院校向省内63家农业产业化龙头企业派驻了科技特派组。为企业研发新产品，改造新工艺，扶持企业提高技术创新能力和产品的市场竞争力，促进了企业快速发展，加速了农业特色产业的产业化经营，延长了产业链，提高了综合生产效益，同时，为全省农业产业化龙头企业发展提供了示范。2009年，全省63家农业科技龙头企业申请专利79项，获得授权专利34项，开发新产品355个，实现销售收入151.7亿元，利税总额10.7亿元。

三是强化科技特派员下派工作。2009年，全省已有72个县（市、区）开展了科技特派员下派工作，共派出2681名科技特派员到种养殖大户、专业技术协会、农业产业化龙头企业，采取技术入股、技术承包、技术服务和创办企业等形式，到农村创新、创业。

四是深入实施农民技术员培养工程。在总结前期农民技术员培养工程的基础上，根据农村生产实际需求，在原有花卉、药用植物、养猪、家禽、蔬菜等11个专业基础上，增设了水田和旱田两个专业，使培训专业增至13个。在培训种养殖技术的同时，强化了农民技术员现代经营及管理理念的培训，并对学员进行跟踪管理和服务，鼓励学员创办农业专业合作组织，并择优给予支持。2009年培养农民技术员1569名。学员毕业后为其颁发结业证书、职业技能证书、农民技术员证书和农民科技经纪人证书。截至2009年年底，共有3445名农民接受了培训，大批学员毕业回乡后成为致富能手，领办和创办农民专业合作社568个，发展社员近7万人，使农业产业的发展实现了规模化，并提高了农民的组织化程度，农民技术员已经成为社会主义新农村建设的一支生力军。

**【星火计划】** 2009年，辽宁省星火计划工作紧紧围绕全省县域经济发展，以科技特派行动为重点，创建农业科技龙头企业，壮大县域特色优势产业，培养农村实用技术人才，构建农村科技服务平台，促进了全省社会主义新农村建设。2009年我省获得国家级星火计划重点项目13项，资金640万元。

在项目组织和实施过程中，认真加强星火项目的立项管理，选准项目进行经济、技术、市场需求等各项分析和评估工作，引导项目强化技术示范，加速农村科技成果转化和应用，促进县域经济增长和农民增收。2009年，星火计划项目覆盖29个县（市）、181个乡（镇），覆盖农民211800人。项目覆盖区农民人均收入6262元，比2008年增收815元，其中通过实施项目促进人均增收568元。低温压榨花生油及花生蛋白系列产品开发利用项目，以黑山地区优质有机花生为原料，开发花生油及花生蛋白粉等深加工产品，全部按照良好作业规范（GMP）要求生产，企业通过ISO 9001，22000认证，并获得有机食品认证。2009年，该项目完成投入3000万元，其中，银行贷款1500万元、企业自筹1450万元、政府拨款50万元。全年加工花生1万吨，实现产值7800万元，销售收入6320万元，利税128万元，直接安排就业近200人。通过本项目的实施，建设了花生标准化种植基地3.5万亩，带动近3000农户增收。

**【农业科技成果转化资金项目】** 按照国家科学技术部、财政部《关于发布2009年度农业科技成果转化资金项目指南的通知》要求，2009年5月21日，省科学技术厅和省财政厅联合下发了《关于组织申报国家2009年度农业科技成果转化资金项目工作的通知》（辽科办发〔2009〕27号），对项目申报工作作了详细安排，并将国家分配到我省的20个推荐项目指标限额分配到各市、省直有关部门及有关大专院校、科研院所。5月22日至6月12日，各市、省直有关部门组织项目申报单位编制并在线填写申报材料。截至6月15日，通过审核的申报项目总计40项。6月16日，省科学技术厅、财政厅召开“申报2009年度国家农业科技成果转化资金项目专家评审会”，聘请专业技术、科技管理、财务管理等领域的专家对通过资格审查的40个项目进行评估论证。6月17日，省科学技术厅、财政厅根据专家组论证结果和辽宁省农业区域发展重点及农业生产发展技术需求，提出推荐项目名单，联合行文上报推荐项目20项。

2009年，辽宁省共有16个项目获得国家农业科技成果转化资金立项资助，资助总金额1130万元。获资助项目覆盖辽宁省的6个市，涉及种植业、畜牧业、水产业、农产品加工、农业资源高效利用和农业生物技术与产品6个技术领域，其中种植业5项，资助经费520万元；畜牧业2项，资助经费100万元；水产业4项，资助经费240万元；农产品加工2项，资助经费120万元；农业资源高效利用2项，资助经费100万元；农业生物技术与产品1项，资助经费50万元。

**表2　2009年度农业科技成果转化资金项目立项情况统计表**　　项

| 按地区 | 沈阳 | 大连 | 丹东 | 抚顺 | 营口 | 盘锦 |
|---|---|---|---|---|---|---|
| | 7 | 3 | 3 | 1 | 1 | 1 |
| 所占比例/% | 43.8 | 18.8 | 18.8 | 6.2 | 6.2 | 6.2 |
| 按技术领域 | 种植业 | 畜牧业 | 水产业 | 农业资源高效利用 | 农产品加工 | 农业生物技术与产品 |
| | 5 | 2 | 4 | 2 | 2 | 1 |
| 所占比例/% | 31.3 | 12.5 | 25 | 12.5 | 12.5 | 6.2 |
| 按技术来源 | 自有技术 | 产学研合作开发技术 | 国内其他单位技术 | 引进消化再创新 | | |
| | 8 | 5 | 1 | 2 | | |
| 所占比例/% | 50 | 31.25 | 6.25 | 12.5 | | |
| 按单位性质 | 农业科研院所 | 高等院校 | 涉农科技型企业 | | | |
| | 3 | 4 | 9 | | | |
| 所占比例/% | 18.8 | 25 | 56.2 | | | |

在16项获得资助的项目中，由科研院所承担的项目为3项，占18.8%；高等院校承担的项目4项，占25%；涉农科技型企业承担9项，占56.2%。具体分布情况如表2所示。

2009年的选题加大了对以企业为主体的产学研密切结合项目的支持，在我省立项的16个项目中，以企业为主体的产学研合作项目占9项，大专院校、科研院所牵头，产学研合作的项目占7项。项目承担单位均具有从事农业科技成果转化的能力，具备独立法人资格，财务管理制度健全，2008年度单位技术开发经费支出总计1.19亿元，有较高的研发、经营管理水平和较强的市场开拓能力。立项项目符合国家产业、技术政策，技术含量高，创新性较强，知识产权清晰，有1个项目的核心技术处于国际领先水平，10个项目的核心技术处于国际先进水平，3个项目处于国内领先水平。有1个项目核心技术获得国家科技进步奖二等奖，5个项目核心技术获得省科技进步奖二等奖。

项目实施后，预计产品销售收入2.6亿元，净利润4701万元，新增就业6246人，培训农民2.6万人次，带动农民增收17.7亿元。项目的实施对调整农业产业结构，提高农业综合生产能力，加速农业产业化进程，增加农民收入，改善农业生态环境和农民生活环境，确保国家粮食、食品安全等有较大的促进作用，对促进我省农业区域经济发展，积极应对国际金融危机影响有很好的推动作用。

**【第十三届中国（锦州）北方农业新品种新技术展销会】** 由辽宁省人民政府和中国农业科学院共同主办，辽宁省科学技术厅、辽宁省农业委员会、科学技术部中国农村技术开发中心和锦州等辽西蒙东经济区联合体十二市（盟）人民政府联合承办，锦州市科学技术局等七家单位协办的“第十三届中国（锦州）北方农业新品种新技术展销会”于2009年3月25—27日在义县辽西义乌商品城隆重举行。本届农展会参观人数达6万人次；来自挪威、美国、日本、约旦等9个国家和中国台湾、香港地区以及内地20多个省市区的385家客商参展；参展的新品种、新技术、新产品达7850余种。正式签约项目138个，协议金额15.6亿元。其中，国内合作项目126项，协议金额12.5亿元；外商项目12项，协议金额3.1亿元。合作项目水平也较第十二届有较大提高。

**【种子创新工程及农业重大关键技术攻关】** 组织省内各大科研院所和高等院校，采取首席专家负责制的方式，重点开展了粮食作物、蔬菜、畜牧、水产等主要农业新品种选育、引进及配套栽培技术研究工作，选育出一批适应市场的高产、优质新品种，并在全省范围及国内部分地区进行示范推广，获得很大的经济效益和社会效益，有力地促进了辽宁省主要农作物、畜禽及水产等产业的快速稳定发展。

在实施农业种子创新工程方面，主要做了以下六方面工作。

一是选育了一批优良新品种、新品系。2009年可育成玉米自交系20个，组配育种试材7万份以上，参加省预备试验新品种139个，区域试验新品种40个。育成水稻F2代材料150份、雄性不育系2个、保持系近等基因系2个、恢复系2个，筛选杂优势交粳稻测交组合501个；利用航天育种筛选出具有重要育种利用价值的变异新材料两个株系进入省预备试验，参加北方区域试验新品种7个、省区试预备试验新品种36个、区域试验新品种25个，生产试验新品种6个。配制大豆杂交新组合560个，参加国家北方春大豆区域试验新品种7个、生产试验性品种2个，参加省内区域试验新品种25个，其中有11个新品种同时参加生产试验。配制花生组合400余份，参加全国北方区花生新品种区域试验8个。

“优质广适型超级稻‘辽星1号’选育与推广”获省科技进步奖一等奖和沈阳市科技振兴奖，“沈稻（农大）系列优质、高产、专用水稻新品种选育与应用”获得省科技进步奖一等奖，“辽单565”获省科技成果转化奖一等奖，“高产优质专用花生新品种选育及配套技术研究”获省科技进步奖二等奖。

二是深化改革，推动市场化运作。根据世界育种发展规律，对能够形成自主知识产权的玉米育种工作强化市场运作，鼓励丹东农业科学院、省农业科学院玉米研究所和铁岭农业科学院等育种单位创办种子公司。三家育种单位2009年共销售玉米种子5560万公斤，获利润11120万元。对育种研究人员除正常工资收入外，按照新品种贡献分配奖金。科技人员平均奖金5万～10万元，最高达30万元。同时，积极支持育种科研单位与辽宁东亚种业有限公司在玉米、水稻新品种开发、经营及推广示范方面强强联合、开展合作，充分发挥东亚种业公司龙头企业和市场网络优势，搭建科研与市场相连接平台，示范推广新品种。

三是强化海南育种基地建设。对辽宁省农业科学院、沈阳农业大学、丹东农业科学院、铁岭农业科学院、省盐碱地研究所等主要育种单位海南育种基地建设进行重点支持。截至2009年，已投资1847万元（其中科学技术厅投入支持经费580万元），建海南基地260亩，其中丹东农业科学院总投资600万元，建成2000平方米科研楼，实验地60亩。

四是加强资源保护利用、种质资源创新和生物育种技术研究。重点强化了对玉米、水稻、大豆等主要农作物种质资源收集、整理、引进、保护和创新工作的支持，已在省农业科学院建成开放型种子资源库800平方米，可容纳种质资源20万份。2009年从国内外引进各类玉米种质资源450份，配制新组合7万个；水稻种质资源320余份，配制杂交组合2380个；大豆种质153份，配制杂交组合560个；保存花生资源2000份。这些新种质资源的引进极大地丰富了作物基因库，为辽宁省育种和研究工作提供了优良试验材料和丰富的种质资源。同时，跟踪和瞄准国内外生物育种技术发展，组织省农业科学院、沈阳农业大学、大连理工大学开展了生物工程育种。

五是加强国际合作交流和资源、人才的引进。2009年，共聘请美国、韩国、欧洲等地区专家学者20多人次进行学术交流。省稻作研究所承办了第二届温带粳稻协作网理事会年会，共有来自美国、日本、韩国、印度、菲律宾、不丹等10余个国家的40多位代表参加了此次会议。948全球水稻分子育种专家考察团来我省进行了考察和访问。2009年，各主要育种单位引进优秀育种技术人才29人，为辽宁省育种研究队伍注入了新的活力。

六是开展良种良法配套技术集成研究与示范。为充分发挥新品种的增产潜力，提高粮食综合生产能力，对近期育成的玉米、水稻、大豆优良品种进行高产栽培及综合配套技术集成研究。玉米新品种“丹玉39”“辽单565”“丹玉86”“沈玉26”“铁研29”等新品种省内推广种植面积2400万亩，占辽宁省玉米种植面积的75%左右；水稻新品种“辽星1号”“辽优5218”“盐丰47”“沈农265”“铁粳9号”等推广面积达到700多万亩，占辽宁省水稻种植面积的80%左右；铁丰（豆）、辽豆、沈农系列大豆新品种在省内种植约200万亩。选招102名主要农作物种植示范户到沈阳农业大学进行为期2个月的大田作物种植专业技术培训，为新品种、新技术示范推广奠定了基础。

实施一批农业重大关键技术攻关项目，具体内容如下。

由辽宁省林业科学研究院牵头，联合多家科研单位承担的“西北风沙区防护林体系建设”重大项目，针对我省沿海经济带和辽蒙阻沙带的现状，应用现代防护林理论及新技术，解决区域内防护林体系建设中的关键技术问题，已在丹东东港泥质海岸、绥中的万家沙质海岸、大连湾岩石海岸及风沙区康平的沙金、彰武的阿尔乡建立各种试验示范林300亩。“辽西北风沙地区生态修复关键技术、模式及其应用研究”，构建新型现代农业生态修复模式10个，采用Topsis法和5类评价指标，建立起不同生态模式的评价体系，并筛选出适宜该地区栽培的优良植物品种21个，制定实用技术规程8个，累计推广应用200余万亩，新增经济效益4.9亿元。

辽宁省动物疫病预防控制中心针对高致病性猪蓝耳病（简称HPPRRS）的防控技术进行集成示范，利用HPPRRS分子流行病学监测方法和手段，在全省范围内建立了病毒感染状态的跟踪监测机制和网络平台，监测布局和范围覆盖全省14个市77个县（区、市）的276个目标场(户)，为HPPRRS疫情的预警、防控及政府决策提供了技术支持。

针对主要农作物生产上病虫害严重发生、造成产量损失等问题，重点开展病虫害发生规律及综合防控技术研究。省农业科学院植保所在国内外首次发现并报道了玉米鞘腐病和玉米顶腐病两种新病害，首次对玉米新病害——黑束病、北方炭疽病——进行了系统研究，提出了有效的防治措施；省植物保护站针对西瓜病毒病发生规律，研制出有效遏制西瓜病毒病扩散蔓延的综合防控措施。同时，开展病毒速测技术研究，实现病毒快速检验鉴定。制定出《黄瓜绿斑驳花叶病毒检验检疫鉴定技术规程》《黄瓜绿斑驳花叶病毒普查监测技术规程》和《黄瓜绿斑驳花叶病毒防控技术规程》等3个标准，有力地保障了我省西瓜产品安全和瓜类产业的健康发展。

“辽宁农村储粮装备技术及绿色储粮示范”项目，针对辽宁农村储粮技术落后、设施简陋、产后损失大、科学储粮意识差等突出问题，研制出具有自主知识产权的钢制矩形、可拆卸圆形及木质结构三个系列农户新型储粮仓，填补了辽宁省农户储粮技术空白，并获两项国家专利。截至2009年年底，已在全省8个市、10个县建立示范区10个、示范户6340个，并辐射周边农户1万户，粮食仓储量达8.17万吨（单仓容量平均按照5吨计算），每年可减少粮食损失4902吨，直接为农户增收745万元，平均每户增收456元。

“辽宁省中小型水库防洪减灾预报预警系统研究”项目，编制出《辽宁省中小型水库防洪减灾体系现状调查报告》，开发出中小型水库洪水预报调度模型、中小型水库抗雨能力分析模型、模糊综合评价模型、灰色关联度评价模型和人工神经网络评价模型等相关专业模型。

“柞蚕生态蚕场建设研究”项目，运用树型养成技术、菌根菌肥培技术等生物及工程措施，在宽甸、凤城两地改造退化蚕场约2万亩。

（辽宁省科学技术厅农村科技处　单葆成）

# 社会发展科技

**【概述】** 2009年，全省社会发展科技工作按照省委、省政府转变科技创新工作思路的总体要求，以建设辽宁（本溪）生物与医药产业基地为工作重点，大力组织实施“民生科技行动”，各项工作进展顺利。

**【辽宁（本溪）生物医药产业基地建设】** 全面贯彻落实省委、省政府提出的加快本溪生物医药产业发展，打造千亿元产值生物医药产业基地的战略决策，全力推进辽宁（本溪）生物医药产业基地建设。

一是深入开展科技招商，签约入驻项目全面开工。截至2009年年底，累计签约入驻项目达150项（生产类项目119个，研发类项目31个），项目总投资130亿元，达产后可实现年销售收入340亿元；开工建设生产型项目达65个，其中完成内部装修4家，正在进行内部装修8家，主体施工25家，基础施工15家，场地平整13家。

辽宁科技学院于9月搬迁至基地，并全面

投入使用，总投资7亿元；沈阳药科大学本溪校区已完成征地工作，准备开工建设，计划招生6000人；中国医科大学临床医药学院搬迁工作也在积极推进中。

二是推进研发体系建设，构筑中国药都创新体系。10月23日，“中国药都”——辽宁（本溪）生物与医药产业基地研发中心正式揭牌启动运行，辽宁省药物研究院本溪分院等5家科研机构成为首批进驻单位。该研发中心占地3.5万平方米，建筑面积4.8万平方米，总投资2.4亿元。已签约入驻科研机构31家，投资额4.1亿元，运营后可实现年产值6.7亿元。其中，国家级科研机构3家，国外科研机构4家，大专院校科研机构2家，省属科研机构4家，民营及股份制科研机构18家；引进海内外优秀科技人才252人，吸引国际领先水平项目36项、国家级项目26项，拥有在研新药品种146个；初步构建起现代生物药、化药、现代中药、医疗器械、保健食品等5个板块的科技创新体系，并形成了三维微型器官药物筛选等6个颇具特色的核心技术平台和药品检测等6个支撑服务平台。

三是成功举办第六届全国健康科技高峰论坛、辽宁（本溪）第二届生物医药高新技术交易会，提升了中国药都的知名度。

5月15日，中国生物技术发展中心、辽宁省科学技术厅等单位成功主办了以“发展健康产业，打造中国药都”为主题的第六届全国健康科技高峰论坛。国家科学技术部、辽宁省、本溪市有关领导，以及省内外医药界教授、专家，国内企业代表等500余人参加了论坛。会议围绕“中药现代化进展与组分中药”“创新药物研究的趋势和对策思考”“前进中的中国生物制药产业”“中国医药研究的重点与方向”等议题，特邀天津中医大学张伯礼院士、中国科学院上海药物所/上海中医药大学陈凯先院士、第四军医大学陈志南院士和中国生物技术发展中心王宏广主任等知名专家作了精彩报告。论坛期间，召开了以“权威专家把脉，助推基地发展”为主题的辽宁（本溪）生物医药产业基地规划论证会，邀请产业界顶尖专家对基地发展模式、重点行业选择、政府角色定位提出了宝贵意见和可行性建议。

8月6日，国家科学技术部、辽宁省人民政府共同举办了辽宁（本溪）第二届生物医药高新技术交易会。会议以“创新、投资、合作、共赢”为主题，突出生物医药与生命健康产业特点，以新产品交易、国际科技交流合作、项目对接、投资洽谈为主要内容，着眼吸引国内外技术成果和资本参与中国药都建设，着力构建生物医药企业与国内外科研院所、大专院校之间互利双赢、竞争开放的长期合作平台。全国人大常委会副委员长桑国卫、辽宁省省长陈政高、国家科学技术部副部长刘燕华、辽宁省副省长滕卫平等出席大会。会议吸引了美国艾利西斯公司、美国开泰克斯国际集团以及天津天士力集团、东北制药集团、吉林修正药业集团、石药集团等295家国内外企业参会，171家企业参展，省内外5万余人参与交易，实现合同成交额9600万元。

**【社会发展领域科技进步】** 辽宁省农村卫生适宜技术推广示范项目自2008年启动以来，在庄河、本溪、建平、西丰、阜新、大洼等6个县（市）共推广了胃癌早诊早治技术、白内障早期诊断与防治技术等18项安全、有效的农村卫生适宜技术，取得了显著的经济效益和社会效益。截至2009年年底，共有684名乡村医生和1284名计划生育专职干部活跃在技术推广第一线，培训乡村医生和计划生育专职干部2.45万人次，诊疗病人25万人次，对14.7万35岁以上人群进行了高血压病的筛查，检出2.3万名高血压患者，纳入统一健康管理。基本形成了“百名医生下乡指导、千名乡医得到培训、十万农民获益治疗”的“百千万”农村卫生适宜技术推广模式，呈现出“专家下基层，技术获推广，农民得实惠”的局面。

在社会事业科技创新方面，重点开展了三方面工作：一是按照国务院批转的《节能减排统计监测及考核实施方案和办法》，逐一对照检查，顺利通过国家考核；二是完成省目标管理委员会办公室组织的生态省建设目标考核；三是按照省委、省政府要求，按季度上报科技服务业发展情况。

**【实验动物管理与科技执法】** 一是制定了《辽宁省实验动物从业人员培训考核管理暂行办法》《辽宁省实验动物许可证年检实施细则(暂行)》《辽宁省实验动物许可证验收细则(暂行)》《辽宁省实验动物质量合格证管理暂行办法》等规章，通过两期培训，共有86人获得“实验动物岗位从业人员证书”；二是筹建了“辽宁实验动物管理信息平台”，实现全省实验动物管理工作的信息化、网络化；三是依托辽宁长生生物技术有限公司组建辽宁（本溪）生物医药产业基地动物实验中心，建设全省最大的实验动物供应基地，为做大做强我省实验动物产业提供支撑。

**【创建国家可持续发展实验区】** 2009年，沈阳市铁西区和本溪市南芬区被国家科学技术部批准成为国家可持续发展实验区，成为继沈阳市沈河区后，我省新增的2个国家可持续发展实验区。这3个实验区的创建，不仅扩大了可持续发展实验区在我省的影响，也为重工业区、矿区、商务区的可持续发展作了有益的探索。

**【申报国家科技计划项目】** 一是积极争取国家“重大新药创制”科技重大专项支持，构建中国药都新药研发大平台。通过广泛征集、专家咨询、项目论证、组织申报，向国家申报课题127项，30项获国家支持，累计经费近2亿元。沈阳药科大学牵头的“辽宁省综合性新药研发技术大平台”获资助经费8000万元，是东北三省唯一的新药研发大平台。东北制药集团股份有限公司申报的“东北制药集团新药中试技术平台建设”获得经费资助1200万元。二是积极争取国家资源环境领域科技经费支持。在充分调查的基础上，凝聚资源环境和海洋工程领域等一批重大科技项目，积极组织申报国家科技计划项目。

（辽宁省科学技术厅社会发展处　于丹梅）

# 创新平台管理

**【概述】** 2009年，全省科技创新平台管理工作按照省委、省政府对科技工作的新要求，紧紧围绕科技中心工作，加快推进我省工程技术研究中心建设，不断加大科技型中小企业科技创新的投入，有力地促进了我省科技型中小企业的快速发展。

**【工程技术研究中心建设】** 继续加快推进全省工程技术研究中心（以下简称“工程中心”）的建设，重点支持科技型中小企业建立企业工程中心，加强为中小企业提供技术支撑的行业工程中心建设，全面提升企业的科技创新能力。截至2009年10月底，全省新增各类研发中心161个，其中省级工程技术研究中心70个。全省已建成省级以上各类研发中心（工程实验室）共计703个，比2008年同期增长26.5%，其中省科学技术厅批建省级工程技术研究中心317个，省发展和改革委员会批建省级工程研究中心、工程实验室共35个，省经济和信息化委员会认定企业技术中心351个。全省省级以上企业研发中心（工程实验室）总数超过600个，占总数的85.3%。鞍山聚龙金融设备有限公司、瓦房店轴承集团有限责任公司两家省级企业工程技术研究中心通过国家评审，升级为国家级工程技术研究中心。2009年，有40家省级工程技术研究中心通过省级验收，验收合格的中心总数已经达到93家。

2009年，全省工程中心所属企业销售收入达2800亿元，同比增长21.7%；开发新产品4603个，为2008年的1.4倍；新产品销售收入达984.2亿元，同比增长28.3%，新产品产值占销售收入的比例超过35%。三一重型装备有限公司、朝阳森塬活性炭有限公司、辽宁（阜新）太克液压机械有限公司等一批企业销售收入增幅都在50%以上，企业成长十分迅速。

2009年，全省工程中心所属企业新产品开发经费支出额达108.37亿元，同比增长40%；企业科技活动经费支出占企业年销售收入的比例为5.5%，同比增长0.3个百分点。沈阳鼓风机集团股份有限公司的科技活动经费支出3.78亿元，占销售收入的比例超过5.5%，仅新产品开发经费支出就超过2.9亿元；大连捷成实业发展有限公司、鞍山市宏源自动化工程有限公司等一批中小企业的科技活动支出都超过了15%。

2009年，企业工程中心承担国家、省部级科技项目共计2609项；申请专利1643项，授权专利940项；主持和参加制定国际、国家与行业标准402项。辽宁恒星精细化工（集团）有限公司的印染化学工程中心，全年自主研发新产品取得新成果23项，开发新技术23项；辽宁聚龙金融设备股份有限公司的金融设备工程中心承担“863”计划等国家项目4项，自主研发项目39项，申请发明专利53项；三一重型装备有限公司开发新装置5套，申请发明专利197项，参与制定国家行业技术标准24项。

截至2009年年底，全省企业工程中心共有职工17664人，其中，院士44人、博士后148人、博士976人、硕士2595人，本科以上学历人员占职工总数的63.5%，有中级以上职称人员约占职工总数的50%；培养和培训各类管理、技术与工程人员9.5万人次。

2009年，行业工程中心取得国内领先和国际领先的技术成果1277项，获得国家、省级自然科学、技术发明和科技进步奖472项，形成间接经济效益213亿元。中心通过技术入股或转让、工程承包、技术服务等方式转化成果2502项，推广新技术及新工艺781项、新产品10653个、新设备8351台（套），完成“交钥匙工程”178项，实现科技成果向企业转移，辐射到全省乃至全国的千余家企业，所有指标较2008年都有大幅增长。

沈阳化工学院的高分子材料工程中心实施开发的大型输水工程项目——“高性能止水带”——于2009年完成施工建设，并已在沈阳橡胶四厂、衡水宝力工程橡胶公司和大禹工程橡塑科技开发有限公司完成工业化，已实现新增产值1.24亿元以上，2010年新增产值可超过2亿元。此外，该项目还被成功应用于大伙房输水工程和德日苏、三湾等大型水利工程；沈阳铸造研究所的铝镁合金材料及其先进铸造成形工程中心生产基地已建成了3条铝镁合金变压反重力铸造生产线，开发了10余项专利技术，为我国航空航天、高新工程及杀手锏武器等30余项重点项目配套了数百种优质铸件。同时，还为国内多家航空企业进行配套，为用户节约数亿元成本。此外，该中心还解决了重要构件制造“瓶颈”

问题，保证了型号研制进度，推动了我国航空、航天领域的跨越式发展；辽宁省煤矿安全工程中心共承担完成“瓦斯涌出指标连续性突出预测装置”等国家“973”计划和“十一五”科技支撑项目61项，推广新技术及新工艺10项，完成“交钥匙工程”2项。该中心为上百家煤矿企业提供技术服务，创造的经济收入每年可达到5亿～10亿元，解决了煤矿企业的安全技术问题，排除了重大安全隐患，大幅度提升了矿井的安全保障水平，实现了安全生产，取得了巨大的经济效益和社会效益。

**【工业技术研究院建设】** 2009年，根据全省各个地方的经济发展需求，结合区域产业优势，继续有重点地围绕特色产业基地建立共性关键技术的研发平台，在进一步完善辽阳芳烃技术研究院、抚顺精细化工应用技术研究院建设的同时，加快推进营口镁质材料等研究院的筹建工作，以更好地为产业发展的共性关键性技术攻关及成果转化提供创新平台支撑。

（1）辽阳芳烃技术研究院。结合芳烃基地的特点、地区资源情况和行业发展态势，提出“芳烯结合”理念，致力于发展六个产业链条和五大产业集群，初步规划了己内酰胺等28个有市场、有技术、有经济效益、有规模的项目，同时形成了二羧酸等22个储备项目；先后多次深入中国石油辽阳石化公司进行调研，全面、深入了解辽化公司现有原料资源情况和未来达到千万吨煤油能力所形成的有关原料资源情况，在此基础上形成的有关资料为开发项目和申报特色产业基地提供了科学依据，并为辽阳市政府与中国石油东北销售公司签署资源合作框架协议提供了重要依据；先后赴山西、江苏、浙江、吉林、上海、北京等地的科研院所、大专院校及相关企业进行项目调研和信息交流；积极开展招商引资工作，多次参加江苏、浙江、广东等地的招商活动；通过赴韩国进行科技招商，先后与SK等6家大型企业洽谈了10余项科技项目，并提出了15项技术交流项目，并与韩国蔚山精细化工协会建立了良好的合作关系。

（2）抚顺精细化工应用技术研究院。重点开展“双百工程”（即建立百项科技成果项目库，建立百名石油化工和精细化工方面专家人才库），并取得阶段性成果。聘请了40余位在石油化工领域具有较高造诣的博士、教授为外聘专家，收集了部分院校及部分专家的科技成果逾百项。该研究院借助自身的平台优势，将抚顺石油化工研究院的“页岩油加氢生产清洁油品”课题项目完善后，推介给抚顺矿业集团。抚顺矿业集团已决定投资该项目。该研究院还与辽宁汇能新材料有限公司紧密结合，重点给予资金和技术支持，通过合作，全力解决制约企业发展的“瓶颈”问题。

**【科技创新示范企业培育与管理】** 2009年，81家科技创新示范企业实现产值402.15亿元，同比增长16.32%；销售收入382.22亿元，同比增长17.78%；利税57.66亿元，同比增长23.13%；新增固定资产投资25.73亿元，同比增长24.24%；投入研发经费20.41亿元，同比增长18.25%；开发新产品956个，新产品产值123.35亿元，同比增长17.67%。在81家科技创新示范企业中，销售收入增幅接近或超过50%的企业有13家。

三一重型装备有限公司紧扣市场脉搏，采用为用户量身定做的经营模式，生产联合采煤机组系列产品。公司全年开发新产品80个，新产品产值逾10亿元，销售收入20亿元，同比增长172%；辽宁（阜新）太克液压机械有限公司为应对经济危机，及时对产品结构进行调整升级，采用全新工艺生产的精密铸件，在保证质量的同时，大大降低了成本，产品供不应求，全年实现销售收入突破

20亿元，同比增长也超过100%；盘锦辽河油田派普钻具制造有限公司通过与清华大学、北京理工大学开展产学研合作，打造了一支由国内外专家和厂内技术骨干组成的研发团队，研发高性能长寿命石油钻杆表面处理技术，并就地转化形成自身的核心竞争力，市场销售订单在经济危机的大形势下不降反升，全年实现销售收入4.8亿元，同比增长74%；朝阳森塬活性炭有限公司以朝阳新能源（超级电容器）产业基地建设为契机，以辽西地区丰富的特产杏壳为原料，通过与韩国三莹公司和俄罗斯ESMA公司合作，其电容器专用活性炭生产工艺日趋完善，技术指标已达到国外同类产品先进水平，全年实现销售收入近2亿元，同比增长44%。

**【科技型中小企业创新基金运营】** 为做好2009年科技型中小企业创新基金计划项目工作，充分体现政府资金的宏观引导作用，明确创新资金年度支持重点和技术领域发展方向，结合全省经济社会发展需求、科技发展趋势和全省科技中小企业的特点，突出对初创期科技型中小企业在市场竞争前的技术创新行为和高端技术开发项目进行支持，编制了《2009年度科技型中小企业技术创新资金若干重点项目指南》，引导科技型中小企业技术创新和产品开发，鼓励科技型中小企业在技术前沿领域展开竞争，发挥政府投入的杠杆作用，调动企业和广大科技人员创新创业的积极性。

2009年度创新基金计划支持重点为：先进装备制造、新材料、信息技术及产品、现代农业；创业中心和孵化器内具有一定基础的初创期科技型中小企业；利用银行贷款扩大生产规模的成长期科技型中小企业；辽西北地区具有一定技术含量、市场前景好、有地方特色和优势的项目。

2009年度网上申报创新基金项目724项，经各市科学技术局、财政局和中省直部门按照项目申报指南的要求与支持重点，联合推荐300个项目，根据专家评审结果，经省科学技术厅、财政厅批准确定2009年度省本级立项共计112项，创新资金项目支持总额度为2000万元。

按照国家科技型中小企业技术创新基金的要求，2009年，辽宁省的国家创新基金工作以技术创新项目为对象，以市场为导向，重点支持技术的第一次商品化过程，重点支持种子期项目和初创期企业。当年全省共获得国家创新基金立项164项，计划资助金额9100万元。其中，无偿资助项目147项，立项金额7630万元；服务机构补助项目12项，立项金额700万元；重点项目5项，立项金额770万元。

沈阳、大连、鞍山、抚顺、丹东等市也建立了市本级创新基金，全省创新基金的总量已近1亿元。创新基金计划的实施，对于探索建立以政府投入为引导、企业投入为主体、银行等金融投资为支撑的多元化投入体系，改善科技型中小企业的投融资环境，具有重要的示范引导作用。

2009年，按照《辽宁省科技型中小企业技术创新资金管理暂行办法》的要求，通过精心组织，周密部署，构建形成了创新基金计划工作体系，有效地保证了创新基金计划的顺利实施。截至2009年，全省有9家单位获准成为国家创新基金的项目组织单位，建有国家创新基金计划地方评审专家库，入库专家近2000人，形成了较为完备的国家创新基金计划工作体系；省创新基金计划的实施结合省情特点，建立了由各市科技、财政管理部门及省直有关部门分工负责的推荐体系和较为严密的专家评审体系；多次举办创新基金计划专题讲座，全年累计培训400多家企业、800多人；科技管理部门和科技中介机构积极为企业申报提供咨询服务，使创新基金计划项目的受理审查合格率由最初的80%上升到目前的90%，立项率由最初的22%提高到目前的32%。

为推进全省科技型中小企业进入资本市

场，解决科技型中小企业融资难的问题，根据省政府《关于加快推进企业上市工作的实施意见》（辽政发〔2008〕20号）的文件精神，积极推进符合创业板条件的优质企业加快上市，建立了全省科技型企业后备上市资源库。2009年7—10月，沈阳新松机器人自动化股份有限公司、辽宁奥克化学股份有限公司、丹东欣泰电气股份有限公司分别通过中国证券监督管理委员会审核批准，公开发行股票并在创业板上市。

根据《关于对创新基金服务机构进行专项查检工作的通知》（国科企金〔2009〕24号）要求，依据《科技型中小企业技术创新基金服务机构工作规范》，省科学技术厅组织全省的创新基金服务机构开展了自查工作。本次专项检查结果表明，全省的9家创新基金服务机构皆未出现违规行为。

（辽宁省科学技术厅创新平台管理处　张开）

# 科技创新人才管理

**【概述】** 2009年，辽宁科技人才工作从建设创新型辽宁、振兴辽宁老工业基地的实际需要出发，采取了一系列新措施，进一步加强科技创新人才的培养、引进和合理使用，使得一大批优秀科技人才脱颖而出，打造形成了一支具有较强创新能力的科技人才队伍，从而为辽宁省经济社会实现又好又快发展提供了重要支撑和有力保障。

**【两院院士工作】** 2009年，经过严格评审，全省共推荐上报两院院士候选人11人，并全部通过“两院”的资格审查。经过多轮极其严格的遴选和评审，来自沈阳农业大学的院士候选人陈温福当选为中国工程院院士，来自中国科学院沈阳分院的院士候选人包信和当选为中国科学院院士。

截至2009年年底，辽宁省共有两院院士49位，其中中国科学院院士22位，中国工程院院士27位，总数位居全国第4位。院士所在单位主要集中在沈阳、大连地区。其中，大专院校18位，科研院所22位，企业9位。

2009年，共发放院士津贴294万元。有关部门和单位在工作环境、助手配备、经费保障等各个方面积极创造条件，免除院士们的后顾之忧，使院士们不仅能够更好地开展科研活动，而且培养造就了一大批优秀人才。在我省工作的每位院士都带有一定数量的学生，有的甚至带领着几十人的科研创新团队。

**【企业创新团队和创新人才培育】** 2009年以来，辽宁省按照国家重点产业调整和振兴规划，结合辽宁产业发展需要，着力加强原始创新、集成创新和引进消化吸收再创新，通过产学研合作，为企业培养自主创新团队和创新人才。2009年，全省新增各类省级研发中心161个，省级以上企业研发中心达到619个，产学研技术联盟达535家。企业创新团队紧紧依托工程中心等研发机构，积极开展技术创新与研发，全年攻克重大关键技术200项，研制出重大装备和新产品50项；开发新产品4603个，为2008年的1.4倍；实现新产品销售收入984.2亿元，比2008年增长28.3%，新产品销售收入占总销售收入的比例超过35%。

支持本溪生物医药产业基地、抚顺先进装备制造业基地、阜新液压产业基地、辽宁（万家）数字技术产业基地、朝阳新能源（超级电容器）产业基地等5个特色产业基地建设研发中心；在第十届中国海外学子辽宁（大连）创业周期间，组织“基地行”等活动，为我省特色产业基地吸引和集聚了一大批创新团队和创新人才。截至2009年年底，本溪生物医药产业基地已建成了10万平方米的研发和孵化中心，入驻研发企业达31家；沈阳药科大学、中国医科大学、辽宁中医药大学和辽宁科技学院等4所大学相继入驻；年培训能力1.2万人的实训基地正在抓紧建设中。

**【博士科研启动基金计划】** 2009年，博士科研启动基金计划紧密结合全省科技资源优势和实际情况，重点资助能够形成自主知识产权的应用基础研究和解决我省科技、经济与社会发展重大关键问题的项目。计划实施坚持项目承担单位人才培养、学科发展目标与省博士科研启动基金资助目标相结合，注重科学水平和预期应用成果。

为了确保申报项目的质量，2009年辽宁省博士科研启动基金项目申报继续实行限项申报原则。全年共受理71个单位的442个项目，经过评审，共资助118个项目，项目涉及先进装备制造、电子信息、新材料、农业、生物与医药、医疗卫生和新能源、资源与环境等七大领域，资助金额总计400万元。

**【职称评审】** 按照省人力资源和社会保障厅要求，结合辽宁省自然科学研究系列职称工作实际， 2009年度继续开展辽宁省自然科学研究系列专业技术人员职称评审工作。按照《辽宁省自然科学研究系列高、中级专业技术资格评审标准》，经过辽宁省自然科学研究系列高级职务任职条件评审委员会例会评审，共有3名同志获得研究员职称资格，有14名同志获得副研究员职称资格，有30名同志获得助理研究员职称资格。

**【高层次科技人才引进】** 2009年，以第十届中国海外学子辽宁（大连）创业周为平台，继续大力引进国外高层次科技人才。本届“海创周”以“贯彻国家‘千人计划’，汇聚海外高端人才”为主题，紧紧围绕辽宁沿海经济带开发开放战略，搭建人才对接平台。“海创周”期间，举办了国家第二批海外高层次人才创新创业基地授牌仪式、“千人计划”大型政策说明展、国家海外高层次人才创新创业基地发展成果展等活动。通过海外高层次人才交流洽谈会和辽宁海外人才引进洽谈会，国内近千家企业、科研院所、大专院校等单位与海外高层次人才直接对接洽谈，达成用人意向1450个，创历届“海创周”最高纪录。

（辽宁省科学技术厅人事处　郎国鹰）

# 科学技术协会工作

**【概述】** 辽宁省科学技术协会的前身是中华全国自然科学专门学会联合会沈阳、旅大分会和辽宁省科学技术普及协会。1959年3月合并组建辽宁省科学技术协会。辽宁省科学技术协会现有省级学会116个，市级学会693个，县(市、区)级学会822个，市（地）科学技术协会14个，县（市、区）科学技术协会104个（含开发区科学技术协会4个），乡镇、街道科学技术协会1430个，企业科学技术协会509个，高校科学技术协会52个，科研院所科学技术协会39个，农业技术协会1942个。

**【城区科普活动】** 2009年，新办社区科普大学分校200余所，社区科普大学总数已超过1200所，占全省社区总数的30%。大学现有授课专兼职教师、科普志愿者4000余人，在校生达6万余人，成为深受社区居民欢迎的公益学校。辽宁省科普示范城区创建活动取得阶段性成效，11个城区通过了检查验收。

9月19日，在铁岭市举行“辽宁省暨铁岭市‘全国科普日’活动启动仪式”，全省70余万民众参加了科普日活动。

首次启用Ⅱ型“科普大篷车”，在沈阳、营口、铁岭和朝阳等地开展活动24次，巡展达120天，行程1万多公里，接待观众12万多人，赠送科普图书6万余册。

开展“5·12”全国防灾减灾日、防控甲型流感和日全食科普宣传活动。

**【农村科普活动】** 启动实施“科普惠农示范工程”，集中扶持30个科技含量高、产业带动大、辐射能力强的示范典型。在中国科学技术协会开展的“科普惠农兴村计划”活动中，辽宁省获奖33项，得到国家财政部奖励510万元。推进科普惠农“站、栏、员、校”建设，2009年新建科普活动站773个、宣传栏809个、科普学校757个，培养科普宣传员859人。开展全省县（市、区）科普网站操作员培训工作，推动县级科普网站建设，全省已有28个市、县（市、区）建立了科普网站。在中国科学技术协会开展的“IT科普百城行”活动中，我省有11个县（市）、区得到资助，建立了21个“华硕科普图书室”，有8万多册科普图书常年提供借阅服务。北票市、建昌县科学技术协会成为中国科学技术协会首批县级科普大篷车试点单位。大学生科普志愿者工作取得阶段性成果，大学生村官已经成为农村科普工作的新生力量。

省科学技术协会与省邮政公司联合开展“绿色科普信使行动”，为20个县（市）的696个农村科普宣传栏投递、张贴科普挂图，使广大农民享受到绿色科普信使传播科普知识的方便与快捷。

12月5日，由省科学技术协会、省委宣传部、省科学技术厅、盘锦市政府联合主办，盘锦市科学技术协会、辽宁兴隆大家庭商业集团有限公司承办的辽宁省暨盘锦市第二十二届“科普之冬”启动仪式在盘锦市辽河美术馆隆重举行。本次活动以“科普惠农，科协搭桥，农产品进超市”为主题，组织辽宁省获得国家财政部、中国科学技术协会表彰的“科普惠农兴村计划”项目的农产品和农业技术协会生产大户的名、优、特农产品进超市，参展产品包括蔬菜、水果、粮油等20余个品类1000余个品种，售款达40多万元。有7家农业技术协会与商家签订供货协议，31家签订意向合同。

**【科技项目与成果】** 继续实施重点学术活动立项制度，共有50个重点学术活动获得立项并得到经费支持，省级学会共举办各类学术活动388次，参加人数达5万人次，交流论文1.26万篇。2009年辽宁省自然科学学术成果奖共评出获奖成果1568项，其中论文1402项，著作146项，建议20项。继续实施“海外智力为辽服务行动计划”，2009年辽宁省共入选3项，全省累计入选37项。

编印10期《科技专家建议》，其中“关于如何建设好辽宁（丹东）仪器仪表产业基地的建议”获得省委书记王珉、省长陈政高的重要批示；“重视土壤污染 科学保护和开发优质土地资源”获得省委常委、省纪委书记王俊莲的批示。组织水利等10个学会完成“辽宁省建筑节能技术发展报告”等10个行业科技发展报告；“省级学会发挥产学研合作平台作用的研究”等15个软科学课题全部按照要求结题。

3月5日，成功举办了以“农业环境污染与农产品安全”为主题的“2009年辽宁农业灾害预测及减灾对策科技论坛”，编印了《减轻农业灾害白皮书》，提出了17项灾害预测和防灾、减灾对策综合建议。“讲理想、比贡献”活动共提出合理化建议2万余条、立项3万余项，参加活动的科技人员10万多人，创造经济效益近20亿元。分别在营口、盘锦、丹东市举办“以色列专家果蔬生产与病虫害防治培训班”，介绍以色列在果蔬生产与病虫害防治方面的先进生物技术和科学生产栽培技术。“金桥工程”工作扎实开展，已完成省级立项101项，取得经济效益17.5亿元，节约资金5.1亿元；实施了孵化资金管理办法，各市科学技术协会完成上报孵化资金项目22项。

**【科技管理】** 修改后的《辽宁省科协条例》已经由省人大常委会讨论通过，明确了各级政府要把科协的行政、事业和学术交流、科普经费列入同级财政预算，并随着财政收入的增长而逐年有所增加；省、市、县三级科普经费分别达到本辖区常住人口每人每年不低于0.50元的投入水平。出台了《关于进一步加强科协“建家”工作的若干意见》，明确了工作目标、主要任务、项目实施和保障措施。制定并下发了《辽宁省科协资助出版优秀自然科学专著的实施办法（试行）》，2009年有11部优秀专著获得资助。制定并下发了《辽宁科技决策咨询专家库建设实施方案》，已将辽宁省先进装备制造等九大领域的960名专家信息录入“辽宁高层次科技专家库”。

**【科技合作与交流】** 3月29日，“辽宁省创建院士专家工作站经验交流会”在沈阳宾馆召开，中国科学技术协会计划财务部部长彭友东、咨询中心副主任王志舜等领导和11名院士，以及全省各市科学技术协会负责同志和30家省级学会的秘书长出席会议。截至2009年年底，全省已建设“院士工作站”50家，进站“两院”院士210人。省科学技术协会编辑整理的中国工程院院士刘大响关于“‘院士工作站’作为科技人员服务企业的有效形式值得推广”和“关于进一步推动‘院士专家工作站’建设的建议”获得中共中央政治局委员、国务委员刘延东的批示：“院士工作站”是一个科技人员服务基层、服务企业，推动产学研结合的好创意、好形式。

7月20—23日，由省科学技术协会、省农业产业化办公室主办，朝阳市科学技术协会、市农业产业化办公室、市人才办承办的“以色列·中国辽宁农业商务暨朝阳农业产业化发展科技论坛”在朝阳市举行。来自全市农业产业化龙头企业的管理和技术人员、各县（市）区农业专业技术干部等100多人参加了论坛。

9月21—22日，省科学技术协会，丹东市委、市政府，国家仪器仪表学会成功举办了主题为“科技创新引领产业振兴——建设现代仪器仪表产业基地”的辽宁省第三届学术年会。这是首次采用以官产学研合作为区域经济、产业发展和企业成长服务的办会模式。省长陈政高为年会发来贺信，副省长滕卫平出席会议并讲话。会议邀请我国仪器仪表和工业自动化领域著名科学家金国藩等14名院士和专家、北京京仪集团有限责任公司总经理史红民等8位领军企业负责人为丹东仪器仪表产业发展把脉支招。年会包括全省50个分会场，还组织开展了一系列富有成效的主题报告、高峰论坛、企业对接、院士专家企业行等活动。辽宁机电学院与哈尔滨仪表所达成联合办学合作协议。本届年会荣获“2009年第四季度省直机关最佳实事”奖。

**【科技人才与队伍建设】** 2009年，进行了辽宁省科协系统干部队伍状况调查。全省科协系统专兼职人员总数12083人，其中专职人员2723人，兼职人员9360人。

省科学技术协会、省委组织部、省人事厅、省科学技术厅联合进行了第七届辽宁青年科技奖的评选。经有关单位推荐，辽宁青年科技奖评审委员会评审、公示和社会公众投票评选，辽宁青年科技奖领导小组决定，授予李耀祖等42人第七届“辽宁青年科技奖”，授予杨宥人等10人第七届“辽宁青年科技奖十大英才”称号。

**【全民科学素质工作】** 完成了《2007年辽宁省全民科学素质调查报告》，结果显示，2007年辽宁省公民具备科学素质的比例为4.2%，比2005年提高了0.67个百分点。其中，领导干部和公务员具备科学素质的比例为15.97%，城镇劳动者为5.35%，农民为2.14%。与全省同步调查的本溪市公民科学素质水平为3.86%、辽阳市为3.6%、盘锦市为3.74%、葫芦岛市为3.06%，从不同的角度反映了辽宁省实施《科学素质纲要》三年来取得的成效，同时也为完善监测评估体系，实施科学决策提供了基础数据。

**【科普资源共建共享】** 稳步推进辽宁省科普展品展具中心建设工作。第一批趣味数学、力学与机械、电与磁、航空航天等4个主题展览，分别在葫芦岛、丹东、营口、铁岭展出，共接待观众8万多人次，发挥了中心的集散和辐射功能。全省2151个在民政部门登记的农村专业技术协会被纳入“文化信息资源共享工程”二期建设规划，已经为这些农业技术协会全部免费安装了电视机顶盒，将辐射10万农户。在辽宁电视台开办的《科普与生活》栏目已播出138期，为文化资源共享频道开办的《科普与生活》、《科技致富》和《科普大篷车》等3个栏目提供了160期节目。辽宁省利用电视传媒普及科学知识工作已走在全国前列。省科学技术协会主编的《建设社会主义新农村科技丛书》有10种被列入“全国农家书屋工程”备选书目，27种被列入“辽宁省农家书屋工程”备选书目。该丛书再版11万册，被列为国家出版基金资助项目。

**【重要活动】** 10月20日，辽宁省科学技术协会成立50周年纪念大会在辽宁人民会堂举行。省委书记张文岳、省长陈政高、省委副书记张成寅、中国科学技术协会副主席齐让等出席会议，张文岳、齐让发表了重要讲话。

张文岳代表辽宁省委、省人大、省政府、省政协，向省科学技术协会50周年华诞表示热烈的祝贺，向全省科协系统的广大干部职工和工作在各条战线上的广大科技工作者致以崇高的敬意和亲切的问候。他指出，50年来，全省各级科协组织和广大科技工作者在党委、政府的领导下，紧紧围绕中心、积极服务大局，充分发挥优势、认真履行职责，开拓进取、顽强拼搏，为全省经济社会发展作出了重要贡献。实践证明，科协组织是推动科技事业发展的重要力量，科技工作者是引领科技创新的主导力量，科技创新是经济社会发展的重要引擎。

齐让代表中国科学技术协会向辽宁省科学技术协会成立50周年表示热烈祝贺。他指出，各级科协组织要把学习贯彻胡锦涛总书记在纪念中国科协成立50周年大会上的讲话精神作为重要的政治任务，自觉把思想统一到党的十七大和十七届三中全会精神上来，团结带领广大科技工作者，以国家需要为最高需要，以报效祖国为最高职责，锐意进取，开拓创新，为保持经济平稳较快发展、促进社会和谐稳定作出新的更大的贡献。

此外，省科学技术协会还组织开展了以“服务科学发展、助推全面振兴”为主题的系列宣传活动，大力宣传辽宁省科学技术协会成立50年来的辉煌成就。

（辽宁省科学技术协会　刘传彬）

# 知识产权工作

**【概述】** 2009年，全省知识产权工作在省委、省政府的领导下，以宣传知识产权、应用知识产权、提高民众知识产权保护意识为重点，组织开展了一系列卓有成效的知识产权工作。成功举办了2009年振兴东北老工业基地专利新技术对接洽谈会；成为国家首批知识产权执法“5·26”工程实施单位，信息中心加挂省知识产权维权援助中心牌子；为期三年的专利执法“双百工程”顺利完成，实施单位均已建立起专利维权的长效机制；开展“4·26”知识产权宣传周系列活动，编辑出版了《2008年辽宁省知识产权保护状况》白皮书；加强了知识产权培训力度，培训人员数量明显增加。

**【知识产权战略】** 为贯彻落实《辽宁省知识产权战略纲要》，省政府出台了《实施辽宁省知识产权战略纲要任务分工》。沈阳、大连、鞍山、营口等市相继出台了知识产权战略纲要或实施意见。省知识产权局加快技术支撑体系建设，结合辽宁省产业结构升级和重大经济项目建设，大力开展专利信息的深度开发和利用。先后建立了“数控机床行业专题数据库”“中草药行业专题数据库”“光伏产业专题数据库”。同时，广泛开展调查研究，完成了“辽宁省具有自主知识产权企业应对国际金融危机　增强核心竞争力情况的调查”“辽宁省光伏产业专利战略研究报告”“数控机床及数控系统专利战略”等专项课题。

**【专利申请与授权】** 2009年，全省专利年申请量为25801件，同比增长23.5%。其中，发明专利7125件，同比增长9.6%；实用新型专利12633件，同比增长22.1%；外观设计专利6043件，同比增长49.2%。职务申请13954件，同比增长52.3%；非职务申请11847件，同比增长1.0%。职务申请占三种专利申请的

54.1%，比2008年提高10.2个百分点，表明专利申请结构进一步得到改善。发明专利申请占全省申请总量的27.6%，比2008年降低3.5个百分点。

2009年，全省专利授权量为12198件，同比增长14.4%。其中，发明专利1994件，实用新型专利8584件，外观设计专利1620件。2009年，全省专利申请过千件的城市有3个，其中，沈阳市为7709件，占全省年申请量的30%；大连市为11343件，占全省年申请量的44%；鞍山市为1898件。其他11个市申请量合计为4851件，占全省年申请量18.8%。沈阳市发明专利申请量为2921件，仍位居全省第一位；大连市发明专利申请量为2888件。

截至2009年年底，全省专利申请累计总量为207548件，位居全国第9位；专利授权累计总量为103439件，位居全国第8位。在专利申请累计总量中，发明专利申请46328件，实用新型专利申请120141件，外观设计专利申请41079件；职务专利申请62494件，非职务专利申请145054件。

**【专利受理】** 2009年，国家知识产权局专利局沈阳代办处受理专利申请25345件，其中发明专利6773件、实用新型专利12550件、外观设计专利6022件。在所受理的专利申请中，省内24244件，占96%；其他省市1101件，占4%。

**【专利代理】** 组织完成了全国专利代理人资格考试沈阳考点的各项工作。2009年，沈阳考点首次采取网上报名试点工作，取得了较好效果。举办了专利代理人资格考试考前强化培训班，按照国家知识产权局的要求，组织了考务工作。2009年，共有来自辽宁、吉林、黑龙江、内蒙古自治区等省区的320人报名，130多人参加考试，共有19人通过了考试，取得了全国专利代理人资格证书。

对全省41家专利代理机构进行了年检，经过审查，有36家通过了年检，年检专利代理人200余人。省知识产权局与中华全国专利代理人协会联合举办了专利代理人执业培训班，共有120人参加了培训。新审批成立了1家专利代理机构。

**【专利技术实施与产业化】** 在全国率先开发了辽宁省专利技术转化网络系统。通过网上受理和网上评审的方式，对73个专利技术转化项目给予2500万元的省专利技术转化资金资助。据不完全统计，这些项目实施本企业专利287项，涉及专利产品106种，项目实现产值60.2亿元，实现利税1.3亿元；在专利技术产业化项目的拉动下，这些企业当年新增专利申请468件，比扶持前增加65%。其中，发明专利申请新增179件，比扶持前增加72.5%；授权专利新增305项，比扶持前增加了63.8%；拉动各类社会资金10.3亿元，新增就业2400余人。2009年投入研发经费4.3亿元，占企业生产总值的3.2%。

在全国率先开展专利技术转化绩效考评，对全省2007年和2008年支持的专利技术转化项目进行绩效考评；成功举办了2009年振兴东北老工业基地专利新技术对接洽谈会，来自东北三省、内蒙古自治区及环渤海地区的知名高校、科研院所和上海、浙江、湖南、陕西等地的项目参加展示交易，涉及电子信息、生物医药、新材料、光机电一体化、节能环保、现代农业等多个高新技术领域。本次专洽会共签署项目合作合同21项，签约额3500万元；达成合作意向548项，签约额8.57亿元；知识产权“兴业强企工程”取得新进展和新成效。召开了全省企业运用知识产权应对金融危机经验交流会，会上，有5家典型企业作了经验交流；省知识产权局与省中小企业厅共同主办了中国（沈阳）国际中小企业大会产学研对接会，有10个合作项目达成协议并顺利签约，签约金额达1.17亿元；开展“2009中国专利周”沈阳分会场相关活动，共举办8场专利展示交易，展区面积达到1000平方米，展位达130个，参展企业40家，约2000人次参观洽谈。意向成交12个项目，意向成交额5800万元人民币。同时，开展网上展示活动，展示的需求项目达到1642项，供应项目达到4930项，网站访问量达到88.5767万人次；组织相关行业企业与专利机构参加沈阳专利技术展示交易中心开发的专利平台（数据库）的应用及培训活动，参加培训人员达200人次；鞍山分会场举行了“国家专利技术（鞍山）展示交易中心”网站启动开通仪式。举办了知识产权保护专家讲座，讲解新颁布的《中华人民共和国专利法》《中华人民共和国专利实施条例》《鞍山市知识产权战略纲要》等有关知识产权的法规与政策。现场展示项目约60项，专利周期间举办了5场洽谈会，约800人次参观展览、进行洽谈。网上展示项目500项，网站点击率约7000次。

2009年，全省共有8项专利获得第十一届中国专利优秀奖，占全国获奖项目总数的4.7%。沈阳市、大连市通过全国知识产权示范城市检查验收。国家知识产权局批准鞍山市为全国知识产权试点城市、批准成立鞍山市专利新技术与产品展示交易中心，沈阳市铁西区、瓦房店市、海城市、大石桥市、本溪满族自治县入选国家知识产权强县工程全国首批实施单位，占全国入选县（市、区）总数的4%。

**【专利行政执法】** 2009年，全省专利行政执法部门共受理调处专利纠纷案件50件，结案45件，结案率为90%。省知识产权局被国家知识产权局定为全国首批知识产权执法“5·26”工程实施单位，开展了全省范围的执法督导工作。全省已有9个市的知识产权局成立了专利执法监督机构，本溪、朝阳成立了专门的知识产权执法大队，丹东东港市在我省县区一级知识产权局中率先成立了专门的执法监督机构。全面完成了“专利保护双百工程”，在全省100家“双百工程”实施商场，建立了专利商品准入制度、专利商品管理制度和假冒专利商品或侵犯专利权商品举报制度；设立了专、兼职的知识产权管理人员；确立了举报流程，设立了举报电话；在全省100家“双百工程”实施企业建立了知识产权管理制度；指定专、兼职工作人员负责企业知识产权工作；开展了企业知识产权方面的自查自评工作；在企业内部开展了专利法等法律法规的宣传。

3月15日至5月15日，组织开展了全省范围内的商品流通领域打击专利侵权、专利假冒及专利诈骗行为的专项执法检查活动，共出动执法人员1200人次，检查流通领域场所100余家，检查商品近5万件，登记专利产品近700件，调处专利纠纷案件20件，发放专利宣传品2万多张。

继续稳步开展企业维权援助工作，先后在辽阳、鞍山等4个市召开了企业维权现场办公会，共为100余家企业解决了近千个问题。举办了执法人员培训班，全面完成了2007年制定的执法人员培训计划，使辽宁省的知识产权执法人员从2007年的全省不足50人发展到400余人左右，充实了辽宁省专利行政执法人员队伍，为辽宁省进一步将专利执法工作向县区推进打下了坚实的基础。

**【知识产权维权援助】** 5月4日，省机构编制委员会办公室下发了《关于重新核定省知识产权信息中心机构编制事项的批复》，批复要求省知识产权信息中心加挂省知识产权维权援助中心牌子，辽宁省知识产权维权援助中心获批成立。该中心全年处理维权援助案件60件。“12330”知识产权维权援助与举报投诉公益热线于4月23日正式开通，全年通过该热线处理知识产权维权援助及投诉、举报、咨询案件40余件。该热线确立了五部电话负责“12330”的工作，制定了《维权援助

（管理）办法》《维权援助工作制度》《维权援助工作受理程序》《维权援助服务热线文明规范用语》等工作制度，保障了维权渠道的畅通。组建了辽宁省知识产权维权援助协作网，针对典型疑难案件，维权援助中心组织协作网中的专家定期进行个案论证调研，并召开论证会议。召开了首届辽宁省知识产权维权援助研讨会。组建知识产权维权援助专家咨询小组，赴本溪等城市开展了知识产权维权援助现场咨询活动。

（辽宁省知识产权局　李楠楠）

# 行业科技

# 发展改革科技

**【概述】** 2009年，全省高技术产业总产值完成1228.6亿元(当年价)，比上年增长4.6%，占全国总产值比重的2%。其中，电子及通信设备制造业总产值总量最大，实现472.9亿元；医药制造业总产值增速最快，同比增长26.7%；航空航天器制造总产值占全国比重最高，为12.3%。规模以上高技术产业增加值实现340.0亿元(当年价)，比上年增长6.7%，占GDP比重为 2.3%。其中，医药制造业102.6亿元，比上年增长24.7%；医疗设备及仪器仪表制造业54.9亿元，比上年增长19.3%；航空航天器制造业27.3亿元，比上年增长13.3%；电子及通信设备制造业130.4亿元，比上年下降3.5%；电子计算机及办公设备制造业21.3亿元，比上年下降18.5%。

从1－12月份同比增长速度看(如图1所示)，从9月开始增速加快，11月为全年最高，达到31.1%。从增加值的绝对值看，12月以34.4亿元创造了2009年高技术产业增加值新高；从全省高技术产业出口交货值情况看，11月份才开始实现正增长，12月份达到全年最高点(如图2所示)。

由于受国际市场影响，电子信息产品出口全年同比首次呈现负增长。但从月份发展趋势看，降幅呈现逐月收窄态势，11月和12月实现连续正增长；医药、医疗设备、仪器仪表受国际金融危机冲击小，国际市场基本稳定；国际民用航空制造业加快向我国转移，全省飞机零部件转包等民用航空产品出口逆市上扬，比上年增长近50.0%(如图3所示)。

2009年高技术产业累计实现利润总额56.8亿元，比上年增长6.9%。除电子元器件制造业外，其余行业均实现盈利。但部分重点企业外向度比较高，受国际市场影响比较大，出现亏损局面。

**【科技创新平台建设】** 2009年，沈阳金德管

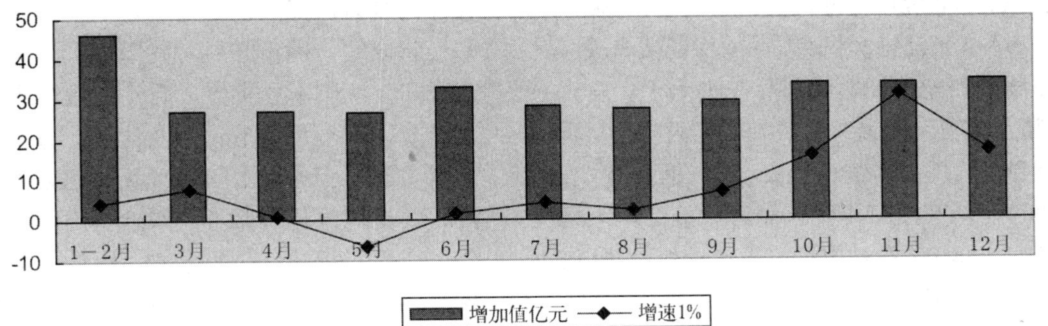


图1 2009年1－12月高技术产业增加值及同比增长情况

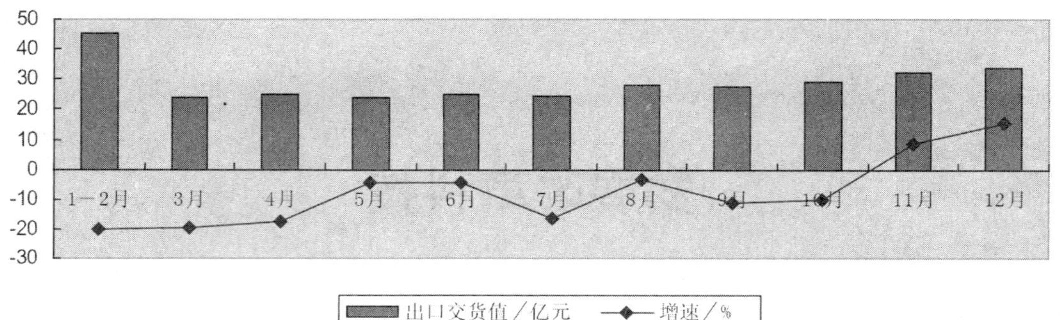


图2 2009年1—12月高技术产业出口交货值情况

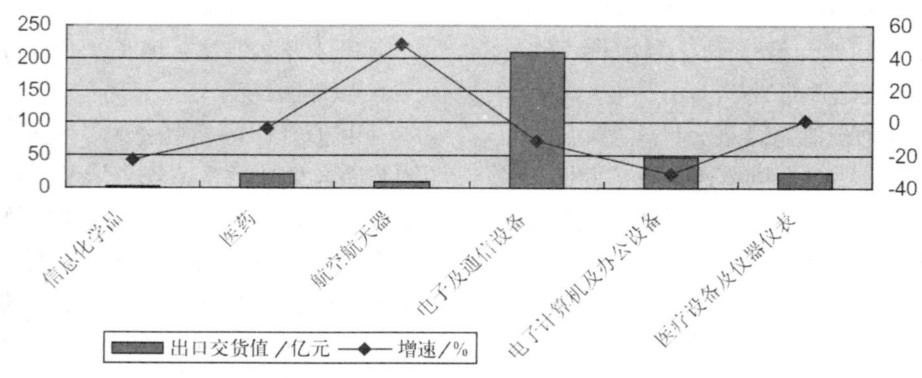


图3 2009年各行业出口交货值情况

业集团公司、沈阳北方交通重工集团被认定为国家级企业技术中心；新组建辽宁省煤焦油系特种新材料等4家省级工程研究中心，使省级工程研究中心达到12家；新组建辽宁省航空钛合金构件制造及装备等省级工程实验室14家，使全省工程实验室达到24家。这些工程研究中心、工程实验室的建立，极大地提升了相关企业的自主创新能力和核心竞争力。例如，大连艾科科技开发有限公司微波光电子工程研究中心开发的10G小型化可插拔式TOSA（光发射次模块）和40G亚微米级激光焊接机性能指标达到国际先进水平；研究开发的40G高频封装外壳填补了国内空白，现已得到了应用。本钢汽车板研发工程实验室3年间累计新开发37个钢种牌号，成品率大幅度提高到85%左右，使汽车板产量增长了8倍多，已打入国内30余家知名汽车企业，并于2009年成功打入国际市场。大连路明科技集团有限公司的半导体照明工程实验室研究开发了拥有核心自主知识产权的图形化衬底、表面粗化的外延片、白光LED用氮化物荧光粉及低色温高显色性的室内LED光源等技术及新产品，取得了8项授权发明专利，产品综合性能指标在国内同类产品中领先。

**【信息化建设】** 国家信息化试点示范项目进展良好，带动作用显著。其中，北方电脑应用开发公司面向大中型装备制造企业信息系统外包服务试点等国家信息化试点示范项目取得新成绩，逐步开展对沈阳远大压缩机制造公司、沈阳新松机器人自动化股份有限公司等公司IT外包服务，以及沈阳北方交通重工集团公司服务平台租赁、沈阳北方重工集团的IT全职外包等服务。东软集团股份有限公司产品不断升级，为电信、银行、证券、政府、企业等客户提供不同级别的安全服务。沈阳金道物流综合信息服务项目发展了6.5万个用户，降低了相关企业的运营成本，提高了利润水平，减少了能源、人力的消耗和浪费。

**【自主关键技术研发】** 鞍山荣信电力电子股份有限公司研发的SVC抑制电机组次同步谐振应用技术，可防止发电机主轴轴裂，提高远距离输电能力，2009年5月，该项技术产品在神华陕西锦界电厂成功投入试运行，填补了在国际上利用SVC技术解决次同步谐振问题的工程应用空白，技术达到国际领先水平。锦州新世纪石英玻璃有限公司研发出的低成本多晶硅制备技术达到了国内领先水平；沈阳机床集团研发的高效五轴联动高档数控机床关键部件试车成功。沈阳鼓风机集团有限公司研发的百万吨丙烯压缩机试车成功。大连重工·起重集团有限公司研发的国内首台单容量最大的海陆两用3兆瓦级风力发电机组成功下线。特变电工沈阳变压器集团有限公司成功开发出±800kV直流换流变压器、核电主机变压器等国际领先水平产品。“盾构机开发与产业化”等61个科技成果转化项目获得省政府奖励。这些自主关键技术和产品极大地增强了企业的核心竞争力，提升了我省高技术产业实力，有助于吸引更多外部资金和创新要素投向我省，助推我省抢占新兴产业发展新一轮制高点。

**【重大项目实施】** 截至2009年年底，我省共争取国家高技术产业发展项目59项，国家投入资金51806万元（含大连及中直项目）。同时，加强项目建设过程中的监督和管理，以周、旬、月为时间点，定期了解项目进展情况，积极协调项目建设中出现的各类问题，保质保量地推动项目建设。国家项目的实施取得了丰硕的成果，对行业发展起到了重要的带动作用。

INTEL半导体(大连)有限公司芯片生产项目总投资175亿元，采用的12英寸晶圆加工、65纳米线宽技术，填补了我国集成电路领域技术空白，不仅使我国形成完整的IT产业链，确立中国PC工业在亚太地区的核心地位，更有助于中国PC工业形成产业集群效应，进而辐射亚太地区，延伸到更为广阔的市场。沈阳飞机工业(集团)有限公司与加拿大庞巴迪公司共同开展的冲8-Q400飞机大部件转包项目总投资11.1亿元，将对辽宁省航空产业的长远发展和航空技术整体水平的提高产生重要影响。鞍山宏源自动化工程公司采用IGBT器件的储能式中压永磁控制装置产业化项目的实施，使企业仅仅在建设期就实现销售614台套，产值2300万元。并且由于其装备水平已达到国内领先，西门子公司还在该企业组建了输配电产品生产基地。企业同时承揽了东软飞利浦、东芝电梯等知名企业大笔订单，预计3年内年新增销售收入超过10亿元。

**【固定资产投入】** 2009年，全省规模以上高技术企业完成投资394.1亿元，同比增长23.3%；新增固定资产207.2亿元，同比增长60.6%。沈阳、大连两市投资势头最强劲，分别实现高技术产业投资158.4亿元和140.2亿元，占全省投资总量的40%和35.6%。

从投资来源看，全省高技术产业投资中的外资比重不断增加，从2008年的16%提高到2009年的22%（如图4所示）。

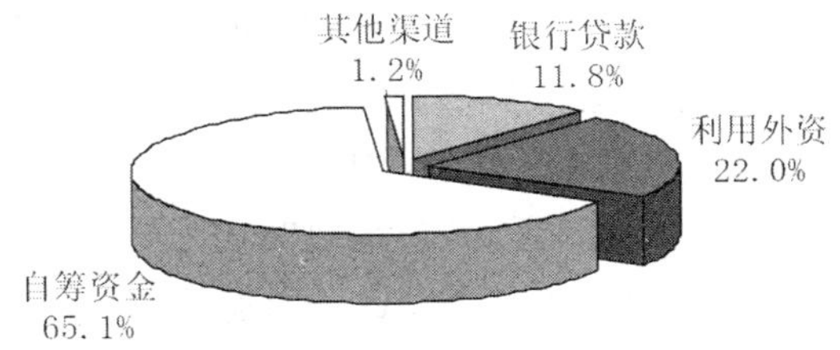


图4 2009年全省高技术产业投资来源情况

从投资主体看，内资企业仍然占据投资主体地位(如图5所示)。

**【区域发展态势】** 2009年，沈阳市在民用

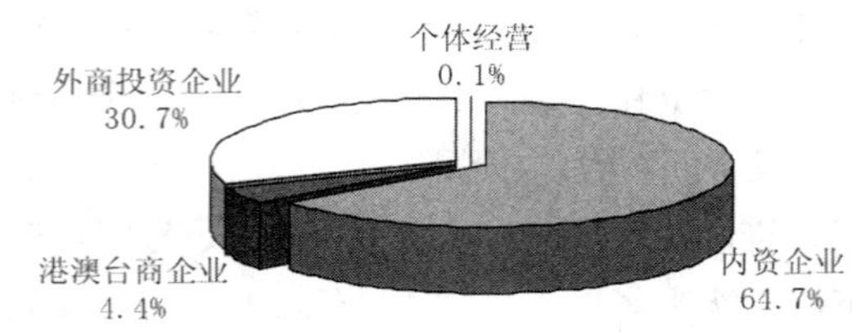


图5 2009年全省高技术产业投资分企业性质情况

航空、通信电子、生物制药、先进制造等高技术领域发挥优势，实现高技术产业总产值597.1亿元，占全省的48.6%，仍然处于领军位置。大连市高技术产品出口受金融危机影响较大，高技术产业总产值仅实现405.0亿元，但占全省比重仍然高达33.0%。全省高技术产业区域分布逐步朝平衡方向发展，鞍山、抚顺、本溪、丹东、营口、阜新、辽阳、盘锦、铁岭、葫芦岛市的增长速度都超过了全省平均速度，显示出后发优势。

（辽宁省发展和改革委员会　何睿　王幼学）

# 工业经济科技

**【概述】** 2009年，全省工业战线认真贯彻落实“保增长、扩内需、调结构、促振兴”的方针政策，采取切实措施，积极应对国际金融危机带来的一系列影响，使全省工业经济“转危为机”，经济效益显著提高，实现了又好又快发展，为全省经济社会发展作出了重要贡献。

2009年，全省规模以上企业完成工业增加值达到7751.6亿元，同比增长16.8%，增幅高于全国5.8个百分点，居东部地区第2位，高于上海、山东、广东等沿海地区，基本实现了省政府年初制定的“两个不低于”的目标。全省九大行业中，除石化、纺织行业外，均保持了20%左右的增长速度，一些行业的竞争力得到增强。装备制造业在工业中的优势地位更加突出，工业增加值2441亿元，同比增长18.3%，占全省工业比重达到31.5%；冶金行业工业增加值1496.1亿元，同比增长23.8%；轻工行业工业增加值1246亿元，同比增长25%；电子信息行业工业增加值534.1亿元，同比增长20.6%。

**【节能降耗】** 2009年，全省万元工业增加值能耗实现2.26吨标准煤，同比下降6.95%；六大高耗能行业平均增速低于以上工业增速，六大高耗能行业单位工业增加值能耗同比下降9.85%；主要产品单位能源利用效率逐年提高，规模以上工业企业加工转换效率超过76%；全省工业固体废物综合利用率实现50.5%，同比提高3.69个百分点。

**【技术创新成果】** 2009年，全省企业技术创新保持较好势头，新产品开发研制速度明显加快，新产品开发数量和新产品产值实现稳步增长，共开发新产品14500项，新产品实现产值2200亿元。通过新产品、新技术开发，一批对产业发展有重大影响的关键、共性技术及新产品实现了突破，并被应用于国家重点工程。

沈阳鼓风机集团股份有限公司自主研制的百万吨乙烯装置用裂解气压缩机组、百万吨级丙烯压缩机（H856）试车成功，实现了在大型离心压缩机设计制造领域的重大突破，填补了国内空白，使沈阳鼓风机集团股份有限公司成为世界第四家具有百万吨级乙烯压缩机产品制造业绩的企业。

大连重工·起重集团有限公司为上海东海大桥风场研制的国内首台单机容量最大的海陆两用3兆瓦级风力发电机组成功下线，标志着我国兆瓦级风电机组自主研发取得了新的重大突破。

特变电工沈阳变压器集团有限公司自主研发的国内首台DFP-417000/500kV核电用发电机变压器在江苏田湾核发电站成功运行，该产品是目前单相容量最大的发电机变压器，产品主要技术指标达到国际领先水平。该公司研制成功国内首台±500kV直流换流变压器，被应用于“呼辽”直流输电工程，各项技术指标均达到了国际领先水平，标志着特变电工沈阳变压器集团有限公司高端直流输电技术水平迈上了新的台阶。

东软集团股份有限公司成功自主研发国内首台PET（正电子发射断层扫描装置），达到了国际同类产品的先进水平，并获得了美国FDA认证，使我国成为全球少数几个能够独立研制和生产PET的国家之一。

**【科技计划实施】**

1.辽宁省经济和信息化委员会联合省地税局编制下达了《2009年辽宁省企业技术创新重点项目计划》，围绕先进装备制造、原材料产业升级和精深加工、高新技术、安全环保、节能减排等重点领域，下达重点新产品开发、重大技术装备研制、产学研合作、重大关键共性技术研发等四类计划项目660项，以技术开发费税前扣除政策，激励和引导企业加大技术开发投入。

2.辽宁省经济和信息化委员会会同辽宁省财政厅组织实施了《2009年省企业技术中心专项资金项目计划》。围绕企业技术中心的开发环境建设和自主知识产权的产品开发及关键工艺技术攻关，集中支持沈阳透平机械股份有限公司1000MW压水堆核电站核二级余热排出泵开发研制、沈阳高精数控技术有限公司“蓝天”高性能伺服驱动器的研发、大连路明发光科技股份有限公司LED显示装置用光转换膜的研制与开发等75个重点产品和技术研发项目建设，安排补贴资金3000万元。

3.积极组织省内重点企业向国家发展和改革委员会申报国家企业技术中心创新能力专项项目和国家重大产业技术开发项目，其中，东北制药总厂、沈阳机床（集团）有限责任公司、沈阳新松机器人自动化股份有限公司等3户企业技术创新能力项目，以及荣信电力电子公司冶金系统节能降耗关键技术新型无功补偿、沈阳鼓风机集团有限公司燃气-蒸汽联合循环发电工程用煤气离心压缩机关键技术攻关及产业化、丹东东方测控技术公司高效提取多金属和有价元素的关键检测控制技术、沈阳矿山机械公司复杂难选铁矿资源综合利用关键技术等4个项目获得国家发展和改革委员会批复，被列入国家2009年高技术产业发展项目计划和投资计划，争取到国家2500万元的资金支持。

**【技术创新体系建设】** 2009年，我省大力推进以企业为主体的技术创新体系建设，进一步加快了企业技术中心建设步伐。组织了第十二批省级企业技术中心认定工作，又有74户企业研发机构被认定为省级技术中心。积极培育和申报国家级企业技术中心，沈阳金德管业集团公司、沈阳北方交通重工集团被认定为国家级技术中心。至此，我省省级以上技术中心总数达到346家，其中国家级技术中心达到30家。

2009年年初，我省下达了关于进一步推进企业技术中心建设的通知，明确了开展市一级企业技术中心建设的任务，要求各市经济和信息化委员会比照国家和省级企业技术中心认定办法，结合本地企业实际，制定市级企业技术中心认定办法，尽快开展市级技术中心认定工作。各市积极响应，全力推动并完成了市级企业技术中心认定工作，至此，全省已建立并形成了国家、省、市三级企业技术中心创新体系。

**【产学研合作】** 一是推进沈阳化工学院校企合作委员会的建立，以沈阳化工学院为依托，联系省内相关化工企业，筹备成立校企合作委员会，在高校和企业间建立稳定的合作机制，促进大学科研成果向现实生产力的转移。二是推进辽宁省纺织行业和石化行业技术开发中心面向全省纺织行业开展技术创新相关服务。依托大连理工大学、大连工业大学的科技开发实力，面向全省纺织、石化行业开展技术创新相关服务，为企业提供技术研发支撑和人才培养。三是组织召开了大连理工大学校企合作委员会2009年年会，通过引导高等学校和科研院所进入工业园区，在园区内建立公共技术研发平台，推进园区产业发展。会议组织了大连理工大学与辽宁（丹东）仪器仪表产业基地管理委员会科技合作协议、丹东仪器仪表产业联盟签约和校企科技合作项目的签约，以及参会企业与大连理工大学相关院系的技术对接洽谈等系列活动。

**【优秀新产品奖】** 2009年，启动了第八届省优秀新产品奖评选活动。辽宁省优秀新产品奖以省政府名义颁发，属于省级奖励，每两年评选一次，主要奖励我省工业企业研制开发并投入批量生产的技术水平高、市场容量大、经济效益显著、对地区和行业经济发展影响大的创新产品及研发有功人员。经过初审、复审和终审，共有323项新产品（含优秀工业设计）获奖，其中一等奖31项，二等奖59项，三等奖233项。

（辽宁省经济和信息化委员会科技处　张强）

# 冶金科技

**【概述】** 辽宁是全国重要的冶金工业基地，拥有包括黑色冶金和有色冶金在内的完整冶金工业体系。截至2009年年末，全省冶金工业共有规模以上企业2142家，其中，钢铁企业（黑色金属）1498家（黑色金属采选企业907家，冶炼及压延加工企业591家），有色企业644家（有色金属采选企业239家，冶炼及压延加工企业405家）。现有年生产能力：炼铁5400万吨，炼钢6200万吨，轧材7300万吨。10种有色金属生产能力为90万吨，加工能力为100万吨。

2009年上半年，受国际金融危机的影响，全行业的生产经营遇到了较大困难。下半年，随着国家扩大内需政策效应的逐步显现，冶金行业开始走出低谷，产能逐步释放，主要产品产量呈现出明显的增长态势。

2009年，全省冶金工业实现增加值1496亿元，同比增长23.8%，占全省规模以上工业增加值总额的19.3%。全省累计完成生铁产量5061.29万吨，粗钢产量4782.98万吨，钢材产量4937.32万吨，同比分别增长22.9%，17.9%和19.4%。10种有色金属产量为59.01

万吨，同比下降2.2%。

2009年，全省钢铁企业累计出口钢材288.53万吨，同比下降61.2%；出口额为19.59亿美元，下降72.2%。我省钢铁企业的钢材出口占国内钢材总产量的比重达到11.7%。

2009年，全省冶金行业实现主营业务收入5121.43亿元，同比增长6.72%；利税总额达327.49亿元，同比减少89.82亿元，下降21.52%；利润为180.39亿元，同比减少22.24亿元，下降10.98%。

**【技术改造】** 鞍山钢铁集团公司（简称鞍钢）营口鲅鱼圈精品钢材项目于2009年7月实现达产，形成年产650万吨生铁、粗钢，600万吨钢材的生产能力，其中宽厚板200万吨，热轧板400万吨，是我国急需的造船板、舰艇板、桥梁板、管线板等专用中厚板，以及用于汽车、家电的高端冷轧薄板原料。

鞍钢高性能冷轧硅钢生产线项目新建单机架可逆轧机、常化酸洗线、脱碳退火线、热拉伸平整线、环形炉、罩式炉、拼焊机组、重卷包装机组及其相应的公辅设施等，总体设计规模达26万吨。一期规模10万吨已经完工。

本溪钢铁（集团）有限责任公司（简称本钢）针对金融危机冲击，对已下达的技术改造项目进行全面清理和优化，确保重点项目的工程进度。全年共下达技术改造投资计划58项，总投资64.19亿元。在整个改造过程中，始终立足于“装备水平世界一流、品种质量世界一流、节能环保指标世界一流”的标准，坚持精心设计、精确组织、精细施工，确保工程质量合格率达到100%。同时，将优化重点工程项目与深化节能减排工作密切结合起来，切实承担起国有企业的社会责任。在相继关停淘汰落后工业设施的基础上，全年共完成“环保攻坚惠民”项目139项。加强污染治理，实施减排项目24项。加强环评工作和环境监督管理，全年环保设施运行达标率为97%以上，污染物综合排放合格率达96%，同比提高了0.3%。

沈阳北钢不锈钢工业有限公司（简称北钢）依据国家产业政策、企业自身状况及未来发展规划，加大技术改造投入，以淘汰落后装备、节能降耗为手段，不断提高企业工艺技术装备水平，已经完成重大技术改造项目19项，主要包括5#、7#高炉大修，12#、13#高炉TRT、1780成品库扩建、1780平整机组、污水处理厂、二钢蒸汽回收等；正在按计划推进的重点改造项目主要有一焦改造、二焦干熄焦、三焦改捣固及干熄焦、一炼钢方坯连铸、煤气系统综合利用等。通过技术改造，企业的工艺技术装备将上升到一个较高水平，从而为企业健康稳定发展提供强有力的保障。

东北特钢大连基地搬迁改造项目获得金融机构45亿元贷款支持，建设速度逐渐加快。

五矿营口中板有限责任公司宽厚板工程升级改造项目已经进入收尾阶段，并开始进行设备的调试。计划2010年正式投产。

凌源钢铁集团公司（简称凌钢）实施技术改造项目6项，自筹资金11429万元。一是1#锅炉增烧煤气及发电机组改造；二是凌钢股份北票钢管有限公司技术改造工程；三是拉弯矫直机组改造；四是1#、2#竖炉50m$^2$电除尘器改造；六是240m$^2$烧结机焦粉运输工艺改造。这些技术改造项目充分体现节能减排环保理念，对公司低碳清洁生产和提高产品质量发挥了重大作用，使企业的各项节能减排指标均有较大提高。

鞍凌钢铁有限公司年产200万吨精品钢材项目由鞍钢和凌钢合资建设。鞍钢出资比例占75%，凌钢占25%。该项目进展顺利，预计2010年建成投产。

中冶葫芦岛有色集团有限公司富氧顶吹替代鼓风炉炼铜技术改造项目进入收尾阶

段。

抚顺铝业有限公司二期电解铝改造工程，建设19万吨350kA电流的大型预焙槽生产线，10万吨碳素阳极生产线。截至2009年年底，该项工程已完成10万吨电解铝产能，并已具备启动条件。

2009年，辽宁忠旺集团有限公司年产40万吨铝合金锭坯生产线改造项目建成投产。

**【新产品开发和结构优化升级】** 鞍钢大线能量焊接船板在国内率先通过五国船级社认证，其中，最高钢级EH40－W100、最大厚度100mm的船板为国内首创，达到国际领先水平。核电用钢开发取得新进展，SA－738Gr.B完成首轮试制并获得成功，A588核电模块用钢通过生产试制。大规格GCr15轴承用钢开发获得成功，具备了用转炉生产高品质特钢的能力。高强抗大变形管线钢X70和X80通过山海关管厂制管试验，具备工业批量生产条件。“低碳低硅无铝相变诱发塑性钢开发”通过中国钢铁工业协会科技成果鉴定，成为国内首家TRIP780钢批量供货企业。

本钢全年共新研制开发38个新钢种（牌号），比上年增加4个，研发品种、数量显著上升，创历史最好水平,其中，冷轧品种17个,热轧品种12个,特钢品种9个。一是涂镀系列产品获得突破,本钢生产的纯锌层热镀锌汽车表面板通过汽车厂认证并被成功使用。二是冷轧汽车用高强钢形成系列化。以冷轧双相钢DP590的成功应用为标志，本钢冷轧汽车用高强钢已形成了加磷高强钢、低合金高强钢、烘烤硬化钢、高强IF钢、冷轧双相钢等冷轧和热镀锌系列产品，绝大部分品种已实现批量供货，受到用户的高度评价。三是X80热轧卷板研制成功。2009年上半年，本钢2300mm热轧机组X80热轧卷板研制项目顺利通过了由中国石油和中国钢铁工业协会组成的专家组的鉴定，创造了国内研发时间最短、质量最好的纪录，受到用户及专家的一致好评。同时，高级别管线钢X100的试制开发取得阶段性成果。四是高强热轧酸洗板形成系列化。在SAPH310－440系列产品基础上，成功研制出厚度为2.0～4.0mm的高强热轧酸洗板QStE460TM和QStE500TM，据用户评价，其实物质量在同行业中占据领先地位。五是低成本经济型耐候钢BG450PRE试制成功。国家“973”项目二期“细晶P－RE复合经济型高强耐候钢”是国家科学技术部课题，本钢作为项目承担单位，加强与相关单位的合作，充分利用本钢2300mm机组的机组能力，细化晶粒，成功研制出了高强度低成本经济型耐候钢BG450PRE，并成功进行了用户装车实验，取得了良好的效果。六是特钢产品研发实现新突破。转炉矩形坯生产高碳铬轴承钢GCr15取得显著成绩，$\phi$85mm以下规格圆钢质量已得到稳定控制；石油钻艇用钢AlSi4145H是转炉矩形坯重点开发的新产品，已实现了批量生产；同时成功试制了针对美国市场的更高级别的AlSi4145HM，实现了转炉开发高端石油用特钢产品的技术突破；成功试制了以S38MnSiV和48MnV(－C)为代表的非调质发动机用曲轴钢，解决了制约市场开发的曲轴磁痕质量问题。

北钢以“调结构”作为“保增长”的主要措施之一，在新产品开发上投入了大量的人力、物力，已经成功开发且可批量生产50CrV方坯、SAE1008B线材、热轧花纹板等21个钢种，成功获取四级螺纹钢生产许可证，生产增利产品40万吨。同时，为确保完成2010年新产品研发和销售任务，在公司范围内调集技术骨干成立了新产品部，为新产品研发和销售奠定了基础。

凌钢成功开发钢筋混凝土用钢HRB500和HRB500E热轧带肋钢筋，性能指标完全达到抗震钢筋HRB500E要求，已经通过国家建筑钢材质量监督检验中心的检验。

中冶葫芦岛有色金属集团有限公司成功研制三个新品种。一是含稀土热镀锌合金。

该项目的出发点是在热镀锌合金中加入微量的稀土元素，用于改善合金镀液的流动性和浸润性，提高防腐性能等特性，进而减少热镀锌在锌锅表面的造渣率和降低镀锌层锌量的消耗，最终达到降低热镀锌的生产成本和提高防腐性能的目的。现已完成600余吨含稀土热镀锌合金新品种的生产，并供给中冶恒通冷轧技术有限公司，应用效果良好。二是99.995%铟产品。应对国家有关部门精铟标准的改变，研制出99.995%精铟生产新工艺，以适应市场需求的变化。三是锌锑合金、锌锑二元合金。这两个品种是公司开发的新产品，已经分别提供给首钢和本钢。锌锑合金新品种的成功研制和应用增强了企业的市场竞争力。

**【科技攻关】** 鞍钢通过科技攻关，主要经济技术指标得到进一步改善，16项指标有所改善，化工全焦耗洗煤、冶金焦M40、冶金焦灰分、高炉利用系数、综合焦比、入炉焦比、喷煤比、高炉风温、连铸坯合格率、钢材合格率、吨钢综合能耗、吨钢可比能耗、吨钢耗新水等指标创历史最好水平。鞍钢坚持走低碳经济发展道路，综合能耗、吨钢耗新水指标同比大幅降低，实施了炼铁总厂西区烧结烟气脱硫等单项污染治理项目14项，主要污染物COD、SS、石油类、氨氮、废水、烟粉尘、$SO_2$排放总量同比大幅削减。

本钢根据国内经济形势及钢铁行业形势，重点挑选了“降低焦比”“转炉负能炼钢”“吨钢耗新水”“O3、O5汽车板轧成率”“降低钢铁料消耗”5个项目进行攻关，创造了巨大的经济效益。其中，“O3、O5汽车板产成率攻关”，O3板产成率比2008年提高了7.05%，O5板产成率比2008年提高了16.33%，均为本钢历史最好水平。“转炉负能炼钢攻关”完成了－1kg标煤/t钢的攻关目标，比2008年降低了35kg标煤/t钢。“吨钢耗新水攻关”比2008年降低了0.15kg/t。“降低焦比攻关”比2008年降低了44kg/t。“降低钢铁料消耗攻关”比2008年降低了2.049kg/t。

北钢以科技攻关为突破口，以企业“增效”为中心目的，开展了高炉热风炉、二钢副枪、轧钢棒材四切分等技术改造工作，为进一步降低生产成本创造了有利条件。同时，针对高炉利用系数、焦比、燃耗、焦炭强度、钢铁料消耗、轧钢成材率等影响生产成本的主要因素，成立了13个挖潜降耗攻关组，由各公司分管经理担任组长，并制定了详细的攻关方案和保证措施，最终取得了500$m^3$级高炉的利用系数达到3.5t/($m^3$·d)、综合焦比555kg/t、炼钢钢铁料消耗1074kg/t、钢材综合成材率97.93%等主要技术经济指标，达到同类型钢铁企业上游水平，挖潜增效5亿元的显著成效。

2009年，凌钢公司完成技术攻关12项，创造经济效益1423.10万元。其中，120吨转炉第一代炉役6000次和降低120吨转炉铁水消耗两项技术攻关创造经济效益1317.96万元。

中冶葫芦岛有色金属集团有限公司开展了低温碱－氧化法处理含铟粗铅项目攻关活动，该工艺是集团公司技术中心发明的一种全新的工艺流程，该新工艺与粗铅提铟原有工艺（高温鼓风氧化造渣－常规湿法流程）比较，主要有如下优势：铟的冶炼总回收率由原有的78.66%提高到89.47%，提高了10.81%；铟的产品质量得到大幅度的提高，一次电解产出99.995%精铟产品的合格率由原工艺的40%～50%提高到100%，提高了50%～60%；铅的直产率由75%提高到90%，提高了15%以上；可以有效回收金属锌；操作条件大幅改善，机械化程度大幅提高，简化了工序，劳动强度大幅降低；可处理任何含铟的粗铅。该项目火法部分已在铅锌冶炼厂实现工业化生产，湿法部分正在综合利用厂试生产中。

**【科技成果及转化应用】** “鞍钢鲅鱼圈钢铁项目（一期）自主集成与创新”“冷轧机板形控制系统核心技术自主研发与工业应用”两项成果通过辽宁省科技厅科技成果鉴定。鉴定委员会专家认为，“鞍钢鲅鱼圈钢铁项目自主集成与创新”成果整体上达到国际领先水平，标志着鞍钢实现了由内陆资源型向沿海型发展的重大转变；“冷轧机板形控制系统核心技术自主研发与工业应用”实现了我国冷轧机板形测量系统核心技术的突破，整体达到国际领先水平，打破了国外的长期技术垄断。

其中，鞍钢鲅鱼圈钢铁项目（一期）获7项发明专利、17项实用新型专利和37项专有技术。生产的船板产品质量已经通过9国船级社的认可和GE认证。鉴定委员会认定该项目在国内钢铁联合企业设计和建设中，率先同时实施风能发电、太阳能利用和海水淡化技术，实践绿色钢铁与低碳经济有机结合，从设计到施工各阶段，积极开发利用清洁能源，实现能源流和物质流互动双循环。该项目的建成将成为冶金企业利用清洁能源的“示范工程”。“冷轧机板形控制系统核心技术自主研发与工业应用”项目共申报了14项发明专利、10项实用新型专利、5项软件著作权。该板形控制系统已经被成功应用于鞍钢1250冷轧机工业生产，冷轧带钢板形控制保证精度达到优于7I的国际领先水平，具有很大的推广价值。实现了我国冷轧机板形测量系统核心技术的突破，形成了板形检测、控制系统核心技术体系，完成了国内第一套工业应用级的拥有完全自主知识产权的冷轧带钢板形测量和控制系统，技术成果整体上达到国际领先水平，填补了国内空白；打破了国外对冷轧板形控制系统的长期技术垄断，是我国冶金领域核心技术自主创新的重大进步。

鞍钢“高性能造船用钢制造技术创新与集成”项目荣获国家科技进步奖二等奖；“长寿命高耐蚀新型涂镀层品种及工艺技术开发”“高强度桥梁用钢Q500qE在铁路桥梁中的应用试验研究”等17项创新成果入选第十四批中国企业新纪录。

本钢“集装箱用SPA－H耐大气腐蚀钢的研制”获2009年辽宁省科技进步奖二等奖和2009年辽宁省科技成果转化奖一等奖；“深冲用热镀锌钢带DC53D+Z”获2009年辽宁省科技进步奖三等奖。此外，获2009年本溪市科技进步奖一等奖4项、二等奖5项、三等奖5项。2009年累计申报专利22件，其中，发明专利11件；有15件获专利授权，其中，发明专利4件。

北钢重点完成了“低成本高强度技术”在Si－Mn系Ⅲ级螺纹钢生产中的应用。该项目主要运用高强度钢筋热轧和轧后快速冷却生产技术，以大于800℃/s的冷却速度，使钢筋的奥氏体组织迅速转变为晶粒度11～12级的铁素体/珠光体组织，无须添加Nb，V，Ti等合金元素，生产20MnSi钢技术指标HRB400（Ⅲ级螺纹钢），达到日本标准SD390和英国标准Gr460号的带肋钢筋水平，从而使钢的生产成本大大降低。该项目实施后，形成年销售收入2.9亿元，年利税总额达2300万元。

凌钢完成新技术推广应用项目12项，创造经济效益6672.67万元。其中，“钢渣磁选回收技术”项目年创造经济效益5000万元。采用氮化钒铁微合金化新工艺降低HRB400(E)生产成本，创造经济效益1228.17万元。改进操作提高新材质脱硫喷枪寿命，创造经济效益90.84万元。半钢轧辊在中型机组的应用创造经济效益101.73万元。

中冶葫芦岛有色金属集团有限公司冶炼炉衬废镁砖有价金属回收工艺技术获2009年度辽宁省科技进步奖三等奖。铜冶炼厂多采用“铜锍熔炼－吹炼－精炼”的火法流程，产出的铜阳极泥经硫酸化焙烧、脱硒、脱铜后，再进行金银熔炼，得到金银合金。这既不符合冶炼的精料方针，又使金银合金生产周期延长，甚至影响冶炼炉况。有些厂家将其长期堆放，既积压资金，又占用场地。该技术的主要创新点是采用NaOH或KOH浸出的方法，将硫酸铅转化为$Na_2PbO_2$或$K_2PbO_2$而进入水溶液中，经过滤分离，向滤液中加入$H_2SO_4$，调整pH值为中性，即可得到$PbSO_4$沉淀。经洗净后的矿粉中的金银等贵金属无任何损失，这样就为后续回收金银等有价金属创造了有利条件。

**【研发机构与人才队伍建设】** 鞍钢基本形成了以企业为创新主体，以技术中心为核心，以基层厂矿工程技术人员为基础，以国内重点高等学校、研究院所教授、专家为借助力量的企业研发体系。

2009年，鞍钢技术中心先后完成了炼焦及焦化产品新工艺和新技术、高炉炼铁新技术、超纯净钢冶炼和夹杂物控制工艺技术、钢铁生产过程系统自动控制技术、ASP工艺技术完善等项目。2009年11月16日，在国家创新能力建设、国家信息化试点授牌表彰大会上，鞍钢技术中心获得国家认定企业技术中心成就奖。

截至2009年年底，本钢现有专业技术人才11085名，其中，女性4103名；高级专业技术人才1627名，中级专业技术人才4840名，初级专业技术人才4158名；博士16名，硕士692名，本科毕业生4350名。拥有国家有突出贡献中青年专家1名；享受国务院特贴人员11名；国家“百千万人才工程”人选4名；省“百千万人才工程”“百”层次人才11名，“千”层次人才14名；本溪市科技拔尖人才39名。

2009年，征集科技论文482篇，评选推荐85篇优秀论文参加了 “2009年薄板坯连铸连轧国际会议”“2009年第十一届全国炼铁原料学术会议”“2009年国际炼铁大会”“2009年中国钢铁年会”“汽车板用钢生产技术国际研讨会”“冷轧无取向电工钢生产技术研讨会”“2009不锈钢上海国际展览会暨研讨会”“全国矿业系统学术交流会”等国内外学术会议。

北钢科研机构主要包括北钢集团公司技术中心，以及下属各厂矿技术部门。北钢集团公司技术中心作为北钢钢铁领域技术创新的核心部门，肩负着企业内部科技政策和科技发展规划的制定、新产品开发、新技术和新工艺推广、科技项目攻关、技术管理和科技培训的重任。技术中心下设钢铁研究所、科技质量管理室、循环经济办公室、学术交流科普室、实验室和综合部。中心现有员工125人，其中具有高级职称者25人，占20%；博士2人、研究生7人；具有本科以上学历者92人、具有专科以上学历者108人，形成了以中青年技术人员为骨干、老专家和新生力量为两翼的科研队伍。北钢下属各厂矿技术部门根据公司科技规划，负责本厂技术创新工作计划、现场技术规程等的制定及执行；根据公司要求，负责重大技术创新项目、产品开发项目、质量改进项目的现场实施，以及新技术、新材料、新工艺推广工作。

东北特钢集团技术中心已被认定为国家级企业技术中心。东北特钢集团大连基地、抚顺基地被辽宁省人事厅、辽宁省科技厅、辽宁省财政厅和辽宁省中小企业厅批准为辽宁省博士后科研基地。

凌钢分别于1999年12月和2007年8月成立了省级技术中心和工程技术研究中心，固定资产投资1431.3万元，机构人员55人，其中具有高、中级职称者42人，硕士研究生3人。2009年，凌钢R&D经费投入94.3万元，录用本科毕业生56人，具有高级职称的技术人员达到130人，具有中级职称的技术人员达到607人。

（辽宁省经济和信息化委员会冶金处　李庆伟）

# 装备制造业科技

**【概述】** 2009年，我省装备制造业企业通过加大研发投入、培养科技型人才、实施产学研用相结合、加快海外并购等多种形式，不断提升自主创新能力，涌现了一批有竞争力的新技术、新产品，2009年新产品产值率达到17%，促进了装备制造业以科技为引领的可持续发展格局的形成。

**【重大科技专项】** 结合国家重大专项的实施，积极培育IC装备、数控机床等战略性产业。沈阳中科仪技术发展有限责任公司、沈阳芯源微电子设备有限公司等4家单位申报的国家重大专项“极大规模集成电路制造装备与成套工艺”中的4个课题获得立项支持，累计获得国家经费支持3.55亿元；沈阳机床（集团）有限责任公司、大连机床（集团）有限责任公司等企业申报的国家“高档数控机床与基础制造装备”科技重大专项，共有带AB轴的高速五轴联动加工中心、精密数控车床和车削中心、高速数控车床及车削中心、卧式车铣符合加工中心等33个课题获得立项支持，获22183万元中央财政专项资金支持，重大专项数量和国家资金支持额度在全国均排在前列。

**【重大技术突破】** 沈阳机床（集团）有限责任公司开发了基于机器人的飞机钛合金材料孔加工装备—通过孔加工器全新结构的设计，并被与机器人控制技术相结合，解决了飞机钛合金壁板自动钻孔的难题，提高了飞机钛合金壁板钻孔的效率，并成功应用于飞机制造企业，填补了国内空白。该公司研制的VMC0645h高速立式加工中心，采用高速电主轴技术、快速进给技术，主轴最高转速可达4.2万转/min，快移速度可达48m/min以上，可广泛应用于汽车及模具制造等行业；HSC630高速卧式加工中心，采用热变形分析与控制技术和双驱动同步调整等技术，快移速度可达60m/min，可广泛应用于汽车制造行业；HTM125系列车铣复合加工中心，自主开发了车铣复合加工中心大型镗钻刀具自动交换装置，解决了多坐标联动工艺及编程技术，在主轴输出扭矩达24000千米的前提下，还可实现五轴联动，是船舶、军工等国家重点领域急需的数控机床装备。

沈阳鼓风机集团股份有限公司为镇海炼化百万吨乙烯装置研制成功了丙烯制冷压缩机，树立起了国产化的第二座里程碑。该机组是继天津石化百万吨乙烯裂解气压缩机研制成功之后的第二台百万吨乙烯装置用压缩机，机组技术含量极高，制造难度极大，性能试验的模化方案及试验装置的配置相当复杂。该机组的研制成功，创造了国产化大型离心压缩机研制的多项之“最”，即性能试验最复杂，抽加气最多，单缸体积最大、吨位最重，叶轮直径最大（1420mm），平衡精度最高（振动值为7～11μm）等。实现了我国大型离心压缩机设计制造的重大技术突破，填补了国内空白，使沈阳鼓风机集团股份有限公司成为世界第四家具备研制百万吨丙烯压缩机能力的企业；为华能平凉电厂设计制造的国内首台“三炉塔合一”动叶可调双级钢叶片轴流风机，采用了全新的设计方案，真正实现了引风、脱硫、脱硝三种功能合一，取代了多台风机联合作业的传统模式，降低了生产成本，减少了对空间的占用，还便于对风机的维护。“三炉塔合一”引风机的研制成功，填补了600MW机组双级引风机一项国产化空白，为企业拓展国内同类风机市场提供了业绩和技术储备；迷宫式活塞压缩机的设计成功，增加了往复压缩机产品种类，扩充了往复机的经营领域。迷宫式活塞压缩机是活塞压缩机种类中技术含量最高的环保型产品，不但能满足一般生产需求，还能满足特定工作环境、特定介质压缩输送的特殊行业需求。目前，世界上只有极少数企业掌握此类压缩机的设计和制造技术。该机组的设计成功进一步扩大了往复压缩机产品的市场渠道，为沈阳鼓风机集团股份有限公司抢占往复机市场赢得了竞争主动权。

北方重工沈阳重型机械集团攻克了双护盾硬岩盾构机整机设计及制造关键技术，开发出双护盾硬岩、泥水平衡、土压平衡三大类盾构机产品。

大连重工·起重集团有限公司攻克了曲拐零件精加工等关键技术，成功开发出首支90型大型船用曲轴，除尘拦焦机第一次通过PCT（专利合作条约）形式获得国际专利，标志着该公司国际专利申请取得零的突破。

国内首艘超大型油轮（VLCC）“凯成”号在大连船舶重工集团命名交工。

辽宁曙光汽车集团的混合动力客车已在昆明市公交线路试验运行。我国首台百万吨PTA干燥机在锦西化工机械（集团）自主研制成功，结束了该关键石化设备长期依赖进口的历史。

大连橡胶塑料机械股份有限公司成功研制出首台套20万吨大型挤压造粒机组。

**【科技创新成果】** 装备制造业企业将增强自主创新能力作为提高企业核心竞争力的重要手段，在众多领域实现了技术创新和突破，带动了全行业技术装备水平的提升。

沈阳鼓风机集团股份有限公司全年完成管线压缩机用大流量模型级系列开发、离心压缩机回流器子午型线对级性能影响的数值研究、小流量及轻介质模型级试验精度研究、管线压缩机电驱机组方案设计、百万吨乙烯装置用乙烯气压缩机抽气结构设计、镍基合金叶轮国内制造关键技术的研究、深层离子氮化工艺的研究及应用、MES轴流压缩机叶片精确造型程序的研究开发等科研攻关课题108项，其中有多项成果实现了重大技术突破，填补了国内空白，提升了企业核心技术，使沈阳鼓风机集团股份有限公司在产品大型高端化、品种多样系列化方面迈出了坚实的一步；沈阳机车车辆有限责任公司全年完成新产品厂级鉴定4项，其中，“出口肯尼亚23t轴重米轨集装箱平车研制”列入2009年北车集团科技项目计划，“70t级焦炭运输专用敞车”“NX70A型共用平车”通过部级生产质量认证；沈阳铁路信号工厂“复杂与高速条件下车载信号安全控制系统关键技术及应用”获2009年度国家科技进步奖二等奖；鞍山重型矿山机器股份有限公司研发的“4.3m×9.2m大型香蕉形直线振动筛”项目获得中国机械工业科学技术奖二等奖；辽宁抚挖重工机械股份有限公司研发的QUY1250，QUY650，QUY400A超大型履带起重机等填补了国内空白，这些具有国际先进水平的新产品取得国家技术专利4项，与东北大学共同开发了“大型履带起重机总体设计软件系统”；由锦州航星集团与大连海事大学合作开发的“船舶智能导航系统应用开发及产业化”项目，已经由国家发展和改革委员会批准立项为国家级卫星应用高技术产业化示范工程项目；辽宁大族冠华印刷科技股份有限公司完成了GH524S胶印机国产化并批量生产，成功开发出GH474胶印机，该产品填补了国内空白；辽阳造纸机械股份有限公司研制的4800mm牛皮箱板纸机先后获得辽宁省最佳创新产品奖和中国轻工业联合会科技进步奖三等奖。

**【企业研发投入】** 据统计，2009年，我省拥有省级企业技术中心的企业科研投入平均在5%以上，一些高技术企业甚至达到20%左右。

沈阳中科仪技术发展有限责任公司科技活动经费达到1886万元，占企业上年主营业务收入的22%左右；辽阳造纸机械股份有限公司科技投入780万元，占主营业务收入的12.2%；沈阳铁路信号厂科技投入共4163万元，占主营业务收入的9.2%；沈阳机床集团科技投入4.8亿元，占当年主营业务收入的4%；辽宁抚挖重工机械股份有限公司科技投入5405万元，占主营业务收入的5.3%；沈阳造币有限公司科技活动经费支出额为928.1万元，占主营业务收入的8.2%；锦州航星集团科技投入为1541万元，占营业收入的5.46%；

**【产学研合作】** 2009年，随着行业规模不断壮大、行业竞争日益激烈，我省装备制造企业加快与科研院所的合作，谋求未来竞争优势，特别是民营企业已成为产学研合作的重要群体。2006年以来，辽宁新风企业集团有限公司为抢占汽车工业技术竞争的国际最前沿和制高点，从德国利勃海尔旗下CRT共轨技术公司引进了柴油机高压共轨系统，在此基础上，开发适用于中国车用柴油机、并拥有自主知识产权的高压共轨系统，建立起立足国内、面向世界、国内一流的高压共轨系统研发中心（设在大连）和生产制造基地（设在辽阳），获得了适合国产柴油机达到欧3、欧4排放标准要求的共轨技术，填补了国内空白，打破了多年的美、日、德三国在国际市场中技术垄断的局面，跻身于世界高压共轨技术先进行列。

在引进消化吸收再创新过程中，辽宁新风企业集团有限公司与国内外企业、科研院所、高等院校密切合作，在短期内实现了重大突破。在国际合作方面，与CRT公司合作进行全套系统的开发设计，确定关键的设计参数和设计计算。CRT公司委派专家到辽宁新风企业集团有限公司工作，帮助企业培训技术人员，从而实现了项目开发和人才培养相结合、双丰收。BSG公司根据辽宁新风企业集团有限公司提供的国内柴油机厂家的要求，独立进行ECU软件的开发，并在样机试验阶段派专家来中国，到国内的柴油机厂家一起合作进行软件的调试和匹配试验工作。KUK公司根据辽宁新风企业集团有限公司提出的结构尺寸和性能要求，单独完成喷油器高速电磁阀的开发，在样机试验时，委派专家来辽宁新风企业集团有限公司一起进行产品的测试，直至电磁阀的性能满足喷油器的喷射要求。在国内合作方面，与清华大学-奇瑞汽车有限公司、吉林大学、天津大学、大连理工大学、大连海事大学等单位进行了产学研联合，在发动机性能试验、燃烧分析、整车标定优化、结构设计优化分析、材料热处理性能提高等方面进行合作，取得了非常好的效果，促进了产品质量的提高和稳定。

**【重大科技创新项目选介】**

1.沈阳鼓风机集团股份有限公司的“百万吨乙烯装置用丙烯压缩机”

乙烯生产能力是衡量一个国家石油化工业发展水平的重要标志，是关系国民经济命脉和国家安全的关键领域，因此，加快大型乙烯“三机”的国产化步伐，对促进我国压缩机产业及整个国民经济发展具有重要作用。在国家发展和改革委员会、国家科学技术部、机械工业联合会等部门的大力支持下，2007年5月18日沈阳鼓风机集团股份有限公司与中石化镇海分公司签订了百万吨乙烯装置丙烯压缩机产品的研制合同。

为提高国产大型乙烯装置用离心压缩机的设计、制造水平和产品质量，确保百万吨乙烯装置丙烯压缩机产品研制成功，沈阳鼓风机集团股份有限公司与中石化集团、用户单位、有关设计院和大学联合成立了大型乙烯项目攻关小组，通过自主开发与产学研合作相结合，完成了百万吨乙烯装置丙烯压缩机技术方案优化、丙烯机组的排气蜗室流场分析、代用气体的热力性能试验等多项科研课题。通过这些关键技术攻关，顺利完成了百万吨乙烯装置丙烯压缩机的产品研制。

2009年5月26日，机组成功通过厂内试车，各项性能指标均达到了规定要求。其中，整机功率与设计功率偏差只有+1.6%，低于技术协议规定的+2%要求，远远低于ASME PTC-10标准规定的+4%要求；机组经过4个多小时连续运转，机械运转振幅小于11μm，低于技术协议及API617标准规定的25.4μm。机组整体技术达到了国际先进水平。该机组创下了大型离心压缩机国产化研制多项之“最”。其中，包括性能试验最复杂，抽加气最多，单缸体积最大、吨位最重，叶轮直径最大（1420mm），平衡精度最高（振动值为7~11μm）。

该机组的研制成功，增强了沈阳鼓风机集团股份有限公司在国内外市场上的竞争力，打破了该类产品长期依赖进口的局面，为国家节省了大量工程建设投资，取得了显著的经济和社会效益。

2.沈阳鼓风机集团股份有限公司的“PIA工艺空气压缩机组研制及膨胀机基本级开发试验”

PTA/PIA装置成套设备是国家“十一五”规划优先发展的主题之一。长期以来，国内已有PTA/PIA装置的关键设备一直是从国外进口，全部由外商垄断。沈阳鼓风机集团股份有限公司PTA/PIA空气压缩机组的研发关系到重大装备国产化的大局，国家发展和改革委员会与中石化始终给予高度关注。为实现该机组的国产化，打破外商垄断，自2003年起，沈阳鼓风机集团股份有限公司即跟踪研发该类型机组。该机组最大的特点是采用组装式向心膨胀机组回收尾气能量，从而达到降低能源消耗的目的。该机组符合国家建设环保和节约型社会的发展需要，有很大的市场潜力。

沈阳鼓风机集团股份有限公司研究院与沈阳齿轮公司在多年膨胀机科研工作的基础上，推出组装式压缩机+组装式膨胀机技术方案，获得了中国石化燕山石化公司的订单。该套机组由新开发的CE102组装式压缩机和SVK25-4S四级组装式压缩机构成，属于改造项目，需要利用原有进口机组厂房、原机组基础平台，技术难度极大。研发设计人员与生产制造部门共同努力，克服了任务重、难度大、时间紧的困难，成功地完成了首台PTA/PIA样机研制任务。

在样机研制过程中，为进一步丰富膨胀机技术储备，研究院各专业人才通力合作，采用逆向工程技术，获得了大型PTA机组膨胀机成熟高效模型级的原型数据，同时结合CFD分析、近似模化技术，制造了小尺寸模型级。在生产部门的支持下，利用中国石化燕山石化公司样机，在产品空压机提供气源驱动的情况下，完成了模型级实验。

PIA工艺空气压缩机组研制及膨胀机基本级开发试验成功，填补了国内空白，结束了PTA/PIA市场工艺空气压缩机组依靠进口的局面，使沈阳鼓风机集团股份有限公司获取了新的利润增长点，继中国石化燕山石化公司后，接连获得5套大型PTA机组订单，合同总额达到5亿余元。

3.沈阳鼓风机集团股份有限公司的“百万千瓦级核电机组核二级上充泵”

本着优化能源结构和减少环境污染的原则，国家“十一五”发展规划和《国务院关于加快振兴装备制造业的若干意见》中，已将发展核电装备作为振兴装备制造业优先发展的重大专项之一。但我国百万千瓦级核电设备主要依靠国外进口，核心技术掌握在国外公司手中，严重制约了我国核电事业的发展。核二级上充泵是大型核电机组的关键设备，也是我国核电自主化过程中需要花大力气解决的空白点。因此，全面实现百万千瓦级核二级上充泵产品国产化，不仅会促进核泵技术水平的提高和装备制造业的发展，而且可以满足我国电力发展需要，避免国民经济发展受制于人。

上充泵在核电站中的重要性仅次于主泵，它在核电系统中承担的功能项目多且复杂多变，从水泵设计及功能角度看，上充泵技术难度远高于核主泵，设计中需要进行复杂的水力性能、合理的结构和严格的工艺精度设计，以满足核安全要求。通过自主开发与产学研合作相结合，经过两年多的实践，终于完成了技术难度最大的核二级上充泵及配套齿轮箱的研制。

自2009年3月起，该机组通过了性能试验、耐久试验、热冲击试验、不予润滑启动试验、杂质试验、极限小流量试验等鉴定试验。试验结果表明，产品的性能指标达到鉴定规格书要求，满足回转动力泵水力性能验收试验一级，其性能参数达到了国外先进产品的水平。

4.锦州航星集团的“相控阵多普勒计程仪”

计程仪是船舶用于测量航速和航程的必备导航设备。多普勒计程仪应用多普勒效应测定船速，与水压式、电磁式计程仪相比，具有两个突出的优点：首先是它测得的速度是相对于地球的绝对速度，从而提高了推算船位的精度，而水压式、电磁式计程仪测得的均为船舶相对于水流的相对速度；其次，多普勒计程仪能测得纵向和横向二维速度，而传统的水压式、电磁式计程仪只能测得纵向速度，在船舶靠、离码头时，横向速度变得尤为重要。本产品采用相控阵发射和接收技术。其优点是基阵体积小，而且无需进行声速补偿，精度高，可靠性好，适用于各类水面船舶。相控阵多普勒计程仪代表了当今多普勒计程仪的主流，具有国内领先技术水平。

5.丹东奥龙射线仪器有限公司研制的“XYG-1502/3型数字流程X射线检测系统”

XYG-1502/3型数字流程X射线检测系统是对精细零部件的流程过程进行流水线无损检测和无损评价的最佳检测手段。利用实时成像技术，能清晰、直观、准确地再现被透照器件内部的结构，如缺陷的位置及尺寸测量、密度的变化，异型结构的形状及弧度，物体内部的杂质及分布等。主要应用于航空航天、汽车造船、石油化工、压力容器、机械冶金、电力机车等生产制造行业的无损检测。

XYG-1502/3型数字流程X射线检测系统采用物体对X射线吸收原理，运用高频高压恒频整流技术，使之连续输出接近恒定的高质量的X射线，将高频技术和高容量开关技术结合，为X射线管提供可靠的高压电源。该设备设计为连续运行，管电压、管电流连续可调。参数输入形式为无触点数字输入，系统为程序控制，并设有曝光时间、功率保护，最高千伏、最大毫安控制，无毫安保护、温度保护，既可以拍片又可以连续与实时数字成像。

该成果产业化后，可满足国内外市场的需求，有效推动了我国与无损检测相关上下游产业的发展。由于目前该项目产品完全依赖进口，巨额资金限制了大多数企业对项目产品的使用，大量需要出口的产品因为没有足够的检测手段而不能进入国际市场，本成果的成功研制既可以降低成本，又可以促进国产产品出口，也可以推动相关行业的发展，同时可以提高我国无损检测技术水平。随着材料检测行业的发展，对仪器需求量的扩大，运用先进的管理理念和全新的市场营销手段，其市场前景非常宽阔。

6.盘锦橡塑机械厂的“WCYJW14-8-11.5Z14型复式永磁电机抽油机”

2009年，盘锦橡塑机械厂与北京航天林泉石油装备有限公司合作开发了WCYJW14-8-11.5Z14型复式永磁电机抽油机。该抽油机属于塔式结构直驱长冲程抽油机，无需减速传动的机械装置。直接驱动的负载装置将旋转运动转化为往复运动，简化了运动方式，提高了抽油机系统的整体运行效率，减小了传动能量损失，比现有抽油机具有显著的节能效果，具有结构简单、便于安装调试、寿命长、可远程控制等优点，多项技术优于传统抽油机。

该抽油机布局合理，结构紧凑，力学结构稳定，其纵向摆幅、横向摆幅远优于标准规定要求，是一种创新性结构设计；创新性圆筒外转子与两个盘式外转子结合的三维复合结构，使其在同样体积下力能指标显著提高，同时配合先进的智能控制系统，具有低转速、大扭矩、高效率、易调整、易维护等性能特点，适合于油井多种工况条件，实际使用效果表明，能耗相比传统抽油机降低40%～60%，节能效果显著，运行噪声远低于标准规定，占地面积小，维护便捷。复式永磁电机抽油机技术领先，结构合理，性能可靠，达到国际先进水平。

7.中国科学院沈阳科学仪器研制中心有限公司研制的“90～65nm等离子体增强化学气相沉积设备研发与产业化”

集成电路作为信息产业的基础和核心，是国民经济和社会发展的战略性产业，在推动经济发展、社会进步、提高人民生活水平和保障国家安全等方面发挥着重要作用。随着设备和材料水平的不断提升，集成电路产业链各个环节的技术水平仍将保持较快发展。在芯片制造方面，12英寸集成电路芯片生产线将成为主流加工技术，90nm、65nm工艺技术得到大规模应用。

本项目研发产品90～65nm等离子体增强化学气相沉积（PECVD）设备适用于65nm以下集成电路生产线，是高质量薄膜材料的关键生产设备。目前，12英寸PECVD技术一直被欧美和日本等国家所垄断，国内集成电路装备制造业对产业支撑能力十分有限，因此，开发具有自主知识产权的12英寸PECVD设备，掌握成套先进工艺，对于我国摆脱高端制造装备与工艺完全依赖进口的状况，确保国防和经济安全，具有至关重要的意义。

本项目从我国当前集成电路装备产业的实际需求出发，以研制生产具有自主知识产权的12英寸PECVD设备并最终实现产业化为目标，培养并扶植国内加工制造产业供应商，建立健全零部件产业链，以保障设备的稳定性、可靠性。完善国产化集成电路产业链，摆脱我国高端集成电路制造装备与工艺完全依赖进口的状况，降低生产设备采购成本，提升我国集成电路产业整体竞争力。

8.中国科学院沈阳科学仪器研制中心有限公司生产的“干泵与系列真空阀门产品开发与产业化”

在集成电路（IC）生产线种类众多的整机装备中，70%左右都需要洁净真空的工艺环境。干泵与系列真空阀门是关键的洁净真空子系统，其作用是获得、维持与控制IC装备整机洁净真空运行环境，在生产线中应用最为普遍，市场需求巨大。

本项目面向极大规模集成电路制造装备对干泵及真空阀门的迫切需求，攻克IC制造工艺与洁净真空获得系统优化组合、全新理论型线设计与多种转子形式组合、全新密封结构和振动/噪声抑制方法、表面防腐技术、独特的控制/反馈软件与通用控制接口结合、阀门密封技术和独特的电机与驱动系统设计等关键技术，研究开发适用于极大规模集成电路装备及工艺的干泵及系列真空阀门，形成具有同类产品国际先进水平和完全自主知识产权的系列产品，可为相关整机项目提供支撑，降低成本，提高国产化率。

9.鞍山亨通阀门有限公司研制的“高速铁路重轨焊接自动输送设备”

高速铁路重轨焊接自动输送设备是高速重轨自动焊接生产线不可缺少的上料和下料部分。该产品是将冶金的轨道横移技术应用于该设备上，其技术成熟，运行可靠。本产品与高速重轨焊接生产线工艺要求接轨，满足生产线快速上料和下料的需要，以解决多年影响焊接线各部分设备节奏混乱、工作效率低下的瓶颈。整个产品在国内众多重轨焊接生产线中尚属首创，该装置的采用可以全面实现焊接线的高度自动化，使我国重轨焊接生产工艺达到世界先进水平。该产品已经被应用于沈阳铁路局的高速重轨自动焊接生产线。

（辽宁省经济和信息化委员会装备产业处　张春福）

# 轻工科技

**【概述】**　截至2009年年底，全省轻工行业拥有省级以上企业技术中心26个，列入全省轻工行业技术创新重点项目43项，其中新产品开发项目30项，技术研发项目4项，产学研合作项目9项。54种产品被评为辽宁省名牌产品。企业越来越重视科技创新工作，科研经费投入不断增加，创新能力明显增强，科研开发项目水平不断提高，科研成果不断涌现，科技人才队伍、产品质量与标准化建设成效显著。特别是随着省级技术中心的不断增多，通过实施技术创新战略，对行业发展起到了引领和牵动作用。

**【重大科技创新成果】**　2009年，海信容声（营口）冰箱有限公司共试制包括182G，202G等24个型号新品，其中全新515系列的182，202系列产品的试制扭转了海信容声（营口）冰箱有限公司原有产品系列宽度不足的局面。阜新振龙土特产有限公司自主研发出树莓酒、冰杏酒、烘焙南瓜籽、营养多V粉、意大利面等新产品和南瓜保鲜、综合利用南瓜肉制作南瓜饼干等新技术。其中南瓜保鲜技术可延长南瓜储藏期2个月。辽宁柏慧燕都食品有限公司技术中心开发的新产品实现销售收入5290万元，实现纯增收456万元，占当年公司利润总额的7.1%。

**【产学研合作】**　阜新振龙土特产有限公司与辽宁省农业科学院、东北农业大学、辽宁工程技术大学、中国农业大学等科研院所、高等院校合作，取得显著成果。其中与辽宁省农业科学院合作开展南瓜综合加工新产品研制，申请了2项专利。抚顺市独凤轩食品有限公司同3所大学开展了产学研合作，在制定骨味素产品国家标准中，企业技术中心与沈阳农业大学、吉林农业大学和天津科技大学开展合作，申报了本行业的国家标准。

【科技投入】 2009年，辽宁五女山米兰酒业有限公司从5100万元产品销售收入中提取122.4万元作为研发经费，科技投入占主营业务收入的2.4%。阜新振龙土特产有限公司科技创新投入999万元，占公司主营业务收入的3.1%。辽宁手表有限公司用于科技创新项目的投入是360万元，占主营业务收入的8%。

【产品质量管理】 海信容声（营口）冰箱有限公司的产品制造工艺技术、质量标准、管理体制、经营理念全部秉承海信科龙的成功经验和做法，按照国际惯例运营。企业先后通过了3C认证、节能认证、ISO9000质量管理体系认证、ISO14001环境管理体系和OHSAS18001职业健康安全管理体系认证，并被认定为省级高新技术企业，2009年10月获得中国质量协会“全国现场管理星级评价试点单位”，荣获全国现场管理星级评价4星级荣誉。其产品畅销国内外，并被列为国家质量免检产品。截至2009年，企业组织职工广泛开展ＱＣ小组活动已坚持10年，曾多次在辽宁省工矿企业ＱＣ发表会上获奖。

【科技人才培养】 截至2009年，辽宁禾丰牧业股份有限公司在国内外已拥有79家全资或控股分（子）公司，其产品覆盖25个省市，并已出口到朝鲜、尼泊尔、越南、韩国、伊朗、俄罗斯等国家。该公司能够取得如此迅速的发展，得益于对人才的重视和培养。作为“民营企业博士后科研基地”，该公司现有技术人员420人，其中研发人员141人，并有三位博士在博士后流动站工作。

（辽宁省经济委员会轻工处　徐黛丽）

# 纺织科技

【概述】 2009年，全省纺织行业面对国际金融危机影响、出口环境恶化、国内竞争加剧的不利局面，落实国家纺织行业调整振兴规划，积极转变发展方式，加大调整改革力度，加快结构调整步伐，加强自主创新能力建设，加强产销衔接，扩大出口渠道，强化品牌建设，确保我省纺织工业稳定、健康、持续发展。

2009年，全省纺织行业完成工业增加值261.24亿元，同比增长10.85%；实现主营业务收入768.83亿元，同比增长17.48%；实现利税总额39.88亿元，同比增长231.5%；实现利润17.85亿元，同比增加22.53亿元；实现出口交货值234.45亿元，同比增长11.75%。主要纺织品产量为化学纤维20.96万吨，同比增长35.2%；棉纱17.16万吨，同比增长2.7%；布4.3亿米，同比增长4.6%；服装4.31亿件，同比增长11.9%。

【重点技术创新项目】 2009年，全行业完成固定资产投资113.8亿元，同比增长68.7%。在建项目374项，同比增长70.0%；新开工项目336项，同比增长92.0%；竣工项目290项，同比增长98.6%。其中利用省财政技术改造贴息政策项目15项，总投资9.2亿元，贷款5.73亿元，财政贴息2820万元，对加快全行业投资增长，推进行业技术进步起到了积极的促进作用，加快了我省纺织行业结构调整和产业升级的步伐。

阜新福棉整体搬迁、辽宁天维纺织研究设计院有限公司“碳纤维及制品开发”等一批重大项目取得积极进展；辽阳艺蒙织毯实业有限公司“簇绒提花及气流成网汽车内饰生产线改扩建”、辽宁凯森蒙制衣有限责任公司“年产50万套西服及大衣技术改造”、葫芦岛斯达威体育有限公司“年产500万件内衣服装扩产改造”等一批具有牵动作用的产业升级重点项目相继建成投产。葫芦岛市斯达威体育用品公司等企业海外并购项目取得积极进展。通过改造调整，纺织产业装备水平和技术开发能力得到提升，服装技术创新能力和产品的市场竞争力大大提高。

2009年，纺织行业有11个项目列入全省企业技术创新重点项目计划，其中重点新产品6项，重点产学研合作项目1项，重点技术研发项目4项。辽宁银珠化纺集团有限公司的“产业用功能型锦纶66纤维”、盖州市暖泉绢纺厂的“柞蚕丝与竹纤维混纺色织及后整技术”、辽宁华福印染股份有限公司的“天丝棉交织物印染工艺”、营口耐斯特环保科技有限公司的“纳米复合改性聚苯硫醚纤维”、辽宁天泽产业集团纺织有限公司的“双层异构工业用防静电过滤布”、辽宁中泽集团针织有限公司的“丝维尔纤维交织高档针织产品”等一批省重点技术开发项目取得显著成效，成功开发出一批新产品。

**【企业技术中心建设】** 2009年，纺织行业企业技术中心建设取得了新的进展。本溪泰和纺织有限公司、阜新福棉纺织有限责任公司、辽阳艺蒙织毯实业公司、大杨集团有限责任公司、葫芦岛德容（集团）制衣有限公司等5户企业的技术中心进入省级企业技术中心行列。截至2009年年底，全省纺织行业共有国家级企业技术中心1个、省级企业技术中心17个。

2009年，企业技术中心在新产品新技术开发、产学研合作、促进产品结构调整中发挥了重要作用，提高了自主创新能力。例如，辽宁银珠化纺集团有限公司实施了技术中心创新能力建设项目，在原有企业技术中心实验室基础上，利用现有条件及配套的公用工程设施，购置和制作改性切片柔性试验装置、纺丝柔性试验（小试、中试）装置、分析检测设备，组建丝束、短纤维实验室。以多功能锦纶纤维作为研发重点，开发新的应用领域，提高了纤维的附加值，为高档造纸毛毡、抛光材料、过滤材料和其他特殊要求用丝等提供了原料保障，解决了我国差别化功能型锦纶纤维一直依靠进口的问题，填补了国内空白。

研发中心加强自身建设，提高了重大课题研究的能力。例如，大连合成纤维研究设计院股份有限公司设有国家化纤新技术推广中心、辽宁省高聚物及纤维技术中心、辽宁省化纤装备工程技术研究中心、大连市企业技术中心等机构，是国家纺织科技型企业及国家高新技术企业。该公司从事化纤、化工工业技术研究与开发的工程技术人员共计108名。拥有以全国工程设计大师为首，由4名获政府特殊津贴的工程技术人员、2名博士、60多名具有高级职称的中青年科技骨干、24名国家相关专业注册工程师及持有执业资格的人员组成的研发队伍，科技人员占全公司职工总数的70%以上，是全国化纤行业技术实力最雄厚、最具有权威性的单位之一。2009年，该公司完成了“绍兴海富化纤有限公司15000吨/年涤纶工业丝生产线”“浙江茂兴化纤有限公司32部位*24头PET-FDY生产线”“山东浩阳年产5500吨幅宽6.6米涤纶纺粘针刺非织造布生产线”“浙江兴湖工业丝有限公司高强涤纶工业丝生产线”等4项重大研发建设项目；同时，“高效多头超细复合纤维（海岛型）成套装备技术及产业化”项目荣获2009年度中国纺织工业协会科学技术进步奖二等奖。该公司还荣获中国纺织工程学会颁发的“改革开放三十年推动纺织产业升级重大技术进步奖”。

辽宁天泽产业集团纺织有限公司近几年来开发了工业过滤布、除尘袋、篷盖类材料基布、土工布及膜结构骨架材料等产品，各种过滤材料年生产能力达1000万平方米。其中防静电过滤材料占据我国石油化工领域应用市场80%以上的份额；用于矿产资源加工业选矿作业的过滤材料占据国内市场20%的份额。申请发明专利4项、实用新型专利5项，其中，获得授权实用新型专利1项。2009年，该公司被认定为国家级高新技术企业，同时被辽宁省科技厅批准组建产业用过滤介质工程技术研究中心，并完成了产业用纺织品低温等离子体处理技术及其产品研发，其产品是冶金、选矿、石油化工、洗煤、污水处理、制药、食品等行业的提纯与过滤用的机织和无纺材料；用于工业与民用的除尘、空气净化、有害粉尘颗粒捕集与回收的过滤材料。

**【产学研合作】** 2009年，通过开展产学研合作，为纺织企业解决了一批关键技术难题。本溪三鼎无纺布有限公司与沈阳农业大学、辽宁科技学院合作开发汽车内饰板材项目。辽宁超懿工贸集团有限公司和大连工业大学合作，研究开发出“生物酶洗毛及资源综合利用技术”，改变了传统洗毛工艺环境污染严重的现状，实现了洗毛过程的清洁化生产，同时，实现了资源综合利用。在生物酶技术应用洗毛工艺中，替代传统洗毛化学试剂，减少有害物排放，利用洗毛落物资源开发了生态有机肥等产品，对洗毛废水羊毛脂进行科学提取，提取率为60%～70%，可以用于制造各种润滑剂、防腐剂，还可以用于制药等，在国防工业、民用工业和农业等领域都有很重要的价值。经提取后的洗毛水，通过净化，循环利用，可以节约资源。该项目获得辽宁省企业技术创新计划重点项目资助。

企业间强强联合，利用各自优势，开发新产品、新技术取得了成效。例如，本溪泰和纺织有限公司与沈阳北方麻业有限公司合作，采用大麻和新疆长绒棉，在传统纺织生产工艺的基础上进行工艺创新，通过改变原料配比、调整工艺参数，利用大麻、长绒棉的特性而精心设计，研制开发出精梳JH/C麻棉混纺纱和高档精梳棉麻色织布，填补了国内空白。

**【新产品新技术研发】** 2009年，全省纺织企业加大新产品、新技术研发力度，提高了产品档次和水平，企业的自主创新能力进一步增强。

辽宁腾达集团股份有限公司自主研发出“活性染料无盐无碱染色技术”。此技术是在针织物染色过程中用助剂代替盐、碱，既杜绝了染色工艺中大量无机盐加入所造成的严重的盐污染，又提高了染料利用率，减少染色废水中染料的含量；既节约了能源，又可减少污水的排放量，是印染行业节能减排的新技术，获辽宁省科技成果转化奖三等奖、本溪市科技进步奖一等奖。同时，该公司研究开发出“用还原混合剂处理污水新技术”，并于2009年9月进行产业化生产。用此方法处理后排放的工业废水化学需氧量小于50mg/L，生化需氧量小于25mg/L，色度小于40倍，硫化物小于1.0mg/L。此污水处理技术原料来源广泛易得，廉价高效，且不产生二次污染，运行方式相对简单，使用设备少，维护简单，易于推广，基本解决了印染行业的污水处理难题。

阜新福棉纺织有限责任公司在稳定涤粘系列产品的基础上，开发了织边、阳离子、麻棉纱等深加工产品，使公司系列产品向精、特、异形异性等方面发展，产品的附加值也不断提高。其中，英文编织物实现产量125万米，实现销售收入987.5万元，实现利润112.5万元；阳离子混纺纱，用阳离子涤纶短纤与棉、粘胶、丝、麻混纺制成各种风格的花式纱，同时开发了阳离子强捻股线售纱，先后开发生产的品种有T100S，T50强捻，T/R58/2，T/R50/2，T80，麻棉H/c21/1，H/c40/2等产品；异性纤维混纺纱，用阳离子涤纶、三角有光涤纶和粘胶三种不同原料生产出了三角有光涤粘混纺纱，并开发生产T/R24×32 100×93，T/R21×21 97×78等系列布产品。2009年，该公司全年研制开发产品达到55个，形成批量生产的销售产品达到15个，全年新产品实现销售收入达到6277万元，实现利润502万元。

辽宁宏丰印染有限公司面对印染行业的高能耗和高污染问题，从清洁生产入手，积极研究开发节能环保型产品，印花拉绒布新工艺技术是其成果之一。它采用高新环保助剂，改变了传统的工艺，使工艺流程缩短三分之二，大大减少了能源消耗，同时改善了织物手感，使其具有染料印花的效果。据海关统计，2006年至2009年该公司生产的拉绒布出口俄罗斯的数量和金额均列全国第一位。印花拉绒布工艺技术作为一种新型专利技术，对印染企业清洁生产和节能减排具有重要意义。

辽阳艺蒙织毯实业公司自主研发出“透明脚垫”“气流成网纺织品”等新产品研制技术，其中“透明脚垫”研制新技术实现了科技成果转化，现已批量生产；节能环保气流成网技术产业化生产线正在建设中。2009年，该公司开发的“麻类生态环保汽车内饰材料研发及产业化”项目获得辽宁省科技进步奖二等奖，并被第四届中国技术市场协会评为“金桥奖”。

丹东优耐特纺织品有限公司自主研发防寒耐寒透湿、多功能化防水透湿等行业面料以及超柔涂染、高弹纸感等时装面料产品10余种。该公司与辽宁恒星化工集团有限公司共同承担的“十一五”国家科研项目“无水印染新技术及智能装备”正在实施中。2009年，该公司有3项发明专利获得授权，“高强力多功能雨披面料加工技术”获得中国纺织工业协会科技进步奖三等奖，“纺织品超柔涂染新技术”通过省级科技成果鉴定。

本溪三鼎无纺布有限公司采用优质纯棉花布作布料，内部以硬质棉为芯料，研发智能型硬质棉空调床垫。

辽宁华福印染股份有限公司研制出“天丝棉交织物印染工艺”和“节能减排印花工艺”，并应用于生产中，取得了显著的经济效益。

本溪第一纺织有限公司利用先进转杯纺装备，开发出低配转杯纺革基布，深受市场欢迎。

**【纺织服装品牌建设】** 2009年，纺织企业品牌建设取得了实效。辽宁华福印染股份有限公司的“华福” 牌印染装饰布、大连叮特来服饰有限公司的“叮特来”牌童装、本溪祥和（集团）永祥绒山羊发展有限公司的“永祥”牌分梳山羊绒、大连联惠实业有限公司的“联惠”牌床上用品、大连丰艺实业有限公司的“任平服饰”牌女装、大连俊铭服装有限公司的“圣卓”牌女装、辽阳市丛迪服装有限公司的“丛迪”牌女西装、大连东立工艺纺织品有限公司的“东立”牌装饰用纺织品、辽宁中泽集团朝阳纺织有限责任公司的“顺泽”牌高支高密多纬缎纹织物、兴城市天顺制衣有限公司的“Polovi”牌游泳服、大连思凡服装服饰有限公司的“思凡”牌女士时装等11个品牌被新评或复评为辽宁省名牌产品。

2009年，一批省级、市级名牌产品企业进一步加强技术创新能力建设，不断提升名牌产品的技术含量和附加值，塑造名牌形象，提高品牌的信誉度和市场竞争力，品牌的影响力不断扩大。

“朗时多”牌高档丝绸面料是营口朗时多丝绸有限责任公司生产的中国名牌产品。2009年，该公司为巩固和提高名牌产品形象，努力增强名牌产品的技术内涵，成功地进行了柞蚕丝与大豆纤维混纺色织技术攻关，先后研制开发出9920BX，S268，1120，1150等5000多个新品种，有近3000个品种不同数量地投入生产。其中，9920BX系列产品在中国国际东盟博览会先进适用技术“柞蚕丝绸面料”专题展上被评为优秀参展项目。

辽宁中泽集团针织有限公司为提高省名牌——“三耳兔”牌——纯棉高档针织内衣的质量和信誉，以新技术新工艺为保障，研究开发出“腈纶/棉、腈纶/粘胶纤维针织产品染整工艺”和“冷感纤维/棉白色针织物的染色工艺”，同时开发出丝维尔纤维交织产品腈纶/棉、腈纶/粘胶纤维产品、冷感纤维/棉白色产品和莫代尔/棉产品等高档针织产品，使“三耳兔”牌产品提高了市场竞争力。

此外，“创世”“碧海”“凯森蒙”“三特”等品牌企业积极开发内销市场，培育自主品牌，尤其加强了省内职业装市场产销对接力度，有效地扩大了品牌知名度。

**【产业结构调整及园区建设】** 2009年，海城纺织工业园、丹东前阳纺织服装工业园、沈阳康平纺织工业园、大连大杨服装工业园、营口鲅鱼圈服装工业园等行业重点工业园区都根据自身发展实际，制定了发展规划。园区企业积极加强协作，谋求优势互补，共同发展。

一批高技术含量、高附加值的重点项目建设成效显著。沈阳康平纺织工业园的沈阳中恒新材料有限公司引进关键设备年产1500吨碳纤维原丝及500吨碳纤维、阜新福棉集团整体搬迁、锦州宏丰印染厂有限公司高功能性面料产业链应用开发综合升级、营口第三纺织有限公司精梳高支高密坯布生产线、葫芦岛凯森蒙制衣有限公司年产50万套西服及大衣技术改造、辽阳艺蒙织毯实业公司簇绒提花及气流成网生产线改扩建、铁岭永发茧产品有限公司双面割绒新型柞蚕丝系列产品技术改造等一大批项目的实施，为我省纺织行业增添了新的增长点，有力地带动了全省纺织服装产业集群的建设和发展。

（辽宁省经济和信息化委员会纺织处　陈庆杰）

# 化工科技

**【概述】** 2009年，全省石化行业现有规模以上工业企业2766户，占全省规模以上工业企业总户数的12.5%；资产总额4111.18亿元，占全省规模以上工业企业总资产的17.3%；从业人员49.64万人，占全省规模以上工业企业总人数的14.2%。

2009年，全省石化行业完成工业增加值1286.8亿元，占全省工业增加值总额的16.6%，同比增长6.8%，排在装备和冶金行业之后，列第三位。实现主营业务收入5156.65

亿元，同比下降0.85%；实现利税577.14亿元，同比增加637.48亿元，占全省工业利税总额的28%，排在装备制造业之后，列全省工业行业第二位；实现利润73.75亿元，同比增加303.02亿元。

**【技术中心建设】** 截至2009年年底，全省石化行业共有国家级企业技术中心2家，分别是大化集团和辽宁华锦化工集团；省级企业技术中心43家，其中，沈阳4家，大连3家，鞍山2家，抚顺2家，本溪2家，丹东1家，锦州1家，营口6家，阜新3家，辽阳6家，铁岭2家，朝阳1家，盘锦5家，葫芦岛5家。

**【产业结构调整】** 一是在炼油行业，围绕延伸烯烃和芳烃两大产品链，实施了一批重大项目。在发展烯烃方面，沈阳蜡化的50万吨CPP制乙烯已经投产，300万吨CPP项目前期工作加快推进。华锦集团的500万吨炼油、46万吨乙烯工程进入全面试运行阶段。抚顺石化千万吨炼油、百万吨乙烯工程建设进展顺利。这一系列在建项目投产后，将使全省乙烯产量突破200万吨，并带动一系列深加工产品的研发和生产。在发展芳烃方面，大连70万吨PX和120万吨PTA工程已实现正常运营。江苏恒力集团计划投巨资在大连长兴岛建设以PX，PTA为主导产品的石化产业基地。

2009年，全省化学工业精细化率达到40%左右。

**【园区建设】** 2009年，化工园区建设步伐加快，已成为行业经济发展的平台和主战场。一是沿海经济带各个工业园区普遍都把石化产业定位为支柱产业。基础设施建设和项目布局都在加快进度。二是城区内企业根据环境容量和可持续发展要求，也在分期分批向园区搬迁，并把搬迁与技术改造、淘汰落后产能相结合，进一步提升企业综合竞争能力。在地方企业提倡大力发展精细化工，并在一些市、县规划建设了一批精细化工园，如华锦精细化工园区、锦州精细化工园区、灯塔日用化工园区、葫芦岛聚氨酯产业园区等。

**【企业技术研发及其成果】** 2009年，沈阳化工研究院共完成科研计划项目93项；签订技术合同579项，成交额达1.09亿元；申请专利38项，其中，PCT专利4项、授权专利13项。获得省部级以上奖励11项；制（修）定国家标准22项、行业标准67项；“三项流化床生物处理技术”“流化造粒焚烧装置示范技术”“液膜萃取技术”等项目被列入国家“863”计划项目。“药物安全评价技术平台”项目成为国家重大科技专项“重大新药创制”课题。沈阳化工研究院被国家科学技术部、国有资源管理委员会、全国总工会等部委联合批准成为第二批创新型企业。在新药创制方面，辽宁省农药研究所全年共合成新化合物3100个，总量比上年提高了25%，其中数十个化合物具有很好的生物活性。为解决大宗染料中间体的清洁生产工艺问题，辽宁省染料研究所组织开展了集团重点项目“H酸清洁生产新工艺”的研究，已完成中试方案设计；完成了集团项目“含氟杂环系列精细化学品工艺开发”“新型磷硅阻燃剂的开发和蛋白质改性的合成研究”，这些项目小试或中试工作均已完成，达到验收指标。辽宁省设计工程公司在不断完善流化焚烧技术产品系列化、标准化建设的同时，还加大了对环流反应、催化湿式氧化等技术的推广力度，全年共向20余家企业提供了多个项目的技术方案，推进了科技成果的产业化。完成了《农药行业污染物排放标准》等6个行业环保标准编制与环保技术政策的研究工作。完成了国家重大专项年度任务；年内共完成了7个农药慢性毒性试验、近2000个国内外相关厂家委托的安全评价项目；有17个农药品种正在进行2年期的慢性致癌联合试验。建立了符合我国要求的压载水试验方法，并完成了多个压载水试验，拓展了业务领域。2009年沈阳化工研究院科技总投入达1.67亿元，占全院总收入的42.87%，其中，院本部投入1.56亿元。按照沈阳化工研究科研总体规划的目标，加强了科研基础设施建设与改造，为科研专业的拓展开辟了宽广空间，同时，投资4147万元购置了先进的科研仪器设备，其中包括RC-1、气（液）质联用仪、同步热分析仪及安全评价相关设备等。截至2009年年底，企业科技人员总数达474人。拥有国家级“百千万人才工程”“百人”层次3人，省级“百千万人才工程”“百人”层次7人、“千人”层次2人；13人享受政府特殊津贴；教授级高工48人，高级工程师136人，其中有3名博士生导师和28名硕士生导师；博士24人，硕士195人。

2009年，辽宁华锦化工（集团）有限责任公司自主完成“新型脲酶抑制剂XPT”新产品的研发。成功实现了高抗冲嵌段共聚聚丙烯注塑专用产品J340的质量改进。完成“成核剂改性聚丙烯PPB管材专用料产品”的质量提升。“聚丁二烯胶乳新工艺技术开发”项目已经进行了中试。华锦集团与清华大学合作开发的“40万吨大颗粒尿素”项目，在大颗粒尿素的造粒与冷却技术上有了新的突破，开发了具有自主知识产权的新技术。不但可以生产目前市场上畅销的3～5mm粒度的大颗粒尿素，也可以生产6mm以上的超大颗粒尿素，该项目已在锦天化进行工业化生产。公司全年科技投入8858万元，占华锦集团主营收入的1.21%。集团专职从事技术研发人数为180人，其中有高级技术人员36人。

2009年，辽宁一一三（集团）化工有限责任公司取得了“SAW2001 环保水性工业木器漆”“SA2520M 高性能环保水性木器面漆”“聚丙烯酸酯木器漆乳液及其合成方法”“抗污质感透明罩面漆”“RG 8010透明隔热玻璃涂料研制”“高温水性标号漆”等技术创新成果。“ WI模压门板底漆”获本溪市政府优秀新产品金奖。企业申报了“聚丙烯酸酯木器漆乳液及其合成方法”“RG8010透明隔热玻璃涂料研制”2项国家发明专利。在和大连工业大学、辽宁大学、大连理工大学建立技术合作关系的基础上，2009年又和东北大学、大连交通大学、中国科技大学建立了合作关系。2009年用于科技创新的资金投入额为239万元，占主营业务收入的3.7%。企业技术中心共有工程技术人员63人，其中具有高级职称者15人，博士1人。

2009年，辽宁科隆精细化工股份有限公司重点研制完成7项新产品。有3项新产品已经实现产业化。其中聚羧酸减水剂已经通过省级新产品鉴定。该公司当年科技创新投入660万元。其中新产品总投资350万元。公司拥有省级技术研发中心，有研发人员32人，其中博士1人、研究生2人、本科毕业生17人、专科毕业生12人。研发人员占企业员工总数的17%。

2009年，辽宁恒星精细化工（集团）有限公司自主研发出“弹性透明彩色印花新材料”“柔软型高牢度涂料染色粘合剂”“有机硅改性聚氨酯整理剂”等3项新产品，均达到国际先进水平，并通过了省经济和信息化委员会的新产品投产鉴定和省科学技术厅的科技成果鉴定。该公司研发的“无水化涂料印花新工艺新技术”通过了中国纺织工业协会的科技成果鉴定，“节能免退丙烯酸浆料”获中国石油和化学工业协会科技进步奖三等奖，“新型防水透湿材料系列及其应用研究”获丹东市科技进步奖一等奖，“弹性透明彩色印花新材料”“柔软型高牢度涂料染色黏合剂”“有机硅改性聚氨酯整理剂”同时通过了省科学技术厅的辽宁省科技成果转化项目认定。2009年公司科技创新资金投入950万元，占主营业务收入的5.2%。现有工程技术人员42人，占公司总人数的35%，其中博士2人、硕士4人，具有高级技术职称者

22人。

2009年，辽宁精化科技有限公司历时3年开发的防水型喷墨打印机墨水通过省科技成果鉴定，其生产工艺为国内首创，性能指标达到国际先进水平。公司2009年研发投入243.57万元，占销售收入的4.22%。截至2009年年底，共有工程技术人员83名，其中，从事产品研发的科技人员25人，占员工总数的15%左右。

营口市向阳化工总厂完成了“XY HD双峰高密度聚乙烯催化剂”和“XY－T烷基铝”两个项目的研发。公司全年科技投入5100万元，占主营业务收入的22%。现有研发人员40余人，其中具有高级职称者6人（包括教授级高工2人），具有中级职称者12人，具有初级职称者18人。在技术人员中，具有研究生学历者1人，具有本科学历者13人，具有专科学历者22人。

2009年，营口市风光化工有限公司专注于“光稳定剂FS－042”和“熔融法生产无锡主抗氧剂YFK－1076”项目的研制工作，无锡“抗氧剂YFK－1076”项目已稳定化生产；“高效主抗氧剂YFK－330”项目已完成小试，预计到2010年底完成中试生产；“抗氧剂YFK－1135”项目已完成小试到中试的稳定化生产。

2009年，阜新环宇橡胶（集团）有限公司“三元乙丙耐热钢丝带”项目在赤峰远联钢铁有限责任公司烧结车间C4线上进行了试用。符合新耐热输送带标准的Ⅳ型（175℃）耐热输送带，通过大量的配方试验，已最终确定试生产配方，为钢铁企业高温线输送带产品作好了技术储备。“耐酸碱输送带”项目已生产出试验带，在河北普阳钢铁有限公司试用。通过采取配方调整、设计新配方、使用新材料以及改变带体结构等措施，实现技术降低成本456万元。2009年企业销售收入1.6912亿元，科技创新投入835万元，占销售收入的4.9%。

2009年，锦西石化分公司共组织研发了7个科技项目，分别是“水处理技术研究专题”“高酸含硫腐蚀介质腐蚀材质评价及研究”“蒸馏装置低温部位防腐措施研究”“原油中氯化物组成和氯分布研究及车间原料中氯化物的监测”“分公司主要装置原料及其产品硫分布与氮分布的研究”“蒸馏电脱盐注水质量对其脱盐效果的影响”“热电公司4号锅炉SDR－8＃节煤助燃增效剂试用”，总投入320万元，当年完成5项。全年企业科技经费投入额为3672万元，占主营业务收入的0.23%。公司现有博士1人、硕士10人，具有专科以上学历者118人；具有高级工程师职称者41人，具有工程师职称者46人。

2009年，中国石油辽阳石化公司组织研发科研项目41项，累计投入经费2605.8万元。申请专利21项，授权12项，形成集团公司级专有技术8项。“热灌装瓶级聚酯切片开发”项目获得中国石油天然气集团公司科技进步奖三等奖。公司现有从事科技活动人员239人，其中具有高、中级技术职称者32人，具有大学本科以上学历者106人。

2009年，辽宁奥克化学股份有限公司的“太阳级硅切割液OXSI－205”项目获国家自主创新产品称号及辽阳市科技进步奖一等奖，“单晶硅等半导体材料线切割用切削液OXSI－303” 项目获辽宁省科技进步奖三等奖，“太阳级硅切割液创新开发管理”项目获辽宁省企业管理成果奖二等奖。公司拥有国家级博士后科研工作站、省级企业技术中心、省级博士后科研基地和省级环氧乙烷开发利用工程技术研发中心等研发机构，拥有一支由国家级专家、教授、博士、硕士等高素质人才和大批具有环氧乙烷专业操作技能的职工组成的创新团队，人员总数为175人，其中专家、教授、博士等高级技术人才占12%，具有硕士以上学历者占35%，具有本科以上学历者占80%。年度科技经费投入达到

5342万元，占主营业务收入的5%。

2009年，辽宁联港染料化工有限公司在原有1,8-萘二甲酸酐生产技术、工艺基础上进行了研制，开发了高纯度1,8-萘二甲酸酐，并已转化生产，建成年产1500吨高纯度1,8-萘二甲酸酐生产线。2009年10月，该项产品通过省级新产品鉴定，生产技术已申请国家发明专利。公司科技创新年度投入额为310万元，占销售收入的12.23%。

（辽宁省经济和信息化委员会化工处　高鹤）

# 医药科技

**【概述】** 2009年，全省医药行业紧密围绕医药业发展需求，以全面提升企业技术创新能力为目标，着力加强科研机构及人才队伍建设，加大新产品开发投入力度，促进科技成果转化，深化产学研合作，加快推进企业产品管理标准化、信息化进程。科技工作取得显著成效，为全省医药产业又好又快发展提供了强劲动力。

截至2009年年底，全省医药行业共拥有国家级企业技术中心1个、省级企业技术中心21个。

**【科研机构及人才队伍建设】** 辽宁成大生物股份有限公司把企业技术中心作为企业技术开发的组织机构，以研发中心为主体，统筹质量检验和生产部门，从新产品研发到产业化，形成了企业自主创新的完整链条，保证了研发成果迅速形成生产力。公司通过多种途径培养中青年技术骨干，组织他们积极申报课题或参加课题工作。有计划地安排在职进修，选派部分技术骨干到国外进修、培训或开展合作研究。沈阳红药制药有限公司企业技术中心以科研为本，致力于研究、开发、生产和销售医药创新产品。中心按照公司体制运行，强调制度创新，在技术和人才上对外开放，由国内外研究机构和企业共同参股，以上海中医药大学、沈阳药科大学、辽宁中医研究院为技术依托，聚集了一大批高级人才。从事研究开发的科技人员共有56人，取得中、高级技术职称者18人，其中教授级高级工程师2人，内部专家7人，外部专家10人。

**【新产品开发与投入】** 企业开展技术创新活动的投入主要来源是企业自筹资金。2009年，全行业有4个技术中心项目获得160万元专项经费支持，有34个新产品开发、技术研发和产学研合作项目被列入省企业技术创新计划重点项目。

东药集团科技创新投入1.62亿元，占企业销售收入的4.08%，主要进行了辛伐他汀胶囊处方筛选、头孢噻利制剂放大生产、普卢利沙星片（胶囊）工艺研究、左乙拉西坦薄膜片药学研究、整肠生合生素临床前研究、美普他酚临床前研究等。东药集团还积极申报国家及省市科技项目，争取科技经费支持，其中“东北制药集团新药中试技术体系建设”和“磷霉素及其系列产品技术升级研究”2个项目分别获得国家重大新药创制专项资金815.56万元和107.2万元；另有5个项目共获得各级科技专项经费180.12万元。

沈阳红药制药有限公司逐年加大新产品开发力度，科研投入也逐年增加。2009年，科研投入752万元，占销售收入的4.6%。科研投入主要用在以下方面：①新产品研究设计费、样品、样机试制费占30%；②中间扩大试验费（含中试、小批量投入，如用于验证实验室样机、样品的技术路线和技术指标，以及添置中试规模必要的仪器和设备费用等）占30%；③用于消化吸收高新技术的投入、与国内有关单位合作开发研究及开发研究所需原材料、设备等占40%。2009年，该公司主要开展了红药气雾剂环保型抛射剂研究，筛选一种新型药用气雾剂的抛射剂HFC-134a来替代现用的CFC-12；辣椒风湿巴布膏产品的研究，采用水溶性高分子材料代替原有橡胶材料作为载药基质。

**【创新成果及其转化应用】** 2009年，全行业强化企业技术创新能力建设，健全和完善了技术创新体系，一批重大科技创新成果不断涌现，高新技术成果产业化步伐加快。

东北制药集团公司沈阳第一制药厂开发研制的硫酸吗啡口服溶液，是国内唯一的吗啡口服溶液剂型，填补了我国吗啡口服溶液剂型的空白。

辽宁诺康生物制药有限公司自主研发的主导产品手术室止血用药注射用血凝酶（商品名称为巴曲亭）以其良好的治疗效果打破了进口药品“立芷雪”垄断国内市场的局面，并逐步占领市场。自2007年起，连续三年市场占有率第一，已经成为中国血凝酶市场的第一品牌。该公司也成为国内生产、销售该类产品的名牌企业。

沈阳红旗制药有限公司以抗结核药物为主导产品，其国内市场占有率达70%，并为世界卫生组织“结核病控制项目”提供大部分药品。该公司技术中心配合世界卫生组织“结核病控制项目”的用药趋势及方案，围绕抗结核药物固定剂量复合剂、半固体骨架制剂、抗结核药物组合包装三大核心技术开展科技攻关。经辽宁省科学技术厅和辽宁省财政厅批准建设的“辽宁省沈阳红旗抗结核药物工程技术中心”已成为全国最大的抗结核药物研发和生产基地。该公司产品连续获奖：2006年，公司的康青牌抗结核系列药先后荣获辽宁省名牌产品和沈阳市名牌产品称号；2006年11月获辽宁省中小企业专精特新产品金奖，抗结核组合药、盐酸左氧氟沙星胶囊获沈阳市优秀新产品金奖；该公司的乙胺吡嗪利福异烟片Ⅱ（怡诺尼康片）是国内第一个获得批准上市的四组分抗结核固定剂量复合剂药物，2006年被列为国家火炬计划项目，2007年10月，荣获辽宁省人民政府颁发的辽宁省优秀新产品奖、沈阳市优秀新产品金奖。公司产品的注册商标“康青”和红旗品牌已成为中国防痨界首屈一指的品牌。半固体骨架制剂——抗结核药物“利福平胶囊Ⅱ”——荣获沈阳市科技进步奖三等奖，抗结核药物组合包装填补了国内空白，申报了实用新型专利，荣获辽宁省优秀新产品奖三等奖，为企业创造了可观的经济效益。

**【产品质量管理与标准化、信息化建设】** 辽宁本溪三药有限公司不断提高企业的质量管理水平，在通过国家GMP认证的基础上，还通过了ISO9001/ISO14001“质量、环境”双体系认证，并积极推动双体系与GMP的整合工作，对双体系中的质量、环境目标和指标进行分解落实，有效地整合了GMP和双体系资源，理顺了业务流程，充分发挥管理资源的综合效能，提高了工作的实效性，使公司质量管理工作全面实现制度化、规范性和科学化。

企业信息化建设是企业强化科学管理，加快自身发展的内在需要。2009年新年伊始，东药集团正式启用K3全面预算管理系统，成功地实施了K3财务、物流、生产成本项目及全面预算项目，实现了在高端管理平台上对企业业务的多维度集成与协控，企业日常生产涉及到的资源利用、资金收支、成本费用核算等全部纳入其中，相应的费用、资金收支管控设置控制平台摒弃了以前人工干预的不规范行为。东药集团内部下至工段材料员上至总经理，都需要在系统中编制、审核预算，参与系统操作的人员达700余人，真正实现了ERP系统及预算系统业务全覆盖的目标。东药集团的信息化系统是已拥有近千台计算机的网络系统，为保证系统的稳健运行，系统配备了4路双机热备服务器，多中间层业务处理服务器，实现业务的均衡负担，光纤磁盘阵列保证数据存储的安全性。通过防火墙、网络行为管理及入侵防御系统保证网络系统的安全。基于内控体系的制造业多元预算平台创建为企业带来了巨大的经济效益。通过系统信用风险管理预算应用，通过系统平台屏蔽风险，创造经济效益1002万元；通过系统价格控制，采用询价、比价采购，可比采购成本降低1077万元；通过预算与实际对比分析，优化产品的物料清单，降低制造费用，可比产品成本降低1467万元。上述3项共取得经济效益3546万元。

**【产学研合作】** 2009年，我省医药企业积极与省内外高等学校和科研院所合作，有效利用资源和研究成果，联合开发生物医药项目。

辽宁诺康生物制药有限责任公司与苏州大学药学院国家级工程技术中心的杨世林教授、刘江云博士联合开发了白及多糖（中药1类新药）项目。该项目产品是新型天然生物可降解高分子材料，在多肽和蛋白等新型药物给药系统、肿瘤栓塞剂、组织工程材料等医药应用领域均具有潜力。本项目将进行长期深入的研究开发，成果将形成自主知识产权专利群，具有广阔的开发前景。该项目技术研究工作已基本完成，待中试完成后，再重复前期的全部工作，达到新药审评要求后，即可申报新药。

辽宁诺康生物制药有限责任公司在沈阳药科大学设立了“诺康医药青年创新基金”，鼓励青年教师的创新热情。由于与沈阳药科大学建立了长期的友好合作关系，被沈阳药科大学确定为教学实习基地，进而吸引该校本科、硕士、博士毕业生来辽宁诺康生物制药有限责任公司工作。辽宁诺康生物制药有限责任公司还与辽宁大学共建毒蛇标准化养殖管理与蛇毒产品研究开发平台，进行蛇毒的标准化饲养、管理与蛇毒产品研究开发。该项目指定王秋雨教授为项目技术负责人，长期担任辽宁诺康生物制药有限责任公司的技术顾问，为毒蛇养殖及蛇毒生产的相关标准操作规程的制定等提供技术依托。

**【重大科技创新项目选介】**

（1）辽宁诺康生物制药有限公司。一类新药——基因工程巴曲酶（Batroxobin）。通过巴曲酶基因合成、克隆、表达及产物的发酵表达和分离纯化制备定点突变的巴曲酶，初步建立了30升发酵罐发酵高密度发酵工艺，确立了一系列发酵参数；建立了分离纯化工艺，通过疏水层析、亲和层析、离子交换层析和凝胶层析纯化工艺；并进行了药物制剂的初步研究；申请“一种定向突变的基因工程巴曲酶及用途”“一种定点突变的基因工程巴曲酶用途”2项国家发明专利，前者已获专利授权，并在国家级医药综合性专业核心期刊《蛇志》上发表多篇文章。

（2）辽宁盛生集团有限公司。一类新药——联苯苄唑曲安奈德乳膏——的研制与开发。其中，联苯苄唑具有广谱抗真菌作用；醋酸曲安奈德可以预防炎症的破坏性或纤维性合并症，减轻真菌对皮肤组织细胞的损害作用。复方制剂抗真菌广谱，真菌对其产生耐药性较缓慢，毒性也小，不仅对浅部真菌感染治愈率高，而且在缓解患者不适症状方面，明显优于单独使用抗真菌药物，大大提高了患者依从性，对皮肤浅部真菌感染引起的皮肤病，尤其是带有炎症及过敏性质的皮肤感染，将是一种强效的治疗药物。采用乳膏剂型，易于在皮肤表面涂覆，使药物直接接触病灶组织，并且剂量可控、安全、低毒。联苯苄唑曲安奈德乳膏为国家一类新药，国内外尚无联苯苄唑和醋酸曲安奈德两种活性成分组成的复方制剂，已获得国家发明专利。

（3）辽宁本溪三药有限公司。尪痹微丸胶囊产业化研究。利用多功能一步制粒机顶喷制粒、切喷包衣功能转化为母核制备、制丸、包衣、干燥等工序集一台设备制备中药微丸，并采用中药浸膏液相层积技术制备微丸，对微丸包防潮衣。对影响微丸质量的因素，如均匀度、堆密度、圆整度、休止角、吸湿速率、临界相对湿度等建立了科学的质量评价体系。很好地解决了尪痹颗粒剂易吸潮、口感差、服用量较大和普通胶囊剂装量小、服用量大、易吸潮等缺点。目前，尪痹微丸胶囊技术在中药微丸制备上处于国内领先水平。

（辽宁省经济和信息化委员会医药处　周海霞）

# 公安科技

**【概述】** 2009年，全省公安系统紧紧围绕国家科技发展总体规划、辽宁省科技发展规划和公安部科技强警战略的总体部署，以公安信息化工程建设和应用为龙头，以科技创新为动力，以促进科学技术与公安工作和队伍建设的紧密融合为核心，加快推进科技强警各项工作，公安科技信息化建设、科研开发和成果转化等工作取得了长足进步。全年在科技建设方面投入了大量资金，开展了公安信息化项目建设和应用。

**【科技项目与经费】** 全年列入部、省级科研计划项目和推广项目共10项，获得科研经费108万元。其中，公安部重点攻关计划项目2项，公安部应用创新计划项目6项，省科学技术厅科研公共服务平台建设计划项目1项，公安部科技成果推广引导计划项目1项。全年完成公安部科研项目6项。

**【科技成果】** 2009年，共获得公安部技术革新奖5项（奖金3万元），省级技术革新奖12项，省级科技进步奖5项。

由铁岭市公安局213研究所承担的“十一五”国家科技支撑计划项目“命案尸体身源人类学判定关键技术研究”于2009年12月10日通过公安部验收。来自公安部物证鉴定中心及北京、上海、重庆等省、市公安机关和大连海事大学的11名法医和计算机专家对该项目进行了评审。专家一致认为，该项目首次以居住在我国境内的56个民族的7.2万例不同性别、不同年龄受试者为研究对象，采集提取五官形态特征，建立中国人颅面复原五官形态数据库，实现了颅面复原像的五官自动匹配，是我国法医人类学个体识别理论和应用研究的重大突破，本研究对涉命案件中的无名尸体身源辨认识别具有重要的应用价值。

由阜新市公安局自主研发的“MS-SZ I

型”科研项目于2009年4月14日通过公安部鉴定。来自公安部十二局、一所、天津、河北、黑龙江等省、市技侦领域的专家对项目进行了评审。专家一致认为，该项目技术先进，填补了国内空白，达到了国内领先水平，具有较强的推广应用价值。

**【信息化建设】** 为深入贯彻落实公安部“南京会议”精神，全面提升信息化建设水平，省公安厅以公安信息化建设为主要载体，以“六个一流”（即建设一流的“三大平台”，完善一流的软件系统，练就一流的应用能力，建立一流的警务机制，追求一流的执法质量，实现一流的社会效果）为具体实施方向，经过不懈努力，提前实现了“半年务见成效，一年赶超江苏，力争全国领先”的工作目标，并在“大情报”系统建设、信息采集和体制机制创新等三个全国性的重点难点问题上取得了新突破，形成了具有辽宁特色的公安信息化建设新模式。

一是以“统一模式”为重要支撑，“三台一站”总体架构基本形成，运行良好。“三台一站”指警务综合应用平台、情报信息研判平台、警用地理信息平台和公安政府网站（即“网上公安机关”网站）。在警务综合应用平台和情报信息研判平台建设上，按照“服务实战、简便实用”的原则，将具备整合条件的22个应用系统全部整合，彻底打破了存在多年的信息壁垒，建成了全省统一的信息资源库。特别是把旅馆业信息采集作为构建大情报系统建设的重要内容，实现了对全省1万多家旅馆的全覆盖。目前，情报信息研判平台真正成为省、市两级互联互通、高度统一的实战应用平台，特别是依托自主开发的串联并案和在线缉控功能，创造性地实现了海量案件信息的智能串并；在警用地理信息平台建设上，全省于2009年9月全面完成了省、市两级警用地理信息平台建设。通过使用全省统一版本的系统软件，警务综合应用平台初步实现了全省范围内跨警种、跨地区的信息资源关联共享和全警种、全警员的业务协同。目前，该平台凭借全国一流的综合查询和指挥调度两个子系统，在指导全警实战应用中发挥了重要作用；在公安政府网站建设上，全省于2009年4月30日实现了省、市、县三级“网上公安机关”统一模式，全面开通。

二是以“规范执法”为显著特征，“网上办案”强制入轨，整体展开。精心设计研发了全面、规范的网上办案流程，成功实现了从立（受）案、侦查（调查）、破（结）案等程序的网上流转、审核审批。通过采取强制入轨的方式，除涉密和特殊案件以外，省、市、县三级公安机关已全部实现各类刑事、治安案件的网上办理，其中，刑事案件受案676063起，立案173129起，破案55383起，治安案件查处705727起。通过网上办案，进一步强化了执法环节，加大了监督力度，从源头上有效预防了立案不实和执法不公等突出问题，实现了案件办理过程高效化、简单化、规范化和透明化。

三是以“创新机制”为强大动力，初步建立“大情报”系统，效能明显。在省、市、县三级公安机关全部组建了职能明确的情报研判机构，建立了精通业务的情报专业队伍，构建了覆盖全省的“大情报”组织体系。截至2009年年底，全省已经拥有综合情报机构147个，共有民警755人、文职人员256人，为高效开展情报研判提供了所需的组织和人才保障。同时，按照“大情报”系统建设的要求，探索建立了以重点人员动态管控和重要案件预警等为主要内容的现代情报研判机制，明显提高了动态治安条件下的社会管控能力和协同作战能力。公安部领导及有关部门对此给予高度评价，认为辽宁的公安信息化特别是“大情报”系统建设已经达到了“全国领先”水平。

四是以“惠及民生”为根本宗旨，“网

上公安机关”全面开通，反响强烈。辽宁公安着眼于服务民生、构建和谐警民关系，从人民群众最关心、最直接、最现实的问题入手，对全省公安机关的网上警务资源进行了统一规划、重新整合，精心设计研发了集网上办事、政务公开、咨询服务、法制宣传和社会监督等功能于一体的辽宁省“网上公安机关”网站。依托网络功能，全省公安机关利用先进的科技手段和科学方法，为广大群众提供政策咨询、疑难解答、审批受理、举报投诉、网上查询、网上预约等各种非紧急警务服务。此外，以“网上公安机关”为载体，还开通了网上车管所，开展了互联网自编自选小型汽车号牌号码工作；开通了往来港澳个人、团队旅游再次签注网上申请，以及出国（境）证件签注网上申请工作；开展了网上异地办理第二代身份证工作。特别是作为“网上公安机关”的重要组成部分的“365”安全防范网，是我国互联网上第一个全方位、多角度宣传安全防范知识的专业门户网站，被公安部宣传局在全国推广，并被国家禁毒委员会列为全国禁毒宣传教育阵地。“网上公安机关”为广大群众提供了最快捷、优质、高效的服务，目前已成为全省公安机关与广大网民沟通交流的新渠道，创新公安工作的新载体，密切警民关系的新纽带，构建和谐社会的新平台。

**【重要科技活动】** 一是开展科普宣传活动。5月16—22日，省公安厅结合全省公安工作实际，以公安科普活动紧紧围绕推进信息化建设为目标，坚持高站位思考、高起点开局、高标准要求，精心组织，科学运作，在全省公安机关深入开展了公安科普宣传活动，有效推动了我省公安科技和信息化建设工作。活动周期间，举办了辽宁省公安厅机关信息化建设讲座；设计制作了“辽宁省公安厅2009年科普活动周”网页，开设了信息化建设、科技新闻、典型案例、科技成果、外警科技、科普知识、科技政策等专栏；刊登了科研成果、基层民警利用科技手段破案案例和体会文章，以及科普知识、科普讲座等稿件数十篇。

二是与省科学技术厅联合启动全省第二批科技强警示范县区建设工作。2009年，组织开展了第二批科技强警示范县(市、区)建设的申报工作和对申报单位的考察工作。

三是组织开展全省公安机关安全技术防范管理部门爱民大走访活动。2009年1月6日至3月15日，组织开展了对安全技术防范企业大走访的爱民实践活动。全省各级公安机关安全技术防范管理部门深入企业，宣传安全技术防范知识，有效地提高了企业的安全防范意识。

（辽宁省公安厅科学技术处　喻晓光）

# 电子信息产业科技

**【概况】** 截至2009年年末，辽宁省电子信息产品制造业统计企业户数为427户，按照企业经济类型划分，有内资企业287户，三资企业140户。从业人数为18.2万人，其中工程技术人员2.2万人，占从业人数的12.1%；管理人员2.1万人，占从业人数的11.5%。资产总计为970.4亿元，负债总计为502.6亿元，资产负债率为51.8%。

【主要经济指标】 2009年，全省电子信息产业走出低谷，企稳回升的趋势基本明朗。电子信息产品制造业经济运行状况逐月好转，随着国内政策效应不断显现和全球经济逐步复苏，全行业基本回到良性运行状态。

2009年，电子信息产品制造业实现工业增加值248.6亿元，同比增长9.9%；实现主营业务收入1089亿元，同比增长11%；实现利润43.9亿元，同比下降5.7%；实现利税15亿元，同比增长11.9%；出口创汇62.9亿美元，同比下降7%。

【主要产品产销】 生产彩色电视机462.1万台，销售量453.8万台，产销率为98.2%；生产激光视盘机263万部，销售量263万部，产销率为100%；生产打印机49万台，销售量49万台，产销率为100%；生产汽车音响417.8万部，销售量为412.9万部，产销率为98.8%。

【内资企业拉动效应】 2009年度前4个月，电子信息产品制造业主营业务收入同比下降幅度达到12.9%，为当年的最低谷。从5月份开始，产业呈现逐月回升的趋势；到12月末，电子信息产品制造业主营业务收入增幅回升至11%。沈阳亨通光通信有限公司（同比增长158.1%）、大连环宇阳光集团（同比增长60.9%）等一批创新型内资民营企业的快速成长对产业的发展起到了拉动作用。内资企业占产业的比重从2008年的41.6%上升到2009年的63.7%，提高了22.1个百分点。得益于技术创新型内资企业增速较快，促进了行业经济企稳回升。

【产品出口】 随着国际电子产品市场的转暖，重点产品出口企业加快产品结构调整，加大了国际市场的开拓力度，产品出口形势有了明显好转。一季度出口创汇同比下降36.8%，出口形势严峻，从二季度开始，出口订单逐渐增加，出现了恢复性增长。出口创汇大幅回升，到年末累计出口创汇降幅比一季度收窄了28.5个百分点。出口已基本恢复到国际金融危机前的水平。

【经济效益】 1–2月份利润比2008年同期下降幅度高达79.6%，其后效益逐渐好转，到年末实现利润同比仅下降5.7%。效益回升的主要原因是国内需求增长，大部分产品价格较年初都有不同程度的提高。同时，国际经济转暖，出口回升，外资企业收入、效益随之提高。

【固定资产投资】 电子信息产品制造业全年在建项目347项，同比增长13.4%；累计完成固定资产投资310亿元，同比增长62.3%。大连英特尔等一批重点项目建设进展顺利，预计在2010年下半年建成投产，为产业后续发展奠定了基础。

（辽宁省经济和信息化委员会电子信息处 张友）

# 软件科技

**【概述】** 2009年，在金融危机的不利形势下，辽宁省软件与信息服务业仍然保持了快速增长，具体表现为产业规模持续扩大，业务领域不断拓展，企业实力逐步增强。软件与信息服务业主营业务收入657.8亿元，同比增长36.7%。软件业务收入560.2亿元，同比增长29.7%，其中软件产品收入245.1亿元，同比增长32.5%，占软件业务收入的43.8%；系统集成收入107.8亿元，同比增长15.2%，占软件业务收入的19.2%；软件技术服务收入191.1亿元，同比增长38.1%，占软件业务收入的34.1%；嵌入式软件收入12.1亿元，IC设计收入4.1亿元，两项合计占软件业务收入的2.9%。全年累计出口13.6亿美元，同比增长35.2%。

**【软件出口】** 在软件出口方面，形成了以东软集团股份有限公司、大连华信计算机股份有限公司、海辉软件国际集团公司为龙头的软件出口产业集群。2009年全省实现软件出口收入13.6亿美元，同比增长35.2%，软件出口收入排在广东和江苏之后，位列全国第3位。

**【离岸服务外包产业】** 以大连为主的离岸服务外包产业优势彰显。大连的外资企业外包在业务量和人员规模上有较大幅度增长。IBM、花旗等外资企业新增员工2000多人，日本软银、韩国NHN和德国施奈德等9家世界著名跨国公司相继落户大连，为辽宁省软件外包业务新增收入2.2亿美元。海关统计数据表明，2009年辽宁省软件离岸外包收入4.8亿美元，占全国的31.2%，位列全国第1位。

**【软件企业发展】** 2009年，全省统计范围内的软件企业788家，其中，涉及软件技术服务的260家，比2008年增加了97家，服务范围扩大到电信、金融、通信、工业自动化控制、汽车电子、医疗电子、电子政务等众多领域，不仅服务于国内对象，还为日本、韩国及欧美、非洲等国家的企业提供技术服务。作为我省软件技术服务业务领军企业的东软集团股份有限公司、大连华信计算机技术股份有限公司、海辉软件国际集团等，已拥有多领域交叉复杂系统设计的经验，具备了大型应用软件总承包商的能力。其中，东软集团股份有限公司和海辉软件国际集团公司入选由美国《全球外包》杂志和neoIT联合开展的2009年全球IT服务100强、亚洲新兴外包10强。

2009年，全省行业解决方案收入为190亿元，约占全省软件业务收入的29%。已形成以东软集团股份有限公司为龙头、以沈阳东大自动化有限公司、沈阳先锋交通高技术有限公司、大连华信计算机技术股份有限公司、大连环宇移动科技有限公司和大连现代高技术集团有限公司等一批企业为骨干的行业解决方案企业集群。

**【软件产品认定】** 2009年，新认定软件产品

568个，具有软件著作权登记证书的488个，获得专利的50个。在568个软件产品中，行业管理软件、行业应用软件、嵌入式软件、信息管理软件、控制软件和教育软件占全部认定软件产品的73%；另外，在网络应用软件、数据库管理应用软件和图形图像软件等类别，也有部分软件产品获得认定。这些产品覆盖医疗、金融、制造、冶金、物流、通信、交通、安保等多个领域，其中医疗、制造、交通和冶金领域的软件产品分别占全部软件产品的15%，15%，7%和6%。

（辽宁省经济和信息化委员会软件服务业处 杨帅）

# 中小企业科技

**【概述】** 2009年，辽宁省中小企业科技工作坚持以科学发展观为指导，以创新为主线，进一步建立和完善以企业为主体、市场为导向、产学研相结合的技术创新体系，引导中小企业走“专精特新”发展之路，引导社会资源创建中小企业公共技术服务平台，支持企业技术攻关，推动科技成果转化，提高产品和产业技术升级，提升企业自主创新能力，推动全省中小企业实现持续稳定健康发展。

**【“专精特新”项目开发】** 2009年，中小企业“专精特新”产品（技术）开发成果显著，全省中小企业共开发新产品6158项，新产品增加值总量达到1050亿元，增速为32.8%，比上年提高1.4个百分点，其中，75%的项目已经投入了批量生产。一批“专精特新”型产品经过研发、中试，投入了批量生产，促进了全省产业和产品结构的调整，创造了显著的经济效益。2004—2009年，省财政共安排5000万元资金用于扶持中小企业的科技创新项目，将重点“专精特新”产品（技术）项目纳入省中小企业发展专项资金计划，给予政策、资金、技术、人才等方面的重点扶持。一大批“专精特新”产品（技术）在中小企业得到开发和应用，极大地促进了我省产业和产品结构的优化升级，增强了企业的抗风险能力。

**【平台建设】** 在《中小企业共性技术支持服务平台认定暂行办法》指导下，坚持“政府引导、市场运作、企业为主”的原则，结合中小企业产业集群、区域集聚和工业园区特点，在重点领域、重点行业统筹规划、合理布局，针对中小企业的技术创新需求，依托高等院校、科研院所，以技术攻关和破解企业技术难题为纽带，进一步创建并培育了更多的社会化、开放式的中小企业共性技术服务平台。积极引导和带动社会资源面向中小企业开展技术咨询、产品设计、产品研制、产品试验和检测、难题攻关等公共技术服务。在全省14个市共计审批认定省级共性技术服务平台75家。

**【产学研合作】** 积极推进产学研项目合作。在向省内40所高等学校征集先进适用技术的基础上，先后在全省各地分别与东北大学、辽宁科技大学、渤海大学、大连理工大学和辽宁师范大学等高等学校有针对性地开展了高校成果与企业技术需求对接活动。活动期间，大专院校共发布最新科技成果3383项，参加企业620多家，人数达1300多人次。其中东北大学、辽宁科技大学、大连理工大学等先后与113家企业签订了全面技术合作协议，合作项目协议达600余项，协议金额达5.7亿元。辽宁省中小企业厅还先后会同省知识产权局、中国科学院沈阳分院和省内各大专院校先后在全省各地组织开展新产品、新技术（专利技术）对接活动，召开“辽宁省中小企业产学研合作现场对接大会”和“辽宁省中小企业技术难题招标大会”，先后组织中小企业2万多人次参与省内外高校科技成果的合作洽谈活动。通过产学研合作，使一批高校科研成果和专利技术在中小企业得到转化。在全省规模以上中小企业中，有90%的企业与高等学校和科研机构建立了长期稳定的技术合作关系，为我省建立以企业为主体的产学研合作长效机制开辟了新的模式。

**【科技创新成果】** 以促进中小企业“专精特新”产品（技术）项目开发为切入点，中小企业科技创新取得了新的成果。2009年，全省共组织推广新产品、新技术14800多项，其中，开发工业新产品3416项，新增产值200亿元，新增利税50亿元，为企业解决技术难题6155项。其中，变压器变电成套设备改造技术、远红外加热技术、锅炉高效节能技术、快速成型制造技术等一批新技术的推广应用取得显著成果。

全省科技型中小企业已发展到2873户；获得有效期内高新技术企业称号的有335家；获得省级科技成果1895项；获得有效期内中国名牌产品35种，有效期内辽宁名牌产品488种；经省中小企业厅评选认定的有效期内“专精特新”产品（技术）已达到623项，其中填补国内空白、达到国际先进水平的产品（技术）项目占35%以上。截至2009年年底，全省14个市均已建立了中小企业“专精特新”产品（技术）项目库，县（市）、区项目库建设正在稳步推进。全省一大批重点新产品、新技术经过研发、中试，投入了批量生产，有效地促进了全省产业和产品结构的调整，创造了显著的经济效益。例如，沈阳华铁企业集团自主研发的“华铁牌”新型汽车中冷器、散热器等零部件，在节能环保方面可使汽车尾气排放达到“欧Ⅲ”排放标准，产品技术达到国际领先水平。辽宁华冶集团在特种变压器、高低压电控及自动化设备、电力系统继电保护等产品的研发、制造方面取得重大突破，企业连续多年被评为省高新技术企业。辽宁好护士药业（集团）有限责任公司与中华全国中医学会、辽宁省中药研究所等科研院所合作，新上中药现代化提纯项目，使提纯后的人参皂甙含量由原来的60%提高到70%，提高了产品的稳定性，使原来的粗、大、黑制剂升级为现代制剂。辽宁奥克化学集团以环氧乙烷为主要原料，以表面活性剂、纳米乳剂等环氧乙烷衍生专用化学品为主导产品，在国内表面活性剂的生产与研发行业中享有盛誉。

（辽宁省中小企业厅科技创新处　邹桂全）

# 农业科技

**【概述】** 2009年，辽宁省紧紧围绕现代农业发展对科技的需求，采取了一系列政策措施，以提高农业效益、增加农民收入为目标，全面实施科技兴农战略，农业科技投入持续增加，农业科技体系逐渐完善，科研转化推广能力不断加强，进一步拓宽了研究与开发领域。

**【技术引进与推广】** 通过实施一系列重大项目和工程，使我省农业技术推广与应用工作成效显著。我省的农业科技贡献率已经达到56%，在全国处于领先地位。全省农作物良种推广面积达到4570万亩，品种更新更换面积达到4116万亩，良种覆盖率达到96.6%，蔬菜良种推广面积创近年新高，达到820万亩。

我省从2009年起组织实施基层农业技术推广体系改革与建设示范县项目，在全省29个示范县共遴选技术指导员2900名，科技示范户2.9万户，辐射带动农户58万户，建设示范基地290个。实施测土配方施肥工程，推广测土配方施肥技术面积达6000万亩，实现全省耕地全覆盖，指导农户施肥700万户，推广配方肥150万吨，实现节本增效70亿元。推广果实套袋82亿个，增长35.6%，高档果率由15%提高到42%，实现水果出口35万吨。推广保护性耕作、精量播种和机械收获等农机节本增效技术，每年促进农民节本增效20亿元以上。全省每年病虫害防治面积达到1.6亿亩次，农区鼠害防治1600万亩，减少经济损失60亿元以上。全省科技特派行动已累计引进新品种1823个，推广新技术1293项，建立示范基地2277个，创办农业专业技术合作组织1226个，新增经济效益210亿元。以辽宁省科技特派团、特派组、特派员、农民技术员培养四位一体的科技支持新农村建设的支撑体系已经形成。

**【农民科技培训】** 2009年开始实施设施农业科技培训工程，围绕省委、省政府提出的大力发展设施农业的总体目标，在省设施农业重点区域，结合果菜、食用菌、花卉等主导产业的需求开展技术培训，当年培训基层农业技术人员1700人，培训农民科技带头人2000人，培训示范户农民6万人，延伸培训农民24万人。

**【农业推广体系改革与建设】** 在辽阳农业推广体系改革取得成功经验的基础上，继续推进全省基层农业推广体系改革。同时，鼓励扶持各种民间专业技术协会、专业中介服务组织及涉农企业开展技术服务。努力构建以国家农业推广机构为主导的多元化基层农业推广体系，畅通农业科技成果转化与推广渠道。截至2009年年底，我省共有种植业推广机构1568个，人员编制15442名。其中，省农委直属机构6个，人员编制142名；市级机构54个，人员编制842名；县（市、区）级机构228个，人员编制3343名；乡（镇）级机构1280个，人员编制11115名。

**【农业技术推广基础设施建设】** 我省设有省级农业技术推广、植物保护、土壤肥料各专业站，初步实现了日常办公自动化。同时，建成了农业部有害生物预警区域分中心和土壤肥料检测分中心各1处。大连、抚顺、本溪、丹东、营口、葫芦岛6市成立了农业技术推广中心，其余8个市各专业站分设。在全省74个县（市、区）中，除较小的郊区外，都设有农业技术推广中心，有独立办公场所，为财政全额拨款单位。农技推广工作的办公场所、服务手段、交通工具及经费等基本能够得到保障。但由于过去我省县级财政状况普遍较差，县、乡（镇）农业技术推广机构的经费保障问题较多。从2008年起，累计投入7000万元，建设县级农产品质量检测站35个。同时，建设苹果无规定疫病区监测站（点）7个，为所有农业县（市）增配了测土配方施肥仪器设备，对21个优质粮项目县（市）的农业技术推广机构实验室进行了改造，投资6400万元，在辽西北16个县（市）实施旱作节水示范工程。此外，累计为28个县级农业技术推广机构配备科技直通车28辆。针对我省部分乡镇农业技术推广机构的设施资产大量流失的问题，省政府及时下发通知，要求各地在机构改革中严格落实推广法及实施办法的规定，切实加强乡镇农业技术推广机构建设。

**【相关资料：农业推广体系改革进程简介】** 我省农业技术推广体系改革大体经历了三个阶段。1998年，在以税费改革为推动的县乡财政体制改革、乡镇机构改革中，由于当时我省大部分乡镇财政比较困难，个别地方出现了平调、出租乃至变卖乡镇站设施、资产，或以包干统筹为名，截留、挪用人员经费等问题，基层农业技术推广站面临着“网破、线断、人散”的尴尬境地。第一阶段：积极开展改革试点。2003年，国家农业部、中央机构编制委员会办公室等五部办联合开展了基层农业技术推广体系改革试点，我省的辽阳县成为全国11个试点县（市）之一，通过大胆实践，勇于创新，探索出了“区域建站、县级管理、经费保障、多元发展”的基层农业技术推广体系建设的新模式，得到了温家宝总理等国务院领导的充分肯定。第二阶段：进一步扩大改革试点。2006年8月，《国务院关于深化改革 加强基层农业技术推广体系建设的意见》（国发〔2006〕30号）提出了改革基层农业技术推广体系的指导思想、基本原则和总体目标。2008年4月，我省出台了《辽宁省人民政府关于深化改革加强基层农业技术推广体系建设的实施意见》（辽政发〔2008〕13号），并选定12个县（市）扩大试点。同时，省政府设立1000万元专项资金，对试点县（市）给予补助。第三阶段：不断深化基层农业技术推广体系改革。党的十七届三中全会及2009年中央一号文件，进一步明确了当前和今后一个时期基层农业技术推广体系改革建设的重点。农业部于2009年8月启动了基层农业技术推广体系改革与建设示范县项目，我省有29个县（市）被列入其中。

（辽宁省农村经济委员会科教处　马宏达）

# 水利科技

**【概述】** 全省水利系统有省属水利科研单位1个，即辽宁省水利水电科学研究院；有市一级水利水产科研所14个，其中，水利科研所10个（挂靠在同级水利设计院的3个），水产科研所4个；县一级多数是设室（队）“一套人马多块牌子”。

**【科技项目与经费】** 2009年，确立水利科技指导性计划项目33项。有3个项目被列入省财政重点农业技术推广计划，经费为320.2万元。有5个项目被列为辽宁省科技计划项目，其中，有3项是2008年接转项目。辽宁省水利水电科学研究院承担的省科技计划农业攻关计划项目“辽宁省中小型水库防洪减灾预报预警系统”，资助经费100万元；科技型中小企业技术创新专项计划“高浓度难降解有机废水处理设备研究”，资助经费20万元；与沈阳农业大学合作研究项目“农业节水关键技术集成与示范”，资助经费8万元。省级工程技术研究中心建设项目“辽宁省农业旱灾防御技术体系研究”，资助经费30万元；省内科技成果转化项目“土石坝自动化安全监测技术”，资助经费50万元。有1个项目被列入水利部“948”计划引进项目，资助经费80万元；1项水利部公益性行业科研专项，资助经费252万元，还有2项水利部推广项目，资助经费100万元；有3个项目被列入“2009年辽宁省科技成果转化认定项目”；有2个项目被水利部列为推广项目。

**【人才队伍建设】** 2009年，经省水利厅推荐，13人入选“辽宁省百千万人才工程”百、千层次。在省水利厅直属企事业单位中，有51人被评为教授级高级工程师，102人被评为高级工程师，160人被评为工程师；在其他系列技术职称评审中，2人获得高级职称。

**【科技成果】** 有6项科研成果被鉴定为省级成果，其中3项达到国际领先水平，2项达到国际先进水平，1项达到国内领先水平。1项国家农业科技成果资金转化项目通过验收。组织有关单位完成水利部3个项目的年度阶段性验收报告。配合水利部国际合作与科技司完成1项“948”引进项目和推广转化项目的验收工作。有16项科技成果获“辽宁水利科学技术奖”。其中一等奖4项，二等奖12项。有2项成果获辽宁省政府科技进步奖一等奖，分别为：由辽宁省水文水资源勘测局、沈阳农业大学合作完成的“北方农业节水理论与技术研究”项目，由辽宁省水利水电勘测设计研究院完成的“大伙房输水工程特长隧洞设计技术研究”项目。此外，由辽宁省水利水电科学研究院完成的“大中型病险水库加固工程技术研究”成果获辽宁省政府科技进步奖二等奖；另有3项成果获三等奖。有1项成果获2009年度“大禹水利科学技术三等奖”。

**【重要科技活动】** 组织参加了水利部

"2009年度国际水利先进技术（产品）推介会"；完成了《辽宁省水利科技志》的编写工作（44万字）；加大新技术的宣传与推广力度，结合省水利厅的中心工作，于2009年10月13—15日，会同河务局、供水局、水利水电科学研究院等有关单位举办了"河道生态治理与沙漠化生态治理"和"水库安全与水利工程管理信息"等两期水利新技术培训班，各市科技推广负责人、市县河道部门技术管理人员、市县水库技术管理人员260多人参加了培训；2009年12月23日，在沈阳召开了全省水利科技工作会。会议传达了全国水利科技工作座谈会精神，总结了近几年全省水利科技工作，明确了今后一个时期水利科技工作的思路，部署了2010年水利科技工作要点，对全省水利系统19个科技工作先进集体和57名科技工作先进工作者进行了表彰。

**【重要科技工程】** 大伙房水库输水一期工程隧洞全线贯通，2009年9月21日按期完工并举行了通水仪式。二期工程已完成总工程量的90%以上。

2009年5月20日正式开工建设锦凌水库。

为进一步改善辽河干流河道生态，实施了库区生态工程，石佛寺水库库区生态工程从5月开始正式蓄水，生态效果明显。

"引白济阜"一期工程于2009年10月末竣工通水。

浑河闸应急除险加固、三湾水利枢纽、鸭绿江防洪护岸等一批重点工程均按计划稳步推进。

**【信息化建设】** 2009年，进一步强化了水利信息化资源的整合。统筹规划，整合了部分厅直单位数据库，水利工程数据库综合服务系统和水利工程地理信息系统已投入试运行，结合遥感影像数据及三维影像分析技术，为水利规划设计、水资源管理、专项工程调查等工作提供了智能决策支持。

**【重大科技创新项目】**

1．"北方农业节水理论与技术研究"项目

①课题组首次进行了农业节水对水资源承载能力及可持续利用影响的研究。②课题组在 2004—2007年连续、系统地进行了辽浑太（辽河干流、浑河、太子河）流域涉及三条大型河流、七座大型水库向450万亩水田提供灌溉用水的流域尺度农业灌溉期水平衡测试及分析研究。这样流域尺度大规模及系统性、实用性突出的农业灌溉水平衡测试在我国尚属首次，国外也不多见。③课题组系统地进行了农业灌溉耗水量研究，首次开展了辽宁省农业灌溉水利用系数测算，以及沈阳市10个主要灌区各级典型渠道和田间的土壤分类试验、渠道水利用系数、渠系水利用系数、耗水量计算。其成果具有重要的科学性、实用性和推广价值。④课题组在总结国内外农业节水研究成果的基础上，基于多年理论和实践探索，对农业节水灌溉理论、工程节水、农艺节水、管理节水及农业节水评价等方面进行了系统深入的研究，构建了先进、实用、具有北方特色的农业节水理论和技术集成体系。

推广和应用：本研究成果对我国北方严峻的缺水形势和对粮食安全的需求提供了有力的技术及理论支撑，有较大的推广应用价值。

2．"大伙房输水工程特长隧洞设计技术研究"项目

①课题组深入研究了开敞式和双护盾TBM设备固有特性，超越传统理念，合理设计、选定开敞式TBM，该型式具有明显的适用于软硬岩地层、方向控制容易，可采用承载力高、经济合理的复合式衬砌结构，为国内外采用TBM法建设隧洞工程提供了重要经验。②课题组准确地把握地质状况和TBM施

工适宜性，确定TBM和钻爆法联合施工，在国内率先采用TBM地下洞室组装及洞室内转场技术，成功设计了迄今世界最长隧洞，设计方案合理。③本成果勘测选线、坡降设计合理，实现重力流输水，可以大量节约能源。输水线路选在山区地下，节约土地，保护环境；支洞设计合理，有利于TBM和钻爆法施工。④本成果采用的圆形全封闭输水方式科学合理；选用锚喷支护和模筑混凝土复合衬砌结构形式，适用于不同的地层，经济适用、维护简单，具有百年寿命，是输水工程的一种好的结构形式。⑤课题组完成了TBM施工长距离通风和石渣皮带运输技术研究，首次实现大于10公里长距离通风及超长距离连续皮带机出渣，有效解决了长距离通风和长距离运输难题。⑥本成果实现在复杂山区采用GPS精密定位，超规范、长距离、高精度控制测量，为实现精确贯通创造了条件。⑦课题组针对植被茂密的山区，采用地质遥感技术，并结合多种地质勘察手段，准确查明地质条件及主要工程地质问题，为TBM快速安全掘进创造了条件。

推广和应用：今后我国水利、铁路等部门需要建设大量隧道，其中南水北调西线工程隧道总长达244.1km；铁路客运专线隧道长约2000km；我国还将兴建5条跨海隧道。本课题的研究成果对上述工程的设计和施工都具有指导和借鉴意义，有着广阔的推广应用前景。

3．“大中型病险水库加固工程技术研究”项目

该课题结合病险水库除险加固的实际，针对大中型病险水库病险情况复杂、病险程度严重等问题，对大中型病险水库除险加固工程技术进行研究。在全面调查分析的基础上，结合典型工程进行试验研究，提出了适合北方地区的病险水库除险加固工程技术，并进行了实施。选题切合实际，技术路线正确，资料翔实可靠，成果实用性强。

课题主要取得了以下创新性成果：①首次提出了提高病险水库防洪标准的十二种工程模式，可用于指导病险水库除险加固方案的选择。②首次提出了化学灌浆的压水试验透水率控制标准，编制了《化学灌浆工程监理工程师手册》，对于化学灌浆工程的质量控制具有重要意义。③提出了混凝土坝裂缝土工合成材料防渗处理的新型结构和工艺，对类似工程具有重要借鉴作用。

推广应用：随着国民经济的发展，水库的防洪作用日益突出，水库病险不除，一旦失事，后果将不堪设想。随着我国各级政府对除险加固工作的高度重视，结合我省病险水库处理的严峻形势，势必加大大中型病险水库除险加固投入强度，并加快除险加固的建设速度。所以，本研究成果的应用和推广具有十分广阔的前景。

（辽宁省水利厅科教外事处　薛雪娟 洪素艳）

# 海洋与渔业科技

**【概述】** 2009年，辽宁省海洋与渔业科技工作与往年相比更加活跃，取得了较好的成效，为全省海洋与渔业发展提供了有力支撑。省海洋与渔业厅全年下达科研项目19项。有2个项目被列为辽宁省科技计划项目。省属大学、科研单位承担了国家海洋公益性科研专项4项，农业部“948”项目1项，省科技攻关项目2项，省科技特派团项目4项，农业技术推广体系综合试验站3个。通过省级成果鉴定1项，通过阶段成果验收7项。获国家海洋科技创新成果奖1项。

**【科技项目与经费】** 辽宁省淡水水产科学研究院承担了国家科技成果转化资金项目1项，辽宁省科技攻关项目12项。实施在研项目8项，环境监督与监测项目7项。项目经费共计253万元。

辽宁省海洋水产科学研究院承担了国家自然科学基金项目、“863”计划项目、海洋公益性行业科研专项、公益性行业（农业）科研专项、国家农业科技成果转化项目等国家级项目14项，如“斑点叉尾鮰抗病力分子遗传基础及抗病基因标记的研究”“仿刺参补体C3，Bf，H基因遗传多态性与抗病相关性研究”“辽东湾海蜇、口虾蛄生态修复技术及示范”“辽东湾资源增值效果评估与示范”等；省部级重点科研项目37项，如“海产品高效、安全养殖技术研究与示范”“长海县虾夷扇贝高效健康养殖技术研究及示范”“辽宁省沿海人工鱼礁建设总体规划”等；其他部门下达或委托的项目19项。年度科研经费共计1697.3万元。

**【科研机构与人才队伍建设】** 截至2009年年底，共有省属海洋与渔业科研单位4个，即辽宁省海洋水产科学研究院、辽宁省淡水水产科学研究院、辽宁省海洋技术开发中心、辽宁省水产技术推广总站；市一级海洋与渔业水产科研所14个，其中海洋与渔业科研所10个（其中挂靠在同级海洋与渔业设计院的3个），水产科研所4个；县一级多数是设室（队），“一套人马多块牌子”。

2009年，1人被聘为国家科学技术奖评审专家，1人被推选为第九届中国水产学会渔业资源与环境分会委员，1人被国家标准化管理委员会聘为全国湿地保护标准化技术委员会水生生物湿地保护管理分技术委员会委员，13人入选农业部渔业局渔业专家库，1人被推选为中国水产学会海水养殖分会第三届委员，1人被选为第七届辽宁省海洋学会（大连市海洋学会）副理事长，1人被国家标准化管理委员会聘为全国水产标准化技术委员会渔业资源分技术委员会委员，为国家培养硕士研究生7名。

**【渔业科技服务年活动】** 自3月26日起，全面展开辽宁省渔业科技服务年活动。采取常规性科技服务与标志性活动相结合的方式。标志性活动共开展3项：举行了全省渔业科技服务年暨渔业科技入户春季行动启动仪式，开展了科技服务直通车活动，组织了渔业科技西部定点扶贫活动。常规性活动主要结合生产、科研需求，重在实际问题。各级共举办水产健康养殖培训班75期，培训人员1.6万余人次，印发科技资料2万余册；举办电视等各类科技讲座18期，受教育群众约3万人次；开展科技下乡服务900余人次，解决生产和管理中存在的各类问题120多个；编写了5部水产类科技丛书。

**【科技成果】** 2009年，"辽宁908专项调查档案管理模式研究"获国家档案局优秀成果三等奖。申请国家专利3项。共发表学术论文53篇，其中，被SCI收录文章2篇、国家级学报8篇、国际期刊1篇、外文会议报告1篇。

**【水产技术推广体系改革与建设】** 2009年，进一步致力于合理设置机构、严格核准控制编制、改革人事和分配制度、安置分流人员、保障经费供给、改善推广条件、提高服务效能、放活经营业务。全省基层水产技术推广体系改革与建设继续深化，全省基层水产技术推广机构管理体制不顺、机制不活、队伍不稳、经费不足等问题得到基本解决，公益性水产技术推广保障条件得到显著改善，社会化水产技术服务组织发展步伐明显加快，为构建结构合理、管理科学、队伍精干、运转高效、服务到位的新型基层水产技术推广体系奠定了基础。

2009年，全省水产技术推广机构实施技术推广项目316项，占地984.27公顷，产量达1456507.4吨。网箱养殖3922137.9立方米，产量93120.75吨，产值共计1247278.5万元。新增产量822501.2吨；新增产值990870万元。受益农户107962户。全省共举办技术培训班383期；培训人数47877人次。

**【科研条件与基地建设】** 2009年，开展了辽阳灯塔市池塘主要鱼类养殖关键技术开发集成与产业化示范基地建设：①疫苗应用试验，实验注射四联草鱼疫苗（草鱼烂鳃、肠炎赤皮及草鱼出血病）对草鱼常见疾病的预防效果。共注射草鱼2万余尾。防病效果良好。②草鱼健康防病添加剂研究，在东荒农场孵化车间内进行，比较8个抗病添加剂配方对草鱼抗病力的影响，筛选最佳配方。③探讨这两种饲料添加剂对草鱼非特异性免疫力的影响。④饲料中能量和蛋白水平对草鱼生长及鱼体成分的影响研究，筛选了合理饲料配方。⑤黄颡鱼池塘养殖新技术研究及示范，探索出不同时期最佳放养密度、搭配品种及搭配量、投喂量。⑥自宁夏引进黄河鲶原种54尾，成少雌鱼20尾，雄鱼24尾，对黄河鲶的引进、运输、检疫和促熟、人工繁殖及幼苗培育等进行研究，共产水花30万尾、夏花12万尾，取得了引种繁育的初步成功。

（辽宁省海洋与渔业厅　蒋海山）

# 畜牧科技

**【概述】** 2009年,全省畜牧科技工作以推进畜牧业发展方式转变为重点，以保障畜产品安全供给为目标，紧紧围绕畜禽标准化规模养殖小区建设，不断加大科技工作力度，通过全行业科技人员的共同努力，全面完成年度计划任务，为行业健康发展提供了强有力的技术支撑。

**【科技项目及经费】** 2009年，辽宁省科技攻关计划和科技部的支撑计划均为上年度接转项目，新上项目有省财政厅的农业技术推广项目和省质量技术监督局的地方标准制定项目。全年科技经费达3088万元，其中科技部1943万元、农业部227万元、省科技厅465万元、省财政厅440万元、省质监局13万元。

**【重大科技创新成果】** 2009年，有16项优秀科研成果获辽宁省畜牧科技贡献奖，其中“高致病性禽流感综合防控新技术研究与示范推广”和“绒山羊舍饲半舍饲(健康养殖)关键技术研究与示范”两个项目获省政府科技进步奖二等奖。

**【畜禽良种工程】** 我省承担了国家第四批扩大内需畜禽良种工程项目5个，中央投入850万元。截至2009年12月末，5个项目已完成投资150多万元，完成土建2540平方米，购置仪器设备30多台（套）。省财政安排良种工程专项资金970万元，支持引种、选育、改良、保种等工作。共计从国外引进种牛11头，引进杜泊肉种羊120只；测定种猪4800多头；向东部山区投放绒山羊种羊384只，冻精29500剂，改良绒山羊9.2万只。荷包猪、大骨鸡、复州牛、辽宁绒山羊等10个地方畜禽品种得到有效保护。

**【科技成果转化应用】** 2009年，利用省财政农业技术推广资金，重点转化推广了“农作物秸秆养畜利用技术”“辽宁绒山羊舍饲综合配套技术推广”“猪主要疫病综合防治配套技术推广”“优质蜂产品生产综合管理配套技术推广”4个优秀科研成果。

“农作物秸秆养畜利用技术”主要推广秸秆“三贮一化”和“长秆短喂”加工利用技术，组织粮饲兼用优质高产的农作物种植试点，种植产量高、秸秆品质好的优良粮饲兼用玉米品种，选择最佳的草食家畜生产模式。

“辽宁绒山羊舍饲综合配套技术推广”主要推广饲料组配技术、疫病防治技术、快速繁殖技术、妊娠母羊保健技术、羔羊培育技术。

“猪主要疫病综合防治配套技术推广”主要推广猪主要疫病综合防治配套技术、猪主要疫病抗原和抗体检测方法、猪主要疫病临床诊断鉴别要点、猪主要疫病免疫防治方案、环境控制与生物安全管理措施。

“优质蜂产品生产综合管理配套技术推广”主要推广优良授粉蜂种推广技术、授粉蜂群综合配套管理技术、诱蜂授粉综合管理配套技术、授粉蜂群疫病综合防治技术。

**【标准化工作】** 2009年，组织省动物卫生监督管理局等有关直属单位制定了“辽宁省兽用疫苗冷链建设技术与管理规范”等14项地方标准，宣传贯彻了《生鲜乳生产技术规程》农业行业标准。

**【重大科技创新项目】** “高致病性禽流感综合防控新技术研究与示范推广”是国家科学技术部下达的国家重点科学技术攻关计划禽流感第四批专项项目。课题组研究出一滴血禽流感快速免疫监测技术，可代替小型化验室；应用扶正补虚药物做免疫增强剂；建立了适合集约化、高密度散养为主饲养方式的高致病性禽流感分级预警体系，实现了高致病性禽流感及时与超前防控；研究了H5N1亚型禽流感灭活疫苗与禽流感－新城疫重组二联活疫苗联合应用的免疫程序；高频率全程动态禽流感血清抗体消长规律图，避免了盲目免疫接种而引发疫情。

“绒山羊舍饲半舍饲(健康养殖)关键技术研究与示范”是省畜牧科学研究院完成的自选项目，旨在通过对山羊绒生长机理的系统研究，探明调控山羊绒生长的内在机制和影响其生长的主要外在因素，从理论上阐明绒毛生长机理；在此基础上，研究绒山羊日粮适宜的能量、蛋白质、氮硫比、精粗比、微量元素（铜）等主要营养参数，确立绒山羊舍饲半舍饲的补饲指标；研究自然条件下绒山羊母羊繁殖周期与绒毛生长周期规律，确立适宜的配种期，实现绒毛生长与繁殖间营养需要的合理分配，提高产绒和繁殖性能，解决绒山羊舍饲、半舍饲关键技术；初步确立促进绒毛生长的环境调控技术；最终通过对已有先进技术的组装配套，形成较为系统的绒山羊舍饲半舍饲技术规程，为绒山羊舍饲半舍饲提供科学理论依据和坚实的技术保障。

该项目研究已在内蒙古鄂尔多斯鄂托克旗、陕西榆林、辽宁东部等绒山羊饲养集中区进行示范，应用该技术，每只绒山羊产绒量可提高50g左右，价值15元，母羊繁殖率提高40%～50%，可增加收入220元，经济效益显著。同时，绒山羊舍饲可明显改善养殖区的生态环境，绒山羊主产区鄂尔多斯地区草原生态环境恶化局面已经得到整体遏制，局部转好。

“常年长绒型辽宁绒山羊新品系新式梳绒技术、分类分梳标准化研究与示范”是省畜牧科学研究院完成的自选项目，重点研究常年长绒型新品系毛囊发生规律及其机制、山羊绒绒毛生长机制、羊绒品质检测、羊绒分梳加工技术。

“发酵床饲养肉鸡研究”是省畜牧科学研究院完成的自选项目，通过实验发酵床平养鸡已经取得很好的效果。与笼养鸡相比，发酵床平养鸡孵化率略高，健雏率高，成活率高，健康状态好，肉质、口感均比笼养好。

“母羔体外受精研究”是省畜牧科学研究院与国家绒毛产业技术体系专家——中国农业大学生物工程系——的合作项目，对绒山羊母羔羊进行超排采卵、体外成熟及体外受精，利用两批当地屠宰场的成年绒山羊的卵巢和4～8周龄的绒山羊母羔，进行了超数排卵研究。运用不同的超排方案和培养液，经手术采卵、卵母细胞体外成熟和体外受精后，达到了预期的效果。平均每只母羔经超数排卵可获得卵母细胞80～120枚，体外受精的卵裂率为20%，胚胎的囊胚率最高可达25%。

“光照时间对辽宁绒山羊产绒性能影响的研究”是省畜牧科学研究院完成的自选项目，重点研究光周期的变化对产绒的影响。通过试验测定参试羊的体重、绒生长速度等相关数据，测定血液中褪黑素、促乳素、促卵泡素（FSH）、促黄体素(LH)等4项指标。

“辽宁绒山羊繁殖生物学特性的研究”是省畜牧科学研究院完成的自选项目。项目以具有独特生态特征和生产性能的辽宁绒山羊为研究对象，采用细胞生物学、分子生物学及常规繁殖技术，对母羊发情周期各阶段FSH和LH分泌规律、卵泡发育主要基因表达方式与双羔性状之间关系、卵巢上黄体类型与早期闭锁卵泡之间关系等进行了大量试验研究，取得了多项具有重要意义的研究结果。其中，繁殖生物学参数、卵泡发育规律与闭锁机制、母羊在全年与发情周期FSH分泌规律、卵泡发育基因调控与双羔性状关系、卵巢黄体类型与闭锁卵泡之间关系等研究成果填补了繁殖领域的空白，具有原始创新性，在国际同类研究中居于领先水平。

（辽宁省动物卫生监督管理局　高遥）

# 对外经济贸易科技

**【概述】** 2009年，辽宁省对外经济贸易系统认真贯彻执行国家及辽宁省科技兴贸、促进服务贸易发展的方针和政策，采取扎实有效的措施，积极促进高新技术产品出口，加强对敏感物项和技术进出口的审核管理工作，大力推进服务贸易、服务外包工作的深入开展。

**【高新技术产品进出口】** 2009年，我省高新技术产品进出口总额为72.1亿美元，占我省对外贸易总额的11.5%。其中，高新技术产品出口37.7亿美元，同比下降10.2%，占全省出口总额的11.2%。高新技术产品进口34.4亿美元，同比下降1.72 %，占全省进口总额的11.7%。软件出口8.7亿美元，同比增长35%。

本年度辽宁省高新技术产品进出口的主要特点：一是高新技术产品出口止跌回升，但困难仍然较大。后4个月高新技术产品月度出口同比分别增长了4%，1.3%，9.4%和31%，比二、三季度每月出口额有了较明显的增长；二是从出口企业来看，全年有高新技术产品出口实绩的企业1147家，比上年增加9家。其中，出口增加的企业704家，实现高新技术产品出口15.3亿美元，同比净增加6.1亿美元；出口下降的企业820家，同比净减少11亿美元；当年新增出口企业387家，出口额达2.4亿美元；三是除朝阳、丹东、盘锦、营口、葫芦岛和阜新市外，其他市出口额均为负增长。大连和沈阳市同比分别下降12.6%和14.2%；四是出口额大幅下降，东亚、北美和西欧仍是我省高新技术产品出口的主要国家和地区。日本下降10%、韩国下降31%、荷兰下降29.8%、德国下降33%。但是，对美国和中国香港出口恢复为正增长。此外，在市场多元化战略指导下，对新兴市场的开拓取得一定的成效。澳大利亚、匈牙利、墨西哥、印度和朝鲜分别增长了42.9%，232%，26.2%，82%和47.7%；五是在出口产品中，计算机与通信技术、电子技术和生命科学技术产品是我省高新技术产品出口的主要产品，出口额分别是26.4亿美元、3.7亿美元和3.3亿美元。航空航天技术产品增长较快，同比增长了64.7%。生命科学技术产品出口也增长了34%；六是在20户重点出口的高新技术企业中，除沈阳黎明航空发动机集团有限责任公司和沈阳晨迅希姆通贸易有限公司外，基本都是通信和电子行业的外商投资企业，受国际市场需求锐减和母公司生产销售体系的影响，出口下降幅度较大。只有大连东芝电视有限公司、大连宇田电子有限公司、大连大显泛泰通信有限公司、东芝大连有限公司和TDK大连电子有限公司实现了正增长。

**【科技项目与经费】** 2009年，我省积极争取国家资金和政策支持。利用“保持外贸稳定增长资金”，对17家高新技术企业给予了研发资金支持，总额近700万元。对2008年国家结构调整资金2个项目进行了验收，拨付清算资金120万元。向国家申报引进国外先进技术项目8项，得到国家技术贴息资金168万元。积极争取国家对服务贸易的鼓励支持政策，按照《财政部、商务部关于做好2009年度支持承接国际服务外包业务发展资金管理工作的通知》要求，积极认真地向商务部和财政部申报我省服务外包支持项目，其中，申报5家服务外包企业和1家培训机构，培训学员5047人，申请培训支持费用1217.55万元。还有1家服务外包企业申请3项国际认证，申请认证费用106.12万元。

**【科技合作与交流】** 组织参加了第十一届中国国际高新技术成果交易会。我省共有53个项目参展，获得优秀组织奖、优秀展示奖。沈阳鼓风机集团有限公司和丹东百特仪器有限公司获得优秀新产品奖。

**【敏感物项和技术进出口审核】** 全年受理敏感物项和技术进出口许可申请756项，发放敏感物项和技术进出口许可证1682个。其中，受理易制毒化学品进出口许可申请69项，发放易制毒化学品进出口许可证762个。配合商务部开展对我省敏感物项出口企业的专项调查6次，涉及到沈阳、大连、丹东等城市的多家企业。先后与省公安厅共同转发公安部等六部委联合制定发布的《关于进一步加强易制毒化学品管制工作的指导意见》和《关于印发〈全国易制毒化学品集中宣传整治行动方案〉的通知》，并参加了商务部和公安部等部门组织的开展醋酸酐专项检查工作。依照《中华人民共和国禁毒法》规定，加强对醋酸酐生产、经营、运输、使用、进出口、仓储情况的监督检查，防止醋酸酐流入非法渠道，进一步完善管理，推动各地易制毒化学品管理和禁毒工作达到新的水平。

**【服务贸易相关工作】** 2009年2月2日，国务院副总理王岐山在南京主持召开了全国服务外包工作座谈会。根据王岐山副总理的指示和国务院办公厅发布的《关于促进服务外包产业发展问题的复函》精神，配合国家财政部企业司和商务部外资司领导，对沈阳、大连两市服务外包产业发展情况进行了调研；2009年4月和9月，协调大连市与国家有关部委、省政府共同签订了《共建服务外包人才培训中心协议》《共建服务外包示范城市协议》；为尽快改善对日服务外包人才短缺的现状，促进我省对日本服务外包业务的发展，6月，考察并批准了大连交通大学设立“辽宁省对日服务外包人才培训基地”。

积极争取国家对文化产品出口的鼓励支持政策。2009年以来，为了贯彻落实商务部、文化部、广播电影电视总局、新闻出版总署等有关部门《关于推荐2009—2010年度国家文化出口重点企业和重点项目的通知》，联合省文化厅、省新闻出版局等有关部门，精心组织筛选了一批文化产品出口重点企业和重点项目予以上报。经国家有关部门审核，其中4家文化产品出口重点企业和5个重点文化出口项目获得批准并授牌，国家财政部将对这些企业和项目拨付政策支持资金。

（辽宁省外经贸厅科技和服务贸易处　刘辉）

# 卫生科技

**【概述】** 2009年，辽宁省卫生系统紧密围绕医药卫生体制改革，认真实施“科技兴卫”和“人才强卫”战略，着力加快“三大体系”（即卫生科技创新体系、卫生技术推广体系和人才队伍培养体系）建设，重点开展“四大工程”（即医学高峰建设工程、基层卫生人员培训工程、专科医师培训工程和基层适宜卫生技术推广工程）实施工作，努力提升卫生科技实力和卫生队伍整体素质，充分发挥了卫生科技和教育在卫生事业发展中的基础与支撑作用。

**【科技管理与改革】** 加强人类辅助生殖技术和人类精子库的质量控制工作，进一步完善申报、审核、审批和监管制度。人类辅助生殖技术和人类精子库的管理工作是一项属地化的管理工作，各市卫生局加大管理工作力度，对于未经批准，擅自开展人类辅助生殖技术（包括代孕技术）及采集、提供精液标本的，结合打击非法行医专项行动，予以严格监管。

为满足我省供精与人工授精技术健康发展的需要，组织国内相关专业的专家，对省妇幼保健院拟筹建的人类精子库，以及辽宁省计划生育研究院附属医院、鞍山市妇儿医院申请开展的人类辅助生殖技术进行了现场论证评审，批准其试运行一年，同时，在数量、质量和医学伦理等方面加强了对该项技术的监督管理。

加强对国际科研合作项目中的医用特殊物品及人体科研样品的出入境管理，严格执行《关于加强医用特殊物品出入境管理的通知》和《人类遗传资源管理办法》。办理医用特殊物品准出入境证明13例。针对高等学校和社会实验室涉及菌毒种的运输问题，及时作出相关安排，并向卫生部主管部门报告。在日常的审批工作中，严把生物实验室备案审查关口，确保了辖区的实验室生物安全。

**【重点实验室管理】** 病原微生物实验室生物安全是保障甲型H1N1流感防控工作顺利开展的重要环节，事关实验室工作人员和社会公众健康。为做好甲型H1N1流感防控工作中实验室生物安全工作，省卫生厅及时转发了卫生部办公厅关于加强甲型H1N1流感防控工作中实验室生物安全管理的有关通知，对相关部门、机构和从业人员提出了严格的要求。省疾病预防控制中心向省内各市疾病预防控制中心发出采集、包装、运输高致病性病原微生物菌毒种和样本的工作要求和意见。省卫生厅已办理1例向国家疾病预防控制中心运输的申请、172例辖区内运输的准运证明。同时，加强了实验室相关工作人员甲型H1N1流感实验活动专业技术培训、生物安全培训和药物使用培训，确保了甲型H1N1流感预防与控制工作安全、顺利进行。

为做好国庆60周年安全保障工作，省卫生厅全面部署开展安全生产检查工作，要求各市对本辖区内的病原微生物实验室生物安全管理工作进行全面检查，维护稳定和谐的社会氛围。同时，紧急成立病原微生物实验室生物安全管理工作督导检查组，于2009年9月14—22日分赴辖区内14个市进行督导检查。结合此次督导检查工作，积极宣传讲解《病原微生物实验室生物安全条例》和卫生部第45，50，68号令，进一步明确了相关责任。

**【科技成果】** 2009年，全省卫生系统注重强化自主创新意识，提高原始性创新能力和水平，在某些严重威胁人民健康的疾病防治中取得了突破性进展。肝移植和肾、胰联合移植，256排极速CT冠脉及周身血管照影诊断的临床应用，癫痫病的诊治，身心性疾病的防治，心、肝、胆、血管的介入治疗，胃癌的综合治疗，性病、艾滋病的防治，慢性梗阻性肺疾病和非特异性间质性肺炎的综合治疗，重症肝炎的治疗，人工肝技术，静脉狭窄或梗阻病变的介入治疗，胚胎干细胞移植，心房颤动射频消融治疗，难治性肥厚性梗阻型心肌病的治疗及药物支架国产化的冠心病介入治疗，三叉神经痛介入治疗，超声消融术动脉硬化闭塞症的治疗，乳腺及大肠癌的治疗，脊柱、骨关节、手显微外科手术技术，儿童先天性畸形的矫治与康复，人类辅助生殖技术，血浆置换技术，人工晶体植入，腔镜等等，一大批技术成果已处于国内领先或国内先进水平，个别研究项目已经达到国际先进水平。

以此为基础，居民的国民健康指标得到改善，婴儿和5岁以下儿童死亡率分别降至8.7‰和9.7‰，孕产妇死亡率降至10.5/10万，城镇居民预期寿命攀升到76.69岁，乡村居民达到73.96岁，平均上升到75.325岁。以上指标均创我省最好水平，高于全国平均水平。

**【农村卫生适宜技术推广示范】** 辽宁省农村卫生适宜技术推广示范研究项目自2008年启动以来，得到了庄河市、本溪县、阜蒙县、建平县、西丰县和大洼县等6个示范县的大力支持，在专家组的共同努力下，按照预定计划完成各项任务指标，取得了良好的社会效益。

一是建立了分工明确、责权利清晰、行为规范、运行高效的组织管理体系，制定了项目管理办法和专家组行为规范，明确了各机构及人员的责、权、利和绩效考核办法。省项目办和项目负责人定期督导，二级项目办和专家组建立每月例会制度，使系统运行高效有序。

二是完成了6个示范县的卫生机构和三级医生适宜技术推广能力的评估工作；开展“人力资源调查和推广意愿调查”活动，共调查乡村医生5980名、乡村计生专干1338名、乡卫生院院长133名、乡计生服务站站长114名、县级医生568名；确定重点推广机构794家，其中县级18家、乡级92家、村级684家。

三是撰写西医、中医和计划生育教材3套，印刷5000余册。撰写相关学术论文6篇。开展大规模培训工作，培训西医技术10项、中医技术5项、计划生育技术4项；共培训县医生169名、乡医生534名、村医生2566名，累计达13914人次；培训效果明显，西医培训前考试合格率为33.41%，培训后考试合格率为72.2%，考试成绩显著提高；学员对任课教师培训的满意度达95%；同时，开展二级培训，共培训2316人、9990人次。

四是扩大宣传力度，增强社会影响力。编辑制作《辽宁省农村卫生适宜技术推广示范研究项目工作通讯》3期，共计1.5万册；分别在6个示范县举办大型义诊宣传活动，所有项目参与人员和全体推广医生免费为广大群众进行健康检查和健康咨询活动，并发放大量宣传品，宣传和推荐适宜技术。共有6000余名群众参加了此次活动，有2000余名群众参加了专家讲座，宣传品发放覆盖率达

80%。

五是全年在6个示范县推广安全、有效、质优、价廉的农村卫生适宜技术18项，极大地缓解了当地农民看病难、看病贵的问题。全年筛查并诊疗病人253447人次。

**【重点项目建设】** 2009年，正值辽宁省医学科技创新工程和重点学科建设项目启动的第5年，第一个周期的建设工作已经顺利完成。5年中，累计投放资金4000万元，确立项目105个，引领国家自然科学基金项目、国家“863”计划、国家“973”计划及“十一五”攻关项目等专项资金超亿元。经过5年的学科建设和发展，项目建设单位的整体实力得到明显提升，为医院的可持续发展提供了技术和人才储备。

2009年4月，辽宁省卫生厅对省内高新技术平台、领军学科和领军学科人才建设工作进行了全方位调研。此次调研工作总结了专项经费资助的学科/项目在科研和临床方面的产出与应用情况、取得的成绩、达到的水平、形成的特色、标志性成果、学科发展存在的瓶颈问题与主要障碍，为进一步完善辽宁省临床重点学科建设的目标、模式与管理机制提供了有效借鉴。通过绩效考核，评价和遴选了一批具备达到国内领先或国际先进水平潜质的学科带头人、学科、技术和高峰项目，为确定辽宁省“十二五”重点支持的临床医学中心、希望学科、特色学科、重大项目和领军人才提供了重要依据。结合此次调研成果和全国各省的先进工作经验，初步形成了辽宁省关于开展医学高峰建设工程的实施方案。

**【科技人才与队伍建设】** 随着医学教育的快速发展，以及医疗卫生机构对人才资源需求的不断增长，整个行业不同程度地加大了人才引进、培养和投入力度，一大批高素质、高学历、高水平的专兼职科技人员融入卫生行业，极大地改善了全省卫生科技人才资源布局和知识结构，显著提升了卫生队伍的整体科研素质。高等医学院校作为卫生科技工作的一支重要力量，专兼职参与科技活动的科研人员比例不断增加。在医疗卫生技术人员中，有1人为中国工程院院士，有10人担任全国专业性学术委员会的主任委员或副主任委员。

（辽宁省卫生厅科技教育处　孙立文）

# 环保科技

**【概述】** 2009年，全省环保系统深入学习实践科学发展观，认真贯彻落实《关于增强环境科技创新能力的若干意见》精神，不断加大环境科技创新工作力度，充分发挥科技的引领和支撑作用，扎实推进水专项工作，强化技术储备，加强信息化管理，引导环保产业发展，积极构建以环境保护优化经济增长的发展模式，为辽宁省污染减排、流域治理等工作提供了重要支撑。

**【体制改革与管理创新】** 2009年，经辽宁省政府批准，辽宁省环境保护局更名为辽宁省环境保护厅，同时对内设机构进行了调整。其中，将原有的科技标准处更名为科技与环保产业处，增加了全省环保产业管理的职能，提出了加强环境科技工作成果向环保产业应用转化的要求。

为保障辽河流域水专项工作顺利有序开展，制订了《辽宁省水体污染控制与治理科技重大专项实施管理办法》，加强辽河水专项的管理，落实国家各项要求，建立了项目运行管理的规章制度。

**【科技项目与经费】** 2008年6月至2009年4月，组织国家环境科学研究院、辽宁省环境科学研究院、辽宁省环境监测中心站等单位编写《辽河流域水污染防治监控预警技术综合示范项目实施方案》，申报国家水体污染控制与治理科技重大专项，经多次专家论证获得通过，项目在辽宁实施，国家投入科研资金近亿元。

**【科技成果】** 2009年，辽宁省环保厅共有1项科研成果入选环境保护科学技术奖三等奖，4项科研成果获辽宁省科技进步奖三等奖，1个单位被评为国家环保科普基地，3项农村环境保护实用技术被国家环保部录用。

编撰制作了7册157万余字的《环境保护技术发展现状汇编》，发放给省、市环保系统各单位，为各单位制定相关政策提供了重要的指导。

**【科技平台建设】** 2009年6月，推荐辽宁省环境科学研究院与北方公司联合申报建设国家环境保护工程技术中心。

**【信息化建设】** 在现有环境科技信息系统的基础上，建立了“辽宁省环境科技管理信息系统”，包括“科技项目需求库”“科技成果数据库”“新技术库”等4个数据库，并在网上对公众开放。系统收录清洁生产、污染防治和节能减排等环境保护最佳实用技术300多项，实现了全省环境技术管理的信息化与资源共享，为污染防治、项目审批、生态保护、产业发展提供技术信息，并为省内外从事环境保护工作的管理部门、企业、科研单位及高等学校搭起一座安全、高效的信息沟通平台。

**【科技合作与交流】** 参加了2009年全国环保科技工作会议，并就辽宁省开展环境科技工作的经验做法和体会在会上作了交流发言；与台湾中华科技产业发展联合会洽谈，围绕有关环保技术和产品项目进行交流；先后组织参加了在北京举办的“第十一届中国国际环保展”和在广州举办的“环境与健康论坛”。

**【重要科技活动】** 2009年，辽宁省水专项办公室分别组织召开了辽宁省项目启动大会、子课题论证会、项目实施推进会，开展了两次子课题实施进展情况现场检查，圆满通过了国家水专项办的检查。为确保水专项的顺利实施，各科研单位垫付大量的资金开展科研活动，2009年启动的全部子课题已开始实施，水专项辽宁省项目实施进度走在全国前列。

组织实施“123工程”，在省内高等学校中择优选择10名博士生、20名硕士生和30名本科生，开展环境科研项目研究工作。

6月，举办“中国环境与健康宣传周”系列活动。组织各市开展“环境与健康一堂课”“宣传周”进校园活动；印制1.5万份宣传单向全社会发放；通过网络、广播、电视等多种媒体进行广泛的宣传。

11月，承办国家科技重大水专项河流主题“流域行业点源水污染控制技术”研讨会，中国工程院院士张全兴、张懿等10余位国内相关领域的资深专家，辽宁省环境保护厅厅长王秉杰等有关领导，以及国家水专项河流主题各项目和课题负责人、主要研究人员与企业界代表等近300人参加了会议。

（辽宁省环境保护厅　王嘉璐）

# 国防科技

**【概述】** 2009年，全省国防科技工业工作紧紧围绕国防科技工业局两大核心职能，以国防科技工业“四个坚持”根本方针为指导，按照国防科技工业局和省委、省政府的有关要求，大力推进国防科技工业产业结构升级，提升全行业科技创新水平，以科技进步促进行业发展。

**【科研项目与经费情况】** 2009年，全行业各类科技活动经费投入总额达72亿元。在上级主管部门的支持、指导和协调下，经过参研单位的不懈努力，各重点武器装备型号研制工作进展顺利，基本能够按照任务要求顺利完成。

**【科研机构及人才队伍建设情况】** 2009年，全行业从事科技活动人员为28456人，其中本科以上学历人员超过22000人，从事R&D活动人员19197人；全行业共有10个省级企业技术中心，9个国家级企业技术中心。

**【科研创新成果及其转化应用】** 2009年，全行业共申请专利465件，获得授权专利248件；取得各类科技成果1700多项，获得省级以上奖励的科技成果180多项；在省级以上刊物发表各类论文8000多篇；攻克关键技术100多项。

**【军工技术服务地方经济】** 2009年，全行业总体经济运行平稳，军品科研生产建设进展顺利，工业生产实现平稳较快增长，经济效益显著提高。辽宁军工骨干企业对经济的带动作用更加明显，大连船舶重工集团有限公司、渤海船舶重工有限责任公司、沈阳飞机工业(集团)有限公司、中航沈飞民用飞机有限责任公司、沈阳黎明航空发动机（集团）有限责任公司、辽宁华锦化工集团公司、辽宁庆阳特种化工有限公司等重点企业，面对金融危机带来的不利影响，积极采取有效应对措施，继续在所在地甚至全省的经济社会发展中起着排头兵作用。军工行业为实现我省“保民生、保增长”的目标作出了重要贡献。

（辽宁省经济和信息化委员会军工投资和科技管理处　林强）

# 气象科技

**【概述】** 2009年，全省气象部门以经济社会发展和人民安全福祉需求为牵引，围绕振兴东北老工业基地和“沿海经济带”建设等国家战略的实施，积极应对气候变化，科学规划气象事业的发展，不断加强气象科技创新体系建设，不断提高气象科技服务水平，稳步推进各项科技工作的协调开展。

**【体制改革与管理创新】** 制定了《气象科技创新能力建设计划》《科技研发与成果转化建设计划》《辽宁省气象局2009年度气象科技创新体系建设执行计划》，并对2009年度《气象科技创新体系建设实施方案》进行了任务分解。

出台了《辽宁省气象部门引进培养硕博士研究生奖励办法》，进一步推进高层次人才的引进和培养，并对培养和引进的硕士、博士研究生从助学金、学习时间和科研经费等方面给予支持。

**【科技项目与经费】** 国家加大了气象科技的投入力度，投入渠道实现了多样化。气象科技投入的逐年稳定增长为改善科研基础条件、气象科技创新成果的产出创造了极为有利的条件。2009年，省气象局科研经费主要来源于财政部、科学技术部、国家自然科学基金委、中国气象局、辽宁省科学技术厅、辽宁省财政厅及各级地方政府。全年科技立项为98项，其中国家级项目9项，省部级项目22项，市级政府项目9项，局内自立项目29项，自选和横向合作项目29项，总经费达1455万元。

全年组织申报科研课题7项；组织3项科研成果参加2009年度辽宁省科技奖励的申报工作；组织完成了国家科学技术部农业科技成果转化资金项目“生态与农业气象信息业务平台”、国家科学技术部社会公益类研究项目“东北地区大气中可吸入颗粒物分布及减控对策”、中国气象局气象新技术推广项目“土壤含水量空间无缝隙监测和预报技术”等7个项目的验收工作。

**【科技成果与转化】** 加大科研成果转化力度，有30余项科研成果通过了验收，科研成果的质量有了较大幅度的提高，科技的支撑作用进一步凸显。“气候变暖对东北近50年来极端气候事件影响”“气候变化与水利工程建设相互影响系统”等一批最新科研成果被应用在辽宁省地方应对气候变化方案中；在人工影响天气领域，“人工增雨数据库”“雷达-雨量计定量估测降水量技术研究”等一批最新研究成果为完成我省人工增雨任务发挥了重要作用。

建设东北区域气象科技成果交流共享平台，积极探索成果转化机制，加强区域内部气象科技成果转化和应用工作。该平台完成后，将对东北区域内科技交流起到推动作用。

**【科技人才与队伍建设】** 召开2009年气象正

研级技术职称任职资格评审推荐会议，组织专家对申报人进行答辩辅导，有3人通过中国气象局组织的正研级职称评审，1人入选中国气象局100名首席预报员。

组建了由11位首席预报员、首席科学家、首席服务专家组成的学科带头人队伍，明确了学科带头人的主要任务和支持政策，设立了学科带头人专项业务科研基金。

选派7名科研业务骨干到外省市交流学习3个月；选派3名预报员到中央气象台、国家卫星气象中心交流访问半年；选派2名县级业务骨干到陕西省县级气象局对口交流工作1年。

**【应对气候变化工作】** 省气象局作为牵头编制单位之一，与辽宁省发展和改革委员会共同完成了《辽宁省应对气候变化实施方案》的编制工作。7月9日，该方案通过了以李泽椿院士为组长，由农业、林业、水利、海洋、环保、气象、经济等行业的9名专家组成的专家组的论证，并于9月24日由省政府正式印发。

围绕气候变化对社会经济发展的影响，省气象局分别以气候变化与经济社会的可持续发展、气候变化与粮食生产、气候变化与水资源、气候变化与自然灾害、气候变化与生态环境、气候变化与人体健康、气候变化与冰冻圈、气候变化与极端天气、气候变化与经济、气候变化预估、应对气候变化行动、清洁能源为主要内容，编写了12期《气候变化动态》，并编辑制作《辽宁决策气象信息》发送至省委、省政府领导和有关部门。

**【气候资源开发利用】** 全年开展23次大规模人工增雨作业，累计飞机增雨作业58架次，累计飞行作业150小时08分钟，出动火箭发射系统838套次，发射火箭弹7427枚，增加降水35.26亿立方米。“辽宁省气象局人工增雨8.6亿立方米，解除旱情确保1410万亩农田按时春播”被评为2009年第二季度省直机关最佳实事。开展防雹作业220余次，2700万亩农田得到了保护，减少损失近3亿元。

积极推进风能资源开发利用和水库工程等大型建设项目的气候可行性论证，完成了26座测风塔和风能资源观测网省级中心站建设，所有测风塔实现了并网观测和数据上传。

**【重点科技项目】**

（1）气候变暖对东北近50年来极端气候事件影响。该项目荣获2009年度辽宁省政府科技进步奖二等奖，是国家科学技术部社会公益类专项资金项目，2002年12月批准立项，2005年12月通过国家科学技术部验收。该项目主要研究探讨了气候变暖对东北一些重要的极端气候事件影响这一焦点问题。主要内容包括：①东北地区近百年气候变化事实分析；②极端降水和干燥事件的变化特征及与气候变暖的关系分析；③冷暖冬年的划分，影响因子与预测技术研究；④干湿气候带的年代际变化及成因分析；⑤酷热日、沙尘暴等极端事件的气候变化规律，环流背景及预测方法分析等。该研究成果为区域应对气候变化宣传、国家级气候变化报告编写、政府部门决策服务提供了科学的参考依据；部分成果被及时、有效地应用到气象业务中，取得了明显的社会效益和经济效益。

（2）辽西北荒漠化气候成因及遥感监测研究。该项目荣获2009年度辽宁省政府科技进步奖二等奖，是辽宁省科学技术厅重大研究项目，于2002年12月立项。该项目以辽西北为主要研究区，利用先进的“3S”技术，分别建立了荒漠化遥感分级指标、遥感监测评价指标和地面监测指标等体系；首次建立起辽西北地区30余种典型地物、共8200余条光谱数据集；利用ArcGIS平台开展了辽西北气候资源精细化模拟工作，充分分析了气候与荒漠化演变关系；研究了基于MODIS卫星遥感资料的植被覆盖度动态监测评价荒漠化技术方法；建立了荒漠化遥感监测评价业务流程，对卧龙湖干涸、康平县土地沙化、阜新地区土地沙化盐渍化及新民地区土地沙化展开监测评价分析，提出沙化防治、生态恢复等一系列对策建议。该成果已经成功转化，并在政府决策中发挥重要作用。

（3）大连及黄渤海大雾研究与预警业务系统。该项目荣获2009年度辽宁省政府科技进步奖二等奖，是大连市科学技术计划项目、大连市重点建设项目，由大连市科学技术局2005年12月批准立项，2008年6月通过大连市科学技术局鉴定。该项目利用近年来加密观测的气象水文监测资料，研究大连及黄渤海雾的气候特征及形成发展机制，并在此基础上研究雾的预报方法，其中首次用本地化数值预报模式研究雾的数值预报方法，明显提高了大雾预报的精细度和准确率。该项目在雾的观测研究领域有新的发现，并建立了雾生成维持概念模型。在雾的研究和预警方面，总体达到国内领先水平，其中对海雾的观测研究达到国际先进水平。该成果对当地经济建设、防灾减灾、保障国家和社会安全具有重要意义，取得显著的社会效益和经济效益。

（辽宁省气象局　陈洪伟）

# 防震减灾科技

**【概述】** 2009年，辽宁省防震减灾科技工作紧密围绕全省防震减灾中心工作，全力加强防震减灾“三大体系”建设和“十一五”重点项目的实施，圆满完成了各项工作任务，并取得了显著进展。

**【科研机构及人才队伍建设】** 2009年，辽宁省地震局扎实稳步推进事业单位岗位设置和聘用工作。制定了《辽宁省地震局事业单位岗位设置与聘用工作实施细则》，按照岗位设置科学、运行管理规范的改革方向，逐步建立符合省地震局工作实际的因事设岗、按岗聘用、以岗定薪的管理制度，逐步实现由身份管理向岗位管理的转换，充分调动了广大职工的工作积极性。按照公布岗位、个人申请、资格审查、民主推荐与测评、考核评议、党组会通过和公示等程序，对70个职员岗位、274个专业技术岗位、34个工勤技能岗位人员予以聘用，并按照规定与有关人员签订了事业单位聘用合同。坚持德才兼备、以德为先的标准和正确的用人导向，加强干部任职交流，选好配强领导班子。完成了固体地球物理学专业研究生进修班的全部教学计划。推选中国科技大学硕士学位进修1人，硕士研究生在读2人，博士研究生在读1人。选派参加中青年干部培训班1人，局管干部研修班2人，防灾科技学院台站人员培训5人，其他专业技术培训20人。招录公务员2名，招聘事业单位工作人员6名。评审通过高级工程师11人，工程师资格7人。开展完成了地震台站全员培训工作，全省地震系统一线共110人参加了培训。为促进防震减灾事业发展提供了重要的人才保障，增强了后劲。

【重点项目】 2009年，辽宁省地震局把做好省“十一五”防震减灾规划重点项目的实施作为一项重点工作，加强领导，精心组织，确保项目顺利实施。全面完成了“辽宁省监测台站基础设施改造”“辽宁省农村公共基础设施抗震性能普查及农村地震安全民居典型示范工程”“辽宁省建昌地震台优化改造工程”三个主要项目。

“辽宁省监测台站基础设施改造”建设项目总投资600万元，对大连、营口、阜新、铁岭、建昌5个台站进行了地源热泵中央空调采暖改造，对沈阳、大连、鞍山、本溪等11个台站进行了基础设施和环境改造，有效地改善了一线台站的工作与生活环境，提高了全省地震台站基础设施总体水平。

“辽宁省农村公共基础设施抗震性能普查”项目在各市的共同努力下，完成了全省农村公共设施抗震性能的普查。资料整理和数据信息入库工作也已完成。这次普查工作量大、调查全面、数据准确，进一步完善了我省农村震害预测数据库内容，为提高全省农村综合防御地震灾害能力奠定了良好的基础。

2009年，辽宁省地震局按照“陆态网络”“首都圈电离层斜测站”“背景场探测工程”建设项目的要求，完成了沈阳基准站、金州核心站和大连（并置）连续重力观测站建设，完成了沈阳、大连和锦州三个台站电离层斜测站建设，完成了中国地震背景场探测工程辽宁部分的项目勘选工作。

【规划编制】 2009年，省地震局按照省政府、中国地震局的有关要求，启动了“十二五”防震减灾规划的编制工作。局党组高度重视，针对“十二五”期间的总体发展目标、发展思路、主要任务、重点项目等多次召开党组会、局务会议，进行认真研究和论证，并成立了由综合、监测预报、震害防御、科技、应急救援五个组组成的编写组，负责规划编制工作。经地震局局务会研究讨论，确定了我省“十二五”期间的重点项目8个，并上报省政府批准。

【科技管理改革与创新】 2009年，辽宁省地震局继续发挥地震科技创新工作对防震减灾事业发展的支撑和引领作用，把地震科技创新工作放在全局工作的重要位置，全面贯彻执行《辽宁省地震科学发展规划》，以做好辽宁省“十一五”防震减灾规划为重点，全力做好年度重点项目的实施与落实工作。通过重点项目的实施，加快推进科研成果的转化应用，解决了一些长期以来制约我省防震减灾工作发展的瓶颈问题，培养和锻炼了一大批人才力量，有力地提升了我省防震减灾综合能力，为推进我省防震减灾事业的持续发展发挥了重要作用。

进一步理顺职责，建立和完善了地震科技评价激励机制和地震科技创新成果奖惩制度。将科技发展处的职责和任务划归人事教育处，将外事办的职责和任务划归办公室。建立科学、规范的考核评价体系，制定科研成果考核与绩效考评挂钩等相关的考核办法，逐步建立起以业绩为核心，由品德、知识、能力等要素构成的考核评价标准；逐年递增科技经费投入比例，对于重大科研项目，给予充分的科研经费保障。2009年11月，制定了《辽宁省地震局科技创新若干规定》，进一步完善了《辽宁省地震局科研项目管理办法》《辽宁省地震局防震减灾优秀成果奖励办法》《辽宁省地震局防震减灾优秀成果奖评审办法》等，为省地震局地震科研工作的管理和开展提供了有力的政策和制度保障。

【科研项目及成果】 2009年，全局科研人员承担各类科研项目20余项，组织评审安评项目近60项。获中国地震局防震减灾优秀成果奖二等奖1项，省自然科学成果奖二等奖1项、三等奖1项。发表学术文章40余篇。

**【地震监测预报】**

（1）震情监视跟踪与会商。2009年，辽宁省辽蒙交界及邻近地区被划为全国地震重点危险地区，环渤海地区被划为值得注意地区。辽宁省地震趋势判定意见是：渤海地区和辽蒙交界地区被列为全省地震危险区；海城地区被列为全省值得注意地区。全年省内发生4级以上地震7次。

全省地震系统牢固树立“震情第一”的观念，把做好震情监视跟踪工作放在首位。成立了震情强化监视跟踪领导机构和相应的工作组，制定了《辽宁省地震局2009年度震情强化跟踪工作方案》《2009年度辽蒙交界地震重点危险区地震应急工作方案》。全省各市地震局和地震台站也相应制定了跟踪方案和措施。

加强震情会商，进一步改进和完善会商方式、方法，除进行严格的周月会商外，针对国庆60周年和显著地震事件制定应急预案和加密会商制度，确保地震发生后20～30分钟内完成相关分析与震后趋势判定。

不断加强地震监测预报新技术、新方法的研究和应用，积极探索具有物理意义的预报途径，提高对地震活动和前兆异常的性质、信度和意义的认识,加大地震分析预报人员的培训和交流力度。

同时，从地震速报、应急应对、新闻宣传等方面，建立健全重点时期和重点时段地震安全保障方案，加强应急准备和应急演练，加强与邻近省局及有关部门的交流和协作。圆满地完成了国庆60周年等重点时期和重点时段的地震安全保障工作。

（2）台网运行管理。2009年，加大地震监测管理力度，进一步规范台站（包括地方台站）、监测中心、维修中心及监测管理部门的职责任务。从制度建设着手，编制了各个学科、各种手段的评比标准和细则。制定了《虚拟测震台网管理办法》和《辽宁省地震监测预报工作质量奖惩办法》，确保观测工作有章可循。参加全国地震监测质量评比106个测项，18个测项获得全国前三名，其余测项全部被评定为优秀，排在全国前列。这也是历年来辽宁省取得的最好成绩。

（3）台网建设。2009年，不断加强监测技术系统资源的科学配置，充分利用“十五”网络系统资源实现观测数据与成果全省共享。对全省前兆测项进行了科学分类，在全省范围内适当增设重点测项和手段，并在辽宁省地震海啸预警中心完成了全省测震资料备份工作。对地震速报系统进行了升级，加强监测技术人员和速报人员的技术培训与演练，地震数据处理和速报能力显著提高。为加强辽宁省海域地震监测能力，在葫芦岛菊花岛和丹东大鹿岛分别建设了两个海岛台。为进一步加强宏观观测网点的建设与管理，在全省筛选确定并建立了100口宏观观测井、40个宏观动物观测场。

2009年，辽宁省地震局荣获中国地震局授予的监测预报工作先进单位称号。

**【震灾预防】**

（1）加强地震安全性评价和抗震设防要求管理。2009年，不断加大对重大建设工程和可能发生严重次生灾害的建设工程抗震设防要求管理力度，加强对地震安全性评价项目的审查，规范程序，努力提高地震安评报告质量。截至11月份，共对辽宁江石核电站、辽宁兴城核电厂等54项建设工程进行了地震安全性评价，对新建大连国际会议中心、华润盘锦热电厂等49个重大建设工程和可能发生严重次生灾害的建设工程，按照规定程序和时限进行了行政许可审批。

（2）做好地震安全性评价职业准入制度实施工作。根据国家人事部、中国地震局，以及我省关于实施地震安全性评价工程师制度的有关规定和要求，开展了一级地震安全性评价工程师注册申请和初审工作，全省有6人通过了一级地震安全性评价工程师注册初审，完成了地震安全性评价二级工程师注册的前期准备工作。

（3）切实做好中小学校舍安全工程的实施工作。2009年，全省各级地震部门按照省政府关于在全省实施中小学校舍安全工程的统一部署，在当地政府的领导下，与有关部门密切配合，按照全国地震重点监视防御区的划分和第四代区划图，确定并向省校安办提供了全省实施校舍安全工程的市县名单和全省七度以上高烈度区划图；按照有关规定，对全省校舍抗震加固和新建校舍工程提出了新的抗震设防要求；进一步加强了对全省校舍安全工程实施情况的监督检查。

（4）加强对市县防震减灾工作的指导，市县防震减灾工作成效显著。2009年，辽宁省地震局不断探索市县防震减灾工作行业管理新机制，在不断加强指导的同时，切实发挥市县地震部门在防震减灾社会管理、社会动员、社会宣传工作中的重要作用，我省市县防震减灾工作在全国市县防震减灾工作综合评比中取得显著成绩。辽宁省地震局获得全国市县防震减灾工作优秀管理奖。沈阳市地震局获全国市县防震减灾工作综合评比一等奖。营口市地震局获全国市县防震减灾综合评比优秀奖和地震灾害防御工作单项奖。沈阳市沈北新区地震局、盘锦市兴隆台区防震减灾办、鞍山海城市获全国县级防震减灾工作先进单位称号。

（5）稳步推进地震安全示范工程建设。2009年，我省在朝阳北票市长皋乡开展农村民居地震安全示范工程建设，建设了1500平方米的地震安全示范工程；在沈阳市沈北新区创建了全国首个“国家地震安全示范区”。

**【地震应急救援】**

（1）建成了省、市、县（区）三级预案管理体系和预案数据库。举办了全省地震应急预案管理系统培训班。全省14个市、101个县（市）区的地震应急预案数据库已入库。组织修订的省级地震应急预案进入征求政府各部门意见环节。

烈度速报台网及灾情监控系统运行稳定，开通了12322防震减灾信息系统，为快速获取灾情信息提供了保障。

（2）全省已有志愿者队伍上百支，人员达数万人，并配有充足的专业设备。沈阳、大连、鞍山、锦州、铁岭等市扎实推进地震应急救援志愿者队伍建设，加强培训与演练，专群救援队伍已初具规模。各地在地震安全示范区、示范社区、示范学校和应急避难场所不断强化应急演练，救援队伍的技战术水平和能力，以及社会和民众的自救互救能力明显提高。

省地震局还进一步完善了省地震应急现场工作队的装备配置，重新购置140个应急包，对现有装备进行了更新调配，使其救援技术水平显著提高，救援力量显著增强。通过全程参与在哈尔滨举办的破坏性地震现场应急救援演练，全面检验了这支队伍的快速反应与应急处置能力及装备保障能力。

（3）进一步加强了应急区域协作联动配合。作为辽蒙协作区牵头单位，与内蒙古自治区有关部门共同制定了应急协作区工作方案；不断加强与环渤海应急协作区成员单位的配合，制定了应急数据库信息交换和流动监测方案；与省军区、省消防局、省公安厅、省安全生产管理局、省通讯管理局、省武警部队等建立了协作配合机制。沈阳市建立了抗震救灾军地联动机制，实现了地震应急专业救援队、人防煤气、自来水等6支专业抢险救灾队和沈阳警备区13个民兵抗震救灾抢险排等骨干救援力量的有效整合。

沈阳、盘锦、铁岭、抚顺等市大力推进

应急避难场所建设。全省挂牌设立标识的地震应急避难场所已有11处。

**【重大活动】** 2009年1月10日，省政府应急办、省军区、省地震局联合成立应对5～6级地震办公室，简称506办公室。下半年全国地震应急公益性服务全国统一电话号码12322在辽宁省正式启用。

2月23日，辽宁省地震研究所荣获全国地震系统优秀集体称号，韩明荣获全国地震系统优秀个人称号。

3月4日，辽宁省防震减灾工作领导小组会议暨2009年全省地震系统防震减灾工作会议召开。会议的主要内容是学习贯彻《防震减灾法》和国务院办公厅公布的《关于2009年地震趋势和进一步做好防震减灾工作的意见》，传达全国地震趋势会商会精神，通报我省地震趋势会商意见。辽宁省常务副省长许卫国在会上作了重要讲话。

4月9日，省地震局荣获2008年度全国震害防御工作先进单位称号。

4月10日，经中国地震局研究决定，中国地震局东北片区地震仪器维修中心在沈阳成立，由辽宁省地震局负责东北片区地震仪器维修中心建设与管理。该中心主要承担辽宁省、吉林省、黑龙江省，以及内蒙古自治区东部（东经114°以东）辖区内国家和省级测震台站专用仪器设备的维修和地震台网正常运行的技术保障任务。

5月15日，中国地震局发布表彰奥运地震安全保障工作先进单位、优秀集体和先进个人的通报。省地震局荣获奥运地震安全保障工作先进单位称号；省地震局监测预报处、监测中心荣获优秀集体称号；宋万学、吴凤泰、王洪明、王安东、单德华荣获先进个人称号。

7月8日，省地震局成立辽宁省防震减灾“十二五”规划编写组，负责辽宁省防震减灾“十二五”规划的编制工作。规划编写工作由局计划财务处负责组织实施。

8月6日，经国家新闻出版总署批准，《东北地震研究》更名为《防灾减灾学报》。新刊物将从2010年起开始发行。

（辽宁省地震局　高艳）

# 安全生产监督管理科技

**【概述】** 2009年，辽宁省安全生产监督管理系统坚持“规划是谋求安全发展的前导，科技是实现安全生产的支撑”的指导原则，把安全科技进步作为实现全省安全生产形势根本好转目标的可靠保证，紧密围绕全省安全生产中心工作任务，以增强安全科技保障能力为核心，以建立安全生产长效机制为目标，大力推进实施“科技兴安”战略，全面提升安全科技创新能力和应用水平，为保障辽宁省安全生产形势持续稳定好转提供了强有力的智力支持和技术保障。

**【科技项目与经费】** 全年列入国家、省级科研和推广计划的项目共有8项。

针对重点行业和领域的共性、关键性安全生产技术难题，组织编制了《辽宁省2009

年度安全科技发展计划》，下达了59项安全生产急需的科技项目攻关计划，带动企业和社会投入科研经费1.05亿万元。

按照国家安全生产监督管理总局下发的《关于开展安全生产重大事故防治关键技术重点科技计划项目申报工作的通知》，组织开展了我省安全科技项目的申报与推荐工作，共向国家安全生产监督管理总局推荐了28项安全生产重特大事故防治关键技术研究项目。在辽宁省科学技术厅的大力支持下，其中11项被列入安全技术研发与推广示范类重点科技计划。针对辽宁省尾矿库安全生产中存在的突出问题，组织开展了“尾矿库治理关键技术研究与示范工程”项目建设。

**【科研机构和人才队伍建设】** 在辽宁省安全科学研究院组建了辽宁省特种设备标准安全技术重点实验室，在辽宁省分析科学研究院组建了辽宁省化学危害与分析处理技术重点实验室。完成了2000余平方米实验室业务用房装修改造，组建了非矿山和职业危害两个安全生产检测检验实验室。

集中辽宁省安全生产领域的135名专家，充实、调整安全生产专家组成员，组建了新一届安全生产专家组。建立了安全生产专家工作制度和工作规则，申请了150万元活动经费，组织专家参加安全生产大检查、安全评价报告评审、重大安全科技项目论证等活动，充分发挥了安全生产专家的技术支撑作用。

**【科技创新成果】** 《冶金行业职业危害分析与控制技术研究》和《发电机组并网安全性评价方法研究与应用》2个项目获得国家安全生产监督管理总局科技进步奖二等奖。其中，《冶金行业职业危害分析与控制技术研究》还被列入2009年度国家安全生产监督管理总局优秀推广项目；《发电机组并网安全性评价方法研究与应用》项目在75家火力发电厂的210台发电机组安全评价中得到成功应用，取得了巨大的经济效益和社会效益。《稠油油井硫化氢产生机理及防治技术研究》项目获得2009年度辽宁省科技进步奖二等奖。

**【科技成果转化和推广应用】** 按照国家安全生产监督管理总局的部署，组织召开了两次现场推广会，重点在全省非煤矿山、危险化学品企业推广了非煤露天矿中深孔爆破开采技术和HAN阻隔防爆技术。据不完全统计，全省有2198家非煤露天矿企业采用了中深孔爆破开采技术，基本杜绝了爆破开采事故。161家位于市区、人口稠密区和重要建筑物周边的加油站采用了HAN阻隔防爆技术，解决了由于安全距离不足被迫搬迁给企业造成的经济损失。

**【信息化建设】** 建立安全生产信息化平台是辽宁省安全生产“十一五”规划的重点工程项目之一。2009年，辽宁省安全生产监督管理局信息化建设取得了阶段性成果，主要体现在以下几个方面。

（1）依据《辽宁省安全生产信息化发展指导意见》，组织相关单位编制了《辽宁省安全生产监管与应急救援平台建设方案》，明确提出了我省安全生产信息化建设工作的指导思想、基本原则、主要任务和保障措施等，以指导各市局安全生产信息化建设工作，加快推进我省安全生产信息化建设的步伐。

（2）按照国家安全生产监督管理总局的统一安排部署，组织相关单位开展了“金安”工程项目建设，完成了“金安”硬件设备、操作系统和数据库等基础软件安装调试工作及16个应用模块培训工作。

（3）投资348万元，完成了辽宁省安全生产应急救援中心大屏幕系统和全省安全生产监管网络平台建设，并已移交使用。

（4）组织相关单位编制了辽宁省安全生产监督管理局网站建设方案，并上报省信息产业厅和省财政厅，申请了30万元建设资金。

**【重大活动】**

2009年5月16—22日，在辽宁省科学宫举办了2009年安全科技活动周宣传活动。

本次安全科技活动周以“科技兴安，安全发展”为主题，围绕“安全生产年”“三项行动”“三项建设”中心工作，组织开展了“安全科技与劳动防护”主题展览，展示了一系列高科技劳动防护用品，普及安全科学知识，推广安全科技成果，吸引了众多群众前来参观、咨询，收到了良好的效果。与此同时，利用省安全生产监督管理局网站连续刊发安全生产科技常识，在全社会倡导安全健康的生产生活方式。结合安全生产大检查活动，组织安全生产专家为企业提供技术咨询，帮助非煤矿山、危险化学品、烟花爆竹等重点企业查找安全隐患，完善企业安全生产应急预案。

2009年5月5日，召开了尾矿库安全诊断技术示范工程建设项目专家研讨会。来自省安全生产监督管理局、省科学技术厅、东北大学、辽宁工程技术大学、辽宁有色勘察设计研究院的有关专家和领导参加了会议。

会议分析了全省尾矿库安全生产形势，重点介绍了尾矿库安全诊断技术示范工程建设项目的启动背景、实施意义和主要任务目标。东北大学的专家现场演示了尾矿库在线监测技术。与会专家们讨论了有关技术问题，一致认为尾矿库在线监测技术具有良好的应用前景和推广价值，形成了尾矿库安全诊断技术示范工程建设方案，并对组织推进工程项目建设提出了意见和建议。

（辽宁省安全生产监督管理局　王坤）

# 地质矿产勘查科技

**【概述】** 辽宁省地质矿产勘查局现有职工总数为10590人，其中在册职工4879人；在册职工中有各类专业技术干部2283人，占在册职工总数的46.8%。全局资产总额7.2亿元，净资产总额4.35亿元。

2009年，全局地质矿产勘查工作和地质矿产勘查经济继续保持了良好的发展态势，地质矿产勘查经济增长势头强劲，全局实现货币工作量15亿多元，同比增长22%。市场收入增长24%，其中，地质勘查实现收入同比增长46%；矿业开发实现收入同比增长115%，地质工程勘察施工实现收入同比增长14%，多种经营实现收入同比增长18%，在册职工年人均收入同比增长22.28%。在世界金融危机影响下，省地质矿产勘查局广大干部职工发扬“三光荣”传统，务实创新，扎实工作，地质矿产勘查经济创历史新高。

**【科研机构及人才队伍建设】** 截至2009年年底，全局有高级专业技术人员457人，其中，教授级高级工程师72人；中级专业技术人员724人；初级专业技术人员777人。有博士研究生15人，硕士研究生73人，本科毕业生768人，专科毕业生616人，中专毕业生575人，高中以下毕业生248人。按照传统做法，局地质科技管理部门在出队前和收队后，先后举行了两期技术人员培训班。通过有针对性的业务培训，努力提高广大科技人员的业务水平。

**【基础设施建设】** 截至2009年年底，现有设备4615台（套）。设备价值1.88亿元，净值1.4亿元。其中，地质勘查设备1640台（套），价值0.54亿元，净值0.45亿元；工程勘查及钻探设备1600台（套），价值0.98亿元，净值0.67亿元 。

**【技术引进与开发应用】** 辽宁省第八地质大队在本溪桥头大台沟铁矿ZK709孔施工中，以孔深2123.86米，倾角80°，成为目前全国小口径绳索取芯钻探施工倾斜度最大、钻探深度最深的钻孔。该矿区施工以来，已经完成了5个钻孔，其中超过2000米的深孔为4个。ZK709孔部分岩层为石英砂岩，岩石硬度达到10级以上，而且又是80°的斜孔，施工难度很大。该孔是在认真总结以往施工经验的基础上，又采取了一系列新的钻探技术措施，完全采用国产钻探设备与工具进行钻探施工。ZK709孔于2009年7月20日开钻，10月9日停钻，仅用了81天，创造了台月效率787米的佳绩。经验收，钻探各项指标完全满足规范要求，为优质孔。

**【重大项目及创新成果】** 2009年，全局共承担省本级地质项目112个，预算资金4.1亿元，9个项目通过野外验收，完成钻探工作量11万多米，5个地质项目取得重大突破。一是提交硅灰石矿资源量500多万吨，是我省最大的硅灰石矿。二是提交凌源特大型黑色冶金熔剂石灰石矿储量2.5亿吨。三是提交水泥石灰石矿储量8.3亿吨。四是提交阜新地区的膨润土大型矿床。五是在大台沟附近花红沟发现厚大的铁矿。瓦房店金刚石地质勘查工作取得了重大进展，38号和111号岩管经钻探工程控制已连成一体，估算金刚石资源量21万克拉。金刚石砂矿普查在岚固河和复州河中赋存宝石级金刚石。营口地区发现了规模巨大的金矿化带，有望实现找金的重大突破，有可能是第二个猫岭金矿。硼矿勘查也取得重大进展。地质找矿是省地质矿产勘查局建局以来成果最丰厚的一年。承担商业性地质项目844个，资金总量1.9亿元，取得了大台沟铁矿、赵平房铁矿等一批重大成果。

（1）本溪市桥头镇红花沟铁矿普查。经初步勘查，2009年施工一个钻孔，在1446.35米处见矿，到1930.35米终孔仍未穿透矿体，见矿厚度约488米。TFe平均品位为30.74%，磁性体矿化特征及含量与大台沟铁矿特征基本一致，推断矿体长2400米、宽600米、延深500米、预测2000米以上资源量可达28亿吨，具有很好的找矿前景，这是省地质矿产勘查局在深部找矿方面的又一重大突破。

（2）盖州市大东沟地区金矿普查。在盖州市大东沟地区发现了规模巨大的含金矿化带，并有多个钻孔见到低品位工业矿体；在该区东北部神树山一带见到了两条延长较大的含金石英脉。该区进一步工作，有望实现金矿找矿的重大突破。

（3）辽宁省瓦房店地区金刚石隐伏矿普查。现已查明，矿区原38号、111号两岩管深部相连一体，总体长200米、宽2～60米，控制深度达120米，主要岩石类型有斑状金伯利岩和角砾状金伯利岩，品位为0.34克拉/立方米；110号岩管规模为160米×15米，宽度为10～50米，岩性为含围岩角砾状金伯利岩和金伯利角砾岩，平均品位0.8473克拉/立方米。全矿区初步估算金刚石资源量21万克拉，可提交一处中型矿床。这是我省近30年来首次新增金刚石资源量，意义重大。

（4）辽宁省彰武县东六家子膨润土矿普查。现已基本完成该矿区的勘查工作，初步估算膨润土矿（333+332）类资源量5000万吨，矿床规模可达大型。

（5）辽宁省新宾县马架子冶金溶剂石灰岩矿详查。经过对该矿区的详查，初步估算冶金溶剂和水泥石灰岩矿（333+332）类资源量4亿吨。其中冶金熔剂石灰岩资源量达到2.5亿吨，为特大型矿床。

（6）凌源市四官营子一带安杖子溶剂用石灰岩矿普查。初步估算水泥用石灰石矿+黑色冶金溶剂用石灰石矿（333+332）类资源量8.8亿吨以上，规模可达特大型。其中，黑色冶金熔剂用石灰石矿2.5亿吨，可达特大型。该成果的取得不但为凌源市建设大型水泥建材生产基地提供了资源保障，同时也可为凌钢和省内各钢厂提供溶剂用石灰石，预期经济效益良好。

（7）辽宁省1：20万地球化学数据更新（辽西北三市）。已按照设计要求完成了开源、铁岭、彰武等图幅的野外采样工作，共采集样品23649个，采样面积23200平方千米。

（8）1：5万铧铜镇、永宁涧、苇套等10幅区域地质调查。查清了岫岩地区辽河群、榆树砬子组、小岭组地层层序；解决了长期以来对永宁组时代的疑义和争论；发现多处具有找矿前景的物、化探异常，并发现了矿化点。

（9）辽宁省矿产资源潜力评价。通过典型矿床及区域成矿规律的研究、物化遥自然重砂综合信息的提取工作，总结了预测要素；并初步圈定了铁、铝土矿预测区，估算了铁、铝土矿资源量；提交了全省铁、金、铅、锌、铜、磷重要矿产远景区及资源潜力；提交了辽宁省矿产资源潜力评价物探阶段成果报告。

（10）地热地质勘查取得重要进展。先后开展了铁岭清河、铁岭新城区（凡河）、锦州城区、凌海市西八千地区、朝阳城区、北票盆地地热勘查和全省地热调查研究工作。其中，铁岭新城区（凡河）地热勘查成井1眼，井深2500米初步抽水结果为水温36～38℃，出水量为1000$m^3$/d以上。目前，正在对成井工艺进行改进，有望实现大的突破。

**【科技成果】**“辽宁省瓦房店市袁家沟制碱石灰岩矿普查”工作获得了较重大的地质成果，提交了一处规模为特大型的、质量较好的制碱石灰岩矿产地。该矿资源量估算结果为：333类制碱石灰岩矿石量2.33亿吨，334类制碱石灰岩矿石量1.51亿吨；333类水泥石灰矿矿石量为0.59亿吨，334类水泥石灰矿矿石量0.30亿吨；制碱+水泥石灰岩的矿石量为4.73亿吨。该项成果于2009年获国土资源部颁发的科学技术奖二等奖。

（辽宁省地质矿产勘查局　王洪民）

# 农垦科技

**【概述】** 省农垦局现有直属事业单位5家，奶业、鹿业等行业协会2家。全系统共有科研单位25家，其中省属1家，场属24家；在岗职工合计556人，其中科技人员为416人，农工人员140人；年度科技经费602万元，实验地面积261公顷，科技研发投入占GDP的比重达到1.5%左右。

2009年，辽宁垦区实现生产总值136.9亿元，同比增长13.4%，高于全省0.4个百分点，全年以增加值计算的全社会劳动生产率为3.2亿元，同比增长11.9%。其中，第一产业为51.6亿元，同比增长12.6%；第二产业为56.1亿元，同比增长18.1%；第三产业为29.2亿元，同比增长7.0%。第一、二、三产业所占比重为38∶41∶21。人均生产总值15286元，人均纯收入7201元，人均住房26平方米。

2009年，辽宁垦区固定资产投资总额113.9亿元，同比增长27.3%。其中，第一产业23.1亿元，同比增长111.6%；第二产业52.9亿元，同比下降10.6%；第三产业37.9亿元，同比增长95.3%。第一、二、三产业所占比重为20∶46∶34。商品出口总额10.6亿元，同比下降13.5%。

截至2009年年底，辽宁垦区所辖国有农场109个，平均总人口89.6万，从业人员42.4万人。其中，第一产业24.8万人，第二产业9.1万，第三产业8.5万人，第一、二、三产业所占比重为58∶22∶20；国有单位从业人员29.3万人，其中，在职职工23.7万人，其他从业人员5.6万人，从业人员劳动报酬30.5亿元，年人均劳动报酬10390元；非公有制经营单位38620个，其中集体所有制单位325个，个体所有制单位33694个，私营单位4567个，港澳台及外商企业34个，从业人员22.2万，从业人员劳动报酬37.7亿元，年人均劳动报酬16990元。辽宁垦区所辖土地总面积50.2万公顷，其中耕地面积14.7万公顷，林地面积6.6万公顷，草地面积2.8万公顷，果园面积1.3万公顷，水面面积7.1万公顷，居民及工矿用地面积4.1万公顷。

2009年，全系统所属农场（企业）用电总量42280万千瓦时，农药施用总量3415吨，农用化肥施用总量218165吨，农用塑料薄膜使用总量6872吨，农田水利灌溉面积102907公顷，沼气池3861个。

2009年，辽宁垦区粮豆总产量116.8万吨，同比减少0.5%；肉类总产量18.5万吨，同比增长18.6%；禽蛋总产量5.6万吨，同比增长23.6%；牛奶总产量12.1万吨，同比增长10.0%；水果总产量11.3万吨，同比增长21.9%；水产品总产量28.2万吨，同比增长18.5%；农业商品率平均达到89%；植树造林4295公顷，同比增长15.0%；木材采伐29364立方米，同比增长29.4%；社会总产值503.8亿元，同比增长22.5%；实现利润18.9亿元，同比增长43.0%；实现税金23.3亿元，同比增长56.0%。

2009年，全系统农业机械总动力97.1万千瓦，拖拉机保有量1.4万台，机耕、机播和机收水平分别为83%，32%和51%，农业机械化率达到60%。

**【科技成果及转化推广】** 2009年，全系统培育新品种8个，其中水稻、玉米新品种5个，水果、蔬菜新品种3个；5项科技成果通过鉴定，其中省、部级科技成果2项，市级科技成果3项，有2项科技成果获奖；引进推广动植物新品种6个，广泛推广测土施肥、节水灌溉、耕地保护、精量播种、种子包衣、生物农药、生物肥料、稻田养蟹、苹果套袋、鹿人工输精、鱼虾贝类混养等重大新技术9项。

辽宁农垦无公害、绿色、有机农产品获得各级机构认证64个，其中种植业54个，畜牧业1个，水产业8个，加工业1个；“三品”产地认定38个，注册品牌商标18个，示范带动农户22118户。

农作物推广面积100万公顷，推广优良种畜禽1000万头(只)，累计创经济效益15亿元，科技成果转化率达到85%。

**【科技人才培养】** 2009年，全系统开展技术培训65班次，培植科技示范户535户，发放科普资料9万册（份），科技入户率达到90%。

**【科技平台建设】** 2009年，辽宁农垦所属农场（企业）列入农业部无公害示范基地农场2个，无公害农产品质量追溯试点企业6个，追溯产品5类17种；列入国家级农业标准化示范农场3个，国家级农业科技示范农场3个，国家级农业科技示范园区3个；列入国家级农业产业化龙头企业6个，省级龙头企业12个，市级龙头企业21个。

巩固了10个社会主义新农村建设示范农场，完善了10个科技示范基地农场，聘请了10名科技顾问和专家，同25所大专院校和科研院所建立了协作网络，储备了35个重点科技项目。

**【科技期刊】** 省农垦局每月定期出版内部刊物《辽宁农垦》，公开编辑出版发行《垦殖与稻作》《辽宁奶业》和《辽宁鹿业》等科技杂志，全年共计编辑出版发行396期。

（辽宁省农垦局　杨丹）

# 区域科技

# 沈阳市

**【概述】** 2009年，沈阳市规模以上高新技术产品产值实现3216亿元，同比增长19.1%；规模以上高新技术产品增加值实现842亿元，同比增长22.5%；申请专利7708件，同比增长23.2%；引进海外研发团队45个、海外专家205名；9个项目荣获国家科技奖励，131个项目荣获省科技奖励，占全省获奖项目总数的49%；6个项目荣获中国专利奖优秀奖。沈阳市成为国家知识产权工作示范城市。沈阳市科学技术局获得“辽宁省高新技术产业发展促进奖”。

**【科技管理与改革】** 实施保增长科技措施。制定了一系列政策措施和实施细则，纳入沈阳市支持企业发展促进经济增长30条政策中，使科技支撑措施成为沈阳市一揽子计划的重要组成部分。启动了科技人员服务企业行动，组织50名科技专家深入100家科技企业，为22家企业解决了31项科技难题，其中，协调中国科学院沈阳自动化研究所研发的氩弧自动焊接技术，已被嘉华电力电器公司应用于生产。

完善政策法规体系。发布实施了《沈阳市知识产权战略纲要》《沈阳市专利促进条例》，以及新修订的《沈阳市科学技术进步条例》。沈阳市成为全国第二个修订并实施地方性科技进步法规的城市。

出台了一系列科技政策措施，对科技型中小企业的科技项目进行重点扶持，按照其投资额的10%给予补助；对辅导期内市级高新技术企业，按照相当于企业缴纳所得税10%的额度给予补助；对新认定的国家级工程研究中心、重点实验室，给予500万元奖励；对世界五百强企业在沈阳市独资或合资创办研发机构给予500万元补助；对沈阳市承担的国家重大科技专项给予资金匹配支持。为加快企业技术改造，对先进装备制造业、高新技术产业、现代农业重大项目，按照当年固定资产投资额的5%给予补助。为支持科技企业上市融资，对改制进入代办股份转让系统挂牌的高新技术企业，一次性奖励50万元。出台了7个政策实施细则，并在市行政审批大厅设立政策落实咨询受理窗口。全年共投入政策资金5920万元。

**【科技项目与经费】** 2009年，沈阳市科技计划共安排项目266项，科研经费19460万元。其中，高新技术产业（带）发展计划项目64项，经费4980万元，重点支持了科技领航型企业创建、新产品开发、产学研合作、科技成果转化、专利实施、高新技术产业出口基地建设和工程中心建设等项目；科技支撑计划项目128项，经费5295万元，重点支持了工业、农业、社会发展领域共性关键性技术攻关和应用基础研究等项目；科技创新条件与环境建设计划项目66项，经费2918万元，重点支持了软科学、科学普及、国际合作、企业孵化器、重点实验室建设、大型科技活动等专项；基金专项3700万元，其他科技专项2567万元。在产业发展资金计划部分，对95家科技型中小企业的项目补助5210万元经费。

2009年，沈阳市在国家科技立项245项，获得科学技术部经费支持3.86亿元。仅中国科学院沈阳科学仪器研制中心有限公司承担的国家重大科技专项项目“IC装备用PECVD设备”就争取到国家无偿支持资金1.33亿元，其中2009年已经拨付到位资金4327万元；沈阳黎明航空发动机（集团）有限责任公司承担的国家“863”计划重大项目“中低热值燃料R0110燃气轮机研制及其在IGCC电站中的工程应用示范”在2008年已拨付8163万元的基础上，2009年又拨付了5164万元。

**【科技成果】** 2009年，共有3名个人、8个项目获得沈阳市科技振兴奖，127个项目获得沈阳市科技进步奖。沈阳市有131个项目获得辽宁省科技奖励，占全省科技奖励总数的49%。在2009年度省科技成果转化奖项目中，沈阳市共获奖16项，“盾构机开发与产业化”等3个项目获成果转化奖一等奖，占全省一等奖总数的50%；“大型系列龙门五面加工中心产业化”等4个项目获二等奖，占全省二等奖总数的40%。获奖项目数量继续保持领先，项目水平和获奖质量逐年提高。主要特点是：科技奖励以推动产业发展、促进行业进步、改善民生环境为重点；企业获奖项目占项目总数的37%，同比提高2个百分点，企业创新的主体地位进一步增强；一批发展潜力大、引领示范作用强的新兴产业的自主创新项目集中涌现。

**【高新技术与产业化】** 中国科学院沈阳科学仪器研制中心有限公司、沈阳机床股份有限公司等单位的20个项目被列入IC装备、高档数控机床国家重大科技专项，申请国家拨款4.8亿元，目前，各项目正在有序推进；“中低热值燃料R0110燃气轮机研制及其在IGCC电站中的工程应用示范”项目已获得国家资金1.3亿元，沈阳高新区管理委员会与中电投东北电力有限公司合作建立示范电站的协议已签署。“正电子发射扫描成像系统”和“3兆瓦双馈式变速恒频风电机组”等项目研发成功，使沈阳市世界级产品达到60余项；在新材料、新能源等新兴产业领域，实施了燃气汽车、1.5兆瓦级风力发电机叶片、分布式供能、核二级泵等技术研发，为新兴产业发展提供动力。国家级高新技术企业达到138家，增长38%；新增东软集团股份有限公司、北方重工集团有限公司两家企业国家重点实验室；沈阳远大企业集团、北方重工集团有限公司、特变电工沈阳变压器集团有限公司等重点高新技术企业产值增长50%以上。积极推进泗水科技城、五金工业园、航高基地等科技园区建设，IC装备产业园成功跻身国家级行列。以国家重大科技专项的申报为牵动，全年共争取国家、省科技项目860项，资金5.22亿元，分别增长46.3%和10.1%。

IC装备、合成气燃气轮机及其在IGCC电站中的工程应用等一批重大科技专项已在国家批准立项，高新技术产业带发展空间进一步优化。截至2009年年底，沈阳市高新技术产业带内已聚集了4个国家级开发区、11个省级开发区、70多个各具特色的产业园区和一批产业化基地，形成了40多个产业集群，其中，20个产业集群已初具规模，达到百亿元规模的产业集群已接近10个，高新技术产业在空间上逐步形成了聚集的态势。浑南形成了以电子信息产业为主导的IC装备、动漫、数字医疗等产业基地，铁西形成了以先进装备制造产业为主导的数控机床、冶矿机械、输变电设备等产业基地。此外，桃仙航空产业、棋盘山生物产业、沈北农产品深加工及光电信息产业基地等一批特色高新技术产业集聚区也加快了发展。2009年，落实产业带内高新技术企业政策性补贴710万元，有力促进了高新技术企业的壮大和发展。创新中小科技企业融资渠道，成功发行了5000万元的棋盘山中小企业集合债券。

2009年，沈阳市外贸进出口总值65.7亿美元，同比下降7.7%。其中，高新技术产品出口7.76亿美元，占同期外贸出口总量的22.03%，同比下降15.63%。总体呈现回暖的趋势，下降幅度收窄。高新技术产品出口目的地居前五位的分别为中国香港、美国、尼日利亚、英国、伊朗，出口额均超过3500万美元。其中，出口额最大的目的地为中国香港，贸易额达7274万美元，同比增长9.6%。中外合资企业出口额达4.7亿美元，同比下降28.6%。自主知识产权产品、私营企业出口逆势增长。沈阳市医疗设备和航空航天技术出口面对金融危机的不利形势，依然有所增长，东软医疗系统和东软飞利浦医疗设备出口额达7018万美元；沈阳同方多媒体有限公司实现出口8559万美元，同比增长40%；中航工业沈阳飞机工业（ 集团 ）有限公司和沈阳黎明航空发动机（集团）有限责任公司2家骨干企业出口额达7924万美元。

2009年，共有44家企业（区外22家，区内22家）获得了国家级高新技术企业称号，通过率达到52%。截至2009年年底，全市共有139家高新技术企业，仅区外高新技术企业所得税减免已达到1.8亿元。

**【农业科技】** 沈阳辉山农业科技园区通过科学技术部验收，并在38家通过验收的园区中位列第一，已成为全国发展特色农业产业的典范。积极开展科技培训工作，第六期“青年农民上大学”培训班录取新生345人，截至2009年年底，累计培训青年农民1081人，结业777人，返乡学员创办实体31个，组建农民专业技术协会45个，建立专业合作社80个，在引领农民致富方面发挥了积极作用。农村科技培训讲师团围绕各地区特色产业和农民需求，开展适用技术培训141场，培训农民1.6万人。

深入推进科技特派员示范工程，全年新组织选派科技特派团27个，选派科技特派员486人（次），培养农民技术员399人，实施科技特派员示范项目361项，引进动植物新品种238个，引进先进适用农业新技术398项，举办各种形式的培训班500多场，培训农民2.1万人次，发放科技资料2.5万份，辐射带动农民3.1万人，建立科技示范基地120个，示范面积达3000余亩，新增经济效益1.2亿元。组织沈阳农业大学、辽宁省农业科学院等科研单位专家组成科技特派团（组），服务新民市特色蔬菜产业、沈北新区花卉特色产业，以及辽宁新大地实业发展集团有限公司、辽宁禾丰牧业有限公司、沈阳金秋实牧业有限公司等农事企业。沈阳市科学技术局被国家科学技术部评为“全国科技特派员工作先进集体”。推动区县科技进步，8个区县成为国家科技进步考核先进县（市）；新增了沈北和辽中两个区县，铁西区成为国家科技进步示范县（市）。

**【社会发展科技】** 2009年，围绕提高人民群众生活质量和健康水平，实施了生态环境遥感监测、水污染物总量减排、固体废弃物处置、电石渣脱硫等一批生态市创建攻关项目，开展了冠心病、哮喘病等常见病、多发病的预防与治疗研究，支持了刑侦痕迹图像复原、起重机记录监控等项目研发。

2009年，应用基础研究计划围绕电子信息、先进制造、现代农业、人口与健康等优先发展领域，组织申报项目505项，经过专家评审论证，重点支持了活动网络可靠性优化问题研究与应用、嵌入式防震系统理论与应用的研究等22项具有前瞻性、创新性和广阔应用前景的高技术研究项目，安排科技经费740万元。

**【科技合作与交流】** 深化科技对外开放。抓住金融危机带来的人才引进新机遇，大力引进海外高水平研发团队，20个项目被列入辽宁省重点引进海外研发团队项目，占全省总数的40%。沈阳市与加拿大农业及农业食品部的合作进一步加强，共同组织召开了“中加土壤作物、生态环境协同管理研讨会”；中国科学院沈阳应用生态研究所与比利时根特大学合作，在沈阳建立农产品安全风险评估实验室等重点合作项目，并且正在顺利实施。沈阳市与日本札幌市、韩国大田市的软件外包合作深入推进，与朝鲜科学院的合作拓展到生物和现代农业领域。

沈阳绿谷生物技术产业有限公司被科学技术部批准为国家级“国际科技合作基地”。加大政策支持力度，制定了鼓励世界五百强企业在沈阳投资设立地区或全国研发机构的政策。国际科技合作交流规模进一步扩大，全年共组织国际科技交流活动30余次，邀请国外科技交流人员800多人次。

**【科技创新基金管理】** 2009年，根据科学技术部科技型中小企业创新基金管理中心的要求，组织申报项目44项，其中，电子信息领域10项、新材料领域3项、光机电一体化领域25项、资源与环境领域3项、新能源与高效节能领域3项，监理项目43项、验收项目8项。立项21项，金额为1380万元。

在科学技术部和财政部联合开展的科技型中小企业技术创新基金工作十周年先进评选中，沈阳市科学技术局被评为科技系统先进单位，沈阳东方钛业有限公司、沈阳芯源微电子设备有限公司被评为优秀企业。

在2009年东北亚高新技术博览会上，设立了“科技型中小企业技术创新基金在沈阳”展区，面积达800平方米，展出沈阳市典型创新基金项目单位和产品，并开展了创新基金的宣传和推广工作。

**【重大科技活动】** 4月20—26日，沈阳市知识产权（科技）局与市委宣传部、市工商局、市版权局等12个部门联合举办了以“保护知识产权，促进创新发展”为主题的知识产权宣传周。宣传周期间，举办了第四届沈阳大学生工业品外观设计大赛、知识产权主题辩论赛、沈阳市青少年发明创造大赛等三大系列25项专题活动。有近百万市民参与。

9月24—26日，2009年东北亚高新技术博览会在沈阳举行。本届东博会展览总面积近3万平方米，共设展位2000个，6大展馆。特装展位达到1706个，占全部展位的85%。展示项目（产品）近700项。东博会期间，举办了中国风险投资论坛、2009亚洲生物技术商务对接会等具有较高层次和水平的国际国内论坛、学术会议以及其他各类活动共15项，搭建东北亚地区国家间科技经贸对话、合作与交流的平台。本届东博会参展企业产品交易额达到14.2亿元；签约项目689项，签约金额69.6亿元，吸引外资额6300万美元。签约项目主要集中在先进制造、新材料、电子信息和节能环保等领域。

9月24日，“2009振兴东北老工业基地专利新技术对接洽谈会”在沈阳科学宫开幕。洽谈会的目的是促进专利技术的转化和产业化，建立企业和专利权人连接机制，打造立足东北、面向环渤海、联系东北亚的开放的专利技术交易集散中心，构筑加快专利技术产业化和产品流通的服务平台。洽谈会设中国专利奖、国家高新技术企业专利、沈阳世界级产品、辽宁省专利、东北及环渤海地区专利等5个展区，共推出专利供需项目6815项，签订项目合作合同21项，签约额3500万元；达成合作意向548项，签约额8.57亿元。

9月25—26日，“2009中国风险投资论坛–振兴东北投资高峰会”在沈阳举行。峰会以“挖掘区域新经济潜力，打造中国第四经济增长极”为主题，深入探讨东北企业乃至东北经济应对经济危机的各项措施，寻找新的经济增长点。此次峰会延续了规格高、规模大的特点。高峰会还同步举办了“2009中国（东北）风险资本–项目对接会”，签订投融资意向书10份，意向金额超过4亿元。

**【知识产权工作】** 2009年，沈阳市获得“国家知识产权工作示范城市”称号。申请专利7708件，同比增长23.25%。其中，申请发明专利2920件，同比增长8.96%，占全部申请量的37.88%。获得专利授权3637件，同比增长17.13%。其中，发明专利授权802件，同比增长15.56%。现有注册商标2.6万多件，其中，中国驰名商标14件、中国名牌产品19个，获得授权农业植物新品种保护12个。先后成立了国家专利技术（沈阳）展示交易中心、中国（沈阳）知识产权维权援助中心，沈阳高新区成为国家知识产权试点园区，铁西区进入全国知识产权强区工程行列。

9月，国家知识产权局批复沈阳市设立“中国（沈阳）知识产权维权援助中心”。已开通3部沈阳地区“12330”维权援助中心电话服务热线，自开办以来，共接待来访电话120多次。有效利用2009年东博会、专利技术与产品交易洽谈会之机，制作“12330”宣传展板与资料，进一步加大维权援助中心的宣传力度。

**【国家重大科技专项】** IC装备重大科技专项。中国科学院沈阳科学仪器研制中心有限公司申报的“90～65nm等离子体增强化学气相沉积设备研发与产业化”等5个项目已经通过复审，项目总资金86033万元，其中国家拨款35482万元。浑南新区管理委员会、富创精密公司等单位投资建设了“IC装备精密零部件加工中心”。科学技术部已批准在沈阳市建设国内唯一的国家集成电路装备高新技术产业化基地。

高档数控机床重大科技专项。组织完成“数控机床专项”定向招标评审工作，沈阳中捷机床公司申报的“钛合金五轴加工中心”项目和沈阳铸造所申报的“高温合金细金”项目已参加答辩。另外，针对国家两批申报工作，组织沈阳机床集团等10余家单位的20多个项目参加竞标。申请国家拨款近1.8亿元。

科学技术部R0110燃气轮机及IGCC电站的工程应用示范重大科技专项。“重型燃气轮机关键技术及系统”重大项目课题立项工作已经完成，并按照时间节点稳步推进研制工作；浑南新区与中电投合作建立示范电站的相关协议已经签署。

**【产学研合作与产业联盟建设】** 组织实施了104个产学研合作项目，其中20个重点项目全部开工，累计投入资金8亿多元。1项完成产学研合作联盟组建，6项完成投产小试或中试，13项完成研发小组和实验室建设。其中，“新型农药烯肟菌胺系列产品创新基地”项目进展顺利，将成为国内最大的新农药产业基地之一。中国煤炭科工集团沈阳设计研究院与北方重工沈阳重型机械集团有限责任公司等装备制造企业合作开展的“露天矿半连续生产工艺及装备”项目取得阶段性进展，正进行皮带输送机等4台设备的大部件图纸设计。项目成功后，将建成矿山装备设计和制造一体化的产业集团。推进可视化热加工、数字化装备设计制造技术在北方重工集团有限公司、沈阳黎明航空发动机（集团）有限责任公司、沈阳鼓风机集团股份有限公司等企业的推广应用，并取得了良好成效。

启动了“沈阳市产学研合作信息服务平台建设”，突出公共信息服务、产学研技术转移服务、产学研创新服务、产学研战略联盟服务等功能，开展网上对接、专项对接、产学研联盟主题对接。选定了100个项目，并发布在沈阳产学研合作信息服务网科技服务平台上，全年更新信息489条，为沈阳企业提供了丰富的科技项目资源。其网站被沈阳科教系统指定为“产学研一体化”唯一网络载体。

产学研联盟组建与运行取得突破。组织协调中国煤炭科工集团沈阳设计研究院与沈阳市重点装备制造企业共同申报“大型露天矿山半连续开采工艺系统和成套设备开发研制”项目，组建了以中国煤炭科工集团沈阳设计研究院为科技龙头，北方重工沈阳重型机械集团有限责任公司、沈阳鼓风机集团股份有限公司、大唐国际发电股份有限公司、沈阳市沈矿机械厂、三一重工股份有限公司等大型企业为核心的产学研合作联盟，签订了战略合作框架协议。

**【高新技术企业孵化器建设】** 截至2009年年底，沈阳市拥有高新技术企业孵化器65家，其中，国家级7家、省级9家，孵化面积273万平方米，在孵企业1387家，累计毕业企业6710家，实现产值60.44亿元。

沈阳工业大学与南阳经贸集团有限公司共建的沈阳南阳创意产业孵化园技术平台建设基本完成；推荐和平区高新技术企业创业服务中心、沈阳辉山科技企业孵化器申报国家高新技术创业服务中心；组织沈阳市在孵企业参加“2009中国科技创业计划大赛”培训工作，提升科技型中小企业的投融资能力；启动孵化器“创业导师”计划，制定“创业导师”方案，聘请成功企业家担任创业导师，与孵化器内具有成长性的科技企业结成帮扶，帮助在孵科技型中小企业快速成长，培育了一批优秀企业家。

**【科技环境与条件建设】** 中国科学院沈阳科技创新园入园研发单位和企业达80家，转移转化中国科学院创新成果项目191项，创造经济效益22亿元。沈阳IC装备产业（孵化）园完成“IC装备精密零部件加工服务平台”建设，它是目前国内唯一的专业IC装备、光伏装备零部件加工平台，获2009年度科学技术部中小企业公共技术服务机构补助资金支持，“IC装备公共技术服务平台”获中央扩大内需第三批预算内投资支持。沈阳新松机器人自动化股份有限公司在创业板成功上市，募集资金近6亿元，开发出AFC终端设备核心部件和相应的软件，产品主要技术指标达到或超过国外同类产品；沈阳和芯源机电设备有限公司赢得国内首台12英寸喷胶设备的订单，“凸点封装的涂胶显影、单片刻蚀设备研发与产业化”项目申报国家重大科技专项获批，“8～12英寸集成电路先进封装涂胶显影设备”项目获得国家中小企业技术创新基金立项支持；沈阳新松医疗科技股份有限公司的慢性阻塞性肺疾病长期家庭氧疗医用制氧机在全国专业类医用制氧机排名第一，无创呼吸机产品已申请医疗器械生产注册；沈阳聚德视频技术有限公司车牌识别产品在全国市场销量和市场占有率位列三甲。

2009年，科技计划共支持工程中心和重点实验室建设项目13项，安排科技经费540万元。其中，支持法库矿产资源中心的陶瓷工程中心、沈阳有色金属材料百亿产业园等工程技术研究中心建设，提升了沈阳市重点企业的自主创新能力和核心竞争力，引领相关产业发展；支持沈阳计量测试院的流量试验室、沈阳工业大学的轻质合金材料与工程试验室、沈阳药科大学的药学生物技术实验室等重点实验室建设。

**【科技金融】** 出台了《沈阳市鼓励高新技术企业改制进入代办股份转让系统挂牌管理暂行办法》，搭建了高新区科技投融资服务平台。目前，11家企业与中介机构签订了进入新三板市场挂牌协议，5家企业完成了股份制改造，其中，4家企业的股改补贴经费已落实到位，3家企业通过了券商内核，沈阳市申办“新三板”试点工作的“沈阳模式”受到科学技术部火炬中心和中国证券业协会领导的充分肯定。加强银政战略合作，与中国进出口银行签署了全面合作协议，共同发起设立创业投资引导基金。举办了科技企业融资项目银政企对接会，向12家金融机构推介了近百家科技型企业的项目；推进科学技术部试点的科技保险工作，参保试点企业达到50家；协助棋盘山开发区，成功发行了5000万元的“泗水科技城中小企业单一资金信托贷款”，为沈阳市科技型中小企业开辟了新的融资渠道。

**【技术市场建设与管理】** 2009年，沈阳技术市场共登记技术合同7191份，成交金额64.39亿元。沈阳新松机器人自动化股份有限公司3名个人、沈阳药科大学等3个集体、“按植物水肥吸收比率设计的冲施肥”等3项成果共9个项目荣获第四届中国技术市场协会“金桥奖”。

增加了“企业研发项目网上申报系统”，进一步为企业提供高质量服务。作为首批国家技术转移示范机构，以“知识产权周”为契机，与福州、河南、兰州、黑龙江、吉林等全国部分专利展示交易中心在网上开展专利周区域联动，推动区域间合作进程，加速了专利项目异地转化；“医疗器械技术转移平台”已通过科学技术部立项。此外，沈阳技术交易所正积极向科学技术部火炬中心申请加入国内首批欧盟企业网络（EEN）会员单位，并与上海南南全球技术产权交易所签订了“上海南南全球技术产权交易所辽宁工作站工作协议”。

**【科技统计工作】** 2009年，在全市范围内对116家独立科学研究与技术开发机构、244项国家级科技计划项目的执行情况和148项结题验收不满3年的“863”计划、科技支撑计划、“973”计划项目的执行效果展开了科技统计工作，取得了较为系统、全面的科技统计数据。

科技统计工作的重点转向以利用信息资源进行分析研究和宏观评估为主，针对一些重点和热点问题，及时发布最新的科技统计信息，先后撰写了多篇高质量的统计分析研究报告，为科技管理和宏观决策提供了参考依据。2009年年底，国家科学技术部评比出了2009年度科技统计工作成绩突出的前十名省、自治区和直辖市和前两名副省级城市，沈阳市位居副省级城市第二名。

**【科技普及】** 5月16—22日，2009年沈阳科技活动周成功举行。本届科技活动周以“携手建设创新型国家”为主题。14家相关单位和科普基地在沈阳科学宫主会场进行了集中展示活动。举办科技应对危机、科技引领3G时代、军事兵器展览展示及竞赛活动100余项。新审批沈阳理工大学兵器博物馆、沈阳燕京啤酒厂、沈阳市档案馆三家单位为市级科普基地，沈阳市科普基地达到44家。圆满完成了2008年沈阳市公民科学素质调查，市民具备科学素质的总体比例为5.8%。

2009年，沈阳科学宫被中央文明办等国家六部委授予“全国青少年校外活动示范基地”荣誉称号；在全国科技馆辅导员大赛中，张潇获得“全国优秀辅导员奖”，沈阳科学宫获得“团体讲解优秀奖”。充分利用节假日、科技周、球幕电影换片、4D电影首映等契机，以“全国青少年校外活动示范基地”为阵地，成功策划组织了“欢度劳动节、温馨母亲节”“沈阳第二届青少年机器人大赛、青少年科技创新竞赛活动、辽宁省青少年科普创新活动图片展”“儿童科普活动月”等大型活动13次，全年共接待观众18万人次，科普大篷车下乡6次，举办科普专家报告会6场，进一步发挥了科技创新基地的作用和科普影视教育功能。太阳能光伏电站建设，在宣传太阳能作为清洁、可再生能源开发应用的同时，已经被应用于沈阳科学宫亮化工程。

（沈阳市科学技术局　刘斌）

# 大连市

**【概述】** 2009年，大连市完成高新技术产业产值4010亿元，高新技术产品增加值1052亿元，分别比2008年增长28.1%和31.2%。

截至2009年年底，大连市共有科技人员42万人。其中，两院院士21人，博士生导师和长江学者奖励基金特聘教授607人，国家重点学科带头人130人，国家和省“百千万人才工程”人选627人，省、市级优秀专家797人，享受国务院特殊津贴专家1300人，享受市政府特殊津贴专家601人。

大连市政府部门所属科研机构40个，科技人员2827人；非政府部门所属科研机构2个，科技人员142人；转制科研机构16个，科技人员864人；自然科学领域科研机构15个，科技人员1716人；社会人文科学领域研究机构4个，科技人员56人；科技信息文献机构1个，科技人员43人。

2009年，新认定国家技术先进型服务企业和高新技术企业105家。大连市获批成为全国“十城千辆”节能与新能源汽车示范城市、“十城万盏”半导体照明应用工程试点城市和“金太阳”工程示范城市。

**【科技项目与经费】** 实施了高档数控机床及关键功能部件、光电子技术及产品研发、新能源、生物技术、自主知识产权软件和集成电路、高附加值绿色材料、海洋资源等10个自主创新重大专项，推进全市重点产业和新兴产业关键与核心技术研发。全市光电子产业产值由2004年的6亿元发展到2009年的80亿元。

向科学技术部推荐申报科技项目72项，其中，国家支撑计划1项，软科学计划8项，“科技人员服务企业行动”备选项目11项，创新基金项目48项，“973”计划前期研究专项2项，国家重点实验室2项。在向辽宁省科学技术厅推荐申报的省级科技项目中，包括重大、重点项目53项（接转项目23项，新增项目30项），创新基金项目40项，工程技术中心项目21项，科技成果转化奖励专项8项，博士启动基金项目4项，自然科学基金项目1项。2009年度，科学技术部下达全市科技计划项目经费4040万元，辽宁省科学技术厅下达全市科技计划项目经费4066万元。大连市共下达科研计划341项，总经费达15418.3万元。

**【科技成果与转化】** 2009年，大连市科学技术奖励大会表彰了2名科学技术功勋奖获奖者，1项科学技术特别奖、10项企业自主创新奖、23项技术发明奖和96项科学技术进步奖获奖项目。

2009年共申请专利11341件，获得专利授权4437件。按照类型划分，包括：发明专利申请2388件，授权625件，分别占总量的21.06%和14.09%；实用新型专利申请5459件，授权3402件，分别占总量的48.13%和76.67%；外观设计专利申请3494件，授权410件，分别占总量的30.81%和9.24%。按照职务发明划分，包括：非职务专利申请4817

件，授权2672件，分别占总量的42.47%和60.22%；职务专利申请6524件，授权1765件，分别占总量的57.53%和39.78%（职务专利中包括大专院校申请1846件，授权422件，分别占总量的16.28%和9.51%）；科研单位申请356件，授权178件，分别占总量的4.90%和4.01%；工矿企业申请4302件，授权1162件，分别占总量的37.93%和36.19%；机关团体申请20件，授权3件，分别占总量的0.18%和0.07%。

获国家级科技奖励4项。其中，大连电瓷集团股份有限公司完成的“超高压直流输电重大成套技术设备开发及产业化”项目获得国家科技进步奖一等奖；大连理工大学承担完成的“复杂防洪调度系统的多目标决策及径流预报理论”获国家自然科学奖二等奖；大连理工大学承担完成的“新一代控制系统高性能现场总线——EPA”获国家发明奖二等奖；大连海事大学承担完成的“无线电多媒体通信传输与终端系统关键技术的创新及应用”获国家科技进步奖二等奖。

获辽宁省科技奖励44项。其中，大连理工大学承担完成的“基于模拟关系的计算力学新理论和新方法”等2个项目获省自然科学奖一等奖，大连理工大学承担完成的“氢化酶活性中心化学模拟与光驱动催化制氢”获省自然科学奖二等奖，大连大学附属新华医院完成的“肛提肌解剖学和形态学的影像学研究”等4项获省自然科学奖三等奖，中国科学院大连化学物理研究所完成的“高效液流储能电池系统”等2项获省技术发明奖一等奖，大连机床集团有限责任公司完成的“HDS630高速加工中心机床”等4项获省技术发明奖二等奖，瓦房店冶金轴承集团完成的“密封式可分离型圆柱滚子轴承关键技术研发与应用”等3个项目获省技术发明奖三等奖，大连工业大学承担完成的“贝类精深加工关键技术研究及产业化”等4个项目获省科技进步奖一等奖，东北财经大学承担完成的“国有资本经营预算体系问题研究”等8个项目获省科技进步奖二等奖，大连华凯机床有限公司承担完成的“MDH系列高速、精密卧式加工中心”等16个项目获省科技进步奖三等奖。

获大连市科技奖励43项。其中，大连三洋制冷有限公司承担完成的“蒸汽双效溴化锂吸收式冷温水机”等7个项目获大连市技术发明奖一等奖，大连光洋科技工程公司承担完成的“由交流永磁同步外转子式力矩电机驱动的双摆铣头”等8个项目获大连市技术发明奖二等奖；大连路明发光科技股份有限公司完成的“半导体照明核心关键技术—LED芯片与荧光粉结合技术”等8个项目获大连市技术发明奖三等奖，大连盛世种业有限公司完成的“玉米新品种盛单216的选育与应用”等20个项目获大连市科技进步奖一等奖。

签订技术转让合同登记5000项，同比增长11.1%；合同金额达40亿元，同比增长3.6%。大连市农业科技成果转化中心（大厦）竣工。全市10个、区市、县全部通过2007—2008年度全国县（市）科技进步考核，其中，旅顺口区等4个区、市、县被评为全国科技进步先进县（市），大连市科学技术局被评为全国县（市）科技进步考核“优秀组织单位”。组织推荐4家单位申报国家技术转移示范机构，大连交通大学现代轨道交通研究院被科学技术部列为国家第二批技术转移示范机构。

大连海事大学白敏冬教授主持的“羟基自由基在船上快速致死船舶压载水中海洋有害生物的方法”研究项目获2009年辽宁省技术发明奖一等奖。该项目先后获得美国、英国、日本、新加坡、中国授权发明专利，出版专著3部，发表论文40篇，被三大检索收录10篇。2007—2009年，该项目实现18462.9万元的经济效益。

中国科学院大连化学物理研究所田志坚研究员领导802组与中国石油天然气股份公司

石油化工研究院合作开发、具有自主知识产权的“润滑油基础油加氢异构脱蜡催化剂及成套技术”，被成功地应用在中国石油大庆炼化分公司年产20万吨高压加氢装置上。该装置可年处理20万吨大庆高含蜡减压蜡油、生产15万吨以上高档润滑油基础油，实现年产值近20亿元，每年为企业创造经济效益超过6亿元。

大连工业大学朱蓓薇课题组的研究成果“贝类精深加工关键技术研究及产业化”获2009年辽宁省科技进步奖一等奖。该项目发明了贝类食品加工质构控制技术，开发了低温真空渗透调味技术及阶段式杀菌技术等。该系列研究成果申报发明专利16件，发表学术论文19篇。该技术成果在大连獐子岛渔业集团股份有限公司等实现了产业化，并将技术成果辐射到丹东、葫芦岛等地。

大连大学吴蒙华、包胜华主持的“特种金属材料表面强化、光整处理与微细加工的电化学复合加工方法”研究项目获2009年大连市科技成果奖、技术发明奖一等奖。该项目已获得国家发明专利授权2项，申请（通过初审，已公示）国家发明专利2项。该项目已在相关企业应用，新增产值1660万元，利税398万元，增收节支356万元。

大连市农业科学研究院郭建华主持的“连农菜豆系列新品种选育及推广”研究项目获2009年辽宁省科技进步奖三等奖。本项目3个品种均是在承担农业部“八五”“九五”重点项目“蔓生菜豆抗炭疽病育种、生理小种鉴定及配套栽培技术研究”中完成的。“连农系列品种”不仅在辽宁省大面积种植，而且在北京、山东、河南、河北、山西、甘肃、吉林、内蒙古、新疆、海南等省也得到推广应用，并成为山东、河南、内蒙古等地区的主栽品种。2006—2008年应用面积达150万亩，新增产值12亿元。

“大连理工大学产学研发展战略规划”是围绕长三角地区、珠三角地区、环渤海经济区开展的横向科研合作项目。全年与辽宁省校企合作委员会签订20个项目，合同额1083万元。与市校企合作委员会签订74个项目，合同额达2206万元。

大连海事大学曹望和教授主持的“X射线、紫外、近红外和生物荧光探测材料与探测和传感器件”发明项目获2009年辽宁省技术发明奖二等奖。该项发明申请了8项发明专利和1项实用新型专利（其中，已授权发明专利3项、授权实用新型专利1项），2个纳米紫外传感器，1个光纤生物传感器，1个红外激光探测卡，1个纳米生物荧光探针，共5个探测器件；在材料研究方面，稀土硫氧化物、氧化物上转换发光材料取得4项突破性发现。发明专利已经在省内外实施应用。

中国科学院大连化学物理研究所许磊、杨立新主持的“一种双模板剂或多模板剂合成磷酸硅铝分子筛的方法”发明项目获2009年中国专利优秀奖。利用该项技术，成功实现了SAPO－34的廉价合成，并在全世界首次进行工业化生产。在此基础上研制的SAPO－34分子筛为主活性组分的新一代DMTO催化剂，被应用在世界上首套万吨级甲醇进料规模的甲醇制低碳烯烃的装置上，取得了良好的效果，这是迄今全球唯一的一套万吨级工业化DMTO试验装置。

**【高新技术产业化】** 2009年，大连市新认定高新技术企业67家，全市高新技术企业达到170家。6家企业被评为国家创新型企业，38家企业被认定为国家技术先进型服务企业。开展“百佳创新企业示范工程”，50家企业被认定为创新示范企业，66家企业认定为创新成长企业。全市高技术企业规模不断壮大，大连重工·起重集团有限公司、大连瓦轴集团等一批大中型企业自主创新能力大幅提升，拥有专利百余项，创新产品销售收入占总收入的一半以上，跻身创新型企业行列，成为重要的企业创新主体。

**【农业科技】** 2009年，新增注册农村科技特派员196人，总数达560人，由科技特派团、组、员组成的农村科技特派体系已经形成，遍及6个涉农区、市、县，年内共推广实用技术246项，培训乡土星火人才605人。

在全国科技特派员工作会议上，大连市作为仅有的两个副省级城市之一，在会上交流了农村科技特派工作经验。旅顺口区特派员张金福被评为全国优秀科技特派员。全市110名农村科技带头人参加了辽宁省科学技术厅主办的农民技术员培训。以科技风险示范园为载体，推介“逢寿”“驼山”等名优品种57个。在金州、瓦房店、庄河等地新建科技风险示范园4个，改良水果基地8000余亩，引进优质新品种26种。在普兰店安波举行的“农业科技风险示范项目”观摩周共接待1.2万余人次观摩咨询。大连市农业科学院成功召开建院60周年庆典及第四届全国樱桃产业发展学术研讨会，全面展示建院60年取得的成就；积极开展农业技术研究和推广，培育出樱桃、黄桃、葡萄、菜豆等新品系。结合国家新农村建设及新医疗改革方案要求，利用现代化远程医疗技术，探索建立分布式远程医疗信息系统、社区卫生服务管理系统和农村偏远地区远程医疗流动急救抢救系统。组织青年医疗骨干到试点乡镇、社区医院进行定期服务。加强大连市疾病防控、公安、气象等公共安全防控、预报、预警系统建设。

**【科技合作与交流】** 2009年，大连市有3家企业被科学技术部评为“国家级国际科技合作基地”，全市国家级国际科技合作基地已达6家。

中日友好（大连）人才培训中心顺利地通过日本JICA终期评估。先后组织了高端科技服务业论坛、新能源产业发展及高端服务平台建设论坛、新领军者年会青年科学家欢迎酒会等多项国际科技交流活动。重点组织代表团赴美国和澳大利亚，开展访问考察、招商说明、洽谈和项目对接交流活动。举办“中国大连-科技人才与创新聚集中心”科技招商说明会，大连科技创新园、生态科技创新城和大连科技孵化器协会进行了现场推介；美国宾州州立大学能源研究所与大连理工大学达成共建新能源中心的协议。与澳大利亚国际孵化组织联手建立姊妹孵化器。

大连市抓住国际金融危机和产业转移的机遇，通过并购国外科技型企业，引进海外研发团队，组织大连市企业并购、重组国外科技企业，5家企业完成并购项目。引进海外研发团队12个，大连重工·起重集团有限公司、北车大连电力牵引研发中心、大连光洋科技工程有限公司等企业，通过引进英国、德国、俄罗斯等国家先进技术和专家团队，在风电增速机、电力机车牵引控制技术、总线开放式数控系统等关键领域获得国际先进技术，并通过消化吸收增强了自主创新能力。大连富生天然药物公司通过与英国Phytopharm公司合作，引进专家团队，进行国际新药开发和国际专利申请与国际市场开拓。大连博涛多媒体技术有限公司通过与迪斯尼下属的Decode公司开展国际科技合作，建设国家级科技合作基地，引进先进动漫技术和高端研发团队，实现企业快速发展。大连三维传热技术有限公司通过引进全俄冶金机器制造研究设计院世界领先的金属纤维毡技术，提升企业在全球独特散热技术的领先地位，促进技术转化和产业化。大连天熙创展科技有限公司通过引进俄罗斯真空冶金领域的专家团队，掌握了真空热还原过程中的热力学反应、铝热还原的反应机理、反应的过程(温度、压力)控制等技术、数据和资料，为规模化生产做好技术准备。大连市科技招商团组赴美国和澳大利亚科技招商，分别在美国和澳大利亚召开推介会议。在美国组约召开的“中国大连-科技人才与创新聚集中心”科技招商说明会，重点推介大连创新孵化项目和基地，欢迎美国嘉宾到大连投资兴业，合作共赢。大连雪龙产业集团有限公司通过引进澳大利亚凯斯特拉研究公司（Castell Research）体外授精、活体采卵及克隆等世界先进技术，以及世界著名生物技术专家Mal Brandon教授等团队，加速雪龙高档肉牛选育，加速现代畜牧产业生产。

**【科技创新体系建设】** 组建省、市重点实验室和工程技术研究中心30家，国家太阳能光-化学转化中心和大型轴承工程技术研究中心落户大连。大连旅顺民营科技企业创业中心和开发区北方科技企业创业中心被评为国家级孵化器，全市国家级孵化器达到8家。国家金州农业科技园区通过国家科学技术部专家组验收。

组建完成风电、重大装备轴承、LED照明、数控机床、新能源、新药创制、大樱桃、海珍品深加工8个产业技术创新联盟，成立大连数控技术研究院，整合企业、高校、研究机构的创新资源，开展面向产业发展的关键共性技术和先进适用技术的研发与推广，提升企业创新能力，降低关键领域和重点行业的对外技术依存度。国家科学技术部部长万钢在夏季达沃斯会议期间视察了大连市“十城万盏”重点工程、重点企业和“半导体照明产品展示中心”，对大连市半导体照明产业的创新能力和发展速度给予高度评价，并为大连市引进投资公司，以合同能源管理模式推广半导体照明产品进行协议证签。

由英国阿特金斯顾问公司进行中国科学院大连科技创新园园区5.24平方公里城市风貌设计，完成凤河南岸6万平方米研发中试中心规划。《促进中国科学院大连科技创新园建设和发展的若干规定》经多部门会签正式上报市政府。园区道路、供水、供电等基础设施建设稳步推进，年内完成投资2亿多元。创新大厦吸引辽宁省环境工程研究中心等单位入驻。科学技术部李学勇书记、杜占元副部长先后来园考察，对园区建设高度关注，表示要在特色产业基地建设和重点项目上给予大力支持，要求创新园抓住后发机遇，建设一流的创新高地，为辽宁沿海经济带开发开放提供技术和智力支撑。中国科学院大连科技创新园建设正式纳入辽宁沿海经济带发展规划，园区基础设施、通讯等各项工程进展顺利。

2009年，举办了大连市科技企业孵化器协会首届年会，组建大连市科技孵化产业联盟，整合、集成、优化配置全市科技孵化资源。加入国际孵化器协会，组织国际孵化器职业经理人认证培训，85名学员获得了国际孵化器协会颁发的“孵化器管理职业经理人认证证书”。以建设共享机制为核心，以重组科技资源为主线，规划建设7个孵化器网络公共服务平台，已启动实施了产学研合作、投融资服务等公共服务平台建设，大连科技中介公共服务平台已试开通运行。制定并印发了《大学生科技创新创业行动计划》，以科技企业孵化器为载体，建立大学生科技创业基地。孵化器免收场地租金和物业管理费，提供部分启动资金支持，受到大学生的普遍欢迎。开展“大学生激情创业孵化器”活动，选聘大学生科技创业辅导师，为大学生创业提供辅导与帮助。

建设大连生态科技创新城，成立由李万才市长任组长、曲晓飞副市长任常务副组长的科技城建设领导小组，科技城规划、招商、政策制定等各项工作陆续启动，组织大连市高端科技服务业发展状况摸底和发达地区高端服务业考察，完成《大连市高端科技服务业调查报告》和《发展规划战略研究报告》，为推进科技城和高端服务业的协调发展提供参考。在甘井子区建设占地65平方公里的大连生态科技创新城。科技城将以高水平、现代化、国际标准的规划建设，吸引国内外一流的创新人才、企业和研发机构入驻，发展以研发、设计、咨询为代表的高端科技服务业，为全市产业结构升级调整和辽宁沿海经济带开发开放提供技术支撑。市委、市政府明确提出，建设科技城是大连今后一个时期重中之重的中心工作之一，将给予科技城最优惠的政策支持，5年内只投入不索取，全力打造高端产业基地，推进全域城市化建设。

**【知识产权工作】** 2009年，大连市专利申请量首破万件，被国家知识产权局正式评定为“国家知识产权工作示范城市”。全市年专利申请量已连续6年位居东北各城市之首，全市专利申请总量达11341件，其中，发明专利2388件，同比分别增长40.1%和34.4%；全市专利授权总量为4437件，其中，发明专利625件，同比分别增长26.5%和37.7%。专利申请中发明专利、实用新型专利和外观设计专利的比例日趋合理。截至2009年年底，全市累计受理专利申请5.9万件，专利授权2.2万余件，注册商标3.2万件，地理标志6件，拥有驰名商标21个、知名品牌395个，版权著作权登记1万余件。

鼓励企事业单位积极申请国际专利，研究制定对PCT国际专利的资助政策。推进金融机构专利质押贷款工作。继续实施“企业专利倍增计划”，新增市级知识产权示范企业10～15家、区级示范企业100～150家。对100家创新型企业的授权发明专利予以补贴。建立国务院国有资产管理委员会下辖企业知识产权工作考核机制。将“大学生科技创新计划”实施范围扩大到在大连的所有高等学校。

全市发展15家知识产权试点单位，市级以上知识产权示范单位达到63家。首次设立重大科技成果及专利技术转化专项，筛选10项面向全市主导产业和民生的成熟技术予以支持推广。编制完成《大连市知识产权战略纲要》。开展了知识产权示范城市验收工作。

实施“大学生创新计划”，选择大连理工大学、大连海事大学等9所高校为推进试点单位，开展大学生科技创新活动。举办首届大学生创新创意大赛，1033件专利作品参赛，获奖作品全部登录大连国际专利技术与产品交易会网站展示、推广。加强知识产权公共服务与行政执法。开通大连市知识产权服务中心专利信息平台，收录国内专利文献393万条，国外专利文献3000余万条；建成集成电路和数控系统两个行业数据库，容纳数据400余万条；完成专利数据分析50余万条，制作各类专题分析报告15份，为重点行业技术创新提供丰富的专利信息支撑。举办2009年大连市知识产权宣传周。大力实施专利执法，在全市商品流通领域开展查处假冒专利行为专项行动，检查各类商品4000余种，专利商品500余种。

**【科学普及】** 组织开展了“2009大连科技活动周”系列活动，举办活动百余项，参与群众近20万人。此次科技活动周以“携手建设创新型城市”为主题，着力突出“宣传贯彻科学发展观”“服务于科技支撑经济发展”“科技惠及民生”“社会各界广泛参与”等四方面内容。开展了科技中介组织服务于科技型企业、送科技下乡、科学知识保健讲座、慰问科技工作者、科普工作者电影专场、市民徒步大会等活动。大连市气象台、大连市青少年宫、老虎滩四维影院、沙河口区中小学生科技中心等一大批科普基地也开展了系列科普活动。大连电视台、大连广播电台、大连日报、天健网等新闻媒体大力宣传活动周盛况，《大连日报》A3版整版刊登了题为《营造良好环境 携手建设创新型城市》的综述文章。

在全市范围内组织申报市科普基地10家。根据辽宁省认定省级科普基地的通知要求，经组织申报，省科学技术厅、省科学技术协会评审，沙河口区中小学生科技中心等4家大连市科普基地被评为辽宁省省级科普基地，至此，大连市省级科普基地已达15家。在已出台的《大连市关于促进科普基地发展实施办法》基础上，组织部分优秀科普基地申报市科技计划项目，以此加强对科普基地的资金扶持。

陶艺馆竣工并投入使用。自然博物馆实现免费开放，共接待参观群众13.8万人次，为2008年同期的2.6倍；浏览自然馆网站的观众达18.5万人次。2009年，开展了科普“四季歌”、建设“一站一栏一员”工程、实施科普惠农兴村计划、科普大篷车进农村、开通“科普手机”等一系列丰富多彩的科普惠农活动。在全市所有行政村建成了科普惠农“一站一栏一员”工程（即每个行政村建设一个科普宣传栏和一个科普活动站，配备一名科普宣传员），形成了覆盖全市农村的科普惠农基层网络，使广大农村有了开展科普活动、传播科学知识和农业实用技术、了解农业信息的阵地。普兰店元台镇利兴村蔬菜协会和庄河食用菌菌种生产技术示范基地获得全国“科普惠农兴村计划”先进单位表奖，各获奖金20万元；瓦房店樱桃协会会长田盛波和旅顺口区绿晨果蔬专业技术协会会长张秀玉获得全国“科普惠农兴村计划”先进科普带头人表奖，各获奖金5万元。

（大连市科学技术局　黄志强）

# 鞍山市

**【概述】** 2009年，鞍山市7个县（市）区均通过本年度国家科技进步考核，再次被评为国家科技进步先进市，台安县被评为全国科技进步先进县；鞍山市还被国家知识产权局列为国家知识产权试点城市，海城市成为国家首批实施知识产权强县（市）区试点市，鞍山市知识产权局获得“2009年度全国专利行政执法先进集体”称号。

全年高新技术产品增加值完成161亿元，同比增长19.2%；全市高新技术企业增至52家。全年发明专利申请量549件；全年鉴定科技成果88项，其中，省级鉴定44项；争取10个项目获省科学技术进步奖，6个项目获省科学技术成果转化奖。有9家企业被辽宁省科学技术厅确定为科技创新示范企业。截至2009年年底，全市共有国家级工程技术研究中心3家，省级工程技术研究中心13家，企业与高校联建研发中心、中试和产业化基地49家。

**【科技项目与经费】** 全年向国家、省争取项目42项，争取科技资金达到2239万元。其中，争取国家科技计划项目12项，包括科技人员服务企业3项、中小企业创新基金项目7项、引进海外研发1项、新农村科技示范镇1项，获科技资金支持519万元；争取省科技计划项目34项，获科技资金支持1720万元。

**【科技成果与转化】** 2009年，鞍山市共有88个项目通过科技成果鉴定。其中，通过省、市级科技成果鉴定的项目各有44项。参加鉴定的项目涉及工业、农业、环保、化工、电子、软课题、卫生等领域，充分代表了整个鞍山市的科技发展水平。

共有69个项目获得鞍山市科学技术进步奖。经过评审委员会设立的精品钢材、装备制造、矿产品深加工、其他高新技术、新农村建设、社会事业、医疗卫生7个行业评审初审，并最终报市政府常务会议通过，确立2009年鞍山市科学技术进步奖特等奖项目1项、一等奖项目16项、二等奖项目26项、三等奖项目26项。

确立省级成果转化项目6项，获成果转化奖2项，资金支持额度为360万元。全年共召开推介会17次，确定75个科技成果发布及产品推介项目。

**【高新技术与产业化】** 建立和完善以钢铁企业为主体、市场为导向、产学研相结合的钢铁产业技术创新体系；加快利用高新技术改造钢铁产业；开发具有自主知识产权的高附加值产品。实施品牌立市、名牌兴市战略，积极发挥“鞍钢”品牌优势，重点开发超细晶粒钢、超低碳贝氏体钢、高级冷轧板和涂镀板等新产品，推进冷轧电工钢、高性能结构钢、高强船板、高强高速钢轨等高附加值产品的研发攻关。优化矿产资源配置，实现精品基地可持续发展；加快市场体系建设，形成精品基地服务网络。围绕提升钢铁产业建设精品钢材基地，大力发展生产性服务业，构建钢铁产业服务平台。

以重点推广应用信息技术、先进制造技术、工业智能技术、系统集成技术、高效节能技术等高新技术和先进适用技术为原则，优化产业结构、改进生产工艺，发展精深加工，延伸产业链，增加产品附加值，着重培育一批优势企业和名牌企业。包括鞍山森远路桥股份有限公司的“沥青路面就地冷再生机”项目、鞍山亨通阀门有限公司的“低噪音高炉煤气压力调节阀”项目、鞍山重型矿山机器股份有限公司的“双层56m$^2$巨型振动筛”项目、辽宁工矿集团有限公司“FN9000m$^2$横管式初冷器”项目、鞍山新兴轴承制造有限公司的“宽带钢热连轧机工作辊轴承国产化攻关”项目等。

装备制造业从重大装备制造走向设备成套和工程成套。全市规模以上装备制造业实现增加值100.3亿元，同比增长41%，占全市规模以上工业比重达到17.2%。形成一批具有自主知识产权的高科技高附加值装备制造业产品，市场占有率迅速上升。其中，鞍山荣信电力电子股份有限公司的“节能大功率电力电子成套装备”、鞍山市华冶集团的“系列变压器”、鞍山海虹工程机械有限公司的“农用机械和小型工程机械”、海诺集团的“混凝土泵车”等项目和产品，已经成为鞍山装备制造业的“拳头”产品。

初步建成菱镁、滑石、玉石三大原材料加工基地，在辽宁矿产品加工业占据主导地位。2009年，市委、市政府按照“一个基地、四大产业”结构调整方向，推动产业升级，大力推进矿产品深加工多元化。利用菱镁资源发展镁耐火材料、镁金属及深加工和镁制建筑材料；利用滑石和方解石资源发展添加剂产业集群，发展涂料、油漆、造纸、化妆品等深加工产品，实现由矿产粗加工制品向精深加工和制成品升级。辽宁北海实业（集团）有限公司成功研发了“低品位滑石尾渣浮选”项目和“微细滑石粉压片”项目，具有国际先进水平，填补了国内空白。海城精华矿产有限公司的“环境友好型天然氢氧化镁阻燃剂”项目通过省科学技术厅科技成果鉴定，其技术达到国际先进水平，完全能够替代国外进口产品。鞍山市和丰耐火材料有限公司的重点项目“优质环保RH-OB用无铬耐火材料开发”用来替代污染严重的镁铬砖，可以同时满足环保与精品钢冶炼的要求。

**【农业科技】** 2009年，鞍山市重点扶持鞍羊线、鞍营线、张庄线“三线”设施农业科技项目11项；培育科技型农业龙头企业20家；推动龙头企业的带动辐射作用，引进推广新技术56项、新品种60种，使单位面积收入成倍增长，使农民收入成倍增加。按照“种养加结合、综合配套开发”的思路，在“三线”大力发展设施种植业和设施养殖业，在科学规划的基础上，采取了政府主导、多元投入、招商引资、配套服务等措施，“三线”设施农业产业带已初具规模。

2009年，鞍羊线新建种植小区200余个，新建标准化养殖小区77个，建养殖棚舍870栋。打造并形成了宁远、腾鳌等5个设施农业示范镇和小台子、张忠堡等30个设施农业示范村。沿线龙头企业已发展到62家，年销售收入达到10亿元，带动农户5000户，形成了果蔬、精制米、肉鸡等比较完整的产业链条；建立了6个市级农业标准化蔬菜示范区，面积达到6000亩。新认证20种无公害农产品、10种绿色食品。鞍营线新开发土地1.8万亩，开工建设种植小区400个，打造并形成了腾鳌、望台2个设施农业示范镇。新建规模较大的种、养殖小区20余个，养殖棚舍300栋，较大的有前望台种植小区、松森肉食鸡养殖小区、鸿尊达童子鸡养殖小区等。张庄线建成关门山蔬菜种植小区、益临食用菌小区等规模较大的种养殖小区10余个。

重点抓好聚源谷物等20家科技型农业龙头企业，辐射和带动周边农户致富。深入实施种子工程。全年鞍山市粮食总产量达128万吨，粮食播种面积达303万亩，其中，玉米234.5万亩，水稻60.6万亩。其中，超高产玉米面积48万亩，超级水稻25万亩。科技对农业的贡献率达58%，良种覆盖率达90%，为粮食的丰产丰收奠定了坚实的科技基础。

全市有3项农业科技成果获得鞍山市科技奖励。其中，台安县森林病虫害防治检疫站的“美国白蛾综合防治技术研究”项目获优秀成果奖一等奖，台安胜博生物资源再利用有限公司的“应用Vc发酵废弃物生产多肽复合肥”项目获优秀成果奖二等奖，鞍山市千寿桃农民专业合作社的“耐寒千特福寿桃选育及栽培技术研究”项目获优秀成旲奖三等奖。

2009年，继续实施“鞍山市现代农民远程视频科技培训网络培训计划”，开展内容丰富的视频培训。完善现代农民远程视频科技培训网络二期工程建设，加大农民科技培训工作力度。现代农民远程视频科技培训网络通过专家验收，系统实现了104个点的互动功能，同时实现单方向实时对全市754个村的直播，实现了全市农民科技培训的全覆盖。全年共安排科技视频技术讲座24期，先后聘请了中国农业科技大学、沈阳农业大学等农业院校所的专家开展了农业生产技术培训，包括“肉鸡科学饲养及疫病防控技术”“灾害天气预防及无公害蔬菜生产技术”“鞍山市南果梨春季管理技术培训”等内容，全年培训农民2万余人次，召开各类会议100余次。选送130名农民技术员到沈阳农业大学深造。

自2009年起，在全市范围内全面启动农村科技特派员工作，推行科技特派员制度。实施科技特派员制度，既是全力打造鞍羊线、鞍营线、张庄线“三线”设施农业的重要举措，也是大力发展县域经济、推进“一村一品”“一镇一业”模式的迫切需要。鞍山市制订了《关于在全市全面推行农村科技特派员制度的实施方案》。2009年初，国家科学技术部组织开展了科技特派员创业链的推荐和认定工作。海城市三星生态农业有限公司被国家科学技术部认定为第一批国家级科技特派员创业链。

**【科技合作与交流】** 鼓励和支持民营科技企业与高校、科研院所建立稳定的科技合作关系，联合兴办各类科研机构，进行产学研联合科技攻关；鼓励和支持有条件的民营科技企业建立高新技术研究开发中心、工程研究中心、企业技术中心；鼓励和支持有条件的民营科技企业设立企业博士后科研工作站、博士或硕士实验基地；鼓励和支持有条件的民营科技企业积极申报国家和省各类科技研究开发项目。

针对“鑫龙铝业加热炉自动控温”和“搏纵科技图像识别精度提升”2个项目的技术需求，组织省制造业信息化专家为鞍山市企业进行现场技术服务和培训，其中，“搏纵科技图像识别精度提升”项目已签订技术合作开发合同。

**【特色产业集群发展】** 2009年，鞍山市重点发展精特钢和钢铁深加工、装备制造及工业自动化、镁制品等矿产品深加工、化工新材料、光电等五大主导产业集群。海城工业重点发展以镁合金、镁化工、镁建材、镁铸造为代表的镁制品深加工产业集群，积极培育化工塑料产业集群；台安工业重点发展木业产业集群，积极培育农药产业集群；岫岩工业重点发展特石深加工产业集群，积极培育以中草药深加工为代表的保健品产业集群。不断利用高新技术改造提升传统产业。逐渐形成集中式布局、集群化发展和集约化生产的新格局。

化工新材料产业作为鞍山的支柱产业，朝着循环经济、绿色环保的方向发展，取得了突破性的进展，以石油化工、煤焦油化工为核心产业链，初步形成了涂料、高档有机颜料、工程塑料、碳素材料等产业集群，先后培育出一批具有自主创新和市场竞争力的骨干企业，为打造超千亿元化工新材料产业打下了很好的基础。例如，阿丽贝（鞍山）塑料防腐设备有限公司自主研发的重点项目“用于冷轧钢板在线酸洗的全塑料防腐系统”、鞍山润德精细化工有限公司的重点项目“TGIC熔融造粒技术的研发”；鞍山惠丰化工集团有限公司已成为国内最大的1,8-萘酐、芴、苝酐、苝系和苯并咪唑酮结构高性能有机颜料的生产及深加工基地，其重点项目“年产4000吨大分子高性能有机颜料”已实现产业化建设，市场占有率达到25%，全面代替国外产品；中钢集团鞍山热能研究院有限公司的重点项目“8万吨/年煤系针状焦产业化”填补了国内针状焦生产领域的空白，打破了发达国家对针状焦生产技术和产品市场的垄断，解决了碳素行业发展的资源“瓶颈”，建设成碳素产业优质原料供应基地。

鞍山市委、市政府大力发展新能源、新光源、新热源、新动力的“四新”光电产业集群，在高新区和达道湾经济区，规划了面积达2.8平方公里的现代化光电产业园区，逐步形成信息光电产品群、发光光电产品群、能源光电产品群、能量光电产品群、光电器件产品群的“五大集群”和信息光电产业园、发光光电产业园、光电动力产业园、能源光电产业园的“四大园区”。目前，鞍山市生产加工光电产品的核心企业近50家，年销售收入为30亿元，占地面积约43万平方米，建筑面积22万平方米，从业人员达6000人，相关企业总计100余家。鞍山亚世光电显示有限公司、荣信电力电子股份有限公司、辽宁省鞍山聚龙金融设备股份有限公司、辽宁九夷三普电池有限公司、鞍山鑫普新材料有限公司、鞍山华辉光电子材料科技有限公司、鞍山市宏源自动化工程有限公司等10余家为重点企业。

**【科技创新体系建设】** 2009年，鞍山市有5家企业被认定为省级工程技术中心，分别是辽宁聚龙金融设备股份有限公司的国家金融机具工程技术研究中心、清华同方（鞍山）环保设备股份有限公司的辽宁清华同方（鞍山）大气净化装备工程技术研究中心、华冶集团的辽宁省柔性输配电电工装备工程技术研究中心、中冶北方工程技术有限公司的辽宁省烧结球团工程技术研究中心和海城精华有限公司的辽宁省非金属矿深加工工程技术中心。

鞍山市企业与高校建立产学研合作关系，企业与高等院校、研究所、重点实验室联建研发中心。2009年，鞍山企业与高等院校、科研院所、重点实验室联建研发中心达到49个。

鞍山市信息技术研究中心整合集成科技资源，加强和完善了鞍山数字化创新服务平台的服务功能，成为鞍山市装备制造企业的产品创新服务、企业数字化建设和人才培养中心。培育和扶持了鞍山市的60家示范企业，提升了制造企业的核心竞争力，企业的产品设计速度提高了30%，产品的成本降低了15%。有8家企业被省科学技术厅认定为辽宁省“十一五”制造业信息化科技工程重点示范企业，其中鞍山森远集团被推荐为国家级示范企业，这进一步提升了企业的自主创新能力，优化了科技创新环境，推动了装备制造产业的发展和整体水平的提高。

鞍山市生产力促进中心积极构建大科技服务平台，完善生产力服务体系建设，积极推进科技服务平台的建设。

鼓励和支持民营科技企业加大科技投入，加快人才引进和培养，加强具有自主知识产权的新产品、新技术、新工艺的研究开发。参加了国家组织的2009年科技型中小企业科技创新基金培训，开展了2009年鞍山企业申报培训，组织了4家企业申报国家科技型中小企业科技创新基金，申报金额达225万元。

发挥网络优势，扩大工作覆盖面，为科技企业提供更加便捷有效的服务。共发布相关信息816条，科技成果数据库收录3632条，技术需求数据库收录321条，科技项目招商51条，录入高等学校、科研机构104家，企业146家，浏览超过2.36万人次。

**【技术市场建设】** 鞍山市人大常委会将《鞍山市技术市场促进条例》列入2009年鞍山市地方立法计划。鞍山市对《鞍山市技术市场促进条例（草案）》进行了完善补充。9月26日，经省人大常委会会议批准，《鞍山市技术市场促进条例》2010年1月1日起实施。

**【知识产权工作】** 全市完成专利申请1898件。其中申请发明专利549件。获得专利授权1263件，同比增长20%以上。

印发了《鞍山市知识产权战略纲要》。经国家知识产权局批准，鞍山市成为国家知识产权工作试点城市，并成立了国家专利技术（鞍山）展示交易中心和中国（鞍山）知识产权维权援助中心。海城市成为国家首批实施知识产权强县（市）区试点市。

鞍山市知识产权局获2009年度“全国专利系统专利行政执法先进集体”“辽宁省知识产权政务信息和宣传工作先进集体”荣誉称号。鞍山市知识产权局被推荐申报为“全国知识产权系统知识产权培训工作先进集体”和“全国知识产权维权援助工作先进集体”。同时，鞍山市知识产权局副局长马长青被评为2009年度“全国专利系统专利行政执法先进个人”称号。

2009年，鞍山市知识产权局争取辽宁省专利申请资助资金80万元，并以专利申请资助金方式发放。

举办了以“文化·战略·发展”为主题的“2009年鞍山市知识产权宣传周”活动。鞍山市知识产权服务网正式开通。鞍山市新增市级知识产权示范单位10家。鞍山市被列入省专利保护“双百工程”第三批实施地区；海城市被列入国家知识产权强县工程县（市）区。开展了“雷雨”“天网”知识产权执法专项行动、专利检索与分析培训进大学、知识产权宣传进企业等8大系列活动。宣传周共发放各类宣传材料2万余份，宣传教育群众近万人。

截至2009年年底，鞍山市共建成国家、

省、市知识产权示范试点单位50家，其中，国家示范试点2家，省示范试点18家。通过发挥这些试点单位的示范带动作用，有力地推进了“兴业强企工程”的深入实施。

2009年，鞍山市知识产权局会同财政局择优推荐了2010年省专利转化资金项目；对2007年和2008年省专利转化资金项目进行了绩效考评。当年申报的5个省专利转化资金项目全部立项，获得支持经费190万元。

制定了《鞍山市2009年度“雷雨”“天网”知识产权执法专项行动方案》，成立了执法专项行动领导小组，并多次与相关部门的执法人员共同组成执法检查小组，检查了2000多种商品，登记了130余件标注专利的商品。

鞍山市知识产权局共处理专利案件5起。其中行政处理3起，行政调解2起。进行口头审理1起。及时办结专利信访案件6起。接待法律咨询30余人次。援助司法纠纷案件5起，其中2起案件正在跟踪。开通了“12330”企业维权热线。

**【重大科技活动】** 组织100多家企业参加了2009中国海外学子辽宁（大连）创业周。在“海创周”期间，鞍山市举办了“新能源、新光源、新动力、新热源”推介展，重点推介鞍山市光电产业化基地，对光电产业进行主题招商。借助“海创周”平台，鞍山市企业与海外学子就光电产业进行了广泛对接洽谈，共签订经济技术合作合同38项。合同总金额达2.3亿元（其中外资820万美元）。

组织参加了由国家科学技术部，国家知识产权局，中国科学院，中国工程院，中国科学技术协会，辽宁、吉林、黑龙江省人民政府主办的“2009年东北亚高新技术博览会”。在“2009振兴东北老工业基地专利新技术对接洽谈会”活动中，鞍山市的辽宁天和矿产有限公司、鞍山格瑞环境工程有限公司等8家企业分别与北京科技大学、中钢设备有限公司等单位达成了包括专利产品交易、代理销售和技术转让、合作等方面的正式或意向协议，合同总额达到2.84亿元。

组织举办了2009年鞍山市科技活动周。围绕“携手建设创新型鞍山”的主题，开展了一系列贴近实际、贴近生活，互动性、参与性、趣味性强的群众性科技活动，为建设创新型鞍山营造了良好的社会氛围。活动周期间，开展了科技成果发布及产品项目推介，派遣科技专家服务团，指导帮助企业开展科技创新，推进重点项目研发产业化，宣传疾病防控知识、预防甲型H1N1流感传播知识，鼓励支持科技人才、大中专毕业生再就业等系列活动。确定了52个科技成果发布及产品推介项目，并汇编成册。突出展示了冶金自动化、新材料、环保、农业等多个领域的重点项目，共设展板52块；14家企业进行了项目签约，签约额达6585万元；各县（市）、区科学技术局及100家企业参加了对接活动。

（鞍山市科学技术局　刘国恒）

# 抚顺市

【概述】 2009年，抚顺市紧紧围绕发展战略，坚持创新思维，开拓进取，立足城市转型，自觉融入经济社会发展的主战场，加快科技服务体系建设，不断增强自主创新能力，为经济和社会发展提供了强有力的科技支撑。辽宁（抚顺）先进装备制造业基地粗具规模，科技成为沈抚新城建设的重要推动力。2009年年底，国家科学技术部正式批准辽宁（抚顺）先进装备制造业基地为国家高新技术产业化基地（国科发〔2010〕635号）。科技招商引资32个项目，签约额达77.78亿元，到位资金15.6亿元。引进的宁波金石机械制造有限公司的先进数控机床、吉林通化的石油钻井工具设备、中美合资的高级汽车样车、温州帮科的煤矿瓦斯稀释器等项目均具有国际领先水平。

2009年，积极推进抚顺高新区升级为省级高新区，围绕全市产业发展布局，组织实施制造业信息化示范工程和一批技术创新项目。全市有7家企业被认定为国家级高新技术企业，10家企业被认定为制造业信息化示范企业，顺利通过了辽宁省制造业信息化科技工程示范市验收。

【科技项目与经费】 继续实行网上申报、专家评审、行政决策的方式组织项目，根据市长办公会决定，取消了软科学研究计划项目。削减项目数量，加大项目资金支持力度。对高新区建设、辽宁（抚顺）先进装备制造业基地建设，在资金上予以重点支持；同时，对获得国家科学技术部和省科学技术厅资助的项目，在资金上予以配套支持。

2009年，全口径科技计划项目总计650项。其中，国家级计划190项，省级计划66项，市级计划64项，县、区、局级计划30项，单位自行安排计划485项。共投入资金5.6亿万元。其中，拨款1.801亿万元，贷款1000万元，单位自筹36990万元；实现产值30.045亿元，利税2.955亿元，节约800万元，节创汇2500万美元，农业增收1.5亿万元。

全年共确定201个重点科技项目，获国家、省科技资金支持74项，争取科技专项资金总额达7673万元，项目涵盖装备制造、新材料、精细化工和特色农业等抚顺市重点产业。市本级科技拨款1470万元，支持计划项目37项。全年实现产值32454万元，利税6323万元，节约200万元，节创汇460万元，农业增收2540万元。完成科技计划项目358项，鉴定56项，按照计划进行267项，延期25项。

抚顺红透山铜矿与中南大学、东北大学、沈阳有色金属研究院共同承担开发的“深采有色金属矿山资源增储与高效利用关键技术研究”课题，于2009年初被正式列入国家科技支撑计划，课题总预算4564万元，获国家科技经费支持464万元。当年已投入1287万元，开展了“深采有色金属矿山矿床古构造环境及与成矿关系和复杂铜锌硫化矿石高效选矿技术”应用研究。由抚顺矿业集团油母页岩炼油研发中心承担的抚顺油页岩新一代综合利用技术开发示范工程项目，顺利通过了申报国家科技支撑计划项目初审，并已被列入2010年省部会商重点项目目录。该项目计划总投资2亿元，项目完成后，将形成年处理油页岩1200万吨，年产页岩原油70万吨的生产能力，可实现年产值43.3亿元、利税17.1亿元。

**【科技成果与转化】** 共有7个项目获得省级科学技术奖励。其中，由抚顺特殊钢股份有限公司等承担完成的“大尺寸塑料模具钢研制”等2个项目获得省科技进步奖二等奖；由辽宁石油化工大学等承担完成的“冶炼炉衬废镁砖有价金属回收工艺技术”项等2个项目获得省科技进步奖三等奖；由抚顺矿业集团有限责任公司承担完成的“高效、环保型油母页岩干馏工艺的研究与应用”等3个项目获得省科技成果转化奖三等奖，奖励资金68万元。

“新型纳米材料挡风抑尘墙的研制”和“罐底排泥机”2个项目被列入省科技成果转化计划。

共有20个项目获得省级科技成果转化项目认定，40个项目获得市级科技成果转化项目认定。

共有44个项目获得抚顺市科学技术进步奖。其中，由中国石油化工股份有限公司抚顺石油化工研究院等承担完成的“FF-36加氢处理催化剂的开发及工业应用”等8个项目获得一等奖，由中国石油抚顺石化公司承担完成的“高速线BOPP专用料T38FE的开发”等23个项目获得二等奖，由抚顺电瓷制造有限公司承担完成的“1000kV特高压避雷器研制”等13个项目获得三等奖。

**【高新技术与产业化】** 省政府正式批准抚顺筹建高新区后，已累计投资5亿元，用于园区基地设施建设、组织招商引资等。截至2008年年底，高新区已初具规模，基础设施建设全面推进，征地拆迁已完成总量的97%。2009年，签订合同项目15个，落地项目4项，总投资79.85亿元。

2009年是抚顺承担辽宁省制造业信息化示范城市任务第二年，全年做了4项工作。一是组织人员对全市规模以上制造业企业进行信息化平台建设调研，了解掌握企业信息化建设现状，分析存在的问题，找出解决的办法和措施。并根据需求在抚顺科技信息网上建立了制造业信息化互动平台，使制造业信息化建设能够在此平台上实现技术攻关、新产品开发、产品设计、机构制图、标准零部件等数据共享。二是加强了制造业信息化培训。邀请5位国内相关领域专家深入企业进行信息化建设指导，现场解决建设中存在的问题。先后两次组织开展企业信息化培训，培训企业53家，增强了企业信息化建设能力。三是组织科研小组进行攻关。市科技计划项目“面向创新设计和变型设计的系列化产品集成设计关键技术研究及应用”是制造业信息化建设的一个试点项目，抚顺石油机械公司设计院抽调科研人员组织了攻关小组，经技术攻关，已完成设计及部分零部件建模。四是抓了10家制造业信息建设试点企业，取得明显的经济效益。

2009年，抚顺市对全市98家重点企业进行了调查，指导符合条件的19家企业申报高新技术企业。其中，辽宁今日农业有限公司、煤炭科学研究总院沈阳研究院、抚顺煤矿电机制造有限责任公司、抚顺永茂建筑机械有限公司、辽宁金昌新材料有限公司、抚顺抚运安仪救生装备有限公司、抚顺机械设备制造有限公司等7家公司已被认定为国家级高新技术企业。

根据申报国家火炬计划、国家重点新产品计划项目指南要求，组织企业开展申报工作，通过企业调研，筛选出6家企业进行申报。

**【农业科技】** 2009年，针对抚顺农村经济发展的难点问题，一是加强农村科技创新能力建设，重点攻克制约农业发展的共性关键技术问题；二是加大良种良法推广力度，从源头上提高农业品质；三是加强环境能力建设，促进农业科技成果转化；四是推进示范体系建设，促进国家、省、市科技示范工程的实施；五是组织国家、省级重点项目的申报及实施，解决了农业发展中的技术支持和技术储备问题。

由抚顺北研特产农业有限责任公司承担完成的“保护地栽培专用番茄新品种‘北研2号’试验示范”项目，获国家级农业科技成果转化资金支持；由抚顺北研特产农业有限责任公司承担完成的“优质玉米青豆双季高效丰产栽培技术集成及产业化”等10个项目获得省级科技成果转化资金支持，累计争取国家、省支持资金475万元。

全年选送100名青年农民到沈阳农业大学、辽宁农业职业技术学院、辽东学院培训。培训专业涉及畜禽、果树、花卉、蔬菜、食用菌、药用植物等6个方面。学员回乡后，创办了30余个科技服务机构，把先进实用技术和现代经营理念带到农村。

依托沈阳农业大学、中国科学院沈阳应用生态研究所2支省级特派团，以及4家市级涉农科研院所，选派近200名科技特派员，组织开展科技培训，先后建成食用菌、中草药、山野菜、红南果、绒山羊、肉牛、林业等种养殖基地。一批以种、养、加工为一体的区域性支柱产业已经形成。2009年，全市共引进农业新品种、推广新技术150余项，培训农民2万余人，建立示范基点20余个，创办农业专业合作组织40余个，带动农户万余户。

开展了多种农村实用技术、现代农业知识、非农产业就业技能、市场经营等方面的培训及科普宣教活动。深入农村开展“科技服务新农村”和“文化、科技、卫生三下乡”活动。全年免费为农民提供科普宣传资料、图书200余册，发放种养殖新技术宣传单5000份，组织5支农业科技服务队与2000余户农村科技示范户进行了技术对接。

**【社会发展科技】** 实施节能减排技术示范工程，大力宣传节能减排技术推广应用。抚顺新钢铁有限责任公司承担的“工业炉余热综合利用技术开发及示范工程”、辽宁恩德设备制造安装有限公司承担的“粉煤沸腾气化发生炉”、抚顺特殊钢股份有限公司承担的“电力、炉窑系统节能新技术集成研究”项目，被列入省级节能科技专项，争取资金100万元。

2009年，安排节能减排计划项目7项，安排市级科技资金100万元。抚顺新钢铁有限责任公司承担的“工业炉余热综合利用技术开发及示范工程”项目投资总额近2000万元，已建成辽宁省首家利用烧结厂、炼钢厂、轧钢厂生产过程中排出的低压饱和蒸汽余热拖动发电机组发电。年可发电5796万千瓦，获得经济效益2518万元。在辽宁省率先实施了“高炉鼓风机电改汽节能改造”项目，实现了高炉富余煤气作为锅炉燃料，提供能源，锅炉产生的高温过热蒸汽推动汽轮机，汽轮拖动高炉离心式鼓风机为高炉送风，替代电动鼓风机拖动风机，年节电22809.6万千瓦时，节约电费8782万元。辽宁恩德设备制造安装有限公司完成了“粉煤沸腾气化发生炉”项目，总投入2430万元，提高了气化效率和热效率，实现产值2亿元，创造经济价值4000万元。

重点培育以辽宁天瑞绿色产业科技开发有限公司、抚顺青松药业、抚顺龙康鹿产品有限公司、抚顺鑫泰药业公司等中药产业化龙头企业。辽宁天瑞绿色产业科技开发有限公司承担的辽五味、龙胆草等道地药材GAP规范化种植项目已结题，共投入资金1430万元，完成了龙胆规范化种植标准操作规程制定及推广使用，通过了国家中药材GAP认证，选育优良品种13种，产量达401千克。完成基地环评1.2万亩，种植面积达到3120亩，辐射周边地区种植面达万余亩，累计实现销售收入8000余万元，实现利润5000余万元。清原县已成为国内龙胆药材的主产区，市场份额占有率达80%以上，被国家质量监督检验检疫总局批准为地理标志产品保护。抚顺青松药业有限公司承担的辽五味、龙胆草等道地药材GAP规范种植关键技术及示范基地项目已完成。该项目首次把GAP管理应用到辽五味栽培领域。2009年,新建了一条集自动化恒温干燥、自动包装一体化的中药饮片生产线，年新增销售收入1500万元，实现利润350万元。

推进环保示范工程建设。一是实施了“大伙房水库对辽宁中南部城市群供水安全关键技术研究”，研究成果将为大伙房水库污染防治及水质规划管理提供科学的依据。水体功能区划、水质规划、水资源优化配置方案和供水安全保障技术方案推广应用，可使省内水库水环境质量明显改善。二是推进大伙房水库上游城镇污水处理关键技术示范工程。该项目依托大伙房水库上游城镇污水处理厂的建设，针对各污水处理厂工程进行技术研究，为大伙房水库周边及上游地区城镇生活污水、流域的综合污染防治提供了预防、治理方案。大伙房水库上游地区新宾镇污水处理厂、永陵镇污水处理厂、南杂木镇污水处理厂主体工程已全部竣工，运行状态良好。

**【科技合作与交流】** 以推介辽宁(抚顺)先进装备制造业基地为主题，组成20人的政府代表团，参加了第十届中国海外学子辽宁（大连）创业周主体活动。利用辽宁(抚顺)先进装备制造业基地特装展的展出内容，积极向参会人员全面推介“基地”的优越背景、发展规划、发展目标和优惠的投资政策等情况，吸引了众多海外学子、外商及国内企业，与海外学子签订对接项目合同4份，签约额为4200万元。

组织辽宁（抚顺）先进装备制造业基地20余家企业参加了在沈阳举办的东北亚高新技术博览会，协调专门场地，对抚顺市高新技术产品、技术需求、科技合作意向等进行了布展和宣传，做到了“四个一”：一个展台、一段视频介绍、一份报纸、一栏节目。博览会期间，抚顺市企业签订意向性协议10余项。

根据省政府“双百工程”要求和抚顺市“两区、两带”建设实际，组织企业人才、技术需求调研，在此基础上申报了5个引进外国专家团队项目。其中抚顺市高新技术开发区的“碳纤维新材料”、抚顺矿业集团有限公司的“油母页岩工艺技术”、抚顺钛业有限公司的“大型沸腾氯化炉和铝粉除钒工艺的引进”3个项目已获得省政府批准立项。为推进辽宁（抚顺）先进装备制造业基地建设，围绕“境外招商项目、引进海外高层次人才（团队）、收（并）购国外科技型企业、开展国际科技合作与交流”等主题，深入企业进行调研，储备“引进海外研发团队”项目13个。

2009年9月，邀请日本姬路企业协会代表团共17人来抚顺考察；11月，应邀到日本和新加坡考察姬路企业协会所属企业。访问期间，组织了两次招商推介会，共签约科技招商日本项目10个，其中抚顺高岳开关有限公司、荣信电力电子股份有限公司等企业已经在装备制造业基地开工建设，辽宁抚挖重工机械股份有限公司与日本合作的槽沟机和新加坡投资的顶压机两个项目正在进行实质性的洽谈。

另外，在对外科技合作方面，继续抓好民间社团建设，提供科技合作信息和渠道，截至2009年年底，已累计派出赴日研修生50名。

**【科技平台建设】** 组织抚顺矿业集团油母页岩工程技术研究中心申报国家工程技术研究中心；组织申报了“复合表面活性剂工程技术研究中心”等4个省级工程技术研究中心；组织申报了“油气储运工程重点实验室”和“磁选矿工艺流程重点实验室”等5个省级重点实验室。以现有省级工程中心、重点实验室等科技创新平台为载体，组织申报项目18项；结合产业发展重点方向，积极推进并重点建设了“装备制造产业公共服务平台”和“抚顺新材料生产力促进中心”等多个科技创新平台。先后两次组织了装备制造业基地企业与专家技术对接会，参加专家30余名、企业50多家，签订技术合作100余项。精细化工应用技术研究院加速开展科技成果的研发、吸收和引进工作，与上海五将化工材料公司合作，联合成立了海顺化工材料有限公司，利用乙烯厂的废弃料生产聚乙烯蜡、聚丙烯蜡及相关产品，成本低，附加值高，该项技术填补了国内空白。

**【特色产业基地建设】** “辽宁(抚顺)先进装备制造业基地”项目被列为省长项目和省科学技术厅重点支持项目。基地瞄准世界发展的前沿，突破8项关键技术，引进8个以上国际级水平研发机构，转化重大科技成果50项，引进跨国公司5家，外国专家在基地工作人数达到100人。力争5年内，拥有10家具有世界影响力的企业集团，拥有5家能够引领世界行业技术发展、具有自主知识产权的国际品牌产品，新建成销售收入10亿元以上企业20家。高新技术企业占企业总数的80%以上，总产值达1000亿元，高新技术产品产值实现800亿元。到“十二五”末期，基地要建成国内产业竞争优势突出，具有国际竞争力的能源装备产业研发、生产基地。基地建设将分为3个阶段，重点进行基础设施、公共设施和5大产业集群建设。抚顺市成立了装备基地建设领导机构，建立了工作运行机制，组织外出招商，并在抚顺召开了招商推介会，编制完成了“辽宁(抚顺)先进装备制造业基地产业发展规划”，并成功申报、获批“抚顺国家先进能源装备高新技术产业化基地”。截至2009年年底，装备基地所需土地已平整完毕，道路、水、电等基础设施建设基本完成，签约项目108个，开工建设项目56个，总投资255.45亿元，占地597.84公顷。获省科学技术厅支持项目29个，支持资金达6700万元。

抚顺国家精细化工产业化基地建设了精细化工应用技术研究院、百项精细化工项目、百名精细化工专家数据库、抚顺国家精细化工产业化基地网站等，先后与15家研究机构建立产学研联盟，承担国际、国内项目820余项，申请专利100余件。截至2009年年底，基地设施建设基本配套，相关企业80余家，新开工项目127项，现有产品800多种，其中53种国内领先，32种达到国际先进水平。抚顺市已被列为国家催化剂生产基地。2009年，基地完成产值74.7亿元，比2008年增长49.4%。

抚顺碳纤维产业基地规划用地5平方公里，以原材料生产、复合材料生产2个基地，研发、物流、服务3个中心，民用品、工业应用产品、航空航天产品三大产业集群为主线，形成一套完整齐备的产业链条，最终实现超1000亿元产值。截至2009年年底，基地的征地拆迁工作已完成95%,场地土石方挖填完成71%。碳纤维产业发展规划、可行性研究报告、环境影响评价报告等前期工作已经基本完成。项目建设初见成效，除方大集团股份有限公司7000吨碳纤维项目外，还有4个意向项目有望成为合同项目，总投资达13.9亿元。

**【知识产权工作】** 全年申请专利346件，同比增长36.8%；发明专利申请114件，增长率排在全省前列。对省专利保护“双百工程”

示范商场和大型商场的专利商品进行了执法检查。积极开展企业知识产权维权援助活动，抚顺是省知识产权局指定的“企业知识产权维权援助活动周”4个城市之一，进行了知识产权维权宣传，并组织9名专家深入企业进行现场办公，有15家知识产权示范企业、高新技术企业负责人参加。引导企业进行专利申请、保护。深入企业进行宣传，分析企业在专利申请、专利管理和专利保护中存在的问题，提出解决办法，引导企业进行专利申请。组织知识产权调研，对全市784户规模以上工业企业进行了知识产权状况问卷调查，共调查了知识产权创造、管理、运用和保护等30多项与知识产权有关的指标，完成“抚顺市规模以上工业企业知识产权状况调查报告”，为抚顺市制定知识产权战略提供了科学依据。

重点对抚顺市12家知识产权试点示范企业和8家省知识产权试点示范企业在专利申请资助、知识产权管理和资金上进行支持。为试点企业培训人员、争取扶持资金，全年培训300余人，为4家企业争取上级资金130万元。截至2009年年底，20家试点示范企业新增专利申请64件，专利产品实现销售收入6.7亿元，占企业销售收入的70%以上。辽宁抚挖重工机械股份有限公司、抚顺煤矿电机厂、抚顺隆基磁电设备有限公司等试点示范企业专利申请增长率达80%以上。抚顺隆基磁电设备有限公司、抚顺铝业公司申报了国家知识产权试点单位，抚顺隆基磁电设备有限公司成为国家知识产权局第一批国家专利产业化推进工程委托项目实施单位，启动制定企业知识产权战略工作，开展自主知识产权运用和产业化综合示范建设。

以“4·26世界知识产权日”和“2009保护知识产权宣传周”为契机，大力开展知识产权宣传培训活动。活动期间，40余个街道、社区悬挂了宣传条幅，8处繁华地段连续滚动播放了宣传片，发放知识产权宣传单（册）3000余份。举办了“实施知识产权战略、促进自主创新”战略报告会，县区科学技术局、乡镇街道、知识产权试点示范企业、高新技术企业、科研院所的领导120多人参加；举办了“主要国家专利文献检索与应用”培训班，100多名技术及科技管理人员参加了培训；积极开展专题培训服务，对抚顺隆基磁电设备有限公司的60多名工程技术人员进行了专利申请与保护专题培训。通过宣传和培训，增强了社会知识产权意识，提高了企业知识产权管理水平。

**【县域科技】** 清原县、抚顺县先后被列入国家富民强县工程试点县。抚顺县采取“环保+生态、公司+农户”的循环农业产业链发展模式，先后与沈阳农业大学和辽宁省稻作研究所对接，以建设生态农业和打造绿色品牌为目标，大力推进“优质高效有机稻米生产基地建设项目”，在峡河、上马等乡镇推广2.5万亩有机稻米生产基地，培养科技示范户150户，规范了有机稻米生产操作规程，并开展了商标注册、产品认证等工作，完成了各项迎接检查准备工作。通过实施国家星火计划“刺嫩芽产业化技术开发”项目，栽培规模达7500亩，带动农户500多户，实现产值5500万元。

2009年，全市7个县区均参加了全国县（市）科技进步考核，有5个县（区）均顺利通过答辩。新宾县、清原县被评为“全国县（市）科技进步考核先进县”，抚顺县、顺城区、望花区顺利通过了国家科技进步县考核，有6人被评为全国科技进步县工作先进个人，受到国家科学技术部通报表彰。

（抚顺市科学技术局　董汉涛）

# 本溪市

**【概述】** 2009年，本溪市贯彻落实科学发展观，紧密围绕市委、市政府确定的打造中国药都、建设生态新城的中心任务开展工作，集中有限的科技资金，重点支持了本溪生物医药科技产业基地的发展。同时，完善技术创新体系建设，强化了企业的创新主体地位，为企业科技创新活动构建平台，创造了良好的创新环境。

**【科技项目与经费】** 下达市本级科技资金2000万元，共支持68项科技项目，其中重要专项有：修正药业科技项目500万元，为海外学子团队配套100万元，辽五味GAP标准化种植260万元，生物医药项目400万元，服务企业保增长专项70万元。2009年，下达省级科技资金1.35亿元，共支持科技项目95项，其中重要专项有：修正药业科技项目1000万元，春晖药业科技项目500万元。

**【科技成果与转化】** 全年获省科技进步奖二等奖1项，省科技进步奖三等奖4项，省科技成果转化奖一等奖1项，省科技成果转化奖三等奖1项。采取相关措施，活跃技术交易活动，加快促进科技成果转化，技术市场年成交额达2100万元。市生产力促进中心被国家科学技术部认定为国家级示范生产力促进中心，进一步发挥了技术中介服务的示范带头作用。

**【农业科技】** 组建了6个市级科技特派团组和县级科技特派员共90人组成的科技特派员队伍，在两县试点开展工作。科技特派员开展了科技咨询服务、科技人员培训等工作，举办辽五味GAP栽培等培训班10余期。开展了中药材规范化栽培技术规程制定工作，为推广中药材规范化栽培技术，建设GAP基地奠定了坚实的基础。

大力开展农民科技培训。组织科技下乡活动20余次，发放《农业实用技术系列丛书》等各类资料1.1万余份，培训农民1500余人次。组织了80名青年农民分赴沈阳农业大学、辽宁农业职业技术学院等院校进行为期4个月的培训。系统学习养殖、食用菌、果树、花卉、药材等13个方面的专业知识。毕业后，可获得国家农业部、人力资源和社会保障部颁发的职业资格证书及农民科技经纪人证书。

积极推进农业科技示范企业建设。重点支持了本溪市银河农业综合开发有限公司、辽宁三达药材有限公司、桓仁五女山城药材基地有限公司等省农业科技龙头企业。培育农产品和农村资源深加工的产业集群。鼓励这些科技龙头企业建设科技产业化基地，培育地方特色支柱产业，带动农民共同致富。

大力推进城乡共建，积极开展科技扶贫。提供科技信息100多条，为落实科技扶贫项目提供科技支撑。积极协助落实石虎子村经济社会发展规划，发展具有带动能力的山野菜等林下产业和畜禽养殖业项目。投资20万元，帮助北甸子乡北甸子村完成3项工程。一是投资18.4万元，新建八组小干沟子桥1座，桥长17.5米、宽6米。二是投资9.2万元，新建村卫生室，面积为80平方米。三是投资3.6万元，新建长2米、宽4米的二、四组板涵1座。

**【高新技术与产业化】** 以企业为主体、市场为导向、产学研相结合的技术创新体系逐步完善。不断强化企业主体地位，全年申报国家级高新技术企业2家，审核认证市级高新技术企业10家。申报中国药都——辽宁（本溪）生物医药高新区——为省级高新技术开发区，已进入审批阶段，审批通过后，高新区内企业可享受国家相关优惠政策。争取省科技资金100万元支持。预计全年高新技术产品增加值可实现72亿元，同比递增26.8%。预计信息产业产值可实现13亿元，其中硬件8亿元、软件5亿元。

**【科技环境与条件建设】** 召开全市科技工作会议，对2008年度县区科技进步考核先进单位、科技项目管理先进个人、科技进步奖进行了表奖，市政府与县区政府签订了2009年县区科技进步考核责任状。省科学技术厅和市政府领导对当前和今后一个时期的科技创新工作进行了安排部署。

南芬区已被列为国家可持续发展试验区，争取到省科技资金100万元，帮助南芬区建立可持续发展研发中心，发展循环经济和绿色农业。南芬区将在国家有关政策扶持下，走出一条科技含量高、资源耗费低、环境污染少的可持续发展之路。

**【科技平台建设】** 新建省级工程技术研发中心2家，审核认证市级企业研发中心10家。中国药都——辽宁（本溪）生物与医药产业基地研发中心——正式揭牌启动运行，已有辽宁省药物研究院本溪分院等5家单位入驻。截至2009年年底，研发中心已签约入驻科研机构31家，计划投资总额4.1亿元。其中，国家级研究机构3家，大专院校科研机构2家，省直研究机构4家，国外科研机构4家，国有持股机构2家，企业研究机构16家；引进海外优秀科技人才252人，吸引国际领先水平项目36项、国家级项目26项，拥有在研新品种146个。

**【特色产业基地建设】** 2009年，共争取省、部科技资金近1.4亿元支持基地企业的发展。召开了第二届辽宁（本溪）生物医药高新技术交易会。本届“药交会”新增加了2009中国北方新特药及保健品交易会、中国药学会药事管理专业委员会年会、辽宁医药临床研究中心成立揭牌仪式、省长与企业家座谈会等重要内容。全国人大常委会副委员长桑国卫和科学技术部、国家食品药品监督管理局、省及省直单位领导、生物医药企业、药事管理专家、海外学子、医药物流企业代表、新闻记者等1100余人参加了大会，是本溪市历史上承办的层次最高、规模最大的专业性会议。共有58家企业与生物医药产业基地达成合作意向，其中，有投资意向的29项，计划投资额42.8亿元。“2009中国北方新特药及保健品交易会”展出各类药材、药品共4000余种，各类医疗器械200余种，其中新特药所占比例达50%以上。

“第六届全国生命健康科技高峰论坛”在本溪召开。来自国内医药领域的专家、学者、企业家、医药院校师生、政府官员、新闻媒体记者共500余人参加了论坛。展现了全球医药科技和产业的发展趋势，从中药、化药、生物药3个方面总结了我国在医药研发方面的现状及机遇，探讨了我国未来医药研究的重点和方向。论坛还邀请来自上海、江苏、天津等国家级生物医药产业园区的15位规划论证专家参观了辽宁(本溪)生物医药产业基地，举行了以“权威专家把脉，助推基地发展”为主题的辽宁(本溪)生物医药产业基地规划论证会。

**【知识产权工作】** 组织了“4·26知识产权宣传周”系列活动。组织省、市企事业知识产权试点示范单位、知识产权保护示范企业开展一系列宣传及培训活动。进入12家商场、企业进行宣传，为1000余人次提供了咨询，发放资料5000余份；举办讲座、培训会5场；受众达5万多人次。

申报并获批省“天网工程”建设单位4家。组织10家专利示范企业参加了“2009年振兴东北老工业基地专利新技术对接洽谈会”，展出本溪市专利项目216项。

（本溪市科学技术局　吴建）

# 丹东市

**【概述】** 2009年，丹东市实现高新技术产品产值180.6亿元，规模以上企业高新技术产品增加值53.3亿元，比2008年增长29.4%。全市已认定高新技术企业18户。全年共鉴定（审定）省、市级科技成果55项。截至2009年年底，全市共有市属科研院所15个，其中农业类科研院所4个、公益类科研院所3个，已转制的技术开发型科研院所8个；有省属农业类科研院所2个；省级工程技术中心24个；市级工程技术中心28个；国家级创业服务中心1个；省级科技产业园1个；省级高新技术产业园区1个；面积为8000平方米的国有科技企业孵化器1个和面积为9000平方米的民营科技企业孵化器1个；通过ISO9001认证的国家级生产力促进中心1个；电子化、专业化的技术交易所1个。

**【科技项目与经费】** 2009年，市本级共安排计划项目103项，其中，重大科技计划项目7项，工业攻关计划项目10项，农业攻关计划30项，科技成果转化项目3项，专利产业化计划项目2项，产学研合作计划项目3项，社会发展计划项目4项，软科学及科技事业计划项目5项，创新资金计划项目10项，指导计划项目9项。

共安排科技三项经费1037.4万元。获得国家重点新产品3项，争取国家创新基金计划项目6项，科技人员服务企业计划项目3项，国家农业科技成果转化资金项目2项，共获得国家科技经费980万元；争取省创新资金计划项目6项，省专利产业化计划项目5项，省成果转化奖励项目4项，省其他计划项目27项，共获得省科技经费2498万元。

一批重大项目和重点产业得到快速推进。一是无水印染产业基地建设。无水印染技术研究院大楼主体建筑已经完成，无水印染助剂和面料扩产工程已进入设备安装阶段，改进型无水印染装备样机制造已经基本完成。二是超级电容项目建设。动力型超级电容产品开发与工艺技术研究取得积极进展，电极碳材料涂覆、电解液优化工艺研究进展顺利，实现了真空环境下激光焊机的成功使用，在手工条件下，已经成功制作了一个动力型超级电容。三是仪器仪表研发体系建设。磁控电抗器、智能电动机控制器、蓝莓等一批优势项目的产业化能力逐渐显现。

**【科技成果与转化】** 2009年，丹东市共有5个项目获省科技进步奖。其中，丹东北方环保工程有限公司等单位研究开发的“工业废水自动分离处理系列设备”获省科学技术进步奖二等奖，丹东农业科学院等单位选育的“高产、多抗、优质、广适玉米单交种丹科2151”、辽宁省森林经营研究所的“草莓新品种森研99号选育和丰产栽培技术”、丹东边境经济合作区三安技术发展有限公司的“SMS/GPRS/USSD和GIS路灯监控管理系统”、丹东奥龙射线仪器有限公司的“XJD－99型微焦点X射线电子元器件检测仪”4个项目获省科学技术进步奖三等奖。

评审、表奖2008年度市科技进步奖获奖项目24项，市科技贡献奖获奖者2人，企业创新奖获奖单位10个。辽宁曙光汽车集团股份有限公司高级工程师张冯军、丹东农业科学院研究员陈刚获“丹东市科学技术贡献奖”，丹东东方测控技术有限公司等10家企业获“丹东市企业科技创新奖”。共有24项科研成果获“丹东市科学技术进步奖”，其中辽宁曙光汽车集团股份有限公司完成的“DD6187S BRT城市客车的开发”等5个项目获丹东市科学技术进步奖一等奖，丹东东方测控技术有限公司完成的“DF－6220超声波物位计”等19个项目获丹东市科学技术进步奖二等奖。

全年共申报省科技成果转化认定项目76项，其中，项目规模超千万元的19项，千万元以下的57项。组织科技成果鉴定50项。获得省科技成果转化奖4项。

组织实施科技成果转化推进计划项目20项。列入省计划1项，争取经费30万元。当年重点转化推广的科技成果主要有：CFM2000全自动药用胶囊充填设备，填补了国内空白，将我国的胶囊生产设备在国际上提高一个档次；绒毛白蜡引种栽培技术，突破了丹东市沿海一线长期无耐盐碱乔木植物的现状，可以有效地改善沿海的生态环境。组织举办了5场优秀科技成果推介会，推介了辽宁海明化学品厂的“水溶性淬火介质”、丹东登海良玉股份有限公司的玉米新品种“良玉88号”、丹东荣宽生态渔业有限公司的“淡水鱼即食产品加工技术”“蓝莓优质丰产栽培技术”等一批优秀科技成果，此项工作在辽宁省属首创。

**【高新技术与产业化】** 出台《高新技术企业认定管理办法》，有18户企业得到认定并报国家科学技术部备案，认定数量排在全省第三位。

丹东通博电器（集团）有限公司、丹东思凯电子发展有限责任公司、辽宁凤城老窖酒业有限责任公司、辽宁恒星泵业有限公司、辽宁天泽产业集团纺织有限公司、东港市天安容器有限公司被批准组建省级企业研发机构。截至2009年年底，丹东市已累计建立省、市两级企业研发机构52户，其中，省级24户，市级28户。已有5户通过省验收认定。丹东企业研发机构形成逐级培育、提升的新格局。丹东恒星精细化工有限公司被认定为国家第二批创新型企业。

丹东高新技术创业服务中心被正式认定为国家科技企业孵化器，是丹东市第一个也是唯一的国家级创业服务中心。

**【农业科技】** 2009年，以5个示范工程建设为主要内容的科技惠农支撑计划进展顺利。

实施了农业特色产业科技引领示范工程。重点选择蓝莓、林蛙、板栗、蔬菜、海蜇、海参等10个产业，在全市已初步建立21个农业科技示范基地。现已引进、试验、示范新品种35个，推广新技术20项，正在解决制约农业生产中的关键技术15项，组织召开现场技术观摩会6场，举办技术培训班14场，培训农民技术骨干810人。

实施了农业科技创新转化工程。以丹东市大专院校和科研单位为依托，组织科研人员重点开展玉米、水稻、蔬菜、大豆、食用菌、草莓和板栗7个领域新品种选育技术攻关。共选育出通过审定的新品种15个以上。

制定了《丹东市农业科技龙头企业示范工程实施方案》，依据培育条件，从丹东市现有农业加工企业中选择了15户具有自主知识产权竞争力、示范带动作用突出、企业领导重视科技创新、与大专院校建立产学研合作关系的企业，支持其创建农业科技龙头示范企业。其中，宽甸北方山奇菌业有限公司、丹东海沃水产有限公司、丹东君澳食品有限公司和丹东科健食品有限公司4家企业被确定为省农业科技龙头示范企业。促成辽宁大学等高校以科技特派组的形式入驻农业科技龙头企业，建立了4个合作研发基地。

已初步探索出“二种方式、三位一体、三级互动”的科技特派模式。在2008年全市选择262名科技特派员和19个科技特派团的基础上，2009年重点从省内高校、科研院所的专家、农民技术员等优秀人才中吸收、新增选派科技特派员294名，总人数达到556名，开展技术服务的领域已基本覆盖全市669个村。科技特派员全年共引进、选育新品种68个，推广新技术51项，培训农民2.3万人次，创建科技特派员示范基地21个，培养科技示范户145户，创造经济效益近5亿元。其中，有4名科技特派员分别领办创办了农业经济实体，13名科技特派员与企业、基地、园区等形成了利益共同体。丹东市科学技术局被国家科学技术部授予“全国科技特派员工作先进集体”荣誉称号，李体智、夏玉金2位科技特派员被评选为“全国优秀科技特派员”。

继续在全市农村种养殖科技示范户中选拔有一定实践经验的农民“上大学”，分赴沈阳农业大学、大连海洋大学、辽宁农业职业技术学院和辽东学院，参加蔬菜、果树、食用菌、家禽、海淡水养殖等13个专业为期4个月的专业技术培训。当年培训农民330名，累计培训农民693名。在全省范围内率先提前完成每村拥有1名农民大学生的工作任务。

**【重大科技活动】** 7月9日，召开了“2009年辽宁（丹东）仪器仪表产业基地科技合作洽谈会”。邀请来自清华大学、北京航空航天大学、北京科技大学、大连理工大学等国内在仪器仪表领域有较高学术水平和丰硕科研成果的17所重点高等学校，以及辽东学院和辽宁机电职业技术学院的近百名专家、学者参会。丹东市的100余户仪器仪表及相关企业负责人和技术人员共300多人参加会议。丹东市20余户企业与10余所高等学校达成科技合作协议30余项。其中重点骨干企业均与1家或多家高等学校建立了产学研合作关系。

8月28—29日，中国园艺学会小浆果分会第二届学术研讨会在丹东召开。来自美国、波兰、加拿大、智利、日本等国家及全国14个省市的30家科研单位、高等院校、企业的专家和代表共200人参加会议。会议安排了小浆果品种选育、栽培技术、栽培生理、采收包装、贮藏加工、病虫害防治、质量检验与控制、商品市场化营销等为主题内容的36场学术报告，组织与会人员参观了丹东市蓝莓、树莓、短梗五加等小浆果产业科技示范基地及丹东君澳食品有限公司等农产品加工企业。研讨会期间，丹东市7个小浆果生产和加工企业展出了小浆果深加工系列产品。

**【知识产权工作】** 2009年，全市申请专利511件，比2008年增长11.8%。其中，申请发明专利171件，占专利申请总数的33.5%；申请实用新型专利300件。发明专利与实用新型专利申请量分别比2008年增长18.6%。获得专利授权321件，比2008年增长13%，其中发明专利授权42件，比2008年增长90.9%；实用新型专利授权206件；外观设计专利授权73件。实用新型专利与外观设计专利授权量与2008年基本持平。丹东市发明专利申请量和增幅均名列全省第六位。

2009年，全市共发放发明专利补助资金10万元。省、市政府对实施“兴业强企工程”的企业和专利技术转化项目的实施单位给予了政策和资金扶持。丹东市获得省扶持的企业有5家，项目扶持资金共190万元，比2008年增长了8.6%。2009年，全市用于专利技术产业化的项目扶持资金为45万元。

截至2009年年底，丹东市共有12家单位被列为辽宁省专利保护“双百工程”实施单位。丹东新一百商业集团有限公司被省知识产权局授予辽宁省专利保护“双百工程”示范商场。9月，与省知识产权局联合，在丹东市召开了辽宁（丹东地区）企业知识产权维权援助咨询活动现场办公会，全市15户企业的27位管理者参与了此次活动。进一步加大了对知识产权工作的宣传和培训力度，充分利用丹东电视台、《丹东日报》、《鸭绿江晚报》及丹东电台等媒体，结合丹东市知识产权保护及企业知识产权工作的开展，进行集中宣传报道；改变以往每年定期地开展几次大型培训的方式，主动送讲座进县（市）区，开展“进企业，讲专利”活动，深入到40余户企业讲课。先后邀请省、市专家到振兴区、宽甸县、合作区举办知识产权讲座3场，并举办了一期面向全市100余家高新技术企业、市科技创新倍增计划企业的大型知识产权培训班。全年开展专利执法检查7次，检查专利产品百余种，成功调处专利侵权纠纷1件。

**【县域科技】** 2009年，辽宁省科学技术厅、财政厅组织专家验收组对宽甸县政府承担的国家科技富民强县专项行动计划“板栗科技示范及产业化开发”项目进行了验收。该项目实施两年来，共获得国家、省专项经费270万元，累计总投资达14.02亿元。针对“丹东板栗”珍贵良种资源，制定了“丹东板栗品种标准”及板栗丰产栽培技术规范。共引进、选育、推广丹泽、国见等日本栗新品种12个，选育出“9113”等当地板栗新品种3个；建立板栗示范基地8个；板栗高产示范园30个，面积3000亩；生产良种繁育基地（采穗圃）4个，面积500亩；板栗规模化标准园面积30万亩；年产板栗2万吨。板栗新品种应用率80%，新技术覆盖率85%以上。通过低产园改造，板栗单产水平由原来的20千克/亩提高到130千克/亩。农民收入和县财政收入都有较大幅度的增长。利用政策、资金、技术等扶持手段，培育了5家龙头企业，通过科技特派专家组，增强了龙头企业的新产品新技术研发能力，共研发出板栗甘露煮、涩皮酱等板栗加工新产品26个。

（丹东市科学技术局　李志峰）

# 锦州市

**【概述】** 2009年，锦州市深入学习科学发展观，紧紧抓住锦州湾融入辽宁沿海经济带开发开放的战略机遇，围绕市委、市政府的中心任务，大力发展高新技术及产业化，培育壮大新兴产业，加速推进特色产业基地建设，不断健全和完善科技创新体系，全面提升产业技术水平和企业自主创新能力，依靠科技创新从容应对金融危机带来的不利影响，有力地确保了全市经济社会实现平稳较快发展。

全市规模以上工业企业全年实现高新技术产品增加值70.8亿元，同比增长20.1%。

**【科技计划与经费】** 共推荐申报国家和省级科技计划117项，批准立项54项，获资金支持2652万元。其中，列入国家科技计划12项，获资金支持1332万元；列入省级科技计划42项，获资金支持1320万元。编制下达了2009年度锦州市科学技术计划及科三费指标，市本级科三费指标为800万元（含信息产业80万元），安排计划项目41个，平均支持力度达17.6万元。政府资金的投入带动了企业研发经费的投入，全年全市企业研发经费投入达6亿元。科技计划项目的落实和经费的争取，促进了光伏、汽车零部件、精细化工等高新技术特色产业重大重点项目的建设进程。

**【科技成果与转化】** 认真做好科技成果鉴定、奖励工作。全年共有38项科技成果通过省级、市级科技成果鉴定，其中省级科技成果鉴定16项，市级科技成果鉴定22项。获省科学技术进步奖4项；评审表彰市科技进步奖获奖项目34项，市科技攻关奖获奖项目12项。

扎实做好科技成果转化项目认定工作，着力促进科技成果转化。先后共申报和推荐科技成果转化项目36项，其中26项科技成果通过了省科技成果转化认定。向省科学技术厅推荐科技成果转化计划项目2项；推荐科技成果转化奖励项目4项，有3项获奖，其中获二等奖1项、三等奖2项。

**【高新技术及产业化】** 以组织实施国家、省、市重大重点科技项目为抓手，提升新兴产业技术水平。全年围绕光伏、新能源汽车及零部件、精细化工产业开展重大重点项目技术攻关45项。“高纯石英砂制备低成本多晶硅工艺”项目已获得自主知识产权并实现产业化，“电驱动汽车电机控制器研发”项目取得重要进展，“氟碳醇及其深加工产品研究开发与产业化”项目实现重大突破。新兴产业的技术水平和产品竞争力显著提高。

积极开展国家级高新技术企业认定工作，壮大高新技术企业群体。集中力量认定、扶持一批高新技术企业，加快高新技术应用和研究，形成一批具有自主知识产权和市场竞争力的技术和产品，推动基础较好的领域实现跨越式发展和尽快形成产业规模。全年新认定国家级高新技术企业11家，全市国家级高新技术企业累计发展到17家。积极指导企业落实高新技术企业税收优惠政策，支持企业加大研发投入力度。

充分发挥示范作用，不断提高制造业信息化水平。截至2009年年底，全市已有10家企业成为省级制造业信息化重点示范企业，40家企业成为示范带动企业，示范及应用带动企业的主导产品CAD技术应用均达到100%。全年培训制造业信息化专业技术应用人才300人。锦州市通过了省“十一五”制造业信息化科技工程重点示范城市验收。

**【农业科技】** 围绕发展现代农业，推进农业科技创新，支撑农业产业化和县域经济发展的任务和目标，深入开展省级农业科技产业化龙头企业创建活动，促进现代农业产业化水平全面提升。创建培育了辽宁金实集团有限公司等7家省级农业科技产业化龙头企业，引进推广农业新品种、新技术20项，开发农产品深加工新工艺、新产品50项，建设标准化种养殖示范基地22个，实现产值11.1亿元、利税6204万元。

重点推进农村科技特派行动，切实解决制约新农村建设的人才技术缺乏问题。科技特派行动实施两年来，共派出省、市两级科技特派团14个、科技特派员207名，累计引进新品种215个，推广新技术118项，建立示范基地75个，新增经济效益2.7亿元，有力地支持、带动了“一县一业”和“一乡一品”的发展，为破解锦州市“三农”问题找到了有效途径。

以全国科技进步考核为契机，深入开展农业科技专项行动。凌海市、北镇市、义县、太和区顺利通过了全国县（市）科技进步考核，凌海市被评选为全国科技进步先进县（市）。北镇市、凌海市承担的国家“富民强县”专项行动计划项目通过验收并取得新的成果。黑山县自2009年起承担此项专项行动计划项目。

实施农民技术员培养工程，加强农业科技服务。全年选送88名学员到沈阳农业大学等涉农院校学习，累计培养农民技术员190人。

**【社会发展科技】** 继续推进节能减排科技工作。积极参与国家“金太阳示范工程”，大力推进光伏产品应用，完成了锦娘线高速锦州东出口到市区（8公里）及滨海大道部分路段（7公里）的太阳能路灯建设工作。阳光能源公司建成了东北第一座300千瓦光伏并网发电站并正式投产发电。新型工业废气连续自动监测设备等一批自主创新产品研制成功并开始推广应用。

实施重点制药企业技术创新工程。全市医药行业重点科技攻关项目进展顺利，自主研发的国家一类新药“喘停”已完成Ⅰ，Ⅱ期临床研究；“小牛血清去蛋白注射液”和“注射用白眉蛇毒血凝酶”项目已实现产业化，单项产品实现年销售收入近亿元，新药研发力度不断增强。

加强科普工作，锦州市古生物化石博物馆等3家单位被认定为省级科普基地。

**【特色产业基地建设】** 围绕市委、市政府打造“千亿光伏产业基地”的目标，着力推进光伏特色产业基地集群化创新、升级。加大对基地创新型企业及关键技术攻关项目的支持力度，进一步加强公共技术服务平台建设，组建省级企业工程技术研究中心3个，建立省级高等学校重点实验室、检测研发机构3个。2009年，基地内光伏产业骨干及关联企业发展到35家，实现产值48亿元，以科技为引领的特色产业基地正在成为锦州市经济快速增长的重要推动力量。

**【科技政策与环境】** 创新体制机制，优化科技发展环境。年初召开全市科技工作会议，安排部署了全年科技创新工作的重点和各项工作措施；下发了《关于建立健全科技创新机制的意见》；帮助企业落实扶持政策，着力抓好高新技术企业优惠政策的贯彻落实；加强舆论引导，营造良好的科技创新氛围，充分利用各种新闻媒体，围绕科技创新主题，开展多层次、全方位的舆论宣传；成功举办了2009年锦州市科技活动周，组织开展了“锦州市发明创新大赛”等活动。

**【科技创新体系建设】** 加快创新载体建设，强化产业创新发展的技术支撑。加强对省、市级企业工程技术研究中心等研发机构的组建、管理、评估工作，对评估绩效优良的企业研发机构予以政策和经费支持。全年新组建省级工程技术研究中心5家、市级工程技术研究中心2家、省级重点实验室3家，研究领域涉及光伏、新能源汽车及零部件、精细化工等新兴产业，为产业创新发展提供了有力的技术支撑。

进一步深化产学研合作，推动建立以利益为纽带的产学研战略联盟。举办了“2009年锦州市技术创新工程暨产学研合作会议”。锦州市政府与东北大学、大连理工大学等7所高校分别签订了全面科技合作协议，组建了光伏、新能源汽车及零部件等2个产业技术创新联盟，初步形成了以企业为主体，长效、稳定、双赢的产学研用合作创新机制。

实施科技创新示范企业创建工程，培育发展创新型示范企业。阳光能源有限公司等5家省级科技创新型示范企业产品结构实现了重大调整，其新产品产值率平均达到50%以上，销售收入和利税均实现了30%的增长速度，成为全市保增长的骨干力量。

**【科技合作与交流】** 成功举办了“第十三届中国（锦州）北方农业新品种、新技术展销会”。本届农展会参观人数达6万人次，有来自美国、日本等9个国家和中国台湾、香港地区以及大陆20个省、市、区的385家农业科研、高校、推广、经营单位参会参展，共展出农业新品种、新技术、新产品7850种，签约协议138项，协议金额达15.6亿元。本届农展会突出“科技创新与现代农业”主题，为广大农民应用农业科技成果提供了方便条件，其影响与作用辐射辽西、蒙东乃至整个中国北方地区。农展会已经发展成为辽宁省重大科技活动之一。

以重大科技交流活动为载体，积极推进国内外科技合作与交流，大力引进先进科技成果和人才。先后组织全市企事业单位、科研院所参加重大科技活动。在东北亚高新技术博览会上，“锦州市的陶瓷半导体片”“浓缩复合酵素的开发与利用”等4个项目达成合作意向，协议金额2300万元；在第十届中国海外学子辽宁（大连）创业周活动中，锦州拓新电力电子有限公司、日鑫硅材料有限公司、佑鑫电子材料有限公司分别与在美国、德国、加拿大的留学人员在新能源、太阳能应用、电子信息等领域签订了合作协议3项，协议金额为800万美元。在“海创周”上，还对锦州光伏特色产业基地进行了全面推介。

**【知识产权工作】** 全年全口径申请专利510件，其中发明专利申请150件。

制定《锦州市关于贯彻落实〈国家知识产权战略纲要〉和〈辽宁省知识产权战略纲要〉的实施意见》（征求意见稿）。针对制定知识产权战略实施意见和贯彻《中华人民共和国专利法》的工作情况，向市人大常委会作报告。

加大激励措施，鼓励发展自主知识产权核心技术。给予发明专利申请补助，鼓励专利申请，对发明专利实质审查费用给予全额补助，从而有效地提高了发明专利授权比例。支持专利技术产业化，全年有5个项目被列入省专利技术转化计划，获得资金支持180万元。

重点推进企业知识产权工作，提高企业知识产权创造、运用、管理和保护能力。强化科技项目知识产权目标要求，加强对企业申报高新技术企业知识产权工作的指导，建立了光伏产业专题专利数据库。面向企业开展知识产权维权援助活动，调处专利纠纷2起，查处假冒专利1件。

**【县域科技】** 凌海市重点加强农业科技产业化龙头企业建设，推进农业产业化经营；北镇市深入实施科技特派员示范工程，促进农业科技成果转化和农民增收；义县制定实施富民强县科技发展战略规划，支撑全县经济社会发展；黑山县以区域特色产业为抓手，推动花生、现代农机产业实现规模化发展；凌河区以重大科技项目实施为突破口，确保工业经济平稳运行；古塔区加大对重点企业重点项目的扶持服务力度，提高企业核心竞争力；太和区实施科技富民惠农工程，带动农业产业升级和农产品结构调整；松山新区全力建设科技创新平台，高新技术产业实现迅猛发展。

（锦州市科学技术局　刘佳伟）

# 营口市

【概述】 2009年，营口市科技工作紧紧围绕市委、市政府“项目建设年”和“保增长、调结构、上水平”的总体部署，大力培养企业自主创新能力，全力搭建技术创新和转化平台，突出科技示范和科技攻关，着力转变经济增长方式，不断促进科技进步和经济发展。

全年有57个项目被列入国家、省科技计划，获经费2965万元；安排市级科技计划49项，经费953万元。全市规模以上企业高新技术产品增加值实现80.9亿元，同比增长33%，占全市规模以上工业增加值的15.5%。新认定高新技术企业7家。1个项目获省科学技术进步奖三等奖；3个项目获省科技成果转化奖三等奖；26项科技成果获本年度营口市科学技术奖。全年完成专利申请量603件，同比增长11.9%。其中发明专利196件，同比增长23.3%。引进农业新品种45个，推广农业新技术12项，新增农业科技示范基地4个。

【科技项目与经费】 重点支持发展镁质材料、纺织、装备制造、精细化工等6大产业集群的行业共性技术、制约行业发展的关键技术的攻关和高新技术产业化项目。全年向国家、省推荐各类科技计划项目79项，有57个项目被列入国家、省科技计划。其中，国家级计划项目中包括国际科技合作项目1项、农业科技成果转化项目2项、星火计划项目2项、中小企业创新基金项目4项、科技人员服务企业行动项目4项、环境能力建设项目1项；省级计划项目中包括科技攻关项目13项、科技产业化项目10项、公共服务平台建设项目3项、软科学项目2项、国际科技合作项目1项、科技成果转化项目2项、省科技型中小企业技术创新资金计划项目6项，省专利转化计划项目6项。

通过承担国家、省级计划项目，共获得经费2965万元，总量较2008年增加1060万元，增幅55.6%，是营口市科技计划项目立项和经费数量最多的一年。其中，国家级科技计划经费1155万元，省级科技计划经费1810万元。安排市级科技计划49项，经费953万元。创新科技经费使用模式，建立了500万元的科技创新发展基金。

【科技成果与转化】 2009年，辽宁丰华耐火材料有限公司的“氧化铝空心球轻质隔热耐火浇注料”项目获辽宁省科学技术进步奖三等奖；营口经济技术开发区金达合金铸造有限公司的大型薄壁耐压铝合金壳体特种铸造技术、营口金辰机械有限公司的太阳能电池组件层压封装设备自动化生产线、罗兰德流体控制（营口）有限公司的全自动自清洗叠（盘）片式过滤机获辽宁省科技成果转化奖三等奖；有26个项目获营口市科学技术奖，其中，一等奖6项、二等奖15项、三等奖5项。2009年度科技成果总体水平明显上升，高新技术产业化项目所占比重较大，有70%以上的项目已经产生了直接经济效益。同时，在市级科学技术奖获奖项目中，围绕社会发展、环境、医疗卫生的科技成果所占比例呈现出逐年递增态势。

**【高新技术与产业化】** 全面推进沿海经济带建设，经济总量居全省第四位，工业生产成为拉动经济的主动力。以冶金、石化、装备制造等六大产业为主导的新型工业体系框架正在形成。全市工业经济通过调结构、上水平，淘汰落后产业、产能，加快产业转型，实现产业升级，高新技术产业得到快速发展，电子信息、精细化工、新材料、新能源等新兴产业不断涌现。全市规模工业增加值增长25.6%，高于全省平均水平。规模以上企业高新技术产品增加值实现80.9亿元，同比增长33%，占全市规模以上工业增加值的15.5%，高新技术产业继续保持快速发展的良好势头，对全市经济增长的支撑作用进一步增强。截至2009年年底，全市拥有市级以上各类企业研发中心82个、产学研技术联盟22家，已有322家企业与128所大专院校和科研单位建立科技协作关系，企业研发水平、创新水平显著提高。已有高新技术企业17家，辽宁银珠化纺集团有限公司、营口三征有机化工股份有限公司、营口市向阳催化剂有限责任公司、辽宁大簇冠华印刷科技股份有限公司、大石桥市荣源镁矿有限公司等科技创新重点企业名列其中。有4家企业被纳入省百家科技创新示范企业工程，每个企业获得省科学技术厅100万元的创新扶持资金。

营口三征有机化工股份有限公司的合成氨工程是以氰化钠生产尾气、氯碱副产氢气和从空气中分离出的氮气为原料制取液氨，再供给氰化钠作生产原料的循环经济项目。2009年，公司加紧对合成氨工艺技术进行改造，使系统的变压吸附效率从80%提高到85%以上，合成塔出口氨含量提高到20%～25%。全年实现销售收入3.1亿元，出口创汇600万美元、研发投入388万元。

大石桥市荣源镁矿有限公司的炼精品钢用无碳系列耐火材料是配合我国冶金行业精品钢项目实施的，主要产品包括无碳水口和无碳、微碳钢包砖。全年实现销售收入2.2亿元，同比增长16%，出口创汇1000万美元，研发经费投入达950万元。

营口经济技术开发区金达合金铸造有限公司的大型薄壁耐压铝合金壳体特种铸造技术是企业自主研发的，运用此技术生产的大型薄壁壳体类铸件可替代进口，是航天、特高压输变电设备上的关键铸件。企业先后为国家“神州”系列飞船及嫦娥一号火箭发射装置提供大型优质铸件。全年实现销售收入7800万元，同比增长15.5%，研发经费投入达360万元。

辽宁大族冠华印刷科技股份有限公司自主开发研制的GH524S重型商务印刷机拥有完全的自主知识产权，在国内外同行业中处于同期国际先进、国内领先地位，在国内的市场占有率为56%。全年实现产值3.1亿元，同比增长13%，出口创汇200万美元，研发经费投入达950万元。

**【农业科技】** 全年列入国家、省级农业科技计划项目9项，获得经费420万元，与2008年相比增加1倍以上，达到历史最高水平。盖州市被国家科学技术部批准为全国富民强县试点县，成为营口地区首个被列入国家试点的县域。国家科学技术部将连续三年给予其政策、资金等支持，2009年给予130万元支持经费；批准盖州市华威养殖有限责任公司申报的农业成果转化项目立项，给予70万元支持经费；批准大石桥市恒新生物技术开发有限公司、营口市泰昌化纤有限公司申报的项目列入国家星火计划，分别给予50万元支持经费。继续支持盖州市为科技特派团试点市、（县）；继续支持营口旺运红酒业有限公司等4家科技龙头企业，并给予120万元的计划项目资金支持。

下发《关于深入开展科技特派行动有

关政策的通知》和《关于进一步建立科技特派服务机制的指导意见》，确立以科技特派行动为载体，以政府引导和市场化运作为手段，以农业特色产业基地建设为切入点，把人才、技术、信息和现代经营理念引入农村，鼓励广大科技人员在农村创新、创业，促进现代农业发展，增加农民收入。截至2009年年底，全市已有省科技特派团1个，特派员15人；市级特派团4个，特派员72人；省级龙头企业科技特派组4个，特派员37人；市级龙头企业科技特派组16个，特派员40人；其他特派员50人。

继续开展农民技术员培训工程。选送97名农民分别到沈阳农业大学、大连水产学院、辽东学院，辽宁农业职业技术学院进行专业培训。聘请专家、教授对农民进行脱产培训，共有216名农民获得“农民科技经纪人证书”。

继续做好农业科技示范基地工程建设。2009年，新增大石桥辽南中草药生产合作社、大石桥市志远生猪养殖专业合作社、大石桥市周家中草药生产专业合作社、盖州市鑫誉养鸡专业合作社等4家为科技特派示范基地。全市已有农村科技示范基地17个，示范面积达4000余亩。每年引进新品种45个，推广新技术12项，进行科技讲座460余次，举办各种培训班200余次，培训人员2万人次，举办现场演示会60余场，出动科普宣传车120余次，发放宣传资料和光碟3万份（张），增加经济效益2600余万元。

**【知识产权工作】** 2009年，专利申请总量为603件，比2008年增长11.9%，其中发明专利196件，比2008年增长23.3%，获得专利授权总量320件，比2008年增长15.1%。推荐一批专利技术产业化项目，辽宁环宇环保技术有限公司、营口鼎际得石化有限公司、营口中通控制设备制造有限公司、盖州市油漆化工厂、营口峰松汽车空调有限责任公司、营口大和制衡产业有限公司等6家企业的专利技术，被列入省专利技术转化资金项目计划，争取支持资金190万元。

9月24—25日，营口市组织一批拥有自主知识产权和高新技术产品的企业参加在沈阳举行的“振兴东北老工业基地专利新技术对接洽谈会”。辽宁大族冠华印刷科技股份有限公司、辽宁银珠化纺集团有限公司、营口巨成教学科技开发有限公司、营口峰松汽车空调有限责任公司等10家企业展出专利技术产品。营口奥雪食品有限公司与沈阳农业大学签订了合作协议，交易额达45万元。

下发《营口市贯彻落实〈辽宁省知识产权战略纲要〉实施意见》。成立“专利行政执法办公室”，加强专利行政执法，协调解决全地区发生的专利侵权纠纷案件。

实施省“兴业强企”工程，继续抓好企业知识产权示范、试点工作，推进专利技术产业化。辽宁大族冠华印刷科技股份有限公司被列为省知识产权产业化示范单位，辽宁环宇环保技术有限公司、营口巨成教学科技开发有限公司、营口春港实业有限公司、营口渤海天然食品有限公司、营口石光石油机械有限公司、营口康如化工有限公司、营口富含自动化锅炉制造有限公司等7家企业被列为省知识产权试点单位。辽宁银珠化纺集团有限公司由省级示范企业晋升为全国企事业知识产权试点单位，从2010年起，实施期限为3年。

**【社会发展科技】** 推荐申报并立项的营口奥达制药有限公司“治疗糖尿病肾病的药物糖肾消颗粒的研究”项目和辽宁大族冠华印刷科技股份有限公司“GH524S重型商务印刷机”项目分别获得省级20万元和100万元科技经费。

积极推进镁产业综合节能工程实施。营口青花集团、营口嘉晨集团、营口新型集团、辽宁群益集团耐火材料有限公司、大石桥市石佛电熔镁砂厂、大石桥市和平电熔镁砂厂、大石桥市坤桥化建有限公司、辽宁环宇环保设备有限公司、营口宁丰镁业有限公司、大石桥市和鑫电熔镁砂厂等10家试点企业参加电熔镁综合节能技术研究试验，以东北大学等高校、科研单位为技术依托，组织实施“自动控制”“超低频电源”“无功补偿”“减排技术”等试验项目。综合技术节电指标达到8%～15%，全年综合节电1.9亿千瓦时、实现经济效益9500万元。“新型电熔镁炉”项目已进行试生产，生产过程可节电20%～35%，可以全部回收产生的二氧化碳。

**【科技合作与交流】** 组织参加“2009年中国海外学子辽宁（大连）创业周”活动，并在大连世界博览广场举办了以“家缘营口”为主题，以蜂巢为造型的大型特装展。营口开发区、辽宁（营口）沿海产业基地、高新区、营口富士康、辽宁银珠化纺集团有限公司、营口大族冠华等40多家单位参加了“海创周”活动。邀请34位海外学子来营口参加了第二届“海外学子（营口）创业行”活动。营口市委、市政府组织召开了“海外学子投资与创业政策发布会暨国际人才交流洽谈会”，营口开发区、沿海产业基地及各园区就引进海外学子来营口工作、创业等相关优惠政策进行了发布。50多家单位与海外学子就科技项目、人才引进、投资创业等进行了广泛的交流和洽谈。

营口高新技术开发区管理委员会与加拿大爱德现代牛业有限公司签订了性控精液分离科研中心建设项目。2010年将在大石桥和盖州两市新建存栏量为2000头的奶牛繁育基地，通过饲料种植和参与饲养，繁育基地每年将给1万亩农田的农户带来增产增收。营口市中小企业创业园、辽宁腾达集团股份有限公司、营口奥雪食品有限公司等一批企业与海外学子签订了22项合作协议。这些项目的签订将对营口市的科技进步与创新，加速辽宁“五点一线”沿海发展战略的实施，促进营口与国外的科技交流与合作起到积极的推动作用。

**【特色产业基地建设】** 国家镁质耐火材料产业化基地通过加快产业技术创新，提升产业产品结构，逐步克服金融危机带来的冲击，经济运行稳步回升，全年实现产值400亿元，同比增长20%，深加工产值达到240亿元，占镁质材料产值的67.5%。镁质材料基地新上镁质材料项目39项，总投资14亿元，项目涉及耐火材料17项、镁基化工产品11项、新型镁质建材6项、镁质高温超导材料5项。

营口汽保特色产业基地现有汽车保修检测设备企业104家，生产12大类70多个系列产品，产品的国内市场占有率超过86%。基地企业生产的四轮定位仪、动平衡仪等多种产品技术水平达到国际先进水平，形成了从设计到生产、设备先进、门类齐全的汽保设备生产体系。全年实现销售收入45亿元，同比增长50%，新增固定资产投资3.8亿元。完成12万平方米汽车保修检测设备特色产业基地核心区的综合服务楼、标准厂房及配套设施建设，建设营口汽保设备公共研发平台及中国汽车保修检测设备行业产品检测中心。营口高新汽保设备公共研发有限公司与大连理工大学机械学院合作开发年产10万车位的PSH7D-YK型立体车库及系列产品等6个项目签约，金额达3.5亿元。

**【县域科技】** 大石桥市全年镁质材料产业总产值实现370亿元，深加工产值实现270亿元。推荐申报国家、省、市三级科技计划18项，其中国家科技计划2项、省级科技计划5项、市级科技计划11项，在争取科技资金方面，实现了新突破。大石桥荣源镁矿有限公司的“转炉炉底供气砖及在线热更换设备”和“含硼不锈钢冶炼钢包渣改质剂”等5项科技成果通过省级科技成果鉴定。其中，1项达到国际先进水平、1项达到国内领先水平、3项达到国内先进水平。全市拥有省级工程技术中心5家，企业研发机构24家。全年专利申请量220件，其中发明专利80件，实施专利技术产业化项目20项，专利产品产值实现40亿元。经国家知识产权局批准，大石桥市成为全国首批知识产权强县工程试点县。全年培训农民科技经纪人24人，累计培训农民科技经纪人达172人。引进农业新品种45项，推广新技术38项。组织多家单位参加省市科技特派活动，大石桥市恒新生物有限公司被确定为省级科技特派员进驻单位，大石桥市种子公司成为市级下派科技特派员活动单位。大石桥市生产力促进中心通过ISO9001质量管理体系认证，并被国家科学技术部批准为国家级示范生产力促进中心。

盖州市以国家科技富民强县工程为基础的绒山羊养殖业，通过优化资源、提高养殖水平，将绒山羊产业做成一项真正富民强县的工程，该项目当年获得国家和省级科技拨款490万元的资金支持。2009年12月，省科技特派团授旗仪式在盖州市举行，标志着由辽宁省畜牧科学研究院12名专家组成的辽宁绒山羊科技特派团正式派驻盖州。选送47名农民分别到沈阳农业大学、大连水产学院、辽宁农业职业技术学院学习。举办农民科技经纪人培训班，培训农民经纪人149人。全年共申请专利79项，其中，发明专利27项、实用新型专利33项、外观设计专利19项。

站前区全年完成高新技术产品产值20.5亿元，同比增长42.4%；完成高新技术产品增加值6.5亿元，同比增长54%。申请专利100项，其中发明专利27项。新认定高新技术企业2家。推荐1家企业申报辽宁省中小型企业科技创新基金项目，推荐4家企业项目申报营口市科学技术奖。先后在工业园区和市内6个街道办事处建立了科技协作组织，在具备条件的34个社区成立了“科普大学”，并开展了内容丰富、形式多样的各种科普活动。2009年，站前区科普工作获得“辽宁省科协系统先进集体”荣誉称号，并连续三年被评为“营口市科协系统先进集体”荣誉称号。

西市区全年完成高新技术产品产值19亿元，高新技术产品增加值5.4亿元，达到历史最好水平。被列入省级科技项目1个、市级科技项目2个，共获科技资金支持30余万元。已拥有高新技术企业2家，省级研发中心2家，市级研发中心10家，企业技术中心20个。申请专利205项，其中，发明专利46项、实用新型专利159项。积极组织实施“四个一批”工程，重点扶持、壮大、发展、培育一批科技含量高、集聚效应强、研发实力强的科技创新型企业，为西市区的经济快速发展奠定了坚实的基础。

老边区全年申请专利70件。组织申报国家级计划项目1项，省级计划项目12项，市级计划项目11项。全区拥有高新技术企业3家，省级研发中心3家，市级研发中心13家。为柳树生态站成功引进辽宁白鹅新品种、新技术3项。路南镇获得“全国新农村建设试点单位”称号。选送8名青年农民赴沈阳农业大学、辽宁农业职业技术学院培训，选送10名致富带头人到大连水产学院参加海水、淡水养殖农民技术员培训。推荐柳树镇养猪协会参加全国优秀农村专业技术协会评选，并获得“全国优秀专业技术协会”荣誉称号。

营口经济技术开发区全年列入国家、省、市科技计划项目11项，获得科技资金支持698万元。专利申请量为62项，其中发明专利23项、实用新型专利19项、外观设计专利20项。利用地域优势，积极培育以水果、水产、畜牧、粮油等农产品深加工为主的科技型龙头企业。

（营口市科学技术局　李丹　谢睿）

# 阜新市

**【概述】** 2009年，阜新市全力促进特色产业基地建设和高新技术产业发展，全年高新技术产品增加值实现7.82亿元，同比增长27%，争取上级经费9915万元，扶持高新技术研发项目75个；液压产业集群全年新增企业81户，完成固定资产投资22亿元；全年新增企业研发中心8户；完成市下达的招商引资任务1000万元；引进农业新品种112项，新技术21项。与此同时，继续全面实施科技特派行动，深化和扩大对外合作与交流，进一步加强科技创新平台建设和招商引资、知识产权等各项工作，为全市经济社会发展提供了强有力的科技支撑。

**【特色产业基地建设】** 辽宁（阜新）液压产业基地全年争取省科技项目74项，经费9085万元。液压产业集群全年新增企业81户，完成固定资产投资22亿元，新建项目达产后可实现产值145亿元。在产液压企业生产态势良好，全年实现产值35亿元以上，比2008年增长1倍。辽宁（阜新）液压产业基地被纳入省政府重点扶持基地，阜新市液压产业基地已被国家科学技术部批准为阜新国家液压装备高新技术产业化基地，阜新液压产业基地创业服务中心被国家科学技术部认定为国家高新技术创业服务中心，阜新市科学技术局获得省科学技术厅“2009年度特色产业基地建设突出贡献奖”。

积极推动企业开展产学研合作，开展入园企业基本情况调查和企业技术难题征集活动，组织推进产业基地投产、开工建设。企业实施产学研合作项目35项。

阜新市注重加强液压产业基地对外宣传工作。阜新市科学技术局充分利用“辽宁阜新液压产业项目对接与投资洽谈会”“中国液压气动密封件工业协会五届七次常务理事会”“中国液压气动密封件工业协会气动行业分会第六届会员代表大会”“中国北京国际科技产业博览会”“第八届中国国际装备制造业博览会”“东北亚高新技术产业博览会”等一系列展会平台，对阜新液压产业基地向外进行了积极推介，并广泛通过各类新闻媒体对液压产业基地进行了大力宣传。《高新技术产业导报》《辽宁日报》《机电商报》、辽宁人民广播电台、辽宁卫视、东北新闻网等多家媒体聚焦阜新市液压产业基地建设，并进行了专题报道。

**【高新技术与产业化】** 阜新市始终以科技创新引领产业结构调整，以高新技术促进产业结构优化升级。根据《高新技术企业认定管理办法》和《高新技术企业认定管理工作指引》的有关要求，推荐辽宁大金钢结构工程（集团）有限责任公司和阜新市万达铸业有限公司申报高新技术企业，并已获省科学技术厅、省财政厅、国家税务局、地方税务局批准。阜新市企业的制造业信息化普及工作快速发展，25家企业参与了制造业信息化科技工程指数调查工作，培育制造业信息化示范企业20余户。

阜新德尔机械制造有限公司、辽宁太克液压机械集团有限公司、阜新驰宇石油机械有限公司和阜新北鑫星液压有限公司被批准为省科技创新示范企业。

**【农业科技】** 阜新市科学技术局联合市直有关部门继续开展科技特派行动。签订并下派科技特派团6个，市级特派员42名，为特色产业基地和种养殖大户进行技术服务。阜新市有4户农业产业化龙头企业采取双向选择的方式，和高等学校、科研院所合作，以科技特派组形式开展科技龙头企业创建活动，共研发新产品14个，申请专利1项，授权专利1项，实现新产品产值1.15亿元，企业销售收入达5.38亿元，直接或间接带动农户4万户。为阜新市农业产业化龙头企业发展提供示范。

为发展阜新现代农业提供人才保障，把农民技术员培养工作落到实处，开展招生宣传工作。2009年，阜新市共选派了101名农民学员到沈阳农业大学、辽宁省农业职业技术学院和辽东学院就蔬菜、果树、食用菌、养猪、花卉、药用植物、牛羊养殖等专业参加为期4个月的脱产学习。

**【科技合作与交流】** 积极推进阜新市企业与国内重点高校院所组成液压产学研技术联盟。截至2009年年底，已于东北大学、北京机械工业自动化研究所、沈阳工业大学等高校和科研院所就入驻基地研发中心事宜达成共识。

2009年，结合阜新市企业发展需要，组织辽宁喀斯汀机电设备有限公司、辽宁北辰液压气动有限公司、凯莱英医药化学（阜新）技术有限公司等6家企业开展了2009年度高层次留学人才回国资助和留学人员科技活动项目择优资助经费的推荐申报工作。通过海外人才的引进，阜新北鑫星液压有限公司、阜新丰宁科技发展有限公司等企业已与美国、澳大利亚、日本、中国香港等国家和地区的20多名专家、学者开展科技项目合作及技术攻关。

阜新北鑫星液压有限公司是新兴的民营企业，其“大排量超高压力齿轮泵”项目引进了意大利威孚集团及意大利玛连尼（MARINI）工程机械公司用于高压力齿轮泵生产的专业技术，使输出压力最高突破35MPa，填补了国内空白，并达到世界领先水平。

**【科技平台建设】** 不断完善阜新液压产业公共技术服务平台建设。由辽宁工程技术大学等6家单位共同出资组建了辽宁兴阜液压研究院有限公司，重点开展行业关键共性技术攻关、产品性能检测等，为阜新市液压产业健康快速发展提供公共技术服务。

积极推动以企业为主体的技术研发体系建设，支持企业建立工程技术研发中心，鼓励企业开展关键技术攻关，开发新产品及引进技术消化吸收再创新，2009年新获批准成立省级工程技术中心3家，新增企业工程技术研发中心8家。截至2009年年底，阜新市已有省级工程技术中心15家、市级工程技术研发中心33家。

**【知识产权工作】** 2009年，阜新市申请专利245件，其中发明专利51件。申请专利总数较2008年呈上升的趋势。

起草了阜新市《关于贯彻落实“辽宁省知识产权战略”实施意见》，并以阜政办发〔2009〕22号文件正式下发。

全面推进专利技术产业化。阜新知识产权局全年受理了5起专利侵权纠纷案件。分阶段对阜新市大型商场的食品专柜和药品专柜进行了专项执法检查。

**【招商引资】** 全年引进域外资金1000万元，超额完成阜新市下达任务的400%。阜新市科学技术局被阜新市政府评为“2009年度服务工业经济先进单位”。

重点加大对国内液压骨干企业的招商力度，多次派人前往北京华德液压工业集团、榆次液压集团公司、中航集团、贵州力源液压公司等国内行业龙头企业就投资等事宜进行洽谈。中航重机股份有限公司已与阜新市签署了《阜新市人民政府、中航重机股份有限公司合作洽谈备忘录》，双方将在液压、风力发电和风机叶片等项目上展开合作。

（阜新市科学技术局语　刘金池 石微微）

# 辽阳市

**【概述】** 2009年，辽阳市完成规模以上工业企业高新技术产品增加值110.4亿元，同比增长30.3%。地方财政科技拨款占地方财政支出的比重达1.55%，同比增长33.6%。两项指标综合排名居全省第六位。实现了2006—2009年全市累计实现高新技术产品增加值323.4亿元。贯彻落实《中华人民共和国科技进步法》，推动“科教兴市”战略向纵深发展。

**【科技项目与经费】** 全市共有95个项目被列入国家、省、市科技计划。2009年，国家、省、市三级科技计划投入总额达到3545万元。辽阳市全口径地方财政科技投入总额达1.2493亿元。全市科技总投入的增长幅度再创新高。辽阳新风企业集团获得省科学技术厅重点支持500万元，创单个企业获得省里支持的历史新高。

获国家科学技术部“科技人员服务企业行动”项目4项，经费160万元，获国家中小企业公共技术服务补助资金项目1项，经费70万元；省中小企业技术创新资金项目5项，经费95万元；省科技计划项目30项，经费1870万元。

由辽宁新风企业集团有限公司承担的“柴油机高压共轨系统”被列为辽宁省“十一五”重大发展项目。高压共轨项目计划按照3期推进。一期投入2亿元，开发满足欧Ⅲ排放标准的高压共轨；二期投入11.8亿元，开发满足欧Ⅳ、欧Ⅴ排放标准的高压共轨；三期投入26亿元，建成中国最大的高压共轨及燃油喷射系统科技产业化基地。

辽宁忠旺集团有限公司近年来承担的省科技计划重大项目“工业铝型材系列产品”取得重大成果。该企业研发中心与西安重型机械研究院等科研单位紧密合作，开展了优质规格铸造锭技术及新型合金、高温快速挤压和穿孔挤压技术、精密在线淬火和干井离线淬火技术的技术研发工作。2009年，国家铁道部指定辽宁忠旺集团有限公司为制造其火车货运及客运车厢的少数合格供应商之一。

辽宁科隆化工实业有限公司承担的省科技计划重大项目“聚羧酸减水剂项目”已经结题。该公司是国内专业从事精细化学产品制造企业，集科研开发、生产、销售于一体。2009年实现产能2万吨，形成1.5亿～2亿元的销售收入，使公司销售收入总体增加43%～60%以上。

辽宁奥克化学股份有限公司承担的“环氧乙烷衍生化学品”系列项目实现了巨大的经济效益。2009年5月，奥克股份技术中心通过了国家级企业技术中心初评。开发了一系列有关环氧乙烷衍生化学品的生产与应用技术群。奥克与吉林大学化学院、大连理工大学国家精细化工重点实验室等多家科研院所进行校企合作，研究开发了一系列重大科技成果。

**【科技成果和转化】** 2009年，有43项科技成果获得省、市科学技术奖励。其中，辽宁绒山羊育种中心等单位研制的“绒山羊舍饲半舍饲（健康养殖）关键技术研究与示范”、辽阳艺蒙织毯实业公司的“麻类生态环保汽车内饰材料研发及产业化”等科技成果获得省科技进步奖二等奖。辽宁忠旺集团有限公司的“新型有机高聚物涂层铝型材”获省科技成果转化奖二等奖。中国石油天然气股份有限公司辽阳石化分公司完成的中国石油“关键机组远程实时监测诊断管理系统”等16个项目获辽阳市科学技术奖一等奖。

辽阳市自然科学学术成果奖评审工作主要参评项目涵盖农业、医疗、工业、交叉学科等领域，总计841项。有73个项目获得自然科学学术成果一等奖，96个项目获得二等奖，75个项目获得三等奖。

辽宁润迪精细化工有限公司的“DOT5.1汽车高级制动液”和辽宁石化阀门制造有限公司的“可换阀座旋塞阀”两项科技成果被列入辽宁省科技成果转化项目，经费50万元。

辽阳石化机械设计制造有限公司和上海大学共同研制出WPHY60，70合金钢大口径高压管件。该产品填补了国内油气输送管道站场用管件尚未采用WPHY系列钢材和制造工艺技术的空白。

辽阳铜业集团铜材厂和中国科学院金属研究所共同研发出CPU散热器用异型铜材产品，是一种制造新型电脑CPU散热器的特殊材料。已经研制并批量生产了13种异型铜材。

由辽阳艺蒙织毯实业公司和大连轻工业学院共同研制开发出麻纤维功能型汽车内饰材料，该项目填补了国内制造业空白，项目总投资2100万元，年生产能力达到400万平方米。

**【高新技术与产业化】** 2009年，辽阳市高新区完成营业总收入370亿元，同比增长20%；工业总产值310亿元，同比增长20%；高新技术产品产值188亿元，同比增长20%；高新技术产品增加值44亿元，同比增长16%；工业增加值74亿元，同比增长16%；生产总值87亿元，同比增长16%；财政收入2.3亿元，同比增长13.30%；出口创汇7.2亿美元，同比增长60%；外资实际到位额8亿美元，增长700%；新增固定资产投资30亿元，同比增长28%。全年科技投入达1040万元。

高新区全年共实施重点工业项目12项，其中，亿元以上项目8项，2000万～1亿元项目2项，500万～2000万元项目2项，完成固定资产投资30亿元。辽宁忠旺集团有限公司总投资3.8亿元的工业型材熔铸生产线项目，2009年完成投资1.3亿元，一期工程已建成投产，二期工程正在进行设备安装。

钢铁和有色金属加工业通过实施年产30万吨石油专用管、年产40万吨工业铝型材熔铸生产线等项目，整体产业朝高加工度方向调整；装备制造及配套业在抓好现有产品优化升级的同时，重点发展汽车和先进成套装备的高精度零部件；农副产品加工业在增加加工量，开发新产品，创造品牌上加大调整力度；矿产建材业朝大规模、节能环保和综合利用方向发展。

辽阳艺蒙织毯有限公司、辽阳科隆化学品有限公司、辽阳灯塔北方化工有限公司三家企业通过高新技术企业认定。企业与科研院所对接项目16项，实施产学研合作项目25项，征集产学研合作项目和技术需求共23项。

辽阳石油化工区投资14.8亿元建设的

1000万吨炼油和投资19.4亿元建设的140万吨重整两大项目获得中国石油总公司批准后，辽阳石化分公司整合公司力量，进行了全力推进，年内已完成固定资产投资14亿元。7月30日，辽阳市政府与中国石油东北销售公司签订战略合作协议。

**【农业科技】** 2009年，农村科技特派工作在全市全面展开。全年共审核认定农业科技特派员184人，对口帮扶项目为10项。辽阳县申报国家富民强县专项获得批准，获得国家及省191万元资金扶持。灯塔市成功对接省政府科技特派团项目，省淡水水产研究院向灯塔市派驻了科技特派团。以省经作所、市农林科学院、市食用菌研究所为依托，组建6个科技特派组进驻市级科技龙头企业，深入开展科技创新。

强力推进现代农业科技园区建设。辽宁博丰集团、辽阳新特现代农业园区和辽阳长寿沟果品有限公司三户企业获得“省级农业科技产业化龙头企业”称号，获得70万元资金支持。

在辽阳县、灯塔市及太子河区组织科普大集6次。发放科普资料、科技信息传单10万份。在10个乡镇开展农民科技经纪人培训工作。组织8期专业性技术培训班。组织20支科技下乡小分队深入农村生产第一线，在田间地头为农民解决生产中遇到的难题。

6月26日，辽阳市农林科学院举行成立大会及揭牌仪式。市农林科学院主要承担国家、省、市下达的农林业科研任务，负责全市农林业的技术指导工作，配合有关部门承担全市农林业的技术培训工作，负责开展农林业的科技成果开发、推广和服务工作，开展学术交流和科技交流等工作。

辽宁博丰集团每年可牵动40余万农户种植大豆、玉米、蔬菜和畜牧养殖。在三个产业间建立了生态产业链；在各个事业板块中开发了绿色、生态产品品牌；探索产学研一体的经营模式，其科研示范基地先后被国家标准委员会评为“国家农业标准化示范基地”。

辽阳新特现代农业园区连续多年被评定为“全面质量管理达标验收合格单位”“辽宁省星火科技产业化龙头企业”。园区种养过程实现了良性循环。注册了“现代波特”牌商标。至2009年，已在沈阳、辽阳开办了多处展示销售中心。同多地超市开办直销点，与周边农户签订合同。园区的建设带动了其他相关产业，产值达3亿元以上。

辽阳长寿沟绿色果品有限公司的延寿牌苹果已在国家工商总局注册，并且被绿色食品发展中心批准为国家级绿色食品。2009年被评为省级扶贫龙头企业。公司与沈阳农业大学及省果树所等建立了长期的合作关系，并获得省级龙头科技企业称号。

**【社会发展科技】** 2009年7月7日，市社区科普大学总校举行开学典礼，市民可以在此免费“深造”。市社区科普大学聘请了44位专家作为授课教师。针对不同层次、不同人群的需要设置课程。总校设在市科技馆，7月10日正式开课。12月4日，辽阳市科技工作者之家正式成立。市科协在全省率先成立的科技工作者之家，内设六个服务场所，将为全市广大科技工作者提供法律法规维权、健康指导、科技服务等全方位的服务。

**【技术创新体系建设】** 2009年，全市拥有省级工程技术研究中心19家、省级企业技术中心20家、市级企业技术中心11家。建立健全民营企业开发机构50余家，新增省级企业技术中心6家，新增省级工程技术研究中心3家，在全市推广CAD，CAM和ERP数字技术，高新技术企业CAD应用率和覆盖率超过80%。在先进材料及其加工、先进装备制造等方面，解决了一批共性、关键性技术课题，辽宁新风集团高压共轨项目对瑞士ERT提供的原始设计进行了11项重要改进，并已申报了近20项专利。辽宁忠旺集团有限公司生产的大断面复杂断面热挤压铝型材已完成2系、3系、5系、6系主要工艺攻关任务。辽阳钢管有限公司大口径UOE直缝焊管项目实现了技术升级。

**【特色产业基地建设】** 芳烃基地已经被纳入中国石油总公司整体发展规划，基地确定延伸芳烃衍生物产业链，走新型工业化特色道路，构建国际领先、国内一流的大型芳烃及化纤原料基地。组织人员到天津大学等近30所大学和科研院所调研，规划了一批国内技术领先项目。筛选确定17项重点招商项目。投入1.5亿元，加大基地基础设施建设，进展顺利。

新增入驻企业7家，累计入驻企业10家；新入驻项目15项，项目总投资32亿元。全年共投入1.2亿元，完成1100亩征地补偿工作，动迁企业2家。全年落实建设用地指标680亩，完成了5家企业用地挂牌。

**【重大科技活动】** 2009年5月16—22日，辽阳市科学技术局、市科学技术协会、市委宣传部联合组织开展了“2009年科技活动周”。以“携手建设创新型国家”为主题，组织开展了科技知识有奖竞赛、科普大篷车、科技下乡等一系列丰富多彩的活动。

7月8日，由市科学技术协会、市第四人民医院等四家单位在白塔区会议厅联合举办了辽阳市“第六届科技论坛暨心理健康报告会”，从中教授应邀作了题为“维护心理健康，提高生活质量”的专题讲座。

8月10—14日，省知识产权局和市知识产权局在全市范围内开展了企业知识产权维权援助咨询周活动。8月11日，在辽阳宾馆举行了辽宁省（辽阳）企业知识产权维权援助现场办公会。

9月24—26日，由国家科学技术部、辽宁省政府等单位共同主办，沈阳市政府、省学科技术厅等单位共同承办的“2009年东北亚高新技术博览会”在沈阳国际会展中心举办。组织全市60余个相关重点企业参加。

10月22—24日，第十届中国海外学子创业周活动在大连世界博览广场举行。组织各县、市、区科学技术局和相关企业围绕“海创周”主会场设置的“区域重点产业推介展”，以芳烃产业基地为主，展示辽阳重点特色产业。辽阳市高新区对芳烃基地进行了全面的宣传。

10月27—28日，辽阳市科学技术局与市工商局在灯塔市共同举办了第五期辽阳市农民科技经纪人培训班。来自全市涉农县（市）区的近百人参加了培训，并通过考试获得省科学技术厅与省工商局联合颁发的农民科技经纪人资格证书。

**【县域科技】** 辽阳县高新技术产业产品增加值完成15亿元。申报市级以上科技计划项目17项，争取上级科技资金680万元。辽宁博际电气有限公司申报专利18项，被评为省专利产业化示范企业。辽阳县被省知识产权局确定为全省专利产业化试点县。辽阳联港染料有限公司被确定为国家级高新技术企业。辽宁新风企业集团被确定为省科技创新示范企业。

灯塔市共争取国家、辽宁省各类科技计划资金175万元。辽宁奕农集团项目被国家科学技术部确定为重点科技计划项目。顺兴曲轴被列为国家科技型中小企业创新基金重点支持单位。辽宁奕农集团、现代农业园区、盛达锅炉分别被列入辽宁省重点科技计划。荣获辽阳市科学技术奖一等奖2项、二等奖1项。科技特派工作在灯塔市全面展开。

白塔区参加了两年一度的全国县（市）区科技进步考核。7月28日通过了省科学技术厅专家组的考核答辩。企业申报国家、省、市各类科技计划项目26项。区内项目获得辽阳市科学技术奖一等奖1项、二等奖5项、三等奖3项。全区发明专利申请量突破30项。

文圣区成立科学技术局、科学技术协会深入学习实践科学发展观活动领导小组，制定《文圣区科技局、科协关于开展深入学习实践科学发展观活动的实施意见》。实行走访企业联系制度，对全区科技企业通过专利辅导、科技项目培训进行多形式的联系。全区申报国家、省、市科技计划项目8项。成立了知识产权示范区工作领导小组，进一步完善了知识产权政策体系。

宏伟区全年实现高新技术产品增加值58亿元，同比增长30%，高新技术产品产值占工业总产值的比重达到17%；全区共有高新技术产品103个。2009年全区科技投入1046万元。开展知识产权宣传周活动，聘请省知识产权专家为企业开展专利知识培训。共申请发明专利40项。申报国家级科技进步奖1项，省级科技进步奖1项，省级优秀新产品奖1项。

太子河区共有9家企业的项目被列入省、市科技计划，获得省、市用科技三项费用投入140万元。其中，省级4项，科技三项费用投入80万元；市级5项，科技三项费用投入60万元。积极开展了科技招商活动。2009年，全区高新技术产业增加值实现10亿元。中实阀门制造有限公司的可换阀座旋塞阀项目通过省级科技成果鉴定。

弓长岭区科技指标考核在上年基础上递增了25%，高新技术产品增加值任务为3000万元。共举办各级各类农民实用技术培训班9次。积极开展送科技下乡活动。推进“数字弓长岭”工程的圆满完成。充分利用4·26知识产权日、5·17科技活动周、6·29科普法宣传日，开展形式多样的宣传活动，先后到东北大学等单位学习。

**【知识产权工作】** 市知识产权局落实《中共辽阳市委　辽阳市人民政府关于提高科技创新能力　加速老工业基地振兴的若干规定实施细则》（辽市科发〔2006〕35号）文件精神，制定了专利申请费补贴办法。2009年，全市专利申请量411件，其中发明专利申请146件，完成了省政府下达的工作指标。

辽阳钢管有限公司的“直缝埋弧焊钢管”、辽阳石化机械设计制造有限公司的“新型汇集清球装置研制及产业化”、辽宁中鑫自动化仪表有限公司的“SQ型声波清灰器”、灯塔市盛达锅炉工程有限公司的“环保燃气锅炉”4个项目被列入省专利产业化项目，获得160万元资金支持。

积极开展知识产权宣传和培训活动。4月25日，市知识产权局组织了“专利申报与保护维权”培训班，培训人员达50余人。4月26日，市知识产权局会同市工商局、文化局等部门联合开展了知识产权日宣传活动。9月，在“东北亚高新技术博览会”上，市知识产权局组织全市50多家企业携带100余项专利产品参加了展览。

辽阳市建立了由市知识产权局、市工商局、市文化局等部门组成的保护知识产权行动领导小组。完成了省知识产权局委托的辽阳市在商品流通领域化妆品假冒专利的执法检查工作，确定了《辽阳市在商品流通领域查处假冒专利行为专项行动方案》。

**【重点企业选介】** 辽宁忠旺集团有限公司成立于1993年，主要从事研发、生产及销售多元化的优质工业铝型材产品，2009年度总资产达241亿元，产值达127亿元，利税总额53亿元，目前是全球第三大、亚洲最大的工业铝型材研发制造商。公司拥有省级工程技术研究中心，中心配备国际先进的研发装备及全球化的专家、技术团队。公司产品的终端应用范围广泛，尤其专注于交通运输领域。

辽宁新风企业集团有限公司是生产柴油机燃油喷射系统的高科技企业。公司主要从事汽车零部件、建筑材料、机械加工、建筑安装等生产建设。公司研发中心是省级重点工程技术研究中心单位。2006年，辽宁新风企业集团有限公司从德国利勃海尔旗下的CRT共轨技术公司引进柴油机高压共轨系统，被列为国家、辽宁省“十一五”重大发展项目。

辽宁奥克集团是以乙烯衍生的环氧乙烷为主要原料、以太阳能多晶硅切割液、高效混凝土减水剂和聚乙二醇等环氧乙烷衍生精细专用化学品为主导产品的高新技术产业集团。它是国家首批创新型企业和国家重点高新技术企业。奥克集团有24项高新技术成果和产品通过了国家与省级科技成果及新产品鉴定，拥有国家发明专利9项。

辽宁大型钢管有限公司研发中心拥有专业研发人员30余人。2009年，公司投资共5000多万元，引进专业技术人员10多人，实施技术改造6项，推广新技术4项，研发新产品5项，为企业创造直接经济效益1亿多元。公司新建了一条具有自主知识产权并可以按照国家标准和美国石油学会标准生产直缝电阻焊（ERW）钢管的生产线，年生产能力为15万吨。

（辽阳市科学技术局　刘燕）

# 铁岭市

**【概述】** 2009年，铁岭市围绕科技创新体系建设的任务目标，重点安排科技发展计划，共安排科技项目34项，经费580万元，分别占总项目和经费的53.9%与58%。重大、重点项目的支持强度得到提升。

认定市级研发中心4个，每个研发中心扶持20万元引导资金，促进企业提高技术创新能力。

重点把沈铁工业走廊打造成科技走廊，作为科技创新的先导区、示范区，在科技计划中，安排25个项目，科技经费340万元，突出高新技术产业化项目。

围绕新农村建设，重点实施了农业种质工程项目、农业科技龙头企业产业化项目、农村科技特派行动计划和农民技术员培训及青年农民创业工作。初步形成了“一村一品、一乡一业、一县一特色”的农业产业结构，提高了科技对农业发展的支撑作用。

突出产学研合作和技术联盟，注重引进消化吸收再创新、专利技术产业化、成果转化和环境能力建设等项目。

**【科技项目与经费】** 市本级计划经费1000万元，县（市）区预算经费1552万元。企业科研经费投入3.34亿元，比2008年有较大增长。

向上级部门争取立项44项，争取科技经费2509万元，其中，国家科学技术部660万元，省科学技术厅1466万元，省知识产权局170万元，省信息产业厅120万元，省无线电管理委员会93万元。市级科技计划安排科技攻关计划6项，科技产业化计划40项，科技环境与能力建设计划18项。

**【科技成果与转化】** 共完成科技成果鉴定29项，其中，铁岭市农业科学院的高产优质大豆品种“铁丰33号”选育与应用、铁法煤业（集团）有限责任公司的基于电厂循环冷却水余热利用的高温热泵技术开发与应用、铁岭精英园干燥设备有限公司的单机1000吨/日玉米烘干机三项科技成果通过省级科技成果鉴定。

铁岭市农业科学院的高产稳产优质大豆品种“铁丰31号”选育与应用项目和辽宁美麟集团有限公司的“膨化柞绢丝丝绒毯”项目分别获辽宁省科技进步奖三等奖。

辽宁人天科技有限公司的“环保水印刷图纹涂装新材料”、铁岭洪泰涂料有限公司的“高性能环保卷材涂料”、铁岭天河机械制造有限责任公司的“汽车发动机摇臂摇臂轴总成”三个项目获省科技成果转化奖三等奖。

29项科技成果获2009年度铁岭市科技进步奖。其中，辽宁鑫丰矿电设备制造有限公司的“综采工作面机械化安装设备”等6项科技成果获一等奖，铁煤集体企业联合发展有限公司的“采空区矸石充填设备”等16项科技成果获二等奖，铁岭大元电缆有限公司的“小节距铝绞线研制与开发”等7项科技成果获三等奖。

获得辽宁省科技成果转化项目认定70项。其中，已经转化项目28项，正在转化项目24项，待转化项目18项。18项待转化项目中的11项为企业待转化项目，7项为科研院所待转化项目。

市本级科技计划扶持科技成果转化、专利技术转化项目8项，投入扶持资金101万元。辽宁远大换热设备制造有限公司的“改良焊接板式换热器”项目获得省科技成果转化扶持资金50万元；铁岭市农业科学院高产、优质、耐密玉米新品种“铁研124”示范与推广项目获得省科技成果转化扶持资金20万元。

**【高新技术及产业化】** 全市高新技术产业主要分为4个领域，即光机电一体化技术领域、新材料技术领域、生物工程与医药技术领域、节能与环保技术领域。

2009年，全市实现高新技术产品产值161亿元，增加值34.3亿元，均分别比2008年增长50%；高新技术产品产值占工业总产值的15%；高新技术产品增加值占工业增加值的11%；增加值占GDP增值比重的5.25%。

新认定国家高新技术企业2户，分别为铁岭铁光仪器仪表有限责任公司和辽宁人天科技有限公司，完成市本级研发中心认定12户，总数达到36户。铁岭高新区科技孵化器已入驻企业15户。

**【农业科技】** 实施了“铁岭市科技特派行动试点工程”。建立市级科技特派团7个、县级科技特派团（组）10个。组织科技特派员进驻农业科技示范基地，农业科技龙头企业和农村科技示范户开展创业服务，建立种植、养殖、加工经济实体50户。

2009年，全市农村科技特派员共引进、选育动物、植物、特种优良新品种8个，推广先进适用新技术10项。带动5000名农民参与科技特派创业行动，以创业带动就业。直接带动农户人均收入年同比增长10%，保障农民增收致富。大幅度提高了科技成果转化率，促进农业与农村经济增长方式的转变。

培训农民技术员400人，300人获国家劳动职业资格证书。开展市级科技培训班5次，培训农民2000人次以上。

组织申报2009年国家农业科技成果转化资金项目1项，国家科技富民强县项目1项，国家星火计划项目1项。共获得省级以上科技资金879万元。

**【科技交流与合作】** 组织申报国际合作项目5个；推荐高层次留学人才回国工作资助项目1个，推荐海外研发团队项目3个。

积极发挥职能优势，不断拓展引进人才

和技术交流新领域，为基层单位提供引智特色服务，在工业领域开展国际合作与交流服务，还将引进人才范围延伸到农业和医疗等领域。2009年7月28日，接待了德国弗劳恩霍夫应用研究促进协会，组织铁岭市种子企业与外方进行技术交流，帮助企业学习国际应用电子束和等离子体处理种子的先进技术。

2009年6月，铁岭市参加科学技术部举办的泛黄海中日韩经济技术交流会，组织辽宁天润环保科技有限公司、辽宁杜尔环保科技有限公司、辽宁博联过滤有限公司、调兵山市繁兴鹿业有限责任公司4家企业参加洽谈，铁岭县杜尔公司介绍了该公司回收和利用废旧轮胎、电池进行再利用的科研成果及项目概况。推荐了5个科技外交官服务行动项目需求及市场需求。

积极宣传铁岭市海外学子创业的典范实例，协调、组织铁岭电视台、《铁岭日报》、《铁岭晚报》采访了6家企业。《铁岭日报》在《创业的人生最灿烂》专栏、电视台在《新闻观察》节目、《铁岭晚报》在第2版中，都报道和宣传了10年来这些企业的创业者及铁岭市海外学子创业活动取得的可喜成绩。

**【科学普及】** 铁岭师范高等专科学校科学馆和铁煤蒸汽机车博物馆被辽宁省科学技术厅评定为“省级科普基地”。按照省科学技术厅的统一要求，对全市及县（市）区150多个部门进行了科普工作统计，并将统计结果报送到省有关部门。组织举办了一年一度的“科技活动周”，以发放传单、设立宣传板、有奖知识问答、现场设立咨询台等形式，面向广大群众宣传科技知识，致力于提升群众的科技意识。开展了“科普之冬”活动，以惠农为宗旨，为农民提供农业技术、农业专家及相关农业科技知识读本，谋求改变传统农业种植技术，提升农产品质量和产量。

**【县域科技】** 2009年，县（市）区本级投入科技资金共计5469.5万元，比2008年增加21%。其中，铁岭县投入科技资金1440万元，完成预算指标的400%。昌图县投入科技资金820万元，完成预算指标的130%。全市建立县级企业研发中心82家。2009年，县（市）区规模以上工业企业实现高新技术产品增加值51亿元，比2008年增长50%，占全市工业增加值的13%，占全市生产总值的12%。

2009年，开原市、铁岭县同时通过国家科技进步考核，并获得“全国科技进步2007—2008年度先进县”荣誉称号。

铁岭县获得国家科技富民强县专项资金支持。

（铁岭市科学技术局 赵艳梅）

# 朝阳市

**【概述】** 2009年，朝阳市积极整合科技资源，加速推进辽宁（朝阳）新能源电器（超级电容器）产业基地建设和创新体系建设，全面提升企业自主创新能力和产业技术水平，努力培育新的经济增长点，各项工作取得新进步。高新技术产品产值和增加值分别实现154.7亿元和49亿元，同比增长18.2%和27.6%。全年共列入国家、省级科技计划42项，其中，列入国家科技计划4项，列入省科技计划38项，经费为4220万元。实施市本级科技计划59项，落实市本级科技三项费用1300万元。引导社会投入研发经费1.2亿元。

**【科技管理与科技宣传】** 通过精心组织、周密部署，扎实推进，完成了学习实践科学发展观活动学习调研、分析评议、整改落实三个阶段的各项工作，解决了一些科技服务于经济建设最直接和最现实的问题，建立健全了科学发展的体制机制。

加强科学技术局内部管理，重新修订了科学技术局内部管理制度，规范了科学技术局内部工作程序。制订业务知识学习计划。聘请科技部门领导、专家及专业服务机构，结合高新技术企业认定、成果评审、科技项目申报等，开展各类科技培训活动。与科级以上干部签订了反腐倡廉建设责任书。

研究制定了《关于进一步加强科技宣传工作的意见》，进一步明确了科技宣传工作的指导思想、工作重点、目标任务。举办了“科技活动周”“科技下乡”等科普活动；新创办了《朝阳科技简报》和《新能源电器（超级电容器）产业基地建设工作简报》，在《朝阳日报》创办了科技专版，并利用国家、省、市新闻媒体及科技信息网站、各级各类信息刊物，全方位、多角度地宣传科技工作的新政策、新经验、新做法、新成果。共刊发各类稿件120多篇。

**【科技计划项目与经费】** 全年共列入国家、省级科技计划32项，其中，“铸造余热韧化局部增强锰钢复合材料及新型耐磨件制造”项目被列入国家科技型中小企业创新资金项目，“超级电容器活性炭研究与开发与产业化”“产业基地公共服务平台建设”等31个项目被列入省科技计划。共获扶持资金3405万元，其中获省科技扶持资金3305万元，创历史最高水平。

围绕特色产业基地建设、高新技术产品开发、高新技术企业培育、农业产业化龙头企业培育、新技术新品种研发推广、农村科技特派工程实施等重点领域，共实施市本级科技计划59项。其中，科技攻关计划22项，科技产业化项目23项，成果转化项目5项，科研环境与能力建设计划9项。共落实市本级科技三项费用1300万元，引导社会投入研发资金1.2亿元。

**【科技成果】** 完成了2008年度市科技进步奖励项目的评审工作，有54项科技成果获得2008年度市科技进步奖，有18项科技成果达到国内领先或先进水平，其中，“CY4102四气门国Ⅲ系列柴油机开发研制”“辽西地区大枣贮藏保鲜关键技术的研究”两项科技成果获省科技进步奖三等奖；通过市级以上鉴定科技成果56项。其中，通过省级科技成果鉴定40项，“高品质海绵钛制备新工艺应用研究”“HEP系列300～600平方米静电除尘器”“应用内模振动工艺生产大口径钢筋混凝土排水管”“太阳能光电一体化智能采暖供暖设备”等4项科技成果获省科技成果转化奖，获奖金110万元，在辽西地区名列第一，达到省内发达地区水平；完成技术合同认定17项，实现技术交易额520万元，比2008年同期增长10%；新增民营科技型企业5家，总数达到325家。

**【高新技术及产业】** 全年共组织实施了超级电容器活性炭研发与产业化、NGD3.0型柴油机、高端海绵钛开发等30多项高新技术产业化项目，共开发高新技术产品20多项，攻克解决了32项重点行业和重点产业共性与关键问题。高新技术产品产值和增加值分别实现154.7亿元和49亿元，同比增长18.2%和27.6%。

加大了高新技术企业培育力度。按照新的《高新技术企业认定管理办法》，对全市企业进行梳理，分阶段、分层次进行辅导和申报。年内选择了20多家起点高、市场前景好、对高新技术消化吸纳能力较强的企业作为重点企业加以培育，引导其逐步按照高新技术企业的要求开展工作。帮助企业积极申请认定省、市级高新技术企业。朝阳浪马轮胎有限责任公司、中国航天长峰朝阳电源有限公司、北票棒棒玉米芯开发有限公司等3户企业被认定为国家级高新技术企业。

**【农业科技】** 实施了食用菌优良菌种筛选及配套生产技术研究与示范、优质肉牛奶牛饲养及产业化、花卉产业化关键技术创新等40多项技术攻关项目，其中，被列入省科技计划14项，争取扶持资金320万元。引进、培育农业新品种173项，完成政府考核指标的144%，推广新品种55个、农业新技术20余项，完成政府考核指标的166%。实现农业增收12.1亿元；围绕杂粮、大枣、花卉、葡萄酒等特色产业基地建设，重点扶持了5家农业产业化龙头企业。朝阳圣丰牧业有限公司实施的“秸秆生物颗粒全价配合饲料开发”项目，年实现总产值2875万元，已带动2100户农民从事畜牧养殖业，可实现总产值1.26亿元，创造了2100万元的经济效益。

出台了《朝阳市科技特派行动若干意见》，建立了科技特派团、科技特派组和科技特派员三级科技特派服务体系。其中，省科技特派团帮助凌源引进花卉新品种38个，推广新品种8个，建立示范区4个，典型示范户20户，示范棚100余个，带动农户1000余户，技术辐射面积达2000余亩；省粮食科学研究所科技特派组与北票棒棒玉米芯开发有限公司签订了科技人员进驻企业进行科研的合作协议，共同进行了玉米芯颗粒粉载体微生物控制技术的研发、试验，设计了鼠笼式代料翅循环高温灭菌机，并已投入使用。全市科技特派员深入企业、农村农户积极开展科技服务。重点推广了“大扁杏高产栽培技术”“板栗栽培技术”“优质薄皮核桃栽培技术”“野生榛子垦复改造技术”等10多项实用新技术。畜牧科技特派员对接了全市24个畜牧养殖大户或公司，全市畜牧养殖数量明显增加。

在农村种养殖大户、农民科技经纪人队伍中选送了95名农民进入沈阳农业大学、辽东学院、辽宁农业职业技术学院、大连水产学院等院校接受花卉、药用植物、养殖、果蔬、食用菌等方面的专业技术培训，截至2009年年底，已累计培训147人；培训农民科技经纪人40人，总数达到484人。

**【科技合作与交流】** 举办了辽宁（朝阳）新能源电器（超级电容器）产业基地建设研讨会，省长陈政高与40多位相关领域的专家及企业界人士共商基地建设大计，为下一步吸引人才、技术、资金和信息资源向产业基地集聚奠定了坚实的基础；邀请20多位海外学子来朝阳市参加2009年海外学子创业周朝阳分项活动。签约科技合作项目8项，合同额为2.45亿元；组织30多家企事业单位先后参加了中国北京国际科技产业博览会、东北亚高新技术博览会、中国国际专利技术与产品交易会等大型科技盛会，为朝阳市企业和科研院所了解高新技术与产业发展最新趋势、开展双边或多边合作搭建了良好的平台。组团参加了市政府在广州、深圳、长三角等地区开展的大型招商活动，引进科技项目8项，引资额达1亿多元；通过日本JICA组织与日本带广市合作实施的由农村妇女参与的健康推进项目，取得良好效果。

**【科技创新平台建设】** 继续深入实施企业技术创新引导工程。通过政策引导、资金扶持帮助6家企业组建了研发机构，其中，森塬公司辽宁朝阳活性炭工程技术研究中心被批准组建省工程技术中心。

北票市农业科技110服务体系运行效果显著。运行一年来，通过电话接入、下乡指导、专家面对面、远程视频等多种服务形式，成功受理解决了2万多人次的农民求助，涉及棉花、西瓜、玉米、畜牧等产业。

科技信息服务平台建设有新进展。以朝阳科技信息网、大型科学仪器设施共享及专业服务协作网和科技基础数据库、科技文献资料库、科技专家库“二网三库”为载体的科技信息共享平台建设得以完善，发布各类科技信息2500多条；虚拟科学院、常设技术市场和网上技术市场工作取得新的成效。共收集600项最新工业类科技信息项目，2000多条农业新品种、新产品、新技术信息。筛选引进了5个高产、抗旱玉米新品种进行了区域试验，取得良好效果，最高亩产可达1200公斤以上。完成技术合同登记22项，成交总额530.29万元。

**【特色产业基地建设】** 积极开展项目招商，对国内外超级电容器厂家进行了全面疏理，邀请了40多位专家和企业界代表，举办了两次高峰论坛，进行项目洽谈。全年对接项目20项，其中，落地项目4项，投资额合计1.5亿元；签订意向协议项目15项，投资额合计33.9亿元。

提出了基地研发中心建设三期建设规划。建成一座1.5万平方米的科技大厦，研发中心用房面积将近1.1万平方米。百纳公司工程技术中心、辽宁金能能源科技开发有限责任公司研发中心等6家与新能源电器（超级电容器）相关的研发机构入驻科技大厦。

基地基础设施建设进展迅速，累计完成投资2.4亿元，完成一期征地动迁946亩，启动二期约1平方公里征地工作；新能源电器产业基地一期规划建设标准化厂房9栋，规划建筑面积6.4万平方米。

完成了基地形象识别系统设计工作，制作了擎天柱、广告牌等大型户外宣传设施。

**【重要科技活动】** 紧紧围绕“文化、战略、发展”这一主题开展了4·26知识产权周活动。采取座谈会、媒体宣传、发放宣传单、宣传手册和宣传袋等多种形式，重点宣传知识产权法律法规基本知识，国家、省知识产权战略纲要的主要内容和精神。活动期间，以“实施知识产权战略 加强企业自主创新”为主题，对企业的管理人员和科技人员进行了培训；走进社区，与社区群众进行座谈和交流；在北票市电力电杆制造有限公司主办了“抗危机、求发展、推进企业技术创新”现场会；以“技术创新与知识产权保护”为主题，在朝阳市、北票市人民广播电台直播专题讲座；在《朝阳日报》开辟专栏，连续宣传知识产权法律法规基本知识。

2009年4月30日，市科学技术局在北票市电力电杆制造有限公司召开了“抗危机、求发展、推进企业技术创新”现场会。市领导花瑞奇、刘志香，市直有关部门负责人、北票市委、市政府领导，各县（市）区科学技术局负责人及重点企业负责人共70余人参加了这次会议。与会人员听取了北票市电力电杆制造有限公司关于加强企业技术创新能力建设、持续提高企业核心竞争力的先进经验，介绍并到该企业一线车间参观了5项重点专利技术产品和工艺及最近取得的6项科技成果。

市科学技术局在“科技调研周”活动期间，组织全体人员深入全市40多家重点企业进行工作调研。5个调研组采取实地调研和问卷调研相结合的方式进行，并形成调研报告。

5月16—22日，举办了朝阳市科技活动周。以“携手建设创新型国家”为主题，突出“推进自主创新，促进和谐发展”，以“节约能源资源、保护生态环境、保障安全健康”等方面为宣传重点，组织开展了启动仪式，大型科普知识宣传，自主知识成果展，科普知识宣传进社区、进军营、进学校、进企业、进机关、进农村的“科普六进”，中小学科技征文，“科技文化卫生”三下乡等10多项大型活动。接受宣传的群众达到8万人次，咨询2万人次，发放宣传资料20余万份，举办科技讲座8期3000多人次，展出挂图500多幅、图片3000多张。

6月30日，辽宁省企业运用知识产权应对金融危机经验交流会在朝阳召开。会上，省知识产权局和省中小企业厅联合颁布了《辽宁省关于加强中小企业知识产权工作的若干意见》，传达了全国企业应对金融危机知识产权工作研讨会精神，辽宁朝阳电力电杆有限公司等5家企业介绍了经验。同日，省知识产权局组织召开知识产权战略实施工作、专利信息利用工作研讨会。省14个市知识产权局（办）、中小企业局，以及企业代表共计150多人参加了会议。

9月29日，召开辽宁（朝阳）新能源电器（超级电容器）产业基地建设研讨会。会议邀请了国内相关领域的40多位专家、学者和企业代表进行深入研讨，广泛征求朝阳新能源电器产业基地发展的对策和建议。与会专家针对加强研究开发、掌握技术和市场、开展招商引资、搭建平台、吸引人才等问题发表了真知灼见。研讨会之后，邀请28位专家及企业精英来朝阳市参观，详细了解朝阳市新能源产业基地建设情况。并与朝阳市相关部门及企业负责人座谈，为新能源电器产业发展出谋划策。

10月24日，“第十届中国（大连）海外学子创业周”主体活动结束后，邀请22名与朝阳市新能源电器（超级电容器）相关专业优秀海外学子前来参会。并积极促进海外学子与朝阳市相关企业合作交流。有8名海外学子与朝阳的8家企业进行了项目对接，总投资额达到2.45亿元。对接项目涉及新能源、新材料、农业滴灌技术等领域。

11月18日，举行辽宁（朝阳）新能源电器（超级电容器）产业基地入驻项目暨新区公共行政服务中心启用仪式。朝阳百纳电器有限公司、辽宁金能科技有限公司、朝阳立塬超级电容器有限公司等首批21家企业正式签约入驻产业基地。

**【知识产权工作】** 全市专利申请量为200件，其中，专利授权量为64件，同比增长15%以上；认真落实专利申请资助及奖励政策，共资助奖励专利申请115项，落实专利申请补贴8.5万元；组织实施了“立式炉及液储系统气化装置直接还原铁粉”“钢筋纤维混凝土管”“螺旋式回转窑生产海绵铁”等5项专利技术产业化项目，争取省科技经费支持180万元；加强知识产权宣传和专利行政执法。组织开展了“4·26知识产权宣传周”“技术创新与知识产权保护专题讲座”“抗危机求发展推进企业自主创新现场会”“知识产权保护进企业进社区”等大型宣传活动8次，举办相关讲座、培训班20多场次；成立了专利行政执法大队，与工商、公安等部门联合开展了严厉打击商品流通领域假冒专利行为，规范市场经济秩序专利执法活动；组织承办了辽宁省企业运用知识产权应对金融危机经验交流会。

**【县域科技】** 北票市农技110科技服务体系通过视频、电话、现场指导、网站回复等方式，解决了21633人次的农民科技咨询和求助。利用视频系统开展了远程视频讲堂培训20期，累计培训1100人；抓好农业科技型龙头企业和特色产业化基地建设。北票市棒棒饲料有限公司利用农副产品玉米棒进行生产加工饲料，经过自主研发，获得国家专利2项，带动农户1.5万余户。联达种业研发北育288玉米品种申报了发明专利，该企业繁种基地带动农户7300户；在省科学技术厅的大力扶持下，北票辣椒产业化基地引进试验、示范、推广新品种5个，使大部分种植面积进行品种更新，实现农民增收2.8亿元；培育工业高新技术产业，促进企业科技创新。帮助北票市波迪机械制造有限公司、北票市理想机械有限责任公司、北票市电力铸钢有限责任公司等一批企业进行自主创新。全年申请专利超过15项。北票市电力电杆制造有限公司新研发实验成功的大弯矩电杆，已申请国家发明专利，该项目计划年产4万根，产值达2.5亿元。

凌源市有12家企业与沈阳农业大学等10家高等院校和科研院所开展产学研合作，签订技术合作协议12项。省科技特派团投资1000万元建立了省农业科学院花卉所凌源工作站；扎实推进科技特派工作。省科技特派团引进试种新品种38个，推广新品种8个，建立示范区4个，典型示范户20户，示范棚100余个，带动农户1000余户，指导花卉龙头企业3个，技术辐射面积达2000余亩。开展研讨和培训60余次，5000多人次参加，发放技术资料5000余册。科技特派员深入企业、农村农户开展科技服务。撰写技术讲座资料5万余字。畜牧科技特派员对接了全市24个畜牧养殖大户或公司；强化科技成果工作，取得市级科技进步奖 3 项。完成科技成果鉴定 2 项，申请专利7项。引进新技术 5 项，新品种30个。

朝阳县共申报省、市级科技项目9项，其中5项得到省、市的资金扶持。县本级共编制科技计划项目21项，其中工业和社会事业项目11项，农业项目10项。创新体系建设有了新进展，农村科技服务网络建设基本形成。共推广应用科技成果20项，新增产学研项目5项，申请专利11件。完成高新技术产品增加值73011.3万元，同比增长33.85%。

建平县全年共组织实施各级各类科技计划12项。高新技术产品增加值实现5.3亿元，同比增长15.22%。朝阳地区河道险工综合治理技术研究、沙棘高产高效经济林营造技术集成研究、机械通气在重症颅脑损伤治疗中的应用技术、环保型丙烯酸酯类乳液上光剂5项科技成果通过市级鉴定。获得专利授权11项，其中，发明专利6项，实用新型专利5项。新增产学研合作项目6项。

喀左县全年组织实施各级各类科技计划26项，其中，朝阳冶金粉末有限公司校企合作项目被列为国家支持项目；加强企业技术创新能力建设，全县有16家规模以上企业建立了研发机构；积极引导粉末冶金，西姆莱斯石油铸钢、红山化工股份有限公司等7家重点企业与东北大学、中国科学院沈阳金属研究所、大连轻工学院等15所院校建立了校企合作技术联盟；稳步推进科技特派工作。对全县开展农村科技特派工作技术需求、人才需求进行了调查研究，在此基础上，制定了喀左县科技特派员实施方案；开展了农民技术员培训工作。选拔45名有文化、有知识、有产业的农民参加了省里举办的第四期和第五期农民技术员培训班；积极开展紫砂陶瓷产业基地建设项目招商，引进及扩产改造的紫砂陶瓷企业3家。

龙城区全年实现高新技术产品增加值4.95亿元，同比增长50%。新启动实施“8000吨新型干法水泥成套设备产业化升级”“24kV金属铠装抽出式开关封闭设备”“氧化铝专用阀门”等产学研科技合作项目7项。组织实施了“智能化箱式变电站生产建设”“年产5000吨秸秆生物降解专用菌种研制及推广应用”“宁夏2号枸杞新品种的引进示范及推广”等省、市计划项目4项。组织16户企业与高等院校及科研单位进行合作洽谈活动，与高校签订科技合作协议8项。将朝阳当凯电力有限公司和朝阳天龙大型水泥管道有限公司作为培育重点。围绕特色产业，做好科技特派工作，为辽宁正大药业有限公司、辽宁三庆农业发展有限公司、韩朝北五味子开发有限责任公司、天池酒业有限公司等培训技术人员。举办培训班，重点培训农民养猪和保护地技术，并制作光盘，发放到养殖户手中。为企业和高等学校牵线搭桥，使区农业产业化龙头企业与沈阳农业大学、沈阳药科大学等签订技术服务协议。

双塔区全年组织实施科技计划12项，争取省、市科技立项项目4项。朝阳市电源有限责任公司、朝阳市金达钛业集团有限责任公司科技创新示范项目、朝阳市力宝重工集团有限公司“双金属复合轧辊”等项目在立项、资金技术引进、市场开拓、产业化促进等方面进展快速；着力做好高新技术企业培育工作，指导朝阳市金达钛业有限责任公司、朝阳市力宝重工集团有限公司等企业完善申报条件，提高企业科技整体水平。加强企业自主创新体系建设，引导朝阳市力宝重工集团有限公司等区内规模以上企业建立了工程技术研究中心；加大了农业科技示范基地建设和科技特派工作力度。加大对驼山子科技示范村和长宝生态农业、荒甸子贡米、孙家湾大枣、涵宇现代化养殖、铭葳节水灌溉等6个特色产业基地的扶持力度，抓农业科技产业化和科技扶贫项目9项；新增产学研合作项目7项。

（朝阳市科学技术局　倪书国）

# 盘锦市

**【概述】** 2009年，盘锦市通过加大力度实施一批技术创新项目，促进了高新技术产业快速发展。与此同时，严格执行科技项目管理，完善项目专家评审和评估，全年科技三项费用支出1600万元，支持132项科技项目，其中包括30项重点技术创新项目。争取国家、省各类科技项目33项，资金1565万元，在石油装备制造、精细化工等重点行业，已有20项重大关键技术取得突破性进展，开发出一批具有自主知识产权的核心技术和产品。通过引进消化吸收再创新，新型石油钻机钻具、丁基橡胶、新型油田压裂液及支撑剂等20项重大科技产业化项目已初具规模。加强高新技术企业认定工作，2009年新认定高新技术企业3家，目前，高新技术企业共有38家，高新技术产业快速发展，全年实现高新技术产品增加值120.4亿元，同比增长33.5%。

**【科技项目与经费】** 2009年，盘锦市承担省级以上科技计划项目33项，科技经费1565万元；实施市本级科技计划项目132项，科技经费1600万元；实施县（区）级科技计划项目67项，科技经费833万元。

市财政安排市本级科技经费1600万元，比2008年增加10%。该项经费分两批计划下达，共安排科技计划项目132项，项目完成后，可实现产值13.85亿元，利税3.18亿元。通过科技三项费用投入，高新技术产品增加值实现120.54亿元，比2008年增加33.5%以上，在全市经济社会发展，科技投入中发挥了强有力的支撑和引领作用。

进一步引导企业增加自主创新投入比例，政府引导资金与企业自投资金比例达到1：35，为自主创新提供了资金保证。

**【科技成果与转化】** 按照《关于辽宁省科技

成果转化项目认定工作有关事宜的通知》精神，共申报辽宁省成果转化认定项目19项。

共有6个项目获得省科技成果转化计划支持。辽宁瑞达石油技术有限公司与大连交通大学合作开发的“水平井存储式高温油水分布测试技术”、盘锦道博尔石油新技术开发有限公司与大连大学合作开发的“油井伴生天然气脱硫技术”等2个项目被列入省内成果转化计划。“稠油污水循环利用技术与应用”等4个优秀成果转化项目被评为省科技成果转化奖励项目。其中，中国石油天然气股份有限公司辽河油田分公司与中国科学院沈阳应用生态研究所合作开发的“稠油污水循环利用技术与应用”获一等奖，辽河石油勘探局与大庆石油学院合作开发的“油气水井不压井作业技术完善配套及规模化推广应用”获二等奖，辽宁省盘锦橡塑机械厂与新疆石油学院合作开发的“20型双链条驱动直线往复单天轮重载抽油机产业化”及盘锦每日集团有限公司与中国水产科学研究院黄海水产研究所合作开发的“中国对虾复合性状良种（‘黄海1号’）养殖模式技术开发”获三等奖。

共完成科技成果鉴定项目53项，其中市级鉴定22项，省级鉴定31项。共有11个项目获得省科技进步奖励。其中一等奖1项，二等奖5项，三等奖5项。开展市级科技进步奖评选，共有56项科技成果获奖，其中一等奖16项，二等奖26项。

**【高新技术及产业化】** 2009年，盘锦市全年实现高新技术产品增加值120.4亿元左右，同比增长33.5%；占全市GDP的比例为16%，所占比重不断增加。

积极组织石油高新技术园区申报国家特色产业基地。9月，盘锦市石油装备制造基地被国家火炬中心批准为国家火炬计划特色产业基地。

辽滨经济区、盘锦高新技术产业开发区、盘锦食品工业园等重点工业园区建设加快推进，产业集聚效应逐渐凸现。为加快盘锦市高新技术开发区建设步伐，促进体制与机制创新，按照市委、市政府的指示，市科学技术局对盘锦市高新区的管理模式、发展思路进行调研，并提出了发展建议。

北方华锦化学工业集团有限公司总投资近200亿元的46吨乙烯工程扩建及500万吨油化工程项目建设全面完成。500万吨油化装置12月10日全面试车成功，已生产出柴油、石脑油等合格产品,柴油产品已运往营口港。

盘锦和运实业集团有限公司实施的“10万吨丁基橡胶”项目总投资21.16亿元，其中，建设投资18.73亿元，项目分两期实施，其中一期工程建设规模为6万吨/年，二期工程建设规模为4万吨/年。工程基础设计工作已经完成，于2009年中期开工建设，预计于2010年末建成投产。该项目建成后，盘锦和运实业集团有限公司将成为国内最大的丁基橡胶生产基地。

辽宁杰事杰新材料有限公司与盘山县政府共同投资10亿元建设新材料产业园，现已完成厂房与基础设施建设，将建设年产1.5万吨的复合结构板材生产线。

**【农业科技研发与攻关】** 开展水稻高产优质多抗新品种（组合）选育技术研究，通过常规、两系、花培法选育，“盐粳218”“盐粳228”通过品种审定；“锦丰1号”“辽旱109”“田丰202”“田丰201”等4个水稻新品种获得国家新品种权保护；“盐粳456”“盐粳158”“锦稻105”“锦稻106”已报送辽宁省品种审定委员会审定；参加辽宁省区域试验水稻新品种7个，生产试验品种2个，省区试预备试验品种6个，国家区域试验品种2个。优质水稻品种在全国推广面积近1000万亩，增加经济效益近10亿元。

开展河蟹育种、养殖模式开发研究，河

蟹规格比以往提高了近50%，试验区收获的最大雌蟹个体达160克，最大雄蟹个体达260克，雌蟹规格达100克/只以上的占30%，雄蟹规格达150克/只以上的占25%。

开展稻鱼蟹生态种养殖生产技术集成与示范，开发建设稻蟹生态种养田深沟高畦建设模式。研究确定了适宜的河蟹放养密度、水稻施肥方法，制定了“无公害食品盘锦稻田大规格河蟹养殖技术规范”“稻蟹生态种养殖生产实用技术要点”和“稻蟹生态种养生产过程与操作规程”，为周边农户开展稻蟹生态种养提供技术支撑。

开展万亩中国对虾规模化养殖技术开发。引进中国“黄海1号”对虾品种，利用1万余亩养殖水体，探索规模化养殖技术。使中国对虾亲虾越冬成活率达43%，虾苗孵化率达16%，养成成活率达67%，平均亩产30只/千克规格的商品对虾35千克。生产无公害商品虾930吨，实现销售收入9500万元。

开展文蛤良种选育及高效养殖技术开发，利用1000立方米水体进行文蛤大规模人工育苗。采集烟台地区、丹东、蛤蜊岗、秦皇岛地区的亲贝，建立了基础群体，组建了5个家系组合进行人工育苗，并陆续筛选出规格大于600微米稚贝1.8亿枚，投放至200亩室外土池，进行土池隔离养殖，已进入幼贝培育阶段，长势良好。

研究在大米中提取蛋白技术，生产食品级大米蛋白粉。实现大米转化率达到11%以上，蛋白质得率为85%～90%，蛋白质含量在88%以上。

研究开发优质畜禽良种繁育及安全养殖技术。引进樱桃谷鸭、Z型北京鸭、法国克里莫北京鸭等优良品种，建立北京填鸭纯种核心群，研究纯种内家系选育、良种繁育技术、肉鸭无公害饲养疫病防控技术、粪污无害化处理技术及填鸭安全、营养饲料配方。研究鹅三元杂交技术，引入辽宁白鹅、豁鹅、莱茵鹅、朗德鹅，建立基础群体，进行分组杂交选育，培育出朗德鹅肥肝专用系；开发鹅肝、鹅肉、鹅绒等系列产品。研究示范优质种猪繁育、生猪安全高效规模化养殖及疫病防控技术。开展良种梅花鹿快速扩繁技术研究，取得了优异的成果。

开发蔬菜工厂化育苗技术。培育出整齐度高、抗病力强的优质蔬菜种苗，全年向全市大批量供应优质蔬菜种苗，提高蔬菜的质量和产量，减轻了菜农的劳动强度，实现了保护地蔬菜增产增收。

**【农村科技特派活动】** 自辽宁省农村科技特派行动实施以来，盘锦市科学技术局会同市委组织部、市人事局、市农村经济委员会和市财政局等单位，深入实施《关于开展盘锦市农村科技特派行动试点工作的意见》。第一，深入开展科技特派试点乡镇行动，选择盘山县古城子镇、盘山县坝墙子镇、沙岭镇、大洼县清水镇和大洼县荣兴农场等5个乡镇，聘请涉农大专院校、科研院所的专家组成科技特派团队派驻各乡镇，使试点乡镇逐步实现“一乡一业”的现代农业集约化生产。第二，开展科技特派组活动。支持盘锦每日集团有限公司、盘锦光合水产有限公司、盘锦鼎翔米业有限公司、盘锦柏氏米业有限公司、盘锦展鹏实业有限公司等5家农业科技龙头企业与大专院校和科研院所合作，促成沈阳农业大学、中国水产科学研究院黄海水产研究所、大连水产学院等院校和院所派出专家组成的科技特派组深入企业开展科技服务。第三，开展农业科技特派员活动。聘请省内外及盘锦市农业技术专家和科研、推广部门的技术人员150余人向全市广大农村派遣科技特派员，为农民开展实用技术培训和难题咨询服务，解决农民种养殖技术难题。第四，组建一支乡土农业科技人员队伍，分布在各行各业。2009年，继续在农村种养殖科技示范户中选拔有一定实践经验的农民进入省内农业高等院校，接受以需求为导向，半年制、非学历的技术培训，全年共选派50名学员分别参加了蔬菜、花卉、海淡水养殖、养猪、家禽、食用菌栽培等专业的学习，现已顺利结业并通过考试和技能鉴定，获得国家农业部、劳动和社会保障部颁发的职业资格证书、辽宁省农业技术员证书和农民科技经纪人证书。

通过开展农业科技特派行动，截至2009年年底，盘锦市形成了一套科学系统的“稻蟹生态种养生产技术规范”，有效解决了制约稻蟹种养生产技术“瓶颈”问题；研究并推广了“深沟高畦，大垄双行，沟边密植，早放精养”的稻蟹生态种养模式；研发了对河蟹安全的水稻专用肥配方及一次性深施肥技术和病虫害防治技术，解决了水稻施肥、施药和河蟹养殖的矛盾。确定了稻田成蟹养殖适宜放养规格和密度，提出了稻鱼蟹生态种养水质调控措施，筛选出适宜河蟹养殖的抗病高效环保型饲料配方及投喂技术；开发了稻田蟹鱼混养技术、推广了稻蟹种养生产全程无公害检测及产品质量控制技术。顺利通过了省科学技术厅的验收。

2009年，盘锦市在沈阳农业大学应届毕业生中选拔优秀毕业生，作为“大学生科技特派员”派驻盘锦市，参加创建省农业科技龙头企业。为盘锦光合水产有限公司、盘锦每日集团有限公司、盘锦展鹏实业有限公司、盘锦柏氏米业有限公司等4家省农业科技龙头企业选派4名沈阳农业大学2009届硕士研究生及本科毕业生，为龙头企业的发展壮大注入了新的技术力量。

2009年，盘锦市举办农民技术员培训班2期，共选派43名学员分别参加了沈阳农业大学等院校蔬菜、食用菌栽培、海淡水养殖等7个专业的学习。聘请省内外及盘锦市农业技术专家和科研、推广部门的技术人员150余人作为盘锦市的农业科技特派员，分成畜牧养殖、水产、水稻种植、芦苇等6个领域，有针对性地为农民开展实用技术培训和难题咨询服务。继续支持4个科技示范村建设，并在此基础上建立了5个科技示范乡。

**【科技合作与交流】** 组织召开了辽宁（盘锦）科技成果对接洽谈会。来自清华大学、北京大学、同济大学、武汉大学、大连理工大学、东北大学、辽宁大学、中国科学院沈阳分院等80家高等学校和科研院所的200余名专家汇聚盘锦。本届对接会采取现场洽谈与网上对接相结合和“双走进”方式，增加会上洽谈的针对性。洽谈会期间，共签订正式合同74项，完成合同额3.53亿元。

对接洽谈会上，盘锦市与上海水产大学、上海理工大学签订了市校全面科技合作协议；在以往良好合作基础上与中国科学院沈阳分院续签了全面科技合作协议，致力于建立多层次、多模式、全方位的合作关系。盘锦市生产力促进中心与中国科学院沈阳计算技术研究所培训中心签订了关于UG CAD/CAM计算机辅助设计高级数控加工培训的技术合作合同。按照合同规定，盘锦市将选派10余位数控行业技术人员参加学习,学成后可获得由中国劳动和社会保障部颁发的中级/高级技能《数控车工/数控铣工职业资格证书》和由中国科学院沈阳计算所、高档数控国家工程研究中心颁发的结业证书。

组织辽河宝石石油装备公司等15家企业参加了第十届中国海外学子辽宁（大连）创业周。“海创周”期间，盘锦市企业与海外学子共签订10余项技术意向合同，与20多位海外学子开展了洽谈，发放宣传资料500多份。

3月25—27日，组织省盐碱地利用研究所、盘锦每日集团有限公司、盘锦光合水产有限公司、盘锦润迪养殖有限公司等9家农业科研单位及涉农企业，带着优质水稻新品种、名优水产品、畜禽新品种等新产品、新技术，参加了“第十三届中国（锦州）北方农业新品种、新技术展销会”。参会3天，共发放各类宣传资料近2万份，同时组织了盘锦市农业技术推广部门、农业科研部门、部分涉农企业及种养殖大户共1500余人到会参观、洽谈，学习省内外农业新技术，引进新品种。

4月15—17日，市科学技术局局长张义林带领盘锦瑞达石油技术有限公司等7家企业，走访了北京理工大学、北京化工大学和中国科学院过程工程研究所等单位，就企业技术需求与相关专家开展成果对接。与北京理工大学、北京化工大学商议向盘锦派遣企业特派员，并达成初步意向。盘锦环帮节能设备有限公司、中国石油辽河宝石石油装备有限公司、天工精密铸造有限公司与北京理工大学签订了合作意向协议，瑞达石油技术有限公司、盘锦恒昌纸业有限公司、盘锦东方沥青焦化有限公司与北京化工大学达成合作意向。

9月24—26日，盘锦市组织参加了东北亚高新技术博览会。组织重点企业参展，展示产业特色，发布技术需求。组织企业登录东博会网站，开展项目预对接，为项目技术合作洽谈打下良好基础。参展活动中，组织各县区科学技术局、有关企业参观了国内外最新科技成果、重大科技专项成果等技术、产品展；组织企业与科研单位、投资机构开展项目洽谈，签订10余项合作意向。

**【科技平台建设】** 积极引导企业加大科技投入，组建企业研发机构。2009年，新建企业技术研发中心5家，全市企业技术研发中心已达26个。省科学技术厅新批准2家省级工程技术研究中心，总数达到11家。依托中国石油辽河宝石石油装备有限公司，组建了辽宁陆海石油装备研究院，为盘锦市石油装备制造业搭建了公共技术服务平台。2009年8月，盘锦市石油装备制造产业基地获得国家科学技术部批准，跻身为国家级特色产业基地。

**【知识产权工作】** 2009年，申请专利950件，其中，发明专利76件（不含中国石油长城钻探工程有限公司），实用新型专利772件，外观设计专利64件。获得专利授权188件。

开展知识产权试点示范工作，组织30家企事业单位参加辽宁省知识产权试点示范活动。到2009年年底，试点示范企业增加到21家，其中省级试点示范企业由8家增加到13家。

加强专利成果产业化扶持和宣传工作。共推荐5项专利技术转化项目。有4项被确定为省级专利技术转化项目，共计拨款175万元。新承担专利技术转化项目的4家企业共投资1230万元，实施进展顺利并取得阶段性成果，完成了计划要求。经受理初审、考核、推荐，最终确定10个项目为市专利技术产业化项目。共计拨款94万元，项目实施进展良好并完成了计划要求。

对商品流通领域开展查处假冒专利行为的知识产权执法工作。共受理专利侵权纠纷案件7件，其中盘锦市3件，辽河油田4件。

4月20日，提出《关于开展2009年保护知识产权宣传周活动实施方案》，在盘锦科技信息网上发布。举行了主题为“实施知识产权战略，促进创新发展”的保护知识产权宣传周活动。发放知识产权相关知识和《中华人民共和国专利法》宣传资料720份，开展咨询服务216人次。

组织参加2009年“专利新技术对接洽谈会”。共收集专利供求信息180项，其中供转售专利信息128项、需求信息52项，并常年在省知识产权网站上发布。

**【县域科技】** 兴隆台区于9月通过国家火炬中心专家组的审核，盘锦石油装备制造基地成为国家火炬计划特色产业基地。10月，兴隆台区被授予“全国科技进步先进城区”荣誉称号。2009年，兴隆台区共组织实施省、市、区科技项目66项，争取科技三项目费用支持1720万元。通过组织企业参加科技活动，签订科技合作协议83项。33项具有实用价值的科技成果在兴隆台区进行了后续试验、开发、应用、推广。全区域共申请国家专利580件，其中发明专利78件；已授权专利327件，其中发明专利授权12件。2009年全区共有省级知识产权示范企业7家、市级试点企业8家，这些知识产权示范、试点企业专利技术转化率达到70%以上。全区4家省级企业技术中心、13个中小企业研发中心运行良好。依托区位优势，重点培育石油装备、石油高新技术、电子信息、医药等高新技术产业。当年新增高新技术企业2家，全区有4家高新技术企业享受国家优惠政策。

双台子区积极引导、组织企业申报2009年省、市科技计划项目，共申报了沈阳三鑫路用材料有限公司的活化胶粉等2个省级科技项目、盘锦北科电器设备有限公司的节能型环氧树脂干式变压器等30个市级科技项目。6个项目被列为盘锦市第一批科技计划项目，获科技项目资金75万元。聘请省农业科学院食用菌研究所张季军研究员为高家村菇农讲解了食用菌栽培有关知识，并为村民发放农业科技技术图书500本，发放科技宣传单450份。深入社区、企业开展形式多样、内容丰富的科技知识推广普及活动。先后21次深入企业征集技术难题，并积极与上级科技部门和有关科研院所联系，帮助企业解决技术难题，盘锦格林恩生物资源开发有限公司与辽宁中医药大学、盘锦鼎泰农业科技有限公司与沈阳农业大学分别签订了合作协议。

盘山县积极申报各类科技项目，向上争取资金405万元。2009年共征集申报科技项目69项，申报市级科研项目52项，列入一批计划项目21项，获得扶持资金220万元。8个项目被列入省级科技计划，获得扶持资金185万元。县科技特派示范项目通过年度验收。9月24日，举办大型现场技术交流会，面向全市推广“盘山模式”。目前，稻田养蟹面积辐射带动70多万亩，已被推广到沈阳、东港、辽阳、法库等市县，并辐射到河南、吉林、黑龙江、内蒙古和宁夏等省份，芦荡养蟹和水库养大蟹发展到50多万亩。5月16—22日，在全县开展了以“携手建设创新型国家”为主题的科技活动周。请省农业专家举办科技培训班，500余农户参加了咨询活动，并赠送科技图书（资料）1万余册（份）。盘山县作为国家科技富民强县专项行动计划试点县，被列为首批参加农民技术员培训范围。2009年是实施辽宁省农民技术员培养工程的第三年，全县14个乡镇的118名农民技术员参加了培训。

2009年，大洼县在国家、省、市科技部门共立项23项，争取科技资金407万元。共选派20人到沈阳农业大学、辽宁农业职业技术学院、大连水产学院等进行蔬菜、畜牧、海淡水养殖等专业技术培训。全面开展科技普及推广工作，组织县直5个科研单位开展科技宣传活动；聘请省农业科学院蔬菜研究所专家开展现场技术指导活动；组织县内水产、畜牧养殖、蔬菜种植业大户及乡镇多种经营服务站人员共30人参加了省科学技术厅举办的为期4个月的农民技术员培训班；组织县内水产、畜牧、蔬菜、水稻、农机等技术人员深入农村，举办各类农业农机技术培训班30期；科技活动周期间，全县每天组织100多名农业技术人员开展技术指导，直接受众达1万多人；组织各乡镇利用农业信息化设备收集当前农业生产中最新技术、经济信息、种养殖病害防治、高效生产等知识，编印发送科技简报2万余份。全年与县图书馆共同印刷科技致富信息简报24期、1万余份，发放到15个乡镇。

**【科学普及与科技宣传】** 举办了“科技活动周”“科技下乡”等科普活动。全年共出版《盘锦科技参考》6期，组稿300多篇，40

多万字，发行3000余册。编辑《科技动态》12期，组稿100余篇，发行3600份。编制《盘锦市科技进步年度报告2008》。在《盘锦日报》《辽宁日报》等共发表科技宣传文章50余篇，在盘锦电视台播出科技新闻、专题类科技节目30余期。

**【招商引资】** 2009年，盘锦市结合本地区资源优势与特点，精心筛选15项招商项目，广泛联络重点企业，组织人员赴杭州、上海、深圳等地进行招商和宣传推介。全年完成招商项目6个，预计吸引资金1.5亿元。项目建设稳步推进，盘锦辽河油田派普钻具制造有限公司的"内涂层钻杆生产"等5项开工建设项目共完成投资额1.1亿元。完成了盘锦辽河油田井下实业有限公司的"新型液体防膨剂"、辽宁华孚石油高科技股份有限公司的"全金属单螺杆泵采油装置"等5个新增储备项目，并通过各种渠道，积极对外推介招商。

（盘锦市科学技术局　陈小杰）

# 葫芦岛市

**【概述】** 2009年，全市完成高新技术产品增加值18.5亿元，占全市工业增加值的比重为13%；有国家级高新技术企业2家，市级高新技术企业28家，高新技术产品43个。地方财政科技拨款5191万元，占地方财政支出的比重为0.50%。申请发明专利72项，比2008年增长21%。技术交易额达到8572万元，比2008年增长3倍多，创历史最好水平。

全力支持万家数字技术产业基地建设，加大了科技资金扶持力度，争取省科技经费3850万元。在第十届中国海外学子辽宁（大连）创业周活动中，重点宣传了葫芦岛高新技术产业园区和绥中滨海经济区。

继续保持全省制造业信息化先进城市荣誉。连山区、龙港区、建昌县进入全国科技进步先进县区行列。市科学技术局获得省科学技术厅颁发的2009年度特色产业基地建设突出贡献奖。市生产力促进中心被授予"全国科技（管理）系统先进集体"称号，这是建市以来葫芦岛市科技管理系统获得的最高荣誉。

**【科技计划项目与投入】** 2009年，全市财政科技投入总额为5191万元，占地方财政支出的比重为0.50%。本级财政科技投入总额为3397万元，占财政决算支出的比例为0.83%。政府科技专项资金为6153万元，是2008年的2.7倍。其中省级为4855万元，市级为800万元，县级为498万元。共列入各级科技计划108项，其中国家级5项、省级57项、市级46项。市级计划中，工业9项、农业20项、社会发展5项、专利2项、科技基础平台建设2项、软科学3项、高新区及产业化基础平台建设3项、指导性计划2项。

配合省科学技术厅抓好绥中万家数字技术产业基地建设是葫芦岛市科技工作的重中之重。2009年，在安排市级经费支持的同时，争取省支持项目26项，获得科技经费3850万元。截至2009年年底，绥中滨海经济区建设进展良好，基地共签约各类企业98家，有43家已经开工。一些投资额度大、科技含量高、市场前景好的项目，如广东国笔科技有限公司投资20亿元的世界语言谷项目、太平洋金融财团国际金融财务公司投资20亿元的智能红外材料及LED芯片项目等纷纷落户万家基地。

**【高新技术及产业化】** 认定市级高新技术企业11家、产品11种。锦西化工研究院被认定为国家级高新技术企业。

“LPG船舶设计与制造”项目是辽宁渤海造船有限公司投资5亿元开发的产业化项目。该项目位于绥中滨海经济区，主要技术依托单位为国家级技术中心的渤船重工船舶工艺研究所。LPG船舶主要用来运输液化石油气（LPG），该项目采用现代船舶制造技术、信息技术和环保技术等打造LPG船舶设计与制造基地，并以绿色环保作为项目建设的根本目标之一，将成为具有示范性的清洁工程和“绿色造船”企业。

“钒、铬工业废渣全组分资源化处理”项目是葫芦岛辉宏有色金属有限公司与中国科学院过程工程研究所合作完成的项目，已被列入2008—2009年度国家火炬计划。该项目主要采用萃取分离、无卤钠化焙烧、氨介质循环等国际、国内先进技术，从废渣中提取钒、铬、磷酸盐和铁精粉等金属材料，并实现了资源回收与废弃物处理无害化。组合技术达到世界领先水平，属于自主研发并具有自主知识产权，为世界首例钒、铬分离专利技术。

**【农业科技】** 2009年，列入各级科技计划的农业项目共有28项，其中国家级1项、省级7项，争取资金300万元；市级20项，安排资金166万元，占市级项目总经费的42%。有15项农业科技型龙头企业项目被列入各级计划，其中国家级1项、省级4项、市级10项，投入资金260万元，着重扶持了有一定产业规模、有较大牵动作用的科技型龙头企业，其中包括绥中宏伟禽业有限公司和桃花岛海产品有限公司两家省级科技型龙头示范企业。

继续实施农民培训工程。全年共选送288名农民学员进入沈阳农业大学、中国农业科学院兴城果树研究所等省内4所高等学校和培训机构，进行为期4个月的农民技术员免费培训，投入培训经费20万元。此外，还选送12名优秀农民技术员参加了省科学技术厅举办的“辽宁省农民技术员专业技术合作组织建设培训班”。市生产力促进中心的流动科技致富学校举办培训班共14期，培训农民2000多人次，并聘请农业专家进行技术指导。

深化科技特派工作，推动区域农业特色产业发展。全市共组建市、县两级科技特派团65个，科技特派组10个，科技特派员438人。科技特派团围绕葫芦岛市“两水一畜一菜”占主导地位的农业特点，侧重在水果、水产、畜牧、蔬菜等特色产业上，加强技术指导、技术服务、科技示范、技术推广工作，为特色产业基地提供技术支撑。全年共引进新品种134个，推广新技术29项，推广面积达到138万亩，新增示范基地12个，农民技术员领办、创办协会36个，带动农户26万户，创造经济效益12.6亿元。有2个科技特派团和6名科技特派员受到省科学技术厅表奖，其中1人受到国家科学技术部表奖，2家企业获得省科学技术厅颁发的“农业科技龙头企业科技特派组”牌匾。

**【社会发展科技】** 继续立项支持乌金塘饮用水除钼净化改造工程。该工程已于2008年9月竣工，但由于该工程是国内第一个水除钼工程，个别环节还需要进行试验研究。2009年，市本级安排科技三项费用200万元继续支持该项目，使其达到水质合格、供水正常的目标，进而恢复了对全市的正常供水。

积极推广秸秆生物反应堆技术，在科技三项费用紧张的情况下，予以立项支持，并从省科学技术厅争取到专项资金30万元。

**【科技成果与转化】** 2009年，列入省年度科技成果转化专项2项，分别是通达泵业有限公司的“专利新产品——液下前置泵开发”、市中天测控工程有限公司的“多功能音乐学习机开发”，共获得资金50万元。全市共取得科技成果46项，其中达到国际先进水平3项、国内领先水平21项、国内先进水平15项、省内领先水平2项。新增利润77276.11万元，新增税收4460万元，创收外汇1345.56万元，节约支出总额达22356.28万元。

获得省级科技奖励2项，其中葫芦岛锦明化工有限公司完成的“液相加氢法糠醇生产工艺技术优化”项目获省科技进步奖三等奖；葫芦岛市农机管理总站完成的“测土配方机械化深施肥技术研究与应用”项目获得省科技成果转化奖三等奖，获得资金20万元。

评审出2009年度市科学技术奖45项，其中科学技术功勋奖4项，科技进步奖41项（一等奖17项、二等奖17项、三等奖7项），奖励科技人员389人。

**【科技合作与交流】** 组织参加了第十届中国海外学子辽宁（大连）创业周、2009年东北亚高新技术博览会、振兴东北老工业基地专利新技术对接洽谈会三个大型科技交流活动，并第一次邀请40名海外学子到葫芦岛市考察。

9月24日，组织11家企业参加了“2009振兴东北老工业基地专利新技术对接洽谈会”。会前，通过网上专洽会、东北及环渤海知识产权官方网站和相关门户网站，集中发布了近三年的专利项目及非职务发明专利项目。同时，采用展板方式，集中展示技术需求信息和优秀专利技术项目，包括供应项目105条、需求项目30条，在现场展出的10个优秀专利项目受到多方关注。

9月24—26日，组织葫芦岛高新区、绥中滨海开发区等12家企事业单位的20余个项目参加了“2009年东北亚高新技术博览会”。辽宁（万家）数字技术产业基地作为辽宁省特色产业基地典型在展厅中展出，吸引了大批国内外企业代表，也受到了上级领导的充分关注。南票化工有限公司与河北农业大学就“窗式孔板太阳能空气集热器产品及其应用系统的产业化”项目签订了正式合作合同，总金额达1亿元，投产后产值可达6亿元，实现利税2.4亿元。

10月22—24日，组织葫芦岛高新区和绥中滨海经济区等单位参加了第十届中国海外学子辽宁（大连）创业周活动。绥中滨海经济区展台吸引了大批海外学子，有40名海外学子应邀到经济区进行了实地考察洽谈，其中7位在电子信息、新能源新材料应用领域有相当成就的学子与经济区达成了合作意向，有1位签订了合作协议。葫芦岛高新区的聚氨酯产业基地建设情况展示，也吸引了众多同行业企业与海外学子的咨询和关注。

**【科技平台建设】** 继续推进公共技术研发服务平台建设。建立了化工和船舶制造技术两个社会化服务的研发创新平台。全市省级技术研发中心已经达到4个。

市生产力促进中心着手建设聚氨酯技术服务平台。平台抓住葫芦岛高新区正在打造“中国北方聚氨酯产业基地”这一契机，利用锦西化工研究院、锦化化工（集团）有限责任公司等企业的优势，借助技术服务平台，整合本地区科技资源，为同类企业的技术研发提供服务，促进葫芦岛市聚氨酯产业基地不断发展壮大。“聚氨酯技术服务平台建设”项目已申报2010年度国家火炬计划。

积极建设科技中介服务机构，2009年共认定登记技术合同41项，技术交易额为8572.76万元，比2008年增长3倍多，创历史最好水平。其中技术开发合同22项，交易额8211.8万元；技术转让合同1项，交易额170

万元；技术咨询合同6项，交易额48.8万元；技术服务合同12项，交易额142.16万元。这些技术合同实施后，可实现经济效益5144万元，社会效益17.1455亿元。审查科技类民办非企业单位3家，其中医疗类2家、工业类1家。

**【知识产权工作】** 全年专利申请量223项，其中发明专利申请72项，实用新型专利申请151项；职务申请61项；获得专利授权134项。发明专利申请量比2008年增长21%，增长率居全省第五位。有2项专利产业化项目被列入市本级计划，获得资金20万元；4项专利产业化项目被列入省计划，获得资金160万元。

市政府出台了《葫芦岛市贯彻落实国家和省知识产权战略纲要实施方案》，制定了扶持政策，为未来5年全市知识产权工作明确了方向。文件规定，在市科技资金中，将设立两项专项资金，即市级专利技术转化资金和专利申请补助资金，用于支持重点专利项目和对发明专利进行补助。同时，建立知识产权奖励制度，对被认定为中国驰名商标、中国名牌，或者被评为中国专利金奖、优秀奖的单位和项目，市政府给予50万元的奖励；对被认定为省著名商标、省名牌产品，或者被评定为省级专利金奖、省优秀奖的单位，给予10万元的奖励。同时，发明专利成果可以直接进入市科学技术奖的评奖程序。

开通专利网上交易平台，利用互联网开展各种专利技术的展示、推介和交易活动。开展专利执法工作，全年共接待处理4个案件。开展省级项目绩效考评工作，对前两年扶持的10项专利转化项目进行了4大类30小项绩效考评，优良率达到100%。在全省首次举办了国家级、省级示范（试点）专利企业拉练评比现场会。成功承办了全省和全国区域性会议。

**【科学普及】** 推动农业产业化，促进农民增收。加大对重点农村专业技术协会、科普示范基地、科普示范乡镇、科普示范村的扶持指导力度，发挥典型引路作用。一是实施“科普惠农兴村计划”。在农村乡镇全面实施“一站、一栏、一员、一校”的“四个一”工程，完成了年初制定的百村“四个一”工程建设。连山区马铃薯生产基地、建昌县小德营子乡农村专业技术协会受到国家“科普惠农兴村计划”活动的表彰；兴城市花园村养猪协会等3家受到省科学技术协会“科普惠农示范工程”的表彰；建昌县获赠中国科学技术协会科普大篷车一台。二是组织开展“优质农产品进超市”活动。组织7个农村专业技术协会的14个优质农产品参加了辽宁省优质农产品进超市展销活动。葫芦岛电视台、葫芦岛日报社对此进行了专访。三是引进推广新品种、新技术。为金星镇科普示范基地引进了玉米新品种“美国改良超甜一号”和优质高产脱毒马铃薯种薯，马铃薯试种1000亩，平均增产25%。玉米试种60亩。四是组织参加农展会。组织基层科学技术协会和有关农村专业技术会协参加了中国寿光国际蔬菜科技博览会，市科协推荐的6个农村专业技术协会产品获奖，并获得优秀组织奖。

开展科普活动，提高全民科学素质。一是开展“科普之冬”活动。开展科技下乡活动980次，组织科技下乡服务团165支；举办科普大集98场次。二是创建社区科普大学。成立了葫芦岛市科普大学总校，新建科普大学分校25所，在购置图书、器材上给予扶持。三是开展青少年科普活动。承办辽宁省主题科普展巡展活动启动仪式，“趣味数学”科普展正式对公众免费开放，科技馆组织30家中小学校学生来馆免费参观。三是推荐实验小学科幻绘画作品、科教制作作品参加全国青少年科技创新大赛。连山区曙光小学代表葫芦岛市参加全国第十三届“七巧科技”总决赛，获得“‘七巧科技’活动全国科技教育示范校”荣誉称号。四是开展2009葫芦岛市暨连山区全国科普日活动。举办科普宣传、科技咨询、科普展览、科普大篷车、万人签名、《中华人民共和国科普法》宣传纪念活动。集中组织开展了科普进社区、科普进校园、科普进机关、科普进农村等一系列科普活动。

**【县域科技】** 2009年，全市6个县（市）区GDP总量为336.3亿元，占全市总量的69.1%，GDP平均增长率为19.8%。县域本级财政科技投入总额为763万元，是2008年的2.8倍，是增长幅度最大的一年。其中，本级科技专项资金1191.6万元，比2008年增长91.7%，占本级财政决算支出的平均比例为0.23%，是2008年的1.8倍。规模以上工业企业科技活动经费支出总额为1.23888亿元。专业技术人员总数为42587人，平均每万人拥有专业技术人员136人。农作物种植面积为333.7万亩，其中良种种植面积为294.0万亩，良种覆盖率为88.1%。科技管理部门实际从事科技管理的人员总数为88人。申请专利160件，占全市专利申请总数的71.7%，其中发明专利申请49件，占全市发明专利申请总数的68.1%；获得专利授权数为94件，其中发明专利授权28件。龙港区被确定为辽宁省知识产权保护试点单位。获得市级以上政府科技进步奖励5项，认定市级高新技术企业15家。绥中县有2家企业及其产品被认定为市高新技术企业和高新技术产品，实现了该县高新技术企业及产品零的突破。

2009年，6个县（市）区列入各级科技计划52项，争取科技专项资金1218万元，比2008年增长89%。其中，国家级3项，资金为为270万元；省级5项，资金为300万元；市级16项，资金为201万元；县区本级28项，资金为447万元。兴城市有2个项目被列入国家重点科技计划，分别是葫芦岛火力速旋有限公司承担的“增压内燃机用浮点型钢质薄壁铬汽缸套”和葫芦岛农函大玄宇食用菌野驯繁育有限公司承担的“年产6000吨无公害食用菌生产加工出口示范基地建设”，取得了历史性突破。“建昌县优质核桃产业化基地建设”项目被列入2009年度国家科技富民强县行动计划。薄皮核桃栽培是建昌县新兴的农业产业，以其市场前景好、经济效益高、收效时间长等优势受到广大农民的青睐，已被县委、县政府定位为县特色主导产业。项目计划利用3～4年的时间，在县东南岭下14个乡镇发展优质薄皮核桃10万亩。2009年国家给付专项扶持资金100万元，省财政厅配套资金100万元。

部分县（市）区本级财政也加大了科技专项资金投入力度，支持企业和产业走科技创新道路。2009年，龙港区投入资金337万元，扶持了6个项目；连山区投入资金60万元，扶持了10个项目；建昌县投入资金50万元，扶持了12个项目。

按照《关于开展2009年全国县（市）科技进步考核工作的通知》（国科发农社字〔2008〕745号）精神，连山区、龙港区、建昌县参加了2007—2008年度全国科技进步县（市）区创建活动，当年12月通过考核，进入全国科技进步先进县区行列。在全市“2008年度科技进步先进县（市）区考核”活动中，有5个县（市）区达标，1个区未达标；其中龙港区、绥中县被评为优秀单位，并被授予市科学技术功勋奖。

6个县（市）区共有288名农民参加了农民技术员培训。这些学员完成了教学计划安排的全部课程并通过考试，获得国家承认的农民技术员和农民科技经纪人证书。兴城市农民马世宇，作为农民技术员和省科技经纪人典型，通过自己创办的玄宇食用菌专业合作社，辐射带动市内外6600户农民从事食用菌生产和加工出口，实现综合社会效益1.5亿元。除农民培训外，各县（市）区还通过开展丰富多彩的科普宣传活动，如科普之冬、科技活动周、科普进万家、科普惠农兴村计划等，送科技下乡。兴城市科技信息网络平台开通了“服务三农”专栏，利用文字、图片、视频等方式，实时介绍农民致富所需的各类种植、养殖等实用技术知识，并及时报道中国乃至世界各地农产品的市场价格及供求信息。

绥中县科学技术局抓住绥中滨海经济区建设的契机，将辽宁百国语言科技有限公司引进经济区。该公司计划投资20亿元，在开发区建立“世界语言学院”和“产学研大厦”，成立“语言科技开发中心”，是滨海经济区入驻企业中规模最大的高科技企业之一。到2009年底，项目总体规划、建议书及园区规划图已全部通过论证。龙港区科技局指派一名副局长专抓招商引资工作，成功引进了投资额为1亿元人民币的“年产20万立方米膨胀玻化微珠保温防火砂浆”项目。同时，针对《国家重点基础研究规划纲要》，结合实际调研，组织编写了全区科技项目库，有71个项目入编。

（葫芦岛市科学技术局　刘雅新）

# 高新区科技

# 沈阳高新技术产业开发区

**【概述】** 沈阳高新技术产业开发区（以下简称“沈阳高新区”）是1991年3月经国务院批准建立的首批国家级高新技术产业园区之一，是沈阳市对外开放的先导区、科技兴市的示范区。沈阳高新区由三好街、浑南产业区、沈阳出口加工区、沈阳新加坡工业园等区域组成，总开发面积为35平方公里。

2009年，沈阳高新区实现营业总收入1495亿元，同比增长15%；实现工业总产值1223亿元，同比增长15%；实现工业增加值265亿元，同比增长10%；实现高新技术产品产值560亿元，同比增长13%；实现高新技术产品增加值135亿元，同比增长16%；实现地区生产总值393亿元，同比增长10%；实现财政收入28亿元，比区内同期减少35%；实现出口创汇7.8亿美元，同比下降20%；实际利用外资7亿美元，同比下降10%；新增固定资产投资240亿元，同比增长10%。

**【科技项目与经费】** 2009年，沈阳高新区进一步提高了科技发展专项资金额度，在科技成果产业化、国家创新基金配套资金、创新创业项目扶持资金、技术研发成果转化引导资金、企业科技攻关支持资金、企业专利、商标和著作权申请费用补贴等方面，加大了投入力度，不断增强园区企业的技术创新能力和产业竞争力；同时，注重加强投融资体系建设，逐步建立和形成完善的投融资协同机制，以切实解决科技企业快速发展过程中的资金短缺问题。

全年共组织企业申报国家、省、市科技项目500余项，立项130项，获得市级以上科技经费3亿元；组织园区科技企业申报高新区科技计划项目120余项，安排计划项目46项，给予财政扶持经费2500万元。新增国家重大专项7项，其中，沈阳芯源微电子设备有限公司、中国科学院沈阳科学仪器研制中心有限公司等IC装备骨干企业申报的“凸点封装涂胶显影及单片湿法刻蚀设备”等4个项目获得国家IC装备重大专项立项，沈阳高精数控公司等申报的“基于国产龙芯CPU芯片的高档数控装置”等2个项目获得国家数控机床重大专项支持，沈阳协合生物制药股份有限公司申请的“SEC 2分子基因改造及其抗肿瘤创新药物研究开发”获国家生物医药重大专项立项，争取国家支持资金达到2亿元。

**【科技成果及其转化】** 2009年，沈阳高新区全年新增重点创新成果81项，园区具有国际先进、国内领先水平的技术和产品达到184项，其中115项技术和产品达到国际先进水平；全年申请专利1271件，同比增长约45%，其中发明专利620件，同比增长25%。沈阳集成电路装备产业基地被国家科学技术部正式批准为“沈阳国家集成电路装备高新技术产业化基地”。

东软数字医疗公司成功研制出“大型高端医疗设备正电子发射计算机断层显像（PET）设备”，填补了国内空白，获得FDA（美国食品药物管理局）认证，成为我国第一家能够生产并面向国际市场销售PET的公司；研制生产的“16层螺旋CT”“1.5T超导磁共振成像系统”“Neulife直线加速器治疗系统”3款旗舰新品开始批量生产，填补了国内空白，打破了跨国公司多年对中国和全球市场的垄断。

沈阳新松机器人自动化股份有限公司独自开发，并成功应用于实际的“五爱隧道综合监控系统”，实现了一次性安装使用、一次性验收合格的良好记录，使东北地区的首条智能化隧道“五爱隧道”成为样板工程；公司研发的“自动售检票系统”成功中标沈阳地铁一号线，成为国产设备在地方重点工程建设中实现当地配套的典范；公司研发的“AGV装配系统”被成功应用于美国通用、福特等知名品牌汽车主流生产线。

沈阳高精数控公司研发的基于国产龙芯CPU的高档数控装置取得阶段性成果，技术达到国际先进水平，获得多项专利，最新研制成功的CMMB（便捷式广播电视接收装置）产品开始小批量生产。

沈阳四维数码科技有限公司首创的“立体电脑播放系统”顺利研制成功，开创了国际真媒体立体视觉显示的先河。

沈阳蓝英工业自动化股份有限公司自主研发的“全钢丝子午线轮胎生产设备”居于国内领先水平；研制的“大型工程载重车用子午线轮胎自动化生产设备”开始试生产，产品投放市场后，将彻底改变我国大型工程汽车用重型轮胎完全依赖进口的局面。

沈阳航天三菱汽车发动机制造有限公司4A9小排量全铝发动机项目完成试生产，8月开始批量生产，全年新增4A9发动机2万台。

沈阳芯源微电子设备有限公司开发的太阳能电池硅片全自动清洗设备、中国科学院沈阳科学仪器研制中心有限公司开发的全自动大型平板式PECVD晶硅光伏减反射覆膜制备设备、化合物太阳能镀膜设备等产品相继研制成功。

**【高新技术产业发展】** 沈阳新加坡工业园新开工投资500万元以上项目21个，引进GE风电齿轮箱、深圳大族激光等投资3000万元以上项目9个；按照新加坡裕廊工业园的发展模式，集中建设的产业化示范基地，一期15万平方米标准厂房及研发中心、二期8.5万平方米可分割标准厂房已经全部建成，并实现封闭运行。

三好街全年实现销售收入260亿元；引进中鼎汽车零部件、华强淘宝创业园等重点项目20个；诚大数码国际广场正式营业；华强数码电子世界部分投入使用，新增营业面积15万平方米，营业总面积达到30万平方米。

沈阳高新区动漫基地是全国唯一同时获得“国家动漫产业基地”“国家动画产业基地”“国家文化艺术科技创新基地”3个国家级称号的动漫产业基地。目前，沈阳高新区的动漫产业规模、产业环境、入驻企业数量和实力、原创能力等方面的综合实力都取得了长足的发展。2009年，入驻企业超过130家，有7部原创作品在中央电视台播出，制作完成作品时长突破1万分钟，沈阳四维数码科技有限公司的4D立体产业化项目取得突破性进展。

由国家、省、市和沈阳高新区共同投资并推进建设的沈阳市目前单体面积最大的综合性科技企业孵化器——“沈阳高新区火炬创新创业园”——正式竣工并投入使用，该创业园总建筑面积为5.6万平方米，IBM和SUN等国际大公司与中国科学院微电子所等一批国内知名科技企业及研发机构已相继签约并落户创业园。

同方工业园二期等项目投入使用，中科天道风电、大族激光基地等项目正在加快建设。

中国移动位置信息产业园签约进驻国内外知名企业40多家，计划到2011年，将成为入驻企业达百家，在国内最具影响力的位置信息产品产业集群。

在生物医药产业方面，具有国际先进水

平的深圳北科“干细胞研发和产业化基地”项目落户。

在风电产业方面，沈阳高新区正在全力打造全国最大的风电产业基地。2009年，沈阳动力集团、美国GE集团、沈阳中科天道新能源装备股份有限公司等风电项目快速发展，美国GE集团的风电齿轮箱项目、韩国的东国风力发电塔项目、中国香港的顺阳机叶片项目相继落户。

在真空设备方面，沈阳高新区计划打造东北地区最大的真空设备产业集群。2009年，中国机械装备（集团）公司投资10亿元研发半导体基片切割及真空设备项目，浙江兴华真空、南京深瑞真空等多家真空设备项目相继落户。

现代服务业发展迅速。编制了《浑南新区现代服务业发展规划纲要》等文件。全年服务业增加值达到60亿元，同比增长22.7%；服务业固定资产投资完成211亿元，同比增长19.2%。沈阳南部金廊等一批现代服务业项目投入使用。

**【科技创新服务平台建设】** 全年新增省级工程技术研发中心7个，至此，国家和省部级研发中心及重点实验室总数达到51家。大力推进动漫技术、IC装备加工及检测、中药与天然药物等公共技术服务平台建设，全面提升科技产业发展服务和配套能力。

动漫公共技术平台总投资4000万元，已建成并投入运行。该平台拥有捕捉、渲染集群、标高清后期制作、幻影成像、调光调色、音效合成和游戏测评等系统，进一步完善了沈阳动漫产业的发展环境，使动漫制作效率提高了20倍以上，可以同时为200家动漫企业提供服务。

生物医药平台取得新进展：与沈阳药科大学、辽宁省分析科学研究院合作共建制剂中心、分析检测中心，与辽宁中医药大学洽谈共建分离提取中心。

与东软集团股份有限公司联合投资建设的总建筑面积为7.4万平方米的沈阳东软软件人才实训基地已经建成，完成了对数千人的基本职业技能培训；开展“创业导师”行动，探索和尝试多种孵化计划和企业培育模式，对在孵创业者开展“一对一”辅导；建立企业家俱乐部，形成孵化器互动交流机制。

**【科技投融资体系建设】** 扎实推进“新三板”工作。截至2009年年底，共有11家企业与中介机构签约进入“新三板”试点程序，5家完成股份制改造，1家企业通过券商内核。

10月30日，沈阳新松机器人自动化股份有限公司在深圳证券交易所创业板成功上市，首批募集资金6亿元，是东北首家在创业板上市的企业，是继东软集团股份有限公司之后高新区内的第二家在全国同行业中的领军科技企业；12月11日，辽宁诺康生物制药有限责任公司在美国纳斯达克成功上市，首批募集资金4500万美元，主要用于扩大销售网络、企业兼并、新产品研发和生产设备提升。

科技投融资服务平台启动运行。3月，该平台正式启动，引进了沈阳佰思特投资管理有限公司、沈阳融汇博通投资顾问有限公司、北京市德恒律师事务所、中国风险投资研究院沈阳分院等15家公司和机构作为成员单位，引进投资银行、基金、会计师、评估师、律师和咨询顾问等专业机构，为企业提供培训辅导、股份制改造、引进战略投资者、股权托管、股份转让、上市融资等系列专业化服务。

**【科技合作与交流】** 2009年，引进海外研发团队55个，海内外人才800余人次。引进世界五百强企业项目数量创历史新高，总数达到34个，实际利用外资项目60余个，实际利用外资额达7亿美元。

围绕软件及外包产业，引进了美国IBM实训基地、生态研究院、工程技术中心，美国AMD研发中心，美国SUN技术中心等世界五百强软件项目；围绕风电产业，引进了美国GE风机齿轮箱产业化项目。

美国第一能源集团与美国GE公司投资3000万美元的风能发电机齿轮箱项目、中顶汽车投资2000万美元的汽车零部件项目、中国香港顺阳投资5000万美元的薄膜太阳能项目等一批科技产业项目开工建设；韩国LG CNS公司设立的系统集成软件研发中心开始正式运营；沈阳新能电力、佳德物流、瑞丰科技、维科真空等十几个项目完成选址；IBM生态联合研究院、日本爱发科株式会社的真空镀膜设备生产基地和日田数码科技园项目已经签约。

**【基础设施建设】** 全年完成基础设施建设投资12亿元。完成了沈抚二号线、沈抚城际铁路、哈大客运专线等国家及省、市重点项目的征地拆迁工作。完成了沈抚城际铁路浑南段管网排迁、七处平改立及会展中心乘降站广场和古城子及沿线绿化建设。完成了拓建机场路各类管网排迁工程。投资2300万元建设的浑南产业区污水处理厂工程正式投入使用。

**【企业并购】** 2009年，有5家企业成功并购境外科技型企业。辽宁高科能源集团出资5000万美元，收购日本爱维泰克2个研发机构和非晶硅太阳能薄膜设备生产线；东软集团股份有限公司出资1300万欧元，收购芬兰西斯康手机开发部；辽宁诺康生物制药有限责任公司并购澳大利亚QRXP公司蛇毒技术平台项目；沈阳星舟通讯技术有限公司出资2900万元，收购新加坡主板上市公司创值卫星通讯科技20%的股权；沈阳新松机器人自动化股份有限公司收购了德国C－COM工业设计院。

**【重要科技活动】** 2009年10月29日，沈阳动力集团、美国可再生能源集团和美国希艾罗风能集团在华盛顿国家新闻中心举行成立合资企业及风机采购协议签字仪式。三方共同出资，在美国得克萨斯州建立600兆瓦风场，签约总额高达15亿美元。根据协议，沈阳动力集团将向美方提供240部2.5兆瓦风力发电机组。这是迄今为止中美企业在新能源领域签署的金额最大的合作协议，也是中国风机出口的最大订单。

（沈阳高新技术产业开发区　赵志江）

# 大连高新技术产业开发区

**【概述】** 大连高新技术产业开发区（以下简称“大连高新区”）是1991年3月经国务院批准建立的首批国家级高新技术产业园区之一，是大连市高新技术产业的基地、自主创新的平台、软件和服务外包的核心区，2008年11月被国家科学技术部评为国家先进高新区。

2009年，大连高新区主体园区（旅顺南路软件产业带）实现增加值171.64亿元，增长25%；完成固定资产投资205.9亿元，同比增长48%；实际使用外资10.2亿美元，同比增长69%；完成财政一般预算收入22.91亿元，同比增长44%；实现高新技术产业收入400亿元，同比增长28%；完成高新技术产业增加值133亿元，同比增长30%。

经过多年的努力，大连高新区成为第一批“国家软件产业基地”和“国家软件出口基地”，唯一的“国家动漫游戏产业振兴基地”和“国家动画产业基地”双授牌的动漫游戏产业基地，是“国家高技术产业基地——信息产业基地”，大连市成为第一个“国家软件版权保护示范城市”，第一个“中国服务外包基地城市”，唯一的“软件产业国际化示范城市”。

2009年，大连高新区荣获“国家科技兴贸创新基地”“海外高层次人才创新创业基地”“科技兴贸创新基地”“科技型中小企业技术创新基金工作先进单位”等荣誉称号。

**【科技项目与经费】** 全年组织区内企业申报项目464项，其中，推荐申报国家技术创新基金初创期小企业创新项目17项，申报辽宁省技术创新资金项目46项、辽宁省科技计划项目35项、大连市科技计划项目91项、大连市技术创新资金计划项目73项、大连市科学技术基金计划项目7项、大连市自主创新产品36个、市重大科技成果及专利技术转化项目11项、市信息产业局专项计划项目115项、项目33项。批准立项项目207项，获得扶持资金8390万元。

2009年，大连高新区加大区级财政科技创新投入力度，投入各类科技创新及产业扶持资金近8.5亿元，占全年财政支出总额的比重接近三分之一，共扶持自主创新项目和产业发展项目近200项。

**【科技成果及其转化】** 积极组织2006年、2007年科技创新计划项目进行结题验收和知识产权调查。共验收调查项目174个，98家企业申请或获得各种专利、奖项，通过科技成果鉴定共计500余项，共有14家企业由于获得项目扶持，带来了超千万元的经济收益，科技创新基金在鼓励企业自主创新、发展自主知识产权产品和技术方面发挥了良好的引导和牵动作用。通过鼓励知识产权的创造和发展，全年申请和获得知识产权总数达到1690件。

辽宁欧谷数字公司研发了“俪”“萨维”“崔健”等多款自主品牌手机；展翔海事有限责任公司的高速轻质快速反应船、森谷新能源电力技术有限公司的太阳能汽车、天维科技有限公司的高清数字互动娱乐终端系统、四达高技术发展有限公司的龙门机器人数字化输送系统、皿能光电科技有限公司的薄膜光伏太阳能玻璃幕墙等技术项目在国内处于领先水平；实施LED照明示范工程，在大连高新区29条主要路街沿线安装了1850盏LED路灯，并在大连高新区区机关办公楼安装了3900余盏室内LED日光灯，推动了LED光电照明的应用和发展。

**【科技合作与交流】** 2月11日，与大连市信息产业局在韩国首尔组织了“大连IT产业说明会”，广泛宣传大连高新区的产业政策及人才、创新、服务、环境等方面优势，吸引韩国IT企业到大连发展。韩国三星等企业的200多名代表参加了说明会。说明会期间，大连高新区同韩国浦项集团就韩国IT产业园建设问题进行了磋商。

**【产学研合作】** 9月，启动了大连高新区-高校“区校一体化”建设，与大连理工大学、大连海事大学、东软信息学院达成区校一体化建设合作框架协议，在科技创新、产业培育和人才培养等方面开展全方位、多领域的合作。

组织开展“高新区企业招聘团走进校园”系列活动，取得了可喜成效，并得到国家人力资源和社会保障部的通报表扬。

**【海创工程】** 2009年，大连高新区正式启动了大连市海外学子尖端人才归国创业工程（简称“海创工程”），通过推荐、评审，遴选出第一批大连市海外学子尖端人才归国创业工程项目8个。齐维科技、天维科技、宇光虚拟网络、戴安科技、博众应用材料5个项目入选了尖端人才一类项目，获得“200万元创业专项资金、200万元创业投资和200万元资金担保”的政策扶持；格瑞展泰新能源、思源环保、鳌石科技3个项目入选了尖端人才二类项目，获得“100万元创业专项资金、100万元创业投资和100万元资金担保”的政策扶持。

**【软件和服务外包产业】** 从1998年起，大连高新区紧紧抓住国际产业转移的机会，把大力发展软件和服务外包产业作为调整产业结构、提升产业水平的重要战略积极推进。在国家的大力支持下，以政府推动、市场主导为原则，以国际化和提高自主创新能力为方向，以人才培养、引进为核心，重点推动以软件开发、信息服务、网络、动漫游、工业设计、集成电路设计等为代表的软件和服务外包业务，软件和服务外包产业发展取得了阶段性成果。2009年，大连高新区软件和服务外包企业达到700余家；新引进安永商务有限公司、软银芘爱思（大连）科技有限公司等5个世界五百强企业投资项目，使大连高新区世界五百强企业软件和服务外包项目达到64项；从业人员达到7万人，超千人以上规模企业达到10家。大连高新区软件和服务外包产业迅速崛起。11年来，大连高新区软件和服务外包一直保持年均40%以上的增长速度，软件和服务外包产业的销售收入由1998年的不到2亿元发展到2009年的337亿元，出口额由1998年的数百万美元发展到2009年的11.2亿美元，年均增速均超过50%；大连高新区软件和服务外包产业规模、企业数量、出口创汇、从业人员等主要指标均占大连市的80%以上。大连高新区已成为国内软件产业聚集度和国际化程度最高的园区。2009年2月28日，在国务院下发的《关于促进服务外包产业发展问题的复函》（国办函〔2009〕9号）中，大连被确定为“中国服务外包示范城市”试点城市。

**【发展规划】** 编制了《大连高新区发展战略规划（2009—2020）》《大连高新区软件和服务外包产业重点发展领域规划》《大连高新区高新技术制造业发展规划》《大连高新区打造千亿产业、百亿企业群发展规划》，从经济发展、城市建筑设计、交通、环保、生态、公共服务、智能社区等方面进行系统的发展规划，提出了把大连高新区建设成为“大连建设‘中国第一、世界第一的软件与服务外包新领军城市’的主力军”“大连科学发展新动力、全球知识经济新中心和世界一流的智能宜居科技新城”的发展目标，确定了“以软件与服务外包为核心、高新技术研发制造和配套型服务业为支撑、‘一体两翼’综合发展”的产业定位，明确了“一心、五园、两区”大连高新区经济和社会发展总体布局，制定了自主创新、科技金融、人才发展、平台支撑、环境优化等发展战略，重点推动两个高端产业（高端服务业，即网络、动漫、工业设计、IC设计等；高端制造业，即数字视听、光电子、数控装备制造、新能源等）发展。

**【园区建设】** 全面启动了凌水湾、黄泥川、七贤岭、英歌石、河口等重大基础设施和配套环境建设。凌水湾总部经济基地正在加紧实施临时护岸、填海及南岸工程等改造；黄泥川天地软件园道路、污水处理厂、地下管网和暗渠铺设工程等已规划实施；七贤岭产业基地升级改造进展顺利，已搬迁房屋面积

6.7万平方米，整理土地10万平方米；英歌石软件园道路、场平、回迁楼建设等工程已开工建设；河口国际软件园生活配套区、龙头产业园基础设施建设加快推进；城市建设“五个一工程”全面完成。上述区域建设投资总额超过110亿元，占全年固定资产投资的57.4%。

**【创新服务体系建设】** 2009年，大连高新区坚持把科技创新摆在重要位置，积极推进创新环境建设，加快建立和完善区域创新体系。

着力打造技术创新服务平台，新建成软件测试平台和嵌入式软件公共研发平台，全区公共技术服务平台达到7个。

鼓励和引导30家企业建立了技术研发中心。新认定高新技术企业70家。

加强孵化体系建设，新引进孵化企业130家，在孵企业达495家，率先建立巾帼创业园和大学生科技创业基地，初步形成了全方位、多功能的创业孵化服务体系。

进一步完善科技金融体系。担保公司、创投基金作用不断加强，小额贷款公司组建完毕，大连泰德煤网股份有限公司和大连易世达能源发展有限公司上市申报材料已经被中国证监会正式受理。引进东方汇富创业投资管理有限公司等一批境外投资基金项目和创投机构，区域创投基金规模达到5亿元。与国家开发银行等金融机构合作，获得授信额度400亿元，已到位资金21.6亿元。

**【重要科技活动】** 10月22日，第十届中国海外学子辽宁(大连)创业周开幕式暨国家海外高层次人才创新创业基地授牌仪式隆重举行。中共中央政治局委员、书记处书记、中组部部长李源潮对“海创周”活动给予了充分肯定，作出了“把海创周的品牌做好”的重要批示。全国人大常委会副委员长路甬祥等多位国家和省部级领导出席开幕式并讲话。中央人才工作协调小组授予大连高新区了“国家海外高层次人才创新创业基地”牌匾。本届“海创周”共吸引810名海外留学人员、30家海外华人团体、1000余名各界代表、3000余家用人单位参与各项活动。通过“海创周”品牌及多种人才工作举措，2009年共引进国内外高端人才上千名。

（大连高新技术产业开发区　朱扬军）

# 鞍山高新技术产业开发区

**【概述】** 2009年，鞍山高新技术产业开发区（以下简称“鞍山高新区”）积极应对金融危机带来的不利影响，攻坚克难，逆势而上，各项经济指标均实现快速增长，增幅达到30%以上，完成地区生产总值186亿元，同比增长31%；地方财政一般预算收入3.11亿元，同比增长35%；引进域外资金62亿元，同比增长32%；规模以上工业增加值24.7亿元，同比增长35%；高新技术产品产值350亿元，同比增长35%。

**【发展规划】** 重新确定园区发展定位及发展目标。在开展科技创新，推进创新城市建设，提高自主创新能力方面，与调整鞍山高新区发展定位和位次前移目标相结合，按照“求新求特不求大，要突出特色，突出特点”的要求，在坚持科学发展观的基础上，突出自身优势，提出把鞍山高新区建设成为“创新型城市的发动机，产业培育的动力源，内外商投资的首选地，科学发展的示范区”，实现全面协调可持续发展。

**【科技合作与交流】** 加大力度引进海外科研团队，整合科技资源，加强园区内企业与意大利、美国、德国、韩国等国家的企业合作，推进园区内企业并购国外中小型科技企业。鞍山亚世光电显示有限公司成功并购韩国现代液晶显示LCD专业化公司项目，荣信电力电子股份有限公司成功并购意大利功率半导体器件公司的电力电子研发中心，华杰建材技术开发有限公司与乌兹别克斯坦建材部建材研究院联合设立研发中心。荣信电力电子股份有限公司、亚世光电显示有限公司等4个项目获得省政府资金支持。

**【产学研合作】** 大力推进产学研联盟合作，集中优势资源支持企业与国内外知名科研院所、高等学校、企业合作，荣信电力电子股份有限公司、宏源自动化工程有限公司、华冶矿山设备制造有限公司等一批企业快速发展壮大。截至2009年年底，组织实施产学研合作项目已达88项，参与企业73家，建立合作关系的科研机构、高等院校47家。

**【创新服务体系建设】** 搭建服务平台，扶持企业做大做强。投入科技发展资金5700万元，增强企业科技创新能力，提升企业核心竞争力；加大力度宣传国家刺激经济发展的政策和措施，关注和研究国家拉动内需的具体举措，引导企业开发高科技含量、高附加值的产品；鼓励企业科技创新，提倡企业进行科技储备，扩大专利、新产品的研发及申报范围，通过鼓励和扶持区内企业采用新工艺，研发新产品，带动整个鞍山高新区产业升级改造。全年新增高新技术企业3家，累计达到25家；新增省级技术中心2家、市级技术中心7家，累计达到39家。

加快孵化器建设。全年新增孵化企业24家，毕业4家。截至2009年年底，园区累计在孵企业432家，毕业138家。

找准定位，突出特色。努力实现特色产业发展的高起点、高水平、高效益，促进产品结构和组织结构优化与升级，使特色产业成为产业结构调整和优化的重要助推器。2009年，鞍山高新区对园区内特色产品进行了广泛调查，初步摸清园区内企业拥有的全国之最、全国第一和全国唯一项目共计34项，占全市份额的45%。

积极推进企业上市。重点推进上市企业5家，聚龙自控工程有限公司、森远路桥股份有限公司两家企业已完成上市前的各项准备工作。

**【西区新工业园区建设】** 西区新工业园区粗具规模。建设完成标准厂房20万平方米，鞍山通尊公司的工业地产标准厂房开发建设项目、辽宁华荣重工集团的核电关键装备国产化技术改造项目、辽宁普天数码产业有限公司的数码产业园项目等30个项目相继落户。全力打造工业自动化装备及电气、光电“四新”两大产业集群。全年实现“四个一批”项目469个，总投资537亿元。其中，谋划提出项目110个，总投资171亿元；强力推进项目144个，总投资142亿元；开工建设项目152个，总投资197亿元；投产达产项目63个，总投资27亿元。

光电“四新”产业招商实现新突破。重点推进光电“四新”产业集群项目60余项，实现光电产业招商“三个零突破”。亚世光电显示有限公司、香港伟志等企业落户，标志着LED新光源产业实现了零的突破；深圳南天门、向量动漫等企业落户，标志着动漫产业实现了零的突破；地源热泵技术应用项目的引进，标志着新热源技术应用实现了零的突破。

**【基础设施建设】** 相继完成了高新大道、双功路、环路等35项基建配套工程；重新规划利用土地9.4万平方米；实施园区美化、绿化工程。

（鞍山高新技术产业开发区 贾素娟）

# 锦州高新技术产业开发区

**【概述】** 2009年，锦州高新技术产业开发区（以下简称“锦州高新区”）以“建设高新产业集聚区、打造生态宜居新城区”为目标，大力实施“科技立区、开放强区、生态建区、三产兴区”四大发展战略，全力打造经济发展强势，实现了经济社会的较快发展。

全区实现地区生产总值18.4亿元，同比增长14.3%；工业总产值58.3亿元，同比增长30%；工业增加值15.5亿元，同比增长26%；高新技术产品产值46.9亿元，同比增长15%；固定资产投资16.7亿元，同比增长12%；营业总收入94.7亿元，同比增长20.1%；地方财政一般预算收入2.7亿元，同比增长50%；外资到位额2806万美元，同比增长110%。

全年新增规模以上工业企业2户，全区规模以上工业企业达到42户，预计将新增工业产值6000万元。安排固定资产投资项目51项，其中工业项目20项，项目达产后每年将新增工业产值12亿元。全年完成工业固定资产投资8.7亿元。

**【园区建设】** 投资3000万元的凌东工业园区变电站、6.6万千伏安电力走廊建设项目以及入区企业电力配套工程项目已经全部完成；总投资约5000万元，处理能力为2.7万吨/日的南站污水处理厂已竣工并试运营；投资5000万元建设的凌东工业园区、南站工业园区排水管线已竣工并投入使用；自主投资建设的占地面积达34111平方米，可以容纳1600名学生的实验小学竣工并投入使用；南站欧洲风情小镇项目建设规划已得到锦州市政府批准。

现有固定资产投资500万元以上的新开工项目25个，1000万元以上的新开工项目17个，2008年结转项目15个，竣工投产项目6个，拟开工及储备项目17个。其中，投资6000万元的金城集团2万平方米商业中心项目、总投资3000万元的锦州航星集团辽西电子产品检测中心项目、总投资3000万元的锦州奥鸿药业有限责任公司主导优势产品扩产改造工程等续建项目均完成年度建设计划，部分项目已经开始运营；总投资约10亿元的亿隆·国贸广场项目、投资5亿元的瑞盛汽配城项目、总投资7000万元的锦州秀亭制管有限公司新建汽车尾气管装置项目、总投资5000万元的辽宁华兴机电有限公司安全技术改造等新建项目都处于厂房建设和设备安装阶段，部分项目年底前可进入生产阶段。此外，投资7亿元的温州名购购物中心商业项目、总投资5亿元的哈尔滨啤酒有限公司与百威啤酒有限公司合作建设的年产30万吨啤酒厂项目、总投资1.9亿元的锦州华顺（集团）公司综合物流中心等项目正在进行洽谈和选址工作。

**【科技项目与经费】** 2009年，组织华冠科技、奥鸿药业等公司申报“多组分固定污染源在线自动监测系统”“凝血X因子激活酶”等各类科技计划项目共10项，争取国家、省级科技部门的支持资金307万元。

2009年，锦州高新区科技三项费用达到280万元。为切实提高科技三项费用的利用效率，在注重向高新技术企业和高新技术项目倾斜的同时，进一步增强对企业工程技术中心和实验室建设项目的支持力度。锦州市拨款30万元资助锦州奥鸿药业有限公司的奥鸿生化药物技术中心建设，拨款20万元资助锦州航星集团公司的锦州航星集团试验检测中心建设，以此引导企业加大自身的科技投入5500万元。

**【高新技术企业培育】** 锦州高新区以汽车零部件、新材料、生物制药、电子信息、能源等5大产业为重点，大力发展高新技术产业，并于2009年荣获省科学技术厅颁发的2008年度高新技术产业发展促进奖。

锦州高新区高度重视高新技术企业的培育和认定工作，注重发现和培育具有发展潜力的高新技术企业。按照高新技术企业认定标准进行定向培养，着重对新万得、凯美能源、秀亭制管、华冠科技等公司进行跟踪服务、辅导、培育，其中新万得和秀亭制管两家公司已被认定为高新技术企业，全区高新技术企业已达5家。新万得公司的“缠绕式汽车发电机定子铁芯”项目通过省级科技成果鉴定，汉拿公司的“新能源汽车电驱动类动力总成测试及试验系统”项目通过市级科技成果鉴定。

**【创新服务体系建设】** 申报了2个省级工程技术中心，分别为拓新电子公司的“辽宁电力电子工程技术研究中心”和宏丰印染公司的“辽宁宏丰印染工程技术研究中心”，并均被列入省科技计划。截至2009年年底，全区已有省级工程技术中心5家，其中3家通过验收。正在培育汉拿电机有限公司和奥鸿药业有限公司2个国家级工程技术中心。

为充分发挥国家级创业服务中心的作用，扩大孵化器面积，提高孵化能力，完善孵化功能，拟新建设孵化基地10万平方米，正在做选址和可行性研究报告。将园区内渤海大学的主要检验、检测设备纳入锦州高新区“创新资源库”，形成共享资源，提高现有资源的利用率，降低企业创新成本。

**【重要科技活动】** 组织多家涉农企业和近千名农民参加第十三届中国(锦州)北方农业新品种、新技术展销会。辽宁道光廿五集团满族酿酒有限责任公司、锦州市昌华印刷包装有限责任公司等12家单位参展，参展的技术、产品有几十种，布置展位12个，展板108块，签订项目合作协议10个，协议金额达3373万元。因为对农展会的成功举办作出重要贡献，锦州高新区荣获锦州市政府颁发的最佳组团奖和最佳成果奖。

举办2009年科技活动周。以携手建设创新型国家为主题，以弘扬科学精神、建设社会主义新农村、让青少年理解科学和参与科技创新等方面为重点，开展了专家讲座、科技下乡、科技成就展等系列活动，增强了社会各界对新区科技发展的关注度。

组织佑鑫电子有限公司、航星集团等5家企业参加第十届中国海外学子辽宁（大连）创业周活动，共签订协议3份，协议金额3700万元。其中，拓新电力电子公司与海外学子刘爱民就“第三代大型硅薄膜太阳能电池板”项目签订合作协议，协议金额3000万元；佑鑫电子公司与海外学子王万龙就“计算机辅助三维智能检测系统”项目签订合作协议，协议金额500万元；日鑫硅公司与海外学子葛子义就“太阳能电池板镀膜新型材料”项目签订合作协议，协议金额200万元。通过参加“海创周”，锦州高新区企业与众多海外学子进行了广泛接触并建立了联系，为今后企业项目开发和人才引进打下了良好基础。

（锦州高新技术产业开发区　房靖东）

# 营口高新技术产业开发区

**【概述】** 2009年，营口高新技术产业开发区（以下简称“营口高新区”）实现营业收入322.3亿元，同比增长50.8%；工业总产值306.7亿元，同比增长51%；工业增加值102.2亿元，同比增长51.5%；高新技术产品产值208.56亿元，同比增长53.6%；财政收入3.32亿元，同比增长50.9%；出口创汇1.32亿美元，同比增长50.7%；高新技术产品增加值68.8亿元，同比增长53.6%；地区生产总值106.4亿元，同比增长52.9%。

**【科技项目与经费】** 九日高科（营口）太阳能有限公司年产分体式太阳能热水器100万套项目，是拥有5项发明专利、7项实用新型专利的节能环保高科技项目，总投资1.8亿元。项目达产后，年新增产值13亿元，利润1.4亿元，税金5000万元。

马勒发动机零部件（营口）有限公司年产300万套活塞扩产项目，总投资5.5亿元。项目达产后，年新增产值2亿元，利润2000万元，税金1500万元。

海鸥涂料制造（营口）有限公司年产1000吨工业涂料及水溶性涂料项目，总投资2.2亿元。项目达产后，年新增产值5亿元，利润5000万元，税金2000万元。

辽宁泰尔机械有限公司年产10万套车桥项目，总投资1.2亿元。项目达产后，年新增产值1亿元，利润2600万元，税金2000万元。

营口正合铝业有限公司年产5000吨铝材深加工项目，总投资8500万元。项目达产后，年新增产值4000万元，利润2000万元，税金1000万元。

洪源玻纤科技有限公司年产3500吨微米超细玄武岩纤维项目，总投资5500万元。项目达产后，年新增产值8500万元，利润5100万元，税金727万元。

**【园区建设】** 全年实现开工建设1000万元以上项目48个，开工率为年计划33个的145%；完成固定资产投资25.2亿元，为年计划24亿元的105%。

在开工建设的48个项目中，亿元以上项目6个，总投资12.9亿元，当年完成6.6亿元；5000万～1亿元项目10个，总投资7.4亿元，当年完成6亿元；1000万～5000万元项目32个，总投资12亿元，当年完成10.5亿元。工业项目45个，总投资31亿元，当年完成21.9亿元；非工业项目3个，总投资1.2亿元，当年完成1.2亿元；新建项目43个，总投资28.8亿元，当年完成20.7亿元；续建项目5个，总投资3.4亿元，当年完成2.4亿元；技改项目17项，总投资8.6亿元，当年完成8亿元。

**【产业集聚与发展】** 新材料、先进装备制造两大主导产业集群已颇具规模。全年实现产值239.29亿元，同比增长63.6%。

新材料方面，辽宁卓异科技有限公司、营口洪源玻纤科技有限公司、纳米克斯（营口）能源有限公司等78家新材料企业先后入驻营口高新区，拥有泡沫碳化硅陶瓷材料、铝镁钛合金材料、重防腐涂层材料、能源动力材料、玄武岩超细纤维等在国内行业中技术领先的产品100余种。

先进装备制造方面，辽宁德马重工有限公司、马勒发动机零部件（营口）有限公司、营口冠华机床有限公司、辽宁船舶工业园有限公司、中集车辆（辽宁）有限公司、营口锻压机床有限公司等101家企业先后入驻营口高新区，拥有专用机床、高铁车体车架、汽车关键零部件、特种车辆、船舶、建筑一体化太阳能综合利用装备等先进装备制造产品200余种。

**【科技平台建设】** 营口高新区汇集了知名高等学校和科研院所、技术转移中心和检测机构，形成了较为完整的产学研一体化创新平台。现已拥有国家金属腐蚀与防护重点实验室营口产业化中心、哈尔滨工业大学电气工程与自动化学院研究所营口实验室、大连理工大学国家技术转移中心等国家重点实验室、技术转移中心在营口的分支机构20余家。

拥有省级工程技术研究中心6家（辽宁省冠华胶印机工程技术研究中心等），省级企业技术中心12家（营口冠华机床有限公司、营口中润能源环保设备有限公司等），市级企业研发中心24家。有力地促进了营口高新区的科技型企业迅速发展壮大，为营口高新区技术创新和区域经济发展提供了直接推动力。

围绕汽保行业产业升级，建设了汽保设备公共研发平台，为汽保行业提供产品研发、产品检测和信息服务。依托大连理工大学国家技术转移中心，为园区企业实现科技信息、项目展示、人力资源培训、专家咨询、成果转化、科技咨询等综合服务。重点完善了船舶配套研发服务平台。

**【创新服务体系建设】** 营口高新区通过加强创业服务中心、生产力促进中心等孵化器和科技中介体系建设，为企业提供了良好的创业环境和有力的技术支持。现已拥有国家级科技企业孵化器（营口高新技术创业服务中心）、国家级生产力促进中心（营口市生产力促进中心）和省级生产力促进中心（营口高新区生产力促进中心）等科技服务中介机构5家。其中，创业服务中心累计进驻孵化企业130家，毕业企业40家，在孵企业90家，自主研发产品32项，申请专利15项，获得专利授权12项。全年在孵企业完成产值3.4亿元，实现利税1700万元。聚集和造就了一批科技、管理、经营方面的优秀人才，企业安置就业人员约4000人。

积极鼓励和引导企业开展科技创新，设立工业创新发展基金，对企业设立技术研发中心、重点实验室、专利申报等进行奖励。2009年，全区企业科技投入资金约8000万元，开展科技攻关等科研活动已成为区内企业提升企业竞争力的自觉行为和有效途径，有效地促进了船舶及船舶配件制造、汽车零部件制造、精密机床制造及精密机械加工等主导产业的发展。辽宁船舶工业园已成为辽宁省造船知名企业；中集车辆已成为东北地区特种车辆的生产基地；马勒发动机零部件产品出口欧美，已经被装配到奔驰、宝马等国际知名汽车上；冠华机床的滚齿机系列产品在同行业中具有极强的竞争力。

【创建国家高新区】 为发挥营口高新区在引领创业、创新，推动产业结构调整，带动营口西部经济发展中的作用，抓住辽宁沿海经济带发展规划上升为国家战略的难得机遇，在国家相关部委与省、市政府的积极沟通协调下，2009年7月，全面启动了创建国家高新区工作，进一步加快了园区内高新技术企业、研发中心、科技成果申报、认定工作的步伐，逐步完善了创业服务中心等服务体系建设。

（营口高新技术产业开发区　蒋维峰）

# 阜新高新技术产业开发区

【概述】 2009年，阜新高新技术产业开发区（以下简称“阜新高新区”）实现地区生产总值3.7亿元，比上年增长35.3%，增幅列居全市第一位；固定资产投资9.5亿元，比2008年增长151%；规模以上工业总产值10.8亿元，比2008年增长48.1%；财政一般预算收入3898万元（新口径），按可比口径，比2008年增长58.3%。

【管理与服务创新】 阜新高新区制定印发了《以学习实践科学发展观活动为契机 进一步深化高新区“五型”机关建设方案》，即以人为本，建设学习型机关；转变职能，建设效率型机关；开拓进取，建设创新型机关；廉洁自律，建设廉洁型机关；团结奋进，建设和谐型机关。同时，通过一系列的活动有力地推进了“五型”机关建设。

阜新高新区将项目按期开工、按期投产、扩大生产能力作为提升经济质量的重要手段，抢先抓早，主动服务。一是促进签约项目尽快开工、投产。针对每个项目，都指派专人对项目签约单位做好项目开工前的准备工作，变“在办公室全程服务”为“主动深入项目单位现场服务”，为项目单位全程办理各种手续，保证了签约项目如期开工。二是加大对现有企业的扶持力度。定期深入企业，帮助解决市场开拓、流动资金、企业用工等实际问题。全区13家规模以上企业全部实现赢利，实现利润7151万元。

【科技项目与经费】 顺利完成了国家和省、市科技项目的申报工作。创业服务中心和区内企业共申报科技攻关、科技产业化、科技成果转化、工程技术研发中心、服务平台等项目11项，批复8项，争取国家资金380万元。其中，园区时代中心得到国家支持资金50万元，6家企业获得支持资金320万元。

【科技成果及其转化】 2009年，阜新高新区内各农业研发中心共引进杂粮等农业新品种150个，推广20个；引进新技术7项，应用5项；繁育蔬菜苗3800万株，林木苗2万株，花卉苗500万株；推广杂粮20万亩，蔬菜2300亩，花卉500亩；完成人员培训2400人次。

【高新技术企业培育】 驰宇石油机械有限公司、北鑫星液压有限公司被认定为辽宁省科技创新示范企业。其中，驰宇石油机械有限公司被认定为国家高新技术企业，该公司工程技术研发中心被认定为省级企业技术中心。

【产学研合作】 2009年，阜新高新区继续加强与大专院校、科研院所的合作与交流。重点与辽宁工程技术大学、沈阳农业大学和辽宁省农业科学院进行了合作；辽宁田园实业有限公司、驰宇石油机械有限公司、北鑫星液压有限公司、实维天食品有限公司等企业聘请多名大专院校、科研院所的专家为技术顾问；企业与大专院校联合申报了科研项目；建立了大学生创业实习基地，全年接受创业大学生2名。

【农产品加工产业园建设】 2009年,农产品加工产业园发展迅速，农产品加工业产值达9亿元，占园区总产值的80%，农产品加工业已成为阜新国家农业园区的支柱产业。截至2009年年底，已有阜新申博生物有限公司、辽宁田园实业有限公司、印尼金光集团华丰食品工业有限公司、阜新伊利乳业有限责任公司、阜新振隆土特产有限公司、阜新实维天食品有限公司等20多家农产品加工企业入驻农产品加工产业园。

农产品加工产业园整体规划面积为10平方公里,重点发展五大类系列产品。

（1）乳品系列。以阜新伊利乳业有限责任公司、阜新旺牛乳业公司、阜新绿山羊乳业有限公司为基础，增加新品种，扩大生产能力，加强化验和检测的力度，确保养殖、生产加工、包装、储运、销售等环节的各项指标达到国家认证标准，确保乳制品安全。

（2）果蔬系列。以阜新振隆土特产有限公司、阜新竹企食品有限公司、阜新艾瑞力得食品有限公司、辽宁红松宝食品有限公司为基础，增加产业园果蔬系列产品的种类，进一步提高产品质量和科技含量，逐步增强产品的市场竞争能力，培育辽宁省重要的果蔬类产品加工出口基地。

（3）速冻、方便食品系列。以辽宁实维天食品有限公司、阜新华丰集团为基础，加快“康师傅”“思念”“龙凤”等国内知名品牌的合作，逐步扩大生产能力，进一步提高产品的种类和质量，做大做强方便面及速冻食品产业。

（4）肉产品加工系列。在现有的蒙牛肉制品公司、阜新华正德美客食品公司、阜新八珍食品公司基础上，重点推进南京雨润肉类加工等项目的引进，做大肉类深加工产业并延长产业链条。

（5）粮油深加工系列。以山东鲁花集团、辽宁顺鑫实业公司、阜新露迪食品公司、阜新小东北食品有限公司为基础，增加产品种类，提高产品质量和科技含量，加强与吉林通宝、中粮集团、沈阳金飞马等大企业的对接洽谈，壮大粮油食品加工业，提高产品附加值。

【基础设施建设】 优先加快农产品加工园区和三产服务区的基础设施建设。投资140万元完成了食品园上水工程，并规划西街、玉龙路下水工程；投资940多万元完成了食品街高压延伸工程、福绵集团项目线路改造工程及金地盛园小区高压线路迁移和供电外网工程；投资126万元完成了东新大街北段工程；投资63万元完成了阜新佳林木业公司供热管路配套及蒸汽管道工程。全年投入基础设施建设资金达1300万元。

【招商引资】 逐步加大招商引资力度，坚持以项目建设为核心，采取全员招商与专业招商相结合、走出去与请进来相结合、以商招商等多种招商方式，全方位开展招商引资活动。引进了阜新黑土地油脂有限公司年加工15万吨花生油项目等4个投资额为亿元以上项目；引进了辽宁田园实业有限公司万吨食用菌加工出口生产线项目等6个投资额为5000万元以上项目；阜新佳林木业公司木材深加工项目如期投产运营；投资额为3亿元的阜新市诚億房地产开发有限责任公司金地盛园小区实现了当年签约、当年开工；投资8亿元的辽宁中地置业有限公司建设住宅小区、金融大厦、酒店、影院及小商品批发市场项目，山东鲁花集团年加工10万吨花生油生产加工项目，台湾食品园项目等已经签约。此外，阜新时代金科置业有限公司房地产商住开发、辽宁凯隆房地产开发有限公司房地产商住开发、北京京煤集团金泰房地产有限公司房地产商住开发、沈阳万钧置业集团公司玉龙广场综合开发、阜新市嘉瑞市政工程有限公司建设体育综合休闲会馆、吉林圣鑫实业有限公司建设休闲会馆等项目正在积极推进中。

全年新开工投资额1000万元以上项目21个。其中，亿元以上项目6个，5000万元以上项目4个，1000万元以上项目计划任务11个。

**【民生工程】** 2009年，阜新高新区继续坚持一手抓发展，一手抓民生，将维护稳定与和谐社会建设作为促进阜新高新区快速发展的重要保证，不断改善职工群众的生产生活条件。将八家子村列为城市保洁区，投资60多万元购置垃圾清运车辆，安置20多名公益性保洁员，彻底改变了八家子村的卫生环境。认真做好被征地农民的生活保障工作，将被征地农民2778人全部纳入养老保障体系，对达到法定退休年龄的482人及时发放了养老金，并于3月将养老金标准由308元提高到382元。加大了对被征地农民和下岗失业人员的安置与培训力度，通过设立公益性岗位、向企业推介和劳务输出等措施，已完成安置就业751人，失业率控制在4.8%以内，对有就业能力的1000人进行了岗位技能免费培训，农民工转型劳务输出培训200人。

（阜新高新技术产业开发区　张淼）

# 辽阳高新技术产业开发区

**【概述】** 2009年，辽阳高新技术产业开发区（以下简称“辽阳高新区”）完成营业总收入370亿元，同比增长20%；工业总产值310亿元，同比增长20%；高新技术产品产值188亿元，同比增长20%；高新技术产品增加值44亿元，同比增长16%；高新技术产业增加值66.7亿元；工业增加值74亿元，同比增长16%；生产总值87亿元，同比增长16%；财政收入2.3亿元，同比增长13.30%；出口创汇7.2亿美元，同比增长60%；外资实际到位额8亿美元，同比增长700%；全年共实施工业项目12项,其中，亿元以上项目8项；完成固定资产投资30亿元，同比增长28%。科技进步对经济增长贡献率达到57.52%。

**【科技项目与经费】** 申报国家级科技项目5项，其中国家重点新产品项目2项，国家火炬计划项目3项；申报省级科技项目36项；申报市级科技项目12项。

列入省级科技计划项目10项，其中，辽宁忠旺集团有限公司的“7×××系列工业铝合金型材”等5个项目被列为省重大重点项目，辽阳酷博网络技术有限公司的“酷博Linux操作系统及配套环境”项目被列入省中小企业技术创新资金专项计划，辽阳石化机械设计制造有限公司的“新型汇集清球装置研制及产业化”等2个项目被列入省专利技术转化资金计划。被列入市级科技计划项目6项。全年争取上级科技扶持资金640万元。共安排区级科技项目12项，下达科技三项费用620万元。

**【科技成果及其转化】** 全年开展科技成果鉴定2项；获得国家级科技进步奖1项，省级科技进步奖2项，省级优秀新产品奖1项，市级科技进步奖5项；申请发明专利40项。

区内企业自主研发的“太阳级硅切割液OXSi-205”项目已实现产值17.5亿元，利税3.5亿元；“单晶硅等半导体材料线切割用切削液OXSI-303”项目累计销售产品3万吨，实现销售收入4.5亿元，实现利税9000万元；“三水合乙酸钠”项目累计实现产值100万元，利润10万元。

**【科技合作与交流】** 组织区内企业参加“2009年东北亚高新技术博览会”“振兴东北老工业基地专利新技术对接洽谈会”。两个会议集中展现了各高新区近几年技术含量高、市场前景好的科技和专利成果，促进地区科技成果产业化，对促进高新技术产业发展，推动地区科技创新和交流起到了积极作用。

组织企业参加海外学子创业周活动。设置特装展位，通过播放宣传片、展板展示、发放资料等形式，向与会人员强力推介辽阳芳烃及精细化工高新技术产业化基地。积极组织企业与海外学子开展项目预对接活动。

组织辽阳市及区内5家大型企业代表参加“日本节能环保科技新技术展”。通过参观展会，参加与日本企业的技术对接交流活动，促使企业不断增强创新意识、环保意识和社会责任感，更加积极地了解、应用最新的节能环保技术。

**【产学研合作】** 全年共开展产学研合作项目5项。与中国科学院金属研究所合作开发了“超（超超）临界火电蒸汽管道用耐热钢的研发”项目，依托现有的蒸汽管道用耐热钢材料的相关研究成果，通过对P92材料的化学成分、工艺、组织和性能的分析，开展工业化生产加工工艺的设计和研究，最终开发出满足国内外相关标准的超（超超）临界火电蒸汽管件；与中国海洋大学合作开发了“乙氧基化催化精馏过程模拟技术”项目，双方共同研制乙氧基化精馏模拟软件和工艺包；与中国建筑材料科学研究总院水泥科学与新型建筑材料研究所合作开发“保塑性聚羧酸减水剂”项目，共同研制保塑性聚羧酸减水剂分子结构设计与合成；与上海复旦大学合作开发了“SQ系列声波清灰器”项目，共同研制SQ系列声波清灰器的生产技术；与沈阳工业大学合作开发了“3PP管道防腐专用料的开发及工业化应用”项目，共同研制3PP管道防腐专用料可行性工艺路线及生产技术。

**【科技平台建设】** 2009年，新组建企业研发中心1家，区内企业研发机构总数达到12家。企业研发中心共引进科技人才70余名，开发新产品10余种。辽宁忠旺集团有限公司在中国香港联合交易所成功上市，这是辽阳高新区内第一家上市企业。辽阳芳烃基地公共技术服务平台进入试运行阶段，为企业建立了技术、设备、人员交流的渠道，通过开展产品分析检测、性能评价，小试中试，环境监测，压力容器、工业管道检测，节能检测，水质、防腐检验，设备故障诊断和技术开发等服务，为基地内的企业节约了研发成本，提高了资源利用效率，提高了辽阳芳烃基地的整体科技创新能力。

平台协作单位利用平台的应用化学实验室、高分子材料实验室、环氧乙烷综合利用研究室、油田助剂研究室、表面活性剂性能评价研究室、催化精馏中试实验室、釜式反应乙氧基化中试装置、外循环中试车间，以及聚烯烃、聚酯、芳烃、塑料等专业小试实验室和中试实验室、分析检测中心等资源，完成了一批新产品、新技术的研发，有数十项技术申请了专利，获专利授权12项。为“碳八芳烃异构化催化剂及工艺技术的开发”“新型苯加氢制环己烷催化剂的研究”“Z-N型浆液法聚乙烯催化剂技术开发”“高效淤浆工艺聚乙烯中试技术及新产品开发和催化剂工业应用研究”“用于己二酸和甲醇酯化的渗透汽化膜反应过程和设备研究”“PETG共聚酯生产技术及产品市场应用研究”“1,4-环己烷二甲醇制备工艺及催化剂改进研究”“生物降解聚酯中试技术及产品应用研究”“1,2-丙二醇在聚酯合成中的应用研究”等数十个项目提供了研发支持和检验检测服务，并且将服务范围延伸到本地区的其他企业，取得了良好的经济效益和社会效益。

**【辽阳芳烃及精细化工产业化基地建设】** 辽阳芳烃及精细化工产业化基地稳步发展。2009年，基地将申报国家级特色产业化基地、基础设施建设和招商引资工作列为三大重点工作。

完成了《辽阳国家芳烃及精细化工产业化基地发展规划》《辽阳创建国家芳烃及精细化工产业化基地实施方案》等申报材料编制工作并已通过省科学技术厅组织的两次专家论证会。申报材料已上报国家科学技术部。

投资近2000万元新建4条道路，同步完成了附属设施、绿化、亮化和场地平整工程，新开发区域的路网框架基本形成。投资9000万元建设了日处理3万吨污水的污水处理厂、66千伏变电所和工业管廊工程。华能集团投资8亿元的两台5万千瓦热电项目已经完成选址、可行性研究报告编制等前期工作，基地内已基本形成满足化工生产需求的公用工程体系，产业环境得到了进一步优化。2010年3月前将全面开工建设。

全年新引进入驻企业7家，项目总投资32亿元，累计入驻企业10家。

**【民营科技企业选介】** 辽宁科隆精细化工股份有限公司主要从事环氧乙烷深加工产品的研究开发和生产应用，是中国化工学会精细化工专业委员单位。公司拥有省级工程技术研究中心，研发团队由博士、硕士、本科化工专业人员组成，实验设施完备，技术力量雄厚。公司凭借丰富的原料资源、完善的化工基础设施和雄厚的乙氧基化合成生产技术基础，积极致力于表面活性剂、建材助剂的研制开发和生产。年产各类表面活性剂5万吨，建材助剂8万吨。其中，高效混凝土用聚羧酸减水剂、高效水泥助磨剂、切削液、热塑性聚酯弹性体、高分子聚醚等产品被广泛地应用于桥梁建筑、石油化工、医药、纺织、印染等行业。公司与国内多家研究院所（中国科学院化学研究所、沈阳化工研究院）和高等院校（大连理工大学、沈阳工业大学、沈阳化工大学）建立了密切的合作关系。1992年，独立研制开发的高分子聚醚填补了国内空白；2002年，荣获“辽宁省腾龙企业”称号；2003年，乙二醇苯醚、丙二醇苯醚通过省级科技成果鉴定和新产品投产鉴定，并获得国家发明专利；2008年，聚羧酸减水剂项目通过辽宁省科技新产品和科技成果鉴定；2009年，通过国家铁道部认证，减水剂产品被评为省名牌产品；2009年，实现产值1.3亿元，销售收入1.1001亿元，利税717万元，研究开发经费660万元。

辽阳石化机械设计制造有限公司是国家高新技术企业，是钢制压力管道元件及一、二类压力容器的专业生产企业。公司注重科技创新，拥有省级工程技术研究中心，科研实力较强，其产品在中国石油天然气集团公司、中国石化集团公司、神华煤制油化工有限公司等国家重要领域和企业得到广泛应用，产品占全国市场份额的30%。2009年销售收入为1.6032亿元，利税2414万元，研究开发经费1500万元。此外，公司还是辽阳市产品质量监督局颁布的“产品质量信得过”单位，是神华煤制油化工有限公司的特殊供应商，并领取了中国石油天然气集团公司西气东输和中国石油管道公司市场准入证。近几年来，公司开发的“高温奥氏体合金耐腐蚀厚壁管件”“加氢脱硫装置用高温合金厚壁管件”“超高压精锻钢管关键设备”“超（超超）临界火电蒸汽管道用耐热钢”“新型汇集清球装置”等项目，从管件的原材料加工、制作过程到弯管的加工推制，均采用自主研发的实用新型专利技术，使得项目产品的加工工艺、技术在国内处于领先地位。在中国石油天然气集团公司、中国石化集团公司、中国海洋石油总公司等年产百万吨乙烯改造工程千万吨炼油项目上，获得市场准入资格，并被评为优秀供应商。“十一五”以来，获得实用型专利6项，省科技成果8项，开发新产品11种，生产的压力管道元件系列产品被授予“辽宁名牌产品”称号，“WPHY60，70高强度锻钢对焊管件产品”和“不锈钢厚壁对焊无缝弯管”获省优秀新产品三等奖，“核电加氢高压管件”获得国家重点新产品证书。

辽阳市宏伟区合成催化剂厂是生产聚酯催化剂的大型企业之一。企业主要产品有醋酸钴、醋酸锰、醋酸锑、乙二醇锑和钴锰溴三元复合液体催化剂，建有残渣处理装置一套，催化剂年综合生产能力达1万余吨，PTA氧化残渣年处理能力达1.5万吨。建立了省级研发中心，注重新产品研发与技术创新、科研成果转化和引进技术的消化吸收。企业与大连理工大学合作开发了催化剂醋酸钴，与中国原子能科学研究院合作开发了催化剂醋酸锑，自行研制开发了催化剂醋酸锰和乙二醇锑。醋酸锰、乙二醇锑催化剂2项产品先后荣获辽宁省科技进步奖三等奖；白银回收项目获辽阳市科技成果奖三等奖；醋酸锑产品获得国家级重点新产品荣誉称号，醋酸钴产品获辽宁省第三届优秀新产品奖金奖；醋酸锑、乙二醇锑申请了国家专利，其中，乙二醇锑已获得国家发明专利授权。2009年，该厂实现销售收入1.2亿元,利税985万元。

**【重点科技项目选介】** 由辽宁忠旺集团有限公司与西安重型机械研究所合作开发的“时速350公里动车组用铝合金挤压型材技术研究及产业化”项目，重点攻克时速350公里的高速动车组用车辆铝型材挤压技术，生产具有国际先进水平的车辆铝型材，作为我国目前时速最高的动车组关键部件。项目现处于研究试验阶段，总投资1.08亿元，建设5万吨车辆铝型材生产线，达产后预计可实现工业产值17.5亿元，利税6.5亿元。

由辽宁奥克化学股份有限公司自主开发的“聚羧酸系高效减水剂”项目，以环氧乙烷为原料，利用乙氧基化催化技术、酯化技术、自由基可控聚合技术，合成聚羧酸系高性能减水剂，产品主要作为混凝土外加剂。此项目已入驻芳烃基地。项目计划总投资2000万元，预计年产量为3万吨，达产后可实现销售收入3亿元，利税4200万元。

由辽阳运和石化有限公司自主开发的“运和班组绩效信息系统”项目，围绕车间班组生产控制、成本核算、绩效管理、日常管理等业务，采用实时数据库采集技术，实现了基层班组管理的细化、量化、动态化、实时和日常化。该项目软件产品已通过国家版权局计算机软件著作权登记，并在中国石油天然气集团公司和中国石化集团公司的11家企业的1000多套生产装置上大规模应用。累计销售达到2000套，累计产值4000万元，利税846万元。

辽阳市宏伟区合成催化剂厂的“PTA氧化残渣分离与提纯”项目由企业自主开

发，以中国石化集团公司PTA氧化残渣为原料，采用不同的溶剂提取技术，将PTA氧化残渣进行分离与提纯，使大量的有用物质得到充分的回收利用。该项目计划总投资2800万元，预计销售收入5280万元，利税2667万元。

辽阳高新区生产力促进中心的“辽阳重要芳烃及化纤原料基地公共技术服务平台建设”项目，重点建设一个中心(芳烃产品分析检测中心)、五大实验室(精细合成实验室、农药助剂应用评价实验室、油田化学品开发应用实验室、表面活性剂应用实验室、高压合成实验室)、研究开发五大共享平台及其相应平台软件。该平台以服务为主，不以赢利为目的。项目总投资210万元，正式运营后，预计可降低生产成本20%，降低研发成本40%，提高生产效率10%。

(辽阳高新技术产业开发区　刘丹)

# 葫芦岛高新技术产业开发区

**【概述】** 2009年，葫芦岛高新技术产业开发区（以下简称“葫芦岛高新区”）以“打造中国北方聚氨酯产业基地”为发展目标，园区主要经济指标保持了稳步增长，招商引资成效明显，基础设施建设推进快速，投资环境全面优化，科技创新能力显著增强，园区核心竞争力大大提升，呈现出良好的发展态势。

截至2009年年底，葫芦岛高新区完成总产值20亿元，同比增长12%；技工贸总收入23亿元，同比增长14%；工业增加值3.5亿元，同比增长12%；高新技术产品产值14亿元，同比增长11%；出口创汇1983.2万美元；固定资产投资10亿元，同比增长42%；引进内资13亿元，同比增长113%；全口径财政收入完成2.7091亿元，同比增长24%；一般性财政收入完成8459万元，同比增长18%。

**【园区建设与管理】** 葫芦岛高新区较好地解决了制约园区发展的三大难题：一是土地问题。一次性将葫芦岛高新区规划范围内的基本农田全部调出，土地规划调整大纲得到了省政府批准。二是资金问题。成功得到中国银行3亿元人民币的贷款支持。同时，国家开发银行也明确表示给予 3 亿元的资金支持。三是政策问题。省政府同意将葫芦岛高新区纳入省“五点一线”重点支持发展区域，可以享受“五点一线”各项优惠政策。

完成了高新九路东延道路、天然气气源入区、高新区入区广场景观建设等工程；实施了2万吨污水处理厂建设、生活服务区续建及锦山生活区建设等工程，提升了园区对外形象。

更新管理理念，创造一流环境，打造一流团队。秉承换位思考、和谐发展的服务理念，激励干部工作热情，努力打造一流的投资环境。同时，引进先进的管理理念，提出“办公集中化，产业园区化”的发展构想，解决企业的实际问题，提供优质的全方位服务。

**【聚氨酯产业基地建设】** 2009年，葫芦岛高新区以提升园区核心竞争力为总体发展方向，充分依托葫芦岛市石化产业优势，结合国内外石化产业发展现状及发展前景，提出“打造中国北方聚氨酯产业基地”的发展目标。

聚氨酯产业基地占地面积6.02平方公里，规划了18个项目区，总投资200亿元人民币，重点发展ADI，MDI，TDI及其下游产品、泡沫材料、弹性体、氨纶、合成革、黏合剂、新型建材、涂料等，涵盖了聚氨酯产业从上游的原料生产到下游的最终端产品的各个环节，构成完整的产业链条。截至2009年年底，基地基础设施建设工程前期工作已筹备完毕，计划到2010年9月底之前，基地基础设施建设工作将全部完成，满足入园企业需求。

**【重点项目】** 2009年，葫芦岛高新区在建的重点项目共7个，续建的重点项目共10个，已签约的重点项目共6个，在谈的重点项目共12个。

**【招商引资】** 围绕“打造中国北方聚氨酯产业基地”这一核心任务，突出“三个重点”开展招商引资活动。第一是突出聚氨酯产业重点抓招商，加强专业招商队伍建设。第二是突出化工产业集聚地区重点抓招商。围绕“打造中国北方聚氨酯产业基地”的发展方向，开展了各种形式的招商活动，全年走出去招商20余次。第三是突出重点客商抓招商。主要是通过“走出去”与“请进来”相结合的方式，对一些投资意向强的企业进行全力跟踪推进，成功引进上海中科合臣、台湾完美公司等化工行业知名企业先后入驻园区。

2009年，葫芦岛高新区新增入驻企业19家，产业化项目13个，总投资16.94亿元，在谈项目12个。截至2009年年底，园区内共有规模以上企业38家，投资总额达190亿元。

**【重要科技活动】** 9月16日，承办了“2009年中国（葫芦岛）聚氨酯产业高峰论坛”。葫芦岛市委书记陈晓琨在论坛上致词，葫芦岛市委副书记、市长孙兆林作了题为“打造中国北方聚氨酯产业基地”的演讲。来自全国各地的150多位聚氨酯行业专家和企业家参加了论坛。

（葫芦岛高新技术产业开发区　姚瑶）

# 高校科技

# 2009年辽宁省高校科技工作综述

**【概述】** 2009年，全省普通高等学校共计107所（含20所独立学院），在校博士研究生10652人、硕士研究生63345人，专任教师中具有正高级职称者7144人、副高级职称者17317人。

2009年，全省普通高等学校投入科技活动人员37941人，比2008年增加994人，其中自然科学领域投入4462人，工程与技术领域投入15942人，医药科学领域投入11865人，农业科学领域投入1698人，其他领域投入3974人。

**【科研项目与经费】** 承担科技项目14217项，其中国家级项目2124项，企事业单位委托项目5220项，国际合作项目62项。获得科技经费32.4亿元，比2008年增长7.3%。科技经费占教育总经费的比重达到18.9%。

承担人文社会科学研究项目6380项，其中国家社科基金项目等国家级项目283项。获得科研经费1.4亿元，与2008年持平。其中，政府投入经费1.0亿元，占社会科学科研总经费的71.4%。

获得企事业委托经费18.1亿元，占科技总经费的55.9%。购买科研仪器设备支出2.5亿元。374个科研机构拥有固定资产原值48.7亿元，其中，仪器设备29.7亿元。

**【科研成果与转化】** 自然科学方面，共鉴定科技成果375项，获得各级科技奖励259项。获得国家三大科技奖励4项，占全省总数（19项）的21%，其中主持完成2项，占全省主持完成总数（8项）的25.0%；参与完成2项，占全省参与完成总数（11项）的18.2%。出版科技类著作1146部。发表论文32998篇，其中，被SCIE收录3630篇，被EI收录4851篇，被ISTP收录2494篇。主办国际、国内学术会议80次。向有关部门提交研究成果156项，被采用56项。

人文社会科学方面，共获得各种奖励11项；出版人文社科类著作1498部；发表论文12091篇；主办国际学术会议72次。

转让科技成果251项，成交金额达0.9亿元。

**【科研平台建设】** 新增国家工程技术研究中心1个、国家重大创新药物综合平台1个、国家技术转移中心2个，国家级平台达到21个；新增教育部工程中心3个（省部共建1个），教育部科技平台达到26个；省部（教育部）共建重点实验室、工程中心4个全部通过年度验收；新增教育厅重点实验室3个，总数达到155个；新增教育厅工程中心1个，总数达到21个；协调省财政厅下拨重点实验室建设专项经费2000万元。

大连理工大学成立“科学技术研究院”和“技术研究开发院”。面向科学前沿和高技术创新组建的“科学技术研究院”，重点是构建跨学科、跨院系的研究平台，建设专职科研队伍，努力“承担大项目、组织大团队、构筑大平台、培育大成果”；面向企业、校企联合组建、企业化运作管理的“科学技术研究院”，最终目的不是转让给企业一个技术，解决一个技术难题，而是转移一个技术研发中心、一个技术研发基地、一种技术研发模式，帮助企业建立自主创新队伍与机制。

**【科技人才与队伍建设】** 沈阳农业大学陈温福教授当选为中国工程院院士。中国医科大学高兴华被聘为长江学者，成为我省地方高校首位长江学者。大连理工大学张洪武教授成为“973”首席科学家，辽宁省高校“973” 首席科学家达到3人，还包括东北大学柴天佑（2002年、2008年）、大连理工大学雷鸣凯（2008年）。以大连理工大学滕斌为项目负责人的研究群体成为国家自然科学基金创新群体，总数达到4个，还包括2004年大连理工大学张洪武、2005年东北大学柴天佑、2007年东北大学唐加福为项目负责人的研究群体。新增国家青年基金获得者2人，总数增加到34人。新增教育部新世纪优秀人才20人，总数达到161人。辽宁省教育厅新评定创新团队1个，总数达到128个；新评定优秀科技人才56人，总数达到263人；下拨年度创新团队经费2570万元，科技人才经费430万元。2004—2005年度评定的40个优秀科技人才项目中，有16个人才项目经本校申请，省教育厅组织专家进行了验收；有4个人才项目申请延期；其余20个人才项目由省教育厅统一组织专家进行了会议验收。

**【基础研究】** 基础理论研究获得重大突破，历史上首次在英国*Nature*（《自然》）杂志上发表论文2篇。以沈阳师范大学胡东宇教授为首的古生物研究所课题组报道的迄今已知世界上最早的、长有羽毛的恐龙——“赫氏近鸟龙”——的新发现在2009年10月1日出版的英国*Nature*杂志上以第一作者和第一完成单位发表。本次新发现的“赫氏近鸟龙”化石代表了目前世界上最早的长有羽毛的物种。本次发现进一步支持了恐龙演化曾经过“四翼阶段”的假说，并提出了兽脚类恐龙分异的时间框架新假说。此研究成果代表着鸟类起源研究的一个新的、国际性的重大突破；大连交通大学张志华副教授与香港中文大学李泉教授等合作完成的研究论文*Evidence of intrinsic ferromagnetism in individual dilute magnetic semiconducting nanostructures* 在2009年7月13日在线出版的*Nature Nanotechnology*（《自然—纳米科技》）中以第一作者和第五完成单位发表。文章提出了一种判断铁磁性是否为纳米稀磁半导体材料内禀属性的新方法。这是我国学者在电子能量损失谱领域第一篇在*Nature*杂志上发表的研究论文，表明我国该领域研究达到了世界领先水平。

**【高校哲学社会科学骨干研修工作】** 为认真贯彻落实中央组织部、中央宣传部、教育部联合下发的《关于进一步加强地方哲学社会科学教学科研骨干研修工作的意见》和地方研修工作会议精神，按照省委统一部署，省教育厅与省委宣传部等有关部门紧密配合，分工协作，加大工作力度，稳步推进了高校研修工作。2009年，共举办4期研修班，培训学员470人，其中辽宁省高校教师425人。

（辽宁省教育厅　陈涛　刘晓维）

# 大连理工大学

**【概述】** 大连理工大学1949年4月建校，时为大连大学工学院；1950年7月大连大学建制撤销，大连大学工学院独立为大连工学院；1960年被确定为教育部直属全国重点大学；1986年设研究生院；1988年更名为大连理工大学；1996年启动实施“211工程”建设，教育部、辽宁省、大连市共建大连理工大学；2001年启动实施“985工程”建设，教育部、辽宁省、大连市重点共建大连理工大学；2003年被中央确定为中管干部学校；2006年中央依托大连理工大学成立了中国大连高级经理学院。

学校有4个国家级教育、教学基地（国家工科化学教学基地、国家大学生文化素质教育基地、国家集成电路人才培养基地、国家理科基础科学研究和教学人才培养基地），6个国家级实验教学示范中心（基础化学实验教学中心、工程训练中心、电工电子实验教学中心、基础物理实验教学中心、土木水利实验教学中心、文科综合实验教学中心），11个省级实验教学示范中心，11个辽宁省示范性专业，4个辽宁省骨干教师培训基地，4个世界银行贷款“高等教育发展项目”建设教学实验中心。

学校有3个国家重点实验室（海岸及近海工程国家重点实验室、精细化工国家重点实验室、工业装备结构分析国家重点实验室），1个国家工程研究中心（船舶制造国家工程研究中心），1个国家大学科技园（大连理工大学—七贤岭国家大学科技园），1个国家级技术转移中心（大连理工大学技术转移中心），1个国家级技术中心（国家振动与强度测试中心），4个教育部重点实验室（精密与特种加工教育部重点实验室、工业生态与环境工程教育部重点实验室、海洋能源利用与节能教育部重点实验室、三束材料改性教育部重点实验室），12个省级重点实验室，4个教育部工程（技术）研究中心，9个辽宁省工程（技术）研究中心，7个国家级企业技术中心大连理工大学分中心，2个国家培训中心，13个省级高校重点实验室，3个省级高校工程研究中心，2个省级研究基地，4个科技创新基地，2个科技成果转化基地，71个独立的研究中心、研究院（室），74个研究所。

学校设有研究生院，7个学部（共下设28个院系）、7个独立建制的学院、教学部，3个专门学院和1所独立学院。有一级学科国家重点学科4个（力学、水利工程、化学工程与技术、管理科学与工程，涵盖15个二级学科），二级学科国家重点学科6个（计算数学、等离子体物理、机械制造及自动化、结构工程、船舶与海洋结构物设计制造、环境工程），二级学科国家重点（培育）学科2个。有18个一级学科博士学位授权点，110个二级学科博士学位授权点，150个硕士学位授权点，22个博士后科研流动站，还有工商管理硕士（MBA，含EMBA）、公共管理硕士（MPA）、建筑学、工程硕士4个专业学位授予权和高校教师在职攻读硕士学位授予权。有67个本科专业，4个第二学士学位专业。

学校有教职工3595人，其中专任教师2083人，包括中国科学院和中国工程院院士8人，双聘院士14人，国务院学位委员会学科评议组成员10人，长江学者奖励计划特聘教授18人，讲座教授10人，陈嘉庚技术科学奖获得者2人，何梁何利奖获得者3人，国家杰出青年基金获得者25人，“新世纪百千万人才工程”国家级人选11人，教育部跨世纪优秀人才基金获得者18人，教育部“新世纪优秀人才支持计划”入选者76人，全国高等学校百名教学名师奖获得者3人，辽宁省高等学校教学名师奖获得者13人，博士研究生导师456人，教授等正高级职称人员507人，副教授等副高级职称人员935人。

学校有全日制在校学生32292人（博士研究生3424人，硕士研究生9331人，本科生19112人，预科生64人，外国留学生361人）。另有在职攻读学位研究生3821人，独立学院（城市学院）学生9088人，继续教育学院学生45527人。

学校广泛开展对外交流与合作，现与21个国家和地区的128所大学和研究机构建立了稳定的交流与合作关系，聘请名誉教授、客座教授301人。

**【科研项目与经费】** 2009年，学校全口径统计科技总经费7.86亿元。其中纵横向科技总进款5.735亿元，相比2008年增长4.84%。其中，纵向经费为2.338亿元，相比2008年增长15.23%；横向经费为3.397亿元，与2008年基本持平。

由大连理工大学张洪武教授担任首席科学家的“973”计划项目“复杂装备研发数字化工具中的计算力学和多场耦合若干前沿问题”获得批准立项，批准经费2000万元，这是学校获得的第二个“973”计划项目。另外，学校作为课题负责人承担“973”计划项目课题4项和ITER项目1项，获得经费1152万元（前两年），还获得“973”计划前期研究专项项目1项。

作为负责单位获得批准“863”计划专题类项目8项,参加5项，总经费达1091.5万元。

2009年共获得国家自然科学基金项目159项，经费共计5887.40万元。其中，面上项目90项，经费3337万元；青年科学基金项目53项，经费1040.40万元；重点项目2项，经费390万元；合作重点项目4项，经费159万元；海外及港澳学者合作研究基金1项，经费20万元；国家杰出青年科学基金1项，经费200万元；创新研究群体科学基金1项，经费500万元；优秀国家重点实验室研究项目1项，经费200万元；数学天元青年基金1项，经费3万元；科学部主任基金5项，经费38万元。

滕斌教授作为学术带头人的“海洋环境灾害作用与结构安全防护”科研创新团队，通过了国家基金委组织的函评、会议评审和现场考察，获得国家创新研究群体科学基金资助，经费500万元，这是学校拥有的第二个国家创新研究群体。

郭旭教授申请的国家杰出青年科学基金通过了国家基金委组织的专家评审，获得200万元的资助。

参与高档数控机床与基础制造装备、大型油气田及煤层气开发、水体污染控制与治理科技、转基因生物新品种培育、重大新药创制等重大专项，负责3项课题，经费1716.18万元，参加课题17项，已知合同总经费达3942.89万元。

共获批立项各类人文社科项目119项，总经费161.5万元。项目数和总经费都有历史性突破。其中，国家社科基金项目4项，经费40万元，这是学校历史上获得该类项目资助最多的一年；教育部人文社科项目18项，经费100.6万元；全国教育科学“十一五”规划课题子课题1项；辽宁省人文社科项目31项（其中省社科基金18项，省社科联课题13项）；辽宁省教育厅项目24项；大连市社会科学研究课题41项。

国际科技合作合同经费1665万元，进款额696万元。与英国伦敦大学等共同申请的项目获欧盟第七框架计划资助，项目总经费272万欧元，其中该校经费56万欧元。

**【科研成果】** 获得国家自然科学奖二等奖1项，项目为程春田教授完成的科研成果“复杂防洪调度系统的多目标决策及径流预报理论”，这也是自1978年国家设立科技奖励以来学校获得的第3个国家自然科学奖二等奖；获得国家技术发明奖二等奖1项，项目为仲崇权教授参与完成的科研成果“新一代控制系统高性能现场总线——EPA”。

获得辽宁省自然科学奖一等奖1项，项目为钟万勰院士完成的科研成果“基于模拟关系的计算力学新理论和新方法”；获辽宁省科技进步奖一等奖1项，项目为李宏男等完成的“结构抗灾控制新技术研究与工程应用”；另有5项成果获得省部级一等奖；7项成果获得省部级二等奖；7项成果获得省部级三等奖；还有参与完成的10项成果获得省部级奖励。

吕小兵、贺高红两位教授获得中国石油和化学工业协会“青年科技突出贡献奖”；陈景文教授和赵心清老师获得“第七届辽宁青年科技奖”，陈景文教授还获得了“第七届辽宁青年科技奖十大英才”称号。

获得教育部高等学校科学研究优秀成果奖（科学部分）5项；（人文社会科学）2项。

获大连市科学技术奖6项，其中，发明奖一等奖1项，二等奖1项；科技进步奖一等奖3项，二等奖1项。

2009年，学校被SCI，EI，ISTP收录论文在全国高校排名分别为第14、第5和第18位。另有两篇论文分别获得“2009年中国百篇最具影响国际学术论文”和“2009年中国百篇最具影响国内学术论文”。在2009年全国高校“表现不俗的论文” 排名中，居于第14位。

**【科技人才与队伍建设】** 以滕斌为带头人的1个团队被新批准为国家创新研究群体；9人入选教育部“新世纪优秀人才支持计划”；3人入选“辽宁省高等学校优秀人才支持计划”。

**【科研平台建设】** 开展了国际科技合作平台建设。成立了大工—日冲信息株式会社联合实验室及大工—东京Going.com联合研究所，并在筹建国际多学科智能计算研究中心及大工—拜耳联合研发中心。

精细化工国家重点实验室在2009年科学技术部组织的化学领域评估中获得优秀成绩，是唯一被评为优秀的全国高校系统国家重点实验室，也是学校历史上第一个优秀国家重点实验室。

当年新增3个辽宁省重点实验室，分别是辽宁省高分子科学与工程重点实验室、辽宁省数字媒体处理与传输重点实验室、辽宁省节能与新能源汽车动力控制与整车技术重点实验室。

“工业装备节能控制技术”获得教育部工程研究中心批准立项建设，这是学校第4个教育部工程研究中心。“辽宁省工程起重机械工程技术研究中心”也获得正式批准建设。

积极组织“精密、微制造技术与装备”国家重点实验室申报，“深水试验水池”建设筹备工作和大连国家集成电路制造产业公共服务平台建设在积极进行中。

申报的“科技产业创新与创业研究中心”被批准为辽宁省教育厅高校人文社会科学重点研究基地；“金融风险与系统评价管理研究中心”和“思想政治教育研究所”被批准为大连市社会科学研究基地。

**【产学研合作】** 先后以长三角、珠三角为重点，组织策划37次各类科技对接活动，接待全国16个地市政企代表团500余人来访。与珠海等3市签订全面合作协议，跨区域创建打印设备及耗材产学研创新等4个联盟载体。推荐10名广东省企业科技特派员，推进常熟—大连理工大学研究院等基地建设，促成年产30万平方米浮法微晶材料工业化生产等一批重大项目转化，并荣获首届“中国产学研合作创新奖”，社会效益显著。

组织召开2009年大连理工大学（省、市）校企合作委员会年会，发展会员成效显著，会员总数由75家增至84家。创建丹东仪器仪表产业联盟，辽宁网络化控制技术开发中心获批。围绕辽宁“五点一线”产业集群布局，参与创建光伏产业技术创新联盟等8个联盟，构建新型科技服务网络。筹划成立大连理工大学（新疆）校企合作委员会。完善沈阳鼓风机（集团）有限公司—大工研究院平台建设，启动核泵、压缩机等领域33项攻关项目。参与国家新一代煤化工战略联盟工作，联合其他单位组织申报总额度为3.58亿元的“新型煤化工关键技术与产业化示范”项目。

先后策划同江苏沙钢集团等12家大型企业开展专题对接，跟踪推进总额度为530万元的“褐煤固体热载体快速热解生产焦油”“半焦和煤气成套技术”等2个产业化项目。联合申报“863”计划项目“大连市节能与新能源汽车示范推广”等一批科研项目和促成高压互感器研发平台等科研平台建设。同时，跟踪“生物法制1，3-丙二醇”项目产业化及各类重大项目的申报策划。

**【科技合作与交流】** 先后与锦州市人民政府、珠海市人民政府、张家港市人民政府开展了全面科技合作；与锦州华昌光伏科技有限公司等7家单位签订了技术创新联盟协议；与沈阳鼓风机（集团）有限公司签订核级泵专项科研基金协议；与中国石油天然气股份有限公司辽河油田分公司签订科技合作框架协议；与淄博高新技术产业开发区管理委员会签订共建精细化工国家重点实验室淄博研发中心协议；与天津百利机电控股集团有限公司签订战略合作协议；与大连百孚特线缆制造有限公司签订电线电缆工程技术研发中心协议。

先后接待了应邀来访的日本富士通、韩国三星集团、荷兰贸易代表团、克罗地亚科技代表团和2001年诺贝尔化学奖得主野依良治教授，并分别进行了洽谈和交流；与日本岩手大学、韩国韩巴大学共同策划，成功举办了“中日韩大学产学官合作国际研讨会”，其中日、韩代表32人；先后举办了大连理工大学“精细化工国家重点实验室第四届学术委员会会议”“中国节能减排技术与对策中日国际研讨会”“中日韩大学产学官合作国际研讨会”“第二届计算纳米科学与新能源材料研讨会”“第十四届全国等离子体科学技术会议暨第五届中国电推进技术学术研讨会”“第十三届制造技术国际会议”“第九届国际核聚变技术大会”“中国水利学会水资源专业委员会2009年年会暨学术研讨会”“结构及多学科优化工程应用与理论研讨会”2009（CSMO-2009）等会议。

**【重要科技活动】** 3月4日，2001年诺贝尔化学奖获得者野依良治教授应邀来访，在学校化工学院院长曲景平陪同下，参观了精细化工国家重点实验室。

3月9—10日，正在北京参加第十一届全国人民代表大会第二次全体会议的全国人大代表、大连理工大学校长欧进萍院士接受了《光明日报》《中国教育报》《科学时报》《科技日报》《大连日报》和大连电视台等媒体的采访，就企业自主创新、大学生就业、人才培养等热点问题发表了看法。

4月18—19日，学校常务副校长郭东明

教授率科技代表团赴常州参加大连理工大学常州研究院揭牌仪式及“科技成果与专利技术洽谈会暨长三角校友校庆60周年”庆典活动。郭东明代表学校与常州市副市长王成斌签订了校市全面合作协议，并一同为大连理工大学常州研究院揭牌。

6月26日，在大连市第十三届社会科学进步奖颁奖大会上，学校共有15项研究成果获奖，其中一等奖3项，二等奖3项，三等奖9项。

7月21日，学校2003年、2004年建设的和2006年试运行建设的科研创新团队（A+B类、B类和C类）召开近3年工作总结会。校长欧进萍、常务副校长郭东明、校长助理李俊杰、国家重点实验室负责人、国家创新研究群体科学基金负责人、教育部创新团队负责人、学校科研创新团队负责人及团队所在院系专家出席会议。

7月24日，学校举行2009年度科技奖励大会。会上，宣布成立大连理工大学科学技术研究院和大连理工大学技术研究开发院，并举行了揭牌仪式。

9月2日， 科学技术部公布了2009年化学领域25个国家和部门重点实验室评估结果，学校精细化工国家重点实验室顺利通过在当年3月中旬由国家科学技术部委托国家自然科学基金委员会进行的现场评估。

10月30—31日，由辽宁省经济和信息化委员会、辽宁省教育厅、丹东市人民政府和大连理工大学联合主办的2009年大连理工大学（辽宁）校企合作委员会年会在丹东召开。

12月11日，由学校张洪武教授作为首席科学家牵头，清华大学、中国科学院数学与系统科学研究院等单位共同承担的国家重点基础研究发展计划（“973”）项目“复杂装备研发数字化工具中的计算力学和多场耦合若干前沿问题”启动会在大连星海假日酒店举行。

12月18日，以“校企携手共创伟业，十年倾情齐谋发展”为主题的2009年大连理工大学（大连）校企合作委员会年会在学校国际会议中心举行。

**【重点科研成果选介】**

1.复杂防洪调度系统的多目标决策及径流预报理论

该项目属于水利科学技术领域。在国际上首次提出了面向场次洪水的多准则概念水文预报模型参数自动率定方法;研究了直觉模糊集相似度、模式识别理论及不确定性多目标决策理论;研究了水库（群）洪水调度的多目标模糊迭代及优化模型。已经在全国100多座水库中得到应用，发挥了很好的作用。荣获2009年国家自然科学奖二等奖。

2.基于模拟关系的计算力学新理论和新方法

该项目属于研究计算力学学科。首次发现并证明控制论与计算力学间的模拟关系，并基于此原创性地将计算力学问题导入辛体系，系统地建立计算力学辛对偶求解理论与方法，揭示了能量描述与辛数学结构间的深刻关系，打破了传统计算力学中各分支学科各有自己一套求解理论、缺乏统一性的局限，从而使传统求解理论中难以实施的解析法得以实现，形成在计算力学整体学科框架下统一的求解理论与方法。荣获2009年辽宁省自然科学奖一等奖。

3.结构抗灾控制新技术研究与工程应用

该项目属于土木建筑工程领域。研究成果对提升我国建筑结构设计水平、抵御强地震灾害作用，具有重大的科学意义和实用价值，项目在关键技术上有重大创新，技术难度大，总体上达到国际先进水平，部分成果达到国际领先，对有关规范的编制提供了重要参考。研究成果在辽宁省新建公用与民用建筑，新中国成立初期“北京十大建筑”（如中国革命历史博物馆、北京火车站等）

的加固改造工程、四川地震灾区恢复重建中得到应用，取得了显著的经济效益与社会效益。荣获2009年辽宁省科技进步奖一等奖。

4.饱和与非饱和多孔介质应变局部化分析的基本理论与计算方法

该项目属于计算岩土力学领域。对饱和与非饱和多孔介质稳定性与应变局部化分析基本理论与算法进行了系统的研究工作，取得多项创新性成果。应邀在国际重要会议上作10次大会邀请报告。与国际同类研究工作相比，突出贡献是原创并系统地建立了多相多孔介质失效破坏基本理论的完整理论框架与数值计算方法，受到国际权威学者和同行的引用与高度评价。荣获2009年高等学校自然科学奖一等奖。

5.气波制冷新技术及装置

该项目属于气体膨胀制冷和压力能回收利用领域。首次研制出特定入口结构，减少了振荡射流由于接受管入口端渐变激励环节产生的熵增和反射激波对冷气的二次加热，使制冷效率大幅度提升；研制多级气波制冷技术和静止式技术，以适用于高压、大膨胀比等苛刻工况；研制多级阻尼限波耦合疏液结构，解决高凝液工况操作难题和效率稳定性问题；研制阻塞节流交替式无接触转动密封等技术，解决高压转动密封和低温润滑及润滑油乳化难题；开发阻尼对冲和外循环耗散式结构，解决了大处理量工况下热耗散与设备振动等问题，以上所有技术均为自主创新，并取得国家专利。荣获中国石油和化学工业协会科学技术发明奖一等奖。

6.炼厂气梯级回收技术

该项目属于石油加工再利用技术。该成果的炼厂气回收流程操作条件温和、操作弹性大，开停车方便，易于管理，极大地提高了炼厂气的资源利用率。已相继在中石油和中石化的炼厂成功实施，证明了千万吨级炼厂可增加经济效益2亿～3亿元/年，相当于节约7.4万吨标准煤，减排$CO_2$近20万吨。具有很大的经济效益和社会效益，市场前景广阔。该技术在国际会议上交流后，得到国际同行的高度评价。荣获中国石油和化学工业协会科技进步奖一等奖。

**【科研成果转化项目选介】**

1.履带起重机系列产品开发

长沙中联重工科技发展股份有限公司工程起重机分公司委托学校进行1350吨和3200吨的履带起重机产品开发工作。合同金额达2410万元。

2.新型工业炉用耐热材料的研发

学校和委托单位上海卓然工程技术有限公司、卓然（靖江）设备制造有限公司共同建立了新型材料高温持久蠕变性能测定及研发平台，这个研发平台可以全面系统地测试耐热材料在高温下的蠕变性能，为新耐热材料的研发提供了良好的实验设备基础。合同金额达1030万元。

3.乙二醇膜分离乙烯回收系统

委托单位为中国石油辽阳石化分公司。该项目采用自主研发的高性能有机气体分离膜组件，针对有机烃类蒸气组分分离与回收设计，具有自主知识产权、高通量、高选择性和优良的耐有机溶剂性能。同时开发出了适用于多组分分离与回收的系统计算软件，可以对过程进行模拟及系统优化设计。合同金额达358万元。

4.山东渤海轮渡股份有限公司客滚售票管理系统

该系统是为山东渤海轮渡股份有限公司的客滚售票业务和企业管理决策提供一个高效、标准、可扩展的信息平台。该项目涵盖滚装船航班计划、市场营销管理、客户关系管理、票据防伪、安检系统、旅客实名制和售票、检票、电子票等业务，全方位为滚装船经营公司提供了一个完整的解决方案。合同金额为273万元。

5.太阳能热发电技术基础研究与开发

中能东讯新能源科技（大连）有限公司委托学校进行太阳能热发电原理的基础研究和技术开发。该项目定位于基础层面的研究和应用层面上的技术开发两个方面，从热循环效率、工质选择、关键组件、高精度加工等方面，瞄准新型太阳能高效热发电的几个关键环节进行研发，联合企业合作伙伴提供的高精度加工能力，进行示范性系统开发和样机中试。有望在该领域内取得原创性突破。合同金额达250万元。

（大连理工大学　方翔 金瑞星）

# 东北大学

**【概述】** 东北大学始建于1923年4月，是一所具有爱国主义光荣传统的大学。1928年8月至1937年1月，著名爱国将领张学良将军兼任校长。“九一八”事变后，东北大学被迫先后迁徙北平、开封、西安、四川三台等地。在此期间，广大师生积极参加爱国抗日运动，是“一二·九”运动的先锋队和主力军。1949年3月，在东北大学工学院、理学院（部分）的基础上成立了沈阳工学院。1950年8月，定名为东北工学院。1960年被列为全国64所重点大学之一，是国务院首批批准有权授予学士、硕士和博士学位的大学。1993年3月8日，东北工学院复名为东北大学。1998年9月，东北大学由原冶金部属院校划转为教育部直属高校，成为教育部直属的国家重点大学，国家首批“211工程”和“985工程”重点建设学校，并实现教育部、辽宁省、沈阳市重点共建。形成了以工学学科为主，理学、哲学、法学、教育学、文学、管理学等多学科协调发展的格局。

学校设有58个本科专业，其中，国家第一类特色专业4个，第二类特色专业1个。171个学科有权招收和培养硕士研究生（另设MBA、MPA、工程硕士3个专业学位授权点），81个学科有权招收和培养博士研究生；设有13个博士后科研流动站，3个一级学科国家重点学科，4个二级学科国家重点学科，共涵盖15个二级学科，1个国家重点（培育）学科；1个国家重点实验室，4个国家工程（技术）研究中心；建有国家工科基础课程机械基础课程教学基地、国家工科基础课程电工电子教学基地、大学生文化素质教育基地、电子国家级实验教学示范中心、第一批国家大学生创新实验计划和大学英语教学改革示范点。

学校先后与23个国家和地区的123所大学、科研院所建立了学术交流关系。共聘请705位国内外著名学者为东北大学名誉教授和兼职教授；先后选派教师4000多人（次）出国进修、讲学和科研合作。

在2322名教师中，共有教授361人，其中，中国科学院和中国工程院院士5人，教育部“长江学者奖励计划”特聘教授、讲座教授12人，国家杰出青年基金获得者20人，教育部“新世纪优秀人才支持计划”入选者44人，国家级教学名师3人，博士研究生导师277人。

在校博士研究生2528人，硕士研究生

5118人，普通本科生23080人。

**【基本科研业务费管理】** 2009年，东北大学先后制订了《东北大学基本科研业务费管理办法》和《东北大学基本科研业务费实施细则》及各类项目的申请书格式等，在最短的时间内实现了网络申报与受理。共接收各类项目申报666项，组织各类专家近150人次进行评审。

**【科研项目与经费】** 2009年，全口径科技经费约7.8亿元。获批国家自然科学基金项目数量创历史新高，共105项，比2008年增加32项；经费总额达3762万元，比2008年增加1172万元。其中，杰出青年基金1项，该项目是我国冶金工艺领域首个获批项目。与沈阳机床集团等企业合作，联合承担了国家重大专项“高档数控机床”“高速铁路”研究项目，经费近2000万元。承担国家“863”重大项目1项，经费800万元。作为项目首席完成单位，承担国家安全重大基础研究项目（军工“973”项目）1项，经费2700万元，成为教育部所属高校中屈指可数的几所以首席完成单位承担军工“973”项目的高校之一。获批国家社科基金2项，比2008年增加1项；获批教育部社科基金14项，比2008年增加12项，单年度批准项目数量达到过去8年的总和。在航空发动机领域，被列入国家AATR二十综合年规划。获批省市各类科技项目50项，总经费1143万元。获批省市各类社科基金70项，比2008年增加30项；总经费（不包括文科横向）291.9万元，比2008年的122.6万元有大幅增长。

横向科技项目全年共签订合同516项，合同金额7.72亿，其中500万元以上合同19项；批准免税合同129项，免税额度合计8212万元。

**【科研成果】** 获得省部级以上奖励21项。申请鉴定项目34项。

全年共发表论文4578篇，同比增长10.2%，其中在国外期刊发表1671篇；被SCIE收录论文406篇，同比增长3.6%；被 EI 收录论文1188篇，同比增长3.8%；被ISTP收录论文981篇，同比增长28.6%；SCI论文被引次数为528次，引用篇数为230篇，同比增长分别为42.3%，27.8%。

申请专利201项，其中申请发明专利182项，获得专利授权130项。

**【科研平台建设】** 新增科研基地5个，分别为辽宁省电磁冶金工程实验室、辽宁省复杂装备多学科设计优化技术重点实验室、辽宁省非煤矿山安全技术及工程重点实验室、有色金属冶金过程技术教育部工程研究中心、辽宁省高新过滤材料工程技术研究中心。

医学影像计算教育部重点实验室通过可行性论证，有色金属冶金过程技术教育部工程中心通过可行性论证。

**【科技合作与交流】** 全年共主（承）办国内、国际学术会议31次，其中国际会议12次。参加各地项目对接或洽谈20余次。参与“海外有色金属资源开发利用技术创新战略联盟”等项目5个。与鞍山钢铁集团等大中型企业签订全面合作协议（或科技合作协议）9项。

**【认证工作】** 2009年3月，完成质量体系认证工作，同时开展了安全生产认证、环保认证、消防认证等工作，为学校取得武器装备科研生产资格奠定了基础。11月，顺利通过武器装备科研生产资格现场认证，取得武器装备科研生产许可证，实现了东北大学军工科研生产工作的历史性跨越，为学校承担国家军工科研与生产任务奠定了坚实基础。

**【重点科研项目选介】** 由东北大学冯乃祥教授发明、东北大学和重庆天泰铝业有限公司共同试验的“新型阴极结构高效节能铝电解槽试验与研制”项目，以及与之相配套的“铝电解槽火焰—铝液二段焙烧新技术”项目，在铝电解生产节能减排方面取得重大突破。

“新型阴极结构高效节能铝电解槽试验与研制”项目是重庆天泰铝业有限公司与冯乃祥教授合作，在168千安大型预焙槽系列上，采用冯乃祥教授的专利技术，构筑了三台新型阴极结构电解槽进行试验。槽电压比对比系列电解槽的槽电压降低0.3伏，达到3.80伏（包括效应分摊电压）；电流效率平均提高1.36%；直流电耗达到12281千瓦时/吨铝，比系列127台电解槽的平均直流电耗13393千瓦时/吨铝降低了1112千瓦时/吨铝，节能效果十分显著。同时，三台试验槽在4个月的运行期间，氟化物减排2吨多，二氧化碳减排580多吨，二氧化硫减排0.23吨。该技术如在全国推广，按照吨铝电耗降低1000度电、全国电解铝产量1500万吨/年计算，可节电150亿度/年，氟化物减排7.5万吨/年，二氧化碳减排1140万吨/年，二氧化硫减排0.576万吨/年。国内专家鉴定：该项技术属于国内外首创，整体技术达到国际领先水平，并被中国有色金属工业协会列为中国铝业“十二五”重点推广项目之首。

“铝电解槽火焰—铝液二段焙烧新技术”项目是与“新型阴极结构高效节能铝电解槽试验与研制”项目相配套的，也获得试验成功，并通过专家鉴定。该技术集中了铝液和火焰焙烧的优点，不仅提高了电解槽的焙烧质量，而且大大缩短了焙烧时间，降低了能耗和焙烧费用。对168千安电解槽该方法火焰焙烧24小时，天然气消耗约2500立方米，铝液全电流焙烧24小时，消耗电能约12400千瓦时，按照电价0.45元/千瓦时，天然气2元/立方米计算，共计焙烧费用10580元，比焦粒焙烧节省1万元以上；若再将焦粉和电解槽打捞炭渣所造成的电解质损失计算在内，则比焦粒焙烧节省2万元以上，节能效果显著。同时，二氧化碳减排50%以上。国内专家鉴定：该技术属于国内外首创，整体技术达到国际先进水平。

**【重点工程研究中心选介】**

1.计算机软件国家工程研究中心

该中心成立于1993年11月，是一个以计算机软件研究、开发和应用为主的国家级工程技术研究中心。该中心以市场为导向，建立了一套科学的管理体制和行之有效的运行机制，在技术转移和成果辐射方面取得了令人瞩目的成就，建立了有利于发展的工程化开发和技术转移模式；组织机构完善，管理制度健全，已建立起一套科学的人才激励机制和管理运行体系；中心根据ISO 9000国际标准建立了完善的技术管理体制和软件工程质量保证体系，成立了产品质量测试实验室，为我国软件产业的发展提供了有价值的经验。

中心的主要技术领域是数据库技术、网络安全和网络管理技术、嵌入式软件技术、图像处理技术、工作流技术、构件技术等。

中心在计算机软件产品的开发等方面处于国内领先地位，先后开发出数十种应用系统、公共平台、中间件产品及嵌入式软件和系统产品，其中包括拥有自主知识产权的数据库产品OpenBase。

2.先进钢铁材料技术国家工程研究中心

该中心由钢铁研究总院等13家大型钢铁企业及多家高校于2004年6月28日在北京成立。该中心以全国政协副主席、中国工程院院长徐匡迪为首席科学家，集中了我国具有产学研优势的钢铁研究总院、武汉钢铁集团公司、宝钢集团有限公司、攀钢集团有限公司、东北大学、北京科技大学等一批钢铁企业和科研院所，形成了钢铁材料技术的研发、集成和推广平台，旨在大力发展具有高性能、低成本、长寿命、高精度、绿色环保等特点的先进钢铁材料，促进建筑、汽车、机械制造、交通运输等国民经济关键行业的技术进步，为满足我国国民经济持续、快速、健康发展和国防军工的需求发挥了重要作用。

3.国家冶金自动化工程技术研究中心

该中心成立于1997年，研发基地为东北大学自动化研究中心，建有5100平方米的实验室大楼，其中包括3000平方米的研发中心和2100平方米的实验室。中心下设综合自动化研究部、生产过程管理与决策研究部、智能控制系统研究部和先进检测技术与装置研究部，有研发人员43人。2008年，中心签约重大横向课题12项，累计金额为1900万元。

该中心经过多年的发展，形成了三个研究方向，即复杂工业过程难测参数的检测技术及装置，面向节能降耗的智能优化控制技术与运行管理技术及系统，实现综合生产指标优化和管理扁平化、提高知识生产力的综合自动化技术及系统。提出了以研发实现综合生产指标优化和管理扁平化，提高企业知识生产力的综合自动化新技术，提高了我国流程工业自动化水平；解决了工业自动化领域的部分重大关键技术难题；建成了国内领先、国际知名的国家流程工业综合自动化技术研发创新基地；在冶金工业过程（选矿、氧化铝、稀土萃取、钢铁等）综合自动化技术及系统研发方面形成了优势，建立了实现综合生产指标优化和管理扁平化的综合自动化系统示范工程。

4.国家数字化医学影像设备工程技术研究中心

该中心于2000年6月获得国家科学技术部批准成立，现已建成4个数字化医学影像产品研发分部，专门从事数字化医学影像产品的研发人员达240人，研发人员学科门类齐全，平均年龄28岁，是一支朝气蓬勃、富有战斗力的队伍。

该中心设有数字化医学影像产品的中试转化与生产基地——沈阳东软医疗系统有限公司，在东软软件园建有占地1.3万平方米的现代化影像产品生产基地——虚拟制造中心，承担了4个研发分部所开发产品的中试、转化与生产任务。建有2个数字化医学影像设备临床研究中心——中国医科大学第二附属医院和辽宁省肿瘤医院，用于数字化医学影像产品的医学临床研究。中心已经研发成功并推向市场的产品有11大类50多个品种，包括CT扫描机、磁共振、X射线、超声、核医学产品、心电监护产品、医院软件产品等。

（东北大学　武威）

# 大连海事大学

**【概述】** 大连海事大学是交通运输部所属的全国重点大学，是中国著名的高等航海学府，是被国际海事组织认定的世界上少数几所“享有国际盛誉”的海事院校之一。曾被评为辽宁省知识产权“兴业强企”工程试点示范工作先进集体、大连市电子信息技术推广应用项目先进集体。

大连海事大学历史悠久，其前身可追溯到1909年晚清邮传部上海高等实业学堂（南洋公学）船政科。1953年，由上海航务学院、东北航海学院、福建航海专科学校合并成立大连海运学院，时为我国唯一的高等航海学府。1960年，大连海运学院被确定为全国重点大学。1983年，联合国开发计划署和国际海事组织在学校设立了亚太地区国际海事培训中心。1985年，世界海事大学在学校设立分校。1994年，经国家教育委员会批准，学校正式更名为大连海事大学。1997年，被批准进行“211工程”重点建设。1998年，通过国家港务监督局和挪威船级社（DNV）的质量管理体系认证，成为我国第一所获得ISO 9001质量管理体系认证证书和DNV三个认证规则证书的大学。2004年，顺利通过了教育部组织的本科教学工作水平评估检查，获得“优秀”等级。2006 年，交通部、教育部、大连市就支持大连海事大学加快建设和发展，进一步提升综合实力和办学水平，达成了共建协议。

学校设有航海学院、轮机工程学院、信息科学技术学院、交通运输管理学院、交通与物流工程学院、法学院、环境科学与工程学院、人文与社会科学学院、外国语学院、数学系、物理系、体育工作部、专业学位教育学院、继续教育学院、船舶导航系统国家工程研究中心、航运发展研究院等16个教学科研单位，48个本科专业。

学校有4个博士后科研流动站；2个一级学科博士学位授权点，16个二级学科博士学位授权点（其中含自主设置4个）；9个一级学科硕士点，64个二级学科硕士学位授权点（其中含自主设置4个）；有工商管理硕士、公共管理硕士、法律硕士、工程硕士（11个领域）专业学位授予权，以及高校教师在职攻读硕士学位授予权。学校有2个国家重点学科，13个省部级重点学科，2个省重点培育学科；1个国家工程研究中心，2个省级工程技术中心，15个省部级重点实验室，4个省级人文社会科学重点研究基地；5个国家特色专业建设点， 1个国家级人才培养模式创新实验区，9个省级示范性专业，1个省级紧缺人才培养基地；2个国家级实验教学示范中心建设单位，5个省级实验教学示范中心。

学校先后与俄罗斯、美国、日本、英国、韩国、澳大利亚、瑞典、埃及、越南、斯里兰卡等国家的50余所国际著名院校、单位正式建立合作关系。2005年3月，与世界海事大学合作举办的“海上安全与环境管理硕士班”首次招生；在斯里兰卡科伦坡国际航海工程学院建立分校区，并于2007年开始招生，实现了我国高等航海教育的首次输出。此外，还与国际海事组织、国际劳工组织、国际海事大学联合会、亚太航海院校联合会、国际航海教师联合会、亚太经合组织、东南亚国家联盟、国际航运协会、国际船级社协会和马士基、日本邮船等多个国际组织和机构保持着长期的合作关系。

学校有教授249名，博士研究生导师（含兼职）150名；聘任二级教授36名，三级教授69名；聘请共享院士5名，“长江学者”3名，讲座教授62名，客座教授336名。

学校有在校生2.5万余人，同时招收攻读学士、硕士、博士学位的外国留学生。

**【科研项目与经费】** 2009年，全校科技活动经费达2.34亿元。科研经费到款额1.62亿元，其中纵向项目到款4237万元，占科研经费的26%；横向项目到款11310万元，占科研经费的70%；军工项目591万元，占科研经费的4%。获得国家自然基金立项19项，国家社科基金立项5项；获得国家“863”计划项目4项，博士启动基金4项，西部交通建设项目1项，交通软科学项目2项，教育部社科一般项目7项，总装备部新产品项目立项1项。

**【科研成果】** 获得辽宁省科技进步奖一等奖1项、二等奖2项、三等奖3项；辽宁省青年科技奖1项；中国航海科技二等奖2项；教育部高等学校科技进步奖1项；“第十八届全国发明展”金奖3项、银奖2项、专项1项。通过大连市科学技术局鉴定验收项目2项。

作为第一作者发表的论文共计1500篇，被三大检索收录的论文共计636篇，其中被SCI收录论文104篇，被EI收录论文332篇，被ISTP收录论文200篇。

申请专利233件，其中发明专利89件、实用新型专利141件，外观设计专利3件。获得授权专利67件，其中发明专利33件、实用新型专利34件。

**【科技人才与队伍建设】** 辽宁省“新世纪百千万人才工程”人选12人。其中4人进入“百人”层次人选，8人进入“千人”层次人选。

向教育部、科学技术部、交通运输部海事局推荐各类专家180余人次。

**【科研平台建设】** 获批辽宁省科学技术厅重点实验室2个，省级重点人文基地2个。

认真做好交通运输部交通科技信息资源共享平台、大连市科研仪器设备共享平台、大连市知识产权服务中心专利信息服务平台等3个科技信息平台的前期准备工作。

（大连海事大学　李肇坤）

# 辽宁大学

**【概述】** 辽宁大学创建于1948年，其前身是东北人民政府在沈阳建立的商业专门学校。1958年9月15日，东北财经学院、沈阳师范学院、沈阳俄文专科学校三校合并，组建成立辽宁大学。经过多年的不懈努力，如今辽宁大学已经发展成为一所具有文、史、哲、经、法、外、艺、理、工、管等多学科的辽宁省唯一的综合性大学。

学校设有24个学院，即文学院、历史学院、哲学与公共管理学院、马克思主义学院、经济学院、管理学院、国际关系学院、亚澳商学院、新华国际商学院、法学院、外国语学院、广播影视学院、本山艺术学院、化学院、信息学院、数学院、物理学院、生命学院、环境学院、药学院、轻型产业学院、汉语国际教育学院、成人教育学院/继续教育学院、人文科技学院。

学校建有2个国家级实验教学示范中心，7个省级人文社科重点研究基地，6个省级重点实验室，1个省级工程技术研究中心，3个省级实验教学示范中心，6个中央与地方共建高校特色优势学科实验室，6个省高等学校创新团队；建立了国家经济学基础人才培养基地、高校辅导员培训与研修基地和教育部人文社会科学重点研究基地——比较经济体制研究中心。

学校设有62个本科专业；113个学科具有硕士学位授予权，并设有工商管理硕士、公共管理硕士、法律硕士、高级管理人员工商管理硕士、汉语国际教育硕士、艺术硕士等6个专业学位授权点；有理论经济学、应用经济学和工商管理3个一级学科博士学位授权点，33个二级学科博士学位授权点，3个博士后流动站；有世界经济学、国民经济学和金融学3个国家重点学科，有32个辽宁省重点学科。

自建校以来，辽宁大学已经为国家培养各类学生13万余人，为美国、日本、俄罗斯、韩国、意大利、英国、法国等58个国家培养长期留学生8000余人，短期留学生3000余人。

学校现有专任教师1402人，其中教授242人，副教授435人；博士研究生导师72人；享受国务院政府特殊津贴专家81人；长江学者特聘教授1人；双聘院士1人。

学校现有全日制在校学生2.6万人，其中本科生1.8万人，研究生6700人，外国留学生1300人。

**【科研项目与经费】** 2009年，获得国家自然科学基金项目8项，省部级项目31项，其他项目65项。获得科研经费612.819 万元。

**【科研成果】** 获得辽宁省科技进步奖三等奖1项；自然科学成果奖一等奖9项，二等奖18项，三等奖26项。

申请专利30项；被SCI收录论文88篇，被EI收录论文41篇，被ISTP收录论文23篇；出版专著1部。

**【科技人才与队伍建设】** 2009年，引进高水平人才23名，其中具有正高级职称的5名，具有副高级职称的4名，具有博士学位的21名。

**【科技合作与交流】** 成功举办“2009东北亚论坛—沈阳东北亚论坛”辽宁大学分会场、“第五届沈阳市科学学术年会”辽宁大学分会场等大型会议。

**【科研平台建设】** 有2个省级重点实验室（辽宁省动物资源与疫病防治重点实验室、绿色合成与先进材料制备化学重点实验室）和1个工程技术中心，和生物大分子计算模拟与信息处理工程技术研究中心获得批准。

（辽宁大学　赵中洲）

# 大连医科大学

**【概述】** 大连医科大学创建于1947年，前身为关东医学院。1949年关东医学院并入大连大学，更名为大连大学医学院。1950年撤销大连大学建制，大连医学院独立。1969年大连医学院举校南迁贵州省遵义市，建立遵义医学院。1978年在大连医学院原址复办，仍称大连医学院。1994年正式更名为大连医科大学。

学校有两所直属附属医院，均为三级甲等医院。附属第一医院为“全国百佳医院”，是辽南地区最大的综合性教学医院和医疗急救中心。附属第二医院各项医疗指标逐年提高，2003年成功兼并中国石化大连医院。两所附属医院在多层螺旋CT冠状动脉成像、心房颤动导管介入消融治疗、中西医结合治疗急腹症等领域已经达到国内领先水平，脑血管介入溶栓治疗和器官移植等方面也跨入国内先进行列。

学校现有1个国家重点学科，1个辽宁省重点一级学科，15个二级学科，3个博士后科研流动站，4个一级学科博士学位授权点，39个二级学科博士学位授权点，8个一级学科硕士学位授权点，62个二级学科硕士学位授权点。现有1个国家级国际科技合作基地，1个部级研究机构，1个部级实验室，9个辽宁省重点实验室，6个辽宁省高校重点实验室。还设有16个普通本科专业。

学校广泛开展国内外交流与合作，先后与美国纽约州立大学、澳大利亚科廷科技大学、乌克兰第聂伯国立医科大学等30个国家和地区的85所高等院校与38个科研院所建立了合作关系。

学校现有教职工及医护人员4500余人，其中具有正高级职称者580余人，具有副高级职称者660余人，博士、硕士研究生导师600余人。

学校现有博士、硕士研究生3100余人，本、专科生7700余人，外国留学生1000余人。

**【科研项目与经费】** 2009年，申报各级各类纵向科研课题590项，中标课题147项，总资助经费达1094.4万元，其中国家自然科学基金项目30项，经费712万元；参与合作研究国家级课题2项，经费18万元；教育部高等学校博士学科点专项科研基金项目3项，经费15.6万元；教育部留学回国人员科研启动基金项目2项，经费6万元；国家外国专家局引进国外技术、管理人才项目2项，经费6万元；辽宁省科学技术厅各类项目20项，经费120万元；辽宁省教育厅各类项目34项（包括辽宁省教育厅思想政治教育专项课题1项），经费81万元；大连市科学技术局各类项目26项，经费127万元；大连市外国专家局（引智）项目2项，经费6万元；辽宁省社科规划基金项目4项，经费2万元；辽宁省社科联项目10项（包括辽宁省社科联大学生思想政治理论优秀教学团队学科带头人及思想政治教育名师（骨干）项目3项）；大连市社科联项目12项（包括大连市社科院基地项目1项，经费0.8万元）；参与完成各类科研项目结题49项。

**【科研成果】** 获得高等学校科学研究优秀成果奖（科技进步奖）一等奖1项（第三完成人，第三完成单位）；辽宁省科技进步奖一等奖1项（第九完成人，第二完成单位）；辽宁省政府科技奖8项，其中二等奖3项、三等奖5项；中华医学科技奖三等奖1项；大连市政府科技奖7项，其中，一等奖3项、二等奖3项、三等奖1项；大连市第十三届社会科学进步奖二等奖1项。

申请专利10项，其中发明专利8项，实用新型专利2项；获得授权实用新型专利1项。

申报各类成果奖35项，其中高等学校科学研究优秀成果奖2项，辽宁省政府科技奖14项，中华医学科技奖1项，中国中西医学会科技奖2项，大连市政府科技奖10项，辽宁省第十一届哲学社会科学成果奖6项。科技成果鉴定21项。

申报辽宁省自然科学优秀论文14篇，获奖10篇，其中一等奖2篇、二等奖4篇、三等奖4篇；协助大连市科学技术协会评审大连市自然科学优秀论文124篇；有3部学术专著获得大连市政府出版资助。

被SCI网络版收录论文182篇，被EI收录论文2篇，被ISTP收录论文22篇。以大连医科大学为第一作者完成单位的论文，被SCI网络版收录75篇，被ISTP收录15篇。

有4人成为大连市社科院特邀研究员，有

1人获得大连市优秀社科工作者荣誉称号。

**【科研平台建设】** 申报辽宁省重点实验室3个，经过初审、答辩及专家现场考察，最终被辽宁省科学技术厅批准组建“辽宁省中西医结合疑难危重病基础研究重点实验室”“辽宁省机体微生态与疾病控制重点实验室”。获批成立大连市社科院人文基地1个。完成辽宁省高校重点实验室项目结题3项，其中1项被评为优秀、2项被评为合格。

**【科技合作与交流】** 全年组织学术报告36场次。承办了夏季达沃斯“新领军者年会2009——青年科学家学术报告会”；主办了“大连医科大学脑疾病研究所辽宁省脑疾病重点实验室与美国国立健康研究院（NIH）神经性疾病和脑卒中研究所（NINDS）神经突触功能研究室联合学术报告会”；组织参加了“辽宁省暨大连市第七届科普活动周”的开幕式暨现场咨询、社科讲座活动，制作了3块有关优生优育、心理健康方面的展板。

（大连医科大学　王健）

# 东北财经大学

**【概述】** 东北财经大学的前身是在东北银行专门学校（1946年）、东北商业专门学校（1949年）、东北财政专门学校（1950年）、东北计划统计学院（1951年）、东北合作专门学校（1951年）的基础上于1952年10月开始组建的东北财经学院，校址在沈阳。1958年，东北财经学院与沈阳师范学院、沈阳俄语专科学校合并，组建辽宁大学。1959年，并入辽宁大学的原东北财经学院的计划统计系，与财政信贷系迁至大连，与位于大连的辽宁商学院合并，成立了辽宁财经学院。1979年，辽宁财经学院划归财政部管理，1985年更名为东北财经大学。2000年，东北财经大学由财政部划归辽宁省人民政府管理，实行中央与地方共建、以辽宁省管理为主的管理体制。学校是以经济学、管理学为主的多学科性教学研究型大学。

学校有教育部人文社会科学重点研究基地1个，辽宁省人文社会科学重点研究基地9个，校级各类研究院、研究中心、研究所43个。

学校有经济学、管理学、法学、文学、理学五个学科门类和全日制普通教育、非全日制普通教育两种办学形式。在全日制普通教育系列中，有31个本科专业，72个硕士点，38个二级学科博士学位授权点，理论经济学、应用经济学、工商管理和管理科学与工程等4个一级学科博士学位授权点，理论经济学、应用经济学和工商管理等3个一级学科博士后科研流动站；非全日制普通教育系列中，有工商管理、公共管理、会计、旅游管理、法律（分为法学和非法学两种）、金融、保险、应用统计、税务、国际商务、资产评估12种专业硕士教育形式。此外，学校还有成人教育、网络教育两种非全日制普通本科教育形式。其中，网络教育学院是全国68个试点单位之一和10个首批评估单位之一，继续教育学院是辽宁省优秀教学单位。

经济学门类中产业经济学、财政学（含税收学）为国家级重点建设学科，数量经济学为国家级重点（培育）学科，理论经济学、应用经济学为一级学科省级重点学科；管理学门类的会计学为国家级重点学科，管理科学与工程、工商管理为一级学科省级重点学科，行政管理、社会保障为二级学科省级重点学科；会计学、金融学、工商管理为国家级特色专业。在经济学、管理学、法学、文学、理学五个学科门类中，学校均具有教授职称评审权；在已设立的博士学位授权点中，学校均具有博士研究生导师遴选权。

学校已与14个国家和地区的53所高校建立了不同形式的友好合作关系，并在10个专业或专业方向上与6个国家的9所国际知名大学建立了16个联合培养本科生和研究生的合作项目，派出学生107人。

学校有专（兼）职教师1200余人，全日制在校生2万余人。

**【科研项目与经费】** 获国家自然科学基金项目7项、教育部人文社会科学研究项目20项，是学校获得立项资助数量最多的一年；获国家社会科学基金项目7项、教育部后期资助项目1项、教育部新世纪人才支持计划1项、科学技术部软科学项目2项；获省级各类项目183项、市级各类项目52项、其他各类横向课题50项。

由王立国教授作为首席专家开发的“抑制产能过剩与治理重复建设对策研究”项目获得国家社会科学基金重大招标项目立项资助，这是学校获得的第二个国家社会科学基金重大招标项目。

2009年，科研经费首次超过1000万元，取得历史性突破。

**【科研成果】** 由高铁梅教授指导、梁云芳博士撰写的论文——《我国经济转轨时期房地产增长周期波动——特征、成因和结构变化的量化分析》入选2009年全国百篇优秀博士论文，这一成果填补了学校和辽宁省在这一领域的空白，受到辽宁省政府领导的充分肯定和高度赞誉；刘永泽教授主持的“国有资本经营预算体系问题研究”项目，获得2009年度辽宁省科技进步奖二等奖，这是学校社科研究项目首次获此殊荣；吕炜教授承担的“政府公共教育支出的绩效考评制度研究”、赵进文教授承担的“‘泛协整理论’框架下中国市场化利率、稳健货币政策规则形成机制”、韵江副教授承担的“基于演化机制下的战略过程与互动管理”3项国家自然科学基金项目，以及孙开教授、肖兴志教授和蒋萍教授主持完成的国家社会科学基金项目分别以优秀等级结项；孙开教授和张先治教授主持完成的国家社会科学基金项目研究成果分别被《成果要报》摘发；完成了教育部基地重大项目（“竞争政策的国际协调：机理、机构与法律”）和辽宁省经济与社会发展重大课题（“辽宁社会稳定与社会建设的重点、难点与对策研究”）的研究和结项工作；承接了辽宁省发展和改革委员会委托的“辽宁省‘十二五’转变经济发展方式思路研究”课题研究任务；会计学院完成的“会计学专业国际化办学模式的理论与实践”获国家级教学成果奖二等奖。

赵进文教授与其指导的博士研究生高辉合作撰写的论文《资产价格波动对中国货币政策的影响——基于1994—2006年季度数据的实证分析》发表在《中国社会科学》2009年第2期。此外，有5篇论文入选第九届中国经济学年会，分别是：肖兴志教授和陈长石合作的《经济增长、安全水平与规制波动——基于中国煤矿安全规制的分析》、白雪梅教授和林珊珊合作的《中国农村贫困与收入不平等的测度》、赵进文教授和吕延方合作的《中国吸引日本制造业产业外包的影响因素分析》、陈太明博士和杜两省教授合作的《消费与封闭经济约束——基于中国省级城乡数据的经验研究》、王伟同博士的《中国公共服务效率评价及其影机制研究——基于中国省级面板数据的分析》；学校的核心期刊《财经问题研究》荣获“中国北方优秀期刊奖”，并被评为“RCCSE中国权威学术期刊”；《东北财经大学学报》被评为“RCCSE中国核心学术期刊”。

吕炜、肖兴志和郭晓丹撰写的稿件《在华日资企业多有撤离，辽宁应密切关注、提前应对》和吕炜教授撰写的稿件《学者建议转化部分外汇储备作为财政资金使用》被新华社内部刊物（机密级）刊发，其中第一篇稿件得到中央政治局委员的批示。

本校教师撰写的决策参考有多篇在《社科与决策》上刊发，其中有4篇获得省领导的批示。艾洪德教授主持的项目“辽宁保增长战略的资金筹措研究”的研究成果《下半年我省应采取五项投融资新举措》被发表在《社科与决策》第24期，并先后得到辽宁省省长陈政高、省委宣传部部长张江和副省长陈超英的批示。一篇内参稿得到3位省领导的批示，这在《社科与决策》出刊史上尚属首次；张建新的“抓紧治理我省沿海经济带近海污染的几点建议”（刊载于《社科与决策》第28期）得到辽宁省省长陈政高和副省长赵国红的批示；齐鹰飞的“大力发展我省小额贷款公司的5项建议”（《社科与决策》第30期）得到辽宁省省长陈政高和副省长陈超英的批示，鲜开林的“抓紧建立辽宁沿海经济带排污权交易市场的建议”（《社科与决策》第36期）得到辽宁省副省长赵国红的批示。

**【科研平台建设】** 2009年，经过辽宁省教育厅审批，学校申报的“公共政策研究中心”“劳动就业与人力资本开发研究中心”“经济计量分析与预测研究中心”入选第二批辽宁省教育厅人文社会科学重点研究基地。至此，学校的省级重点研究基地增加至9个。经济管理实验教学中心被批准为2008年度国家级实验教学示范中心建设单位。

学校于2009年新申报了“辽宁经济与社会协调发展研究基地”。

**【科技人才与队伍建设】** 艾洪德教授被评为第四届“全国杰出专业技术人才”；吕炜教授和刘永泽教授被聘为国务院学位委员会第六届学科评议组成员；张先治、陈国辉、方红星三名教授经国务院批准，享受2008年度政府特殊津贴；汪旭晖教授入选2008年度教育部“新世纪优秀人才支持计划”；张先治教授荣获会计科研及教学系列的“全国先进会计工作者”称号；卢昌崇教授被评为辽宁省2009年度本科院校专业带头人；邢天才教授、蒋萍教授荣获辽宁省第五届普通高等学校教学名师奖；以王维国教授为带头人的“经济计量分析类课程教学团队”被批准为国家级教学团队；共有5位教师入选“辽宁省高等学校优秀人才支持计划，分别为：高良谋（当代管理理论）、张闯（市场营销）、刘凤芹（农业经济学）、李斌（定量分析）和梁云芳（数量经济学）。

**【重点学科建设】** 理论经济学、管理科学与工程、工商管理获批为高水平重点学科，行政管理、社会保障获批为优势特色重点学科。

傅荣教授主持的“中级财务会计”课程被批准为2009年度国家级精品课程；统计学专业获批国家第四批高等学校特色专业建设点；保险专业和税务专业获批国家第五批高等学校特色专业建设点。至此，学校已有7个专业获批国家特色专业建设点；工程管理与旅游管理获评省级示范专业；史达教授主持的“网络营销”课程被批准为2009年度国家双语教学示范课程。此外，还有7门课程被评为省级精品课程，有19项教学成果荣获“辽宁省第六届教育教学成果奖”；在教育部学位与研究生教育发展中心组织的第二轮第二批学科评估中，学校参评的应用经济学得分为74分，在参评的68所高校中排名第6位，成绩优秀。

**【科技合作与交流】** 学校和瑞典卡尔斯塔德大学、法国勒阿佛大学、美国明尼苏达大学德鲁斯校区分别签署了学术交流协议书，确立了友好合作关系，并与日本大阪经济大学、广岛修道大学续签了关于教师和学生交流的框架协议。2009年学校在引进外教和派出交换留学生的人数上也有了大幅增加，全年聘请42位外国文教专家来校任教，分别向日本、美国、荷兰和法国派出60名交换留学生，派出人数创历史纪录；成功承办了教育部“中外合作办学理论与实践研讨会”；在萨里国际学院成立了“跨境教育研究中心”；组织并举办了《财经问题研究》创刊三十周年及《东北财经大学学报》创刊十周年的庆祝活动，进一步提高了两刊的知名度和影响力。

（东北财经大学　范立夫）

# 沈阳药科大学

**【概述】** 沈阳药科大学1931年诞生于江西瑞金，是我国历史最悠久的综合性药科大学。现已发展成为多学科、多层次、多形式教育的高等药学学府。

沈阳药科大学是国家中成药工程技术中心、沈阳国家新药安全性评价研究中心的重要组成单位。建有1个教育部“基于靶点的药物设计与研究”重点实验室，4个国家中医药管理局批准的中药三级实验室、1个中药二级实验室，23个省市级重点实验室或工程技术研究中心。设有药学院、制药工程学院、中药学院、生命科学与生物制药学院、工商管理学院、基础学院、高等职业技术学院、成人教育学院和国际药学合作研究中心、测试中心、计算机中心、现代教育中心等部门。

学校是国家批准有权授予博士学位、硕士学位和招收港澳台地区学员及外国留学生、国内高中保送生的院校。设有药学博士后科研流动站1个，一级学科博士学位授权点2个，二级学科博士学位授权点19个，硕士学位授权点26个，本科专业21个(含专业方向)，高职专业8个，成人本专科专业14个。在本科教育中，有国家理科基础科学研究和教学人才培养基地、国家生命科学与技术人才培养基地。药剂学科为国家级重点学科，药学和中药学一级学科为省级重点学科。药剂学、天然药物化学、药物化学、药物分析学、药学概论和分析化学等6门课程为国家级精品课程，药学实验教学中心为国家级实验教学示范中心，药剂学教学团队、药理学教学团队和药物分析学教学团队为国家级教学团队，药学专业、制药工程专业和药物制剂专业为国家级一类特色专业。

2008年，学校成功申报国家级综合性新

药研究开发技术大平台项目，该综合平台是唯一由地方院校承建的国家综合平台，获得经费8000万元。

近5年来，学校承担各级各类科研项目310余项，获得各级各类科技奖励162项次；申请发明专利300项，获得专利授权50项，获得新药证书42个；发表学术论文6800余篇，被SCI收录论文1500余篇；出版专著、译著115部；在药物新剂型设计与评价、创新药物的合成与筛选、中药与天然药物药效物质基础和质量标准、药物代谢和药物动力学、药理与毒理学、药物经济学等领域的研究均居国内领先水平。

学校先后与国内一些知名大学签订了合作办学协议，实现资源共享；与美国、日本、英国、俄罗斯等30多个国家和地区的高等院校、科研院所建立了校际交流与科研协作关系。

学校现有教职工1137人，其中教授86人，副教授175人；中国工程院院士1人，国家“新世纪百千万人才工程”百人层次人才3人，国家级教学名师1人，省级教学名师7人；省级以上各种人才培养工程遴选命名80人次。

学校现有在校研究生2111人，其中博士研究生391人，硕士研究生1720人；本科生5689人；高等职业技术教育学生1744人；成人教育本专科生5000余人。

**【科研项目与经费】** 当年已在研计划课题177项，包括国家自然科学基金课题27项，国家科学技术部课题16项，国家教育部课题7项，国家中医药管理局课题2项，辽宁省科学技术厅课题32项，辽宁省教育厅课题40项。本年度纵向课题到款1627.58万元。

新增批准国家、省、市各级计划课题95项，资助额度达11412.38万元。其中，国家自然科学基金课题21项，国家科学技术部课题12项，教育部高校博士点专项基金课题5项，教育部回国人员启动基金课题2项。

横向课题120项，合同（协议）到款1699万元。本年度签订新合同93份、新协议74份，成交额3615万元。

**【科研成果】** 获得省、市各级各类科技奖励27项。其中省部级科技奖励6项，一等奖2项。成果登记6项。该校完成的“环糊精包合物技术”项目获辽宁省科技进步奖一等奖；学校参与的“中药前胡物质基础的系统研究”项目获教育部高等学校科学研究优秀成果奖（科学技术）——自然科学奖——一等奖。

学校获得“第四届中国技术市场协会金桥奖”集体奖。

本年度发表论文1249篇，被SCI收录366篇。主编及参编著作8部。

学校获得临床批件2份；化学药品第1.5类新药证书2个，分别为“新药乙胺吡嗪利福异烟片”“利福平异烟肼片”。

获得国家发明专利授权16项，国家实用新型专利授权1项。有3项专利获得国外发明专利授权，其中欧盟发明专利1项、韩国发明专利1项、印度发明专利1项。组织两项专利参加2009年中国国际专利技术与产品交易会。获得沈阳市优秀专利奖1项。

**【科研平台建设】** 获批组建省部级4个重点实验室，省级科普基地1个。其中，“基于靶点的药物设计与研究实验室”获得教育部批准，“辽宁省抗感染药物小分子合成重点实验室”“辽宁省现代药物制剂研究重点实验室”“辽宁省药用微生物应用工程技术研究中心”等3个实验室成为辽宁省重点实验室。“辽宁省中药文化和中药标本科普基地”被列为省级科普基地。

稳步推进综合大平台筹建工作。组织8个子平台负责人及相关教师完成了综合大平台预算书和合同书的编写；面向全校征集项目179项，并组织校内相关专家进行评审，遴选出15项临床前研究项目，候选出8项药物研究项目，并将纳入综合大平台进行研究。

按照省委、省政府关于“打造辽宁医药大省，大力推进本溪市医药产业发展”的战略部署，积极配合辽宁省科学技术厅、本溪市政府筹建沈阳药科大学本溪药物研究院。形成了“沈阳药科大学本溪药物研究院建设规划”，完成了“沈阳药科大学本溪药物研究院功能分区及室内设计方案”。同时，将本溪药物研究院的建设与发展同国家综合平台的建设与运行相结合，把本溪研究院建设成为国家综合平台项目的实施与转化基地。

**【科技合作与交流】** 承办（参与）“第六届全国健康科技高峰论坛”“抗肿瘤药物研究学术研讨会”等14次学术会议；先后接待地方政府、医药企业代表团33批、80余人次开展洽谈活动；组织赴江苏泰州、浙江金华、辽宁本溪、辽宁盘锦等地参加科技成果交易会、展示会。

**【重要科技活动】** 2009年3月9日，威海市常务副市长赵熙殿，威海高新区管理委员会主任夏新华，威海市科学技术局局长高同璞等一行13人访问学校。校长吴春福、副校长毕开顺等校领导与客人进行了座谈。宾主双方围绕推动产学研战略联盟合作协议的实施，学校与威高集团有限公司联合开展新产品开发、人才培训和共建研发中心等主题，进行了洽谈与交流。

9月22日，辽宁省教育厅副厅长何晓淳到学校调研，与校长吴春福、副校长缪硕宁等校领导共同研究、商讨新校区建设大计。

（沈阳药科大学　金泉源）

# 中国医科大学

**【概述】** 中国医科大学是中国共产党创建最早的院校，是唯一以学校名义参加并走完红军两万五千里长征全程的院校，是我国最早进行西医学学院式教育的医学高校之一，是卫生部原部属高等学校，2000年由卫生部划转为省部共建、以辽宁省管理为主。

学校设有28个院、系、部。在医学、教育学、理学、工学、哲学和管理学等6学科门类拥有学位授予权。基础医学、临床医学、生物学、口腔医学、公共卫生与预防医学等5个学科具有一级学科博士学位授予权，设有57个博士学位授权学科(专业)，68个硕士学位授权学科(专业)， 5个国家重点学科：内科学(呼吸系病)、皮肤病与性病学、外科学(普外)、内科学内分泌与代谢病、劳动卫生与环境卫生学，1个国家级重点（培育）学科（影像医学与核医学），12个卫生部临床重点专科，27个省重点学科，2个省重点（培育）学科；4个博士后科研流动站，13个本科专业，10个高等职业技术专业。国家级教学项目有：人才培养模式创新实验区1个、特色专业建设点5个、精品课程11门、教学团队2个、双语教学示范课程1门、实验教学示范中心2个；省级教学项目有：示范性专业8个、品牌专业1个、精品课程41门、教学团队5个、双语教学示范课程2门、实验教学示范中心4个、精品教材8本。

截至2009年年底，中国医科大学已建立一批科研创新平台，设有2个国家研究基地，1个教育部重点实验室，4个卫生部重点实验室，1个国家中药局重点实验室，10个辽宁省重点实验室，15个辽宁省高校重点实验室，4个沈阳市重点实验室；设有1个国家治疗抢救中心，13个辽宁省研究、治疗中心，18个校级研究所，21个校级教育、科学研究中心。有7个研究中心（所）分别被批准为科学技术部、辽宁省或沈阳市的研究中心或创新平台。

学校在职教职工12324人，各类专业技术人员占职工总数的84.4%，其中中国工程院院士1人，教育部长江学者特聘教授1人，在职的国务院特殊津贴获得者47人，辽宁省优秀专家12人（含辽宁省跨世纪领军人才2人）。教授级人员599人，副教授级人员916人；研究生指导教师994人，其中，博士研究生指导教师431人。在中华医学会等全国性学术团体中担任常委（常务理事）以上职务者92人，其中担任主任委员者7人（含候任主任委员），担任副主任委员者20人；有2人是国务院学位委员会学科评议组成员，1人获高等学校国家级教学名师奖，8人获高等学校省级教学名师奖，入选“新世纪百千万人才工程”国家级人选4人，有16人次获得国家杰出青年基金项目、全国百名医药卫生科技之星等荣誉称号或经费资助，有1个团队入选教育部“长江学者和创新团队发展计划”，有国家级突出贡献专家3人、卫生部11人次、省级7人次，省高等学校学科拔尖人才2人，辽宁省高等学校攀登学者支持计划5人，辽宁省普通高校专业带头人3人，辽宁省高校中青年学科带头人4人，辽宁省普通高等学校优秀青年骨干教师64人，辽宁省“百千万人才工程”百人层次92人、千人层次73人。

在校各类学生48692人，全日制在校生15739人，其中博士研究生1067人，硕士研究生3505人，普通本专科生9445人，外国留学生和港澳台学生404人，附设卫生学校学生1318人。

截至2009年年底，学校先后与日本、美国、英国、法国、俄罗斯、韩国、加拿大、澳大利亚、意大利、丹麦等国家的78所大学、科研机构建立了良好的交流关系，与世界银行、美国中华医学基金会、日本国际协力事业团等机构开展了卓有成效的合作。有276名国际知名专家、学者受聘担任学校荣誉职务，先后派出教师近4444人次到国外研修和考察，近年来，开展了53项重要国际合作项目，美国中华医学基金会项目31个。

**【科研项目与经费】** 2009年，学校获得科研项目、学科和实验室建设项目448项，经费8744.78万元，其中重点学科、重点实验室建设经费853万元，科研经费7891.78万元。科研经费比2008年增加2578.26万元。其中，承担国家重大科技专项1项，获资助经费3178.66万元；参加国家重大科技专项4项，获资助经费247.47万元；承担“973”计划前期专项1项，获资助经费115万元；承担“973”计划子课题滚动项目1项，获资助经费259万元；参加“973”计划项目1项，获资助经费20万元；参加“十一五”科技支撑计划项目6项，经费175.75万元；获国家自然科学基金项目72项，资助经费1794万元，比2008年增加项目10项，经费207万元，获批准项目和经费数量再创历史新高。

**【科研成果】** 2009年，学校组织鉴定科技成果26项。获得中华医学会、教育部、中华预防医学会、辽宁省及沈阳市科学技术奖48项。其中，辽宁省科技功勋奖1项，这是该奖项设置以来中国医科大学首次获得（当年辽宁省政府只授予1人）；获教育部高等学校科学研究优秀成果奖3项，其中一等奖1项、二等奖2项；获卫生部中华医学科技三等奖3项；获中华预防医学科技奖2项，其中二等奖1项、三等奖1项；获辽宁省科技进步奖25项，其中，一等奖3项、二等奖8项、三等奖14项；获得沈阳市科技振兴奖2项；获得沈阳市科技进步奖12项，其中一等奖2项、二等奖6项、三等奖4项。

申请专利4项；新获授权发明专利4项，实用新型1项；申报并获得软件著作权1项（孟繁浩）。

**【重点学科建设】** 组织全校29个辽宁省重点学科申报“提升高等学校核心竞争力特色学科建设工程”项目，4个学科被确定为一流、14个学科被确定为高水平、11个学科被确定为优势特色重点学科，共获建设经费833万元。

组织全校20个省重点学科申报辽宁省教育厅“冲击国家重点学科”建设工程，6个学科初步被确定为重点建设学科。

中西医结合临床学科被辽宁省中医管理局批准为辽宁省中医药重点学科。

**【科技合作与交流】** 2009年，共组织校级学术活动54次，承办全国性学术会议11次，承办国际性学术会议5次。当年参加国际学术交流1432人次。

**【科技功勋奖得主简介】** 2009年，本校的陈洪铎院士获辽宁省科学技术功勋奖。陈洪铎院士是我国皮肤病与性病学界唯一的院士，也是辽宁省医学界唯一的院士。现为中国医科大学附属第一医院名誉院长，卫生部免疫皮肤病学重点实验室主任，学校光医学中心主任。曾获全国五一劳动奖章、全国劳模、全国优秀科技工作者、国务院政府特殊津贴、国家级有突出贡献的专家、辽宁省特等劳动模范等荣誉。曾被选为中共十三大、十四大代表，曾任辽宁省政协副主席及全国政协委员。1999年当选为中国工程院院士。

陈洪铎院士关于朗格汉斯细胞来源、分布、转换、抗原、功能、病理和角质形成细胞免疫功能的系统研究结果和重大突破已获国际公认，多次在世界皮肤科大会（柏林、东京、纽约等地）上就这些研究结果作大会报告，多次应邀到美国、欧洲、日本各国知名学府就这些重大发现讲学，其被同行评价为“杰出的”“无可辩驳的”“当代皮肤科学界尚无别人作过如此周密而耗时的研究”等。他在临床实践中的很多发现，对皮肤病诊治具有重要的实用价值。

曾获国家自然科学奖三等奖1项，卫生部、教育部及辽宁省科技进步奖10余项；发表学术论文364篇，其中英文文章75篇，包括SCI全文49篇，其英文论文被SCI期刊及外文专著引用358次；主编或参编专著、教材等21部，其中《临床诊疗指南 皮肤病与性病分册》一书为我国皮肤科临床诊疗工作提供了规范化指南；《皮肤性病学》（第四版)是卫生部规划教材，对我国皮肤性病学教学事业的发展作出了巨大贡献。现任国际皮肤科学会（总部在美国）副会长、国际美容皮肤科学会（总部在欧洲）副会长、*J Appl Cosmetol*（欧洲）副主编、*Int J Biomed Sci*（美国）副主编、*Cosmetic Medicine*(欧洲)编委、《中华皮肤科杂志》总编等。曾任3届中华医学会皮肤性病学分会主委。成功主持了第五届亚洲皮肤科学大会、第九届国际皮肤科大会。多次代表中华医学会皮肤性病学分会与国际皮肤科联盟谈判，终于在坚持“一个中国”的原则下，成功加入了国际皮肤科联盟，大大提高了我国皮肤性病学科在国际上的地位。在他的带领下，学校皮肤科被评为国家重点学科，皮肤科实验室被评为卫生部重点实验室，皮肤科团队被评为教育部创新团队。他先后培养博士、硕士研究生共36人，其中很多已经成为国内外著名的中青年专家。

**【重点科研项目选介】**

1．移植物低温保存的临床基础研究（中国医科大学附属第一医院　刘永锋等）

器官保存是器官移植的三大支柱学科之一。在供体日益短缺的情况下，如何获得质量良好的供器官、最大程度上延长器官保存时限及保护器官功能，是移植界一直以来关注的热点课题之一。

本研究系统开展了低温状态下细胞的离子运动、细胞内钙离子聚集、信号传导等方面的研究，探讨了保存条件下细胞的基本生理状态，为改良器官保存液及保存方法提供了理论依据。在此基础上，探讨了保存温度、保存液中离子的成分，适当的比例及浓度、胶体作用及种类、能量代谢、减轻缺血再灌注损伤、防止减轻酸中毒等方面进行了系列研究，针对肝脏的代谢特点，已经自行研制了肝脏保存液，进行了小动物实验，效果良好，可保存肝脏24小时，与UW液（国际公认的最佳保存液）效果基本相同，且在防止细胞酸中毒和提供代谢能量方面优于UW液。该技术被天津第一中心医院、解放军三〇七医院、中山大学附属第三医院、大连医学院附属第二医院等多家医院采用，均取得了良好的临床效果。是目前国内采用最广泛的器官切取技术。

本研究共发表系列论文92篇，其中，被SCI收录11篇。在临床方面积累了大量经验，并在多家移植中心推广应用，收到良好的效果。荣获2009年度高等学校科学研究优秀成果一等奖。

2.胃癌转移规律及亚临床转移诊治的系列研究（中国医科大学附属第一医院　徐惠绵等）

本项目在多项科研计划项目资助下，对胃癌转移规律及亚临床转移早诊与阻断治疗进行了系列研究，取得了以下主要研究成果：首次提出早期胃癌新的淋巴结转移分级标准及个体化根治手术和辅助化疗的适应症；首次提出淋巴结转移率分级和计量学分级的新概念，及其对准确分期及预后评估的临床应用价值。系统研究了不同分期应最少检取淋巴结的数目；有效提高术中淋巴结清除数、检取数的新方法；孤立转移淋巴结与前哨淋巴结定位关系及淋巴结亚临床转移的分子病理学指标的确立；在国内率先建立了激光显微捕获切割、全基因组扩增、低密度cDNA芯片高通量基因组学技术平台。优化出hTERT，KAI-1，nm23H1，CDH1，S100A4，E-cad，MMP-7，RhoC等一组淋巴结转移相关的分子标志物；首次发现腹膜腔腹腔脱落癌细胞（ECC）阳性时，腹膜间皮细胞发生内源性病理改变，与TGF-β，bFGF等刺激间皮细胞分泌纤维连接蛋白并诱导其凋亡有关，是ECC与腹膜着床的条件或成因之一；确立了最完整的腹膜亚临床转移预警指标，发现ECC（+）率与胃癌浆膜受侵面积和浆膜类型密切相关；腹腔液中CEA、乙酰肝素酶、多巴脱羧酶、MMP-7及游离DNA　p53检测具有较好的敏感性和特异性，可辅助ECC检查；针对ECC与腹膜种植的不同环节，系统开展了杀灭腹腔ECC的物理疗法，生物反应调节与抗黏附疗法，温热低渗与缓释靶向化疗的实验与临床研究；创造性地提出了胃癌5种生物功能分型和器官亲嗜性转移的新概念。经过长期临床验证，AFDT型伴层黏连蛋白阳性胃癌易发生肝转移；AMPFDT型伴ER阳性胃癌易发生卵巢转移。为胃癌高危脏器转移监测及阻断治疗提供了科学依据。

上述研究成果被应用于临床，使项目组单位胃癌治疗水平逐年提升，5年生存率从20世纪60年代的19.6%提高到2000年的63.7%，达到国内领先、国际先进水平。在国内外期刊发表学术论文150余篇，被SCI收录18篇，被引用730余次，发表专著2部。通过学术交流、专题讲座形式培训大批专业人员；举办胃癌进修班23期，培养来自23个省、市的专科医师215人次，研究生176人次，其中博士研究生49人、硕士研究生127人，使本研究成果在国内20余个省市的医疗机构推广应用，对推动我国胃癌治疗水平的全面、均衡性提高和发展作出了重大贡献。荣获2009年度辽宁省科技进步奖一等奖。

3．子宫颈癌的早期防治与病因学研究（中国医科大学附属盛京医院　张淑兰等）

本项目从20世纪90年代起在国家自然科学基金、国家科学技术部及辽宁省科技攻关基金等12项国家、省、市课题资助下，开展了辽宁省妇女子宫颈癌及癌前病变的预防和治疗工作，同时针对子宫颈癌的多因素发病原因进行了基础方面的研究。

在国内外首次发现酪氨酸蛋白激酶-4及酪氨酸蛋白激酶受体-2在宫颈癌的发生、发展和血管生成过程中起到重要作用；在国内外首次报道半乳糖凝集素-9在子宫颈癌的形成和侵袭过程中发挥保护作用；在国内外首次发现胰岛素样生长因子-2作用下钾氯离子协同转运子-1、钾氯离子协同转运子-3及钾氯离子协同转运子-4基因表达水平的差异，为进一步研究胰岛素样生长因子-2通过钾氯离子协同转运子参与子宫颈癌恶变过程提供了实验依据；在国内外首次发现钾氯离子协同转运子基因和蛋白在宫颈癌组织中表达升高，并且与病理分化程度密切相关，提示钾氯离子协同转运子-1在宫颈癌发生、发展过程发挥重要作用，为探讨宫颈癌的病理生理改变提供新的线索；在国内外首次发现白藜芦醇能够通过激活过氧化物酶增殖物激活受体，抑制酪氨酸激酶和信号转录因子及活化子信号转导通路，进而降低金属蛋白酶-2,-9的表达及活性，达到抑制宫颈癌细胞侵袭转移的目的；在国内外首次探讨桂枝茯苓能够通过抑制金属蛋白酶-2、金属蛋白酶-9的表达及活性抑制宫颈癌细胞的侵袭，且桂枝茯苓对肿瘤细胞迁移侵袭能力的抑制作用明显强于其对肿瘤细胞增殖的抑制作用；在我省率先建立了适应我省实际情况的宫颈癌前病变及宫颈癌的筛查体系，并应用于全省各市；在国内率先筛查出我省宫颈癌妇女感染的特定人类乳头状瘤病毒亚型，为人类乳头状瘤病毒疫苗临床应用研究奠定了理论基础。

该项研究历时近20年，在国内外专业杂志上发表论文71篇。其中，在国际杂志上发表文章10篇，被SCI收录10篇，影响因子累计达到37.059；被CA收录6篇；被BA收录9篇；被MEDLINE收录3篇。参加国外学术会议共7次，在全国妇产科学术会议上作专题报告10次，听众达4000人次。举办全国性学术会议3次。培训进修人员达500余人之多，培养博士及硕士研究生300余人。使宫颈癌患者生存率从46.3%提高到54.2%，有效地提高了宫颈癌患者的五年生存率及生活质量。荣获2009年度辽宁省科技进步奖一等奖。

4．选择性开放血脑屏障的机制与应用的研究（中国医科大学基础医学院　薛一雪等）

本项目在10项国家自然科学基金项目、8项省部级课题资助下，历经10年，运用分子生物学、电生理学、基因工程学等方法，取得了一系列具有巨大临床应用潜力的研究成果：通过深入研究缓激肽对血肿瘤屏障通透性的调节作用及机制，首次证明：缓激肽能够通过减少紧密连接相关蛋白表达、上调KATP通道和KCa通道蛋白的表达、增加胶质瘤细胞内钙离子水平，增加血肿瘤屏障的通透性；通过对多种参与血脑屏障通透性调节物质的研究，首次证明：①应用1MHz、12mW的低频超声照射20s，能可逆性地开放血肿瘤屏障，其机制与下调紧密连接相关蛋白和上调质膜微囊结构蛋白的表达相关；②内皮-单核细胞激活多肽能以剂量依赖的方式选择性增加血肿瘤屏障的通透性；③短时期铝接触能显著增加血脑屏障的通透性。本项目在选择性开放血肿瘤屏障的基础上，首次发现：①使用携带HSVtk基因的神经干细胞作为效应细胞，利用“旁观者效应”，能够杀死胶质瘤细胞；②应用缓激肽开放血肿瘤屏障的同时，灌注表达IL-12基因的重组腺病毒能显著延长胶质瘤动物的生存时间。通过对脑出血等中枢神经系统疾病发病过程中血脑屏障调节机制的研究，首次证明：①脑出血后水通道蛋白4的表达能调节血脑屏障的完整性；②缓激肽预处理对缺血性脑损伤具有保护作用；③移植小胶质细胞能通过血脑屏障摄取部分Aβ，参与阿尔茨海默病的治疗。

本项目研究成果在国内外多种科学期刊上发表学术论文85篇，其中，被SCI收录论文14篇，被引用128次，单篇最高引用31次，主要论文被*Nature Reviews Neuroscience*(IF：23.054)等国际重要杂志引用，研究成果受到国内外同行的关注。本项目研究成果不仅深入研究了血脑屏障和血肿瘤屏障开放的分子机制，而且为中枢神经系统疾病的药物转运和治疗提供了多个靶点，具有广阔的应用前景。荣获2009年度辽宁省科技进步奖一等奖。

5.紫外线暴露对佝偻病防治、眼晶体损伤和皮肤老化作用及其机制研究（中国医科大学公共卫生学院　刘扬等）

本项目调查人群近2万人，监测数据达数10万之多，研究方法独创，实现了暴露与效应的双定量评价、流行病学和实验研究的有机结合，发表相关学术论文65篇。研究成果如下。

①经实地监测和流行病学调查发现，我国北方冬季紫外线生物剂量不足以维持婴幼儿机体产生维生素D之需，并证实大气污染与佝偻病呈正相关，提出若空气污染由重度改善至轻度水平，佝偻病患病率可减少1/3。为此，研制了保健日光灯，为防治佝偻病另辟一条新途径。② 在国内外首次研究了人群紫外线暴露的日间分布状态，为指导户外活动行为提供科学依据。③ 采用自制旋转式眼紫外线暴露模型，获得眼紫外线暴露日间变化的双峰规律，它不同于环境紫外线的钟形曲线。④探讨了个体眼紫外线暴露与晶体密度值和翼状胬肉之间的量效关系，并发现儿童时期紫外线暴露时间的长短对白内障的形成有重要作用。⑤ 发现国人紫外线高暴露组比低暴露组人群皮肤老化提前10年，开创了手背部皮肤纹理老化定量评价指标。⑥研究了大量抗氧化物质抑制紫外线对DNA及免疫损伤的作用，验证了本课题研究人员提出的“活性氧在致癌过程中起介导作用”和“$O_2$在UV诱发KC细胞因子基因表达中始发信号作用”两个假说。

保健日光灯经临床应用观察，效果显著。该研究成果被广泛应用于医院、幼托机构和家庭，受益儿童数千人。该技术已转让并投放市场，取得了良好的社会效益和经济效益。荣获2009年度中华预防医学会科学技术奖二等奖。

（中国医科大学　袁正伟）

# 大连工业大学

**【概述】** 大连工业大学的前身是沈阳轻工业学院，是东北地区唯一一所以轻纺为专业特色的高等学校。1958年创建于沈阳，设有纺织、印染、人造纤维、化工、酿造等5个本科专业；1970年更名为大连轻工业学院；1978年学校改由国家轻工业部与辽宁省双重领导，以轻工业部为主；1998年学校转制为中央与地方共建、以辽宁省人民政府为主的管理体制；2007年3月16日，学校正式更名为大连工业大学。现已建设成为一所以工为主，理、工、经、管、文协调发展的省属全日制多学科性大学。

学校设有机械工程与自动化学院、汽车与交通工程学院、材料科学与工程学院、化学与环境工程学院、电气工程学院、电子与信息工程学院、管理学院、经济学院、艺术设计与建筑学院、土木建筑工程学院、外国语学院、理学院、文化传播学院、光伏学院、社会科学部、体育部、计算机中心等17个本科教学院、部，还设有研究生学院、国际教育学院、软件学院、成人教育学院。现已形成以本科教育为主，兼有研究生教育、留学生教育、高等职业教育、继续教育等教育模式的多层次办学格局。

学校设有39个本科专业，19个高职专科专业。有28个硕士学位授权点，在7个工程领域有专业学位硕士授予权，并具有艺术硕士专业学位授予权。拥有发酵工程、纺织工程、制浆造纸工程、食品科学、设计艺术学5个省级重点学科。发酵工程、海洋食品科学与技术、数字化服装设计与工程及食品生物技术4个实验室为辽宁省重点实验室。发酵工程、制浆造纸工程、纺织工程、新材料与材料改性4个实验室为辽宁省高校重点实验室。

学校现有教师900人，其中双聘中国科学院院士1名、中国工程院院士3名，正高级专业技术人员125人、副高级专业技术人员300余人。

学校现有在校全日制本、专科学生19616人，研究生1122人,外国留学生78人。

**【科研项目与经费】** 2009年，承担国家“973”计划、“863”计划、自然科学基金等国家级项目8项，承担省部、市级科技计划项目43项，企事业单位委托科技项目88项，投入经费3885.6万元。

**【科研成果】** 朱蓓薇教授带领的团队完成的“贝类精深加工关键技术研究及产业化”项目获得辽宁省科技进步奖一等奖；获得辽宁省科技进步奖三等奖1项，轻工业联合会科技进步奖三等奖1项，香港桑麻奖二等奖1项；获得辽宁省自然科学学术成果奖（论著类）17项，大连市自然科学学术成果奖（论著类）26项。

申请专利456项，获得专利授权57项；学校成功入选第四批国家级专利工作试点单位。《大连工业大学学报》继2008年跻身中文核心期刊之后，又荣获2009年“全国高校科技期刊优秀编辑质量奖”。

**【大学生科技创新成果】** 22件作品在“辽宁省第九届挑战杯”竞赛中获奖，其中获得特等奖3项、一等奖3项；3篇论文代表辽宁省参加“全国挑战杯”竞赛并获奖；在全国大学生电子设计大赛、辽宁省大学生机械设计竞赛、大学生数学建模竞赛等比赛中，共获得各类奖项17项；在“第六届挑战杯辽宁省大学生创业计划”大赛中，有16项作品获奖，其中获得一等奖1项、二等奖4项、三等奖11项；有2项研究生科技创新项目被列入辽宁省科技创新计划。

**【科研平台建设】** 学校在国家级工程研究中心建设上实现零的突破：海洋食品工程研究中心被批准为教育部工程研究中心，农产品加工技术研发贝类分中心被批准为农业部工程技术中心。服装设计与工程重点实验室、食品生物技术重点实验室被批准为辽宁省重点实验室。发酵工业产品工程技术研究中心被批准为省级工程中心。大连市半导体照明检测服务中心、大连市创新创业研究中心等机构先后落户学校。

**【产学研合作】** 中国乳业技术创新战略联盟在北京成立，大连工业大学作为46家发起人之一，成为首批联盟成员单位。

生物工程学科和造纸工程学科成为国家轻工产业技术创新发展服务联盟成员，生物工程学科同时成为酶制剂创新发展服务联盟成员。

**【科技人才与队伍建设】** 2009年，入选“新世纪百千万人才工程”国家级人选1人；入选第五批“辽宁省百千万人才工程”6人，其中，百人层次4人、千人层次2人。

全年共引进博士6人、硕士26人，骨干及优秀青年教师2人。有189人参加国内外进修培训，聘任11名国内外专家、学者为客座教授或兼职教授。

**【重点学科建设】** 2009年，大连工业大学成为博士立项建设单位。3个立项建设学科和2个支撑学科的分年度建设工作已经启动。轻工、食品、纺织3个一级学科被评为辽宁省高水平重点学科，设计艺术学被评为辽宁省优势特色重点学科，获得专项经费共计272万元。

获得辽宁省教育规划立项课题6项。校本部和高职院各新增1个专业。经国务院学位委员会批准，学校成为艺术硕士专业学位授予单位。

**【科技合作与交流】** 2009年，共接待境外28家机构257人次来访，与美国、加拿大、澳大利亚、日本等国家的13所大学和境外机构签署了友好交流合作协议。为配合大连市政府举办古贺克己先生访问大连100次纪念活动而制作的专题宣传片被大连电视台和日本金泽市电视台相继转播，受到广泛好评；聘请世界著名思想家、教育家池田大作先生为学校名誉教授；成功举办了“中日食品安全国际会议”和“中日环境保护暨再生资源利用国际会议”。

2009年，共派出学生52名，接收9个国家的留学生累计达213人。留学生数量实现了历史性突破，在全省高校中排名升至第16位；3年平均增长率达75%，在全省高校中排名第6位。成功开展了赴美带薪实习和赴瑞典高校免费留学活动；开始招收来自新加坡理工学院的留学生；实现了韩国留学生的规模化招生。

成功承办了“第十四届全国青年通讯学术会议”、“辽宁省食品科学技术协会筹备会”和“全国轻工业联合会科技工作座谈会”等3个重要学术会议。

（大连工业大学　迟青山）

# 大连交通大学

**【概述】** 大连交通大学是东北地区唯一一所以轨道交通为特色的高等学校，创建于1956年，其前身是大连机车车辆学校、大连铁道学院，隶属于铁道部。2000年2月划转为辽宁省政府管理，实施“中央与地方共建，以地方管理为主”的管理体制。2004年5月经教育部批准，更名为大连交通大学。

学校建有1个教育部工程研究中心，5个省级工程中心，3个省级重点实验室，6个省级高校重点实验室，3个省高校创新团队，2个市级工程中心。拥有16个教学单位， 2个博士后科研流动站，2个博士学位授权点，19个硕士学位授权点，涉及工学、理学、管理学、法学4个学科门类及11个一级学科。有7个工程硕士领域，2个高校教师硕士专业。拥有机械工程、材料科学与工程2个省一级重点学科，覆盖了7个二级学科。在40个本科专业中，有7个国家管理专业，工商管理、计算机科学与技术具有第二学士学位授予权，共涉及工学、管理学、理学、文学、经济学和法学等6个门类。机械工程及自动化、车辆工程为国家第一类特色专业，机械工程及自动化、车辆工程和材料成型及控制工程专业是辽宁省普通高等学校示范性专业，车辆工程专业为辽宁省紧缺本科人才培养基地。

近年来，学校积极开展国际交流与合作，先后与澳大利亚、美国、英国、日本、俄罗斯、新加坡、加拿大等国家的25所院校和教育科研机构签署了校际合作协议。2006年4月，与俄罗斯科学院西伯利亚分院固态化学与机械化学研究所合作组建了“大连交通大学中俄科教中心”；2007年6月与新加坡罗德里工程有限公司合作成立了“新加坡罗德里·大连交通大学大连国际培训中心”。学校先后聘请来自美国、俄罗斯、日本等国家的学者、专家为名誉教授、客座教授，总人数达50余人。

学校现有在编、具有专业技术职务的教师1038人，其中教授122人，副教授278人，博士研究生导师43人。教授、副教授占教师总数的40%以上，具有硕士、博士学位的教师占教师总数的70%以上。

学校现有全日制在校生19181人，其中本、专科生18129人，博士研究生77人，硕士研究生975人。

**【科研项目与经费】** 2009年，学校科研总经费高达2.07亿元。获批纵向项目达180项，其中包括国家级项目20项，经费1599.1万元；承担横向项目177项，经费3124万元。

**【科研成果】** 获得各级科技奖励15项。其中，获得辽宁省自然科学成果奖5项，辽宁省第二届哲学社会科学学术年会成果奖5项，大连市科学著作奖3项，大连市社会科学进步奖2项。鉴定科技成果3项。

申请专利105项，其中发明专利42项，实用新型专利29项、外观设计专利34项；获得授权发明专利24项。

材料学院张志华博士撰写的论文

*Evidence of intrinsic ferromagnetism in individual dilute magnetic semiconducting nanostructures*在*Nature*系列中报道全球纳米科学与技术研究最新成果的顶尖杂志*Nature Nanotechnology*上发表。

**【科研平台建设】** 9月29日，现代轨道交通研究院作为大连交通大学第一个国家级科研机构，成功获得科学技术部批准，成为第二批国家技术转移示范机构。2009年，学校新增9个科研机构，1个市级研究基地，获批辽宁省高校创新团队1个。

**【科技合作与交流】** 2009年，共有来自8个国家的40名外籍专家和教师在学校任教。

成功举办了“2009国内外焊接新技术及焊接残余应力、变形、疲劳寿命控制研讨会”和“全国高等学校制造自动化研究会东北分会2009学术年会”。

**【产学研合作】** 学校凭借与铁路企业、科研院所多年来的合作优势，坚持走产学研合作之路，形成了多形式、多层次、多元化的产学研合作模式。截至2009年年底，学校与多家国内知名企业和研究机构签订了23份合作协议，先后建立了10个铁路机车、客车、货车、城市轨道交通公共技术等研发平台，产学研合作项目200多个，金额达5000多万元，获得企业设备支持总额约1960万元。

科技开发公司和兴科中小企业服务中心是学校对外签订技术合同的窗口，在加强校企合作、发挥学校轨道交通特色方面取得了显著成效。2009年，兴科中小企业服务中心荣获第四届中国技术市场协会先进集体奖金桥奖。

“大连交通大学产学研合作研究创新团队”继2008年12月被辽宁省教育厅确定为“辽宁省产学研合作研究基地”之后，2009年又被中国产学研合作促进会授予“产学研合作先进单位”荣誉称号。该团队应用管理学、经济学、教育学等学科知识，研究产学等个体发展及相互合作的有关理论和实践问题。设有教育经济与管理、战略与创新、科技管理3个研究方向。有成员24人，其中教授4人、副教授7人，博士后2人、博士11人。截至2009年年底，团队共承担课题118项；公开发表相关研究论文149篇，被检索论文40篇；获得辽宁省教学成果奖一等奖1项，辽宁省教育科学优秀成果奖一等奖3项、二等奖3项、三等奖1项，辽宁省哲学社科科学二等奖1项。

**【重点科研平台选介】**

1.大连交通大学现代轨道交通研究院

该研究院成立于2005年11月。自成立以来，走过了一条从企校合作到产学研合作直至纳入国家技术创新体系的螺旋式上升发展道路，成为我国铁路行业及相关领域技术转移的首批示范机构。先后与国内10多家知名企业、科研院所建立了科研合作关系，签署了22份校企合作协议，实施技术转移项目140多项，技术转移服务金额3000多万元，争取各级政府资金支持达3819.8万元，企业设备支持总额1960万元。建立了6个产学研合作平台、5个公共科技服务平台、5个省部级工程中心和5个省级重点实验室。

2.辽宁省重大装备热加工工艺工程技术中心

该中心在塑性成型技术、焊接与连接技术、铸造技术、热处理与表面工程技术等领域，针对轨道交通装备制造行业的应用开展研究工作。有固定研究人员和技术人员43人，客座研究人员和研究生100余人，其中博士研究生导师10人，正高级职称技术人员22人，副高级职称技术人员12人，已经形成科研经验丰富、创新能力强、年龄与知识结构合理的科研队伍。5年来，承担纵向课题55项，横向课题202项，申请专利9项，获国家科技进步奖二等奖1项，省部级奖4项，发表论文232篇。

3.辽宁省新能源电池重点实验室

该实验室是依托环境与化学工程学院徐洪峰教授领导的燃料电池技术研究基地和任瑞铭教授领导的纳米材料与表面工程研究所的资源而新组建的。该实验室作为新能源电池人才培养、电池检测与研发基地，主要以质子膜交换燃料电池、磷酸铁锂电池制备技术、新能源电池检测技术等为研究方向，旨在提升辽宁省新能源电池研发与检测技术水平，推动辽宁省新能源汽车产业发展和核心技术突破。

4.轨道交通装备制造业信息化工程研究中心

该中心以轨道交通装备制造业企业为主体，以信息化改造工业化为手段，主要任务是实现现场控制、网络控制技术和网络制造技术的有效结合，争取率先在轨道交通装备制造业实现网络控制、智能检测等一批关键技术的突破；实现产品的数字化设计，对ERP系统消化吸收再创新，深化轨道交通装备制造业企业信息化应用；培训各种层次的轨道交通装备制造业信息化人才。主要研究方向是面向产品全生命周期管理和企业集成，研究企业建模与诊断、知识管理、集成平台等技术，为轨道交通装备制造业信息化整体解决方案提供技术支撑与软件平台，开发面向产品全生命周期管理的平台、企业应用集成平台等，为形成数字化企业提供关键技术与软件产品；将在轨道交通装备企业管理信息化、产品研发信息化、生产制造信息化、生产过程信息化和信息化关键软件技术方面开展工作。有研究和技术人员47人，其中具有高级职称者31人，具有博士学历者17人。每年指导博士研究生、硕士研究生约30人。

5.辽宁省高校人机工程重点实验室

该实验室有研究人员30余人，组成了一支以人机工程理论研究为主，包括运动器械、康复器械和机器人用传动装置等多学科的研究队伍。在自主创新和引进消化吸收国外技术的基础上，基于人机工程学研究的运动、康复和传动器械领域的研究水平已达到国内先进水平。下设轮椅检测实验室、产品设计工作室、工业工程实验室、体质检测实验室、机械制造实验室、测控技术实验室等。先后承担国家自然科学基金项目2项、奥运重点攻关项目2项、省部级科研项目8项及多项市级横向课题。与国家自行车队、辽宁省皮划艇队、赛艇队、马家军田径队及世界轮椅基金会等建立了长期的合作关系。曾获得国家体育总局科研攻关与科技服务奖二等奖，辽宁省科技进步奖二等奖，大连市科技进步奖二、三等奖，获得国家发明专利和实用新型专利8项，通过省部级鉴定2项。

（大连交通大学　侯英玮）

# 大连水产学院

**【概述】** 大连水产学院创建于1952年，前身为东北水产技术学校，1958年升格为大连水产专科学校，1978年升格为大连水产学院，1986年获得硕士学位授予权，1998年、2008年均顺利通过教育部组织的本科教学工作水平评估，并于2008年获得优秀等级。

学校水产养殖学科被列为辽宁省高等学校重点学科领域研究生培养基地；水产养殖学专业被列为国家人才培养模式创新实验区、国家第二批高等学校特色专业建设点和辽宁省紧缺本科人才培养基地；水产养殖学和港口航道与海岸工程2个专业被评为辽宁省示范专业；港口航道与海岸工程专业被评为第三批高等学校特色专业建设点；航海技术和轮机管理2个专业于2003年通过国家海事局船员教育和培训质量管理体系认证。

学校设有13个二级院系，分别为生命科学与技术学院、海洋工程学院、机械工程学院、土木工程学院、信息工程学院、经济管理学院、理学院、海洋环境工程学院、食品工程学院、外国语学院、人文法律系、职业技术学院、成人教育学院，另有研究生部和留学生部；4个省部级重点学科，1个省哲学社会科学重点建设学科；9个一级学科硕士学位授权点，19个二级学科硕士学位授权点，3个农业推广硕士专业学位授权领域；拥有41个本科专业和30个高职专业，其中有1个国家级首批人才培养模式创新实验区，3个国家级特色专业，4个省级本科特色（示范）专业和1个辽宁省紧缺本科人才培养基地，8个省级高职特色（品牌、示范）专业；建有国家海藻加工技术研发分中心1个，国家级实验教学示范中心1个，农业部重点开放实验室1个，省级重点实验室4个，省级工程技术研究中心3个，省级实验教学示范中心1个，省高校重点实验室4个。

学校广泛开展对外学术交流与合作，先后与美国、澳大利亚、日本、挪威、韩国、俄罗斯等国家和地区的30余所高校科研机构建立了交流与合作关系。

学校现有专任教师797人，其中有教授114人、副教授302人。聘任中国工程院院士雷霁霖为双聘院士；入选国家级“新世纪百千万人才工程”者1人，入选教育部“新世纪优秀人才支持计划”者1人，入选辽宁省“新世纪百千万人才工程”者24人（其中百人层次8人、千人层次16人），入选辽宁省“优秀人才支持计划”者5人；享受国务院特殊津贴者41人；拥有国家和省部级专家7人，省部级重点学科带头人6人，辽宁省高校教学名师8人，辽宁省普通高校优秀青年骨干教师31人；博士研究生和硕士研究生导师222人；拥有国家级教学团队1个，省级教学团队8个，省级创新团队2个。

学校现有全日制各类在校生1.2万余人，其中本科生8755人，硕士研究生616人。

**【科研项目与经费】** 2009年，承担纵向科研项目99项，合同经费1643.8万元。其中，国家基金项目4项，经费82万元；农业科技成果转化资金项目1项，经费70万元；国家科技支撑计划项目3项（参加），经费122万元；海洋公益性行业科研专项（参加）2项，经费235万元；农业公益性行业科研专项（参加）2项，经费317万元；教育部社科项目1项，经费5万元；教育部留学回国人员启动基金项目3项，经费8万元；农业部项目2项，经费355万元；农业部标准项目3项，经费18万元；辽宁省科技计划项目2项，经费280万元；辽宁省科技基金项目3项，经费11万元；辽宁省社科基金项目3项，经费0.5万元；辽宁省教育厅项目33项，经费79.5万元；辽宁省海洋与渔业厅项目5项，经费15万元；大连市科技计划项目3项，经费29万元；大连市标准项目6项；实验室开放课题4项，经费12.8万；辽宁省社科联项目1项；大连市社科院项目16项；中国海洋发展研究中心课题2项，经费4万元。

全年承担横向科研项目92项，合同经费644.9万元。

**【科研成果】** 获得国家科技进步奖二等奖1项（参加），国家海洋科技创新成果奖二等奖1项，中国水产学会范蠡科技奖二等奖1项，辽宁省技术发明奖二等奖1项，辽宁省科技进步奖二等奖1项、三等奖1项，大连市技术发明奖一等奖1项、科技进步奖三等奖1项。

专利申报数量实现了“跳跃式”的增长，全年专利申请总量达到190件（其中，申请发明专利80件），比2008年（40件）增长近5倍。2009年，被大连市知识产权局认定为“大连市优秀发明单位”和“大连市知识产权试点单位”，并获得15万元的资助经费。

**【科技人才与队伍建设】** 一是培养青年人才。近年来，学校引进了一批年富力强的博士和硕士研究生，具有科研能力的教师人数有较大幅度增加，青年教师正逐步成为学校科研的中坚力量。根据青年教师所学专业和特长，确定其研究方向和个人发展定位，指导和鼓励青年教师积极申报各类科研项目，或参与资深教师的科研项目，有意识地引导青年教师加入到科研工作中来。

二是扶持领军人物。充分发挥学科带头人的引领示范作用，整合资源，集中力量，组建科研团队。通过新老搭配，协调组合，指导组建了36个海洋相关领域的科技创新团队。学校科研项目的申报，基本上都采取团队整体申报的形式，改变了过去单打独斗的局面。生命科学与技术学院的海参科研团队、海洋工程学院的海洋牧场科研团队、食品工程学院的海藻加工科研团队已跻身国家层面，成为学校争取国家项目的主力军，2009年获得国家级项目科研经费达1212万元。

**【科研平台建设】** 重点组织食品工程学院申报了“国家海藻加工技术分中心”；组织生命科学与技术学院申报了“辽宁省刺参良种繁育及健康养殖工程技术研究中心”“大连市刺参良种繁育及健康养殖工程技术研究中心”；组织信息工程学院申报了“辽宁省海洋信息技术重点实验室”。

**【产学研合作】** 到2009年，学校与国家重点龙头企业大连獐子岛渔业集团股份有限公司已经合作6年，取得了丰硕成果，校企双方共同倡导的“基于生态系统的海洋牧场关键技术研究与示范”项目进展顺利；学校研制的水温无线传输监测系统、自动投饵和水质监测系统、自动虾夷扇贝播苗机、环保型虾夷扇贝拖网、扇贝自动出舱机、深水录像设备等一批技术设备在獐子岛渔业集团生产中得到应用，解决了生产难题，为企业带来了巨大的经济效益。

全年与企业签署“四技服务”合同44项，合同金额272.8万元。

**【科技服务】** 与大连市海洋与渔业局联合设置的海参“120”电话，为大连及周边地区的海参养殖起到保驾护航的作用，全年共收到咨询电话80多个，及时处理了养殖户在海参养殖中遇到的紧急情况和突发事件。

积极参加辽宁省和大连市的科技特派行动，为广大农民提供了有效的技术支撑和保障。特别是常亚青教授在庄河力源水产有限公司进行的海参杂交系列研究取得了重大进展，培育出生长速度快、抗逆性好、出肉率高、品质优良的海参新品种“水院1号”，经第四届全国水产原种和良种审定委员会审定通过，获得水产新品种证书。这是我国海参养殖的第一个新品种，也是学校培育出的首个通过国家级审定的水产养殖新品种。

积极参加各种形式的科技博览会、科技成果对接洽谈会，制作展板49块，印制发放宣传材料100多份。

**【重点科研项目选介】** “菲律宾蛤仔现代养殖技术体系构建与应用”项目荣获2009年国家科技进步奖二等奖。该项目在养殖生物学研究的基础上，通过健康苗种规模培育和商品贝生态养成等养殖产业链关键技术的研发和系统集成，建立了以产量效益为目标的蛤仔产业产量保障技术体系；同时通过无公害苗种培育技术、优良环境养殖、换区暂养和基于养殖容量的密度调控、病害监控、食品安全监控、产后净化等技术的研发和系统集成，建立了以质量效益为目标的蛤仔质量保障技术体系。由此而建成的菲律宾蛤仔现代养殖产业技术体系，突破了规模化苗种培育、生态化商品贝养殖与食用安全保障等产业发展的技术“瓶颈”，使我国菲律宾蛤仔养殖产业实现了从完全的自然生产到大部分为可调控生产、从产品食用安全保障的基本缺失到基本得到有效保障、从产量效益型到产量与质量效益型并重的转变，使我国蛤仔养殖产业技术整体达到国际领先水平，产业持续发展，效益稳定提高。

（大连水产学院　张冬冬　梁殿超　何杰）

# 辽宁师范大学

**【概述】**　辽宁师范大学始建于1951年8月，初建时为旅大师范专科学校，是新中国诞生后首批建立的高等师范院校之一。1953年，东北地区7所师范专科学校调整归并为3所，原旅大师范专科学校更名为大连师范专科学校。1958年7月，扩建为大连师范学院。1960年更名为辽宁师范学院。1983年12月，更名为辽宁师范大学。

辽宁师范大学是辽宁省基础教育师资培养与继续教育基地、教育科学研究咨询基地、高校师资培训基地、适应地区经济建设与社会发展需要的科研基地，现已成为辽宁省最大的、起示范带头作用的教师教育中心。

辽宁师范大学设有22个学院，51个本科专业。拥有1个博士后科研流动站，13个博士学位授权点，13个一级学科硕士学位授权点，99个二级学科硕士学位授权点，是全国教育硕士、公共管理硕士、高校教师专业学位和同等学力人员申请硕士学位培养单位。设有13个省级重点学科，1个省级重点培育学科，7个省级哲学社会科学重点建设学科，3个省级人文社会科学重点研究基地。建有教育部基础教育课程研究辽宁师范大学中心、教育部省属人文社会科学重点研究基地辽宁师范大学海洋经济与可持续发展研究中心、教育部辽宁师范大学可持续发展教育中心、辽宁省高等学校师资培训中心、辽宁省中小学骨干教师培训基地等多家研究和培训机构。

学校积极开展国际交流与合作，与14个国家和地区的51所大学、科研机构建立了交流合作关系，进行教师互换、学者互访、合作研究与联合办学等。成立了生物制药技术研发中心、意大利利马窦卫匡国研究中心、大森日本学习研究中心、国际商学院、国际职业学院，在美国迈阿密大学设立了孔子学院等。

学校现有专任教师1000人，其中，具有正高级职称的教师205人，具有副高级职称的教师338人；具有博士学位的教师217人，具有硕士学位的教师435人。有国务院学位委员会评议组成员1人，双聘院士2人。另聘任几十位国内外著名学者、专家为名誉教授或客座教授。

学校现有全日制在校生14969人，其中博士、硕士研究生3018人，外国留学生140人。

**【科研项目与经费】** 2009年，辽宁师范大学组织申报了33个批次的608个项目，累计获批项目199项，获批科研经费总额度达1159.6万元。其中，获批纵向项目179项，经费941万元；横向项目20项，经费218.6万元。纵向项目包括：国家社科基金项目2项，获批经费16.4万元；国家自然科学基金项目15项，获批经费468万元；“973”计划项目子课题2项，获批经费90万元；国家外国专家局项目1项，获批经费6万元；全国教育科学规划项目（教育部重点课题）1项，获批经费2万元；教育部一般项目10项，获批经费66万元；教育部博士点基金项目1项，获批经费3万元；教育部留学回国基金项目5项，获批经费11.5万元；教育部基地项目1项，获批经费5万元；全国优秀博士学位论文专项资金项目1项,获批经费20万元；国家体育总局项目2项要，获批经费15.7万元；古籍整理项目2项，获批经费2万元；辽宁省科学技术厅项目6项，获批经费36万元；辽宁省社科基金项目14项，获批经费4万元；辽宁省教育科学规划项目10项，获批经费0.8万元；辽宁省教育厅项目67项，获批经费139.5万元；辽宁省财政科研基金项目1项，获批经费1万元；辽宁省社科联项目4项，获批经费0.7万元；大连市科学技术局项目7项，获批经费52万元；大连市社科联项目27项，获批经费1.4万元。

**【科研成果及其转化】** 获得各级各类科研奖励110项。其中，获得辽宁省政府科学技术奖三等奖2项；辽宁省自然科学学术成果奖一等奖5项、二等奖17项、三等奖18项，共计40项；辽宁省第二届哲学社会科学学术年会成果奖9项；大连市自然科学学术成果奖一等奖9项，二等奖9项、三等奖21项、共计39项；大连市政府第十三届社会科学进步奖一等奖1项、二等奖3项、三等奖14项、共计18项；大连市政府科技奖二等奖1项、三等奖1项，共计2项。

申报辽宁省教育厅学术著作出版资助成果10项，获批4项；获大连市科学著作奖5项；申报大连市学术著作出版资助成果17项，获批4项；通过内部评审资助本校学术著作出版成果16项。

被SCI收录论文151篇，其中影响因子在4以上的论文7篇。申请专利39项，其中发明专利14项。

计算机与信息技术学院的刘小丹教授转让“商品防伪包装彩色图标喷墨印刷技术”专利成果1项，获转让费8万元。

历史文化旅游学院的喻大华教授连续三次做客中央电视台《百家讲坛》栏目，主讲《道光朝历史》，评说《嘉庆王朝》，细诉《苦命皇帝咸丰》；法学院王瑞恒教授的《关于弱势群体法律援助问题报告》被刊载于中共辽宁省委宣传部《社科与决策》简报，得到省纪委书记、省司法部门有关领导的亲笔批示，体现出人文社科领域为地方咨政服务的新作用和新优势；由城市与环境学院、海洋经济与可持续发展研究中心李悦铮教授主持的“长山群岛旅游度假区总体规划”项目于2009年末圆满结题，得到有关领导的充分肯定和相关专家的高度评价。

**【科研平台建设】** 新增“光电材料与技术重点实验室”和“自然地理与空间信息科学重点实验室”2个辽宁省重点实验室；新获批了学校道德教育研究基地、辽海历史与旅游文化研究基地、体育人文社会科学研究基地3个省级人文社科重点研究基地；另有海洋经济与可持续发展研究中心的“辽宁沿海经济带发展研究基地”获批为辽宁省社科联经济社会发展研究基地；教育学院的“特殊需要儿童发展与教育研究基地”和“基础教育课程评价研究基地”获批为辽宁省教育科学规划办首批重点研究基地；“心理发展与教育研究基地”获批为大连市社科院重点研究基地。

**【产学研合作】** 参加了省科学技术厅和盘锦市人民政府主办的“辽宁（盘锦）科技成果对接洽谈会”。在洽谈会上，学校与盘锦市的企业共签订技术合作合同1项，技术合作意向书3项，标的额达800万元。

学校兴科中小企业服务中心参加了省教育厅和省中小企业厅联合主办的“全省高校与中小企业（普兰店）产学研合作项目对接会”，将可转化的科研项目进行了集中展示和宣传，吸引了许多中小企业代表，受到通报表彰。

**【科技合作与交流】** 全年共举办了56场学术报告会。

由海洋经济与可持续发展研究中心举办的“大连海洋经济地理论坛”在学校召开。来自中国科学院南京地理与湖泊研究所、中国科学院东北地理与农业生态研究所、中国海洋大学管理学院、吉林大学地球科学学院等单位的近80位代表参加了此次论坛。

由中国生理学会比较生理学专业委员会主办，辽宁师范大学承办的基因、进化与生理功能多样性“2009海内外学术研讨会暨中国生理学学会第七届比较生理学学术会议”在大连圆满举行。会议邀请国内外著名专家，就模式动物和特色动物生理功能的细胞和分子机制、比较生理学和神经生物学、重要生理功能的系统发育、适应和进化机制动物行为的遗传等领域的研究进展及热点问题进行了研讨和交流。

**【重要科技活动】** 11月2日，辽宁师范大学成立了大连市首家高等学校社会科学界联合会。辽宁省、大连市社科联和学校的有关领导应邀出席大会。学校100多名哲学社会科学的代表参加了大会。

（辽宁师范大学　宫文红）

# 辽宁石油化工大学

**【概述】** 辽宁石油化工大学1950年始建于大连，是新中国第一所石油工业学校；1953年迁至抚顺办学；1958年升格为抚顺石油学院；2000年2月由行业划转地方，实行“中央与地方共建，以地方为主”的管理体制；2002年2月更名为辽宁石油化工大学。2007年学校在教育部本科教学工作水平评估中获得优秀成绩。

进入21世纪以来，学校抓住辽宁省老工业基地振兴和高等学校扩招、扩建和教育部评估的历史机遇，全力推进教育改革和创新，使学校发展实现了历史性跨越。学校建成了占地面积1300亩、建筑面积27万平方米的新校区，新老校区连成一片，总占地面积达1906亩，建筑面积64.1万平方米。

学校共有重点实验室8个，分别是辽宁省石油化工承压设备安全工程重点实验室、辽宁省石油化工重点实验室、 辽宁省石油化工环境科学与工程重点实验室、辽宁省非常规油气综合利用重点实验室、石油化工承压设备安全工程重点实验室、石油化工环境科学与工程重点实验室、油气储运工程实验室、石油化工重点实验室；工程技术中心4个，分别是辽宁省专用石油化学品工程技术研究中心、辽宁省生物及可替代能源工程技术研究中心、辽宁省油田化学工程技术研究中心、石油化工技术研发及分析测试研究中心。

学校设有18个二级学院和研究生学院。建成2个省高水平重点学科，5个省重点学科和重点资助学科，2个国家级特色专业，12个省级重点实验室和工程技术中心，4个省级高校创新团队。现有2个联合培养博士点，26个硕士点，11个工程硕士领域，49个本科专业，26个高职专科专业。学校是教育部确定的东北地区唯一一所少数民族高层次人才基础培训基地，是辽宁省石油化工紧缺本科人才培养基地。

学校有专任教师911人，其中具有高级职称和硕士以上学位的教师分别占41%和60%，有博士研究生、硕士研究生导师197人。在校学生达2.2万人。

学校始终把人才培养质量放在首位，不断深化教育教学改革，创新人才培养模式，着力培养学生的创新意识和实践能力。近3年来，学生参加教师科研项目160多项，公开发表论文68篇。在全国、辽宁省科技和学科竞赛中，获国家级奖20余项、省级奖186项。学校毕业生以知识面广、能力强、素质全面而受到社会的普遍欢迎。毕业生就业率始终保持在90%以上，在省内名列前茅。建校59年来，已培养8万多名毕业生，其中大部分已经成为我国石油石化等各行业的各级管理干部和技术骨干。

**【科研项目与经费】** 2009年，共申请各类纵向科研项目182项，其中申请国家自然基金项目29项。申报国家社会科学基金项目1项、教育部归国科研启动基金项目2项、辽宁省自然科学基金9项、辽宁省博士启动基金3项、辽宁省科学技术厅项目35项、辽宁省教育厅项目55项、辽宁省社科联项目17项、辽宁省社科规划基金项目18项。

2009年，纵向课题批准立项56项，其中有国家自然基金项目5项，教育部归国科研启动基金项目1项，辽宁省自然科学基金项目3项，辽宁省博士启动基金项目1项，辽宁省教育厅项目19项，辽宁省社科联项目5项，辽宁省社科规划基金项目6项等。

横向科研新签订合同94项。科研经费共计3507万元。

**【科研成果】** 学校共有7个科研项目通过省、市厅级科研成果鉴定，其中有1个科研项目被鉴定为国际水平，1个项目被鉴定为国内先进水平。获省部级奖励4项；获市厅级奖励3项。组织申报2009年辽宁省自然科学学术成果奖，有6篇论文获奖，其中一等奖3篇、二等奖2篇、三等奖1篇；组织申报2009年抚顺市自然科学学术成果奖，有5篇论文获奖，其中一等奖1篇、二等奖2篇、三等奖2篇；组织申报辽宁省第七届青年科技奖，学校化学与材料学院的桂建舟老师获奖，使学校在该奖项上实现了历史性突破，为学校赢得了荣誉。

出版著作83部，其中本校人员为第一作者的著作有50部。发表论文770篇，其中，在核心类期刊刊载572篇，被三大刊源刊载71篇。发表的论文被SCIE收录46篇，全国高校排名第225位；被EI收录35篇，全国高校排名第225位；被CPCI-S收录10篇，全国高校排名第375位。

申请专利22项，其中发明专利21项，其他专利1项。获得国家授权专利8项，其中发明专利7项，实用新型专利1项。

**【科技人才队伍建设】** 2009年，3人申报“辽宁省高等学校优秀人才支持计划”，获批2人。截至2009年年底，学校共有6人入选“辽宁省高等学校优秀人才支持计划”。

**【科研平台建设】** 对辽宁省教育厅批准的4个重点实验室和一个工程技术中心进行了自查，并按照要求上报了年度工作计划。

加大了申报力度，共组织申报辽宁省重点实验室3个，分别为“油气储运工程实验室”“石油化工承压设备系统安全工程重点实验室”和“车用清洁燃料重点实验室”；组织申报辽宁省工程技术研究中心3个，分别为“辽宁省石油设备工程技术研究中心”“辽宁省油田化学工程技术研究中心”和“辽宁省清洁燃料工程技术研究中心”。其中，“石油化工承压设备系统安全工程重点实验室”和“辽宁省油田化学工程技术研究中心”已获得批准组建。

**【学科建设】** 积极组织申报抚顺市第四届青年学科带头人，学校有16名教授、学者参加了申报，有11名获得学科带头人称号。

**【科协工作】** 与抚顺市科学技术协会保持紧密联系，积极发展、吸纳新会员，组织开展科普宣传、科普讲座等，按时保质保量超额完成抚顺市科学技术协会交给的工作任务。

积极征集论文，参加抚顺市科学技术协会举办的“应对金融危机”技术创新论坛，共提交9篇论文 ，最终有3篇论文获优秀论文奖。

组织申报“抚顺市十大精英”，学校吴明教授获“抚顺市十大精英”称号。

积极协助抚顺市科学技术协会建立抚顺市高层次科技专家库，参与筹备抚顺市第七次科学技术大会。

学校新增补了1名抚顺市科协委员。

**【重点科研项目选介】**

1.冶炼炉衬废镁砖有价金属回收工艺技术

本项目属于有色冶金技术领域，尤其涉及一种采用湿法的工艺进行冶炼转炉炉衬废镁砖中各有价金属的综合回收工艺。由于废镁砖中MgO的含量一般为55%～65%，因此，回收有价金属的第一步必须有效地脱除MgO并将其转化为有利用价值的硫酸镁，这样就能使有价金属得到富集。采用NaOH或KOH浸出的方法，将硫酸铅转化为$Na_2PbO_2$或$K_2PbO_2$而进入水溶液中，经过滤分离，向滤液中加入$H_2SO_4$调整pH值为中性，即可得到$PbSO_4$沉淀。经洗净后的矿粉中的金银等贵金属无任何损失，这样就为后续回收金银等有价金属创造了有利条件。采用该技术可以有效地回收冶炼炉衬废镁砖中的金、银、铜、铅、镁等有价金属，金、银回收率分别高达98.5%和99.8%，其他有价金属的回收率达到98%以上，回收率高；该技术可使铜冶炼企业不同工艺及装置间的物料循环利用，有利于企业实现内部循环经济，具有很好的推广前景。荣获2009年辽宁省科技进步奖三等奖。

2.硫化亚铁的自燃机理和预防技术研究

随着高硫原油加工量的增加，油料中的硫含量也在增高，含硫油对炼油装置、储油罐等设备的腐蚀问题日益严重，因硫腐蚀而引发的储罐等炼油装置的火灾事故频繁发生，给企业造成巨大的经济损失。事故分析发现，着火爆炸的原因可能是硫铁化物氧化放热，自身及周围环境温度升高引起自燃，而硫铁化物正是油料中的硫化物与罐壁金属发生腐蚀反应的产物。

本课题主要研究内容：①通过日本岛津SIT－2型自然发火绝热测试装置，对硫化亚铁进行绝热氧化跟踪实验，研究了硫化亚铁的绝热氧化过程。提出硫化亚铁的氧化过程由三个阶段组成。②模拟装置硫腐蚀过程，研究了硫化氢气体流速、环境温度、硫化时间对含硫油品装置硫腐蚀的影响。③通过实验结果及理论分析，建立含硫油品装置自燃事故分析树，找出导致油品装置自热自燃，引发装置自燃事故的关键因素。④研制了一种螯合能力强、腐蚀性小、无毒、环保、高效的硫铁化物清洗剂。荣获中国石油化工集团公司科技进步奖三等奖。

3.渣油在加氢处理过程中的化学结构和胶体结构转化规律研究

建立的一系列分析方法较好地反映了渣油的性质。通过对典型的中东含硫渣油的研究，渣油在加氢处理过程中化学结构和胶体结构变化规律的研究，从理论上对渣油加氢过程进行了解释，对各类催化剂的研发及其级配提供了基础数据，为渣油加氢技术的进一步发展提供了理论依据。

该项目研究主要有以下创新：①依据金属镍存在的形态，得出了金属镍在渣油组分中的分布，研究了不同形态镍在不同催化剂上的脱除情况，得到了镍在加氢过程中的脱除规律。②应用钌离子催化氧化技术，探讨了不同类型化合物的反应历程，用该方法能够反映渣油组分结构的精确信息。③建立了渣油胶体胶粒模型，胶粒尺寸的变化支持了催化剂的级配装填技术。

该项目研究配合我国渣油加氢处理技术开发工作。其研究成果与催化剂设计和级配装填以及工艺相结合，延长催化剂寿命，增加渣油加氢处理装置运转周期，反映了其在渣油加氢处理方面应用的潜力，对炼油工业和社会具有潜在的经济效益。荣获中国石油化工集团公司科技进步奖三等奖。

4.《俄汉石油石化科技大词典》

此词典的编者们除搜集国内各种词典和资料外，还搜集了俄罗斯近几年来出版的最新俄英、英俄石油石化和科技方面的词典，作为本词典的参考材料。还在俄罗斯油田开发现场和石油勘探开发科技交流中搜集了一些最新词汇，连同在编审过程中俄罗斯专家添加的新词汇，全部纳入了典中。

此词典共收集科技词汇27万条。包括的专业有地质工程、石油工程、勘查技术工程、油气储运工程、化学工程与工艺、材料科学与工程、机械设计制造及其自动化、自动化、过程装备与控制工程、热能与动力工程、土木工程、给水排水工程、环境工程、电子信息工程、计算机科学与技术、数学与应用数学、应用物理与应用化学等。此外，本词典还收集了部分会计学、统计学、经济学、金融学和法学类的词条。荣获中国石油化工集团公司科技进步奖三等奖。

（辽宁石油化工大学　何俊新）

# 辽宁中医药大学

**【概述】** 辽宁中医药大学成立于1958年，是辽宁省唯一一所培养中医、中药、针灸推拿、中西医临床医学、高级护理人才以及为中医药行业服务的高级专门人才的高等医学院校。

经过50多年的发展，辽宁中医药大学在国际交流型中医药人才、实验创新型人才、传统中医药人才培养方面形成了自己的办学特色，是国家中医药管理局确定的全国中医师资格认证中心考试工作基地、全国中医药外语培训基地、全国中医药文献检索查新分中心、全国中医药国际合作基地，是国家科学技术部确定的中药新药临床试验关键技术及平台研究的建设单位，是国家食品药品监督管理局指定的国家药物临床试验机构，是世界针灸协会联合会辽宁教育基地暨考试分部，是世界中医药联合会考试与测评委员会筹委会副主委单位，是国家首批有条件接收外国留学生、港澳台学生的高等院校，是国家中医临床研究基地。学校先后荣获全国纪检监察先进集体、辽宁省先进基层党组织、先进集体、精神文明创建工作先进单位、辽宁“五一”奖状、依法治校示范校、安全文明校园等多项荣誉。

学校设有基础医学院、临床学院等16个学院，社会科学部、军事体育教研部2个，教学实验中心2个，研究院2个，研究所8个，图书馆3个，博物馆1个；设置医、理、工、管、文学科门类5个，本科专业或专业方向31个；国家重点学科1个，国家中医药管理局重点学科12个，省一流重点学科（含13个二级学科）1个，省高水平重点学科1个，省优势特色重点学科2个，省中医药重点学科21个；博士后科研流动站3个，一级学科博士学位授权学科2个，二级学科博士学位授权点8个，一级学科硕士学位授权学科3个，二级学科硕士学位授权点18个；国家级特色专业建设点4个，国家人才培养模式创新实验区1个，国家教学团队1个，国家精品课程3门，国家教学成果奖4项；省示范（特色）专业8个，省品牌专业3个，省实验教学示范中心3个，省教学团队9个，省精品课程31门，省精品教材11部，省教学成果奖24项；中央与地方共建基础实验室、特色优势实验室项目19个；国家中医药管理局科研三级实验室11个，国家中医药管理局科研二级实验室20个，省重点实验室及工程中心15个；有中医、药学和中西医结合3个学科的教授评审权。

学校拥有国家名师1人，省名师5人，省专业带头人5人；国医大师1人，全国老中医药专家学术经验继承指导教师19人，省名医26人，入选国家级“新世纪百千万人才工程”2人；享受国务院特殊津贴专家49人；入选辽宁省“百千万人才工程”百人层次17人、千人层次46人，省“315工程”人才10人；直属附属医院有国家中医药管理局重点专科4所，专病医疗中心10个，省重点专科、专病医疗中心19个；另有非直属附属医院4所，教学医院、实习医院40所。

学校与美国、新加坡、日本、韩国、英国、加拿大、澳大利亚等20多个国家和地区的80多个大学或机构建立了合作关系，承办了6次大型国际学术会议，产生了良好的国际影响。

学校现有在校生1万余人。

**【科研项目与经费】** 2009年，获得科技项目经费总计2740万元。其中，获得“973”计划中医理论专项1项，项目经费310万元；国家自然基金项目6项，项目经费156万元；国家科学技术部重大新药创制项目7项，项目经费1650万元；教育部博士点基金项目4项，项目经费19.2万元。

**【科研成果】** 获得辽宁省科技进步奖二等奖2项、三等奖7项；获得沈阳市科技进步奖三等奖3项。

申请发明专利5项，实用新型专利1项；获得授权发明专利3项。

**【科技人才与队伍建设】** 学校附属医院李玉奇教授荣获首届“国医大师”称号；有4人获批辽宁省优秀人才；中医基础理论教学团队被评为2009年国家级教学团队。建立“辽宁中医药大学优秀青年药学人才基金”，促进中药人才培养。

**【科研平台建设】** 组建国家中医药管理局重点研究室3个；完成国家中医药管理局三级实验室的申报及换证工作，有11个实验室成为国家中医药管理局三级实验室；有2个实验室成为辽宁省科学技术厅重点实验室。

**【重点学科建设】** 申报的中医基础理论、方剂学、中药鉴定学、中药炮制学、中医儿科学（附属医院）、中西医结合临床（附属医院）、中医内分泌病学（附属医院）、中医心病学（附属医院）、中医脾胃病学（附属医院）、中医肺病学（附属二院）、临床中药学（附属二院）、中医肛肠病学（附属三院）等12个学科被国家中医药管理局批准为中医药重点学科建设点。

中医基础理论、中药鉴定学、中医儿科学、中药炮制学、中西医结合临床、临床中药学、中医肛肠病学、中医心病学、中医脾胃病学、方剂学、中西医结合基础、中医内分泌病学、中医肺病学、中医耳鼻喉学、中医外科疮疡病学、内经学、中医骨伤科学、中医脑病学、中医肿瘤病学、中医肺病学、针灸推拿学等21个学科被评为辽宁省中医药重点学科。

中医学一级学科被辽宁省教育厅评为辽宁省一流重点学科，中药学一级学科被评为辽宁省高水平重点学科。生药学和中西医结合临床两个二级学科被评为辽宁省优势特色重点学科。

**【重要科技活动】** 10月28日，辽宁中医药大学2007—2009年度科技工作总结表彰大会召开。会议对学校的科技工作进行了系统的总结，对获奖项目和获奖科技人员进行了表彰。辽宁省科学技术厅厅长赵明鹏、沈阳市科学技术局局长宋锡坤应邀出席大会，学校领导和全体科技工作人员参加了会议。

（辽宁中医药大学　刘艳芬）

# 沈阳工业大学

**【概述】** 学校始建于1949年，1985年由沈阳机电学院更名为沈阳工业大学，原为国家机械工业部所属院校，1998年起由中央和地方共建、以辽宁省管理为主，是一所以工为主，涵盖工、理、经、管、文、法、哲七大学科门类的多学科性教学研究型大学。

学校在特种电机及控制、风能转换与风能综合利用、合金凝固与近净形材料成形技术、工业过程控制与在线检测、高性能镁合金及其应用、数控理论与精密加工、电磁场理论及应用、高压电器与控制、电力传动与伺服控制、新材料及表面工程技术、特种加工技术及设备、计算机科学及应用、石油化工工程、高分子材料及管理科学与工程等领域形成了稳定的研究方向，取得了显著的科研成果，一批成果处于国际或国内领先水平。多个方向瞄准国际科研最前沿，组织开展研究和开发，有效促进了学校科研核心竞争力的提升，取得了一系列自主创新成果：高效节能稀土永磁电机国际领先；长输管道在线智能检测系统打破了国际垄断；细长曲面类零件数控铣削理论与应用技术居国际前列；智能化集成低压电器首开国际先例；变速恒频兆瓦级风力机组国内首创；风力发电机组达到国际水平。2006年10月，学校获批建设国家大学科技园，是全国69家国家级大学科技园之一，2008年入园企业达89家，产值达6亿元， 2009年入园企业总产值约15亿元。

学校设有19个学院、3个教学部和2个工程实践中心，共设46个本科专业、18个专科专业。具有学士、硕士、博士三级学位授予权。49个学科和学科领域具有硕士学位授予权，1个一级学科和10个二级学科具有博士学位授予权。建有电气工程、材料科学与工程博士后科研流动站，是工商管理硕士专业学位研究生培养单位。电机与电器为国家重点学科，有4个省重点一级学科、16个省重点二级学科。建有国家稀土永磁电机工程技术研究中心，辽宁省风力发电技术工程研究中心；高电压强电流与新型电机、复杂曲面数控制造技术、镁合金及其成型技术等省级重点实验室；省高校人文社会科学重点研究基地、国家级大学科技园等国家和部省级科技创新基地。共有国家工程技术研究中心1个，部、省重点实验室、工程中心及省文科基地19个。

学校有教师1188人，其中院士3人、教授186人、副教授360人、讲师538人、博士研究生导师41人、中青年学科带头人25人，具有博士学位的教师占教师总数的25%，具有硕士以上学位的教师占教师总数的70%。

学校有普通本科生14782人，各类研究生2590人，高职专科生1711人，成人教育学生8497人，沈阳工业大学工程学院（独立学院）学生4305人。

**【科研项目与经费】** 全年科研经费总额15110万元，其中科研计划项目经费到款2201万元，委托项目经费到款4443万元，合计进款6644万元。

申报各级各类计划项目450余项，新实施计划项目131项。国家自然科学基金项目立项11项，其中青年基金项目5项，仪器仪表专项基金项目1项；有8名教师首次成为国家自然科学基金项目负责人；辽阳校区首获国家自然科学基金项目资助；辽宁省科学技术厅立项29项，数量大幅提升，经费总额已达374万元，比2008年增加161万元；签订企业委托合同259项，4个项目被列入沈阳市发展与改革委员会重大项目目录中。

承担了《辽宁省“十二五”国民经济和社会发展规划总体思路设计》《辽宁省“十二五”工业经济规划研究》2个规划项目的研究与制定任务。

**【科研成果】** 获得各级科技奖励13项。其中，获得辽宁省科技进步奖三等奖4项，分别是：李英民负责的“铸造用新型$CO_2$硬化酚醛树脂冷芯盒材料工艺及机理的研究”、马少华负责的“智能化CPS应用技术研究”、李德元负责的“基于电弧喷涂方法的汽车钢基模具快速制造技术”、厉伟负责的“试验变压器计算机控制系统研究”；获机械工业联合会科技进步奖3项。通过科技成果鉴定11项。

申请专利469项，获授权专利96项，其中申报外观设计专利400件，学生申报130件。“数字式电动机热保护方法”获得2009年沈阳专利金奖。学校被确定为“第四批全国企事业知识产权试点单位”。

全年发表论文1550篇，其中被三大检索系统收录625篇。

学校中小企业服务中心完成了ISO 9001质量管理体系认证复查工作；被评为辽宁省校企合作先进单位，获得国家技术市场“金桥奖”。

**【科研平台建设】** 新增加省级创新平台3个。“辽宁省知识产权研究院”获辽宁省知识产权局、辽宁省教育厅联合批准组建；“电网灾害预测与电力设备故障监测重点实验室”获辽宁省科学技术厅批准组建；“辽宁装备制造业发展研究基地”获辽宁省社会哲学科学联合会批准组建，截至2009年年底，全校省部级创新平台总数达19个。

**【重点学科建设】** 有4个一级重点（培育）学科、3个二级重点学科获得提高学校核心竞争力特色学科建设经费，共计377万元，为受资助最多的省属高校之一。电工理论与新技术、测试计量技术与仪器已由辽宁省学位办、教育厅等部门初步确定为申报国家重点学科的重点扶持学科。

**【科技人才与队伍建设】** 科技人才队伍建设取得显著成效。特别是青年科研与教学骨干力量迅速成长壮大。2009年，青年学术骨干教师作为项目负责人共承担各类科研项目60项，其中国家自然基金5项，省部级科研及教改项目28项；共发表论文178篇，其中重点期刊及SCI，EI，SSCI，A&HCI检索论文69篇；出版教材、编著23部，其中编著16部、教材7部；申请国家发明专利13项、实用新型2项；获省部级奖励5项。

**【产学研合作】** 积极参与全国各地举办的校企洽谈会，并与几十家企业签订了长期合作协议，2009年与企业签订的合作项目多达259项，这些项目的实施将为企业带来良好的经济效益和社会效益。

**【科技合作与交流】** 全年累计接待23个来访团组66人次。邀请国外友好学校8个代表团共25人参加了学校60周年校庆；与南非茨瓦尼理工大学签署了学术交流与科研合作意向书；日本村田机械株式会社向学校无偿资助国内首台高精度智能全方位移动六轴运输机器人，并与学校签署了进一步加强合作备忘录；日本名古屋大学福田敏男教授个人出资在学校设立“福田奖学金”（本年度1万元人民币）；韩国庆星大学安珍雨教授、德国富特旺根艺术大学校长库尔特·梅奈特教授等一行4人，韩国浦项工科大学风力发电研究院资深教授Hyun Chul Park 等一行6人，英国利物浦大学李东博士、英国谢菲尔德大学诸自强教授、日本群马大学生产科学技术系教授保坂纯男博士、日本高知工科大学博士研究生导师王硕玉教授以及我国台湾创意设计中心副执行长黄振铭先生等多位专家、学者先后应邀来校访问，进行学术交流。来访期间，李东博士、王硕玉教授还分别为学校师生作了题为“供应链与物流优化”“如何培养创造力？”的学术报告。

2009年，学校随团或组团出访6团8人；有16位教师出国参加国际会议；主办了“电磁装备设计中电工钢片磁特性的测量与应用”国际研讨会；公派留学及短期培训9人；有13位教师完成学业归国工作，聘请外籍语言教师10人次。

**【重点科研成果选介】**

1.铸造用新型$CO_2$硬化酚醛树脂冷芯盒材料工艺及机理的研究

该项目是一种新型、高效、节能、环保的$CO_2$硬化酚醛树脂黏结剂的新技术。其优点是环境污染小、硬化操作简便，生产效率高，综合工艺性能优良。可以在一定范围内取代传统的采用对人体和环境有害的气体作催化剂或固化剂的冷芯盒工艺。应用此新型的铸造黏结剂进行生产，将对铸造环境的改善起到至关重要的作用。申请专利1项，荣获2009辽宁省科技进步奖三等奖。

2.智能化CPS应用技术研究

该项目采用一体化集成技术路线，用一套电磁机构、一套触头及灭弧机构和一套数字化测量与控制系统实现了接触器、断路器和热继电器的功能，产品结构简单、成本低、可靠性高、体积小、环保节材，集成化程度居于国际领先水平。本研究成果所研制的控制与保护开关可节省钢材40%，节省铜材50%。开关自身节电90%。荣获2009年度辽宁省科技进步奖三等奖。

3.试验变压器计算机控制系统研究

该项目的直接经济效益主要体现在应用该控制系统对电气设备试验，试验结果更可靠、更客观，被试产品更具市场竞争力。实施该项目的间接经济效益可观，可以最大限度地避免由于试验系统本身原因使少则几十万元多则上千万元的合格产品被击穿，造成经济损失；也可以避免不合格的产品由于试验系统原因而通过试验，进入电力系统运行，给电力系统安全造成隐患。荣获2009辽宁省科技进步奖三等奖。

4.基于电弧喷涂方法的汽车钢基模具快速制造技术

该技术与沈阳金杯汽车工业有限公司共同开发。首先用快速原型或零件实物翻制出中间型，然后在其表面进行逐层喷涂，最终获得汽车覆盖件钢基拉延模具。采用本技术制备的模具具有良好的强度和表面耐磨性，可以在一定范围内取代传统的靠机械加工制造的模具。另一个优势是可以与快速原型技术相结合，经过数据模型—快速原型—柔性中间型—刚性中间型—喷涂型腔—修磨组合—钢基模具流程，形成一套完整的模具制造新工艺。该项技术已获得国家发明专利。荣获2009年度辽宁省科技进步奖三等奖。

**【重点科研平台选介】**

1.辽宁省知识产权研究院

该研究院成立于2009年4月21日，是辽宁省知识产权局和辽宁省教育厅依托该校设立的知识产权科学研究、人才培养和咨询服务专事机构。研究院共有26人，其中具有高级职称者19人，具有博士学位者和在读博士13人。承担课题52项，获奖16项，公开出版学术专著11部，发表论文50余篇。

2009年度，该院参与研究并主笔起草的《沈阳市知识产权战略纲要》已于2009年3月经沈阳市人民政府颁布实施。《沈阳市专利促进条例》已于2009年11月由沈阳市人大通过。该院编撰的《2009年辽宁省高校知识产权工作状况》和《辽宁省高等学校知识产权工作现状》已在“辽宁高校科技网”发布。完成了国家知识产权局振兴东北老工业基地知识产权促进工程项目“知识产权战略实施绩效评价体系研究”、辽宁省科学技术计划项目“自主创新与知识产权保护”、辽宁省知识产权局“知识产权战略实施绩效评价软件开发”、沈阳市科学技术计划项目“沈阳市实施知识产权战略立法研究”、沈阳市知识产权局委托的“高校知识产权宣传普及机制研究”等课题。策划了沈阳市大学生工业品外观设计大赛。

2.辽宁装备制造业发展研究基地

该基地是经辽宁省社会科学界联合会批准，于2009年12月在沈阳工业大学管理学院设立的辽宁经济社会发展研究基地。基地依托于辽宁省培育重点学科——管理科学与工程学科。拥有研究人员49人，其中有教授24人、副教授17人，具有硕士以上学位者占98%；有中国工程院院士、国务院政府特殊津贴获得者、国家和辽宁省“百千万人才工程”百人层次人选、省级学科带头人等一批学科领军人才。近5年来，承担国家自然科学基金、国家社科基金等国家级项目5项，承担国务院振兴东北办、国家教育部、辽宁省等省部级项目90余项；发表学术论文570余篇，其中被SCI，EI，ISTP收录140余篇；获教育部中国高校人文社科成果奖、辽宁省科技（软科学）进步奖、辽宁省哲学社科成果奖、辽宁省自然科学成果奖等省部级以上科研奖励46项，其中省部级一、二等奖17项。

3.辽宁省高电压强电流及新型电机重点实验室

该实验室原为沈阳工业大学“高电压强电流实验室”，1992年被批准为辽宁省重点实验室。后来又将其内涵进行扩展，组建了“高电压强电流及新型电机重点实验室”。该研究室的研究成果获国家科技进步奖二等奖1项、三等奖1项，省部级科技进步奖一等奖4项、二等奖12项。2000年以来，承担9项国家自然科学基金项目、7项国家科技攻关和“863”计划项目，共承担科研项目100余项，研究经费达5800余万元；实现科研成果产业化26项；申请专利12项；出版专著15部，发表学术论文650余篇，有110余篇被收入SCI，EI，ISTP三大检索系统。

4.辽宁省风力发电技术重点实验室

该实验室于2006年被批准为辽宁省风力发电技术重点实验室。实验室主要致力于风力发电基础和应用研究，为空气动力学、机械设计、电机与电器、固体力学、材料加工等多学科交叉，采取产学研一条龙的研究模式，从基础理论、试验仿真、工程实践到测试认证，旨在培养全方位的风电高级设计、研发人才，把握前沿技术，促进行业技术进步。

5.辽宁省高校先进在线检测技术实验室

该实验室是2003年经辽宁省教育厅批准组建的省级重点实验室。主要从事管道无损检测、高压电机调速、测量控制仪表、油井监测管理、工业过程检测与控制等方面研究。在管道在线检测方面的研究与应用处于国内领先水平，近年来，获得国家自然科学基金、科学技术部攻关技划、省市科技计划等2000多万元的研究经费。

6.辽宁省轻金属材料与工程重点实验室

该实验室是2003年9月经辽宁省教育厅批准组建的。实验室以轻质合金——铝合金、镁合金——为主要研究对象，为轻金属技术人才的培养、实习和研究提供平台，计划建成轻金属开发应用的产业化基地。近年来，承担了“十五”科技攻关计划、“863”计划、“973”计划、国家自然科学基金等8个研究项目。在铝、镁等轻金属材料的开发和成型工艺的研究及人才培养方面，形成了鲜明的特色和明显的优势。参与了镁合金国际会议的组织工作。获得中国有色金属工业科技进步奖二等奖1项，辽宁省自然科学奖二等奖2项，辽宁省科技进步奖二等奖2项。

**【科研成果及其转化】** 2009年，学校与中国石油天然气股份有限公司吉林石化分公司合作研制出阻尼噪声防控装置。该装置采用的振动与噪声控制技术成功地解决了东药集团、丹东移动分公司、辽河油田、吉林石化公司等单位的各种工况条件下的噪声难题。经济效益十分突出。

长输管道智能检测系统专利技术已与国家管道总局输油总公司达成技术开发协议，协议总金额达8000余万元，是学校迄今最大的成果转化项目。

环己烷氧化酸性有机废水制取己二酸和二元酸技术获辽宁省科技成果转化奖三等奖，已经在辽阳石化公司投入工业化生产，年创造直接经济效益达1.3亿元。

**【重要科技活动】** 10月25日，由沈阳工业大学风能技术研究所研制的国内首台具有完全自主知识产权的3MW双馈式变速恒频风电机组的样机在沈阳华创风能有限公司完成装配正式下线，这是国内最大功率的风机。此项目的研制成功标志着中国自主知识产权的风力机组的研发与制造达到了新的高度，实现了风电装备自主品牌发展的跨越，打破了国外在3.0兆瓦级核心技术上的国际垄断。

（沈阳工业大学　马丽艳）

# 沈阳航空工业学院

**【概述】** 沈阳航空工业学院创建于1952年，与新中国航空事业同时起步，先后隶属于航空航天工业部、航空工业部、航空工业总公司，是原航空工业部所属6所本科航空院校之一，1999年划归辽宁省人民政府管理，现为辽宁省人民政府与工业和信息化部共同建设的唯一一所高校。学校是一所以航空宇航为特色，以工学为主，工学、理学、人文科学、管理科学等协调发展的多学科性高等院校。是空军依托培养后备军官的全国18所地方院校之一，是辽宁省装备制造业紧缺人才培养基地，是辽宁省省属重点院校，已经成为“国防科技人才培养基地”“辽宁老工业振兴人才培养基地”“空军后备军官培养基地”。2007年，以优秀成绩通过了教育部本科教学工作水平评估。

学校设有本科专业43个，其中国家特色专业5个，工业和信息化部国防重点专业与国防紧缺专业2个，辽宁省省级示范专业5个；有省级精品课13门；拥有省级重点学科、国防科技工业局国防主干学科和省级重点培育学科6个，具有硕士学位授予权的二级学科16个，有5个领域可授予工程硕士学位。

学校有国家级实验教学示范中心2个，省级实验教学示范中心5个；有国防重点学科实验室1个，辽宁省高校重点实验室3个，辽宁省重点实验室4个，沈阳市重点实验室1个，省级工程中心2个；有辽宁省高校创新团队3个；省级教学团队1个；“教育部新世纪人才”1人，辽宁省教学名师4人，辽宁省青年骨干教师23人，校级教学名师22人；省级重点学科带头人、校级学科学术带头人40人；辽宁省“百千万人才工程”入选者50余人；拥有博士生导师9人，硕士研究生导师208人；近百位国内外知名学者担任学校兼职教授。

学校科技园是辽宁省人民政府重点建设的大学科技园之一，年产值超亿元。2006—2009年，先后承担国家“863”计划项目、国家自然科学基金项目、国防基础科研项目等计划类科研项目371项，与企事业单位签订技术合同301项，科研经费累计达到2.23亿元。“十一五”以来，先后获省级以上教学成果奖30余项，其中国家教学成果奖1项，省级一等奖5项；本校学生在国际和国内大学生数学建模竞赛、挑战杯、电子设计竞赛等科技大赛中获得省级以上奖励400余项。

学校与韩国航空大学、俄罗斯西伯利亚航空航天大学等30余个国外高校建立了学术交流与科研合作关系。近5年来，派出600余人次赴国外进行科研合作、学术交流、进修培训。在校留学生100余人。

学校现有特聘院士10人；专任教师近800人，其中具有副高级以上职称的教师420余人，包括具有正高级职称的教师135人；具有博士学位的教师178人，专任教师中硕士、博士占比已达76.9%。

学校面向29个省（市、自治区）招生，有全日制在校生1.2万余人。

**【科研项目与经费】** 2009年，科研经费总额有了新的突破，达到6607万元，到款经费总额5585.1万元。当年在研项目600余项，新立项目271项，其中，计划项目103项、合同项目102项、国家自然科学基金4项、总装备部预研项目1项。

**【科研成果】** 获辽宁省科技进步奖一等奖1项、沈阳市科技进步奖一等奖1项、“沈阳市振兴奖”1项、中国航空学会科学技术奖三等奖1项、沈阳市“第十八届社会科学优秀学术”成果奖23项；共有14件作品入选“第十一届全国美术作品展”，其中，《一场南方的雪》被评为优秀作品；组织鉴定科技成果1项 。

共申请专利246件，其中，发明专利25件、实用新型12件、外观设计209件。获授权专利37件，其中，发明专利6件、实用新型18件，外观设计13件。在核心期刊发表论文377篇，被国际三大检索系统收录217篇，其中，被SCIE收录37篇，被EI收录111篇，被ISTP收录69篇。

**【科技人才与队伍建设】** 新增国防创新团队1个。柔性引进哈尔滨工业大学一名长江学者，并进入辽宁省“十百千高端人才引进工程”百人层次，实质性引进哈工大航天学院一个团队；选送教师13人次参加国内访问学者项目，选送教职员工123人次参加各类培训、进修，其中博士11人、博士后12人。

**【科研平台建设】** 辽宁省大规模分布式系统重点实验室、人工智能与自然语言处理实验室获得批准，并被列入辽宁省科学技术厅重点实验室建设计划。

**【产学研合作】** 学校与沈阳市沈北新区政府、武汉理工大学就共建光纤传感技术产业园签订了投资框架协议。该协议的签订标志着沈阳航空工业学院基于光纤传感技术的装备健康管理项目正式启动，也标志着以共建技术中心和成果转化为重点的沈阳航空工业学院科技服务辽宁产业集群工作进入实质性运行阶段；参加了由辽宁省教育厅、辽宁省中小企业厅主办，大连市中小企业局、普兰店市人民政府承办的辽宁省高校与中小企业产学研项目合作对接会。会上，与普兰店市服装行业骨干企业大连茂丰制衣有限公司进行洽谈，达成了初步合作意向；落实了与北京航空制造工程研究所“十二五”总装合作项目5个；与沈阳飞机工业（集团）有限公司、黎明集团、沈阳601研究所博士后工作站的科技合作工作已启动；与沈阳601研究所、沈阳606研究所开展了跟踪装备与材料健康管理、噪声振动检测等专项计划合作；组织考察了朝阳宏晟机械制造有限公司、北票市波迪机械制造有限公司，初步达成了共建除尘设备省级工程中心意向。

沈阳航空工业学院兴科中小企业服务中心被评为“辽宁省高等院校中小企业服务中心”优秀单位。

**【科技合作与交流】** 组织30余名校领导、相关专业的教授、博士参加了由中国民航局、中航工业集团和沈阳市政府主办，辽宁省航空宇航学会和中国科学院金属研究所协办的“2009亚洲国际航空（沈阳）高峰论坛”；选派5位代表参加了在北京召开的“中国航空学会第八次代表大会”；组织有关人员赴中航工业北京航空制造工程研究所、中航工业北京航空材料研究院学习调研，就促进科研院所的成果转化和学校的人才培养模式创新，建立定期交流机制、高层互访机制，加强科技合作，建立相关二级单位的交流机制，联合培养硕士研究生，服务辽宁地方经济建设等达成合作意向。访问了哈尔滨玻璃钢研究院，调研学习其坚持纤维复合材料科研方向服务国防科技的成功经验，双方同意以共建复合材料重点实验室的形式加强在航空领域的合作；院党委书记兼院长王维率团参加香港亚洲航展“2009中国沈阳航空产业周”活动，并访问了香港大学、香港科技大学、香港理工大学三所高校；首次受邀参加了“第三届高水平行业特色型大学发展论坛暨共建工作座谈会”。该论坛于2007年由北京邮电大学等高校发起设立，22所具有行业背景的教育部直属高校参会。

**【重点学科建设】** 进一步修订了学校学科建设专项经费暂行管理办法，加大了重点学科和新增硕士点学科等建设项目的投入。当年共投入学科建设经费750万元，获批辽宁省提升高等学校核心竞争力学科建设工程建设经费130万元和重点学科、省重点培育学科建设经费51万元；参与了新一轮博士点建设规划申报工作，并进入前6名，学校的学科特色和建设水平得到了上级有关部门和专家的充分认可；新增工程硕士授予权领域1个；1个一级学科获批辽宁省核心竞争力学科建设工程“高水平重点学科”，4个二级学科获批“优势特色重点学科”。

**【科研成果及其转化】** 格微协同翻译平台作为面向翻译全过程，实现多系统、多用户协同的翻译产品，解决了大规模资料翻译效率和质量这一长期困扰机器翻译实用化的难题。该平台已经在国防重大引进工程、民用大飞机项目（国家科技战略发展重大专项）、机器翻译产业化基地建设，以及机器翻译人才培养等多领域发挥了巨大作用，并取得显著的应用效果，在国家创新工程——3亿汉字的百万专利翻译项目中，500名用户协同工作，在错误率不超过1.5‰（国家翻译质量标准）的前提下，创造了翻译速度快、质量高和规模大等新纪录。为加强我国知识产权保护和推动知识产权服务的国际化进程缩短了时间并提供了保障。基于该项技术推出的国内第一款多文种翻译服务网站Kookge自开通以来，累计访问量达800万人次；格微协同翻译系列产品的累计用户规模已经超过12万人，在国内多文种翻译软件市场中占据绝对领先的地位。

**【重点科研项目选介】** 面向低空空域有序开放的通用航空机载电子信息平台关键问题基础研究，是国家自然科学基金——民航联合基金——重点项目，资助经费总额130万元。针对党中央、国务院和中国民航局提出的“建设民航强国”战略，该课题充分利用国家民航局“东北地区通用航空试点工程”和国家空中交通管制委员会“东北地区低空空域管理改革试点工程”在辽宁省交叉的有利时机，通过与民航东北地区管理局、沈阳军区空军的密切协作，重点开展通用航空机载电子综合化、一体化、智能化的研究，包括协同式通信、导航、监视终端设备研制和多跳自组织无线网络等技术。本课题是国家自然科学基金委员会首次资助非“211”/“985”院校进行重点研究的项目。

哈尔滨工业大学的“大气边界层风洞和波浪模拟水槽系统”项目，是由沈阳航空工业学院动力与能源学院流体工程研究所负责研制、施工和调试的大型设备，其中造波系统分包给大连理工大学完成。历经三年多的工作，攻克了一系列技术难题：二回路大试验段截面空间变化大而流场指标要求高，50米长水槽的地板自动移出和移进，3.6米转盘在计算机控制下转角精度小于6分，总长200米的大跨度薄壳结构在5～50米/秒的风速下稳定，在最大风速下大型风洞洞体外噪声小于80dB等，建成了目前世界上最大的一座风-浪联合模拟系统。哈尔滨工业大学风洞和波槽系统工程施工质量良好，外观宏伟壮观，风洞运行平稳，在气动设计、质量控制和结构刚度设计方面是比较成功的。最大风速超过设计指标的10%，而噪声水平达到设计要求，在国际同类型风洞中属于先进水平。该项目于2005年在全国性工程招标中夺标，总工程经费达840万元。

**【重要科技活动】** 8月1日，由沈阳航空工业学院李光里教授课题组主持设计、施工和调试的“大气边界层风洞与波浪模拟水槽试验系统”竣工验收会在哈尔滨工业大学召开。专家组认为，各项技术指标均达到设计要求，圆满通过验收，并可以投入运行。

(沈阳航空工业学院　刘旭钰)

# 沈阳建筑大学

**【概述】** 沈阳建筑大学始建于1948年，前身为东北兵工专门学校，原隶属于国家建设部，2000年划归辽宁省管理，实行“中央与地方共建，以地方管理为主”的办学管理体制。历经60多年的建设与发展，学校现已建设成为以建筑土木学学科为主，集工、管、理、文、农、法等学科，门类齐全的多学科性大学。学校先后被国家知识产权局确定为“第四批全国企事业知识产权试点单位”，被辽宁省知识产权局确定为“知识产权兴业强企工程试点示范单位”；曾经获得沈阳市知识产权局授予的“专利大户”、辽宁省土木建筑学会授予的“先进集体”等荣誉称号；于2005年、2008年两次被评为全国“优秀高等教育研究机构”；是辽宁省绿色建筑评价标识的五个技术依托单位之一。

学校设有1个博士学位授权点，6个一级硕士学位授权学科，30个二级硕士授权学科，涵盖工、管、理、文、法等学科门类。学校为工程硕士专业学位授权单位，在建筑与土木工程等7个工程领域招收工程硕士生。本科教育包括六大学科门类的38个专业。2006年9月，顺利通过了国家教育部本科教学工作水平评估，获得“优秀”等级。建筑学专业、城市规划专业、土木工程专业、给水排水工程专业、建筑环境与设备工程和工程管理专业通过了国家建设部的专业评估。建筑学专业、土木工程专业、机械设计制造及其自动化专业和无机非金属材料工程专业被评为全国特色专业建设点；建筑学专业、城市规划专业、土木工程专业、机械设计制造及其自动化专业、给水排水工程专业和无机非金属材料工程专业为辽宁省示范专业；土木工程、建筑学、机械工程等三个学科被评为辽宁省高水平重点学科；材料科学与工程学科被评为辽宁省特色优势重点学科。土木工程材料系列课程教学团队、机械设计与制造系列课程教学团队被评为国家级教学团队；土木工程材料课程被评为国家级精品课；工程管理专业人才培养创新实验区被评为国家级实验区；《沈阳建筑大学学报》（自然科学版）被国家教育部评为全国高校优秀科技期刊一等奖；“十一五”以来，编写并出版教材、著作337部，获得国家和省部级奖励20余项。

学校与40多个国家和地区的60多所大学建立了校际交流或科研、合作办学关系，是国务院确定的全国首批可以招收外国留学生的学校，是国家教育部选定的招收国内访问学者单位。

学校现有教职工1400余人，其中专任教师806人。教师中具有副高级以上技术职称的441人；具有硕士及以上学位的560人；有博士和硕士研究生导师446人；有国家“新世纪百千万人才工程”人才和全国专业教学指导委员会委员10余人。

学校现有全日制在校生1.6万人，其中博士、硕士研究生1900人。2004年以来，在校学生申请专利数年均超过百项，列辽宁省高校之首。

**【科研项目与经费】** 2009年，获得各类科研经费12783.9万元，在研各级政府部门和企事业单位下达或委托的科研项目413项，其中，国家自然科学基金项目9项，国家科技攻关项目20项，“十一五”支撑课题1项、子课题3项，“973”计划子课题1项，国家基金项目4项，省部级项目126项。

**【科研成果】** 获得辽宁省技术发明奖一等奖1项；获得辽宁省科技进步奖一等奖1项、二等奖3项、三等奖6项；获得沈阳市科学技术奖15项，其中，二等奖4项、三等奖11项。有69篇论文获得辽宁省自然科学学术成果奖。建筑设计研究院的“太阳能热水器安装系统一体化QC小组”获得辽宁省工程建设优秀QC小组三等奖。

发表论文880篇，其中被SCI收录11篇，被EI收录48篇，被ISTP收录17篇；出版著作76部。

申请专利227项，其中申请发明专利16项。获得授权专利25项，其中发明专利15项。获得国家专利择优支持项目16项。

**【科研平台建设】** 新获得批准1个省级重点实验室。截至2009年年底，学校已有2个省级工程技术研究中心和14个省级重点实验室。

继续承担沈阳市大型公共建筑能耗监测平台的建设工作。

**【产学研合作】** 以地域性建筑研究中心、地铁研究院、建筑节能研究院等科研机构，以及建设项目管理公司、建筑设计研究院等校办产业单位作为科研基地，采用产学研结合的合作模式，将大量的科研成果进行了转化推广和应用。共签订各类合同136项，合同额3356万元，进款额1817万元。

2009年，校办产业实现产值5501万元。

**【科技合作与交流】** 承办了“沈阳市第六届科学年会”“海峡两岸大学生创意设计展”等6项（次）大型国内外学术活动；先后邀请李培根、李道增等8位院士到学校讲学。

**【重要科技活动】** 8月27日，由中共沈阳市委、沈阳市人民政府主办，沈阳市科学技术协会、沈阳建筑大学等单位承办的“第六届沈阳科学学术年会”在沈阳建筑大学隆重召开。本届年会以“促进自主创新，应对金融危机，确保振兴发展”为主题，邀请了18位院士、100余位国内外专家和学者来沈阳开展学术交流活动。会议对第三届沈阳市百家科技创新能手进行了表彰，并向12位沈阳市科学技术协会特邀外国专家颁发了聘书。

（沈阳建筑大学　刘阳）

# 沈阳理工大学

**【概述】** 沈阳理工大学的前身是东北军工专门学校，始建于1948年。1960年组建成立沈阳工业学院，时任国家副主席的董必武为学校题名。1999年划归辽宁省管理，实行省部共建。2004年5月，经教育部批准更名为沈阳理工大学。历经60多年的发展，学校已由一所学科单一的军工院校发展成为以工为主，理、管、文、经、法相结合，服务辽宁，面向全国，具有鲜明国防特色的多学科性大学。

学校设有15个学院和2个教学部，即机械工程学院、信息科学与工程学院、材料科学与工程学院、装备工程学院、环境与化学工程学院、汽车与交通学院、理学院、经济管理学院、艺术设计学院、外国语学院、国际教育学院、应用技术学院、国防教育学院、继续教育学院、研究生学院和思想政治理论课教学科研部、体育教学部；本科专业44个。

拥有“机械制造及其自动化”“机械设计及理论”“火炮、自动武器与弹药工程”“计算机应用技术”“材料加工工程”5个辽宁省省级重点学科；有辽宁省高校创新团队3个。建有国家级沈阳中俄科技合作基地1个；国家“863”高技术发展计划重点实验室1个；省部级重点实验室5个，省高校重点实验室3个，省部级工程中心4个；国家级国防科普教育基地1个。是中国刀具协会切削先进技术研究会东北分会理事长单位，辽宁省兵工学会理事长单位，辽宁省机械工程学会摩擦学分会理事长单位。

学校有双聘院士11人，兼职博士研究生导师9人；28名教师享受国务院政府特殊津贴；28名教师为辽宁省学科带头人和青年骨干教师；4名教师荣膺辽宁省教学名师称号；26名教师入选辽宁省“百千万人才工程”百人层次；10名省部级优秀教师，4名省市优秀专家。

多年来，学校共承担国家“973”计划项目2项，国家“863”计划项目18项，国家自然科学基金项目13项；承担总装备部、兵器集团等国防项目和省（部）级项目以及企业委托项目共计1358项，总经费达2.46亿元。有254个项目通过省（部）级和市级鉴定；获得国家国防和省（部）级科技进步奖以及其他各类成果奖192项；获得国家专利284项。

学校现有教职工1906人，其中专任教师1056人，包括教授122人，副教授305人；具有硕士及以上学位的教师642人，占教师总数的60.8%。

学校现有在校全日制学生17034人，其中本科生16100人，硕士研究生934人。

**【科研项目与经费】** 2009年，科研项目经费纵向到款额为1381万元，横向到款额为1272万元，合计2653万元；校属高新技术产业公司科研经费2647万元。全年科研总经费达5300万元。

申报国家“863”计划项目2项，民品项目1项，军品项目1项，资助金额95万元；申报国家自然科学基金项目3项，资助金额104万元；“十一五”期间承担的总装备部、南方集团、北方集团各类项目进展顺利，资助金额287万元；获批辽宁省科技计划项目11项，资助金额143万元；获批辽宁省自然科学基金项目5项，资助金额25万元；获批辽宁省博士启动基金项目3项，资助金额11万元；获批辽宁省教育厅创新团队与一般项目共计25项，资助金额48万元；沈阳市项目立项17项，资助金额250万元；辽宁省社科基金、省市社科联课题累计立项17项。

**【科研成果】** 获省级以上科技奖励12项，其中获得国防科学技术工业委员会二等奖2项；兵器工业集团科技进步奖二等奖2项、三等奖2项；辽宁省科技进步奖二等奖2项，辽宁省科技成果转化奖三等奖2项；刘治国、姜月秋两位教师获得辽宁省青年科技奖。

申请专利185件，其中发明专利21件，实用新型专利12件，外观设计专利145件；获得专利授权98项，其中发明专利2项，实用新型专利10项，外观设计专利79项；获得计算机软件著作权登记7项。

发表学术论文931篇，其中被三大检索系统收录140篇；出版著作、教材58部，其中专著14部。

**【产学研合作】** 围绕辽宁省12个重大产业基地布局，积极为企业开展“四技”服务，共建技术联盟。签订横向项目150多项，到款金额超过1272万元；与沈阳市铁西区政府签订了合作协议；参与北京-清华工业开发研究院建设，并设定专门展室为产学研合作构筑平台；利用国际合作渠道，以对俄引进的设备与技术力量为基础，组织力量向省、市申请国际合作项目及引智项目，省、市立项共3项，到款额超过100万元；先后参加了江苏、宁波、张家港、普兰店、抚顺先进制造产业基地、阜新液压产业基地等的项目洽谈会，项目对接取得良好效果。

**【科技合作与交流】** 成功举办“首届中俄材料科学与工程技术国际学术会议”。来自俄罗斯和国内的60余名知名专家、学者参加了会议。这次会议被东北亚高新技术博览会纳为主题之一，并获得“突出贡献奖”；赴俄罗斯完成科学技术部国际合作项目“气垫船共振破冰技术与工艺”的签约工作，并于3月在黄河内蒙古段初步试验获得成功；重点发挥中俄沈阳科技合作基地的平台作用，与俄罗斯和白俄罗斯国家科学院所属的9个研究所共建了4个设备技术先进的合作实验室。

全年共邀请国外专家和国内学者到校开展合作研究及作学术报告20余次；与美国、英国、加拿大、日本、芬兰等国家的20余所大学建立了稳定的合作关系，开展合作科研课题4项。

**【科普基地建设】** 2009年4月，沈阳理工大学兵器博物馆被正式批准成为“沈阳市科普基地”和“辽宁省科普基地”；12月，又被中国科学技术协会命名为“国家级科普教育基地”。该博物馆下设隶属于辽宁省兵工学会的“兵器研究会”，定期开展兵工、军事知识专题讲座，为广大师生提供兵器科学学术交流平台。兵器博物馆既是学校一个大型的武器装备实验室，承担着学校武器类专业本科生和研究生实验和实习的教学任务，也是学校为国防生提供国防教育和军事方面的科普教育的场馆，还是对全校师生进行军事科普和爱国主义教育的基地。

**【重点科研项目选介】** “面向共享知识驱动的产品协同设计关键技术研究”项目是以郝永平博士为课题组长承担的国家“863”计划项目，经费45万元。该项目研究旨在通过建立一种新型的协同设计模式，实现协同设计过程流与知识流的耦合，建立协同过程知识挖掘、表示、交换与共享的理论框架，构建群组协作环境下的多个维度的知识领域设计协同，研究跨学科、多维尺度条件下的可共享知识的非一致性、歧义与冲突表征建模体系，消解过程冲突；建立设计过程的自组织和可扩展的表示模型与集成管理机制，实现协同设计过程的互操作，解决协同过程中知识、数据和面向服务驱动等的产品多源融合问题；以Web服务和面向服务框架为基础，实现对等网络框架下的协同过程按需设计服务，配合面向多媒体互动的知识交流与协同学习的协作空间构建，从开放式控制架构、知识流驱动机制和本体领域互操作技术框架角度，针对复杂产品协同开发需求，打造形成面向服务框架的网络协同设计平台系统。

该项目的创新点在于建立新的适应复杂协同网络的群组协作产品设计模式；基于本体领域视图，从解决异构协同设计过程互操作的角度出发，建立多维尺度的可共享设计知识模型；面向协同过程知识共享，提出异构协同网络的互操作技术参考框架；建立面向服务的知识驱动型协同设计平台系统，并应用于盾构机等产品的典型零部件开发之中。该项目成果拟在机械制造、兵器、航空航天、船舶等行业推广应用。

（沈阳理工大学　张承军）

# 沈阳农业大学

**【概述】** 沈阳农业大学是一所教学和科研并举，以农业与生命科学为特色，农、理、工、经、管多学科协调发展的多科性大学。1979年经国务院批准为全国重点大学；1981年被批准为首批具有博士、硕士学位授予权单位；1985年经原农牧渔业部批准，更名为沈阳农业大学。2000年学校由农业部所属划转为辽宁省与中央共建。

学校现有科研机构75个，其中，国家级区域创新中心1个，教育部与辽宁省教育厅共建重点实验室2个，农业部、辽宁省重点实验室（成果转化基地、工程技术中心）45个，沈阳市重点实验室（工程技术中心）9个；有基础、专业实验室和实验教学中心44个，形成了多学科、多层次、多形式的教育体系，成为我国农业科技人才培养和科学研究的重要基地。

学校设有47个本科专业，68个硕士学位授予权专业，31个博士学位授予权专业，4个研究生专业学位学科，6个博士后科研流动站；有3个国家级重点学科，3个农业部重点学科，19个辽宁省重点学科（其中有5个辽宁省重点一级学科），2个辽宁省重点培育学科；设有农学院、园艺学院、土地与环境学院、植物保护学院、水利学院、经济管理学院、林学院、畜牧兽医学院、食品学院、生物科学技术学院、信息与电气工程学院、工程学院、理学院、科学技术学院、高等职业技术学院和成人教育学院。

学校现有教职工1910人，其中教授186人，副教授460人；博士研究生导师105人，硕士研究生导师401人。

现有在校生24214人，其中博士研究生579人，硕士研究生2364人，本、专科生16870人。

**【科研项目与经费】** 2009年，学校组织申报"973"计划、"863"计划、科学技术部科技支撑项目、农业部公益性行业科研专项、科学技术部农业科技成果转化资金项目、国家自然科学基金项目、教育部博士点专项科研基金、中央农业科技推广示范项目、辽宁省科技攻关项目、辽宁省农业综合开发省级重点科技推广项目等共计715项，较2008年增加114项，获准立项资助192项，科研经费首次突破1亿元。

2009年，学校成功获得国家农业公益性行业科研专项经费资助1项，实现了学校作为主持单位参与该领域零的突破。学校在组织好国家科技项目申报的同时，进一步加强了与省科学技术厅、省教育厅、省农委、省环境保护局、省发展和改革委员会、省国土资源厅、省质量技术监督局等省内各主管部门的沟通，主动争取更多的项目申报机会。共组织申报省、市各类项目276项，其中，省科学技术厅各类计划项目156项，包括省自然科学基金34项、省农业科技攻关计划93项，获得资助经费909万元；获省教育厅资助项目34项，获得经费119万元；获沈阳市资助项目19项，获得经费435万元。

2009年，学校共申报国家自然科学基金项目206项，获立项资助26项，资助经费672万元。项目申报数量首次突破200项，申报数量、获资助经费金额均比2008年翻了一番，并创学校历史新高。

**【科研成果】** 2009年，学校获得各种科技奖励25项，其中，获国家科技进步奖二等奖1项；获辽宁省科技进步奖9项，其中一等奖1项、二等奖5项、三等奖3项；获辽宁省科技成果转化奖三等奖2项；获农业部神农中华农业科技奖三等奖1项；获沈阳市科技进步奖1项；获沈阳市农村科技推广奖5项；获辽宁省农业科技贡献奖4项；获辽宁省畜牧科技贡献1项；获沈阳市优秀专利奖1项。

2009年，学校获辽宁省自然科学优秀成果奖（论文和著作类）共197项，其中一等奖12项、二等奖25项、三等奖44项；获沈阳市自然科学成果奖及省级学会等优秀论文奖121项。

2009年，学校共鉴定科技成果10项；申报审定品种3个；制定辽宁省级标准2个。

申报专利受理15项，其中发明11项、实用新型4项；获授权专利9项，其中发明6项、实用新型2项、外观设计1项。

完成了学校2008年度科技奖励与资助工作。共奖励重大科技成果9项；奖励国家基础性研究课题项目26项；奖励科技著作26部；奖励学术论文470篇，其中，被国际三大检索系统收录论文48篇；奖励专利5项；资助鉴定成果、审定备案品种、专利、标准等共37项，奖励资助总金额达92.59万元。

学校在2008年度的奖励中采用了新修订的奖励与资助办法，减少了奖励与资助项目的数量，同时加大了对高水平项目的奖励与资助额度，因此，虽然奖励总体额度比2007年度有所下降，但2008年度学校发表高水平论文的数量与往年相比，有了显著提高，尤其是被国际三大检索系统收录的论文数量有了大幅度的增加。例如，2007年学校人员发表的论文被SCI收录5篇，2008年激增至15篇，同比提高了200%。

**【科技合作与交流】** 承办了2009第六届沈阳科学学术年会 "东北农业节水论坛"和"2009沈阳防灾减灾高层论坛"；成功举办了"全国2009土壤环境科技与管理学术研讨会"；组织3位学校专家参加了"2009年辽宁省农业灾害预测及减灾对策科技论坛"。其中，学校两位专家在论坛上的报告引起了副省长陈海波及到会专家的重视，形成的建议材料被省政府采纳，并获得省长建议奖。

英国皇家农业工程院院士、英国皇家特许工程师、爱尔兰国立都柏林大学食品冷冻及计算机化食品技术研究所主任孙大文博士，韩国忠南大学基因组研究中心主任Yong-pyo lim教授，韩国园艺研究所Su-hyoung Park博士，韩国南大学代表团，扬州大学草业科学专业学术带头人魏臻武教授等多位国内外相关领域专家、学者和访问团组，先后应邀来学校访问，开展学术交流活动。

2009年，学校与铁岭市企业进行了产学研对接，园艺学院、畜牧兽医学院、食品学院、生物科学技术学院分别与铁岭5家企业签订了科研合作协议。

**【科技服务】** 加强兴科中小企业服务中心的管理，中心管理工作进一步制度化和规范化，特别是从规范技术开发、技术转让、技术咨询和技术服务等“四技服务”合同入手，规定从2009年起所有合同必须经沈阳市技术市场处登记备案。积极组织学校有关专家、研究机构与企业对接，积极参加沈阳市中小企业服务中心组织的高校成果与企业对接活动，积极开展对外服务，全年签订“四技服务”项目合同47项，累计获得横向经费达383万元。

学校派驻科技特派团、科技特派组、科技特派员到农村，开展多形式、多层次的技术培训和科技咨询服务，新增派驻法库、苏家屯等地科技特派员11名。通过组织送科技下乡，宣传推广学校的科技成果近100项，发放科技资料1万余份，促进了学校科技成果转化、转让、开发，加大了学校科技成果的转化效果。

2009年，学校被评为辽宁省定点扶贫先进单位，被科技部评为科技特派员工作先进集体。

**【科技普及】** 学校组织不同学科的13名知名专家，参加沈阳市科学技术协会组织的首批沈阳市科普惠农服务站及沈阳市农村科普示范基地的工作，有9名专家被评选为沈阳市农村科普工作先进个人，1人被评选为科普惠农先进工作者。出版《科普惠农实用技术丛书》6部，平均每本书6.2万字。学校还获得2009年度沈阳市科学技术协会系统先进集体和科普惠农先进单位荣誉称号。

**【科技人才与队伍建设】** 2009年，副校长李天来教授、成人教育学院副院长马彦令被评为全国优秀科技特派员；陈温福被评选为辽宁省特等劳动模范、感动沈阳60年劳动功勋人物；王绍斌被评为辽宁省定点扶贫先进个人；朴在林被中国农业工程学会授予科技发展贡献奖；郭维东被评为第九届“挑战杯”辽宁省大学生课外学术科技作品竞赛优秀指导教师；王铁良、刘冰被评选为沈阳市科学技术协会系统“优秀科协工作者”。

**【科研平台建设】** 2009年，学校在争取上级部门对科研条件平台建设的支持方面取得重大进展，新增农业部、辽宁省等重点实验室、工程技术中心等研发机构6个；1个教育部省部共建重点实验室通过教育部组织的验收；争取农业部建设项目2项，“秸秆技术研发”项目获得经费597万元，“东北野生猕猴桃资源异位保存圃建设”项目获得经费239万元；辽宁省农业机械化重点实验室和辽宁省植物基因工程技术研究中心分别被认定为省级重点实验室和省级工程技术研究中心；沈阳市畜产品加工与安全重点实验室和沈阳市农产品加工工程技术中心分别被认定为市级重点实验室和市级工程技术中心；教育部省部共建重点实验室——北方粳稻遗传育种重点实验室——通过教育部组织的验收；争取到辽宁省教育厅重点实验室项目7项；2006年度的6项辽宁省教育厅重点实验室项目全部通过验收。

**【重要科技活动】** 2009年1月10日，学校举行了第三期辽宁省农民技术员培训班结业典礼。在本期培训班中，共有221名学员圆满结业。

2月25日，辽宁省科学技术厅党组成员、副巡视员张强率调研组来学校调研科研工作。

4月，全国人大代表、学校水稻研究所所长陈温福教授喜获“辽宁省特等劳动模范”称号；工厂化高效农业工程技术研究中心荣获“沈阳五一劳动奖状”；科技处处长王铁良教授荣获“沈阳五一劳动奖章”。

8月25日，学校团委与台安团县委在台安县西平林场联合举行了共青团科教兴农共建活动启动仪式，并共同签署了共建协议书。

9月11日，由国家科学技术部国际合作司主办、沈阳市科学技术局协办、沈阳农业大学承办的“21世纪可持续农业植物保护理论技术国际培训班”举行开班典礼。

10月13日，李怀玉教授的科研成果——康平寒富苹果——进京采摘仪式，在学校与康平县政府共同兴建的“沈阳中青农业高新科技示范园”举行。

11月4日，沈阳农业大学海南育种基地正式运行。

11月上旬，学校被国家农业部正式认定为“农业部现代农业技术培训基地”。

12月2日，学校水稻研究所所长、农学院教授陈温福当选为中国工程院院士。

12月18日，由教育部科学技术司派遣的验收专家组一行8人来学校，对学校的北方粳稻遗传育种重点实验室进行验收。

（沈阳农业大学　刘欣）

# 沈阳师范大学

**【概述】** 沈阳师范大学始建于1951年，2002年经教育部批准，沈阳师范学院与辽宁教育学院合并组建沈阳师范大学。学校隶属于辽宁省人民政府，是一所涵盖哲学、经济学、法学、教育学、文学、理学、工学、管理学八大门类的多学科性大学。

学校现设有23个二级学院和12个校属馆、部、中心；设有本科专业63个，硕士授权点57个；建有国家级重点研究基地2个，省级重点研究基地16个，省级重点学科及共建重点学科9个，省级重点实验室5个，省级创新团队4个，综合性实验室12个，各类研究机构34个，产学研合作基地4个。

学校现有专任教师1645人，其中特聘教授13人，教授242人，副教授590人。

学校现有全日制本、专科生21765人，硕士研究生1942人，专业学位研究生860人，留学生440人次。现已为国家培养了7万多名各类人才。

**【科研项目与经费】** 2009年，承担各级各类科研项目275项，其中国家级项目9项。项目总经费达869万元。

**【科研成果】** 2009年，获得各级各类科技奖励303项；在省级以上学术刊物上发表论文1415篇，其中有344篇论文被SCI，EI，ISTP国际三大检索系统收录；出版各类著作191

部；发表艺术作品132件；获得国家专利116项。

国际商学院教授王大超主持完成的辽宁省社科规划基金重大委托项目“辽宁转变经济发展方式研究”被摘编刊登在由中共辽宁省委宣传部主编的《社科与决策》第18期。其中，“关于应对我省农产品出口严峻形势的对策建议”受到省委、省政府领导的重视，省委书记张文岳、副省长陈海波分别作了批示。

管理学院讲师邵慰主持完成的辽宁省社科规划基金青年项目“基于制度提高辽宁省装备制造业的竞争力研究”之一“应超前抉择华晨汽车的三条出路”被刊登在《社科与决策》第27期。副省长刘国强作了批示。

由胡东宇教授完成的“一个发现于中国较始祖鸟早的脚上长有长羽毛的伤齿龙类恐龙”一文在英国《自然》杂志上发表。该化石是在辽宁省朝阳地区发现的，为“赫氏近鸟龙”化石。它的发现填补了恐龙向鸟类进化史上关键性的空白，是鸟类起源研究的一个新的、国际性的重大突破。

获得教育部高等学校科学研究优秀成果奖（人文社会科学）2项。其中，社会学学院刘平教授发表在《中国社会科学》上的论文“新二元社会与中国社会转型研究”获得二等奖；教育经济与管理研究所孙绵涛教授发表在《教育研究》上的论文“教育机制理论的新诠释”》获得三等奖。

由学校主持完成的“世界最早的带羽毛的恐龙的发现”入选2009年度“中国高等学校十大科技进展”，位居第七名。这是辽宁省高校首次获此殊荣。

**【科研平台建设】** 文学院申报的“文艺与社会发展研究中心”入选辽宁省教育厅第二批人文社会科学重点研究基地。

辽宁省科学技术厅、财政厅联合批准“辽宁省农业废弃物生物转化与再生工程技术研究中心”为省级工程技术研究中心，这是学校成立的第一个工程技术研究中心。

学校建设的3个重点研究基地获批为辽宁省教科规划第二批重点研究基地。分别是：现代大学制度研究基地、职业教育专业建设与人才培养模式研究基地和学前教育理论与实践研究基地。

学校建设的“辽宁省特种材料的制备与应用技术实验室”被辽宁省科学技术厅认定为辽宁省重点实验室。

**【科技合作与交流】** 学校先后与美国、英国、加拿大、日本、俄罗斯、比利时、丹麦、澳大利亚、韩国等国家的30多所高等院校及科研机构签订了国际学术交流及合作协议，并互派教师进修、讲学，进行科研合作。

8月12日，学校与台湾高雄应用科技大学联合举办“第九届混合智能系统（HIS2009）国际会议”。来自20多个国家和地区的203位专家、学者参加会议，会议征集学术论文300余篇。

9月15日，经辽宁省社科联批准，沈阳师范大学社会科学界联合会成立。辽宁省社会科学界联合会副主席杨路平出席成立大会并揭牌。

12月10日，由沈阳师范大学主办，中国科学院国家天文台、北京天文馆协办的“仰望星空——中国首届天体油画创作作品展”在北京天文馆举行开幕式暨新闻发布会，中国科学院国家天文台、北京科学技术研究院、北京天文馆、中国美术教育协会及沈阳师范大学有关领导出席开幕式。此次画展是国内首次成体系、大规模的院校天体美学画展。

（沈阳师范大学　李守信）

# 辽宁工业大学

**【概述】** 辽宁工业大学始建于1951年，前身为锦州工业专科学校；1960年4月，升格为锦州工学院；1992年6月，经国家教委批准，更名为辽宁工学院；2007年3月，经国家教育部批准，更名为辽宁工业大学。经过多年的发展，辽宁工业大学已经成为一所以工为主，理、工、经、管、文协调发展的省属全日制多学科性大学。

学校设有机械工程与自动化学院、汽车与交通工程学院、材料科学与工程学院、化学与环境工程学院、电气工程学院、电子与信息工程学院、管理学院、经济学院、艺术设计与建筑学院、土木建筑工程学院、外国语学院、理学院、文化传播学院、光伏学院、社会科学部、体育部、计算机中心等17个本科教学院、部，以及研究生学院、国际教育学院、软件学院、成人教育学院。已经形成以本科教育为主，集研究生教育、留学生教育、高等职业教育、继续教育等教育形式于一体的多层次办学格局。

学校设有44个本科专业和10个专科专业；1993年获硕士学位授予权，共有21个硕士学位授权点，并有在职人员同等学力硕士学位授予权，在机械工程、控制工程、材料工程、车辆工程、电气工程、电子与通信工程等6个工程领域具有工程硕士专业学位授予权；“材料物理与化学”是省级重点学科；“控制理论与控制工程”为省级重点培育学科；“材料科学与工程”为辽宁省高等学校重点学科领域研究生培养基地；“思想政治教育”为辽宁省哲学社会科学重点建设学科；“汽车新材料”“汽车工程”“光伏材料”3个实验室为辽宁省重点实验室；“汽车振动与噪声工程技术研究中心”为省级工程中心；“汽车材料与工程”“智能控制理论及应用”“现代制造技术”3个实验室为省级高校重点实验室；“车辆工程”“材料科学与工程”为国家高等学校特色专业建设点和辽宁省示范性专业；“汽车与交通工程学院”为辽宁省汽车制造紧缺人才培养基地；“汽车工程实验中心”“电工电子技术实验中心”为辽宁省实验教学示范中心；“汽车性能实验室”“材料制备实验室”“汽车新材料实验室”“数控技术综合实验室”“工业控制网络实验室”为中央与地方共建高校特色优势学科实验室。

学校建有现代加工实训中心、电工电子实训中心、计算机实训中心、金工实训中心和60个基础实验室、专业实验室；教学科研仪器设备总值为7600多万元；图书馆馆藏文献资料120多万册；建有先进的网络信息平台。

近10年来，学校共承担完成包括国家自然科学基金、“863”计划、“973”计划、国家攀登计划、国家“九五”攻关、火炬计划等国家、省、市级各类科研课题500多项。在核心刊物上发表学术论文1200多篇，其中，被国际三大检索系统收录320多篇。

学校现有教职工1125余人，其中教授124人，具有副高级以上职称教师410人；辽宁省教学名师5人，辽宁省专业带头人3人，辽宁省优秀青年骨干教师36人，辽宁省“百千万人才工程”百人层次和千人层次入选者12人。

学校现有在校学生近1.5万人。

**【科研项目与经费】** 2009年，承担纵向科研项目50余项，经费300余万元。纵向、横向科研总经费达到4000余万元。其中，国家自然科学基金面上项目及国家级合作项目6项，省、部级课题10余项。

**【科研成果】** 获得锦州市科技进步奖一等奖1项，参与完成的项目获得锦州市科技进步奖二等奖2项、三等奖1项。

在核心期刊上发表论文130余篇，其中，被SCI收录12篇，被EI收录40篇，被ISTP收录22篇；出版著作与教材31部；获得专利授权4项，其中，发明专利2项、实用新型专利2项。

2人入选辽宁省教育厅优秀人才支持计划。

**【科技合作与交流】** 截至2009年，学校与美国、德国、英国、日本、澳大利亚等国家的20多所大学建立了校际合作关系，互派教授、学者进行访问、讲学和合作研究，扩大了学校在国际上的影响。

2009年，多次聘请国内外知名专家、学者来学校讲学。4月，西日本工业大学木藤政夫教授和张荣教授到学校访问，并签署了两校间合作协议，双方就教授交流、学生交流、科研合作等事项进行了研究和商讨，并很快开始了实质性合作；7月和9月，斯洛文尼亚卢布尔雅那大学娜塔莎教授和米佳教授分别到学校访问，就两校之间开展留学生汉语言教学及教师之间的学术交流进行了进一步协商；7月，学校领导会见美国东肯塔基大学国际部主任Wright夫妇；9月，日本九州大学古曳教授到学校访问。

**【科技平台建设】** 2009年，“汽车振动与噪声工程技术研究中心”被批准为省级工程中心，“光伏材料重点实验室”被批准为省级重点实验室。

**【产学研合作】** 产学研合作辐射面逐步扩大，在外省取得了较好进展。6月，由党委书记王建中带队，在浙江余姚举行了辽宁工业大学科技成果推介会。随后，有多项横向科研课题陆续展开，其中材料学院与江苏长振铜业有限公司共同研发的“无铅易切削硅黄铜”项目是近年来为企业解决生产技术问题的典型实例。

**【校办企业】** 维森信息技术公司获得“辽宁信息技术明星企业”“辽宁十大经济名片”等荣誉称号。其开发的“维森市民投诉系统”“维森高中学分制管理系统”“维森医院信息管理系统”“维森社区卫生服务管理系统”“维森甲醇生产过程方针培训系统”“维森企业员工业务考试培训系统”等6个系统获得计算机软件著作权登记证书。

该公司共完成新产品研发项目20余项，其中，“人员井下定位系统”项目获得2009年锦州市科技进步奖一等奖，并已申报专利；“基于嵌入式技术的巡检管理系统”“电动汽车四轮独立驱动与控制系统”“监狱人员远程智能管理系统”“矿井人员遇险定位及救灾通讯系统”等项目深受市场欢迎；正在研发的“区域协同医疗系统”“企业信息系统集成”等项目具有很大的市场潜力。

该公司在研发新产品的同时巩固了网络工程、智能工程等技术优势，完成了企业委托的横向课题“营口大学园校园一卡通布线工程”“锦州市海洋与渔业局网络工程”“朝阳市教育网二期工程”等90余个项目。该公司的工程项目已经拓展到黑龙江、山西、内蒙古等地。

（辽宁工业大学　杨艳）

# 渤海大学

**【概述】** 渤海大学是辽宁省属综合性大学，于2003年经国家教育部批准，由锦州师范学院和辽宁商业高等专科学校合并组建而成。

学校设有22个二级院系和4个直属教研部；63个本科专业（方向）和34个高职专业（方向），涵盖哲、经、法、教、文、史、理、工、管等9个学科门类；有6个辽宁省重点学科，9个辽宁省优势特色学科，2个辽宁省重点培育学科；30个硕士学位授权点和教育硕士专业学位授权点；有国家级精品课程1门，省级精品课程28门；有省级优秀教学团队5个，省级实验教学示范中心4个；建有5个省级重点实验室，1个省级工程中心，2个省级人文社科重点研究基地；有辽宁省教育厅“功能材料的合成及应用”“语言文字应用” 2个高校创新团队。

学校与美国、德国、英国、日本、韩国、澳大利亚、俄罗斯等国家的32所高等院校、教育机构建立了交流合作关系，接收留学生，互派学者讲学，同时选派中青年教师和优秀学生到国外进修或攻读学位。

学校现有专任教师1069人，其中教授131人，副教授290人；博士107人，在读博士56人，硕士510人。

学校现有全日制在校生23450人，其中硕士研究生1350人，本科生16700人，高职生5400人，并接收来自7个国家的留学生在校学习。

**【科研项目与经费】** 2009年，学校共承担各级各类科研项目191项，科研经费总额648.4万元。其中，国家自然科学基金项目“网络控制系统的模糊鲁棒滤波方法研究”获得经费32万元；王秀丽教授入选教育部“优秀人才支持计划”，获得经费50万元；“工业废渣制备系列无机高分子絮凝剂及絮凝机理研究”等6个项目被列入辽宁省科技计划，获得经费55万元；“科学发展观通俗讲稿”等21个项目被列为辽宁省社科基金项目，获得经费7.5万元；“新型离子液体合成性质及其在超级电容器中应用的研究”等63个项目被列入辽宁省教育厅科研计划，获得经费113万元；承担辽宁省教育科学规划项目、辽宁省社科联项目及其他项目共88项，经费78.26万元；承担横向项目11项，经费66.8万元。学校当年累计投入科研配套及奖励经费245.84万元。

**【科研成果】** “蓝莓花色苷降血脂和抗氧化作用”等54个项目获得辽宁省自然科学学术成果奖；“辽宁省服务型政府的制度体系建设研究”等27个项目获得辽宁省第二届哲学社会科学学术年会成果奖；“油罐车污染喷气燃料的原因分析及处理方法研究”获得锦州市科技进步奖一等奖；“进出口食品中有毒物质的快速检测技术研究”等3项成果通过省级科技成果鉴定。

“一种快速消解光度分析测定水质化学需氧量的方法”等5项专利申请获得授权。发表论文约1300余篇，其中被SCI收录39篇，被EI收录5篇，被ISTP收录2篇；在《物理学报》《教育研究》和《文艺研究》等权威、核心期刊上发表论文38篇；出版著作、教材62部。

**【科技合作与交流】** 全年邀请校外知名专家、学者作报告30余场次。

**【科研平台建设】** 2009年，建设了锦州硅材料及太阳能电池产业基地公共检测中心。

（渤海大学　赵洪冰）

# 大连大学

**【概述】** 大连大学是一所拥有哲、法、经济、教育、文、史、理、工、医、管理等十大学科门类的综合性普通高等学校。

学校拥有4个省级重点学科，3个重点培育学科，3个省高水平重点学科，5个省优势特色重点学科；建有先进设计与智能计算机重点实验室、辽宁省通信网络与信息处理重点实验室等15个省部级重点实验室、工程中心及人文社科基地；形成了以研究院所等科研机构为主体的科研团队77个。

学校有国家级“新世纪百千万人才工程”百人层次人选2人，国务院政府特殊津贴获得者13人；有全国优秀教师、教育部优秀青年教师资助计划入选者、教育部“高校青年教师奖”获得者、辽宁省优秀专家、辽宁省高校教学名师、辽宁省“百千万人才工程”百人层次人选等20余人。现已被大连市政府确定为大连市“人才储备基地”

学校注重吸引国外智力，积极开展国际交流与合作。先后与日本筑波大学、中央大学、名古屋外国语大学、北陆先端科技大学院大学、金泽大学，美国特洛伊州立大学，韩国中南大学院、群山大学、昌原大学校、鲜文大学等50余所高校和科研院所建立了友好合作关系，聘请外国专家与知名学者到校任教、讲学、访问，学校也经常组团或派教师出国进修、考察及学术交流。

学校现有教职工3900余人（含两所附属医院医护人员），其中具有博士学位的教师375人，占专任教师比例数居于辽宁省高校前列。专任教师中有长期在校工作的中国科学院院士1人，博士研究生导师16人，正高级技术职称人员287人，副高级技术职称人员832人。

**【科研项目与经费】** 2009年，学校获得各类科研经费8605.9万元。其中，纵向经费2050.9万元，包括国家“863”计划项目6项，获批资金411万元；国家自然科学基金项目26项，获批资金663.4万元；国家社科基金项目1项，获批资金8万元；国防预研项目4项，获批资金248万元；教育部课题14项，获批资金49万元；辽宁省科研项目98项，获批资金180.1万元；大连市科研项目64项，获批资金329万元。

**【科研成果与转化】** 有16项国家级项目结题，其中3项“863”计划项目、6项军工项目、1项国家科技攻关项目、6项国家自然科学基金项目。

获得省部级科技奖励7项，其中“空间复合××技术”获得国防科技进步奖二等奖；“肛提肌解剖学和形态学的影像学研究”获得辽宁省自然科学奖三等奖；同其他单位合作获得省部级二等奖1项、三等奖4项。获得大连市科技奖16项，其中一等奖3项、二等奖6项、三等奖7项（含1项第二完成单位）；获得大连市社科奖12项，其中二等奖2项、三等奖10项。

获得辽宁省自然科学优秀成果奖61项，大连市自然科学优秀成果奖94项。8部学术专著获得大连市出版资助；获得大连市科学著作奖10项。共有20个成果通过鉴定，鉴定结果为：有4个项目达到国际水平，有16个项目达到国内先进水平。

被国际三大检索系统收录论文107篇，其中，被SCI收录49篇，被EI收录38篇，被ISTP收录20篇。独著、编著或参编著作及教材33部。

申请专利389项，其中发明专利63项、实用新型专利67项、外观设计专利256项；获得专利授权18项，其中发明专利10项、实用新型专利5项；获得计算机软件著作权登记3项。获得知识产权的成果结构优于国内平均水平。辽宁省生物医学材料研发基地开发的一项专利进行转让，转让金额40万元。截至2009年年底，学校已拥有有效专利93项，其中发明专利40项、实用新型专利40项、外观设计专利10项，计算机软件著作权3项。

**【重点实验室选介】** 复杂结构系统灾害预测防治实验室组建于2007年，2008年被辽宁省教育厅确定为辽宁省高校重点实验室，2009年被辽宁省科学技术厅确定为辽宁省重点实验室。

该实验室依托于拥有土木工程一级学科的建筑工程学院，拥有一支具有良好科研能力与协作精神的人才队伍，梯队成员共34人，其中，教授10人，具有博士学位者27人。“岩土与地下工程”研究团队为辽宁省高校创新团队。

实验室主要研究方向包括：地下结构系统稳定性研究；建筑结构损伤检测理论与技术研究；结构材料稳定与破坏机理研究。

近5年来，实验室取得了丰硕的成果。承担各类科研课题40多项，其中国家自然科学基金项目12项，“973”课题（子项目）2项，日本文部省国际合作科学基金项目2项，省部级项目13项，省教育厅重点实验室项目4项，大连市科技计划项目3项，横向协作项目10余项。到位研究经费1000多万元；出版学术专著6部，发表学术论文180余篇，被国际三大检索系统收录近40篇；获得国家专利5项；获得各类科技奖励8项，其中，国家科技进步奖二等奖2项（合作完成），省（部）级二等奖1项、三等奖4项。

**【重点学科选介】** 管理科学与工程学科源自1987年成立的大连大学管理学院。2009年，该学科被辽宁省提升高等学校核心竞争力特色学科建设工程列为高水平建设重点学科，并先后建成了先进设计与智能计算省部共建教育部重点实验室、辽宁省智能信息处理重点实验室2个重点学科基地和6个实验室、8个科研所；与大连机床集团、大连冰山集团、辽河油田等省内外十余个单位建立了长期稳定的校外实践教学基地；重点建设了系统仿真与智能系统、优化理论与技术、企业信息化管理、物流与供应链管理、企业组织管理方向等5个学科方向。

现有专任教师35名，其中，入选辽宁省“百千万人才工程”百人层次2人、千人层次1人；具有高级职称者28人(其中正高级职称人员15人)；具有博士学位者18人，具有硕士学位者15人，在读博士生8人；硕士研究生导师16人。

近3年来，承担了“基于模拟植物生长的整数多级规划算法研究”“基于非线性动力学的DNA计算研究”“多重约束下DNA计算编码问题的分析与设计方法研究”等国家自然科学基金项目8项、国家社会科学基金项目4项、省部级及市级课题36项。有28项成果获得了国家、省（部）级和市级科技奖励；发表学术论文300余篇，其中，60余篇被SCI，EI收录；出版专著和教材15部。

（大连大学　陈辉远）

# 辽宁医学院

**【概述】** 辽宁医学院始建于1946年，前身是在吉林省洮南市成立的辽吉军区卫生学校，1949年迁址辽宁省锦州市，1958年更名为锦州医学院，2006年更名为辽宁医学院，2007年顺利通过国家教育部本科教学工作水平评估。

学校有普通高等教育、继续教育、高等职业技术教育和留学生教育4种办学形式；有研究生、本科生、专科生3个办学层次；有医学、农学、工学、管理学、理学5个学科门类；有临床医学、口腔医学、医学影像学、麻醉学、护理学、药学、公共事业管理、动物科学、动物医学、食品科学与工程等24个本科专业和专业方向；有省级重点学科4个，省级重点实验室7个，省级工程技术研究中心1个，省级实验教学示范中心3个。

学校设有7个一级硕士学位授予权学科，59个二级硕士学位授予权学科，5个联合培养博士点；9个省级重点医疗专科项目，2个研究中心，10个研究所；下设17个二级教学单位，116个教研室，18个教学实验中心；有直属附属医院3所，非直属附属医院5所，各类实践教学基地122个。

学校现有专任教师1398人，其中博士103人，硕士635人；具有正高级职称者210人，副高级职称者404人；享受国务院政府特殊津贴专家18人；入选国家级“新世纪百千万人才工程”、省级“百千万人才工程”者28人；留学归国人员67人；卫生部突出贡献专家1人；省攀登学者1人；全国优秀科技工作者1人；国家级、省级教学名师5人；国家、省优秀教师13人；省中青年学科带头人2人；省优秀专家4人；省优秀青年骨干教师26人。

学校现有在校生16100人，其中研究生1712人，本科生7256人，留学生255人，高职专科生2748人。

**【科研管理】** 相继修订并印发了《辽宁医学院青年科技启动基金管理办法》《辽宁医学院博士科研启动基金管理办法》《辽宁医学院留学归国科研启动基金管理办法》和《辽宁医学院横向科研项目管理办法》等4份文件，并转发了国家十部委《关于加强我国科研诚信建设的意见》的文件。

调整了学校科研机构设置，保留骨外科学研究所、生物人类学研究所、药物研究所；成立畜牧兽医研究所、食品营养与安全研究所、脑血管病研究所；撤销老年医学研究所、眼病基础研究所、微量元素研究所、人畜共患病研究所；责令心血管病研究所、耳鼻咽喉头颈外科研究所限期整改，期限为2年；辽宁省国人体质特征研究实验室申报省级重点实验室并成功获批。

【科研项目与经费】 全年新立项目107项。其中，国家自然科学基金项目4项，省部委级项目42项，市局级项目52项，学校自立项目9项；校外科研经费到位502万元。其中，国家自然科学基金经费98万元，其他项目经费404万元。

【科研成果及其转化】 获得辽宁省科技进步奖二等奖1项、三等奖1项；获得锦州市科技进步奖一等奖1项、二等奖1项、三等奖1项；获得辽宁省“第二届哲学社会科学学会年会”成果奖三等奖1项。获得科研成果45项，其中，结项成果42项，鉴定成果3项。获得辽宁省自然科学学术成果奖42项。

在辽宁省第九届大学生“挑战杯”课外学术成果大赛中，有12个作品获奖，其中一等奖1项、二等奖2项、三等奖9项。另有1项作品获得全国大学生“挑战杯”课外学术成果大赛三等奖。

发表论文973篇，其中，在国家核心期刊上发表414篇；被SCI收录5篇，被化学文摘数据库收录93篇，被BA数据库收录3篇。出版专著、教材53部。

辽宁医学院科学技术协会获得锦州市先进科协荣誉称号，1人获得锦州市科协先进个人荣誉称号；任甫获得“第七届辽宁省青年科技奖”；哈敏文、周铁忠和刘孝刚3人获得“锦州市第二届青年科技奖”。

“小牛血去蛋白注射液”和“白眉蛇毒血凝眉”2个重大科技成果在成功实现转化和产业化之后，经中介机构挂牌转让，获得收益3180万元。

（辽宁医学院　吕鹏飞）

# 沈阳化工学院

【概述】 沈阳化工学院始建于1952年，1958年升格为本科院校，1960年更名为辽宁科学技术大学，1962年恢复采用原校名——沈阳化工学院，隶属化学工业部，1998年划转辽宁省管理，由中央与地方共建、以辽宁省管理为主。是一所以工为主，以化工为特色，工学、理学、管理学、经济学、文学、法学、教育学、医学等学科相结合的多学科性大学。

学校为国家首批学士学位授予权单位，国务院学位委员会“八五”初期批准的硕士学位授予权单位，辽宁省石油化工技术紧缺本科人才培养基地，辽宁省专业技术人员继续教育基地，教育为振兴辽宁老工业基地服务行动计划依托高校，辽宁省科技创新与新技术转移推广基地，辽宁省政府省校产学研合作先进单位，辽宁省高校就业工作优秀单位，辽宁省大学生创业教育示范校，全国“挑战杯”高校优秀组织单位，全国大学生社会实践先进单位。

近年来，连续保持毕业生一次就业率平均在95%以上，位居辽宁省高校前列；在全国数学建模、机械设计等大赛中，获二等奖5项；连续多年被中央宣传部、中央文明办、教育部、共青团中央、全国学生联合会评为“全国大中专学生志愿者暑期‘三下乡’社会实践活动先进单位”。

学校现设有16个学院、系，47个本科专业。2个一级学科硕士学位授权点（化学工程与技术、材料科学与技术），23个二级学科硕士学位授权点，4个工程硕士领域，4个合作培养博士专业。拥有5个省级重点学科（化学工艺、控制理论与控制工程、材料学、化工过程机械、应用化学），10个省级重点实验室和工程技术研究中心，2个省级新技术转移推广中心，2个沈阳市工程技术研究中心。建有辽宁省中小企业服务中心，沈阳市大学科学园等。有校内教学实践中心与基地、科研机构等100余个，校外实习实践基地近100个。化学工程与工艺、过程装备与控制工程等专业为国家级特色专业建设点。有6个辽宁省特色与示范专业，18门课程为辽宁省高等教育精品课，3个辽宁省实验教学示范中心，7个辽宁省创新与教学团队。“化工原理”“物理化学”被评为国家级优秀课程。物理化学实验室被评为全国优秀实验室。

有多项成果先后在国内大型企业推广应用，为企业累计增创经济效益达30多亿元，为地方经济建设和化工行业振兴作出了重要贡献。辽宁省政府表彰的“辽宁省10年产学研合作十佳范例”有2例为沈阳化工学院所完成。学校与国外20多所高校和科研单位建立了长期友好合作关系，构建了多层次、多形式的学生培养和科学研究合作体系。

学校有教职工1200余人，其中专任教师近800人。具有教授、副教授职称者400余人，具有博士及硕士学位的教师700余人。聘请名誉教授、兼职教授50余人，其中中国科学院和中国工程院院士4人。

在校全日制本科生、研究生1.3万余人，另有独立学院全日制本科生3000余人，成人教育与继续教育学生5000余人，留学生近100人。

**【科研项目与经费】** 全年纵向课题立项94项，经费额454.6万元，其中，科学技术部“863”计划项目1项，金额100万元；国务院重大专项子项目1项，金额60万元；国家自然基金3项，金额76万元；教育部归国留学基金2项，金额5.5万元；省级项目21项，金额105.5万元；市级项目66项，金额107.6万元；横向课题77项，金额3574.3万元。

**【科研成果】** 5项成果通过省级鉴定，技术水平均为国际领先；获省部级二、三等奖9项；获市级科技进步奖二等奖1项。

申请专利300件，其中发明专利47件、实用新型13件、外观设计240件；获得授权专利45项，其中发明专利27项。

发表论文600余篇，其中在核心期刊发表380余篇，占发表论文总数的64%；被国际三大检索系统收录105篇，其中，被SCI收录39篇，被EI收录51篇，被ISTP收录15篇。出版著作15部。

**【科研平台建设】** 2009年，辽宁省稀土化学及应用实验室获批为省级重点实验室。该重点实验室主要从事稀土化学应用相关的基础研究、应用基础研究和开展相关的应用技术研究并提供技术咨询服务。实验室承担了包括国家自然科学基金项目、辽宁省自然科学基金、辽宁省科学技术厅计划项目、辽宁省教育厅的科研项目和企业合作项目等大量科研任务。实验室有固定人员21人，其中，教授级10人，副教授级7人，具有博士学位的19人。近年来，实验室承担国家、省、市基金及横向课题研究项目60余项，获得科研经费600余万元。获得国家科技进步奖二等奖1项，省（部）级科技成果奖18项。申请发明专利10项，已获得国家发明专利授权2项。取得达到国际领先水平的科研成果1项。发表论文200余篇，其中被SCI，EI与ISTP收录的论文有130余篇。

【重点学科选介】 材料学学科是以高分子材料与高分子化工专业为基础背景发展起来的二级硕士学科点。近年来，先后承担国家“973”计划、“863”计划和国家自然科学基金等科研课题10项；省（部）级科研课题23项；来自企业的横向课题104项；被国际三大检索收录论文73篇；科研进款总额1200万元。相当一批成果分别在不同企业进行了转化，科研成果转化产值达1亿万元。一批国内培养的博士和海外归来的博士先后加入本学科中，形成了以学科带头人、教授为先导，博士、副教授为中坚骨干力量的教学、科研人才梯队，有教授14名、副教授14名，具有博士学位的教师23名。

化工过程机械学科2008年4月被批准为辽宁省高等学校重点学科。有教授8人、副教授18人、讲师12人，其中具有博士学位的人员14人。承担完成了国家“十五”科技攻关计划、国家自然科学基金计划、国家发展和改革委员会计划等国家级科研课题6项；近年来发表学术论文306篇，其中被SCI与EI等国际权威检索系统收录68篇，出版学术专著3部，出版译著1部。

控制理论与控制工程学科于1994年获得硕士学位授予权，并于1996年被评为化学工业部重点学科，2002年被确定为辽宁省重点学科。有教授12人、副教授13人，95%的科研人员具有硕士以上学位,其中具有博士学位的16人。承担完成国家“863”计划重大项目、国家自然基金重点项目等各类科研项目230余项，通过省（部）级鉴定12项，获得省（部）级（含沈阳市）科技进步奖9项，辽宁省自然科学学术成果奖18项，获得国家发明专利8项。近年来，在国内外学术刊物和会议上发表研究论文300余篇，被国际三大检索系统收录60余篇。

化学工艺学科硕士专业始于1997年，2002年7月被批准为辽宁省高等学校重点学科。目前为辽宁省一流学科建设学科。有教授13人。学校承担完成了国家“十五”科技攻关、国家自然科学基金等国家级科研课题6项。近年来，发表学术论文212篇，其中被SCI与EI等收录66篇。具有自主创新内容的“单管四旋静态混合管式氯醇法环氧丙烷生产技术及装备”项目，于2005年获得国家科学技术进步奖二等奖。其中，“氯醇法环氧丙烷生产技术优化”在锦西化工总厂引进生产装置中成功应用，每年为企业新增产值10487万元，利税2700万元。被国家经济和贸易委员会列为国家重点推广项目。

应用化学学科是学校特色学科之一，依托的应用化学专业（精细化工专业）创办于1986年，2008年升格为辽宁省重点学科。已经确立以精细化工产品研究与应用为中心，稀土应用化学与无机功能化合物的制备及其应用研究为特色，二次能源开发利用及环境友好型催化剂研究为专长的重点研究方向。同比利时、俄罗斯等多个国家的高等学校和科研院所开展广泛的科技合作，组建了“中国–俄罗斯–比利时无机化学联合实验室”，并得到国家外国专家局、辽宁省外国专家局和沈阳市外国专家局的大力支持，近年来，被国际三大检索收录论文73篇，出版学术著作2部。

【重点科研成果选介】

1.粉煤灰与造纸废水资源化技术的研究

该项目首次以吸附造纸废水中有机物并接种了微生物菌群的粉煤灰废渣为载体，制取微生态复混肥，弥补了现有粉煤灰肥料中有机质缺乏的不足。这种新型肥料是一种将无机肥、微生物肥和有机肥结合起来以发挥整体优势的复混肥，养分含量达到国家有机无机复混肥标准及国家城市垃圾农用控制标准，其活菌数达到微生物复混肥标准，填补了国内外以粉煤灰微生态复混肥制备的空白。通过种植实验，证明粉煤灰微生态复混肥具有高效固氮、解磷、解钾、无公害、肥效持久、改良土壤、改善作物品质等优点和肥效，克服了使用化肥、农药带来的环境污染、生态破坏等弊端，符合国内外农业发展状况和将来肥料的发展趋势。获得2009年度辽宁省科技进步奖二等奖。

2.大型输水工程用高性能弹性止水带

该项目采用当前国际最先进的“阿累尼乌斯”和有限元方法及热空气加速老化，生胶体系、补强体系、交联体系等优化实验方法，以及工程模拟及验证等方法，有效解决了止水带使用寿命，水的二次污染，高强度、大变形、与混凝土咬合等特性造成施工困难，以及成本高等难题。2007年1月，该项目开始被应用于大伙房输水工程，同年6月完成全部施工；2008年1月，工程通过验收。经专家鉴定，该项目技术及产品有多项重大突破和实质性创新，解决了大型工程止/防水关键性技术问题，达到同类技术领先水平，实现了止/防水和相关材料行业技术与理论的跨越性进步。获2009年度辽宁省科技进步奖二等奖。

3.改性膨润土类水处理剂的制备及应用研究

该项目针对我国工业废水处理的现状，本着开发、利用膨润土资源的原则，以我省膨润土天然低品位膨润土为原料，利用膨润土及改性剂独特的结构特性对膨润土进行改性研究，首创制备了Fe-Si，Fe-Ti，Fe-Ni，Ni-Ti系列改性膨润土。填补了国内外铁基系列改性膨润土制备的空白，获得发明专利3项，并将其应用于实际废水处理。既解决了废水污染问题，又实现了膨润土的资源利用，对于改善废水处理技术、提升膨润土资源的价值具有重大意义。经专家鉴定，该项目达到国际先进水平。具有廉价、高效、广谱的优势，是一种新型、高效水处理剂，应用前景好。获得2009年辽宁省科技进步奖二等奖。

4.汽轮机数字化危急保护系统

该项目重点在于通过对模拟量和开关量信号变化分析的方法，解决“保护设备在线自检”和“热态在线试验”这一汽轮机保护系统的关键性技术缺陷，在发电汽轮机机组正常运行状态下，可以对控制系统乃至就地现场跳机设备进行程控化闭环在线动作试验，改变汽轮机数字化危急保护系统目前的“黑匣子”结构，即机组不停机无法检验整套保护系统的可用性，实现保护系统完全的“可视性”和“可试性”， 极大地提高了发电汽轮机组的运行可靠性。同时，系统整体结构的应用也极大地降低了保护系统本身的误动和拒动概率。获得2009年辽宁省科技进步奖二等奖。

**【重要科技活动】** 2009年12月24日，教育部副部长鲁昕莅临学校视察。鲁昕参观了学校“辽宁省化工静态混合反应技术工程技术研究中心”“辽宁省高效化工混合技术重点实验室”和“辽宁省化工新技术转移推广中心”，详细了解了重点实验室（中心）的建设情况，对学校近年来在学科建设与发展等方面所取得的成绩以及科技创新所取得的丰硕成果表示赞赏。

（沈阳化工学院　徐桂秋）

# 沈阳体育学院

**【概述】** 沈阳体育学院始建于1954年，其前身为东北体育学院，是新中国建立最早的体育院校之一。1956年，更名为沈阳体育学院。1958年，划转辽宁省政府领导，由辽宁省体育运动委员会主管。2001年3月，实行国家体育总局与辽宁省政府共建、以辽宁省政府为主的管理体制，管理方式由辽宁省教育厅与辽宁省体育局共管、以辽宁省体育局为主。

学院设有体育教育系，即体育教育专业、社会体育专业、休闲体育专业；运动训练系，即运动训练专业；民族传统体育系，即民族传统体育专业；运动人体科学系，即运动人体科学专业、运动康复与健康专业；人文科学系，即新闻学专业、英语专业、表演专业；管理系，即市场营销专业、公共事业管理专业、旅游管理专业；研究生部；成人教育部；附属竞技体校（含中专）；附属体育学校（含中专和青少年体育俱乐部）。

学院与日本、韩国、美国、英国、法国、乌克兰、越南、奥地利、澳大利亚等国家的20多所高校或体育组织建立了交流关系。与法国里尔第二大学合作，开展本硕两段式教学。

学院现有专任教师486人，其中教授47人，副教授161人；博士研究生导师3人，硕士研究生导师119人；具有硕士、博士学位的教师265人。

学院现有全日制在校生7630人，其中本科生7101人，研究生529人。

**【科研管理】** 2009年，继续修订科研管理制度，为教师科研工作提供政策保障，并编辑印发了《沈阳体育学院科研通讯》。

**【科研项目与经费】** 2009年，学院科研项目立项数量和质量有了较大幅度提升，共有79项省（部）级以上研究项目（含省（部）级项目）获准立项，获得科研经费430多万元。首次获批立项国家科技支撑计划项目及协作项目2项、国家社会科学基金项目2项、教育部高等学校科学研究项目3项。

**【科研成果】** 2009年，首次获得教育部高等学校科学研究优秀成果奖1项，填补了学院在该级别奖项中的空白；获得国家体育总局、辽宁省教学成果奖19项；获得其他省（部）级奖励126项。

在备战2008年北京奥运会的科研攻关与科技服务工作中，学院被国家体育总局授予协作奖；臧广悦和刘兴两位教师分别获得个人一等奖和三等奖。

发表论文450篇，其中在核心期刊发表94篇，有3篇论文被ISTP，EI等国际索引收录。

《沈阳体育学院学报》首次入选北大中文核心期刊和中国社会科学院的中国人文社科核心期刊，并获得全国高校科技期刊优秀编辑质量奖。

**【科研平台建设】** 体育教育科学研究中心被辽宁省确定为第二批辽宁省教育科学规划

重点研究基地。截至2009年年底，学院共有4个省部级重点研究基地，3个省部级重点学科。

成立“东北地区体育文献信息中心”。推出免费CASHL外文文献传递服务和组织自建特色数据库等方式，有效地扩展了文献信息资源搜集检索渠道，提高了服务层次。

**【科技合作与交流】** 全年共举办9场国内学术讲座；组织5场次国际、中国香港学者的访学活动；选派教师外出参加学术会议60余人次。

**【重要科技活动】** 6月6日，辽宁省法学会体育法学研究会成立大会暨中国法学会体育法学研究会2009年年会在沈阳体育学院召开。大会选举沈阳体育学院党委书记于晓光为辽宁省法学会体育法学研究会会长，选举产生了15名副会长、29名常务理事。研究会由省内立法部门，高等院校法学专业、体育专业，体育行政机关，司法实务部门，企业界等热心、关注体育法学事业的团体和专家、学者组成。研究会的成立将促进和推动辽宁省体育法学研究，对辽宁省体育事业的改革、发展和体育法制建设起到积极的推动作用。

（沈阳体育学院　张广志）

# 辽宁科技大学

**【概述】** 辽宁科技大学始建于1948年。1958年成立本科学院——鞍山钢铁学院，隶属于原冶金工业部，是我国较早组建的冶金高校之一。1998年学校转为辽宁省与教育部共建共管，以省管为主。2002年经国家教育部批准，更名为鞍山科技大学。2006年经国家教育部批准，更名为辽宁科技大学。经过多年的发展，辽宁科技大学已经发展成为一所面向全国招生，以工学为主，涵盖工学、理学、经济学、管理学、文学、法学等六大门类的多学科性大学。

学校设有18个系、部；本科专业44个，专科专业20个；硕士学位授权点30个，博士学位授权点2个；有同等学力在职人员申请硕士学位授予权和工程硕士授予权。

学校拥有12个省部级重点学科（实验室、工程研究中心），6个省级示范性专业（紧缺人才培养基地、实验教学示范中心），24门次省级精品（优秀）课程。还聘请了10余名包括两院院士在内的国内外著名专家、学者为特聘教授。

学校建有各类研究所及研发中心等科学研究机构35个，包括国家级工程技术中心1个——国家金融机具工程技术研究中心；辽宁省重点工程研究中心1个——辽宁省镁质材料工程研究中心；辽宁省科学技术厅重点实验室2个——粉体制备及应用实验室、冶金设备及过程控制实验室；辽宁省教育厅高校重点实验室4个——功能材料实验室、冶金工程实验室、材料成型与组织性能控制实验室、化学冶金工程重点实验室；辽宁省教育厅重点工程技术中心27个——精细分离工程技术中心、辽宁科技大学科技园发展公司、辽宁科技大学兴科中小企业服务中心、辽宁科技大学高新技术研究院、鞍山科技大学设计研究院、辽宁科技大学冶金工程技术中心、辽宁科技大学化学技术研究中心、中澳联合先进焦化技术研究中心、辽宁科技大学无机材料工程中心、辽宁科技大学特种机械研究与开发中心、辽宁科技大学机电液研究测试中心、辽宁科技大学高效分选设备研发中心、辽宁科技大学控制理论研究中心、辽宁科技大学软件研究中心、辽宁科技大学应用数学研究所、辽宁科技大学经济与管理研究所、鞍山科技大学测绘工程研究所、与金刚大型锻造厂合建的环境影响评价与技术研究所、与荣信电力电子公司合办的科大荣信现代电力电子及自动化技术研究院、与青花集团合办的耐火材料研究设计院、与中兴集团合办的耐火材料研究开发中心、与日本出光公司合办的辽宁科技大学轧制润滑油评价研究中心、与东方巨业公司合办的辽宁科大-东方巨业高级陶瓷研发中心、辽宁科大科信电力电子有限公司电子工程研究中心、辽宁科技大学-深圳库马克电气节能与工业控制研发中心、鞍山科大激光工程有限公司、与鞍山东亚精密不锈钢有限公司合作建立的东科产学研技术研发中心。

近年来，学校共承担各类科研项目达千余项，其中，国家“863 计划”项目5项，国家自然科学基金项目21项；累计获得科研经费3亿余元；获得各级各类科技奖励30余项；发表高水平论文3000余篇，被SCI，EI，ISTP收录论文560篇；与加拿大Alberta大学联办的《数值分析与建模》（*International Journal of Numerical Analysis and Modeling*）国际学术期刊被SCI（扩大版）全文收录；在全国大学生“挑战杯”课外学术科技作品、数学建模、电子设计、英语等大型竞赛中，获得国家及省（部）级奖励数百项；教育部对学校本科教学工作水平评估结果为优秀。

辽宁科技大学科技园是辽宁省首批确定的省级大学科技园，已经研究开发出粒径特小纳米材料、模拟移动床色谱分离、有机光电子材料、耐火材料等数十项具有国内乃至国际领先水平的高新技术成果。

学校现有专任教师1036人，其中教授110人，副教授330人。

学校现有全日制在校生1.8万余人。

**【科研项目与经费】** 2009年，申报纵向科研项目243项，获批65项，项目经费到款344.1万元；承担横向科研项目74项，项目经费到款7307.05万元。纵向与横向项目经费到款总金额共计7651.15万元。

2009年，学校获批的纵向科研项目及经费包括：国家自然基金项目2项，经费39万元；国家“863”计划子课题1项，经费20万元；国家科技支撑计划子专题1项，经费50万元；获批国家工程技术中心1个，经费300万元；2008年度教育部博士学科点博导类基金1项、2009年度教育部博士学科点新教师基金1项，经费9.6万元；国家重点实验室开放基金项目2项，经费8万元；辽宁省镁资源管理办公室项目2项，经费58万元；辽宁省科技基金项目5项，经费33万元；辽宁省教育厅高等学校创新团队项目4项、重点实验室项目4项，经费52万元；辽宁省教育厅一般项目14项、自筹项目5项，经费34万元；辽宁省社科规划基金8项，经费1万元；辽宁省社科联项目1项，辽宁省委统战部项目1项，辽宁省委党建课题5项，经费2.5万元；中国物流协会项目1项，鞍山市科技项目21项，经费57万元。

**【科研成果】** 获得省（部）级科技奖励2项，其中二等奖1项，三等奖1项；获得市级科技奖励2项，其中一等奖1项，二等奖1项。

发表论文412篇，被国际三大检索系统收录132篇，其中被SCI收录39篇，被EI收录75

篇，被ISTP收录18篇；在国外期刊上发表论文34篇。出版著作14部。

2009年，获得专利授权10项，其中发明专利7项，实用新型专利3项；申请专利7项，其中发明专利6项，实用新型专利1项。

**【产学研合作】** 以兴科中小企业服务中心为平台，学校与企业联合签约课题74项，到款额达7307.05万元。主要研究领域涉及机械制造、能源环保、电子信息、材料等诸多学科。

**【学科建设】** 2个博士点学科及省级重点学科申报“辽宁省提升高校核心竞争力学科建设工程”，其中化学工程与技术一级学科获批“高水平重点学科”；机械设计及理论、钢铁冶金和控制理论与控制工程3个二级学科获批“优势特色学科”，并获批“辽宁省提升高校核心竞争力学科建设工程”专项资金119万元；整合钢铁冶金和化学工艺2个学科优势资源，制订了《冲击国家重点学科建设规划》。

**【科研平台建设】** 新增国家级工程技术中心1个，即国家金融机具工程技术研究中心；新增省级重点实验室1个，即化学冶金工程实验室。

**【科技合作与交流】** 继续加强与校外的学术交流，营造浓郁的学术氛围。邀请校外专家来校讲学或作学术报告共计20余人次；参加学术会议或发表高水平学术论文14人次。

（辽宁科技大学　原驰）

# 沈阳医学院

**【概述】** 沈阳医学院创建于1949年，其前身为沈阳市立高级护产学校，1958年升格为沈阳医学专科学校，1987年升格为沈阳医学院。2007年在教育部本科教学工作水平评估中被评定为优秀。2009年成为硕士学位授权立项建设单位。是教育部批准的全日制普通本科院校。

学校位于风景秀丽的沈阳北部大学城，占地面积44.67万平方米，建筑面积20.5万平方米，固定资产6.8亿元。

学校设有基础医学院、公共卫生学院、临床学院、护理学院等13个教学单位、8所附属医院、26所教学医院和149个实习基地。8所附属医院分别是沈阳医学院奉天医院、沈阳医学院沈洲医院、沈阳二四二医院、铁法煤业集团总医院、沈阳二四五医院、瓦房店市中心医院、沈阳市骨科医院和沈阳市第五人民医院，均为集医疗、教学、科研、预防、康复为一体的大型综合医院。沈阳医学院奉天医院综合实力居沈阳市属医院之首。显微外科是奉天医院传统优势学科，在全国名列前茅，沈阳医学院沈洲医院心血管介入治疗达到省内领先水平。

学校开设临床医学、预防医学、护理学等14个本科专业和14个高职专业。预防医学专业为国家特色专业和辽宁省示范专业，临床医学、护理学为辽宁省特色专业，临床医学、预防医学、护理学为沈阳市示范专业。基础医学实验教学中心、临床教学实验中心为辽宁省实验教学示范中心。学校是沈阳市全科医生培养基地，病原生物学、生理学和预防医学教学团队为省级教学团队，生物化学为省级优秀课程，病理解剖学、组织学与胚胎学、病原生物学、生理学、护理学基础、营养与食品卫生等9门课程为省级精品课程。

学校建有沈阳市政府特邀院士工作站，聘请中国科学院院士刘以训、中国工程院院士钟世镇等7名院士为学校名誉教授。学校从1996年开始与中国医科大学、吉林大学联合培养硕士、博士研究生，已培养硕士研究生200余人。

学校先后与美国、英国、日本、荷兰、澳大利亚、加拿大等国家的10余所大学及研究机构建立了友好关系，开展国际交流与合作；与英国利物浦约翰摩尔大学等4所学校签署了联合办学协议；多次承办国际、国内学术会议。2004年开始招收外国留学生，现有来自印度、巴基斯坦等国家的180余名留学生在校学习。

学校有教职员工3349人，其中具有正高级职称者181人，具有副高级职称者502人，博士、硕士研究生指导教师39人。“新世纪百千万人才工程”国家级人选1人，享受国务院政府特殊津贴专家15人，辽宁省“百千万人才工程”百人层次10人，辽宁省教学名师、辽宁省专业带头人、骨干教师等10人，担任省级学会副主任委员以上职务者50人，聘请国内外名誉教授、兼职教授60余名。

学校有在校生1万余人，来自全国17个省、自治区。60多年来，共培养了4万余名高素质应用型医学人才。

**【科研项目与经费】** 2009年，获得市级以上科研项目47项，国际、国内横向合作项目2项，经费总计354.5万元。其中，国家自然科学基金项目2项，省部级科研项目32项，项目数量和经费数额持续增长，较2008年分别增长14.6%和42.7%。学校继续对校级科技项目给予经费投入，当年共立项资助校级科研课题26项，投入经费17.5万元。

**【科研成果】** 获得辽宁省政府科学技术进步奖三等奖2项。沈阳市政府科学技术进步奖二等奖3项，三等奖2项。获得辽宁省自然科学学术成果奖10项。

教职员工在各级各类学术期刊发表论文376篇，其中，被SCI收录论文3篇，被CA，EM收录论文12篇。获得国家发明专利3项，实用新型专利1项。

**【科研平台建设】** “环境污染与微生态实验室”被批准确定为“辽宁省重点实验室”；“人体科学展览馆”被批准认定为辽宁省级科普基地，学校科技平台建设有了新的突破。

**【重点学科建设】** 学校“病原生物学”学科申报辽宁省教育厅“提升高等学校核心竞争力学科建设工程”项目，并被确定为优势特色重点学科。

**【科技合作与交流】** 学校多次邀请中国科学院刘以训院士，中华预防医学会微生态分会主任委员熊德鑫教授，教育部“长江学者特聘教授”，北京大学医学部王克威教授等国内外知名专家、学者来学校讲学。其中，熊德鑫教授先后两次来学校进行学术交流，并亲自指导微生态学的科学研究；召开沈阳医学院“第七届科技年会暨学科建设研讨会”，为学校学科建设和科技发展指明了方向；为进一步活跃学术氛围，充分发挥博士教师在科学研究和人才培养中的重要作用，学校开办了博士论坛，先后举办了6期；沈阳医学院沈洲医院成功主办了国家级继续教育项目“抗凝、抗血小板药物临床应用新进展”研讨会。

（沈阳医学院　赵宇丹）

# 沈阳大学

**【概述】** 沈阳大学是一所涵盖哲、经、法、教、文、史、理、工、农、管等10大学科门类，以本科教育为主体，同时拥有硕士研究生教育、高等职业技术教育、继续教育和留学生教育的多层次、多类型的综合性大学。办学历史可以追溯到1906年建立的“奉天实业学堂”和“新民公学堂”。

2006年，学校获得“挑战杯”全国大学生课外科技竞赛一等奖。2007年，在教育部本科教学工作水平评估工作中，取得了优秀成绩。2008年，获得辽宁省“五一”奖状，校党委获得沈阳市教科系统先进党委荣誉称号。

学校设有20个学院，1个教学部，1个独立学院。硕士学位授权点10个，本科专业56个，专科专业24个。有国家级双语示范课1门，省级精品课程23门，省优秀教学团队7个，校内外教学实践基地114个。设有科学技术研究中心，人文社会科学研究中心。有教育部重点实验室1个，辽宁省重点实验室3个。建立了全国首家清文化研究所和奉天第二次世界大战盟军战俘营研究所。教学科研仪器设备总价值1.1亿元，图书馆藏书达170余万册。

2003年，学校经国务院学位委员会批准，成为第9批具有硕士学位授予权单位，并于2004年开始招收硕士研究生。现拥有管理科学与工程一级学科硕士学位授予权，以及财政学、产业经济学、美术学、动物学、材料学、材料加工工程、控制理论与控制工程、岩土工程、会计学等9个二级学科硕士学位授予权。有材料学、控制理论与控制工程、管理科学与工程三个省级重点培育学科，材料学、控制理论与控制工程、环境工程三个辽宁省“核心竞争力建设工程”优势特色学科。

学校师资力量雄厚，有专任教师1267人。其中，院士1人，教授、副教授741人；具有硕士以上学位教师735人，其中博士152人。

在校生总数达3万余人，其中，全日制本、专科生总数达21792人。

学校注重开放办学，积极开展对外交流与合作，先后与美国、英国、法国等近20个国家和地区的60余所大学建立了交流与合作关系。

**【科研项目与经费】** 2009年，学校获得各类科研项目267项，科研经费总计1800多万元。获得国家自然科学基金3项；参与国家重大水专项、“863”计划、“973”计划项目3项；获得国家社科基金项目1项；获得教育部等国家有关部门的项目8项。王少洪、孙丽娜2人入选“辽宁高等学校优秀人才支持计划”，各获得资助金额10万元。

**【科研成果】** 2009年，学校的科研成果共获得30项奖励。“辽河油田综合防砂工艺技术”项目获得辽宁省科技成果转化奖二等奖；“沈阳细河流域土壤重金属污染生态风险与防治研究”项目获得沈阳市科技进步奖二等奖；“低成本氮化铝纳米陶瓷粉体制备研究”项目获得沈阳市科技进步奖三等奖。

在核心期刊发表论文323篇，其中，被SCI和EI收录60篇，较2008年增加39.5%；申报专利25项。

**【科研平台建设】** 2009年，沈阳大学装备制造综合自动化实验室获批辽宁省重点实验室。

**【科技人才与队伍建设】** 2009年入选“辽宁省高等学校创新团队”1个 ；获得创新团队项目计划和辽宁省高等学校优秀人才支持计划共3项。

**【重点学科建设】** 针对国家近期学位点申报政策的调整，认真进行了学科建设及硕士点申报的趋势分析，精心准备、组织第十一次学位授权审核的申报工作；材料学、管理科学与工程、控制理论与控制工程3个省级重点培育学科获得辽宁省专项经费支持；进一步完善了学科建设管理办法，启动了学科建设立项工作。

**【产学研合作】** 2009年，学校先后与北票市、法库县、新民市、沈阳市环境保护局签订了产学研合作项目协议，本着优势互补、产学研政相结合的原则，建立科技创新战略合作关系。

**【科技合作与交流】** 学校承办了“第四届全国循环经济与生态工业学术研讨会”、沈阳市 “名人、名家、名师”系列学术报告会、“环境领域国际学术研讨会”、“第一届污染环境修复基准与标准国际研讨会”等一系列学术交流会议；组织开展了沈阳大学第四届大学生科技节活动，成立了沈阳大学大学生科学技术协会。各学院（部）全年共举办学术交流报告会115场，参加师生达2.1万多人次。

（沈阳大学　李向辉）

# 科研院所

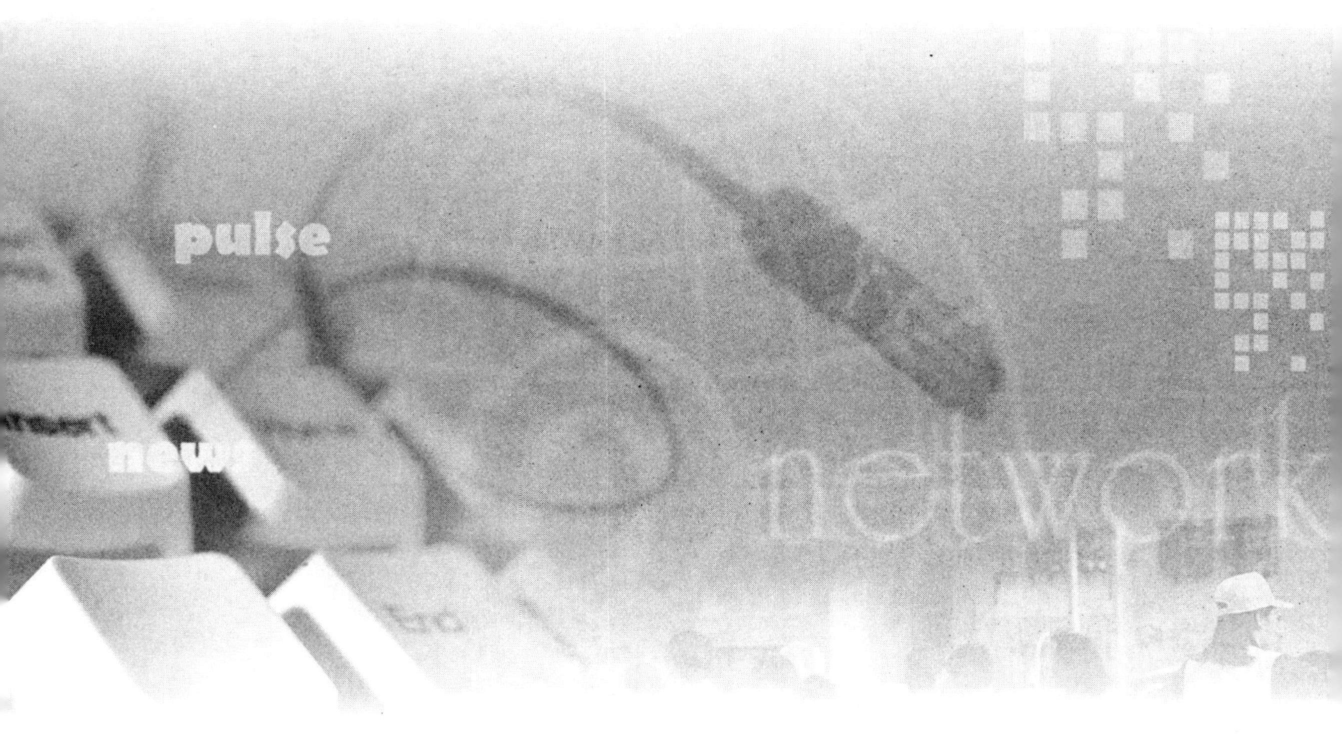

# 中国科学院大连化学物理研究所

**【概述】** 中国科学院大连化学物理研究所（以下简称“大连化物所”）是一个基础研究与应用研究并重、应用研究和技术转化相结合，以任务带学科为主要特色的综合性研究所。60多年来，大连化物所通过不断积累和调整，逐步形成了自己的科研特色，确立了“发挥学科综合优势，加强技术集成创新，以可持续发展的能源研究为主导，坚持资源环境优化和生物技术创新协调发展，创建世界一流研究所”的战略目标，在我国能源的可持续发展、资源优化利用、国家安全以及国民生命与健康等领域发挥着重要作用。

重点学科领域为：催化化学、工程化学、化学激光和分子反应动力学以及近代分析化学和生物技术。1998年，成为中国科学院知识创新工程首批试点单位之一。2007年，经国家批准筹建洁净能源国家实验室。1956—2009年，取得科研成果600多项，先后获得重大奖励201项，其中获得国家奖励82项，获得中国科学院、省部级一等奖78项。1950—2009年，发表论文11436篇，其中影响因子大于3的论文953篇。实施知识创新工程以来，发表SCI论文5202篇，70余篇学术论文发表在*Science*，*Nature*，*Angew. Chem.*，*JACS*等学术刊物以及相关学科顶级刊物上。出版科技专著53部。

主持出版国内催化领域和色谱领域核心期刊《色谱》《催化学报》和英文学术期刊*Journal of Natural Gas Chemistry*（《天然气化学》），其中《催化学报》和*Journal of Natural Gas Chemistry*被SCI-E收录。

大连化物所是国务院学位委员会批准的首批博士、硕士学位授予单位，拥有化学和化学工程与技术一级学科硕士、博士研究生培养点，并设有博士后流动站。现有博士研究生导师76人、硕士研究生导师74人，共培养研究生1588名，其中博士研究生855名。

截至2009年年底，大连化物所共有职工912人，其中专业技术人员770人，包括研究员108人，副研究员235人。

**【科研项目】** 2009年，新增“973”项目1项，“863”项目5项；承担所重要方向项目16项，平台建设项目2项。共有51个项目得到资助。其中，创新群体1项，重点项目5项，优秀重点实验室基金项目2项，面上和青年项目43项。

**【科研成果】** 2009年，共获得各级科技奖励11项，作为第一完成单位获得的科技奖励有8项。其中，催化基础国家重点实验室学术委员会主任石·米歇尔教授获得国家国际科技合作奖，化学激光研究团队某专项获得国家科技进步奖一等奖（第三完成单位），航天催化新材料团队获得中国科学院杰出科技成就奖，“界面和纳米催化中的限域原理”获得辽宁省自然科学奖一等奖，“高效液流储能电池系统”获得辽宁省技术发明奖一等奖，“精密自动绝热量热仪研制”获得辽宁省科技进步奖三等奖。

申请专利307件，授权101件；发表SCI论文654篇，其中第一产权论文433篇；完成成果登记34项。2009年12月公布的2008年度中国科技论文统计结果显示，2008年度SCI收录大连化物所论文511篇，居全国研究机构第5位。国际论文被引频次也居全国研究机构第5位。

**【科研平台建设】** 2009年，大连化物所整合优化现有技术资源，创新管理体制与运行机制，全力建设所级公共技术服务中心。成立了以应用催化研究室公共测试实验室的仪器设备为硬件基础的公共分析测试组，并以此为基础，将全所具有共享性质的仪器设备纳入进来，构建所级公共支撑平台，整体进入东北先进制造与材料大型仪器区域中心。

继续推进洁净能源国家实验室建设。低碳催化与工程研究部、节能减排与能源环境工程研究部相继成立；太阳能科学利用研究部与中国科学院其他单位进行优势整合，成立院太阳能-光化学转化中心；“千人计划”入选者刘景月教授为能源技术平台DNL的电镜等催化表征提供了强大的技术支撑；化石资源优化利用、燃料电池及储能、氢能、太阳能转化与利用、生物能源、能源基础和战略、近海可再生能源等7个研究部和能源研究技术平台的筹建工作正在积极推进中。

2009年，大连化物所催化基础国家重点实验室和分子反应动力学国家重点实验室被国家科学技术部评选为优秀类实验室。

**【科技合作与交流】** 2009年，中荷战略合作联盟项目取得新进展，李灿院士负责的“精细化学品合成及可再生能源转化的新催化材料研究”进入到中荷战略科学联盟计划第二阶段。与英国BP公司正式签署了“大连化物所-碧辟能源创新实验室研究项目协议书”，正式确立了EIL的项目合作。

2009年，大连化物所共有24位科学家在118个国际学术机构中分别担任理事、大会主席、分会主席、学术委员会委员、主编和地区编委等相关职务，其中担任国际会议大会主席的有8人，担任国际刊物主编的有4人，担任国际重要学术机构理事和会员的有4人。

成功地举办了“第24届国际微尺度生物分离分析大会”“第23届国际分子束研讨会”等10个国际会议和论坛；与中国科学院国际合作局共同举办“中法可持续能源联合实验室第二次年会”和“中国科学院-英国工程与自然科学研究理事会太阳能电池与燃料电池新型材料研讨会”；受中国化学会的委托，承办“第13届亚洲化学大会-物理化学和理论化学分会”。

全年共有150多位研究人员赴美国、英国、德国等20多个国家和地区从事科技交流和进修活动。其中，参加各类国际会议100多人次，进行学术访问和合作研究近50人。

开展所庆60周年系列学术报告活动。活动期间，共举办所庆系列学术报告23讲，所庆专题学术报告26讲，为大连化物所科研人员与国内外知名科学家搭建了一个交流、学习的平台。

**【科技人才与队伍建设】** 2009年，大连化物所共有在读研究生706人，其中博士研究生458人，硕士研究生248人。在站博士后66人。

2009年，大连化物所继续坚持培养和引进并举的原则，采取各种措施，进一步优化人才体系，为优秀人才群体茁壮成长提供平台。

一是大力加强高层次人才的引进和培养。包信和研究员被增选为中国科学院院士。杨胜利院士荣获大连市首批特聘专家突出贡献奖。杨学明、刘万发两位研究员享受国务院政府特殊津贴。丁云杰、马小军两位研究员被聘为长期聘任研究员，使大连化物所长期聘任研究员总数达到21位。引进了入选国家首批“千人计划”的刘景月教授。

通过各种渠道加强人才政策、人才需求的宣传力度，积极拓宽人才引进来源。组织了5次海外人才答辩会，41名海外人才经过前期专家评审后参加答辩。全年引进留学回国人员32人，其中院、所两级“百人计划”入选者23人（包括中国科学院“百人计划”入选者9人），5人获得中国科学院择优支持。

二是继续推进人才队伍国际化。推进实施高级伙伴研究员计划。落实《高级伙伴研究员计划实施办法》，吸引海外华人教授或相当职务的优秀科学家与大连化物所研究员开展实质性的合作。目前，已有6位海外教授通过评审，到所开展合作研究。

“化石能源洁净转化”创新团队国际合作伙伴计划获得批准。以包信和院士为负责人的中国科学院、国家外国专家局“化石能源洁净转化”创新团队国际合作伙伴计划获得批准试运行，并获得外国专家局相关资助。创新团队海外成员包括7位能源和化工领域的国际知名专家，多数专家或助手到所开展合作研究。

积极引进外国专家特聘研究员。先后推荐6位外国专家入选中国科学院“外国专家特聘研究员”计划，推荐1位外籍优秀博士入选中国科学院“外籍青年科学家”计划。外国专家特聘研究员已陆续到所开展工作。

三是进一步加强青年人才培养力度。采取组合措施，拓宽青年科技人才发展通道。聘任创新特区研究组组长和B类组群研究组组长。继续推进实施聘任研究组副组长、项目骨干。研究制定了《中国科学院大连化学物理研究所破格选拔优秀应届博士毕业生实施办法》，在应届博士毕业生中选拔品学兼优、科研工作成绩突出者，破格入选所“百人计划”或聘任为副高级专业技术人员。

**【产学研合作】** 2009年，大连化物所以“可持续发展的能源研究”为主导，以“资源环境优化和生物技术协调发展”为战略目标，结合国家经济建设和企业的实际需求，积极促进科技成果转移转化。通过与地方共建研究单元和技术转移平台，开展多种形式的合作，提升了企业的综合竞争力，为国家经济建设作出了积极贡献。

截至2009年年底，大连化物所共投资企业16个，其中绝对控股公司2个，相对控股公司5个，参股公司9个；对外投资1.92亿元，权益总额2.26亿元，销售收入7.51亿元，净利润3882万元，上缴税金4920万元；签订技术合同130余件，合同金额超过1.04亿元。

2009年，大连化物所组织或参与院地对接活动59次，到地方政府、企业以及接受企业来所挂职开展合作53人次，为企业培训人员超过300人次。此外，与中国石油天然气集团公司石油化工研究院、中国海洋石油总公司新能源投资公司、山东新汶矿业集团、美国沪亚生物制药公司、苏净集团、上海华谊集团、河南煤化集团、华鲁恒升、福佳大化集团等大型企业集团密切联系，建立了良好的合作关系。

2009年，与长兴岛临港工业区签署了“合作框架协议”，拟在长兴岛建设总面积约80万平方米的产学研基地，并已完成了园区总体规划方案的可行性研究与论证，委托设计单位对总体规划进行设计。该项目的实施将为大连化物所的长远发展拓展更加广阔的空间。

**【重点科研项目进展情况】**

1．纳米催化研究成果在《自然》杂志上发表

2009年4月9日出版的《自然》杂志刊登了大连化物所催化基础国家重点实验室申文杰研究员研究组在纳米催化的形貌效应研究

方面的最新进展。通过对金属氧化物纳米催化剂粒子尺寸和形貌的精确调控，突破了水汽存在条件下非贵金属低温一氧化碳催化氧化的难题，在纳米催化基础研究、降低机动车尾气排放和大气环保应用方面具有重要意义。

申文杰研究员等利用纳米催化材料的形貌效应，使金属氧化物能够较多地暴露高活性晶面，从而表现出很好的一氧化碳氧化性能。通过对制备条件的精确调控，成功地制备出了结构规整的四氧化三钴纳米棒，该纳米棒在零下77摄氏度水汽存在的条件下仍然可以实现一氧化碳的完全转化，其反应速率是通常四氧化三钴纳米粒子的10倍以上。这类四氧化三钴纳米棒在接近汽车发动机冷启动的条件下表现出非常好的一氧化碳氧化性能和结构稳定性。

2．合成吡啶新型催化剂工业化成果通过鉴定

为摆脱美国对我国吡啶生产的控制和垄断，提高我国吡啶生产技术水平和生产能力，徐龙伢研究员研究组和南京第一农药集团有限公司共同以创新开发吡啶生产催化剂为突破口，成功开发出具有我国自主知识产权的乙醛-甲醛-氨合成吡啶新型复合分子筛催化剂及生产技术。该项目于4月27日在大连通过了辽宁省科学技术厅组织的成果鉴定。鉴定委员会专家一致认为，该催化剂成功实现了工业生产和应用，填补了国内空白，达到了同类催化剂的国际领先水平。

该项目已于2008年3月在安徽国星生物化学公司新建的2.5万吨/年吡啶生产装置（迄今全球最大规模吡啶生产装置）上一次投产成功，一直处于满负荷稳定运行状态。同时，该项目被成功应用于南京第一农药集团1.2万吨/年吡啶装置，取得了显著的经济和社会效益，为高效、低毒新一代环保型农药生产和绿色生态农业发展奠定了重要基础，并可带动整个下游产业链的发展。

3．对二甲苯氧化催化剂工业应用取得新进展

徐杰研究员领导的204组开发出新型对二甲苯氧化催化剂，并在10万吨/年规模的生产装置上成功地完成了工业应用试验。

对二甲苯氧化制对苯二甲酸是石油化工的重要过程。此前的生产工艺主要采用Co-Mn-Br催化剂，反应体系中溴浓度较高，造成严重的环境污染和设备腐蚀。204组经过多年的努力，与相关企业合作，开发出新型、高效对二甲苯氧化催化剂，并于2009年4月1日开始，在中国石油乌鲁木齐石化公司化纤厂10万吨/年规模的生产装置上进行工业应用实验。经过50多天连续运行和工业定量标定，结果表明，在活性和选择性不降低的情况下，加入该催化剂后，可使原工业装置中的溴浓度减少40%以上，同时，装置中的钴、锰浓度可分别降低15%和14%，生产每吨精对苯二甲酸的醋酸溶剂消耗可以降低1千克/吨以上。连续氧化反应过程平稳，已生产精对苯二甲酸产品1.3万多吨，氧化产品和下游聚酯产品质量优良。该催化剂的应用，可以有效实现节能降耗，并减轻溴排放引起的环境污染，取得重要的经济效益和社会效益。

4．煤层气脱氧成套技术示范成功运行

由王树东研究员领导的能源环境工程组（901组）开发的含氧煤层气催化脱氧技术在山西阳泉成功地进行了300$Nm^3/h$工业示范运行。

井下抽采煤层气中，由于氧气的存在，使得煤层气在后续的分离提纯过程中存在较大的安全隐患，因此，必须脱氧后才能进行后续的分离。901组经过多年的努力，开发出新型的脱氧催化剂及脱氧工艺，并于2008年7月与香港中华煤气公司签署合作协议，共同进行含氧煤层气催化脱氧技术的开发。大连化物所作为总的技术承包方，在1年内完成了整套试验系统的设计、安装、集成、调试和稳定运行。经过50多天的连续稳定运行，

超额完成各项技术指标。催化剂性能完全满足要求，脱氧工艺操作弹性大，易于稳定控制。该技术的成功开发，可以有效实现煤层气的回收利用，减轻甲烷排放引起的温室效应，加大煤层气的抽采力度，具有重要的经济效益、环境效益和社会效益。合作双方正在积极推动这一技术的产业化。

5. 干气制乙苯第三代技术工业应用捷报频传

8月，在中国科学院东北振兴科技行动计划重大项目的资助和支持下，徐龙伢研究员领导的804组牵头开发成功的“FCC干气制乙苯气相烃化和液相反烃化优化组合”第三代技术又有多套装置相继成功投产。继2009年7月16日中国石油大庆炼化分公司10万吨/年干气制乙苯工业装置投产成功后，8月18日，山东华星石化8万吨/年干气制乙苯装置成功投产，投产第二天指标就达到乙烯转化率大于99%，乙苯选择性大于99%，生产出的乙苯产品品质优良。9月，中国石化安庆分公司（10万吨/年）和山东玉皇化工集团干气制乙苯装置开工。这些装置的投产对于提高我国石油资源的综合利用率和缓解国内乙苯/苯乙烯需求具有重要意义。

6.石油炼制加氢催化剂研制取得突破

由田志坚研究员领导的802组与中国石油天然气股份公司石油化工研究院合作开发出具有自主知识产权的润滑油基础油加氢异构脱蜡催化剂及成套技术，在中国石油大庆炼化分公司20万吨/年高压加氢装置上成功应用。该装置可年处理20万吨大庆高含蜡减压蜡油，生产15万吨以上高档润滑油基础油，可实现年产值近20亿元，预期每年为企业创造经济效益超过6亿元。该催化剂的成功应用填补了国内技术领域的空白，打破了国际大公司的技术壁垒，标志着我国润滑油基础油生产技术达到了国际先进水平，我国石油炼制加氢催化剂的研发和制备技术步入世界领先行列。该技术入选“2009年度中国石油十大科技进展”。

7. 微反应器技术被成功地应用于磷酸二氢铵生产

由袁权院士指导、陈光文研究员领导的微化工技术研究组研制的用于磷酸二氢铵生产的微化工系统，在中国石油化工股份有限公司催化剂长岭分公司顺利实现了工业生产运行。该系统年生产能力可达8万～10万吨，并且具有系统体积小（微反应器、微混合器和微换热器体积均小于6L）、移热速度快、响应快、过程连续且易于控制、运行平稳、无振动、无噪声、无废气排放、产品质量稳定等优点，是一种能实现过程强化、安全、高效、清洁的生产设备和工艺。

该项目于11月13日通过了由辽宁省科学技术厅组织的成果鉴定。以谢克昌院士为主任的鉴定委员会认为，该项目的成功应用标志着微化工技术应用的重大突破，可促进微反应技术和微化学工程学科的发展，同时也将推进微化工技术在其他化工过程的应用进程。该项成果基础研究工作扎实，磷酸二氢铵工业应用成效显著，达到国际领先水平。

（中国科学院大连化学物理研究所　白玉　刘丹竹）

# 中国科学院金属研究所

**【概述】** 中国科学院金属研究所（以下简称“金属所”）成立于1953年，是新中国成立后中国科学院新创建的首批研究所之一，其创建者是我国著名的物理冶金学家李薰先生。1999年5月，与中国科学院金属腐蚀与防护研究所整合。经过几代人的不懈努力，金属所已经发展成为我国享誉海内外的材料科学与工程研究的重要基地。

金属所以纳米尺度下超高性能材料的设计与制备、耐苛刻环境超级结构材料、金属材料失效机理与防护技术、材料制备加工技术、基于计算的材料与工艺设计、新型能源材料与生物材料为主要学科方向和研究领域，是国务院学位委员会批准的首批博士、硕士学位授予单位之一，现有材料科学与工程一级学科博士、硕士研究生培养点各1个，其中包含材料物理与化学、材料学、材料加工工程、腐蚀科学与防护等4个二级学科博士、硕士研究生培养点，并设有1个材料科学与工程一级学科博士后流动站。

金属所科研机构设置合理、布局清晰。在基础研究方面，拥有沈阳材料科学国家（联合）实验室和金属腐蚀与防护国家重点实验室，其中沈阳材料科学国家（联合）实验室是我国第一个研究类国家实验室；在应用研究方面，拥有沈阳先进材料研究发展中心、材料环境腐蚀研究中心；在工程化方面，拥有高性能均质合金国家工程研究中心及国家金属腐蚀控制工程技术研究中心。2009年，金属所设立了材料发展战略研究中心、材料失效分析中心、材料基础数据研究中心等部门，进一步加强了战略研究工作力度。

金属所受中国金属学会、中国材料研究学会、国际材料物理中心、国家自然科学基金委员会、中国腐蚀与防护学会等委托，编辑出版了《金属学报》（中、英文版）、《材料科学与技术》（英文版）、《材料研究学报》、《中国腐蚀与防护学报》、《腐蚀科学与防护技术》等6种学术刊物。其中，《金属学报》荣获“新中国60年有影响力的期刊”称号。

**【科研项目】** 2009年，金属所共有在研项目416项，新增项目143项。其中，国家“973”项目（课题）22项，国家“ 863”项目（课题）13项，国家科技支撑计划项目5项，国家自然科学基金重大项目1项、重点项目5项，杰出青年基金项目4项，优秀创新群体项目2项，重大国际合作项目1项，面上项目94项，中国科学院知识创新工程重要方向项目14项、创新团队项目1项，百人计划8项，院地合作项目83项，国际合作项目22项，与地方政府合作项目27项。

**【科研成果及其转化】** 2009年，金属所获得多项科技奖励，其中“飞机日历寿命定量评价方法及其延寿应用”项目获得国家科技进步奖二等奖，“金属材料表面纳米化技术和机理”项目获得辽宁省自然科学奖一等奖，

“可视化铸锻技术”研究集体获得中国科学院杰出科技成就奖。此外，金属所院地合作工作获得中国科学院院地合作集体一等奖。

2009年，金属所高性能涂层与阴极保护结合的联合防腐技术为舟山金塘大桥的建成和顺利通车提供了保证；动车组转向架材料研究组制定了CRH5型车转向架关键金属材料的采购技术规范，CRH3型车转向架用关键金属材料的国产化研究如期展开；若干项核电装备材料及技术研究逐步实现了工程化；Ti2448合金接骨板通过了临床试验；精密铸造TiAl合金叶片通过了国际知名公司的合格供应商认证；高技术新材料研制生产进展顺利；《纳米孪晶纯铜极值强度的形成机制》《利用纳米尺度共格界面强化提高材料综合强韧性等材料理论研》在*Science*上发表，其中前者入选“2009年中国基础研究十大新闻”；净水材料、纳米炭材料、耐高温陶瓷材料、磁性材料的研究稳步推进。

**【科技合作与交流】** 2009年，金属所成功举办了“中德先进材料与技术研讨会”“第三届亚洲镁合金研讨会”等5个国际研讨会，并与美国波音公司等外国公司签署5份国际合作协议。截至2009年年底，金属所有14名科研人员分别在25个国际学术组织任职，10名科研人员分别在20个国际期刊任职；参加国际会议108人次，其中受邀作报告40人次；中外联合发表论文119篇，其中发表在SCI Q1级期刊上的有60篇。

**【科技人才与队伍建设】** 2009年，金属所进一步实施“人才兴所”战略，按照“用好现有人才，稳定关键人才，引进急需人才，培养未来人才”的原则，坚持“以事业的发展凝聚人，以正确的价值观引导人，以良好的创新环境吸引人，以合理的待遇激励人，以创新实践培养造就人”，培养和凝聚了大批优秀的材料科学家和工程技术专家。

截至2009年年底，金属所共有在职职工833人，其中科技人员407人，科技支撑人员136人。包括中国科学院院士6人，中国工程院院士3人，第三世界科学院院士2人；研究员及正高级工程技术人员111人，副研究员及高级工程技术人员221人；中国科学院“百人计划”入选者23人，国家杰出青年科学基金获得者16人。培养在学研究生618人，其中硕士研究生258人，博士研究生360人，在站博士后33人。

（中国科学院金属研究所　刘言）

# 中国科学院沈阳应用生态研究所

**【概述】** 中国科学院沈阳应用生态研究所（以下简称“沈阳生态所”）成立于1954年，前身为中国科学院林业土壤研究所，是以林业、土壤、植物、微生物与环境科学为基础的综合性的应用生态学研究机构，主要从事三大领域六个研究方向的工作。三大领域是森林生态与林业生态工程、农田生态与农业生态工程、污染生态与环境生态工程，六个研究方向是森林生态系统格局与过程，森林植被恢复与环境效应、农田生态系统物质循环与调控、微生物资源与生物技术、污染生态过程与生态毒理、土壤环境与生态修复。

沈阳生态所下设中国科学院陆地生态过程重点实验室、辽宁省陆地生态过程与生态安全重点实验室、辽宁省节水农业重点实验室、辽宁省新型肥料研究中心、辽宁省生态公益林经营管理重点实验室、森林生态与林业生态工程研究中心、土壤生态与农业生态工程研究中心、污染生态与环境工程研究中心；建有中国科学院长白山森林生态系统定位研究站（国家野外观测站、院开放站、CERN重点站）、中国科学院沈阳生态实验站（国家野外观测站、院开放站、CERN重点站）、中国科学院会同森林生态系统试验站（国家野外观测站、CERN重点站）、中国科学院乌兰敖都荒漠化试验站（国家林业局荒漠化监测中心之一）、清原森林生态实验站、大青沟生态研究站、中国科学院沈阳生态植物园和中国科学院东北生物标本馆与东亚苔藓研究中心，以及中俄自然资源与生态环境联合研究中心；拥有国家绿色食品定点检测中心及绿色食品环境质量监测中心、无公害农产品定点检测机构；拥有同位素比例质谱仪、液质联用仪、气质联用仪、等离子体发射光谱仪、超临界萃取仪、PCR电泳仪等先进仪器设备；具有微(痕)量元素、有机污染物、微观形态分析测试能力，可以进行环境、农业、医药、食品等领域的分析测试和研究工作。

沈阳生态所是辽宁省生态学会、辽宁省植物学会、辽宁省土壤学会、沈阳市植物学会的挂靠单位，编辑出版《应用生态学报》《生态学杂志》等学术刊物；是国务院学位委员会批准的首批博士、硕士学位授予单位，现有生态学、微生物学、土壤学、环境科学等4个专业二级学科博士研究生培养点，生态学、微生物学、土壤学、植物学、森林培育、环境科学等6个专业二级学科硕士研究生培养点，并设有生物学、农业资源利用一级学科博士后流动站。

长期以来，沈阳生态所瞄准国家重大需求和国际学科前沿，以应用生态学为主攻学科，以实验生态学方法和现代生物技术、信息技术为主要手段，以陆地主要生态系统为研究对象，重点开展生态系统生态过程与格局、退化生态系统恢复与重建、生态系统调控与管理等方面的研究，不断丰富和发展应用生态学理论与技术体系，为保障区域生态安全和可持续发展，实现人与自然的和谐提供了科学基础、决策依据和关键技术，在国家应用生态学科技创新体系中发挥了引领作用。

**【科研项目】** 2009年，共有在研科研项目492项。其中，国家“973”计划项目1项、课题3项，国家“863”计划课题2项，国家科技支撑计划项目1项、课题9项，国家自然科学基金重点项目4项，杰出青年基金项目1项，中国科学院知识创新工程重要方向项目9项，院地合作项目25项，国际合作项目8项，与地方政府合作项目48项。

2009年，新增科研项目141项。其中，国家科技支撑计划项目1项，国家自然科学基金重点项目3项，杰出青年基金项目1项，中国科学院知识创新工程重要方向项目2项，院地合作项目9项，国际合作项目2项，与地方政府合作项目11项。

**【科研成果】** 2009年，获得省级科技奖励2项。其中，“森林资源数字化管理体系的建立及应用”项目获得辽宁省科技进步奖二等奖，“三种外来杂草胜红蓟、马樱丹和三裂叶豚草的化感作用”项目获得辽宁省自然科学奖三等奖。

申请专利71项，授权专利38项；软件登记3项；发表学术论文500余篇，其中，被SCI收录论文150篇（Ⅰ区7篇、Ⅱ区44篇），被EI

收录论文23篇，被CSCD（中国科学引文数据库）收录论文241篇；出版专著1部。

【科技合作与交流】 2009年，成功组建了“东北典型生态系统碳、氮、水循环与耦合机制”国际合作伙伴计划研究创新团队，与22个国家和地区开展国际学术交流与合作，总交流量为145人次；签署国际合作与交流协议1项；发表国际合作论文20篇；成功举办了“东北亚生态论坛”“生态学未来之展望研讨会”“工业区环境污染与生态修复国际研讨会”“中韩双边气候变化与森林生态系统管理研讨会”等重要学术会议。

【科技人才与队伍建设】 2009年，沈阳生态所采取加强能力素质培训、强化国际化培养、投入青年专项基金等措施，推进了青年人才的培养。启动了“东北典型生态系统碳、氮、水循环与耦合机制研究”创新团队国际合作伙伴计划，入选“引进国外杰出人才”计划2人。

截至2009年年底，共有在职职工389人，其中，科技人员169人，科技支撑人员84人，包括中国科学院院士1人、中国科学院“百人计划”入选者10人、国家杰出青年科学基金获得者3人；研究员及正高级工程技术人员47人，副研究员及高级工程技术人员93人。全所进入创新岗位人员共计194人。

2009年，共有在学研究生284人，其中硕士研究生149人，博士研究生135人。在站博士后25人。

【产学研合作】 2009年，共派出科技人员54人次，调研企业技术需求100余项，现场解答技术需求30余项。共签署技术合作、转让、服务等合同或协议39项，合同额1879万元。

【重点科研项目选介】 森林资源数字化管理体系的建立及应用。该项目把国际上最先进的3S技术与我国林业经营管理实际相结合，构建了具有区域特征的生态土地分类系统，提出了一致性森林资源调查方法，建立了同时满足二类和三类调查的一致的小班体系，实现了计算机辅助的森林资源数据和信息管理；利用森林演替和景观恢复等模型，研制和开发了针对森林经营管理的决策支持系统，并利用WCS软件，构建了虚拟森林景观，为林业决策提供了科学和直观的依据。

该项目实现了对71万公顷的森林资源的数字化管理，该系统的成功运行，为促进森林资源的可持续发展，维护区域的生态安全奠定了基础。

（中国科学院沈阳应用生态研究所　赵曼茹）

# 中国科学院沈阳自动化研究所

【概述】 中国科学院沈阳自动化研究所(以下简称“自动化所”)成立于1958年，经过50多年的发展，现已成为具有较强自主创新能力和可持续发展能力、拥有一流科学家和科技队伍的国际知名科研机构。

设有6个研究室——机器人学研究室、

水下机器人研究室、工业信息学研究室、光电信息学研究室、自动化系统研究室和现代装备研究室，8个管理部门——综合办公室、科技处、工程项目处、人事教育处、财务处、质量管理处、条件处、产业发展办公室，2个支撑部门——信息中心和机电产品制造中心；拥有“机器人技术国家工程研究中心”“机器人学国家重点实验室”等7个国家及省部级重点实验室；主办中国科技核心刊物《机器人》和《信息与控制》。

设有4个硕士学位授予点、2个博士学位授予点、2个博士后流动站。截至2009年年底，在读硕士研究生157人，博士研究生162人，在站博士后20人。有硕士研究生导师54人，博士研究生导师31人，形成了以博士研究生导师为中心的指导教师梯队，为培养高质量研究生提供了重要保证。

截至2009年年底，在职职工665人，其中科技人员545人，进入创新岗位452人，岗位平均年龄34.61岁；正高级专业技术人员76人，副高级专业技术人员130人；具有硕士以上学位者352人，其中博士68人；中国工程院院士2人，中国科学院“百人计划”入选者5人，国家杰出青年基金获得者1人；流动人员400人左右。

**【科研管理与改革】** 2009年2月，自动化所控股的沈阳新松维尔康科技有限公司改制为股份有限公司,更名为沈阳新松医疗科技股份有限公司，并完成工商注册。

9月，沈阳新松机器人自动化股份有限公司创业板上市申请被中国证监会发审委正式批准，从而成为我国东北地区首家获批的创业板上市企业。沈阳新松机器人自动化股份有限公司是2000年由自动化所为主发起人投资组建的高技术公司，公司核心优势在于制造用于汽车、医药等多个领域的工业机器人，是行业龙头企业。此次沈阳新松机器人自动化股份有限公司公司共发行股票1550万股，募集资金约6.17亿元，超募约3.39亿元。募集的资金将投向物流与仓储自动化成套设备制造工程、轨道交通自动化装备产业化项目、工业机器人制造工程等。

**【科研项目】** 2009年，在研项目280项，新立项102项，其中，国家“973”计划项目1项，国家“863”计划项目12项，国家自然科学基金项目6项，中国科学院知识创新工程重要方向项目4项，国际合作项目1项。

**【科研成果及其转化】** 2009年，获得国家技术发明奖二等奖1项，国家科技进步奖二等奖1项，沈阳市科技进步奖二等奖1项；申请专利161件，其中发明专利93件（包括PCT国际申请3件）、实用新型68件；授权专利79件，其中发明专利33件、实用新型专利46件；软件著作权登记27件，受理22件；发表论文357篇，其中进入EI索引的论文210篇，进入SCI索引的论文23篇；出版专著、编著各5部。

5月，由自动化所机器人学国家重点实验室与中国地震应急搜救中心联合承担的国家“863”计划重点项目“救灾救援危险作业机器人”取得阶段性成果，40千克级旋翼飞行机器人赴北京参加废墟搜救实战演习。该项目旨在为我国地震救灾提供智能化高技术装备，探索灾后信息快速获取的新途径。旋翼飞行机器人最大任务载荷为40千克，最大巡航距离达到120千米，最高可在3000米高空（海拔）飞行，最大巡航时间为1.5小时，抗风能力不小于6级。此次实战演习的成功，标志着该项目开始进入示范应用阶段，为该项目在我国救灾救援领域进一步推广应用奠定了良好的基础。

7月，由自动化所机器人学国家重点实验室研制的“超高压输电线路巡检机器人”与“绝缘子检测机器人”顺利通过验收。“超高压输电线路巡检机器人”重41千克，能够沿架空地线行走，速度达每分钟20米，具有在直线杆塔处越障的能力，通过其携带的摄像机，可以完成对输电设施及线路的巡检。“绝缘子检测机器人”重15千克，每分钟可移动3米，能够在超高压输电线路耐张塔双联水平瓷绝缘子串上自主行走，能适应水平双串绝缘子距离变化，完成对绝缘子的定量带电检测。这两款机器人的应用，将减轻巡检工人的劳动强度，降低超高压输电线路的运行维护成本，提高巡检作业的质量和科学管理技术水平，对增强电力生产自动化综合能力，创造良好的社会效益和经济效益具有重要意义。

8月，自动化所研制的“南海号”自主旋翼飞行机器人在南海海域成功开展了一系列甲板起降及海上飞行试验，这也是我国自主研制的旋翼飞行机器人首次完成海面飞行试应用。“南海号”旋翼飞行机器人是以现有机型为基础，根据海上作业特点进行了调整和改进，使其适应海上温度高、湿度大、无参照物飞行等特点。此次飞行作业的圆满完成，标志着该飞行机器人初步具备了舰船自主起降、海上环境飞行作业、海面信息获取等能力。该项技术处于国际先进行列。

10月，南京宝钢住商金属制品有限公司正式启用由自动化所研制的国内第一台激光拼焊线，首批拼焊板成品将被用于国内自主汽车“江淮和悦”车型上。新线的投产不仅填补了国内空白，也将大大降低今后国内激光拼焊板的成本，推动我国装备制造业的发展。

10月，国家“863”计划重点项目“工业无线技术及网络化测控系统研究与开发”通过国家科学技术部中期检查。目前，已在抗干扰、低能耗、实时通信等工业无线关键技术方面取得突破并建立了多个示范工程。

10月，“中国科学院新型综合科学考察船（‘实验1’号）”在广州顺利通过验收。“实验1”号船由中国科学院声学研究所、南海海洋研究所和自动化所合作研制，采用小水线面双体船型、钢质全焊接结构，具有交流变频电力推进动力系统、全船减振降噪、全船自动化、动力定位等先进功能。该船整体性能良好，耐波性、操纵性、减振降噪效果优良，提供了安静的水声实验环境、舒适的工作和生活环境；甲板有效使用面积大，科考机械设备配置合理，有利于海上实验的组织和开展。该船既是我国第一艘2000吨级以上大型小水线面双体船，也是我国第一艘小水线面综合科学考察船，设计起点高，建造难度大，在船舶设计和建造等方面具有标志性意义和技术引领作用。该船的建成将为我国在近海、远洋进行水声学、海洋学等多学科和交叉学科综合科学考察提供重要的支撑平台。该船已通过中国船级社的设计审核和建造质量检验，获得入级和运行等相关证书，并顺利交付使用。

11月，在天津滨海新区举行的“第三届中国产学研合作（滨海）高峰论坛暨2009中国产学研合作促进会年会”上，自动化所获得中国产学研合作创新奖。

**【科研平台建设】** 辽宁省图像理解与视觉计算重点实验室获批并开始组建。实验室主要围绕图像理解与生成新理论新方法、三维环境感知、建模、测量与定位、自动目标识别与工业视觉检测、实时图像处理系统与体系结构设计等方向开展研究工作，同时与省内院校、研究所及企业开展学术交流、合作研究与开发、技术咨询、技术服务等多种形式合作。该实验室的建立将对辽宁省工业装备的技术改进，提高企业产值与效益起到积极的促进作用。

中国科学院光电信息处理重点实验室获批开始建设。实验室主要围绕光电信息处理开展先进成像技术、智能信息处理技术与系统技术开展研究。其发展战略是培养和汇聚从事光电信息处理研究的高水平人才，提高自主创新能力，推动我国光电信息处理技术实现跨越式发展，成为在国际上有一定影响力，能够代表我国本领域发展水平的学术研究与人才培养中心。

**【科技合作与交流】** 2009年，自动化所与美国、英国、瑞士、日本、韩国等17个国家和中国香港地区的有关单位进行学术交流与合作。全年出访53人次，接待12个国家和地区来访29人次。

成功举办了“2009微纳操控与器件制造（MNMD09）”学术研讨会。来自美国阿肯色州立大学、美国匹兹堡大学和中国科学院金属研究所、南开大学、东南大学、台湾成功大学、中国科学院微电子研究所等国内外多所大学和科研机构的10多位知名专家、学者参加了研讨会。与会专家、学者就纳米生物、纳米操控和纳米器件制造方面当前的研究热点、最新研究成果、所面临的技术挑战和未来的发展趋势等问题进行了交流和热烈的讨论。

**【科技人才与队伍建设】** 2009年，自动化所8人入选辽宁省第五批“百千万人才工程”，其中百人层次3人，千人层次5人；6人获得沈阳市“科技百佳创新能手”及“科技创新积极分子”称号；6人获“王宽诚奖”“朱李月华奖”等社会奖励；1人入选国务院学位委员会“控制科学与工程”学科评议组，1人当选“高档数控机床与基础制造装备”科技重大专项专家咨询委员会副主任委员，1人当选“高档数控机床与基础制造装备”科技重大专项总体组成员；1人当选辽宁省劳动模范。

（中国科学院沈阳自动化研究所　隋铁亮）

# 中国科学院沈阳计算技术研究所

**【概述】** 中国科学院沈阳计算技术研究所（以下简称“计算所”）是以电子信息及相关技术和数控技术为主要研发方向的高新技术企业。主要从事计算机系统与软件、数控与先进制造、工业自动控制、网络与通信、行业应用软件等技术与产品的研发和应用，其业务涵盖先进制造、工业自动化、电力、通信、医疗卫生、环境检测、安全监督、铁路安全和教育等行业。

2009年，计算所积极承担国家、中国科学院和省、市重点项目，加强面向行业的产业开发和软件产品开发，创造了多项科技成果，申请国家专利20余项，成功地为国内多家企事业单位进行了信息化建设和生产设备的技术改造，为国家的经济建设、国防安全和社会发展作出了重要贡献。

**【科研项目】** 2009年，计算所承担在研项目35项。其中，国家科技重大专项2项，国家科技支撑计划重大项目1项，国家发展和改革委员会创新能力建设项目1项，国际合作项目2项，中国科学院重大项目1项，中国科学院东北振兴重大项目1项，院地合作项目1项，其他部委、省市政府科技攻关或产业化项目26项。

【科研成果及其转化】 2009年，计算所在数控技术、电力信息化技术、工业控制技术、网络通信技术等方面均取得显著成果。

在数控技术方面，计算所获得多项科技项目支持，共申报各类科研项目15项。其中，在国家科技重大专项“高档数控机床与基础制造装备”中主持申报的“基于国产龙芯CPU芯片的高档数控装置”和“总线式全数字高档数控装置”，参与申报的“全数字驱动装置及交流伺服电机”和“主轴电机五轴联动加工中心可靠性设计与性能试验技术”均成功获批。

自主研发的“LT-NC310数控系统”获得沈阳市科技进步奖二等奖；发明专利“微小程序段的动态前瞻处理方法及实现装置”获得2009沈阳市专利优秀奖；主持制定的我国首部数控总线标准——GB/T 18759.3—2009《机械电气设备 第3部分：总线接口与通信协议》——获批发布，该标准技术内容达到了国际先进水平，并填补了我国数控系统行业在总线技术标准方面的空白。

在电力信息化技术方面，计算所积极参与国家智能电网的课题研究与建设。在原有D-2000型电能量采集终端的技术基础上，成功研发了全新的D-2000H型智能化电能量采集终端，完成了D-3000电网电能量计量与计费系统的研发和工程实用化。同时，计算所积极与中国电力科学研究院、国家电网电力科学研究院等电力行业研究机构开展研究交流与市场合作，稳步跟进技术走向和市场走势。

为陕西省电力公司提供电网调度管理系统（OMS），获得陕西省电力公司科技进步奖一等奖。该系统已在多个电网公司、省电力公司和地市级供电公司推广，成为电力行业的一个重要品牌。

在工业控制技术方面，为中航工业黎明公司成功完成一种特高精度信息扫描采集仪的维修与替代设计工作，打破了国外对我国此类关键设备的技术封锁。与中航工业黎明公司联合开展了“数控电火花蜂窝磨砖机”改造工作，改造后的设备在保留原有功能的前提下，增加了“数控立车”功能，该项成果在国内尚属首创。此外，还为北方重工沈阳重型机械集团有限责任公司等十余家企业进行数控系统升级改造，为沈阳黎明航空发动机等企业进行机床大修技术服务。全年为客户提供抢修服务总计200余项，得到行业客户的普遍认可和好评。

在网络通信技术方面，计算所重点面向行业应用，积极推进技术市场转化，在核心技术积累方面取得创新成果。“DDL多路导播系统”项目通过山东省广播电影电视厅的鉴定，并已在沈阳、烟台、潍坊、齐齐哈尔、张家口、咸阳等地市广播电台得到应用。该成果在“BIRTV2009北京国际广播电影电视设备展览会”上展出，并获得“王选新闻科学技术奖”；计算所研究开发的国内应用最早的煤矿通信解决方案成功地部署在多个煤矿。

在其他方面，由计算所研究开发完成的安全生产应急救援指挥平台建设及安全生产管理综合系统在沈阳市安全生产监督管理局成功运行；沈阳市建设项目信息管理系统、总量减排信息管理系统、环保智能卡管理系统、沈阳市环保核心数据库系统、大气排放清单管理系统在沈阳市环境保护管理局成功运行；与辽宁省环境监测总站联合申报的国家重大专项“水专项”中“辽河流域水环境风险评估与控制治理”成功获批。

【科研平台建设】 2009年，计算所新建数控工程验证中心2000平方米，新增各类设备、工具、软件等9台（套），构建了完备的高档数控装置的工程验证平台；改建数控总线实验室400平方米，新增各类设备、仪器、软件及工具等24台（套），建成完备的控制总线技术及成套数控功能部件的研发和实验环境；改造中试车间2800平方米，提高了成果转化过程中的装配质量及可靠性。

在已有的与地方政府、企事业单位合作建立的7个研发机构的基础上，新建3个研发机构，即中国科学院沈阳计算技术研究所济宁数控技术研发中心、沈阳市IP通信工程技术研究中心、辽宁省IP通信工程技术研究中心。

**【科技合作与交流】** 2009年，依托于计算所的辽宁省计算机学会成功举办了“2009学术年会”，征集学术论文98篇，以中国计算机学会核心期刊《小型微型计算机系统》为平台，出版专刊一期，为全省从事计算机教学、科研、开发、生产及管理的广大科技人员提供了学术交流的平台。

**【科技人才与队伍建设】** 2009年，计算所有计划、有针对性地加强人才队伍建设，不断完善人才引进和培养机制，构建科技型人才队伍。新增科技人员52人，包括博士研究1人、硕士研究19人、学士31人、其他1人。截至2009年年底，共有职工386人，其中具有高级职称的专业技术人员68人，具有中级职称的专业技术人员124人；具有硕士以上学历的105人；在学博士研究、硕士研究生200余人。

2009年，计算所继续实施“万名数控人才培训工程”。截至2009年年底，累计培养高级数控人才近2万人次，为解决社会就业难题发挥了重要作用，并为社会输送了一大批高级技术人才。

（中国科学院沈阳计算技术研究所　宋桃桃）

# 中国科学院沈阳科学仪器研制中心有限公司

**【概述】** 中国科学院沈阳科学仪器研制中心有限公司是一家以高真空、超高真空、超洁净真空技术为基础，以研制生产薄膜新材料制备、纳米材料制备、半导体材料制备、空间环境模拟、真空获得和真空冶金设备，以及高档真空部件为主，集研发、生产、销售、服务于一体的现代企业。公司1958年创建，原为中国科学院直属事业单位，2001年整体转制为企业，2004年开始进军集成电路装备领域，通过开展一系列有显示度的工作，承担各级科技计划项目，公司已逐步发展成为辽沈地区集成电路装备骨干企业，并大力培养太阳能电池领域的新产品作为公司未来的主导产品，使其成为新的增长点。

公司以真空应用设备、真空获得设备、高档真空部件为主导产品，2009年，公司主导产品的销售收入达到6000万元，占销售总收入的70%左右，被中国产学研合作促进会评为“产学研合作先进单位”。

公司占地面积110亩，建筑面积3.5万平方米，拥有辽宁省精密仪器工程技术研究中心和辽宁省省级企业技术中心，建有我国真空领域唯一的国家级工程技术研究中心——国家真空仪器装置工程技术研究中心和唯一的国家级工程实验室——真空技术装备国家工程实验室。

公司现有员工309人，其中科技人员199人，占员工总数的64.4%，包括研究生26人，本科生114人，专科生55人，其他4人；中、高级技术人员143人，其中研究员20人，占员工总数的46.27%。

**【科研管理与改革】** 2009年，公司进一步深化内部管理，结合实际，引入了一系列先进理念，并通过学习借鉴，不断提升自身的学习能力和可持续发展能力。

一是提高战略规划制订和管理水平。2009年，聘请专业咨询公司完成了公司未来5～10年战略规划的制定工作。

二是加强内控机制建设。为保障战略目标的最终实现，制定了员工薪酬、绩效考核制度和业务管理流程等，形成了公司内部管理制度体系。

三是统一规划，优化资源配置。根据未来业务发展规划，对组织架构进行了调整，增设了经营市场部，增加了战略管理、市场分析与宣传、指标与业绩管理等职能；为强化事业部制的赢利模式，提高管理效率，将机械设计部、自动控制部、装调服务部合并为真空应用事业部，减少了业务接口，简化了业务流程，确保了事业部制责权利到位。

**【科研项目与经费】** 2009年，共承担各级各类科研项目6项，其中国家级项目2项，分别为“90～65nm等离子体增强化学气相沉积设备研发与应用”和“干泵与系列真空阀门产品开发与产业化”，省级项目2项，其他项目2项。列入国家、省级科研项目投资额1000万元，获得国家、省级财政科技资金130万元。全年科研活动经费达到1886万元，占企业上年主营业务收入的近22%。

**【科技人才与队伍建设】** 为配合重大专项的实施，公司加大人才引进力度，引进了一批海外技术团队成员；面向社会招聘中层干部2名，分别负责加工制造部和经营市场部工作；与国内专业太阳能电池生产单位签订了合作协议，借助其技术人才，加速开展太阳能电池覆膜设备及工艺的研究。

通过现场指导、专题讲座、学术交流等多种形式进行人才培训，全年共举办培训班72期，培训人才421人，其中管理人员126人、技术人员224人、工人31人、其他40人，并为多家科研机构、企业培训了众多有关工程管理、工程技术等方面的高素质人才。

**【重点科研项目选介】**

1．90～65nm等离子体增强化学气相沉积设备研发与应用

该项目从我国当前集成电路装备产业的实际需求出发，以研制生产具有自主知识产权的12英寸PECVD设备并最终实现产业化为目标，培养并扶植国内加工制造产业供应商，建立健全零部件产业链，以保障设备的稳定性、可靠性。完善国产化集成电路产业链，摆脱我国高端集成电路制造装备与工艺完全依赖进口的状况，降低生产设备采购成本，提升我国集成电路产业整体竞争力。该项目研发产品——90～65nm等离子体增强化学气相沉积（PECVD）设备——适用于65nm以下集成电路生产线，是高质量薄膜材料的关键生长设备。

2．干泵与系列真空阀门产品开发与产业化

在集成电路（IC）生产线种类众多的整机装备中，70%左右都需要洁净真空的工艺环境。干泵与系列真空阀门是关键的洁净真空子系统，其作用是获得、维持与控制IC装备整机洁净真空运行环境，在生产线中应用最为普遍，市场需求巨大。

该项目面向极大规模集成电路制造装备对干泵及真空阀门的迫切需求，攻克IC制造工艺与洁净真空获得系统优化组合、全新理论型线设计与多种转子形式组合、全新密封

结构和振动/噪声抑制方法、表面防腐技术、独特的控制/反馈软件与通用控制接口结合、阀门密封技术以及独特的电机与驱动系统设计等关键技术。该研究适用于极大规模集成电路装备及工艺的干泵及系列真空阀门，在同类产品中形成具有国际先进水平和完全自主知识产权的系列产品，为相关整机项目提供支撑，降低成本，提高国产化率。

3．大型平板式太阳能电池镀膜设备研制

大型平板式太阳能电池镀膜设备是最重要的太阳能电池生产设备之一，其技术要求高，研究开发难度大，目前尚未能实现国产化，产品全部依赖进口。

公司在2008年研发的基础上，通过采用调节微波介质波导功率的工艺，保证了膜厚均匀性和折射率均匀，并通过增加承载板的面积提高了设备的生产效率，经测试，在同等工艺节拍的条件下，比进口的同类太阳能电池镀膜设备产能增加1/3，达到了30兆瓦，技术指标达到国外同类产品水平。

（中国科学院沈阳科学仪器研制中心有限公司 孙俏俏）

# 国家海洋环境监测中心

**【概述】** 国家海洋环境监测中心 （以下简称“监测中心”）成立于1959年4月22日，筹建初期为中国科学院辽宁分院海洋研究所；1965年10月，整体移交给国家海洋局，更名为国家海洋局东北海洋工作站；1979年8月，扩建为国家海洋局海洋环境保护研究所；1990年10月，经国家人事部批准，正式更名为国家海洋环境监测中心，同时保留国家海洋局海洋环境保护研究所的名称与职能；2007年4月，加挂国家海域使用动态监管中心的牌子。

多年来，监测中心认真履行国家海洋局赋予的职责，紧密围绕国家海洋管理工作的需要，开展了多方面的科学研究工作，逐渐在海洋环境化学、海洋环境动力、海洋环境生态、海洋环境地质、海洋工程、海域使用技术等学科领域形成了自己的特色，取得了一系列重要的科研成果，为我国海洋环境监测和海域使用动态监管两大业务体系提供了有力的技术支撑，为各级海洋行政主管部门履行政府管理职能作出了积极贡献。

截至2009年年底，监测中心固定资产总值已达1.8亿元，拥有实验室检测及辅助仪器设备、现场监测与测量设备共2300台（套），其中，仪器设备总值超过1亿元。实验基础设施已基本达到国际一流水平，有效地提高了监测与检测能力，为海洋环境监测和海域使用动态监视监测业务体系提供了有力的技术支撑和服务。监测中心具有副高级以上职称或博士学位的高层次科技人员达到108人，形成了一支素质优良、结构合理、整体实力不断增强的海洋环境监测、海域使用动态监视监测专业技术队伍和管理干部队伍。

**【科研项目】** 2009年，承担国家“863”计划项目8项，国家自然科学基金项目10项，国家科学技术部科技基础工作专项1项，中国近海海洋综合调查与评价专项24项，海洋公益性行业科研专项7项，国家海洋局青年基金项目19项，参与国家重大专项30余项。

**【科研成果及其转化】** 2009年，监测中心获得国家海洋局海洋创新成果奖二等奖1项，在国内外期刊上发表学术论文50余篇，申请专利9项，出版专著4部，编写技术规程/标准若干项。

目前，许多科研成果已被广泛应用于业务工作中。“海洋环境污染要素变化趋势评价方法”“功能区环境质量评价方法”，已分别应用于《中国海洋环境质量公报》中的近岸海域贝类体内污染物残留状况趋势评价和海水增养殖区环境状况评价；部分技术规程已被应用于全国18个生态监控区生态系统的风险评价、安全评价和生态安全预警等方面。

**【科技合作与交流】** 2009年，监测中心积极开展国际间的海洋科技合作与交流，参加了“北太平洋海洋科学组织第18届年会”，有力地推进了监测中心在海洋环境监测与海域使用监管等领域研究的广度和深度，提升了科研技术水平，增强了为海洋综合管理和海洋经济发展服务的能力。

（国家海洋环境监测中心　王丽丽）

# 中国气象局沈阳大气环境研究所

**【概述】** 中国气象局沈阳大气环境研究所成立于1972年，是国家科学技术部、财政部、中央编制办公室批准成立的社会公益类专业研究机构。其前身是辽宁省气象科学研究所，2002年，根据《中国气象局科研机构改革实施方案》(气发〔2001〕25号)重组，成立了沈阳大气环境研究所,并于2004年10月通过国家科学技术部验收。重组后的中国气象局沈阳大气环境研究所以生态环境气象与大气环境质量为研究方向，围绕学科专业发展方向，设置了7个业务部门：大气环境室、生态环境室、农业气象室、大气成分监测评价室、数值预报室、行政办公室和《气象与环境学报》编辑部。

**【科研管理与改革】** 调整确立了新的发展方略和目标：致力于建设现代气象业务体系，面向社会需求开展重大关键技术研究，形成“开放、流动、竞争、协作”和“绩效考核”的高效运行机制，建立和完善有利于科研成果转化为业务和服务能力的良好内部环境与条件，培养一支适应现代气象业务需求的科技人才队伍，提高科研成果的创新性，努力把中国气象局沈阳大气环境研究所建成东北区域气象科学研究的高地和高科技人才的培养基地。

进一步健全了安全生产责任制。包括：制定、完善、落实安全生产规章制度和操作规程，建立紧急重大情况报告工作制度及24小时应急值班制度，以保障各项工作的顺利开展。

**【科研重点与计划】** 编制了2009—2012年公益性行业（气象）科研专项规划；制定了研

究所2009—2012年气象科技创新体系建设实施方案；积极开展应对气候变化研究，参与编制《辽宁省应对气候变化实施方案》，开展了东北粮食生产格局的气候变化影响与适应研究，气候变化对东北地区森林生态系统及典型流域水资源影响评估，不同生态系统的碳收支研究；完善了城市群大气成分的监测、评价、预警系统，完善了核生化及有毒有害气体扩散气象预报系统；以FY3卫星遥感资料为主要数据源，确定了东北湿地遥感监测评价指标算法，自主研发了“东北湿地遥感监测评价业务系统”；研发了土壤含水量空间无缝隙监测和预报技术；针对东北典型天气，从FY3卫星资料同化、模式的天气学检验等方面，完善了东北区域中尺度数值预报系统，总结了温带气旋暴风雪预报概念模型。

围绕东北区域粮食生产安全、生态安全、大气环境安全及防灾减灾工作，开展气候变化对东北区域生态系统的影响研究、东北区域生态质量和粮食生产气象评价及预报技术研究、东北区域城市大气环境质量预报及防护提示研究、东北冷涡及其灾害性天气预报预警技术研究，为东北区域和全国相关气象业务发展提供专业科技支撑，提高气象防灾减灾和应对气候变化能力。

**【科研项目与经费】** 2009年，承担各类科研项目29项，总经费1505万元。其中，国家自然科学基金面上项目1项，经费52万元；行业专项3项，合计经费469万元；国家科学技术部修缮项目2项，合计经费545万元；中国气象局项目8项，合计经费232万元；辽宁省气象局项目5项，合计经费7万元；合作和横向项目5项，合计经费50万元；基本科研业务费项目5项，合计经费150万元。科研经费比2008年增加491.2万元。

**【科研成果及其转化】** 2009年，作为第一作者发表论文42篇。其中，被SCI/EI收录1篇，在核心期刊发表28篇。“生态与农业气象信息平台技术推广”和“东北湿地遥感监测应用示范系统及其关键技术”项目顺利通过验收。共有7项科研成果向业务应用转化，实现了FY3数据在东北地区遥感业务中的应用，土壤含水量空间无缝隙监测预报业务系统在辽西北严重旱灾服务中发挥重要作用，CAPPS3被成功地应用在辽宁省空气质量预报业务中，多模式产品定量降水集成技术在天气预报业务中得到应用，生态监测及研究成果为省领导决策提供了参考和依据。

1．东北湿地遥感监测应用示范系统及其关键技术

利用项目成果制作了《东北三省湿地遥感监测综合评价报告》等FY3遥感监测信息7期，取得了良好的业务效益，促进了FY3数据在东北地区遥感业务中的应用，实现了科研与业务的良好互动。项目研究成果引起了包括中央电视台新闻联播节目、中央人民广播电台、《中国气象报》、《辽宁日报》等主流媒体及各大网站的关注。1月31日，第13个世界湿地日前夕，中央电视台新闻联播节目播发了“风云三号”卫星开始监测东北湿地发展趋势的新闻报道。2月17日，中央广播电台新闻节目《中国之声》播出了辽宁盘锦芦苇湿地呈逐年增长的趋势，湿地蓄水、净化、调节气候和防止盐水入侵陆地等多项生态功能得到进一步的恢复的新闻报道。2月3日，《中国气象报》在科技成果转化应用栏目中，以《风云之眼聚焦东北湿地——沈阳区域中心利用风云气象卫星进行湿地监测》为题，进行了项目进展、业务应用服务情况及未来项目建设和应用规划的报道；3月2日，以《辽宁气象部门为保护湿地献计策》为题，再次关注了“东北湿地遥感监测应用示范系统及其关键技术”项目的进展情况和取得的成果。

2．生态与农业气象信息平台技术推广

利用研究成果为300余期决策材料提供了基础数据，内容涉及农业生产条件、气象灾害、土壤温湿度、播种期预报、作物发育期、植物物候、生物量、生态质量气象评价、土壤养分、地下水位、湿地、芦苇、作物长势、积雪、海冰、水体面积和沙尘等方面。

3．土壤含水量空间无缝隙监测预报业务系统

该系统在东北和辽宁省内14个地级市气象局无偿推广应用。通过与吉林、黑龙江两省气象局协商，以协作方式共同研究推广，吉林、黑龙江两省负责实现业务系统的本地化及相关硬件建设工作，保证该成果最终在东北地区逐渐推广试用。几年来，辽宁省本级和地市级生态与农业气象业务单位利用该技术制作发布相关产品200余份。牵头联合东北三省气象局共同发布相关业务产品。土壤含水量监测和预报产品信息通过政府、媒体等渠道，无偿地传送到每一位农民手中，为地方农业生产提供了更好的气象服务，取得了较好的经济效益和社会效益，提升了农业气象业务和服务水平。

4．辽宁省主要病虫害发生发展气象预报

每周三与植保站合作发布病虫害预报，并把材料发送给影视中心和专业气象台，在《气象咨询》节目和《辽沈晚报》播发，全年共发布36期。不定期与森防站合作发布森林病虫害预报，在《气象咨询》节目播出，全年共发布5期。节目收视率较高，广大农民可以及时了解当前发生的病虫害情况并有针对性地进行防治，减少了农民的损失。

5．新空气污染模式的开发应用

引进的城市大气污染数值预报系统CAPPS3，被成功地应用在辽宁省空气质量预报业务中。

6．多模式产品定量降水集成技术在天气预报业务中应用

针对预报业务对定量降水预报的需求，在前期科研成果的基础上，与辽宁省气象台合作开发了多模式产品定量降水集成系统。该系统能够对10多个模式的降水预报进行定量集成，特别是对强降水的预报有高于其他模式的预报能力。该成果从5月开始业务运行，为辽宁省各级台站提供指导产品。

7．生态监测研究成果为省领导决策提供参考和依据

“辽宁省历年森林固碳评价”提出了减缓气候变化的对策建议，“盘锦湿地生态监测评价报告”对湿地生态气象现状进行了客观分析，“辽宁省农田土壤养分监测评估报告”提出了农田土壤施肥的对策建议，“东北地区生态质量气象评价报告”对东北地区生态质量进行了气象综合评价。

**【科研平台建设】** 通过修缮购置项目补充完善大型观测设备。2009—2012年修缮购置工作规划中“移动边界层风廓线雷达采购”项目，共批复经费175万元，用于购置1套移动边界层风廓线雷达。该设备由雷达系统、通讯系统、电源系统和移动车辆等设备组成，为天气预报、空气污染预报、气象应急等科研和业务工作服务。“城市大气复合型污染监测研究基础条件建设–城市边界层移动观测实验设施”项目，共批复经费370万元，主要用于购置1套移动温湿度廓线仪、3套边界层湍流及陆气通量观测系统、1套微型无人驾驶气象探测飞机及机载观测设备和1套移动自动气象站及配套设备安装等。购置设备主要用于研究大气边界层结构、湍流特性，以及大气边界层内物质的输送和扩散规律，服务于研究所的大气环境科研工作。

**【科技合作与交流】** 5月11—23日，研究所联合中国科学院植物所的科研人员，历经13天，行程5500公里，完成了对黑龙江大小兴安岭典型林地地表可燃物质量和含水量状况的调查。

7月9—11日，研究所联合吉林省气象科研所一行5人，重点对吉林的永吉、德惠、公主岭等地，辽宁的昌图、开原等地水稻、玉米作物遭受低温影响的程度展开实地调查。

7月23日，中国气象科学研究院生态环境与农业气象研究所所长郭建平研究员应邀到研究所作学术报告。郭建平研究员在题为《农业气象的若干热点问题》的报告中，从农业气象灾害、农作物模拟模式、农业应对气候变化、遥感在农业上的应用、农业气象预报、设施农业的气象问题等6个方面讲述了农业气象发展热点，强调当前农业气象科研和业务工作要适应农业可持续发展的需求和农业气象业务发展的需求。

9月13—14日，台湾东华大学环境学院院长夏禹九教授应研究所邀请作学术报告，并实地考察了锦州生态与农业气象系统野外观测站、锦州市生态与农业气象中心和盘锦生态环境湿地野外观测站。

**【科技人才与队伍建设】** 研究所非常重视人才培养工作，在2009年科研院所基本科研项目设置中，每个项目都由40岁以下的年轻人主持，同时配备1名研究员作为技术负责人，扶持年轻人快速成长。鼓励所内科研人员在职攻读博士、硕士学位，并出台了管理办法。目前，研究所基本形成了高学历（博士5人，在读博士3人，硕士23人）、职称层次合理（研究员5人，副研究员11人，助理研究员19人）的科研队伍。

2009年，省气象局党组新任命了1名副所长，进一步配强了研究所领导班子。

按照研究所相关制度的规定，通过内部竞聘，1人晋升为六级副研究员，4人晋升为九级助理研究员。

**【重点科研项目选介】**

1．天气学检验在东北冷涡数值预报模式改进和业务中的应用

该项目为2007年立项的中国气象局新技术推广面上项目，2009年10月通过验收。项目的目标是提高东北冷涡的数值预报及其产品应用水平。项目的主要研究工作是，研究制定了东北冷涡降水预报和形势预报的天气学检验标准；考虑东北冷涡的降水特点，有针对性地选择中尺度数值模式的不同物理选项，利用天气学检验标准，试验了不同物理方案对东北冷涡的降水预报性能与影响；建立了东北冷涡数值预报系统并业务运行；对东北冷涡降水预报与形势预报进行了天气学检验，总结了模式预报的特点与偏差，形成了东北冷涡数值预报产品使用要点，作为使用东北冷涡数值预报产品的指导产品，发布在区域气象中心数值预报产品网站上，供各级气象台站预报人员参考使用。

该项目的研究成果全部投入业务应用，通过气象内部网，预报技术人员能够使用该项目业务运行的多种预报产品。业务应用结果表明，东北冷涡模式等预报产品使用方便，“东北冷涡数值天气预报产品使用要点总结”易于预报员在东北冷涡降水预报业务中使用，根据该总结，能够有针对性地订正模式预报产品，在预报业务中发挥了作用。

2．辽宁省沙尘暴数值预报业务系统

该项目为辽宁省气象局科研项目，2009年10月通过验收。该项目引进东亚沙尘暴数值模式，完成了模式本地化工作——确定模式预报范围、提高模式分辨率及确定气象模块模式参数。重新生成沙尘模块中沙蚀资料库数据，并对所有资料进行了敏感性实验，按照实验结果对资料库数据进行了调整。数值模式产品通过网站对外发布，可以在中尺度数值产品发布平台中找到产品链接，可以对历史结果进行查询。

系统投入业务试运行，在2008年和2009年春季每日两次(11时和23时)对未来三天可能出现的沙尘天气进行预报，预报结果发布在沙尘暴数值产品网页上。对2008年 5 月28日

发生的沙尘天气过程作出了预报。

3．东北区域业务数值预报降水预报的天气学检验

该项目为辽宁省气象局科研项目，2009年10月通过验收。项目针对东北区域数值预报业务模式降水预报产品，从降水中心位置和强度、降水主体强度、位置、雨带范围和移速等6个方面制定了天气学检验标准，并根据影响天气系统不同，按照季节对2007年夏季到2008年春季东北区域模式12小时降水预报产品进行了天气学检验，获得的检验结果对了解东北区域业务模式预报性能有很大的帮助。检验结果一方面有助于模式研发人员诊断和修正模式物理参数化中存在的问题；另一方面，通过业务系统将检验结果发布到网页上，为应用本模式降水预报产品的预报员提供了订正参考依据，解决订正数值预报产品无从下手的问题，有助于提高天气预报的准确率。

该项目的研究成果发布在东北区域数值预报网页上，供预报员参考使用。

4．东北区域城市群大气污染扩散输送模式的开发应用研究

该项目为中国气象局新技术推广项目。该项目补充完善了辽宁中部城市群大气环境数据库；研究了辽宁中部城市群大气环境场的分布特征及大气污染物的输送通道，指出不同季节城市之间污染物输送特征及相互影响；建立了适合辽宁中部城市群大气环境质量的高分辨率模式系统，很好地模拟了城市群污染物浓度的时空分布特征，并真实地模拟了辽宁中部城市群的大气污染；定量计算了不同排放机制的污染源对不同城市的贡献，提出了改善城市群大气环境质量的建议和对策。

5．辽宁省农业干旱评估预警方法研究

该项目成果已被应用于省级农业气象服务业务中，自2007年春季以来，发布决策服务材料100余期、公共服务材料163期，并新开发了农业干旱预报和农业干旱评估2种新业务产品，利用RS和GIS技术将干旱监测预测评价精细到县（区）级。锦州、铁岭、朝阳等部分地市参考发布了地市级农业气象服务产品，起到了业务带动作用。

（中国气象局沈阳大气环境研究所　贾庆宇）

# 公安部沈阳消防研究所

**【概述】** 公安部沈阳消防研究所（以下简称“消防所”）成立于1965年，是专业从事火灾探测报警与联动控制、消防通信指挥、火灾预防与物证鉴定等消防安全技术领域的科研、检测、标准化和工程应用的社会公益性综合研究机构。

消防所现有职工209人，其中专业技术人员155人，包括高级技术人员39人、中级技术人员66人；享受国务院政府津贴专家8人，享受公安部津贴的专家8人；博士4人，硕士47人。内设7个职能处室和4个研究室，其中4个研究室主要承担电气火灾和静电火灾预防、火灾物证鉴定、消防通信指挥、城市防灾救灾、火灾基础理论、火灾探测报警、消防工

程应用、消防科技信息、消防标准化等领域新技术、新动向的研究。

消防所是国际标准化组织ISO/TC21/SC3国内技术对口单位，是辽宁省公共安全技术防范设施质量检验站、全国消防标准化技术委员会第六分技术委员会、全国消防标准化技术委员会第十四分技术委员会、中国消防协会电气防火专业委员会、中国消防协会消防电子行业分会等机构或组织的挂靠和依托单位。

建所以来，消防所先后承担国家“八五”“九五”“十五”攻关项目，“十一五”科技支撑计划项目，国家“863”“973”计划项目等数十项国家重点课题及数百项部级科研项目；制定了火灾自动报警系统、城市消防通信指挥系统、城市消防远程监控系统等一系列国家标准和技术规范，并承担了国际标准ISO7240—28《消防联动控制设备》的起草编制工作；获得技术专利20余项，获得国家科技进步奖4项，部级科技进步奖百余项，为规划和引领我国消防电子行业的发展作出了突出贡献。

**【科研计划与项目】** 2009年，列入计划的科研和标准项目共71项。其中，国家级科研项目5项，公安部科研项目14项，公安部消防局科研项目23项，公安部科技成果推广项目3项，标准和规范制修订项目16项，中央级公益性科研院所基本科研业务专项10项。

**【科研成果及其转化】** 2009年，消防所承担的“十一五”国家科技支撑计划课题“建筑火灾探测报警和自动灭火技术的应用研究”顺利通过了公安部科技信息化局组织的课题和专题验收。该课题主要在城市建筑消防设施远程监控技术、建筑消防联动系统优化集成及联动控制技术、高净空场所及高架仓库自动喷水灭火系统应用技术等方面开展研究，解决了多项关键技术问题，取得了多项具有自主知识产权的原创性成果，其中申请专利7项（获得专利授权2项），获得软件著作权3项，编制国家标准7项、行业标准1项，发表论文15篇（其中EI收录2篇），研制开发新产品5项、新装置2项，建立试验基地5个。验收专家一致认为，该课题在有效防控建筑火灾的发生、提高建筑消防设施监控管理水平、增强城市防控火灾和应急反应能力等方面将发挥重要的作用。

此外，“灭火救援应急指挥智能无线组网技术的研究”“汽车火灾危险性及其电气火因鉴定技术的研究”“战勤保障体系管理系统”等20项科技成果通过验收，“城市火灾与其他灾害事故等级划分方法和灭火救援力量出动方案编制技术”“双波段红外火焰探测器”等4项科技成果推广项目完成推广任务并通过验收，《电气火灾模拟实验技术规程》《火灾探测报警产品的维护保养和报废》《火灾物证痕迹检验方法》等20项标准通过审查。

2009年，消防所以多年积累的消防科研成果和消防工程实践为基础，结合“十一五”科技支撑计划项目的研究成果，为工业企业、商场、体育场馆等特殊场所和复杂建筑提供建筑火灾危险性分析与性能化防火设计评价服务。先后为沈阳展览中心、沈阳春天百货商场、沈阳化工集团聚乙烯车间等20余个场所进行消防安全评估，确保了消防重点工程设计的科学性和合理性，以及消防设施投入的有效性。

**【科研平台建设】** 2009年，消防所根据自身研究领域和重点发展方向，围绕火灾探测报警、消防通信指挥、火灾现场勘验与物证鉴定、消防电子产品检验等专业技术领域，先后购置了激光光纤气体探测报警研究开发设备、消防通信指挥系统性能质量测试评价平台、消防应急指挥系统VSAT卫星通讯系统、建筑疏散安全评估综合测试平台、气体分析仪、电磁兼容试验设备等先进的科研仪器设备，并对典型火灾探测器性能通用实验装置、火焰光谱采集装置、火灾物证样品模拟制备设备、消防远程监控系统仿真测试平台等试验设施进行了升级改造，使科研攻关和产品检测能力得到了较大提升。

火灾物证鉴定中心是火灾现场勘验与物证鉴定技术转化应用的基地。该中心不断将火灾调查技术成果应用于鉴定工作中，为汕头市潮阳区谷饶镇张培雄家庭作坊火场、温州市龙湾区瑶溪镇黄山村黄山南路187号火场、湖北武汉红太阳工艺礼品店火场等火灾场所出具物证鉴定报告百余份；接受部、局或消防部门邀请进行现场勘验十余起，主要包括西藏拉萨市宇拓路仁益商贸综合楼施工工地工棚火灾现场、河北省秦皇岛市美铝渤海铝业有限公司火灾现场、辽宁辽能热电有限公司火灾现场、辽宁省铁岭市“辽ME9248现代伊兰特轿车”火灾现场、赤峰市红山区“3 · 16”红旗大厦火灾现场、赤峰市红山区“3 · 10”黄海大客车火灾现场等。

（公安部沈阳消防研究所　徐放 赵海荣）

# 建设部沈阳煤气热力研究设计院

**【概述】** 建设部沈阳煤气热力研究设计院（以下简称“煤气热力研究院”）始建于1963年，是我国最早从事城镇煤气化研究的国家级科研院所，原隶属于建设部，2000年由事业单位改制为科技型企业，隶属于中国房地产开发集团公司，现主要从事以城镇燃气、热力为主的科学研究、工程咨询、工程设计、工程监理、工程总承包等工作，工程项目遍布全国31个省、市、自治区及欧洲、东南亚等地区。

建院初期，以国家科学技术部下达的“劣质煤制取城市煤气”为主要研究任务，开展城市煤气化研究，建成我国第一座劣质煤加压气化试验研究基地。近50年来，煤气热力研究院秉承“团结、自强、开拓、拼搏”的企业精神，坚持“以尽善尽美的设计理念，一丝不苟的工作态度，奉献优质产品；以诚信务实的服务宗旨，尽心尽力的工作精神，超越顾客期望”的质量方针，追求“一流技术、一流产品、一流服务，成品合格率100%，每项工程让顾客满意”的质量目标，不断引进国内外新技术，拓展设计服务新渠道，研究范围从煤气化工艺、净化、副产品回收到燃气输配和应用，拓展到热力研究新领域，现已发展成为以燃气、热力两个领域为主项的、技术力量雄厚的研究设计院。多年来，煤气热力研究院承担的多项科研项目获得建设部和省市科技进步、优秀勘察设计、优秀咨询奖。

煤气热力研究院是沈阳市高新技术企业，是辽宁省城市煤气专业委员会挂靠单位，是国家级刊物《煤气与热力》的主办单位之一。1999年通过了ISO9001质量管理体系认证。拥有甲级市政公用行业（燃气、热力）工程设计证书；压力管道GA1（1），GA2（2），GB1，GB2，GC1（2），GC2（1）（4）和压力容器A2级第三类低、中压容器，A3级球形储罐特种设备设计许可证；

乙级建筑、石油及化工产品储运和管道输送工程设计证书；甲级工程咨询单位资格证书；甲级工程总承包资格证书；甲级工程监理企业资质证书等多种从业资质证书。2009年获得“化工石化医药行业（石油及化工产品储运）”资质及“石油天然气（海洋石油）行业（管道输送专业）”资质。

**【科研成果及其转化】** 在全国工程勘察设计行业优秀工程勘察设计奖评选中，“兴义市城市管道燃气工程”和“襄樊市天然气输配工程”分别获得二、三等奖；在辽宁省优秀工程勘察设计奖评选中，“大连开发区燃气公司5万立方米储气柜工程”“秦皇岛晨砻新型建材工程煤气站工程”“南山集团LNG应急气源站工程”分别获得一、二、三等奖；“燃气管网实用型风险评估技术的开发”项目获得沈阳市科研院所十大科技成果奖。

“城市燃气输配系统风险评价和完整性管理”课题研究取得阶段性成果，开发出具有可操作性、可量化性和预见性的实用的燃气管网——铸铁管风险评估方法和风险评估系统，并已将该成果应用到泰能天然气有限公司灰口铸铁管道风险评估项目和青岛泰能集团发展有限公司灰口铸铁管道风险评估项目中。

**【科技人才与队伍建设】** 为提高科研设计人员的技术水平，开展了《燃气工程制图标准》、《锅炉房涉及规范》和《工业金属管道设计规范》疑难问题《固定式压力容器安全技术监督规程》等一系列培训。此外，各专业副总工程师针对实际工作中遇到的问题，对科研人员定期进行技术培训，并从其他研究设计院邀请专家定期举办专业讲座。2009年，煤气热力研究院共招聘18人，其中硕士研究生3人、本科生13人、工人2人。

**【产学研合作】** 2009年，煤气热力研究院进一步加强了与高等学校的联系与合作。与华东理工大学和哈尔滨工业大学合作进行科研项目研究；与华东理工大学和高邮秸秆气化发电厂联合对原“高邮秸秆发电用气化炉”科研项目进行改进与完善，并获得世界银行配发的科研经费；与华东理工大学合作的“焦油裂解设备”项目进入研发阶段；与哈尔滨工业大学合作的“50kg/h级IGCC气化岛试验（部分）系统”项目进入实验准备阶段。

（建设部沈阳煤气热力研究设计院　孙晶）

# 中国农业科学院果树研究所

**【概述】** 中国农业科学院果树研究所（以下简称“果树所”）始建于1958年3月，是我国最早从事果树科学研究与技术研发的国家级科研机构。主要开展苹果、梨、葡萄等北方落叶果树的研究，兼顾核果类果树和草莓、树莓等特色果树的研究工作。果树所以应用基础研究与应用技术研究为主，同时积极面向“三农”、面向市场，开展技术服务、技术培训等工作。

果树所设有果树种质资源与育种、果树

栽培与生理、果树病虫害防治、果品贮藏与加工、果品质量安全、果品经济与信息等学科；建有国家果树种质兴城梨、苹果圃，国家苹果育种中心，国家落叶果树脱毒中心，农业部果树种质资源利用重点开放实验室，农业部果品及苗木质量监督检验测试中心，农业部兴城北方落叶果树资源重点野外科学观测试验站，中国农业科学院果树种质资源与育种技术重点开放实验室，中国农业科学院苹果、梨工程技术中心，中国农业科学院兴城农村实用技术培训中心等一批国家与部级研究平台及各类配套齐全的研究分析实验室、温网室和试验基地；设有果树学博士学位授予点和博士后流动站；是中国园艺学会果树专业委员会挂靠单位；编辑出版科技期刊《中国果树》和《果树实用技术与信息》。

建所以来，共承担国家及部省级科研课题400余项，取得科技成果130项。现有在职职工223人，其中科技人员124人，高级技术专家25人，形成了一支以国家、部、院级专家领衔，中青年学术骨干为主体，学科齐全、专业素质较高的科研队伍及研究生队伍。

**【科研项目与经费】** 2009年，在研项目42项，包括国家“863”计划项目，国家自然科学基金项目，科技支撑项目，科技基础性工作专项，农业科技成果转化资金项目，农业部农业公益性行业科研专项，农业部“948”计划项目，跨越计划，农业部行业标准，农业部物种资源保护专项，农业部苹果、梨、葡萄产业技术体系岗位及试验站专项等。获得科研经费1226.5万元。

**【科研成果及其转化】** 2009年，获各级奖励4项，审定新品种3个，通过农业行业标准5项、鉴定成果1项。参加完成的“中国农作物种质资源本地多样性和技术指标体系及应用”项目获2009年国家科技进步奖二等奖，“中国农作物种质资源技术规范研制与应用”项目获2009年北京市科技进步奖一等奖，“1－甲基环丙烯果蔬保鲜剂的研制”项目获陕西省科技进步奖二等奖，主持完成的“果树盆栽技术与产业化示范”项目通过辽宁省科学技术厅组织的成果鉴定，并获辽宁省葫芦岛市科技进步奖一等奖；苹果新品种“华脆”“华月”和梨新品种“早金香”通过辽宁省新品种审定并备案；主持制定的《葡萄无病毒母本树和苗木》《草莓等级规格》《新鲜水果包装标识　通则》《水果防腐保鲜剂使用准则》《水果防腐保鲜剂允许量及其测定》等5项农业行业标准通过农业部专家组审定；“苹果全程质量控制技术标准体系建立与应用”通过农业部组织的专家鉴定。

实施农业科技成果转化资金项目“优质、专用梨矮化砧新品种中试与示范”。建立“中矮1号”和“中矮2号”矮化中间砧苗木繁育基地40亩，年产优良苗木20万株。在辽宁省大连市、葫芦岛市、兴城市和北京市大兴区、平谷县新建中试基地5个，总面积1300余亩；建设日光温室、大棚共8栋，培养盆栽梨1.2万盆。通过中试与示范，形成了完整的矮化梨栽培成果转化体系，并将梨露地矮砧栽培技术、设施栽培技术和梨树盆栽技术进行大面积推广。

继续开展脱毒专用甘薯苗木的繁育与推广工作。2007—2009年，累计为兴城市、绥中县等地农民提供专用甘薯脱毒种苗100余万株，使农民获得了显著的经济效益。

**【科技服务】** 2009年，果树所联合绥中县人民政府组建辽宁省绥中县果树科技特派团，与当地果树专业合作组织联合建立4个科技示范基地，包括绥中县高岭镇100亩苹果高接品种改良示范园、沙河镇15亩苹果现代栽培技术展示园、明水乡20亩梨树优良品种栽植示范园、秋子沟乡100亩梨树高接品种改良示范园，为当地果业发展起到了良好的宣传带动作用。

解决了辽西大枣贮藏保鲜和加工过程中出现的技术难题，建立示范基地2个，培训技术人员50人次。协助兴城市三道沟乡黑沟村和南票区抓果园建设，分别建立了苹果、梨、葡萄等优质新品种示范园，无偿提供1万余株优新品种果树苗木，制定了《无公害优质苹果、梨、葡萄生产技术规程》，指导当地果树生产。举办了“果品无公害优质高效管理技术讲座”“苹果、梨、桃冬季修剪技术现场培训”“草莓新品种及高效栽培技术”“保护地李、桃、杏管理技术”等100余次科技与实用技术培训。

在2009年6月葫芦岛市遭受的特大冰雹灾害中，果树所组织有经验的果树专家制定应对措施，迅速组织开展灾后补救技术培训，发放技术手册，引导果农积极进行生产自救。先后培训灾区果农1500余人次，发放技术手册3000余份，并为重灾区果农免费提供了价值2万余元的杀菌剂。

成立葫芦岛市少数民族培训基地，举办了第1期“葫芦岛地区少数民族培训班”；举办“辽宁省农民技术员培训班”2期，培训学员100余人；举办“辽宁省设施农业科技培训工程果树类师资培训班”4期，培训辽宁省14个地级市的设施农业技术人员及农民专家400余人。

借助现代媒体技术，开展多种形式的技术服务。通过已建立的中国果农热线网站和手机短信服务系统，接听并答复农民技术咨询电话120余次，为果农发送果树生产服务短信5000余条，并多次通过媒体宣传推广新技术、新品种。组织专家40余人次参加各地科技下乡活动和农业科技展览会，发放《中国果树》《果树实用技术与信息》等期刊资料400余份，各类宣传材料5000余份，现场答疑1000多人次。

**【科研平台建设】** 2009年11月，“中国农业科学院葫芦岛落叶果树生理生态及有害生物野外科学观测试验站”通过中国农业科学院审批。“农业部兴城北方落叶果树资源重点野外科学观测试验站”土建及田间基础设施建设基本完成。“农业部区域性果品及苗木质量安全监督检验中心”的初步设计与预算已获农业部批复，批准项目建设期为2010—2011年，项目经费1332万元。利用2007年和2008年中央级科研院所修缮购置专项经费，购置仪器设备34台。

**【科技合作与交流】** 2009年，与意大利、俄罗斯等国家的果树科研单位建立了科技合作关系。组织赴意大利、俄罗斯开展果树种质资源考察与引进工作，收集引进葡萄抗性砧木、苹果、梨、甜樱桃和小浆果等资源40余份。接待意大利、德国、韩国、日本和南非等国家来访专家、学者9人次。

积极开展国内果树科技学术交流工作，成功举办“第二届全国果树分子生物学学术研讨会”“国家苹果、梨、葡萄产业技术发展研讨会”等学术交流活动。

注册公益网络域名5个，开通中文电子期刊数据库2个、英文电子期刊数据库12个，逐步实现了通过网络平台进行学术交流活动。

**【科技人才与队伍建设】** 进一步加强学科建设，充实学科人才梯队，重点打造2个科技创新团队，即果树种质资源与遗传育种团队和果树优质高效可持续生产技术团队。这两个团队现均已初步建成规模相当、结构合理、精干高效的科技人员队伍，并入选中国农业科学院首批重点科技创新团队。

2009年，果树所引进博士研究生1人、硕士研究生3人、本科生1人，充实到管理和科研岗位；招录博士研究生1人、硕士研究生2人；与南京农业大学和沈阳农业大学联合培养博士研究生2人、硕士研究生5人；拥有博士后合作导师2人、博士研究生导师2人、硕士研究生导师14人。

【重点科研项目选介】

1．野生苹果、梨种质资源优异性状鉴定评价

该项目为农业部保种专项。该项目在对苹果、梨等果树资源进行常规管理与鉴定评价的基础上，收集、引进苹果、梨、葡萄等果树资源100余份，对55份苹果资源、22份梨资源进行了繁种更新。通过鉴定评价，筛选出了石细胞含量极低的梨资源10份，适宜制汁的梨资源10份，可溶性糖、可滴定酸和维生素C含量较高的梨资源15份，初选出适宜不同生态区的梨栽培品种71份，矮化砧木资源1份。对国家苹果种质资源圃内保存的32份野生资源进行了斑点落叶病的抗性鉴定，筛选出高抗苹果斑点落叶病野生种质资源25份。对50份野生苹果、梨资源的果实进行可溶性糖、可滴定酸和维生素C三项品质指标进行了鉴定评价，对29份苹果、梨野生种质资源进行了总类黄酮含量的测定。利用我国原产的苹果野生资源新疆野苹果和地方品种八棱海棠等资源，与优良的大苹果富士等栽培品种进行远缘杂交，获得了一批种间远缘杂交实生苗，开展实生苗抗病、抗寒、抗旱等抗性鉴定与评价，进一步筛选具有抗性基因的新种质，并向育种者提供新种质。

2．优质多抗果树分子育种技术与品种创制

该项目为国家“863”计划项目。该项目利用苹果、梨国家种质资源圃的优异资源为亲本，通过有性杂交手段，配置苹果杂交组合30个，培育杂种实生苗5000余株；配置梨杂交组合24个，培育杂种实生苗7000余株。选出苹果新品系6个、梨新品系7个、梨砧木优系2个。通过专家审定苹果新品种2个、梨新品种2个。在河南、山东、辽宁、河北、山西、北京、内蒙古、新疆、陕西等地建立苹果优系、梨优系试验示范基地10个、中试点3个。

采用SSR和AFLP等分子标记方法，获得抗苹果腐烂病的QTL 1个，贡献率达到10%以上；获得抗苹果枝干轮纹病的SSR标记1个，AFLP标记2个（E13M64，E41M62），并将E13M64进行SCAR转换；获得苹果褐斑病抗病性紧密连锁的分子标记2个；获得苹果果形指数分子标记6个，其中SSR标记5个，AFLP标记1个；以Smart法构建红肉苹果叶片全长cDNA文库；通过花药培养方法，诱导新嘎拉和寒富花药再生新株系各1株，分化出新嘎拉丛生芽3个株系、寒富丛生芽2个株系。

从青岛和丹东引进蓝丰、北蓝、北陆、达柔、伯克利等5个蓝莓主栽品种，在果树所内建立了蓝莓试验园，开展蓝莓组培快繁技术研究。引进欧李新品种5个，挖掘野生欧李种苗1600余株，在果树所内建立了欧李资源引进观察示范园。

3．绥中优质高效苹果、梨生产技术集成与示范

该项目为辽宁省重大项目。该项目初步建立了苹果砧木抗旱性评价指标体系；开展氮磷钾大量元素定位施肥和中微量元素施肥试验；开展苹果品质调控研究，选用小林袋、爱农袋等10种果袋开展品质调控研究，初步确定果实最佳套袋和摘袋时期；完成控冠改形技术规程，继续推广苹果、梨高效安全生产技术；开展了成龄树冠郁闭梨园树形改造技术研究，确定了辽西北地区梨园高光能利用的总枝量、枝类组成和不同枝类的空间分布参数，明确了梨树树体改造的最适时期、疏枝数量和修剪方法，提出了树冠郁闭成龄梨园树形改造技术方案，提出梨树简化管理技术1项，梨树树形改造和优化技术1项。

4．国家葡萄产业技术体系综合研究设施栽培

该项目为农业部其他财政专项。该项目

研究确立了葡萄设施栽培适用品种的优选评价体系，提出了设施葡萄促早栽培高光效省力化树形和叶幕形，初步确立了设施葡萄专用叶面肥配方，建立了规范、高效、节约型的设施葡萄生产模式，在辽宁沈阳苏家屯等地建立示范基地3公顷。开展了辽宁产区巨峰葡萄园土壤营养研究，在辽宁省巨峰葡萄主产区选择34个葡萄园，在葡萄主要生长阶段，测定土壤中有机质、碱解氮、全氮、速效磷和速效钾含量，同时采集果实样品、叶片样品，测定氮、磷、钾、钙和镁的含量。

5．果茶桑基因资源挖掘与种质创新利用研究

该项目为科技支撑计划项目。该项目开展了国家资源圃苹果品种抗病性鉴定工作，已完成500余个品种对苹果腐烂病等5种苹果主要病害的田间抗性调查。初步完成苹果轮纹病菌抗药性诱导工作，初步开展了苹果轮纹病菌抗药性机制研究。

6．我国葡萄根瘤蚜生态型对葡萄资源的危害及其互作机制研究

该项目为国家自然科学基金项目。该项目开展了设施栽培条件下巨峰葡萄叶瘿型根瘤蚜发生规律研究，初步明确根瘤蚜的发生规律及土壤温度与根瘤蚜群体发生规律的关系。

7．作物叶螨与食心虫防控技术研究

该专项为国家公益性行业（农业）科研专项，明确了害螨的时间乘空间两维生态位宽度及重叠值和三种害螨的复合种群在有限资源下各自的危害及转移速度之间的差异。开展了果园生草后害虫和天敌的种群变化研究，明确了辽西地区食心虫及天敌的主要种类，初步建立了辽西地区果树害虫环保型综合控制技术研究体系。

8．葡萄无病毒优系和抗性砧木及其产业化核心技术引进与推广

该项目为农业部“948”计划项目。该项目引进葡萄无病毒抗根瘤蚜砧木和无病毒品种资源16种，引进葡萄病毒血清学检测技术和试剂10种，可以检测主要葡萄病毒10种；引进葡萄病毒PCR检测引物信息31对，能够检测葡萄病毒13种和葡萄原生质体病害1种；对8个葡萄品种进行热处理和茎尖培养，获得7个品种24个脱毒芽系；采用18种抗血清检测208株葡萄样品，结果表明，葡萄卷叶病毒3和葡萄斑点病毒带毒率最高；研究建立GLRaV-1,2,3,4,5,7等6种葡萄卷叶病毒RT-PCR检测方法，采用特定的检测方法检测了36个表现卷叶病症状的样品；对葡萄卷叶病毒多重RT-PCR模板浓度、引物浓度和退火温度等进行了优化，建立了同时检测葡萄卷叶病毒1,3,4,5（GLRaV-1,3,4,5）的多重RT-PCR技术体系；对4种病毒的PCR产物进行克隆和测序，其扩增基因片段与GenBank中登录的基因序列同源性达95%～99%。

9．新型保鲜剂的研发和应用技术

该项目为科技支撑计划项目。该项目研究明确了黄金、丰水、圆黄等砂梨品种适宜的1-MCP处理浓度，建立了黄金、丰水、圆黄梨贮藏和货架期评价指标体系；确定了丰水、黄金梨长期贮藏适宜的温度及贮藏期；初步明确黄冠、黄金黑皮和黑心等生理病害与果实品质及矿质营养的关系；建立梨贮藏企业信息技术档案64份，梨果贮藏方式动态和主要采后贮藏保鲜技术问题档案，全国梨采后贮藏保鲜项目数据库，全国梨采后贮藏保鲜研发人员（90人）数据库。

10．农业财政项目——农业行业标准制定和修订项目

《果实类黄酮含量的高效液相色谱测定法（HPLC）》，研究建立了苹果和梨果实中总黄酮含量的分光光度测定法，分析了100份苹果种质资源和170份梨种质资源的果实总黄酮含量；研究建立了苹果和梨果实类黄酮含量的高效液相色谱测定法（HPLC），可同时检测16种类黄酮，并完成了170份梨种

质资源和30份苹果种质资源的类黄酮定量测定；研究建立了葡萄和苹果材料4种植物激素（IAA，GA3，ABA，ZT）的高效液相色谱分析方法，共检测样品321个；研究制定了《葡萄无病毒母本树和苗木》等5项农业行业标准；从安徽、四川、河南、陕西、江苏等5个省的果园抽取梨果实样品300个，进行质量安全检测，撰写了《2009年鲜食梨质量安全普查总结报告》和《我国鲜食梨质量安全分析简报》。

（中国农业科学院果树研究所　李莹　仇贵生）

# 中国地质调查局沈阳地质调查中心

**【概述】**　中国地质调查局沈阳地质调查中心（沈阳地质矿产研究所）成立于1962年，主要职责和任务是：承担国家基础性、公益性地质调查和战略性矿产勘查工作及相关综合研究工作，开展东北地区地质调查研究，承担东北地区公益性地质成果资料信息的接收、保管和服务，承担东北地区有关项目管理和监督工作。

沈阳地质调查中心根据不同时期经济社会发展对地质工作的需求、自身业务发展需要和我国东北部地区地理与地质构造特性，积极开展了基础地质、矿床地质、水工环地质调查研究与综合研究工作，逐步发展成为具有区域特色的大区地质调查研究机构。2009年9月27日，沈阳地质调查中心获得区域地质调查、固体矿产勘查、地质实验测试（岩矿鉴定、岩矿测试）甲级地勘资质。

截至2009年年底，沈阳地质调查中心共有在职职工221人，其中专业技术人员165人，包括研究员11人，教授级高级工程师42人，具有副高级职称者24人，博士20人，硕士41人；拥有各种大型检测仪器50余台（套），主要包括X射线衍射仪、X－荧光光谱仪、激光拉曼仪、红外光谱仪、电子探针能谱仪、液相色谱仪、气相色谱仪、气相色谱质谱仪、光栅光谱仪、等离子体质谱仪、全普直读等离子体光谱、原子吸收仪、原子荧光仪、偏反光显微镜、离子色谱仪、元素分析仪、地球物理测试及水文地质探测等，并拥有海事卫星通讯设备、GPS定位仪、全站仪、大型打印机、大型扫描仪等。

沈阳地质调查中心的图书馆收藏各类地学专业图书、期刊近8万册，积累了有关我国东北地区区域地质和全国贵金属地质调查研究方面的大量资料，并存有1999年以来东北地区国家地质调查成果信息。

沈阳地质矿产研究所主办的《地质与资源》是中国科技核心期刊，自1992年创刊以来，学术质量和编辑质量不断提高，目前已被国内外众多著名检索机构及数据库所收录，成为在国内外具有广泛影响的学术刊物。

**【科研成果】**　由国土资源部东北矿产资源监督检测中心（沈阳地质矿产研究所实验测试中心）承担的国土资源调查“重晶石矿石成分分析标准物质研制”项目，于2009年2月6日正式通过国家标准物质专业技术委员会

“国家Ⅰ级标准物质（有证）”终审。该成果填补了国家重晶石矿石成分分析标准物质的空白。

**【科技合作与交流】** 2009年5月21—27日，根据中国地质调查局与中国石油大庆油田公司签署的《加快推进松辽外围油气基础地质调查》协议，由沈阳地质调查中心牵头，中国地质科学院矿产资源所与中国石油大庆油田公司的相关技术人员组成联合地质考察组对松辽外围中新生代盆地及其周边晚古生代烃源岩进行了野外考察。考察组从地层厚度、岩性特征与化石产出状况等方面对松辽外围新的生烃层系进行实地考察采样。主要考察剖面有：西乌旗林西组、阿木山-本巴图组、林西县官地镇林西组、阿鲁科尔沁旗陶海营子林西组、突泉县哲斯组、万宝组、索伦镇的林西组和哲斯组、扎赉特旗哲斯组等11个晚古生代和中生代地层剖面。此外，还实地考察了具有代表性的中新生代火山机构。通过野外考察，初步确定中侏罗世万宝组暗色泥岩，早侏罗世红旗组、晚二叠世林西组暗色泥岩和中二叠世哲斯组生物碎屑灰岩为松辽外围4套新的生烃层系。考察组一致认为，松辽西部中新生代盆地群的断陷和火山-沉积作用，为晚古生代以来的4套生烃层系的保存提供了有利条件，是实现松辽外围新区新层系战略性突破的可行区域。考察组初步优选了突泉、扎鲁特和龙江3个中生代盆地区作为松辽外围的油气地质勘探新区。

9月22—23日，由中国地质调查局主办，中国地质调查局沈阳地质调查中心（沈阳地质矿产研究所）、俄罗斯联邦矿产资源署后贝加尔边疆区自然资源局和俄罗斯科学院远东分院大地构造与地球物理研究所共同承办的“中俄蒙等毗邻地区第八届地质及成矿对比研讨会”在沈阳召开。会议针对东北亚地区矿产资源等问题进行了讨论，内容涉及到区域成矿、矿床特征、找矿方法和理论、资源定量评价、靶区优选、矿产勘查与开发等。会后，与会人员对辽宁鞍山地区发现的最古老3.8Ga的不同类型太古宙奥长花岗岩、辽宁省东部太古宙沉积变质铁矿床、辽宁金刚石矿产矿床、辽东古元古界地质剖面及相关矿床（大石桥和海城地区菱镁矿）和辽宁大连地区韧性滑脱构造等地质内容进行了野外考察。

**【质量管理与监督】** 2009年6月22—23日，沈阳地质调查中心接受了方圆标志认证集团辽宁有限公司专家组对质量管理体系（QMS）的复核检查和评定。专家组对2008年以来ISO9001　2000质量体系标准要求覆盖范围内的各部门体系运行和项目实施过程进行了检查，并对总工室，人事教育处，基础、信息、资源、东北亚、实验测试中心等部门从项目的立项论证到成果归档等全过程资料进行了抽样抽查。

**【重要科技活动】** 2009年2月20—22日，受中国地质调查局委托，沈阳地质调查中心在长春组织召开了“东北地区土地质量地球化学评估设计评审会”。中国地质调查局、沈阳地质调查中心、吉林地质勘查局、中国地质大学、中国地质科学院物化探研究所和辽、吉、黑三省国土资源厅的有关领导、专家参加了会议。

3月23—24日，由中国地质调查局、黑龙江省国土资源厅主办，沈阳地质调查中心、黑龙江省地质调查院承办的“部省合作地质勘查项目2009年度工作会议”在哈尔滨召开。中国地质调查局总工室主任严光生、黑龙江省国土资源厅副厅长张财、沈阳地质调查中心主任单海平、黑龙江省地质勘查局副局长李骞出席会议。会议邀请有关专家对部省合作开展公益性地质调查及战略性矿产勘查工作方案进行了审议。

7月30—8月1日，沈阳地质调查中心在沈阳组织召开了“松嫩平原地下水动态调查评价”项目审查会议。专家组对黑龙江、吉林两省2008年度项目实施的阶段性成果和2009年度的设计方案进行了评议和审查。

8月10—13日，由中国地质调查局主办，沈阳地质调查中心承办的“东部地区铁矿勘查现场考察研讨会”在沈阳召开。中国地质调查局和来自我国东部地区地质调查机构的领导、专家共40余人参加了会议。

8月26日，沈阳地质调查中心组织东北地区有关地质勘查单位召开了“东北地区‘十二五’矿产资源调查规划部署研讨会”。辽宁省地质勘查局总工程师杨占兴、东北煤田地质局总工程师郭海林、辽宁省有色地质局副局长田豫才，以及辽宁、吉林、黑龙江三省和内蒙古自治区地质调查机构的领导、专家近30人参加了研讨。

（沈阳地质矿产研究所　张哲）

# 辽宁省地质矿产研究院

**【概述】** 辽宁省地质矿产研究院暨国土资源部沈阳矿产资源监督检测中心始建于1952年，系原东北地质局中心实验室，后更名为辽宁省地质实验研究所，1998年组建辽宁省地质矿产研究院，隶属于辽宁省地质矿产勘查局，是集实验测试、选冶加工、地质调查、矿产勘查和岩矿鉴定于一体的科研院所，是国土资源部2004年首批授权的全国矿产品质量监督检验中心，是辽宁省唯一具备国土资源大调查项目分析测试资质的单位。

辽宁省地质矿产研究院技术力量雄厚，专业配置合理，仪器设备先进，技术装备优良，拥有8400平方米的办公实验大楼，装备有国际先进的大型科研生产设备和高精密仪器100多台（套），总价值超过2000万元。设有辽宁省技术监督局授权的辽宁省理化仪器计量站和辽宁省宝玉石产品质量监督检验第二中心，辽宁省地质矿产研究院设有辽宁省宝玉石协会。拥有国土资源部颁发的固体矿产勘查、岩矿鉴定与岩矿测试、选冶加工试验、地质灾害危险性评估甲级资质，水文地质、工程地质和环境地质、土地整理复垦开发规划设计、土地复垦方案编制生产类乙级资质。经过多年的发展，初步形成了以实验测试、地质勘查、选冶加工为主，珠宝检测、信息技术为辅，各专业全面发展的格局。

**【科研项目】** 2009年，承担了“辽宁省本溪县兰河峪钼铅锌多金属矿普查”和“辽宁省沈阳市祝家镇山城子铁矿普查”2个省本级矿产资源补偿费项目。申报了国土资源部公益性行业科研专项“稀散元素锗、镓、铟、铊矿石成分分析标准物质的研制”项目，并获得批准立项。

**【科研成果】** 2009年，完成了中国地质调查局《国土资源国标、行标的研究修订》中《钽、铌、锆和铍矿石国家标准分析方法》的修订工作并通过验收；完成了辽宁省国土资源厅资源补偿项目“生态地球化学样品中形态元素分析方法应用研究”并通过验收。

2009年，完成选冶项目10余个，主要有

“马达加斯加扎卡钒钛磁铁矿石、锰铁矿石选矿可选性试验”“山东兖洲市颜店铁矿选矿试验”“河北龙凤金矿选矿实验”“西藏自治区日土县空卡区铅矿选矿实验”“辽宁抚顺清原满族自治县北三家子铜铅锌矿选矿试验”“辽宁抚顺清原满族自治县北三家子金矿可选性试验”“内蒙古自治区大青沟油页岩铁矿选矿实验”“赤峰国维集团铜钼矿选矿实验”“菱镁矿工业实验”“西藏自治区金和矿业有限公司墨竹工卡县铅锌矿选矿实验”“内蒙古自治区奈曼旗大房身铁矿选矿实验研究”“内蒙古自治区宁城县北毛扎子铜多金属矿选矿实验”。当年全院经济总量达到2656万元，比2008年增长14.3%。

**【科技合作与交流】** 全年共有15人次参加了国内专业协会举办的各种学术交流活动。8月，受中国计量测试学会地矿实验测试分会委托，成功举办了“全国地矿实验测试技术发展研讨会”。会议讨论了地质实验测试技术的发展方向和“十二五”发展规划，来自全国35家地质实验室的89位专业人士参加了研讨会。

**【科技人才与队伍建设】** 辽宁省地质矿产研究院坚持以人为本，注重通过重大项目培养年轻骨干力量，造就领军人才。截至2009年年底，共有职工131人，其中教授级高级工程师6人，高级工程师38人，工程师42人。

（辽宁省地质矿产研究院 牛娜）

# 辽宁省农业机械化研究所

**【概述】** 辽宁省农业机械化研究所成立于1958年4月，位于沈阳市东陵区东陵路90号，占地面积16621平方米，是一家专门从事农业机械科学技术研究的省属科研机构。主要开展以农、林、牧、副、渔机械化所需的技术、设备、设施为主的综合性农业机械化技术研究，农业机具研究设计，农业机械化标准化技术研究，农业机械试验方法及装备研究，农机化新技术及新成果的示范推广等。

辽宁省农业机械化研究所现有在职职工75人，其中研究员5人，高级工程师9人，工程师27人。

**【科研项目】** 2009年，辽宁省农业机械化研究所承担各级各类科研课题9项。其中，国家科技支撑计划课题2项，省科技攻关计划课题3项，农业行业标准制定课题1项，国家外国专家局引智项目2项，自立引进技术消化吸收再创新课题1项。

国家科技支撑计划课题“东北平原南部（辽宁）春玉米丰产高效技术集成研究与示范”进展顺利。在辽南、辽西进行了1800多亩的玉米大垄双行双株疏密种植机械化作业试验。2009年10月，省农业科学院组织有关专家对试验区测产，产量为950千克/亩，比该地区按照传统模式种植亩产量高150～200千克。该项技术的大面积推广将对提高我省玉米产量、增加农民收益起到巨大的促进作用。

**【科研成果】** “STG系列联合整地机开发研制”项目获得辽宁农业科技贡献奖一等奖，国家科技支撑计划项目“辽宁省垄作区保护性耕作技术配套机具研究”通过国家农业部验收，“栅条防堵式垄作玉米免耕播种机”通过部级鉴定，“机械式精密排种器”获得实用新型专利授权，农业行业标准《穴灌播种质量评价技术规范》通过全国标准化技术委员会审定。

成功研制出“新型背负式2行玉米收获机”。玉米机收是我省玉米生产全程机械化的“瓶颈”。长期以来，我省使用的玉米收获机都是外省产品，由于各省玉米的品种、农艺差别较大，现有的玉米收获机使用效果不理想，而且多为大中型机具，价格较高。该产品的成功研制有效地解决了这些问题。该产品以30马力4轮拖拉机为动力，具有摘穗、秸秆还田、剥皮、装箱等功能。秋季在营口、阜新进行了约300亩的田间作业试验，得到了当地农户、农机管理部门的认可。省农机鉴定站专家对该机进行了检测，各项指标满足相关标准的要求。该产品配套动力小、玉米割台新颖简单、可靠性好、操作简便、结构合理、造价较低，具有良好的推广应用前景，填补了我省自主开发玉米收获机产品的空白。

**【科技期刊出版】**《农业科技与装备》是由辽宁省农业机械化研究所主办的省级农业科技期刊，也是中国学术期刊综合数据库统计源期刊，已被中国核心期刊（遴选）数据库、中国学术期刊（光盘版）数据库全文收录。2009年，该刊物由原来的80页增加到128页，使每期刊物的文章刊载量由近30篇增加到50多篇。该刊物已成为省内外颇具影响力的农业科技期刊，为广大农业科技工作者提供了展示农业科技成果、开展技术交流的重要平台。

（辽宁省农业机械化研究所　王丽）

# 辽宁省能源研究所

**【概述】** 辽宁省能源研究所始建于1979年，隶属于辽宁省科学技术厅，2000年整体转制为国有企业，主要从事生物质能利用技术、工业节能技术的研究与产品开发。

辽宁省能源研究所占地面积10万平方米，建筑面积1万平方米。现有在职职工50人，其中研究员10人，副研究员10人，助理研究员和工程师9人，研究实习员2人。

辽宁省能源研究所是中国生物质能技术开发中心理事长单位，是中国蒸汽冷凝水技术研究推广中心、辽宁省生物质能工程技术研究中心和辽宁省生物质能热化学转化技术重点实验室的依托单位，是辽宁省可再生能源学会的挂靠单位，编辑出版中文核心期刊《可再生能源》。

**【科研项目】** 参加国家“863”计划课题“多原料厌氧发酵动力学和生物脱硫”，参加国家科技支撑计划课题“集中式城市生活垃圾生物制气成套设备研发与示范”和“工业生物质废物热解气化制气装备研发与示范”。

**【产学研合作】** 成立了“辽宁省生物质能产业技术战略创新联盟”。联盟坚持“政府引导，面向市场”的方针，以“引导产业发展、推动技术创新”为宗旨，实现“在政府相关政策引导下，促进实施产业共性技术研发活动与技术扩散，推动共性技术应用”的目标。

联盟作为政府与产业联系的纽带，贯彻、实施国家技术创新战略，瞄准国家和辽宁省战略目标，面向节能减排、新农村建设重大战略需求，以国家、省科研项目启动为契机，加强合作创新，以联盟的形式持续承担产业发展战略研究、关键共性与前沿重大技术开发，重大产品创制、标准研究与制（修）订等工作，建成面向行业、具有国内领先水平和国际先进水平的行业技术创新平台与共性技术的研发基地。

联盟单位由省内从事生物质能源的转化与利用、装备制造、技术开发和技术服务的企业、大专院校、科研院所等15家单位自愿组成，在辽宁省科学技术厅指导下开展相关工作。

（辽宁省能源研究所　李莹）

# 辽宁省中医药研究院

**【概述】** 辽宁省中医药研究院（辽宁中医药大学附属第二医院）创建于1978年，是集中医药科研、医疗、教学于一体的三级甲等中医院，辽宁省和沈阳市首批基本医疗保险定点医院，全国科研基地之一。2005年被国家食品药品监督管理局认定为临床药理基地，2007年被国家中医药管理局确定为全国重点中医院建设单位，2008年和2009年连续两年获得辽宁省卫生系统“诚信服务杯”标兵单位称号，2009年获得全国医药卫生系统先进集体和沈阳市教科系统职业道德建设标兵单位称号，2009年被评为沈阳市公共服务单位百姓口碑评选优秀单位。

辽宁省中医药研究院确立了“人才强院、专科立院、科技兴院”的发展战略，拥有一支由150名专职中医药技术人员组成的科研队伍，其中博士生、硕士生导师20人；副高级以上专业技术人员70人；具有博士、硕士学位的55人；国家级名老中医4人、辽宁省名医4人、享受政府特殊津贴专家8人、国家优秀临床人才3人、辽宁省“百千万人才工程”百人层次人才3人。

辽宁省中医药研究院拥有辽宁省制药工程技术开放实验室、辽宁省新药安全评价重点实验室、辽宁省现代中药制剂重点实验室、辽宁省中药活性筛选重点实验室、辽宁省临床验方系统优化重点实验室及中药复方优化重点研究室等6个省级重点实验（研究）室；建有国家中医药管理局中药药理三级实验室、国家中医药管理局中药分析三级实验室、国家中医药管理局中药临床药理三级实验室；拥有SPF级实验动物中心。

辽宁省中医药研究院先后承担完成了国家科学技术部“十五”攻关课题、“十一五”

科技支撑计划、重大新药创制项目、国家中医药管理局及省、市级课题100余项；通过鉴定的成果40余项；获得省级科技成果奖励34项；转让新药8项；撰写学术著作30余部；公开发表学术论文500余篇；先后完成Ⅰ，Ⅱ，Ⅲ期临床研究500余项。

辽宁省中医药研究院注重国际间的合作与交流，现已与泰国、韩国、日本、俄罗斯、澳大利亚、印度等国家的科教单位建立协作关系。

**【科研项目与成果】** 2009年，辽宁省中医药研究院承担各级各类科研课题10项。其中，辽宁省中医药管理局重点研究室项目1项，辽宁省科学技术厅自然科学基金项目1项、临床研究关键技术大平台项目1项，辽宁省科技计划项目1项，辽宁省教育厅优秀人才项目1项，高校计划项目2项，辽宁省卫生厅医学高峰建设工程重点科研项目2项，沈阳市科学技术局项目1项。同时，还参与研究了国家创新药物研究开发技术平台建设专项（“药物安全评价技术平台”项目）中的“中药安全性与过敏原性的新技术研究”项目。

获得辽宁省科技进步奖1项，3项科研成果通过辽宁省科学技术厅组织的成果鉴定。国家科学技术部重大新药创制候选药物已获批并签订任务书。

康复科、肾内科、外科被确定为国家中医药管理局重点专科协作组，临床中药学和中医肺病学被确定为国家重点学科。辽宁省中医药研究院于11月被评为国家中医药管理局、省中医药管理局重点学科建设单位。

**【科研平台建设】** 省中药活性筛选重点实验室获批建设。该实验室以中医药理论为指导，致力于实现中药复方药理研究理、法、方、药环环相扣；对临床经验方进行研究，建立中药复方最佳提取工艺、最佳剂量配比和最佳结构关系相结合的药效学跟踪试验筛选方法；建立与中药复方功能主治密切相关的药效学指标综合效应分析评价方法；建立中药复方有效组分配伍关系研究方法；建立中药复方有效组分转化为创新中药的综合评价方法；提升中药医院制剂和协定处方的科技含量与疗效水平；孵化一批具有自主知识产权、可用于创新药物研制的中药制剂。

加强药品临床试验管理规范（GCP）内涵建设。Ⅰ期临床共签订合同71项，并且通过了9个品种的核查；Ⅱ，Ⅲ期共进行研究任务100余项；Ⅰ，Ⅱ，Ⅲ期临床研究已创造经济效益1300余万元。

加强药品非临床研究质量管理规范（GLP）基础建设。加紧GLP状态下5个项目的试运行工作，积极准备GLP 的认证工作。

**【重点科研方向】** 在基础研究方面，辽宁省中医药研究院重点进行中药质量与临床评价研究。一是进行中药新药质量提高诸因素优化新技术、新方法集成分析。目前，已就中药基源、药效物质基础筛选、成型及给药途径等进行了系统研究，为中药质量提高的诸因素筛选打下了良好基础；二是进行中医临床评价关键技术研究。先前已进行Ⅰ，Ⅱ，Ⅲ期临床研究500余项，涉及心、脑、内分泌、骨科等10余个专业，在药代动力学、生物等效性及临床研究方面积累了丰富的经验，同时也发现了诸方法评价中存在的优势与不足，为展开中药临床评价关键技术的研究建立了良好的前期基础。三是进行中药活性组群作用机理分析。已开展包括射干抗病毒作用机理分析在内的相关研究，为展开系列研究打下了技术基础。

在开发研究方面，重点进行利用中药现代化手段开发中医药新制剂的研究。以中医药临床疗效为基础开展科研开发工作，不断把临床治疗特色转化为科技创新优势，对临床总结出来的、疗效确切的方剂进行中药现代化研究，在自主研发新药的同时，与制药企业联合进行药物研发。

**【重点科研项目选介】** “射干抗流感病毒有效部位临床前成药性综合评价研究”项目为国家“十一五”重大新药创制项目候选药专题项目。该项目主要采用现代药理学、药学、数理统计学知识与方法，依据中药多成分、多途径、多靶点协同发挥作用的特点，对射干抗流感病毒主要有效部位群的抗病毒谱、作用机理、不同活性有效部位群之间的增效、组分配伍、主要生物活性物质体内胃肠吸收动力学、药代动力学、临床应用最佳制剂及其安全性、动物体内有效性及质量可控性进行整体评价，为将其进一步开发成为作用机理初步明确、疗效可靠、质量可控、用药安全、高效、低毒的现代中药制剂打下基础。

（辽宁省中医药研究院　张艳玲）

# 辽宁省药物研究院

**【概述】** 辽宁省药物研究院始建于1958年，隶属于辽宁省食品药品监督管理局，是从事药物研究、开发的省属专业科研机构。注册资产1600万元，占地面积1.4万平方米，建有科研及附属实验场地7000平方米。现有在编人员70人，其中专业技术人员62人，包括教授级高级工程师14人，高级工程师27人。

辽宁省药物研究院设有天然药物、药物合成、生化药物、药物剂型、药物基础、药理毒理、新产品开发等7个研究室，其中天然药物研究室和药物合成研究室为省重点研究室。2001年，经省科学技术厅、省财政厅批准，组建辽宁省制药工程技术开放实验室。

多年来，辽宁省药物研究院以创新药物、膜载体药物、现代中药等具有自主知识产权的药物和现代制药工程技术研发为主体，坚持对引进技术的消化吸收再创新，应用高新技术改造传统药物工艺和剂型，重点研究现代中药制剂技术、天然药物提取物技术、脂质体纳米粒技术等新技术、新工艺、新剂型。

**【科研成果及其转化】** 2009年，在研新药品种16种，其中中药“蓝芩颗粒”已取得新药证书和批件并投产，中药六类新药延丹丸已获得临床批件。

**【科研平台建设】** 为提高科研水平和试验准确度，辽宁省药物研究院购进了液质联用色谱仪、蛋白检测仪等大型科研仪器；院网站建设已初具规模，科研管理已纳入局域网络化体系；SPF动物室建设已启动；辽宁省药物研究院本溪分院实验室通过验收；膜载体等产业化项目车间已建成。辽宁省鹿资源现代应用工程技术中心建设已获得省科学技术厅批准，系列鹿资源产品已进入产业化发展阶段。

**【重点科研项目选介】**

（1）抗癌新药榄香烯超分子冻干粉针。该技术主要采用羟丙基环糊精作为主体分子，对客体分子榄香烯进行包合，形成榄香烯超分子组合物。这种榄香烯超分子可以在不需要助溶剂的情况下，迅速溶于水中，并可以屏蔽有刺激作用的基团，减少刺激性，并且处方二艺没有任何带入热原的可能，可以长期应用。该技术生产工艺质量容易控制，可以进行工业化生产。

（2）盐酸莫西沙星。莫西沙星是由德国Bayer公司研制的一种8-甲氧基氟喹诺酮类抗菌药，1999年首次在德国上市，先后在英国、美国、墨西哥应用。

（3）药用聚山梨酯80辅料。该产品用做注射液及口服液的增溶剂或乳化剂、胶囊剂用分散剂、软膏剂用乳化剂和基质、栓剂用基质等，在食品工业中用做乳化剂。

（4）血塞通渗透泵控释片。该药为中药八类新药，用于脑络瘀阻、中风偏瘫、心脉瘀阻、胸痹心痛、中风后遗症、冠心病、心绞痛等。

（5）降血脂新药景天三七胶囊。该药为中药五类新药。

（6）延丹丸。该药为中药六类新药，用于治疗男性前列腺疾病。

（辽宁省药物研究院　高夆　何芳芳）

# 辽宁省环境科学研究院

**【概述】** 辽宁省环境科学研究院成立于1975年，是辽宁省环境保护局直属的公益性事业单位，辽宁省唯一的省级环境保护科研机构。秉承“务实、奋进、创新、和谐”的理念，立足辽宁省经济社会和环境保护发展的需求，致力于为环境管理和决策提供战略性、前瞻性和全局性的科技支撑，为重大环境问题提供全面解决方案。

辽宁省环境科学研究院以污染防治技术研究所、环境规划研究所、环境遥感技术应用研究所、建设项目环境影响评价研究所、战略与规划环境影响评价研究所为主体，共有15个研究室，2个省级重点实验室，2个省级工程中心和1个博士后工作站，形成了多学科、多层次、多形式的研究体系。现有员工138人，其中专业技术人员102人，包括教授级高级工程师15人，高级工程师32人，工程师48人；博士后5人，博士11人，硕士49人；享受政府特殊津贴者5人，入选“百千万人才工程”者5人；具有各类注册执业资格人员69人，形成了环境规划、生态环境、环境卫星遥感、分析测试、污染防治、环境影响评价、清洁生产审核等多学科、多领域竞相快速良性发展的局面。

截至2009年年底，共完成国家、省、市科研任务280多项，在环境科学基础理论、应用技术和实用技术开发方面取得了一批重大科研成果，获得国家、省级科技进步奖91项，拥有专利及实用技术13项，发表学术论文1100多篇。

**【科研管理与改革】** 2009年，辽宁省环境科学研究院调整内部机构。

一是将区域生态与环境规划研究中心更名为环境规划研究所，下设环境规划研究室、区域生态环境规划研究室及水环境管理研究室。主要开展环境保护规划编制、环境经济政策研究及生态工业园区规划编制研究；水环境功能分区及土壤、大气等生态环境研究；水环境模拟、水质目标管理等研究工作，为环境管理及政府决策提供技术支撑。

二是将污染防治技术研究中心更名为污染防治技术研究所，划分为湿地与生态治理技术、沼气与厌氧技术、村镇污水处理技术、分析与测试技术等4个研究室及附属科研设施，并在铁岭昌图建有中试实验基地，拥有大量的专有和专利技术。

三是将环境遥感中心更名为遥感应用技术研究所，重点开展辽宁省数字环境集成系统研究，对全省资源和环境数据进行科学管理，对图形和属性数据进行互相查询，为政府部门提供最新、最直观的生态环境数据及其变化趋势分析。

**【科研成果】** 2009年，获得国家、省级科技进步奖3项，其中，“北方地区畜禽粪便资源化技术研究与工程示范”项目获得国家环境保护科学技术进步奖三等奖和辽宁省科学技术进步奖三等奖，“环保装备的系统集成优化方法与应用研究”项目获得辽宁省科学技术进步奖三等奖，“北方地区畜禽粪便资源化技术研究与工程示范”项目中的“寒冷地区畜禽粪便资源化技术”被评为2009年度国家重点环境保护实用技术，“一种新型升流式厌氧固体反应器”获得国家专利。

围绕辽宁省辽河治理问题开展研究攻关，全年共开展33项课题研究，完成了“大伙房水库上游地区生态补偿机制研究”“辽东湾与国内外海湾环境与经济发展指标研究”“辽河流域水环境模拟及其管理系统开发研究”“人工强化生态滤床在条子河治理中的应用研究”“辽宁生态省技术体系研究”“北方地区农村环境污染控制关键技术集成及工程示范研究”“矿产资源开发型城镇空间生态规划研究”等10余项课题。发表论文100多篇；鉴定和验收课题10项。

**【科研平台建设】** 2009年，依托辽宁省环境科学研究院建立了辽宁省村镇污水处理与资源化工程研究中心。该研究中心拥有中试基地5000平方米，固定研究人员40人，其中教授5人、高级工程师10人，博士8人、硕士10人。研究中心针对我国北方地区村镇污水排放分散、处理率较低、适用技术缺乏的现状，以技术研发为先导，以示范工程为载体，推进村镇污水处理与资源化技术发展。研究中心坚持市场化、产业化、服务性原则，全面搭建北方村镇污水处理技术研发平台、成果转化平台和社会服务平台。

**【科技合作与交流】** 通过互访、合作研究、建立联合机构、互派访问学者等多种形式，组织科技人员赴日本、美国等国家进行城市工业环境治理、水及废水资源化综合管理、空气污染治理、废水处理及再利用、清洁发展机制等领域的环保业务培训。与韩国仁济大学、比利时弗兰德斯研究院（VITO）、美国斯坦福大学、匈牙利Organic和Kis公司、芬兰VTT国家科学院等科研机构开展学术交流与项目合作。组织申报并获准中日、中斯政府间国际合作项目2项

**【重点科研项目选介】** “农村畜禽粪污及垃圾处理及资源化技术”项目针对畜禽粪污产生量大、污染负荷高和北方地区冬季环境温度低的特点，在高效厌氧发酵装置和好氧堆肥低温菌种筛选等方面取得突破，开发出适合北方地区低温环境特点的畜禽粪污沼气化技术及好氧堆肥技术。其中，“畜禽粪污沼气化技术”采用自主开发的改进型USR反应器，解决了畜禽粪污厌氧发酵过程中反应器“结壳”问题，同时强化了传热传质，保障沼气工程长期、稳定、高效运行。“畜禽粪便好氧堆肥技术”直接在大堆堆肥过程中筛选出低温好氧菌种，提高了冬季低温期的堆

肥效果，缩短了堆肥时间，并引进德国抛翻技术，增强堆肥过程中混合与充氧效果，实现大堆宽垛堆肥。

（辽宁省环境科学研究院　张昕）

# 辽宁省体育科学研究所

**【概述】**　辽宁省体育科学研究所始建于1979年，是一家综合性的体育专业研究机构。其主要研究方向是国民体质监测、运动训练监控和运动员伤病预防、恢复与治疗。

辽宁省体育科学研究所长期为辽宁省运动队提供科研保障，通过对运动员运动训练的生理特点、适应规律、运动性疲劳消除、营养膳食、运动训练的强度等方面的监控，掌握各运动项目训练的方法、手段、医疗监护、心理调控及人体生理的变化规律。

辽宁省体育科学研究所现有职工65人，其中专业技术人员46人，包括具有正高级职称的2人、副高级职称的10人、中级职称的15人、初级职称的18人，形成了一个由运动生理、运动生化、运动心理、运动人体科学、药剂学、生物制药、药物分析、医学、临床康复、运动训练等多学科专业人才组成的阶梯型团队。

**【全运会科研攻关与科技服务】**　在备战第十一届全运会过程中，辽宁省体育科学研究所与辽宁省军事体育航海运动学校、辽宁省体育中心、辽宁省田径培训中心、辽宁省游泳中心、沈阳体育学院等6个训练单位紧密配合，派出精锐力量深入到女子赛艇、男子赛艇、女子皮艇、男子皮艇、激流回旋、女子曲棍球、男子曲棍球、BMX小轮车、游泳、田径、女子公路自行车、男女铁人三项、女子足球成年组、男子足球青年组、女子举重、女子摔跤、女子柔道等13个大项87个小项中指导运动员，这些项目几乎覆盖了辽宁省代表团所有的主要夺金点和潜在夺金点。在科研人员、教练员、运动员的协作下，各个训练单位顺利完成了全运会任务。

在备战及参加全运会过程中，辽宁省体育科学研究所的科研人员为运动员普及心理知识，进行心理辅导，帮助他们舒缓压力、稳定情绪，以最好的状态投入到比赛中去。科研人员还针对运动员的自身特点和兴趣爱好制订出一整套趣味心理课程，深受广大运动员的喜爱。

在反兴奋剂工作中，科研人员对各自负责的运动队进行监控，对运动员的血清睾酮水平、血液细胞成分等项目进行不定期检测和评估，发现问题及时分析，查找原因，及时解决，并为重点运动员建立系统的检测档案，长期跟踪检测。

在第十一届全运会中，辽宁省体育科学研究所有针对性地将工作重点放在解决竞体训练、运动技术环节、健康、速度、力量、耐力和战术等方面问题，为运动员科学训练、预防伤病和提高成绩提供了科学保障。

**【国民体质监测工作】**　2009年，辽宁省体育科学研究所检测中心的科研人员深入到葫芦岛市党政机关，为3312名公务员进行体质监测。通过电脑科学地检查出人体各个器官的状况、缺乏的营养及需要锻炼的部位，并按照仪器提供的科学数据提示锻炼方法，达到全面健身的目的。整个测试结束后，检测中心通过对数据的分析整理，向葫芦岛市机关工委和省体育局群体处递交了《葫芦岛市公务员体质监测报告》。

**【科研项目与成果】** 2009年，参与各级科研课题4项，发表学术论文17篇。出版《辽宁体育科技》期刊6期，刊登论文300余篇，为辽宁体育提供了先进广泛的学术、科研成果交流平台。

**【科研平台建设】** 辽宁省体育科学研究所拟于2010年底搬迁至位于沈阳市浑南新区奥体中心的辽宁省体育训练中心。新建科研楼建筑面积6000平方米，拟建心肺功能、生化检测、心理、康复等实验室。

辽宁省体育科学研究所在全省每个训练单位配备了一个实验站点，实验站由专门人员负责，站内的仪器、设备能够完成日常运动员机能评定和体能监测工作。

（辽宁省体育科学研究所　徐莉舒）

# 辽宁省计量科学研究院

**【概述】** 辽宁省计量科学研究院于2000年7月正式组建，前身为辽宁省质量计量检测研究院，隶属于辽宁省质量技术监督局，是集计量检定、校准、检验、科研等功能于一体的社会公益性科学研究与技术服务机构，是东北国家计量测试中心的技术依托单位。

经国家质量技术监督检验检疫总局和辽宁省质量技术监督局批准，依托辽宁省计量科学研究院建立了国家燃气表质量监督检验中心、辽宁省计量器具产品质量监督检验中心、辽宁省眼镜质量监督检验中心等检验机构。

辽宁省计量科学研究院现有的社会公用计量标准覆盖了长度、温度、力学、电学、无线电、光学、理化、声学、时间频率、电离辐射等10大计量专业。主要负责东北大区和辽宁省的量值传递工作，辽宁省计量器具的型式评价，辽宁省计量器具、眼镜的产品质量检验，并开展计量器具的校准、检验、检测、测试、修理和培训等服务。

辽宁省计量科学研究院占地面积3.4万平方米，建筑面积2.1万平方米，实验场地面积1.22万平方米，其中，恒温室面积4390平方米。拥有综合实验楼、精密恒温楼、热工楼、电离辐射楼、仪器收发大厅、学术交流厅等各种较为完善的基础设施。

**【科研管理与改革】** 辽宁省计量科学研究院制定政策措施，支持科研人员以产学研合作方式对现有装置进行升级改造，鼓励具有原创性和完全自主知识产权的科技创新活动。注重科研成果转化为检测技术的能力，注重科研工作的针对性和实效性，大力开展高端检测项目研发。

【科研项目】 结合国家燃气表质量监督检验中心的建设，组织进行了“膜式燃气表过载流量的影响”“用钟罩与喷嘴装置检测气体流量计时可能存在差异的研究”“气体湿度对燃气表计量性能的影响”“进气法钟罩式气体流量标准装置的研究”等项目的研究工作。

【科研成果】 《抑制电磁干扰的电源滤波器原理和应用的分析》《全国计量检测人员培训教材-化学分册》《在标准功率源基础上建立磁性损耗标准》《微波小功率计原理及校准技术》获得辽宁省自然科学学术成果奖二等奖；《新旧二等标准石油密度计及SY-05型工作石油密度计异同点浅析》《高阻箱智能检测系统》《调质处理对标准铂铑热电偶热电稳定性的影响》《影响旋转黏度计测量结果准确度的若干因素》《对可燃气体报警器所用检定介质的探讨》《标准节流装置在线迭代测量新方法研究》《局用程控交换机计时计费系统》等获得辽宁省自然科学学术成果奖三等奖；发表学术论文20余篇。

【规程规范的制定与修订】 辽宁省计量科学研究院修订的《半径样板检定规程》已由全国几何量长度计量技术委员会讨论通过；制订的《铠装热电偶校准规范》已由全国温度计量技术委员会审定通过；参与制定完成省计量技术法规5项，包括《电磁屏蔽室屏蔽效能校准规范》《医用计算机摄影装置（CR）/数字摄影装置（DR）X射线辐射源检定规程》《医用多参数监护仪检定规程》《微剂量X射线安全检查设备校准规范》和《介质损耗测量仪校准规范》。

【科技人才与队伍建设】 2009年，辽宁省计量科学研究院共举办科研专题培训14次，总计培训300多人次。此外，为提高技术人员的技术素养、开拓科研视野，还选派科研骨干到中国计量科学研究院进修学习，并支持技术骨干参加国际学术会议。

（辽宁省计量科学研究院 王凤伟）

# 辽宁省科学技术情报研究所

【概述】 辽宁省科学技术情报研究所始建于1959年，是辽宁省科学技术厅下设的社会公益性科技情报信息研究开发与咨询服务机构。经过50年的建设与发展，已经构建形成了以文献资源为基础，以软科学研究为龙头，以计算机网络为主要载体，集查新检索、科技统计、科技评估、科技宣传、企业咨询、科技期刊编辑出版、科技翻译、科技信息资源共享平台建设等于一体的科技情报业务体系。

辽宁省科学技术情报研究所现为中国科技情报学会常务理事单位，曾于2002年被国家人事部、科学技术部联合授予“全国科技（管理）系统先进集体”荣誉称号。

全所现有职工150人，80%以上为各专业门类科技人员，其中具有中级以上技术职称者占科技人员总数的80%以上。

截至2009年年底，先后承担完成科学技术部、财政部和省科学技术厅等各级政府管理部门下达的230余项重大软科学研究项目，参与了辽宁省“八五”“九五”“十五”和中长期科技发展规划的研究与制定工作，其中40多项软科学研究成果获得省部级以上科技奖励。编辑印发140种科技期刊资料，完成查新检索课题3.2万余项，评估科技项目及成果1.4万余项，为全省科技进步与经济社会发展作出了重要贡献。

**【科研成果】** 2009年，获得各类科技奖励3项，其中省科技进步奖二等奖1项，省科技进步奖三等奖1项，行业科技进步奖三等奖1项；发表科技论文56篇，其中在核心期刊发表5篇。

**【软科学研究】** 2009年，继续把为各级领导部门科学决策提供支持的科技发展战略研究列为核心业务，全方位加强软科学研究工作，围绕省科学技术厅的中心工作及我省科技进步与经济社会发展中的重大问题，积极开展了科技发展战略、科技政策及未来发展预测分析研究，在充分调研的基础上，先后承担或参与完成了《辽宁省技术转移对策研究》《辽宁省科技发展“十二五”规划研究与编制工作方案》《促进科技型中小企业发展研究》《改革开放30年辽宁科技发展历史成就及未来发展对策研究》等课题的研究工作，申报了新课题“辽宁省引进技术消化吸收再创新现状及对策研究”，并已完成相应的可行性研究报告。牵头完成的“辽宁省中长期科技发展规划研究与制定”课题获得省科技进步奖二等奖。

**【网络建设与管理】** 2009年，辽宁科技信息网累计发布通知457篇，科技动态信息2200余篇，国内外最新信息1万余篇，总访问量达到918279人次。新增科技视频、科技图片、动态信息等栏目，发布《创新辽宁》视频专辑36期，新闻图片100余张，专题动态信息39期。

辽宁省科技计划项目管理信息系统目前已有注册单位2739家，通过网络审核2183家，申报项目6482项，参加评审2583项；独立研发制作的辽宁省科技型中小企业调查管理系统和辽宁省科技创新大中小示范企业年度数据统计系统运行良好，通过该系统可对全省1600多家科技型中小企业和科技创新示范企业进行网上管理；省科学技术厅电子政务、中国科技信息服务网辽宁节点和国家科技成果服务平台辽宁镜像工作网站的管理取得新突破；对辽宁省科技信息共享服务平台进行了页面更新和数据整合，涉及到国内外资源库共计56大类5000多万条数据，原文数据容量9.5TB。此外，对外网页面、管理程序进行全面改版，从旧版网站导入到新网站的数据共计300余条；完成了所内网和内部论坛建设，目前正在试运行阶段。

**【科技宣传与出版】** 积极主动配合辽宁省科学技术厅，做了大量富有成效的科技宣传工作。协助厅办公室等部门策划、组织了主流媒体记者集体采访滕卫平副省长、在《中国高新技术产业导报》刊载五大特色产业基地专版宣传文章、中央媒体联合采访报道辽宁农村科技工作等一系列科技宣传活动；拍摄、收集并留存了900多分钟的科技声像资料和3000余幅图片资料，进一步充实了科技宣传资料库；承担完成了国家科学技术部下达的《中国科技创新60年》书稿中辽宁篇章的稿件撰写任务；借助“辽宁科技信息网”创办了网络版的《辽宁科技动态》，全年刊发39期，以图片新闻、视频新闻、电子快报等形式及时宣传报道科技创新工作的最新动态信息；编发了40期面向厅领导提供国内外科技与经济发展前沿信息的《决策参考》简报。通过一系列举措，实现了科技宣传手段与载体的升级换代。

两份公开刊物《节能》和《现代生活用品》运行平稳，分别编辑、出版、发行12期，圆满完成预定工作任务。《辽宁科技年鉴》(2008年卷)编辑加工工作全面完成，将于2010年初正式出版发行。《辽宁省科学技术志续志》编修工作继续加快推进。按照省地方志办公室关于延长编纂内容起止年限的要求，积极联系有关部门和单位，补充收集2001—2005年的相关资料。截至2009年年末，这项工作已完成80%以上，为2010年下半年全面进入后期编辑、加工、组织专家评审环节，奠定了良好的基础。

**【科技统计】** 2009年，完成科学技术部常规科技统计年报工作，顺利通过国家验收。承担完成了省政府对各市政府2008年度科技工作考核、省发展和改革委员会“辽宁省科技征信体系建设”项目中有关数据的更新等重要工作任务。开展了第二次全国R&D资源清查摸底调查工作，为2010年做好科技系统R&D资源清查工作奠定了坚实的基础。

编辑出版12期《辽宁科技统计》以及《辽宁省高新技术产业发展年度报告》《辽宁省国家级科技计划项目执行情况统计调查报告(2009)》《辽宁科技统计数据》《辽宁省高新技术产业数据》等出版物。

创办了《科技统计分析专报》，采用一事一议的方式，侧重于对统计结果进行深层次的分析，力求向上级部门提供既有较强的时效性，又有较好附加值的决策参考信息。科技统计工作进一步实现从以调查为主向以分析研究为主的重心转变。

2009年，省科学技术厅科学技术统计中心被国家科学技术部火炬高技术产业开发中心授予“全国火炬统计先进单位”荣誉称号。

**【科技评估与成果登记】** 2009年，共评估了“2009年度辽宁省科技计划”“2009年度辽宁省科技成果转化奖励计划”“2009年度辽宁省工程中心、重点实验室组建计划”“2009年度国家重点新产品计划”等14类计划共3586个项目，为各级各类科技计划的制定提供了科学依据。此外，还与东北科技评估联盟加强协作，联合构建科技评估咨询平台，利用该平台开展跨省（区）的网上科技评价、科技项目策划、可研性报告编制、成果转化、科技产权评估、技术价值评估和管理咨询等工作，实现了科技评估资源共享。

2009年，共受理各类成果登记申请400余项，完成了《辽宁省科技成果数据库》2009年度数据的标引、录入、审核、维护和扩展工作。按照国家有关部门的要求，结合辽宁省实际状况编制了《2009年辽宁省科技成果登记统计表》，同时上报了《辽宁省科技成果2009年统计分析报告》。

**【科技文献服务】** 2009年年初，辽宁省科学技术情报研究所制定了文献馆中长期发展规划，力争逐步将文献馆建设成为辽宁省国内外文献检索中心和“一站式”服务中心，成为读者和用户获取科技信息资源的“终点站”，成为大学生文献检索的实习基地和创业信息基地。通过加强专项培训，努力使文献管理人员成为网上信息标引员、导航员和文献信息分析师。从2009年3月开始，文献馆实行全免费对外阅览服务，全年接待读者3100多人，充分体现了公益单位的社会价值。

文献馆还调整和优化了文献订购结构，增加电子版文献，特别增订了CA/EI/ISTP/INSPEC/BP等网络版检索工具，同时适当压缩了书本式文献的订购量。

**【检索咨询服务】** 2009年，共完成课题检索1710个，创收162.4万元，与2008年同期相比增长23.4%。为提高检索工作的质量和水平，多次派检索人员参加有关部门举办的相关岗位培训，为检索人员快速成长创造了良好的环境和条件。

进一步加强资源共享平台用户服务工作，继续为会员用户提供定期、定题的“一站式”服务。目前，登记注册的平台用户已达到335家。为探索开辟新的服务领域，主动与省中小企业厅沟通合作，为其提供特色信息服务。5月12日，被中小企业厅正式批准为辽宁省中小企业（信息咨询类）公共技术服务平台。

积极探索为院士所在国家重点实验室提供专项服务。年初，与中国工程院院士王国栋所在的东北大学轧制技术及连轧自动化国家重点实验室就联合成立“轧制技术情报研究室”事宜进行了多次洽谈，双方商定，由王国栋院士所在的国家重点实验室负责出资维持联合情报研究室的运行，按照对方提出的相关信息需求，为其提供专项科技信息咨询服务。

（辽宁省科学技术情报研究所　李大鹏）

# 辽宁省分析科学研究院

**【概述】** 辽宁省分析科学研究院是辽宁省科学技术厅直属的公益型科研事业单位，始建于1978年，前身是辽宁省分析测试研究中心。2005年2月25日，经辽宁省机构编制委员会批准正式更名建立，主要从事科技公益服务、分析科学基础与应用研究、分析测试公益服务、分析科学技术普及与人才培养。经过30余年的不断发展，辽宁省分析科学研究院已成为涵盖化工产品、金属材料、食品、药品、安全卫生、农产品、建筑装饰材料、肥料、油料、生物、环保、文具、化妆品、保健品、纺织品、航空物流等多领域、多学科的综合性分析测试及方法研究机构。辽宁省分析科学研究院出具的实验室检测报告不仅获得国家认可，并且在世界上140多个国家和地区获得相互认可。

辽宁省分析科学研究院现有博士、硕士及高、中级专业技术人员60余人，学科结构主要集中在化学、物理学、药学、农学、生物学、材料学、计算机学等方面，主要研究方向是分析科学、测试方法及标准研究，其技术特点和优势集中体现在化学危害分析与处理技术的检测方法、标准的研究等方面。

几年来，辽宁省分析科学研究院累计投入980余万元用于购置仪器设备，拥有包括从美国、日本等国家引进的气/质联用仪、液/质联用仪、等离子体发射光谱仪等在内的各种大中型仪器设备300余台（套）。

**【科研成果】** 2009年7月16日，辽宁省分析科学研究院主持编写的《良好农业规范 北方粳稻生产的控制点及符合性规范》通过国家标准审定。该规范结构设置合理、控制点设立的依据充分，具有科学性、实用性和先进性，并且在世界上首次提出了粳稻生产的良好农业规范，达到国际领先水平。

**【科研平台建设】** 新购置美国安捷伦公司的

液相/质谱联用仪、气相色谱仪、液相色谱仪等大型分析仪器。到2009年，辽宁省分析科学研究院已拥有国际新型液相/质谱联用仪2台、气相/质谱联用仪1台，成为省内最先进的质谱实验室。

**【全省科技基础条件资源调查、统计与管理】** 根据国家科学技术部平台中心总体安排部署，受省科学技术厅、财政厅委托，开展全省科技基础条件资源调查、统计与管理工作。该项工作是国家科学技术部深入贯彻党的十七大精神，加快推进创新型国家建设，促进科技资源优化配置，开放共享和综合利用，提高科技创新基础能力，支撑科技管理决策的一项常态化工作。同时，为促进辽宁省大型科学仪器开放共享立法，为推动东北区域，特别是辽宁省的科技资源整合和开放共享，构建区域科技创新体系，打造分析测试共享平台建设奠定了基础。

此次调查工作共调查我省境内的国家部委级和省级的科研院所、高等院校共计136个单位，其中高等院校32个、科研院所86个，改制院所18个；省部级重点实验室及工程中心等共217个；省部级以上生物种子资源保存机构20个。调查数据显示，我省科研用房建筑面积共1106.8万平方米，科研用房固定资产合计63.5亿元。拥有科研仪器设备30.8万台套，仪器设备原值46.2亿元。其中，单台套价值50万元以上的大型科研仪器设备1009台套，原值12.9亿元。从业人员共计6.6万人，其中科技活动人员4.4万人，占66.7%；硕士以上学历人员2.1万人，占47.2%。获得博士学位和副高级以上专业技术职称人员共计1.8万人，博士人员占31%。大型科研仪器总量是黑龙江和吉林两省的总和。

**【重要科技活动】** 3月25日和6月15日，辽宁省分析科学研究院先后通过中国民用航空总局和南方航空公司的现场评审，获得“货物航空运输条件鉴定机构”资质认可。截至2009年年底，辽宁省分析科学研究院是东北地区唯一的中国民用航空总局认可的货物航空运输条件鉴定机构，并通过了南方航空公司在全国范围内首次对外现场评审。

5月31日，辽宁省分析科学研究院与省分析测试协会、国家质量技术监督行业职业技能鉴定指导中心联合举办了化学、食品检验人员国家职业资格认证培训班，来自省内外的20余名专业技术人员参加了培训。

9月21日，辽宁省分析科学研究院承办举行了由中国分析测试协会、辽宁省科学技术协会和丹东市共同主办的“辽宁省第三届学术年会”。各有关方面领导、专家和来自省内外科研机构、大专院校、企业的代表约500余人出席了会议。

**【社会公益服务】** 2009年，配合中央电视台《朝闻天下》、辽宁电视台《新北方》、沈阳电视台《直播生活》等栏目制作民生安全节目18次。

**【资质与认证】** 中国实验室国家认可委员会认可的实验室（证书编号：No.L1804），中国实验室国家认可委员会认可的乳品中三聚氰胺检测能力验证合格实验室（证书编号：CNCA-08-23-LN038），农业部第一批无公害农产品产地环境检测实验室，国家建设部门备案的建筑材料及室内空气环境检测机构，辽宁省质量技术监督局认证的检测实验室（证书编号：2006060144K），辽宁省出入境检验检疫局认可实验室（证书编号：06-06），辽宁省科技厅授权的科技成果鉴定单位，辽宁省科技厅与辽宁省财政厅联合组建的“辽宁省化学危害分析与处理技术研究重点实验室”“辽宁省标准化体系建设工程技术研究中心”，辽宁省科学仪器共用网承建单位，辽宁省分析测试协会理事长单位。

（辽宁省分析科学研究院　程冲）

# 辽宁省微生物科学研究院

**【概述】** 辽宁省微生物科学研究院始建于1978年，是隶属于辽宁省科学技术厅的公益类科研机构，是我国专业从事微生物科学研究与应用的科研单位之一，是辽宁省微生物学会的挂靠单位，是中国科技核心期刊《微生物学杂志》的主办单位。以农业微生物研究与应用为主要研究方向，重点开展植物病原微生物生物学、生物农药、生物肥料、生物饲料、食用药用真菌菌种选育与高效栽培、农副产品深加工、生物医药及保健食品等领域的技术研发工作；负责全省微生物资源的收集、整理、保藏、鉴定、监督及安全性评价和防范对农牧业生产产生严重危害的病原微生物扩散等工作。

辽宁省微生物科学研究院下设技术中心、辽宁省微生物工程研究与应用重点实验室、辽宁省微生物工程研究与应用开放实验室、辽宁省微生物菌种保藏中心、农业微生物研究室、食用菌研究室、食品工程研究室、发酵工程研究中心、微生物发酵工程研究中心等研究机构，拥有国内先进、省内一流的微生物研究实验设施和条件，能够承担多层次、多学科、多领域的微生物应用技术的研究、中试和开发。2009年，技术中心通过中国合格评定国家认可委员会（CNAS）认可，获得认可资格证书。

**【科研成果】** “甘薯果酱及其制作技术”“一种长期保藏微生物菌种的方法”获得国家发明专利，“食用菌抗污染材料及其制备和使用方法”“食用菌培养料料用增效剂及其制备和使用方法”申请国家发明专利。

**【科研平台建设】** 建设生物农药研究与开发的高新技术平台。平台正式运营后，以开放模式进行管理，对研发生物农药的科研人员予以奖励，对外来高科技人才给予各项优惠政策；根据农业科技小企业成长不同阶段的不同特点和需要，建立灵活多样的“多级”孵化模式，整合多方资源，建立社会资源网络，实行多级孵化的孵化机制。

**【科技合作与交流】** 与辽宁工程技术大学合作建立了研究生实习实验基地。组建科技特派服务团队，深入我省鞍山岫岩等地，为当地科技龙头企业解决食用菌生产中的“瓶颈”问题，并为农业技术人员提供培训。

**【重点科研项目选介】**

1．秸秆生物降解技术改善设施农业环境研究与推广应用

该项研究主要模拟田间条件下秸秆降解菌的覆土，模拟筛选方法比较直观，易于观察，并且可以弥补纯培养筛选存在的不足，提高菌种筛选的准确率，可作为秸秆发酵剂菌种筛选的一种方法。实验调查结果表明，所有加入秸秆发酵剂处理都要比对照开花早，加菌种处理坐果提前，提早进入生殖生长期。从植物的茎粗、展开叶片数、开花数及坐果率分析，几乎所有处理都比对照生长

快，并且长势健壮、叶片丰硕、坐果率高。2009年，共生产秸秆生物发酵剂菌种150吨，推广到沈阳、大连、铁岭、锦州、葫芦岛、阜新、营口、朝阳等十几个地区的2万个大棚，推广面积达1.6万多亩。实践证明，该技术有效地补充了设施农业生产所需要的二氧化碳等物质，明显降低了对农用化学品的投入，使生态改良、环境保护与农作物高产、优质、无公害生产相结合，为农业良性可持续发展开辟了一条新途径，发展前景十分广阔。

2．食用菌生产关键技术研究

该项目是以解决食用菌规模化生产中的技术“瓶颈”为突破点，着力攻克优良生产菌种筛选、抗污染材料制备、产品深加工等方面的技术难题，努力推动食用菌产业的健康有序发展。同时，以此项目为基础参与市科技特派工作，向农民宣传食用菌高效栽培技术并进行现场指导，培养出了一批懂技术、会管理的科技型食用菌生产者。

3．微生物菌种资源调查

参与中国农业科学院进行的微生物菌种资源调查工作。调查范围主要包括已进入辽宁省微生物菌种保藏管理中心保藏的工业微生物、医药微生物、环境微生物、食用菌、植物病原物及生物防治和肥料微生物等各类微生物菌种资源。

（辽宁省微生物科学研究院　田浩）

# 辽宁省计划生育科学研究院

**【概述】** 辽宁省计划生育科学研究院始建于1978年，是辽宁省唯一的集计划生育、生殖健康、遗传与优生于一体的科研院所。占地面积4236平方米，固定资产总值3000余万元。

辽宁省计划生育科学研究院拥有实验研究中心、优生研究室、药物研究室、女性研究室、男性研究室、不孕症研究室、辅助生殖研究室等7个研发部门，拥有细胞遗传、分子遗传、生殖生物、生殖免疫、生殖内分泌、男性生殖、生物化学、病理、临床常规、药物分析、药物研究等11个实验室，拥有先进仪器设备近百台，价值2000多万元。

辽宁省计划生育科学研究院一直以宫内节育器、药物避孕、医学遗传与优生、不育不孕等生殖医学基础和应用研究为主攻方向，多次参加并完成了世界卫生组织项目、国家攻关课题、省部级重点科研课题。在生物降解避孕新方法、生物降解材料研发、家族遗传病致病基因研究和病残儿数据库动态管理等方面实现了新突破，多项研究成果达到国内领先水平，取得了较好的社会效益。

**【科研成果及其转化】** 2009年，辽宁省计划生育科学研究院共获得各种奖励7项。其中，省科技进步奖二等奖1项，省科研成果奖6项，发表文章14篇。

“远端关节弯曲患者致病基因及产前诊断研究”成果已为患者家族进行了三例产前诊断，成功地阻断了该遗传病的延续。“男性不育Y染色体无精子基因实验室诊断研究”成果已在辽宁省计划生育科学研究院和白求恩医科大学临床推广应用，收到了良好的效果。找到了家族性痉挛性截瘫的致病基因位点，并为患病家庭进行产前诊断。与中央电视台科教频道《走进科学》栏目合作制作电视纪录片《族谱上的伤痛》《截瘫之惑》，播出后在全国范围引起强烈反响。

**【基层工作网络建设】** 2009年，辽宁省计划生育科学研究院进一步拓展与基层服务站联系、协作的渠道，致力于加强旨在服务基层的工作网络建设，尤其注重支持基层计划生育服务站的建设和发展。设立了多个合作项目，多次派出医师和专家，针对基层服务站工作的薄弱环节进行指导和技术交流，为广大育龄妇女排忧解难。

（辽宁省计划生育科学研究院　金瑛）

# 辽宁省淡水水产科学研究院

**【概述】** 辽宁省淡水水产科学研究院创建于1959年，前身是辽宁省淡水水产研究所，2005年4月建院，隶属于省海洋与渔业厅，主要从事全省淡水水产科学应用基础理论研究，水产健康养殖技术研究，渔业生态环境监测、规划与治理，渔业科技成果转化、推广、应用，技术咨询与服务，技术培训与职业技能鉴定等业务。

辽宁省淡水水产科学研究院下设渔业环境监督监测站，种质资源室，鱼病防治实验室、养殖室4个专业研究科室，以及办公室、科学技术处、财务处、行政处4个管理科室；拥有辽宁省水产良种场和院试验场两个养殖示范场。

**【科研项目与经费】** 2009年，申报国家科技成果转化资金项目1项，辽宁省科技攻关项目12项。实施在研项目8项，环境监督与监测项目7项。实到项目经费253万元。

（1）“国家大宗淡水鱼类产业化技术体系——沈阳综合试验站建设”项目。确立了宽甸、灯塔、大洼和辽中为区域高效养殖示范县；开展了鲤、鲫和草鱼的标准化健康高效养殖技术研究和试验示范，建立池塘高效养殖示范区700亩，设立网箱2000平方米，对重点养殖区域定期进行养殖生物学、流行病学和水环境监测，初步掌握了辽宁大宗淡水鱼类高效养殖放养与收获基本模式；引进松浦镜鲤乌仔120万尾，推广养殖面积88亩；进行了技术用户需求调研，完成调查问卷73份；进行了草鱼营养试验研究；进行了全省大宗淡水鱼类科研立项和科研人员调查。

（2）“稻鱼蟹生态种养殖生产技术集成与示范”项目。建立稻、蟹、鱼种养生产技术示范区10万亩。进行了生物制剂调节水质和3个种源成蟹养殖模式、养殖技术和营养需求研究，通过优化河蟹饲料配方、改善稻田生态环境和改进养殖技术等技术集成，大大提高了成蟹养殖规格。累计示范推广稻蟹种养技术20万亩，水稻平均亩产达到660千克，亩增产10%；成蟹平均亩产达到31千克，平均规格105克/只，亩增产24%；河蟹亩产值1333元，亩效益683元，亩增收16%；水稻亩产值1584元，亩效益860元，亩增效18%；泥鳅亩产值175元，亩效益75元；埝埂豆亩产值51元，亩效益75元。实现稻鱼蟹豆亩综合效益1658元，亩增效26%。2009年，盘山县河蟹养殖规模达到64万亩，产量达到2.3万吨，产值达到10亿元，仅河蟹一项实现全县农民人均纯收入1260元。

（3）“池塘主要鱼类养殖新技术开发、集成与产业化示范”项目。已建立项目示范区1个，示范基地4处。进行了草鱼健康养殖技术研究和示范，首次引进四联草鱼疫苗对平均体重60克的1.15万尾草鱼进行了注射，养殖效果较好；进行了饲料中能量、蛋白质含量对草鱼生长及鱼体成分的影响试验和8个草鱼抗病添加剂配方对草鱼抗病力的影响试验，通过85天的饲养和对鱼体生长指标的检测发现，蛋白质水平为28.64%，脂肪水平为5.65%时特殊生长率最高，饵料系数最低。选择5口池塘作为试验池，进行了黄颡鱼商品鱼池塘养殖新技术研究和黄颡鱼规模化高效人工繁殖技术的研究；进行了鲇鱼良种引进、人工繁育试验，自宁夏引进兰州鲇种鱼54尾，与本地鲇进行了杂交育种试验，共获得杂交水花鱼苗30万尾、夏花鱼种12万尾。在试验示范过程中，多次深入灯塔市众多养殖户，提供养殖技术和病害防治技术咨询服务。

（4）“渔业新品种引进及开发”项目。开展了3个土著名优品种人工繁殖技术的研究；鸭绿江沙塘鳢人工繁殖技术的研究取得进展，人工催产获卵31万粒，获仔鱼2.1万尾、夏花鱼种0.2万尾；进行了唇䱻人工繁殖初步试验，催产亲鱼8组，获卵10万粒，获仔鱼7万尾，10厘米苗种约3万尾；进行了乌苏里拟鲿人工繁殖初步试验，催产亲鱼10组，获水花鱼3000尾；引进乌仔鱼苗3.4万尾（1.7厘米），经过两个月的池塘养殖试验，平均规格4.2厘米，用配合饲料驯化养殖成功；对葛氏芦塘鳢人工繁殖、鱼种培育、仔幼鱼的适宜饵料进行了探索，初步掌握了该鱼种的摄食和繁殖习性；葛氏鲈塘鳢人工繁殖试验的成功，填补了这一领域的国内外空白，为葛氏鲈塘鳢规模化人工繁殖及生产性开发积累了宝贵资料。

（5）“斑鳜规模化人工繁殖及养殖技术开发与示范”项目。进行了斑鳜的人工繁殖技术开发和试验示范，开展了斑鳜的人工配合饲料研究并推广。

（6）“东北七鳃鳗、雷氏七鳃鳗的保护生物学研究”项目。分3次从新宾、宽甸、凤城购进东北七鳃鳗、雷氏七鳃鳗幼体和成鳗；进行了耗氧率、人工孵化、生存环境条件、摄食等室内养殖实验和营养成分分析；初步掌握了东北七鳃鳗、雷氏七鳃鳗的生活习性。

（7）“吸血水蛭工厂化高密度养殖技术研究”项目。购进菲牛蛭42千克，菲牛蛭卵茧91枚，日本医蛭卵茧208枚；进行了长途运输、孵化、幼蛭培育、成蛭养殖试验；探索出长途运输菲牛蛭的安全方式和菲牛蛭室内高密度最佳养殖方式；统计了菲牛蛭卵茧的大小、孵化率、稚蛭体重；研究了菲牛蛭的摄食量、代谢和生长曲线，结果表明，摄食系数与体重相关性不明显；菲牛蛭越冬、常见药物对菲牛蛭的安全浓度试验正在进行中。

（8）“黄颡鱼鼓胀病防治技术研究”项目。以灯塔市忠信淡水渔业有限公司为黄颡鱼病防治点，加强黄颡鱼病监测和防治力度，辐射周边地区渔户；进行了3个批次的病原分离工作，开展了黄颡病原攻毒实验，前期进行了十株纯化病原攻毒实验；发现一种不常见、危害严重的黄颡寄生虫疾病——半眉虫病，通过多次防治实验，取得初步效果。

**【科研成果】** “东北地区淡水鱼类研究”项目获得中国水产科学研究院科技进步奖二等奖；出版了农业（水产）实用技术丛书《水产健康养殖实用技术问答》和《黄颡鱼养殖

实用技术问答》，制定了辽宁省水产地方标准《中华绒螯蟹稻田养殖技术规范》；发表科技论文17篇；发明了葛氏鲈塘鳢人工繁殖方法及专用鱼巢，并申请了国家专利。

**【淡水渔业环境监督与监测】** “葠窝水库渔业生态环境调查与监测技术服务”项目对葠窝水库进行了渔业环境调查、监测与分析。库区共设6个采样点，对库区水质、水生生物、底栖动物、初级生产力、鱼体残毒等项目进行了检测分析，获得数据约200余个。

“青山水库工程水生生物调查与生态环境影响评价”项目对葫芦岛市六股河进行了水生生物与水质的现场调查，共设8个采样点，现场采集鱼体标本。现已对鱼类标本进行了分类，并对浮游植物、浮游动物进行了定量和定性测定。

针对农业部渔业生态环境监测中心下达的常规监测项目，进行了双台子河、鸭绿江重要渔业水域的水质、水生生物、鱼体残毒等相关项目的监测，完成了采样、分析等工作。设采样点16个，获得数据约600个。

“水产苗种场、淡水渔业出口基地水质检测”项目对盘锦、鞍山等市育苗场水源地进行了监测分析，共监测育苗场15个，获得数据200余项，确保了育苗工作的正常进行。

（辽宁省淡水水产科学研究院　张玉杰）

# 辽宁省海洋水产科学研究院

**【概述】** 辽宁省海洋水产科学研究院（辽宁省海洋环境监测总站）始建于1950年，前身是辽宁省海洋水产研究所，隶属于辽宁省海洋与渔业厅，是国内建立时间较早、研究技术力量较强、取得研究成果较多的省级海洋水产专业科研单位之一。

主要职能：负责辽宁省海洋发展战略、海洋经济发展规划、海洋资源保护与管理和可持续利用、海域使用论证、海洋渔业环境监测及保护等方面的研究；负责开展与水产科学有关的海洋渔业资源、海水增养殖海域生态环境、海水增养殖技术、海水养殖生物育种及病害防治、水产品加工技术等方面的研究；负责我省近岸海域生态环境监测和海洋污染事故的调查鉴定，承担海洋和海岸工程建设项目对海洋环境影响的评估等工作。

辽宁省海洋水产科学研究院具有计量认证资质，可承担海洋水文、海水水质近海生态调查等7大类58个项目的检测与分析；具有国家海洋局海域使用论证乙级资质，可承担省、市、县级人民政府审批项目用海的海域使用论证技术服务；具有辽宁省测绘丙级资质，可进行控制测量、海岸滩涂地形测量、海洋工程测量、海底地形测量、水下障碍物探测、水下地形测量、港口与航道测量、海域界线测量等工作；被劳动部确立为辽宁省特有工种职业技能鉴定站，鉴定内容包括水生动物育种繁殖、水生动物养殖、生物饵料培养、水生动物检疫检验和水生动物疫病防治。

下设海水养殖、渔业资源、海洋环境、海洋生态、生物技术育种、海洋规划利用、鱼类、海洋经济、渔用饲料等9个研究科室，拥有海水良种场和引育种中心2个试验场及《水产科学》杂志。依托辽宁省海洋水产科学研究院，设有辽宁省海洋渔业环境监督监测站、辽宁省应用海洋生物技术开放实验室和辽宁省海洋水产分子生物学重点实验室。其中，辽宁省海洋渔业环境监督监测站具有国家乙级渔业污染事故调查鉴定资质，可承担指定区域内和有调查处理权机构委托的、经济损失在1000万元以下的渔业污染事故鉴定工作。

**【科研管理与改革】** 2009年，辽宁省水产学会改挂辽宁省海洋水产科学研究院牌子，院长担任学会理事长。学会设有秘书处，负责处理学会日常工作，由一名副院长担任学会秘书长，秘书处与《水产科学》编辑部合署办公。

**【科研项目与经费】** 2009年，承担国家、省、大连市和有关部门下达的科研项目51项，包括国家自然科学基金项目、“863”计划项目、海洋公益性行业科研专项、公益性行业（农业）科研专项、国家农业科技成果转化项目等国家级项目14项，如“斑点叉尾鮰抗病力分子遗传基础及抗病基因标记的研究”“仿刺参补体C3，Bf，H基因遗传多态性与抗病相关性研究”“辽东湾海蜇、口虾蛄生态修复技术及示范”“辽东湾资源增值效果评估与示范”等；省部级重点科研项目18项，如“海产品高效、安全养殖技术研究与示范”“长海县虾夷扇贝高效健康养殖技术研究及示范”“辽宁省沿海人工鱼礁建设总体规划”等；其他部门下达或委托的项目19项；承担了“大连市人工鱼礁本底调查”“锦凌水库水生生态调查”“盘锦港底栖生物渔业资源”等32个技术服务委托项目。年度科研经费1697万元。

**【科研成果】** “辽宁908专项调查档案管理模式研究”项目获国家档案局优秀成果奖三等奖；“虾夷扇贝海区半人工采苗技术研究”项目通过省级成果鉴定；7个项目进行了阶段成果验收，1项通过大连市农业科技成果推广认定。

发表学术论文53篇，其中，被SCI收录2篇、国家级学报收录8篇、国际期刊收录1篇、外文会议报告收录1篇；申请国家发明专利2项；编制了《辽宁省海洋环境监测质量管理规定》、《辽宁省海洋环境监测资料管理办法》、《辽宁省赤潮（绿潮）灾害应急响应技术保障方案》及其编制说明、《2009年辽宁省海洋环境监测质量保证方案》、《2009年辽宁省海洋环境监测方案》和《2008年辽宁省海洋环境质量公报》。

**【科研平台建设】** 组建国家贝类产业技术体系辽宁贝类综合试验站、国家鲆鲽类产业技术体系辽宁综合试验站和辽宁省海洋生物资源与生态学重点实验室。研究院（监测总站）通过了国家计量认证认可监督管理委员会的复查评审，通过认证的检测项目共7类58项，比复查评审前增加了2类23项。海水良种场通过了验收，已开始试运行。

**【科技合作与交流】** 2009年，邀请国内外专家、学者3人进行讲学交流，接待了法国、挪威等国家代表团到院考察与学术交流；1人赴日本进行水母研究短期研修，6人赴日本北海道喷火湾、青森县陆奥湾等地对虾夷扇贝养殖区进行考察，5人赴美国奥本大学、新泽西州立大学和加拿大纽芬兰纪念大学进行水产技术和学术考察访问；1人参加了“2009年亚洲水产音响及渔业永续利用国际研讨会”，3人参加了“2009年东亚海洋大会”。

以省、市科技特派项目为载体和切入点，开展科技示范与技术指导，组织专业技术讲座2次，培训人员500余人；在东港市举办了“2009年丹东地区第一期渔民转产转业技能培训班”，培训渔民125人；《水产科学》杂志在“中国知网”上的机构用户达到2750多个，读者分布在22个国家和地区。

**【科技人才与队伍建设】** 2009年，辽宁省海洋水产科学研究院在职人员134人，其中科技人员111人，占在职职工总数的82.8%。科技人员中，高级专业技术人员31人，中级专业技术人员28人，初级专业技术人员35人；博士9人，硕士32人。培养硕士研究生11人。1人被授予“大连市2008—2009年度特等劳动模范”称号，1人被授予“大连市2008—2009年度劳动模范”称号，1人获大连市五一劳动奖章，1人被聘为国家科学技术奖评审专家，1人被推选为第九届中国水产学会渔业资源与环境分会委员，1人被国家标准化管理委员会聘为全国湿地保护标准化技术委员会水生生物湿地保护管理分技术委员会委员，1人被聘为全国水产标准化技术委员会渔业资源分技术委员会委员，13人入选农业部渔业局渔业专家库，1人被推选为中国水产学会海水养殖分会第三届委员，1人被选为第七届辽宁省海洋学会（大连市海洋学会）副理事长。

（辽宁省海洋水产科学研究院　王军）

# 辽宁省林业科学研究院

**【概述】** 辽宁省林业科学研究院始建于1958年，前身为省林业科学研究所，1985年经省政府批准改建为辽宁省林业科学研究院。是省属林业综合性科研机构，主要从事林木引种育种、种苗、造林、森林经营、森林生态、资源保护、微生物、林副特产利用、林业机械等10多个学科的基础理论和应用研究。

现有人员76人，其中科技人员69人，包括教授级高级工程师16人，高级工程师10人，工程师17人；博士3人，硕士（含研究生）25人；享受国务院特殊津贴专家6人，全国林业跨世纪学术技术带头人1人，辽宁省优秀专家2人，其中领军人物1人，辽宁省“百千万人才工程”百千层次以上培养对象9人。

**【科研项目与经费】** 承担各级各类科研课题18项，科研经费合计380余万元。其中，国家科技支撑项目5项：“北方泥质海岸防护林体系构建技术及试验示范”“辽西低山丘陵区农林复合可持续经营技术研究”“辽宁省高产优质多抗落叶松、云杉新品种选育”“辽东山区次生林恢复与定向培育技术试验示范”“东北区（辽宁、吉林和黑龙江）典型森林类型净生产力多尺度长期观测与评价”。国家“948”项目2项：“北美东部白松优良抗逆品种选育及快繁技术引进”和“抗寒耐盐碱美国白蜡优良种源及盐碱地土壤改良技术引进”。辽宁省科技计划项目5项：“辽西北困难立地生态保育综合开发关键技术研究与示范”“宽甸经济林、食用菌山区特色产业开发技术集成与示范”“暖温带与中温带过渡区森林生态系统定位研究”“沿海经济带及西北风沙区高效防护林体系建设技术研究与示范”“林木遗传资源保护及良种选育”。辽宁省自然科学基金项目2项：“辽西半干旱区水土保持生态林稳定森林结构模式研究”和“辽东山区不同类型生态公益林生态系统土壤生态过程的研究”。沈阳市科学技术局计划项目2项：“西伯利亚花楸等珍贵观赏树种在城乡景观功能区建设中的应用与示范”和“速生杨高效利用及病虫害控制技术研究”。横向联合项目2项：“辽宁省海岸带植被资源调查及双台子河口滨海湿地植被生物多样性调查”和“欧美杨速生纸浆林可持续经营管理技术研究与示范”课题协作项目。

**【科研成果】** “美国白蛾周氏啮小蜂生物防治美国白蛾的应用技术研究”和“西伯利亚花楸引种区域试验及配套栽培技术”项目获得辽宁省科技进步奖二等奖；“辽宁中部半湿润区杨树速生丰产林营林技术”项目获得辽宁省林业科学技术奖一等奖、沈阳市农村科技推广奖一等奖；“沿海泥质海岸防护林体系综合配套技术中试”项目获得辽宁省科技成果转化奖三等奖。

**【科技合作与交流】** 4月20日，邀请法国专家咨询协会ECTI的食用菌专家Dominique SOURTY教授到院进行学术交流。Dominique SOURTY教授介绍了中国与法国、荷兰等国家在食用菌栽培技术上存在的差异，并与辽宁省林业科学研究院在食用菌栽培领域达成了合作意向。

9月12日，邀请瑞典林业研究所研究员Johan Kroon博士、Curt Almqvist博士和加拿大国泰林业有限公司首席运营官魏润鹏博士到院进行学术交流。专家详细介绍了瑞典林业研究现状、小干松引种、育种及种子园基地建设和欧洲云杉高接技术，展示了树干砧木、赤霉素促进开花、高位嫁接材料年龄等不同效应的试验结果，阐述了林木育种选择方法，考察了辽宁省林业科学研究院新民杨树速生丰产林示范基地、清原大孤家林场、大边沟林场、省实验林场和抚顺温道林场。专家表示愿意与辽宁省林业科学研究院建立长期友好的合作关系，并向辽宁省林业科学研究院提供挪威云杉、小干松、白桦等优良种子。

**【重点科研项目选介】** “美国白蛾周氏啮小蜂生物防治美国白蛾的应用技术研究”项目以我国重大森防检疫害虫美国白蛾的防治为研究对象，以美国白蛾周氏啮小蜂生物防治美国白蛾为突破口，解决了周氏啮小蜂在防治重大检疫害虫美国白蛾应用中的若干新技术，在采用生物防治手段恢复生物链间的平衡、保护生态环境、防止农药污染方面有着重大的现实意义。该项研究主要分为两部分：第一部分是美国白蛾周氏啮小蜂的繁殖技术和复壮技术的研究，涵盖了繁蜂生产工艺、连续继代、繁蜂最佳条件、有效积温、发育起点温度、蜂种的保存与复壮技术；第二部分是美国白蛾周氏啮小蜂的林间应用技术研究，涵盖了美国白蛾周氏啮小蜂的生物学特性、转主寄主的寄生规律、发生世代、放蜂条件、不同生态条件区连续放蜂的寄生效果。该技术适宜在我国辽宁、河北、陕西、京津等省市的美国白蛾发生区推广。6年来，累计防治面积达90万亩，挽回经济损失3.24亿元，间接生态效益和社会效益超过几十亿元。

（辽宁省林业科学研究院　王嘉）

# 辽宁省经济林研究所

**【概述】** 辽宁省经济林研究所成立于1961年11月，位于大连市甘井子区中华西路31号，主要从事核桃、榛子、栗树等经济林树种遗传育种、丰产栽培技术、果品加工利用及园林植物栽培研究等业务，是辽宁省林业厅直属的全额拨款科研事业单位。

**【科研项目与经费】** 2009年，承担各级各类科研项目16项，包括：国家科学技术部农业科技成果转化资金项目“核桃新品种寒丰、辽宁10号的中试与示范”，国家发展和改革委员会项目“杂交榛子产业化基地建设”，国家林业局项目“核桃优良品种寒丰、辽宁10号及配套栽培技术推广”，辽宁省科学技术厅农业科技重点计划项目“林木遗传资源保护及良种选育”子项目“榛子、核桃、栗树等遗传资源保护及良种选育”“沿海经济带岩质海岸防护林体系建设技术研究与示范”，大连市科学技术局项目“板栗、榛子经济林良种示范与推广”；延续执行辽宁省自然科学基金项目“榛树体内类脂组成与其耐寒性关系研究”，研究所内项目“核桃组装促丰技术的研究”“杂交榛子高密度带状栽培模式研究”“辽宁地区主栽日本栗品种的RAPD分子鉴别研究”“栗壳天然食用色素制备工艺及其理化性质的研究”等。全年获得研究推广经费394万元。

**【科研成果及其转化】** 全年发表科技论文34篇，其中在国家级刊物上发表4篇，在省级刊物上发表30篇。

8月13日，由辽宁省经济林研究所主持实施的国家高技术产业发展项目“杂交榛子新品种苗木繁育及产业化栽培示范基地建设”通过辽宁省发展和改革委员会的验收。9月4日，辽宁省经济林研究所承担的“栗树新品种选育及加工用日本栗中试与示范”项目通过了辽宁省科学技术厅组织的验收。专家一致认为，该项目研究成果已达到国内领先水平。

辽宁省经济林研究所培育的辽宁系列和礼品系列核桃优良品种在辽宁及国内其他核桃产区大面积应用，总面积达数百万亩，成为各地发展核桃生产的主栽品种。杂交榛子是研究所利用平榛和引进的欧洲榛子进行杂交培育出的杂交新品种，为全国首创，通过鉴定的新品种有11个，已在辽宁大面积推广，总面积达5万多亩，国内其他省市也正在积极引种推广。日本栗主要产区在辽宁，栽培面积150万亩，目前生产上应用的新品种90%以上是辽宁省经济林研究所选育的优良品种，并已推广到山东、河南、江苏等省。

**【科研环境与条件建设】** 新建成科研综合楼，总使用面积3300平方米，配备了电脑、网络、公共广播、多媒体等现代化办公设施，为科技人员提供了良好的科研、办公条件。拥有1000平方米的辽宁省干坚果工程技术研究中心综合实验室，配置了先进的科研仪器，可以从事植物生理生化、土壤与植物农业化学、植物生物技术、果品加工技术的研究开发。

辽宁省经济林研究所高度重视科研基地建设与管理工作，先后在省内建立了抚顺县榛子科研示范基地24公顷、普兰店市核桃产业化基地50公顷、瓦房店市经济林试验基地100公顷，成立了清原县辽宁柏霖科技有限公司、宽甸柏霖科技有限公司，建立了省科技特派经济林食用菌产业化示范基地，并在江苏省新沂市建立了日本栗示范推广基地6.3公顷。

**【科技人才与队伍建设】** 截至2009年年底，辽宁省经济林研究所共有在职职工47人，其中专业技术人员39人。具有大学本科以上学历的26人，占科技人员总数的67%；教授级高级工程师9人，占科技人员总数的23%；高级工程师16人，占科技人员总数的44%；中级以下专业技术人员14人，占科技人员总数的36%。2009年，招收本科生1人。

**【重点科研项目选介】**

1. 杂交榛子新品种苗木繁育及产业化栽培示范基地建设

由研究所及其下属企业辽宁柏霖科技有限公司承担的“杂交榛子新品种苗木繁育及产业化栽培示范基地建设项目”是国家发展和改革委员会于2008年批复的国家高技术产业发展项目，实施周期为10年，其中建设期2年（2008—2009年），建设期后的生产经营期为8年。2009年8月13日，基地前期建设项目通过省发展和改革委员会组织的专家组验收。截至2009年年底，在抚顺市章党镇门进村建成苗木繁育基地1000亩，基地内定植杂交榛子各优良品种繁殖母树32万株；在抚顺章党镇门进村、大伙房水库林场、温道林场、海浪乡建成杂交榛子集约化示范基地总面积5000亩，定植苗木55万株；在炮台镇、四平镇、庄河市建成杂交榛子集约化示范基地总面积5000亩；在北票、阜新、丹东、本溪等地建立杂交榛子集约化栽培示范推广基地5000亩；在大连地区建成苗木繁育基地1000亩。项目实施人员在实践中概括总结了榛子的繁殖及其集约化丰产栽培园地建设经验，总结出针对立地条件、气候条件等主要因子的品种选择、建园、园地管理等配套技术措施，为榛子产业在我省的健康发展提供了技术保障。

2. 核桃新品种中试与示范

圆满地完成了国家科学技术部农业科技成果转化资金项目“核桃新品种寒丰、辽宁10号的中试与示范”。该项目于2007年通过国家科学技术部组织的评审，被正式立项，执行期为2007年5月至2009年9月。在项目执行期内，组建了由辽宁省经济林研究所牵头，绥中水口林场、建昌雷家店乡林业站、河北省林业科学院、北京林果所、山西晋龙核桃研究所、陕西省商洛市核桃良种繁育中心等5个省（市）7个单位参加的项目协作网，建立健全了推广组织机构；繁育“寒丰”“辽宁10号”核桃良种嫁接苗46万株，在辽宁、河北、山西、陕西、北京五个省市的7个地区营建中试、示范园9900亩；完善了核桃采穗圃营建与园地管理、核桃良种室内嫁接繁殖、核桃园营建、核桃幼树及结果初期栽培管理等4项技术，总结出从核桃良种繁育到园地管理的技术体系；营建的中试和示范园中良种苗木定植成活率在95%以上。该项目的实施充分发挥了核桃新品种的示范作用，加快了我国核桃新品种的推广应用，对农业产业结构调整、农民增收起到了积极作用，市场应用前景广阔。

3. 宽甸经济林、食用菌、中草药山区特色产业开发技术集成与示范

该项目为辽宁省科技特派团项目，目前已取得阶段性成果。为加快科研成果的转化，2009年3月，辽宁省经济林研究所出资100万元组建了股份制实体——宽甸柏霖科技有限公司，建立省科技特派经济林食用菌产

业化示范基地。该基地成为辽宁省经济林研究所位于辽东地区的又一个集科研、生产、示范于一体的产业化示范基地。在古楼子乡和青椅山镇选择了两处日本栗低产园各100亩作为示范园，用“黄峰”“北仓二号”“兔山9”等最新的日本栗优良品种嫁接改造低产日本栗，为加快宽甸地区日本栗的良种化进程打下了坚实的基础。在古楼子乡建立了50亩的杂交榛子良种资源圃，定植了“达维”“辽榛3号”等杂交榛子优良品种苗木1.1万株，为了尽快发挥示范带动作用，还定植了部分杂交榛子多年生大苗，当年定植，当年结果。安排专业技术人员负责进行科学管理，较好地发挥了示范作用。

**【科技合作与交流】** 2009年2月25—27日，辽宁省经济林研究所副所长马春林、高级工程师赵定军应邀参加了在澳大利亚墨尔本召开的第六届世界核桃研讨会。

5月18日，日本国茨城大学农学部园艺学研究室的原弘道副教授应邀到辽宁省经济林研究所访问，并作了题为《栗果贮藏加工过程中主要品质变化》的学术报告。

10月9—13日，派员参加了在陕西举办的第二届中国核桃大会暨首届商洛核桃节。

（辽宁省经济林研究所　宫永红　陈喜忠）

# 辽宁省干旱地区造林研究所

**【概述】** 辽宁省干旱地区造林研究所始建于1958年，是全国唯一一家专业从事干旱半干旱地区林业研究的省属研究所。前身为辽宁省林业局建平水土保持林试验站，1980年经辽宁省人民政府批准为现建制。以林业应用研究为主，以半干旱地区森林培育、经济林为优势学科，以森林培育、森林生态环境与保护、森林资源管理等为主要研究领域，同时开展开发研究和软科学研究，着重解决干旱半干旱地区林业建设中综合性、关键性的科学技术问题，为建设现代化林业提供科技支撑。

内设经济林、生态林业、林木育种、组培技术、森林经营等5个研究室。在吉林、内蒙古、新疆、甘肃、北京等地建立了科技示范推广基地、基点10余处。

建所以来，紧紧跟踪国内外相关领域的最新研究进展，结合辽宁省尤其是辽西北风沙半干旱地区林业建设中关键性的重大科技问题，在森林生态系统恢复与重建、经济林良种选育及丰产栽培技术等方面展开研究。研究开发出一系列干旱、半干旱地区造林，多功能水土保持林、混交林、能源林营造与集约经营，农用林业模式构建等技术。

**【科研项目】** 2009年，共申报各类科研项目12项，正式立项3项，分别为国家林业局“星火中试”项目、国家林业公益性项目和省科学技术厅农业成果转化重点项目。根据当前林业生产存在的关键技术难题和林农需求，设立所内研究项目8项。在研的15项课题任务全部按照年度计划完成。

**【科研成果及其转化】** “大扁杏良种选育及高效栽培配套技术的研究”获省林业科学

技术奖一等奖。主持完成的“油松毛虫种群空间格局及其抽样技术研究”通过省科学技术厅鉴定，成果达到国际先进水平；“沙棘良种转化与示范”通过了省科学技术厅组织的验收；申请的“黑果花楸果酒及其酿造工艺”专利已进入公示阶段。

组成技术服务指导组，对“辽西北边界防护林体系工程建设”和“以朝阳市为重点的200万亩荒山绿化”两大工程建设进行了现场技术指导。在朝阳县、建平县筹建黑果腺肋花楸等成果转化基地700余亩。积极参加科技服务林农对接会，确定对接基地，重点开展大扁杏等经济林丰产栽培技术推广工作。带领科技人员多次深入林业生产一线调研，完成了《关于科技服务林农、促进成果转化调研报告》《关于辽西北油松林经营技术的调研报告》和《关于辽西北边界防护林（朝阳段）工程建设情况的调研报告》。精选20项科技成果编辑制作《科技成果》汇编，印刷2500册，发放到省内各基层林业部门。

**【产学研合作】** 与沈阳农业大学林学院合作，成立研究生工作站并挂牌。与建平县颈复康药业种植有限公司合作，开展林下种药试验研究。与朝阳池之王酒业公司合作，深入开展黑果花楸果实加工工艺研究。

**【科技人才与队伍建设】** 截至2009年年底，科技干部发展到37人，占从业人员总数的83%；具有大学本科以上学历的24人；教授级高级工程师10人，高级工程师5人，工程师8人。

**【重点科研项目选介】** “大扁杏良种选育及高效栽培配套技术的研究”项目2001年被列为辽宁省科学技术厅重点攻关项目。根据大扁杏生物学和植物学特性，开展大扁杏优树选择和优良无性系鉴定的研究，提出了选择优良品系、延迟开花等提高大扁杏坐果率综合技术措施。经过区域化栽培试验，严格按照育种程序选育出了“辽优扁1号”“辽优扁2号”“辽优扁3号”“辽优扁4号”“辽优扁5号”5个大扁杏优良品系。栽植第5年进入丰产期，平均单株产仁量0.68～0.81千克，每公顷产杏仁1479.9～1741.5千克，每公顷产值5.9万～7.0万元。选育出的大扁杏优良品系具有丰产、稳产、杏仁质量优等特性，遗传力大，遗传增益高。

通过对影响大扁杏优质高效栽培的关键技术进行系统研究，结果显示，实行宽行密植后，每公顷栽植1665株，比原来的平均每公顷栽植825株杏仁产量提高131.3%；采用深翻压青比对照单株产仁量提高24.6%；采用树盘覆草方法，每公顷杏仁产量提高46.3%；采用树盘覆膜方法，单株产仁量提高90%；采用花期喷布硼酸的方法，坐果率提高41.1%；采用坐果期喷布0.5%的磷酸二氢钾+0.3%尿素水溶液的方法，坐果率提高71.2%；经过大冠稀植树冠整形的疏层形，平均单株产仁量提高58.8%。

该项研究在全国首次提出大扁杏选优标准和大扁杏选优新方法，用主成分分析和区域试验选择大扁杏优良无性系，在大扁杏良种选育方面具有新的突破。通过对影响大扁优质高效栽培的地下管理、花果管理、树体管理等关键技术进行细致研究，确定了我省大扁杏栽培优良品系及高效栽培配套技术，填补了我国在这方面研究的空白。

选用大扁杏优良无性系建园，运用高效栽培配套技术，使产仁量提高30%以上。我省采用大扁杏高效栽培配套技术建园和经营管理的大扁杏园有百万亩，年收益4亿多元。大扁杏优系选育技术和高效栽培配套技术的研发，对实现大扁杏栽培良种化和生产科学化具有重要意义，具有广阔的推广前景和巨大的潜在效益。

（辽宁省干旱地区造林研究所　田福军）

# 辽宁省固沙造林研究所

**【概述】** 辽宁省固沙造林研究所始建于1952年，位于科尔沁沙地东南缘的彰武县章古台，是新中国成立最早的四大治沙研究机构之一，总结出“以灌木固沙为主、人工沙障为辅，顺风推进，前挡后拉，分批治理”的一整套综合治沙方法，被誉为中国三大治沙法之一，填补了中国灌木治沙史的空白。

**【科研管理与改革】** 2009年，辽宁省固沙造林研究所进行了内部机构改革，对中层干部进行了重新聘任，对科室人员进行了重新优化组合。重新划分了科室职能，将原有的内设机构整合为办公室、人事科、计财科、行政科、科技室、测试中心、林木育种研究室、生态修复研究室、森林培育研究室、林业产业研究室、实验林场、苗木中心等12个科室。

**【科研成果及其转化】** “彰武松亲本鉴定及繁育技术”获得辽宁省林业科学技术奖一等奖、辽宁省科技进步奖三等奖、中国第二届沙产业博览会十大重点技术奖。

全年共实验更新造林170公顷，补植嫁接造林100公顷，移植苗木25万株，樟子松装杯40万株，繁殖苗木570万株，有害生物防治112公顷，幼树修枝233公顷，销售苗木400万株。加大彰武松、彰武小钻杨、异砧红松、大果榛子的繁育力度，先后在黑龙江省龙江县、陕西榆林、山西大同、甘肃武威、内蒙古通辽及赤峰等地推广良种示范林400余公顷。在辽宁阜蒙县富荣镇宝日殿村建设了66.7公顷异砧红松、彰武松示范基地，在内蒙古科左后旗、青海西宁、辽宁彰武柳河林场和阜蒙县紫都台乡建设了大果榛子推广示范基地。启动了文冠果生物能源林工程。成为阜新市林业种苗科技支撑单位，内蒙古科左后旗林业技术依托单位。

**【重点科研项目选介】**

1.半干旱沙区(科尔沁沙地)防沙治沙植物材料筛选与扩繁技术

该项目通过对不同树龄、不同生长时期的彰武松针叶作切片分析，了解了彰武松的气孔结构、角质层厚度、有无蜡质、维管束大小等生理指标，并进行了彰武松抗逆性的选育工作。对美国皂角进行了物候期观测。通过干旱胁迫处理，测定了桃叶卫矛、叶底珠、驼绒蒿、沙棘、榆叶梅等5种灌木的外渗电导率和叶片游离脯氨酸含量。

2.樟子松人工林寄主主导性病害群体结构御灾及动态经营管理技术

该项目选择3公顷地势起伏较大的林分建立疏林模式，保留株数200株/公顷。监测了不同立地条件下，不同结构（疏林、团状绿伞林、带状林、片林等）、不同年龄与密度的樟子松人工林的生长与健康情况、水分动态（土壤含水量）等。同时，对部分密度类型进行了小气候因子的测定。通过人工造林引入针阔叶树种银中杨、白蜡、国槐、文冠果、火炬树、枫杨等多个品种，造林面积14

公顷，形成混交林面积28公顷。测定了调整后林木冠高比例试验林的丙二醛、电导率、脯氨酸、可溶性糖等相关抗逆性指标。农林（牧）复合经营是沙地樟子松林病害控制的重要措施之一。目前的实验结果显示，混农作业对樟子松生长和健康状况不仅没有不良影响，而且可改善林分的水分和养分条件，有利于病害控制。在沙地樟子松人工林中追施锌肥对林木的生长与健康状况有显著影响。镀锌钉可减轻松枯梢病的危害且效果持久，但并不能完全控制病害的发生，最好与结构调整、密度调整、人工修枝等措施结合运用。对全省主要樟子松引种区进行了全面调查，并在铁岭市昌图县、沈阳市康平县选出抗病优树5株。

3.沙地退耕还林还草经营模式研究

建立大果榛子无性繁殖苗引种试验林3.33公顷。自抚顺引种平欧杂种榛子抗旱抗寒品系3种（84—254，82—11，82—226），开展品种比较试验和施肥试验，其中，“84—254”表现最好，总体成活率为80.4%。营造异砧红松模式林10公顷，秋季调查成活率为95%。营造文冠果木质能源林模式林3.33公顷。以文冠果为主，利用樟子松的带状林形成针阔、乔灌混交模式，秋季调查成活率均达到90%以上。对彰武松不同树龄芽穗进行了化学与机械诱导，建立彰武松与樟子松针针混交林13.33公顷，秋季调查造林成活率为79.8%。营造纸浆材林4.9公顷（化学浆材）。采取对试验项目进行实时跟踪和对退耕农户进行入户调查的方法，监测了经济效益。

4.辽蒙阻沙带人工植被建设关键技术研究与示范

建立乔、灌、草复合防护体系25公顷，试验区栽植木本植物14种，共3.1万株，树木覆被率达90%。采取林草、林药间作的杨树与未采取林草、林药间作的杨树进行对比，发现采取间作的杨树胸径增加了15.55%，高生长增加了83.33%。

（辽宁省固沙造林研究所　徐贵军）

# 辽宁省盐碱地利用研究所

**【概述】** 辽宁省盐碱地利用研究所创建于1958年，是全国唯一一家以盐碱地改良利用为主攻方向的省属科研机构。多年来，始终以盐碱地资源改良利用、开发建设、生态保护为己任，立足盘锦、服务全省、面向全国，围绕“合理改良与利用盐碱地，实现资源与环境、社会与经济持续协调发展”这一任务目标，在土壤改良与培肥、水稻（抗盐）育种、生物技术、生态农业、农田水利、园林绿化、高产栽培、植物保护、水产畜牧养殖等方面进行了多学科的试验研究，共取得204项科研成果，并有106项成果获得科技奖励。其中，获国家级奖励4项，省（部）级奖励51项，市（厅）级奖励51项。有150多项科研成果在生产上得到广泛的应用。

辽宁省盐碱地利用研究所的科研成果已经被推广至北京、天津、河北、河南、山东、江苏、宁夏、甘肃、新疆、内蒙古、黑龙江、吉林等多个省、自治区和直辖市。先后有13个国家的56名专家到辽宁省盐碱地利用研究所进行考察和经验交流。先后选派14名专家共19人次承担对马里、布基纳法索、乌干达、科特迪瓦等国家湿地的考察、规划、勘测、施工等技术援助项目，受到广泛的好评。

辽宁省盐碱地利用研究所现有职工149人，其中专业技术人员107人，包括高级研究人员30人、中级研究人员41人，有6人享受国务院特殊津贴。

**【科研项目与经费】** 2009年，承担各级各类研究项目19项。其中，省部级项目9项，分别为“国家水稻产业技术体系建设（盘锦水稻站）”“水稻种子产品质量追溯系统建设”“北方粳稻育种技术研究及新品种选育”“农垦超级稻示范推广”“水稻品种抗瘟基因型鉴定技术”“水稻重大病虫害测报综合防控技术研究”“水稻高产高效栽培技术集成与示范”“优质高产多抗水稻新品种（组合）选育”“优质水稻良种标准化繁育基地建设”，市级项目4项，分别为“水稻高产优质多抗新品种（组合）选育”“盐生植物新资源开发研究”“水稻食味研究与检测仪器应用”“优质食味大米生产技术及开发”；自选项目6项，分别为“抗盐玉米育种试验”“野鸭养殖实验”“汉方营养剂研制与应用技术研究”“耐盐碱葡萄新品种选育研究”“耐盐碱绿化苗木花卉筛选与培育”“滨海盐碱地原生态绿化技术研究与开发”。全年共获得科研经费190万元。

**【科研成果】** “高产优质多抗水稻新品种盐粳188选育推广”和“盘锦市水稻生产综合技术开发”分获辽宁省农业科技贡献奖二、三等奖，“滨海稻区水稻精确定量栽培技术体系研究与推广”获盘锦市科技进步奖一等奖。“滨海稻区水稻精确定量栽培技术体系研究与推广”“葡萄新品种——碧玉香”“葡萄新品种——着色香”通过成果鉴定；发表论文25篇。全年科技成果推广应用实施面积达300多万亩。

**【科技下乡】** 参加了北方农业新技术新成果展览会、盘锦市科技成果对接洽谈会和在盘山县、大洼县各乡镇举办的送科技下乡等活动，加强了与其他农业科研单位的横向联合，扩大了与农民群众的交流，更全面深入地了解了“三农”的科技需求，宣传推广了辽宁省盐碱地利用研究所的新成果、新产品。

（辽宁省盐碱地利用研究所　潘月卓）

# 辽宁省农业科学院

**【概述】** 辽宁省农业科学院成立于1956年，是辽宁省人民政府直属的专业学科较为齐全、仪器设备较为先进的省级综合性农业科研机构。多年来，辽宁省农业科学院以市场需求为导向，以出成果、出人才、出效益为宗旨，以增强农业综合生产能力和推进农业现代化为核心目标，以服务“三农”为重点任务，大力开展应用研究和开发研究，重视应用基础研究和高新技术研究，致力于解决我省在发展农业生产和农村经济实践中存在的带有普遍性、全局性和关键性的科学技术问题，取得了丰硕的科技创新成果，为全省农业和农村经济的发展作出了重要贡献。

辽宁省农业科学院下设21个研究所（中心），拥有15个国家（国际）研究、检测机构，13个省部级重点实验室，11个工程技术中心。在职职工1561人，其中科技人员966人，包括高级研究人员352人，中级研究人员371人，初级研究人员243人。

**【科研项目与成果】** 2009年，承担科研项目322项，其中国家级158项，省级106项，市级及横向联合58项。承担科技开发、推广项目77项，其中综合开发项目63项，农业技术推广项目14项。

通过省级鉴定成果8项；审定（备案）品种51个，其中国审品种9个，省审品种12个，备案品种30个；申请国家发明专利7项，实用新型专利5项；发表科技论文384篇；出版科技著作14部。

“农业综合开发科技增效示范工程”获辽宁省科技进步奖一等奖，“葡萄无公害安全优质生产关键技术集成研究与示范”“果树生物有机肥研制及其施用效应研究”“高产优质专用花生新品种选育及配套技术研究”“玉米瑞德微群体创建与利用研究”获辽宁省科技进步奖二等奖，“香菇高效栽培关键技术研究及标准化模式推广”和“辽西水土流失区植被修复与重建技术研究”获辽宁省科技进步奖三等奖，“千万亩耐密型玉米新品种辽单565推广”“千万亩优质广适型超级稻新品种辽星1号示范推广”“千万亩一化性柞蚕新品种‘早秋214’高效示范”分获辽宁省科技成果转化奖一、二、三等奖；“优质广适型超级稻新品种辽星1号选育与推广”获中华农业科技奖三等奖，“葡萄无公害安全优质生产关键技术集成研究与示范”和“高饲料效率柞蚕新品种大三元推广”获辽宁省农业科技贡献奖一等奖，“农作物高效育种技术模式和优良品种选育”“色素万寿菊色素1号选育与推广”“大葱雄性不育单交种及其三交种辽葱六号选育和利用”“农业科技信息开发与推广服务体系建设”获辽宁农业科技贡献奖二等奖，“辽西肉羊高效饲养繁育关键技术研究与推广”获阜新市科技进步奖一等奖，“紫花苜蓿新品种引进及高产栽培技术集成与示范研究”获朝阳市科技进步奖二等奖，“高寒地区双层膜温室的研制与推广”和“观赏万寿菊新品种推广应用”分获沈阳市农村科技推广奖二、三等奖。

选育出苹果“岳阳红”“早金酥梨”等5个具有自主知识产权的果树新品种；掌握了南果梨低温贮藏防褐变技术和甜樱桃光合气调保鲜技术，延长了贮藏期与保鲜期；研究发现3对可能与苹果轮纹病相关基因连锁的特异引物；克隆得到梨果皮花青素生成相关基因。

柞蚕新品种选育研究完成了纯种“9418”“印海青”的定型；筛选出2种对柞蚕核型多角体病与柞蚕空胴病具有较好防治效果的药剂；克隆得到了柞蚕溶茧酶基因，获得国家发明专利授权。

筛选出玉米、水稻、大麦的最佳高效施肥模式，研究提出建立分区耕地质量分级评价指标的依据；发现了我国玉米穗腐病病原菌新的种类；完成了蔬菜细菌CU-PV 08菌株基因组16s核糖体DNA基因序列测序；研究得到对稻曲病菌具有专化性的引物探针，检测准确率达到85%以上。

共引进大豆、向日葵、野生花生、花卉、李杏、牧草等品种资源748份；完成了420份小麦种质资源入库保存和基本性状评价的数据录入；鉴定评价资源252份；向7家科研单位提供种质273份次；繁殖更新资源100份，完成36个柞蚕品种或材料春秋两季的有效保育；完成了玉米杂交种39个骨干自交系的短期入库保存。

**【科研成果及其转化】** 优质超级稻品种“辽星1号”被列为全国主推品种，开展了水稻高产高效栽培技术集成与示范，建立高产辐射区150万亩，增产稻谷1.2亿千克；解决了杂交稻制种中父母本花期不遇的问题；开展了北方杂交粳稻遗传基础与杂种优势关联性研究等分子生物学研究，并取得阶段性成果。玉米新品种“辽单565”“辽单527”等年推广应用1000万亩以上；首次提出春玉米双株定向、偏垄宽窄行和大垄双行疏密种植技术。大豆新品种“辽豆15号”推广面积达到130万亩以上；育成了不育化A3型细胞质能源专用高粱杂交种；研究明确了单性结实茄子品系的产量相关性状遗传模型。建立了蓝莓、树莓品种区试园，开展蓝莓栽培试验。研究并推广了“深沟高畦，大垄双行，沟边密植，生态种养”的河蟹养殖和水稻栽培的稻蟹生态种养模式，解决了制约稻蟹种养生产的关键技术“瓶颈”。将百合种球病毒实时扩增检测技术应用于生产，检测出凌源带病毒植株，解决了我国东方百合种球繁殖系数低、感毒率高和种性退化严重的关键技术难题。

在全省各项目区实施的农业综合开发科技项目和科技共建项目中，共示范推广水稻、花生、玉米、蔬菜、果树、食用菌、花卉等作物优新品种216个，推广应用农业新技术、新工艺178项，新品种、新技术推广和科技服务辐射全省14个市、50多个县区，覆盖面积3280万亩，新增经济效益23亿多元。在项目实施中，为农民开展各种形式的科技培训409次，培训基层农技人员和农民8.9万人，发放各类技术资料（技术手册、光盘等）50.3万份。

承担的6个科技特派团项目产业化基地建设工作取得阶段性进展，并获得“全国科技特派员工作先进集体”“辽宁省定点扶贫先进单位”荣誉称号，果树科学研究所助理研究员张青、设施中心研究员王平获得“全国优秀科技特派员”荣誉称号。

**【科技合作与交流】** 2009年，接待日本、美国、俄罗斯等国家的12个团组、41人次来访，并进行农业技术交流、培训及项目合作。派出13个团组、27人次分别赴日本、美国、荷兰、韩国等国家进行合作研究、洽谈合作项目、参加国际学术会议。接待国内来访30余次，派出40余个团组积极参与各级各类会议与交流。共举办各类学术会议21次。

**【科技人才与队伍建设】** 2009年，公开招聘录用人员31人，其中，博士5名、硕士15名。有3人成功遴选为博士研究生导师，有6人被聘为辽宁省农业科学院研究生导师，目前，全院研究生导师队伍已达41人。有4名博士后人员出站工作，有3名博士后人员进站工作，目前在站博士后11人。最新入选辽宁省“百千万人才工程”百人层次5人、千人层次13人。有17人获得研究员资格，24人获得副研究员资格，62人获得助理研究员资格，4人获得研究实习员资格。

（辽宁省农业科学院　石龙阁）

# 辽宁省水土保持研究所

**【概述】** 辽宁省水土保持研究所成立于1960年，隶属于辽宁省农业科学院，是以水土保持技术研究和旱地农业研究为主的综合性科研单位。现有职工108人，其中科技人员62人，包括研究员9人，副研究员17人，助理研究员25人。设有科研业务科室6个，包括环境工程研究室、旱地作物研究室、蔬菜花卉研究室、果树研究室、试验示范基地管理中心、农业科技推广服务部。

建所以来，共主持、参加国家和省部级研究推广项目162项，取得科技成果143项，获得各种奖励92项，其中获省科技进步奖28项；选育、引进农业新品种30余个；研究推广各类栽培技术30余项；规划设计并进行综合治理典型小流域10余条；发表科技论文500余篇。

在水土保持技术研究方面，辽宁省水土保持研究所完成的“辽宁省采矿业水土流失及其防治技术研究”等6个项目获辽宁省科技进步奖二等奖。“太平沟小流域综合治理试验”“辽西北风蚀水蚀区造林种草水土保持效益研究”“郝家流域水土流失防治及防洪拦沙效益研究”等项目的研究为朝阳市争取并实施联合国的“2772工程”援助项目起到了重要作用。自1999年以来，先后取得了开发建设项目水土保持方案编制甲级资质、水土保持监测甲级资质、水土保持主导工艺丙级设计资质。2006年成立辽宁环美水土保持工程技术中心。到目前为止，已编制大型建设项目水土保持方案60个，完成水土保持规划设计16个。由水利部主管、辽宁省水土保持研究所主办的科技期刊《水土保持应用技术》自1981年创刊以来，已经发行134期，多次荣获水利部等有关部门的表彰。

在旱地农业研究方面，研究选育谷子新品种23个，占全省谷子种植面积的30%以上。“朝谷9号”“朝谷12号”“朝谷15号”“燕谷16号”被国家评为优质米。有两项成果获朝阳市科技进步奖一等奖。引进并筛选出葡萄新品种10余个。“晚红”葡萄等9个品种通过了辽宁省农作物品种审定委员会的认定。“晚红”葡萄获全国农业博览会银奖，“无核白鸡心”葡萄获辽宁省优质果金奖，“晚红李引种及其栽培技术的研究”获辽宁省科技进步奖二等奖。

辽宁省水土保持研究所科研基础条件完备，拥有科研综合楼4000平方米，试验基地67公顷，日光温室12栋，冷棚6栋，田间试验用作业室2500平方米；拥有全占仪、工程扫描仪等科研仪器设备160余台（件）；拥有图书期刊资料2万余册；固定资产总值887.1万元。

**【科研方向及重点】** 围绕辽宁省水土保持生态农业发展战略性目标，开展区域农业生态环境修复、荒漠化治理、径流农业、工矿区及城市水土保持技术研究工作，开展水土保持方案编制工作，为水土保持规划及工程设计提供技术支撑；围绕朝阳市及周边半干旱区农业发展方向，开展设施农业、旱作节水农业、林果业、蔬菜等关键技术研究，加快科技成果转化，为社会主义新农村建设提供强有力的科技支撑。

**【重点科研项目选介】**

1．辽西水土流失区植被修复与重建技术研究

该课题完成时间为2003—2008年，2009年获辽宁省科技进步奖三等奖。该课题针对辽西地区干旱、水土流失严重、植被退化、生态系统服务功能下降的现实，以生态学、恢复生态学、生态经济学和小流域综合治理理论为指导，探索适合辽西水土流失区自然、气候特点的植被修复与重建技术，为该区域的生态恢复和社会主义新农村建设提供依据。按照生物途径、生境途径、生态系统服务功能途径、景观途径选择评价指标，应用模糊评价方法对辽西水土流失区的生态系统现状进行了诊断分析，明确了该区生态退化的根源在于水土流失和林草植被覆盖率低，以及干旱、水资源匮乏和植被恢复技术不足。从坡面产流理论和试验测试角度分析了植被覆盖与水土流失的相关性，明确了植被覆盖的水土保持机理和作用，运用层次分析法分析了辽西水土流失区植被修复的限制因子，提出了辽西水土流失区植被修复技术。以义县王家沟小流域为典型进行植被修复后生态健康评价，结论显示，辽西水土流失区小流域经过10余年的生态建设，可以实现植被恢复。该项研究将试验与推广相结合，共完成植被修复面积490994.4公顷，包括栽植乔木、灌木、经济林、果树、坡地植物篱等，累计经济效益24969.97万元，年减少径流76009.46万立方米，年减少土壤流失439.08万吨。

2．燕谷16号

该项目完成时间为1999—2005年，2009年通过国家品种鉴定。该品种母本为“矮88”，父本为“齐头白”。幼苗、芽鞘为绿色，主茎高100～110厘米，穗长20～25厘米，穗呈圆筒形，松紧适中，刚毛绿色，较短。单穗粒重13～15克，千粒重2.9～3.0克。籽粒圆形，白谷黄米，米质粳性，出谷率为76%～80%。在区域试验和生产试验中，表现抗旱性强，茎秆粗壮坚韧抗倒伏，高抗谷瘟病、白发病、锈病、纹枯病。经国家农业部农产品质量监督检验测试中心（沈阳）测定，“燕谷16号”小米蛋白质含量为10.6%，脂肪含量为3.0%，淀粉含量为64.6%。品尝鉴定结果是饭呈黄色、柔软味香，适口性好，用做干、稀饭均佳。

3．原状土壤样品采集装置

该项目完成时间为2007—2008年，2009年申请实用新型专利。该采集装置由钻杆、钻体、手柄、原状土样采集筒、土壤采集状态指示杆、弹性钢圈等几部分组成。该采集装置可用做原状土样采集，也可作为一般土样采集器使用。在采集原状土样时，既可配合环刀使用，也可配合自带的原状土样采集筒使用。该采集装置结构简单，操作方便，经济实用。

4．辽西地区设施蔬菜综合配套技术推广

该项目执行年限为2009—2010年。主要围绕推进辽西地区设施蔬菜规模化、产业化发展，提升设施蔬菜生产整体技术水平，实现提质增效的目标，重点开展秸秆生物降解栽培技术、越夏周年生产技术、菌-菜套作技术、菜-果套作技术、新品种及其配套技术、设施蔬菜无公害栽培技术、节水灌溉技术、优良新品种推广等几项主要关键栽培技术的示范推广。推广面积8万亩，单位面积产量提高15%～25%，累计新增经济效益1.8亿元。

**【重点科研平台选介】**

1．国家现代谷子产业技术体系朝阳综合试验站

该项目执行年限为2009—2013年。承担辽西北春谷主产区谷子的生产技术支撑任

务，培育高产优质新品种4～5个，产量较对照增产3%以上，高产品种较对照增产5%以上；加快品种的更新，提高产量水平和增加农民的经济收入；示范应用栽培新技术新品种4万～5万亩，开展喷洒除草剂达到简化间苗或免间苗栽培技术研究，建立100亩简化栽培样板；大力宣传和培训基层干部与农民，提高科学种植谷子的意识，变粗放管理为精细种田，加强谷子产业进入市场的商品性步伐。

2．国家现代高粱产业技术体系朝阳综合试验站

该项目执行年限为2009—2013年。重点开展大面积高粱高产种植配套技术的试验与示范、优良品种筛选、配套栽培技术研发试验与示范；基层农技人员和管理人员的培训；生产实际问题和需求信息的调查与采集；灾情动态变化的监测分析与处理，针对突发事件，提出切实可行的建议和措施方案；地方种质收集与繁殖；接受咨询，加速科技成果的推广应用。

3．辽宁省土壤侵蚀与水土保持重点实验室

该项目执行年限为2009—2011年。以辽宁省乃至北方土石山区土壤侵蚀过程调控和改善生态环境为研究方向，发展土壤侵蚀与水土保持领域及其交叉学科，为加速该区水土保持、生态环境建设和农业持续发展服务。主要研究内容包括：土壤侵蚀过程及其调控、土壤侵蚀定量评价技术及预报模型、基于3S技术的水土流失监测系统、水土保持生态修复机理与过程、坡面径流资源调控与高效利用技术、现代水土保持技术综合集成与示范区建设。

（辽宁省水土保持研究所　刘月英）

# 辽宁省蚕业科学研究所

**【概述】** 辽宁省蚕业科学研究所成立于1947年9月，原名为安东野蚕试验场，1959年3月28日正式建所，现隶属于辽宁省农业科学院。辽宁省蚕业科学研究所是国际野蚕研究中心、中国柞蚕产学研联盟委员会及辽宁省野蚕研究重点实验室的建设依托单位，长期从事柞蚕新品种选育、柞蚕病虫害防治、柞蚕饲养技术、柞蚕良种繁育技术及柞蚕场生态建设等方面的研究与示范，并在这些领域达到国际先进水平。同时，长期担负着国际柞蚕业高级技术人员培训与技术外援工作，已成为现代国际柞蚕产业策划与技术辐射中心。

多年来，辽宁省蚕业科学研究所承担省部级以上科研项目160余项。在柞蚕产业研究方面，完成科技成果209项，占全国柞蚕科技成果总数的70%，并获得5项国家发明奖、2项国家科技进步奖和7项省部级一等奖。辽宁省蚕业科学研究所研究发明的实用品种、卵面消毒、寄生线虫、蚕寄蝇、蚕场敌害防控、树型养成、纸面产卵、小蚕保护育等8大关键技术构成中国柞蚕生产的核心技术体系。截至2009年年底，辽宁省蚕业科学研究所培育的柞蚕新品种的应用面积已占全国柞蚕生产总面积的80%，柞蚕病虫害防治、小蚕

保护育、纸面产卵等关键技术在全国的普及率达92%以上，生产的柞蚕种市场占有率达40%～50%，蚕药市场占有率达95%，柞蚕业科技贡献率超过60%，新成果取得直接经济效益80多亿元。

辽宁省蚕业科学研究所下设8个业务研究室。现有在职职工190人，专业技术人员112人，其中高级专家30人，博士2人，硕士10人。拥有各类实验室4500平方米，生产厂房1万平方米，试验蚕场680公顷。

**【科研管理】** 在学科建设上，继续实行各类奖励措施及学科组组长负责制。在日常管理上，继续加强监督检查力度，保证课题指标的如期完成及课题的接续。在人才培养上，积极采取“走出去，请进来”等多种方式，迅速提高科技人员的能力与水平，全年派出20余人次参加各类学术交流会议。

**【科研重点】** 2009年，辽宁省蚕业科学研究所继续以柞蚕“三超”新品种选育、主导蚕药更新换代及柞蚕场生态建设等研究为全年工作重点；以提高资源利用效率和可持续利用为核心，努力提高单位面积产量与质量；以柞蚕场生态研究为切入点，逐步建立蚕场能量与营养平衡机制；以蚕蛹生物反应器的建立为突破口，延伸产业链，提高附加值；以柞蚕基因控制机理和转基因技术研究为基础，力求品种创新与品质改良，促进行业发展。辽宁省蚕业科学研究所追求的目标已超越了传统柞蚕业的局限，力求在更深的层次、更广的领域挖掘柞蚕业自然、社会和技术资源的潜力，通过技术集约创造更大的经济效益、生态效益和社会效益。

**【科研项目与经费】** 2009年，辽宁省蚕业科学研究所承担省级以上科研项目18项，获得科研经费支持412万元。

**【科研成果及其转化】** “柞蚕新品种大三元推广”获得辽宁省农业科技贡献奖一等奖。“柞蚕种质资源保护与创新利用研究”通过省级鉴定，该成果至鉴定时已累计创造经济效益27亿元。“千万亩一化性柞蚕新品种‘早秋214’高效示范”获得辽宁省科技成果转化奖三等奖，2001—2008年，经过8年的高效示范，新品种“早秋214”累计推广应用面积已达85万公顷，实现新增收益5.56亿元。

**【科研环境与条件建设】** 辽宁省蚕业科学研究所不断完善科研设施，在连续6年加速改造建设工作的基础上，2009年又完成了蚕种场繁殖种房屋建设与设施更新改造、办公楼内部改造与装饰、综合楼消防管道改造、新建模拟生态实验室室外机房、为四台子科研基地埋设路灯等工程。另外，投资44万元购置科研仪器设备50多台（件）。全年基础与条件建设投资共计600余万元。

**【科技合作与交流】** 承办国家农业部开展的“全国柞蚕种质资源、蚕场资源及蚕种场资源调查”活动。组织专家组深入4个省（区）8个市（县），行程4000公里，实地考察了柞蚕种质资源保存、柞蚕放养、柞蚕场建设及柞蚕种场经营等基本情况，走访蚕民30余人次；召开主产市（县）专业技术人员座谈会5次，在详细听取各地蚕业工作者汇报的基础上，针对不同地区的柞蚕产业发展提出了指导性的意见；撰写调查报告，全面总结了目前全国三类资源状况，并提出了产业发展建议；与大连生物技术研究所共同承办“中国蚕学会第八届二次理事会暨学术年会”，70余位代表参会。接待波兰波兹南生命科学大学蚕桑专家到所考察并洽谈科研合作事宜。第十届全国人民代表大会常委、全国人民代表大会农业与农村委员会副主任舒惠国到所考察，对辽宁省蚕业科学研究所在柞蚕研究各领域取得的成绩给予了充分肯定。

（辽宁省蚕业科学研究所　石淑萍）

# 辽宁省稻作研究所

【概述】 辽宁省稻作研究所是专门从事北方粳稻研究和产业开发的省级专业所，是北方杂交粳稻工程技术中心、国家水稻改良分中心、国家水稻加工技术研发分中心、国家水稻原原种繁育基地、辽宁省农业科研重点研究所。下设杂交稻育种研究室、常规稻育种研究室、旱稻育种研究室、分子育种研究室、耕作栽培研究室、品种资源研究室和辽宁省高新技术产品开发中心。现有在职职工86人，其中研究员14人、副研究员13人，博士后1人、博士9人、硕士10人。

【科研方向及其进展】

1．常规育种

常规育种是辽宁省稻作研究所的传统优势学科，始终坚持利用理想株型的主栽品种与籼粳亚种间杂交后代材料进行配组，创造新株型和强优势复交材料，通过优化性状组配，快速聚合有利基因，创制目标性状突出、综合性状好的后代材料。近年来，借助航天搭载创制出一批新材料，正在进行后代观测。2009年，优质超级稻"辽星1号"被列为全国主推品种，也是辽宁省第一大水稻主栽品种，在辽宁省及北方适宜稻区得到广泛的推广应用。

2．杂交稻育种

辽宁省稻作研究所是我国杂交粳稻的发祥地，杂交稻育种作为辽宁省稻作研究所的优势科目，2009年重点解决高产、优质与高效的结合问题。在研制出高产、优质的超级杂交粳稻的基础上，成功地实施高效简化种植技术和水肥高效利用技术的集成与示范，建立优化配套的生产技术体系，推动优质超级杂交粳稻的发展。在杂交粳稻高产制种技术上，针对"辽优2006""辽优5218"等组合大面积制种田，总结出双亲对应叶龄回归方程，利用这些方程，在播种至幼穗分化期进行了全期花期预测。已得到低温年和平年的叶龄回归方程，解决了杂交粳稻新组合高产制种中因父母本花期相遇不理想而导致的结实率低的问题，大幅提高了杂交粳稻制种产量，降低了种子生产成本。针对现有杂交稻组合的特点，重点推广区域定位在丹东、大连等病害重发的黄海稻区，以充分发挥其抗病、省肥、省水等特点。

3．生物技术与常规技术相结合

在生物技术与常规育种相结合研究方面，2009年重点开展了北方杂交粳稻遗传基础与杂种优势关联性研究，水稻抗旱、耐寒性分子标记辅助选择育种研究、水稻氮高效分子标记辅助选择育种研究，粳稻抗条纹叶枯病基因的分子标记研究，并取得阶段性成果。

4．栽培技术研究

结合承担的国家和省市科研课题，针对所选育的品种继续开展肥料利用率、密度试验，明确了现有"辽星1号""辽优5218"等主栽品种的氮肥需求量、氮肥利用率及合理栽植密度，开展了光、温、水、气对水稻品种产量和品质的影响研究。结合承担的开发推广课题，对省内各项目区的稻农进行科技培训和技术指导。

**【科研项目】** 承担各级各类科研项目29项，其中国家级项目11项，主要有农业部国家水稻改良中心二期建设（种子工程）、国家水稻原原种基地建设、国家自然科学基金、科技支撑计划、跨越计划、超级稻选育与推广、国家农业部产业技术体系专项、农业结构调整重大专项、“948”项目和科技成果转化资金项目；承担了辽宁省科技攻关、省工程技术中心专项、省科技基金、省内科技成果转化、省市农业综合开发、省科技特派员专项和省农业技术推广等项目；承担了国际合作项目4项、企业合作项目1项。

**【科研成果及其转化】** 主持完成的“千万亩优质广适型超级稻新品种‘辽星1号’示范推广”项目获辽宁省政府科技成果转化奖二等奖；与江苏里下河农业科学研究所、北京金色农华种业有限公司联合申报的“超级两系杂交籼稻扬两优6号选育与应用”项目获神农中华农业科技奖科学研究成果二等奖；主持完成的“优质广适型超级稻新品种‘辽星1号’选育与推广”项目获神农中华农业科技奖科学研究成果三等奖。

承担的农业结构调整重大专项“优质超级杂交粳稻高产栽培技术体系研究”通过了国家农业部组织的项目验收；承担的国家水稻原原种繁育基地建设项目已完成全部工作任务，通过了财务专项审计，并于12月通过了省农村经济委员会和省开发办公室组织的专项验收；育成的“辽优1498”“辽优9573”“06-7”等三个品种已申请辽宁省农作物品种审定委员会审定。

2009年，辽宁省稻作研究所育成的辽星系列、辽优系列水稻新品种在辽宁推广应用面积占全省水稻面积的60%～70%，“辽星1号”水稻新品种继续作为辽宁省第一大主栽品种，年推广面积450多万亩，为辽宁粮食增产增收起到了重要的保障作用。

**【重点科研项目选介】** “千万亩优质广适型超级稻新品种‘辽星1号’示范推广”项目实施推广的优质超级稻新品种“辽星1号”是辽宁省稻作研究所在承担国家“863”计划、省“十五”科技攻关项目期间育成的最新科研成果，是继“辽粳294”“辽粳9号”之后又一突破性水稻新品种，具有高产、优质、多抗、广适等突出优点，是辽宁省唯一的米质达到国家一级标准的超级稻新品种。2005年，通过辽宁省品种审定，并获得国家农业部新品种保护权。2006年，“‘辽星1号’选育方法和制种方法”获得国家发明专利，适宜辽宁省中熟、中晚熟稻区和河北、天津、北京等北方稻区种植，是辽宁省2006—2008年种植面积最大的品种，2008年种植面积近500万亩。2007年，“辽星1号”被国家农业部列为跨越计划项目品种和国家科学技术部成果转化资金项目品种，2008—2009年，“辽星1号”被国家农业部列为全国主推品种。

1.品种特点

一是米质优，适口性好。经国家权威部门——中国水稻所——化验分析，“辽星1号”各项指标均达到国标一级优质米标准，其食味及适口性好，带胚率高，营养丰富。

二是产量高，稳产性好。该品种根系发达，生长旺盛。2003—2004年参加辽宁省区域试验，产量分别为642.03公斤/亩和640.56公斤/亩，比对照品种分别增产13.25%和12.95%。生产上大面积种植，一般亩产达650公斤以上。2006年辽宁省农村经济委员会组织辽、吉、黑三省水稻专家对“辽星1号”进行测产验收，百亩片平均产量达到801千克，是辽宁省第一个优质超级常规稻品种。

三是综合抗性好。该品种抗病性强，抗稻瘟病、纹枯病、稻曲病和条纹叶枯病等水稻主要流行病害。多年试种结果表明，该品种在早期发苗和后期灌浆耐低温性强，高产稳产。

四是具有广适性。该品种对温度与光照反应不敏，使其种植范围纵跨5个纬度，适于种植的面积大于目前主栽的水稻品种。省内适合在铁岭、沈阳、辽阳、鞍山、海城、营口、盘锦、锦州、丹东和大连等中熟、中晚熟和晚熟稻区广泛种植，省外适合在京、津、冀、鲁、新等北方稻区种植。2005—2006年，该品种在上述地区表现突出，得到了广大稻农和加工企业的认可。

2.推广面积

项目实施四年来，累计推广1280多万亩，2008年推广面积已达到辽宁省水稻播种面积的近50%。“辽星1号”优质超级稻新品种的推广应用，创造了巨大的经济效益和社会效益，为辽宁省水稻百亿工程的顺利实施起到重要的保障作用，同时促进了辽宁省水稻产业发展和稻区农民增收。

3.采取措施

结合省内各地水稻生产的实际情况，因地制宜，采取多种有效措施实施水稻新品种的示范推广工作。

一是建立核心示范区，以点带面，加速新品种的推广应用。为加快水稻新品种的推广应用，辽宁省稻作高新技术产品开发中心每年都在沈阳市苏家屯区，盘锦的大洼、盘山县，鞍山的海城市，辽阳的灯塔市，铁岭市的铁岭县、开原、调兵山和东港市等水稻主产区分别建立“辽星1号”新品种核心示范区，进而带动全省水稻综合生产能力的提高。

二是建立水稻生产核心示范户，充分发挥示范户的模范带头作用。4年多来，辽宁省稻作高新技术产品开发中心在省内各水稻主产区共筛选了100多个水稻种植水平高的种田大户作为核心示范户，并为示范户建立个人档案。在水稻生长季内，对示范户进行技术跟踪和指导，提高种稻水平，起到了良好的典型示范作用。

三是加强项目区“三统一”管理，保证各项技术措施的贯彻和落实。为了抓好核心示范区建设，更好地发挥核心区的示范和带动作用，在核心区建设过程中，采取“三统一”组织和管理措施，即统一供种，有效地保证了核心区品种的统一；统一配肥；统一开展技术培训，保证技术措施的贯彻和落实。

四是加大宣传和培训力度，使优质超级稻“辽星1号”新品种在水稻主产区迅速普及和推广。为加快新品种推广应用，结合各地的核心示范区，每年组织召开全省推广系统、种子经销商、科技示范户的现场观摩会、栽培技术研讨会和技术培训会，以此带动新组合的开发推广和宣传普及工作。此外，充分发挥各级电视台、广播电台和各大报刊、杂志等新闻媒体的权威性作用，有效地促进了新品种的推广和应用。

五是不断加强配套栽培技术的集成与推广，充分挖掘新品种的增产潜力。针对示范推广新品种的特点，开展了轻简、高效的栽培技术集成和推广活动，实现了良种良法的有机结合，促进了良种的推广。

六是以种子销售为纽带，建立了一套独立完整的品种推广和开发体系。为了加快自主创新品种的推广应用，近年来辽宁省稻作研究所在全省水稻主产区的各个乡镇都设立了水稻种子代理商，并以此为契机在全省建立了“辽星”牌“辽星1号”水稻种子推广体系。在新品种推广工作中，辽宁省稻作研究所充分发挥各地代理商的宣传、示范和技术指导作用，使原来的种子营销网络变成新品种示范、推广和技术服务网络，从而建立起了较为完善的技术推广和产业开发体系。

（辽宁省稻作研究所　李跃东）

# 辽宁省风沙地改良利用研究所

**【概述】** 辽宁省风沙地改良利用研究所成立于1963年7月，隶属于辽宁省农业科学院，主要从事风沙地综合治理、花生新品种选育与精准栽培研究、旱作农业研究、畜禽品种选育与高效饲养繁育技术研究、设施园艺研究与开发等项工作。

辽宁省风沙地改良利用研究所占地面积302公顷，办公楼7300平方米，实验室1200平方米，种子库2000平方米。下设现代生态农业、花生育种与栽培、旱作农业、畜牧兽医、设施园艺等5个研究室；建有辽宁省生态农业重点实验室、农业部野外观测试验站；拥有章古台现代生态农业研发基地和国家农业园区旱作农业研发基地。

现有在职职工98人，其中专业技术人员70人，包括研究员9人，副研究员11人；博士1人，硕士6人。

**【科研项目与经费】** 2009年，承担各类科研项目14项，其中在研项目8项，新上项目6项。累计到位经费283.5万元。其中，承担的省部级以上科技项目主要有：国家花生现代产业体系建设项目——阜新花生综合试验站；国家科学技术部农业科技成果转化资金项目“优质高产花生新品种阜花10号、11号试验和示范”，国家科学技术部科技支撑项目“少花蒺藜草的发生规律和紧急处理技术”和“风沙半干旱区果粮复合模式关键技术研究与示范”；农业部项目“农业部章古台风沙地种质资源优化及生态环境修复重点野外科学观测试验站”；辽宁省科技攻关项目“沙地退耕还林还草经营技术模式研究”和“花生新品种选育及配套技术研究”，辽宁省科学技术厅科技平台建设项目“风沙地生态修复及改良利用实验室”“辽宁省阜新市阜瑶牧业工程技术研究中心”和“辽宁风沙半干旱区现代生态农业科普基地”，辽宁省农业综合开发重点项目“优质花生新品种及高产栽培技术推广”等。

**【科研成果及其转化】** “高产优质专用花生新品种选育及配套技术研究”获辽宁省科技进步奖二等奖，“花生新品种阜花14号、阜花15号选育及推广”获省农业科学院科技创新奖三等奖，“花生覆膜播种机”和“花生抗旱播种机”获国家实用新型专利。

“树莓优新品种工厂化繁育及栽培技术示范推广”通过市级鉴定。“辽风黑芝1号”“辽风黑芝2号”和“辽风黑芸豆1号”通过辽宁省种子管理局新品种备案。

先后在《黑龙江畜牧兽医》《辽宁农业科学》《作物杂志》《北方园艺》等学术刊物上发表学术论文30篇。

截至2009年年底，阜花系列花生新品种“阜花9～13号”在阜新、锦州、铁岭、沈阳等地区累计种植面积近400万亩，占全省同期种植面积的29.6%，比当地主栽品种平均亩增产38.9公斤，增产19.1%，共增产1.58亿公斤，新增纯经济效益5.10亿元。

**【科研平台建设】** 风沙地生态修复及改良利用实验室建成使用，购进了原子吸收分光光度计、双光束紫外可见分光光度计、超低温冷柜、L6400光合仪等仪器18台（件）。

辽宁风沙半干旱区现代生态农业科普基地在彰武县章古台风沙所试验站建成。

（辽宁省风沙地改良利用研究所　代洪娟）

# 辽宁省杨树研究所

**【概述】** 辽宁省杨树研究所始建于1956年，隶属于辽宁省林业厅，是公益性杨树专业研究机构，主要从事杨树遗传育种、栽培生理、栽培生态、病虫害防控的科学技术研究、科技成果转化及科技产业开发等工作。

建所50多年来，先后承担了国家、省（部、委）、省林业厅等科研、推广项目70余项，取得科技成果50余项，培育、推广杨树良种30余个，出版科普图书3部，发表论文150余篇，对辽宁平原绿化、生态建设、速生丰产林工程建设作出了突出贡献。

**【科研管理与改革】** 2009年，辽宁省杨树研究所进行了内部机构改革，对中层干部进行了重新聘任，对科室人员进行了优化组合，重新划分了科室职能，将原有科室整合为：综合办公室、计划财务科、科技信息室、遗传改良育种研究室、生物技术育种研究室、栽培与生理研究室、森林保护研究室、成果转化与开发研究室。各部门职能更加明确，学科建设更加完善，为辽宁省杨树研究所的进一步发展奠定了良好基础。

**【科研重点与计划】** 辽宁省杨树研究所以杨树良种选育、培育保护技术研究为主要内容，扎实推进科研工作。2009年，在抗逆性优良杨树无性系选育研究方面取得了新进展；在山杨与黑杨派、青杨派杂交技术方面，探索出具有国际先进水平的高效远缘杂交新技术，为培育速生山地杨树新品种扫清了技术障碍；细胞水平与分子水平现代生物技术育种工作进展顺利，掌握了原生质体培养与转基因育种的部分技术；初选出5个有潜力的速生、适应性强的杨树新无性系，为我省杨树生产储备了更为优质的新品种；在培育保护技术方面，通过野外监测、室内模拟、生理指标测试等手段，基本摸清了杨树冻害发生的过程和原因，为今后杨树栽培与保护实用技术研究奠定了理论基础。

**【科研成果转化与科普工作】** 2009年，辽宁省杨树研究所共投入500余万元用于杨树科技成果转化和科技知识普及，通过发放科普资料、建造示范基地、调查研究和“官产学研”共建等措施，为杨树生产提供技术服务和支持。全年提供优质杨树种条2万株，优质良种壮苗20万株；建立黑山县和彰武县杨树工业原料林示范基地2个，与朝阳、北票、凌海等基地建造各类杨树示范林2300亩；与辽宁省经济林研究所共同组建虹霖公司，计划在黑山开展杨树和榛子商品林示范基地建设，当年已完成公司组建及500亩杨树林网的造林任务；举办现场科普辅导班10余次，培训基层林业工作人员与林农共1100人次；编著成果汇编1套，录制《杨树育苗技术》科普光盘1套，并发放给基层林业技术人员和林农，总计发放图书千余册，光盘150盘；参与营口市农业“官产学研”共建合作项目，为营口市高速公路两翼绿化带建立病虫害防治示范段3公里，面积达270亩；深入基层，针对春季我省部分地区杨树灾害大发生、美国白蛾频发和辽西旱灾等3个专题进行调研，形成调研报告3篇、相关预测预报与防治技术资料20余篇。

**【科技人才与队伍建设】** 2009年，引进全日制硕士研究生1名。通过岗位锻炼、继续深造等方式加大对在职职工的培养，本年度培养在职研究生1名，培养年轻的中层干部3～5名。

截至2009年年底，辽宁省杨树研究所共有职工41人，其中专业技术人员33人，包括教授级高级工程师7人、高级工程师4人；具有本科以上学历者22人，其中硕士7人、博士1人。

（辽宁省杨树研究所　张妍）

# 沈阳仪表科学研究院

**【概述】** 沈阳仪表科学研究院始建于1961年5月5日，原名为沈阳仪器仪表工艺研究所，原隶属于机械工业部。1999年7月1日改制为企业，现隶属于中国机械工业集团有限公司。自2003年以来，先后重组了杭州照相机械研究所、秦皇岛视听机械研究所、沈阳真空技术研究所，被中国机械工业集团公司确定为“核心业务企业”。

经过近半个世纪的发展，沈阳仪表科学研究院共完成科研项目1660项，获得国家、部、省、市等各级各类奖励331项，其中国家级发明奖和国家科技进步奖11项，省部级科技进步奖86项，专利和专有技术130项。形成了传感器、变送器、智能仪器仪表、光机电一体化产品、仪表成套系统及相关技术，波纹管、膨胀节、特种民用或军用波纹管组件、强化换热技术、弹性元件工艺装备及相关技术，高压水系统清洗设备及其自动化清洗系统、管道仪器、传感器工艺装备、划片机等专用设备及相关技术，光学薄膜产品、滤光片、反光镜、非球面透镜、数码镜头和其他光学元器件及相关技术等一批在国内具有领先优势、市场潜力大的高技术产品，建成了国内最具实力的硅基传感器产业化基地、高压组合电器补偿器及其配套产品产业化基地和光学干涉滤光片产业化基地。

沈阳仪表科学研究院专有技术主要有：光学薄膜膜系设计技术、成膜工艺及辅助镀膜技术、膜层控厚技术、精密旋压变薄技术、薄壁焊接工艺技术、各类金属波纹管成形技术及工艺装备的设计制造技术、波纹管设计技术、强化传热技术、防腐技术和在线检测技术、高性能传感器设计技术、稳定性工艺技术、封装技术、可靠性技术、测试技术等，高压水射流清洗及系统成套技术、PIG清管成套技术、半导体专用设备设计制造技术、非标专用设备及系统成套设备的设计制造技术，MEMS技术、温度补偿技术、测试技术、特种封装技术，智能化仪表设计技术、通讯技术、自动化控制技术、现场总线技术、磁敏器件制造工艺技术、磁性薄膜制造工艺技术、磁敏器件应用技术，各种幻灯变焦镜头、扫描仪镜头、CCD镜头、投影仪镜头及各种球面、非球面塑料镜头技术，电影摄影机、电影摄影辅助器材、各种放映摄影镜头和光、机、电一体化电子技术等。

沈阳仪表科学研究院是全国仪器仪表元器件和仪表工艺的归口单位。设有1个国家级工程中心，即传感器国家工程研究中心；3个国家级质量监督检验中心，分别为国家仪器仪表元器件质量监督检验中心、国家照相机质量监督检验中心和国家真空设备质量监督检验中心；1个部级质量监督检验中心，即机械工业电影机械与电化教育设备产品质量监督检测中心；4个标准化技术委员会，分别为机械工业仪器仪表元器件标准化技术委员会、国家照相机械标准化技术委员会、机械工业电影和电教机械标准化技术委员会、中国真空技术标准化技术委员会。并设有中国仪器仪表学会仪表元件分会、仪表工艺分会，中国仪器仪表行业协会传感器分会。

沈阳仪表科学研究院已通过ISO9001质量体系认证和GJB9001A军工质量体系认证。建立了全国性营销网络，产品被广泛应用于航空、航天、电力、石化、冶金、供热、供电、煤炭、轻工、建筑、制药等行业，部分产品已远销国外。沈阳仪表科学研究院作为重点协作配套单位，研制生产多项军工产品，被成功应用于“神舟五号”“神舟六号”载人航天及“嫦娥一号”卫星等重点工程。

沈阳仪表科学研究院是辽宁省“守合同重信用”单位、辽宁省高新技术企业、辽宁省企业技术中心、国家博士后工作站、沈阳市火炬型科研院所；先后获得国家信息产业部军用电子元器件合格分承包方资格证书、国防科学技术工业委员会武器装备科研生产许可证、三级保密资格证书等证书；先后荣获国防科学技术工业委员会协作配套先进单位、中国机械工业集团公司先进单位等荣誉称号；获得“中国航天五十年”表彰，并被授予沈阳市“五一奖状”；其“汇博”系列产品成为沈阳市名牌产品，“汇博”成为辽宁省著名商标。

**【科研项目与经费】** 2009年，申报科研项目18项，获批16项，其中包括国家科学技术部技术开发专项“SOI压力传感器制造工艺研究”“塑料光学元件镀膜技术与工艺的开发研究”和“800kg全自动真空自耗电极电弧凝壳熔铸炉”，工业和信息化部质量示范试点专项“辽宁输变电设备制造链质量提升示范”，辽宁省科技攻关项目“高性能差容式压力传感器”，辽宁省制造业信息发展专项“高性能硅电容压力传感器产业化”，沈阳市信息产业制造专项“高精度数字化智能压力变送器的研制”，沈阳市科技成果转化项目“高性能硅电容差压传感器”，集团发展基金项目“高压束阵式自动清洗系统”“鱼眼类型视频监控镜头系列的开发”和“虚拟成像微显示光学系统的系列研究开发”等。获批国家拨款经费1400万元，到位国家拨款经费1700万元。

**【科研成果】** 2009年，获得各级各类科技奖励9项，其中，“精密自动砂轮划片机”“生物医学硬膜滤光片”分获中国机械工业集团科学技术奖二、三等奖，“高压喷射清洗技术及成套设备研制”获中国机械工业科学技术奖二等奖，“精密半导体自动划片装备研制”获辽宁省科技进步奖二等奖，“油田作业井架（车）自动清洗装备”获辽宁省优秀新产品奖一等奖，“500kV高压组合电器补偿器”获辽宁省科技成果转化奖三等奖，“GIS

系统高压组合电器用金属波纹管”获沈阳市振兴奖，“高压束阵式自动清洗系统”和“MEMS硅基压力敏感芯片生产技术研究”获沈阳市科技进步奖三等奖。

申请专利18项，其中发明专利5项，实用新型专利13项；取得授权专利18项，其中发明专利2项，实用新型专利16项。

**【标准化工作】** 一是机械行业标准复审。对23项机械行业标准进行了复审。经广泛征求机械行业标准委员会委员及相关专业人员的意见，对23项标准做出“限期有效、修订和废止”的处理意见，其中限期有效5项，修订17项，废止1项。

二是标准计划申报。申报了《机械工业安全生产行业标准制修订计划》和《节能与综合利用行业标准制修订计划》，共申报普通行业标准计划25项，其中国标计划12项，军标计划2项，行业标准计划11项。

三是标准制定与修订。总计完成42项标准的制定和修订任务，其中国标18项，行标24项。

**【产学研合作】** 2009年，沈阳仪表科学研究院继续在传感器技术领域与浙江中控自动化仪表有限公司、武汉华中理工大学国家光电技术工程研究中心、中国科学院沈阳自动化研究所、西安大学、浙江大学、沈阳工业大学、航天一院18所、南京沃天、南京高华、上海飞恩、西安中星、重庆艾维、安徽皖科、武汉航空仪表、太原航空仪表等高等学校、研究机构和国内知名企业保持技术合作和交流，并在传感器芯片设计和制造工艺、OEM传感器设计制造、高温传感器制造、电路补偿等方面开展了联合开发和试验应用。

与清华大学、沈阳工业大学签约，联合培养工程硕士研究生，为相关专业研究生提供教学和实践条件，设立课题，指派导师，提供相关研究经费；与东北大学合作，联合设计划片机的外形；与中国航天科技集团公司合作，联合研制新一代大推力运载火箭发动机用弹性元件。

**【科技人才与队伍建设】** 截至2009年年底，沈阳仪表科学研究院共有职工1022人，其中干部470人，工人552人；在职专业技术人员470人，其中高级专业技术人员120人（在职提高待遇高级工程师30人、高级工程师87人、高级会计师3人），中级专业技术人员139人，初级及以下专业技术人员211人。

沈阳仪表科学研究院一直重视对后备科技人员的培养和储备，近年来，更加大了对年轻科技人员技术培训的工作力度。截至2009年年底，共培养工程技术类研究生2批共计30余人，提升了科技人员的专业技术水平。2009年，沈阳仪表科学研究院继续通过技术交流、技术合作、挂职工作、实习和合同制工作等方式，按照计划引进相关专业的技术人员，引进大学毕业生和硕士研究生15名。此外，沈阳仪表科学研究院还通过攻关项目来激发科技人员的创新活力，致力于培养一批高素质的科技人员和技术工人。全年共举办技术培训、管理培训、新生培训等各类培训20余次。

**【重点科研项目选介】** “高性能硅电容差压传感器”项目重点研制以单晶硅为基底材料，采用MEMS（微机电）加工工艺的高性能硅电容差压传感器。产品技术涉及材料、电子、物理、机械、计算机等多学科集成，微电子、微机械、电化学等多种工艺融合，设计、制造、测试、可靠性等多种技术综合。项目产品可应用于各类工业领域，包括西气东送、三峡工程、电网工程等重大工程及飞机、乙烯装置、燃气轮机、核电站、高压输变电等重大装备配套。

产品作为工业现场过程控制的核心检测部件，已实现产业化规模生产，为国内主流智能变送器厂家提供核心器件配套。项目完成后，形成10万只传感器芯片，1.5万台传感器芯体的年生产能力，实现年销售额1000万元，利税280万元，出口创汇10万美元。

项目成果具有独立的自主知识产权，填补了国内空白，主要性能指标达到国内领先、国际先进水平，对推动行业技术进步，增强产品市场竞争力，进而替代进口，降低我国智能差压变送器整机成本，促进我国差压传感器、智能变送器产业快速、协调发展具有重要意义。

沈阳仪表科学研究院具有完备的科研生产条件、管理能力和后续产业化能力，可以有效地支撑仪表产业链建设，加快东北老工业基地装备制造业的调整改造步伐，进而促进辽宁仪器仪表产业快速发展。

（沈阳仪表科学研究院　常胜利）

# 沈阳有色金属研究院

**【概述】** 沈阳有色金属研究院始建于1949年10月，是中国有色矿业集团有限公司直属的从事有色金属矿产资源开发和综合利用研究开发的科研单位，主营业务是金属矿与非金属矿选矿工艺研究和选矿药剂开发、有色金属冶金工艺研究和金属材料开发。

沈阳有色金属研究院设有选矿研究所、冶金研究所、分析检测中心等研究开发机构和贵金属厂、金属材料厂等产业实体，以及博士后科研工作站、辽宁省矿物材料工程技术研究中心、辽宁省镍资源开发利用工程技术研究中心、中国有色集团镍铁中间试验基地等科技创新平台，在工艺矿物学研究、复杂有色多金属矿选矿、有色金属矿选矿降砷、有色金属湿法冶金、二次资源综合利用研究和有色金属合金材料、选矿药剂开发等领域形成了较强的科研优势。

沈阳有色金属研究院位于沈阳经济技术开发区，占地面积约6万平方米，1997年11月获得科研院所类自营进出口权，2001年9月通过ISO9001质量管理体系认证，2006年12月被评为沈阳市高新技术企业。

**【科研项目与经费】** 2009年，沈阳有色金属研究所承担各类科研课题25项，其中纵向课题11项，横向课题11项，自选课题3项。实现科研收入751.24万元，完成全年科研计划的136.59%，同比增加243.28万元，同比增长47.89%，科研收入占业务收入的31.71%。

承担“十一五”国家科技支撑计划项目“难处理有色金属资源开发关键技术与设备研究”子课题“复杂难开发铜钴资源采选冶关键技术研究”，参与课题“深采有色金属矿山资源增储与高效利用关键技术研究”；联合申报的国家重大产业关键技术开发项目“低品位红土镍矿高效利用关键技术开发”获得立项批复，该项目的半工业试验将在沈阳有色金属研究院实施，获得经费60万元；申报的国家科学技术部专项资金项目“镍红土矿硫酸化焙烧——浸出新工艺研究”获得立项批复，获得支持经费87万元；成功申报了国家科技型中小企业技术创新基金项目和辽宁省科研事业发展专项资金项目各1项，分别获得经费75万元和30万元。

【科研成果】 沈阳有色金属研究院自主研发的“SK9011浮选药剂研制及在金、铜等硫化矿选矿中的应用”项目顺利通过了中国有色金属工业协会组织的专家鉴定，获得2009年度中国有色金属工业科学技术奖二等奖。

申请发明专利3项，分别为“一种固体氯化铅直接低温熔炼生产粗铅的方法”“用$HCl-O_2-NaCl$体系从硫化铅精矿浸取铅的方法”和“用氯化镁从废铅蓄电池膏泥中脱硫的方法”。发表学术论文11篇。

【科研平台建设】 组建辽宁省镍资源开发利用工程技术研究中心。沈阳有色金属研究院在总结近20年来在镍资源开发利用工程技术研究成果和近年开展的多项镍红土矿研究课题的基础上，向辽宁省政府提出了组建辽宁省镍资源开发利用工程技术研究中心的申请，2009年6月获得批准。该中心是沈阳有色金属研究院继辽宁省矿物材料工程技术研究中心之后第二个省级工程技术研究中心。

加强博士后工作站建设。2009年，沈阳有色金属研究院的博士后科研工作站正式运行。工作站加强资源开发中期技术储备，开展了“红土镍矿深度还原——高效分选试验研究”和“新型氧化铅锌矿螯合捕收剂的研制”2个博士后研究项目。“红土镍矿深度还原——高效分选试验研究”项目正在对缅甸达贡山低品位镍矿进行试验；“新型氧化铅锌矿螯合捕收剂的研制”项目已完成药剂合成，正在对捕收性能作验证试验。

加强科研装备水平建设。2009年，沈阳有色金属研究院制定了《2009—2011年科研装备建设规划》，投入专项资金90余万元，先后购买了强磁机、球磨机、摇床、偏光显微镜等试验设备；试制了铅精矿氯化浸出扩大试验成套设备；配备了选矿药剂试验室设备等。截至2009年年底，沈阳有色金属研究院资产总额达3773.05万元，固定资产净值1369万元，综合收入3619.88万元。

【科技合作与交流】 2009年，由集团公司牵头组建的“海外有色金属资源开发科技创新战略联盟”正式成立，沈阳有色金属研究院与中南大学、东北大学、北京科技大学等高等学校，沈阳有色冶金设计研究院等科研院所，以及中国有色集团抚顺红透山矿业有限公司、中色非洲矿业有限公司、谦比希铜冶炼有限公司等企业开展了联合科技攻关。

【科技人才与队伍建设】 2009年，共招聘新员工7人，其中硕士5人；经过公开竞聘，选拔2名一线科研人员任专题组长，为科技人员成长打开了通道。

截至2009年年底，全院在职职工117人，其中专业技术人员65人，包括教授级高级工程师6人、高级工程师32人；博士3人、硕士14人。

（沈阳有色金属研究院　王本英）

# 沈阳铁路局科学技术研究所

**【概述】** 沈阳铁路局科学技术研究所成立于1958年，其主要职能和任务包括：承担铁道部、沈阳铁路局批准的科研课题和技术攻关项目；组织局内外科技成果的引进、吸收、消化、推广与应用，开拓科研、生产、应用渠道，促进科技成果转化为生产力；交流科技信息，开展国内外科技交流与合作；举办学术讲座、培训、展览，开展科普宣传。

下设开发研究室、工务研究室、机辆研究室、检测研究室、自动化研究室、站场研究室、运输研究室、安全设备研究室、焊接研究室、机械研究室、电子研究室、综合研究室等12个研究室和1个试验工厂。拥有万能试验机、疲劳试验机，以及与铁路线路、桥梁试验有关的静、动态检测设备和电子仪器表等先进仪器设备。

现有职工138人。其中省级优秀专家1人，茅以升铁道工程师奖获得者5人，享受政府特殊津贴专家3人，沈阳铁路局专业技术带头人3人，铁道部青年科技拔尖人才6人，沈阳铁路局青年科技拔尖人才5人。

**【科研项目】** 2009年，新立项课题16项。其中，承担铁道部重点科研计划项目5项，分别为“高速铁路促进区域经济发展的战略研究”“旅客列车用水量及用水标准的研究”“动车组安全保障体系的研究——CRH5型动车组起复拉复成套设备”“安全技术应用研究——电热道岔融雪在严寒地区高速铁路上应用的研究”“铁路节约水资源技术研究——危险物品货车清洗污水处理及重复利用研究”；承担了“电热道岔融雪在高速铁路上应用及工艺装备的研制”“铁路散装颗粒货物表面固化剂喷淋装置的研制”“隧道限界检测车配套设备——线间距检测装置”等11项沈阳铁路局重点科研计划项目。

**【科研成果及其转化】** “DZQ–1型线路临时限速警示装置”和“移动式焊接接头轨面硬化技术的研究”分别获得2009年度中国铁道学会科学技术奖二、三等奖。“新型移动式钢轨气压焊接后热处理设备及工艺”“无缝线路钢轨温度力实时监测系统”等14项成果通过部、省、局技术鉴定或审查。

T30脱轨器、轮轨脂、干式油、YHJ系列移动式钢轨气压焊设备、钢轨胶接绝缘接头、机车当量仪、机车通风装置、道岔除雪、站场调速设备、液压救援设备等仍然保持一定的市场份额，其中YHJ系列移动式钢轨气压焊设备出口巴西1套。

公寓叫班系统在沈北机车乘务员公寓得到应用；隧道通风控制系统在吉林东部新线成功运行；可控停车器及微机控制光纤传输远控系统在苏家屯站成功应用；电力机车登顶整备作业安全监控系统在兰州铁路局兰西机务段推广应用；道岔电热除雪装置在北京铁路局南仓站推广应用。

**【科技合作与交流】** 与吉林大学、东北大学、北京交通大学、西南交通大学等高等学校合作研发“安全技术应用研究——电热道岔融雪在严寒地区高速铁路上应用的研究”“旅客列车用水量及用水标准的研究”等高速铁路新项目。派遣代表团赴美国TTCI铁路技术中心参观访问，并就如何提高钢轨铺设现场焊接质量等问题进行了技术交流。

YHJ系列移动式钢轨气压焊设备和焊后处理技术、提速道岔电热除雪装置、救援成套系列设备、轮轨脂、干式油等20余种科研成果被沈阳铁路局选送参加“第九届中国国际现代化铁路装备展览会”展览。

**【科技人才与队伍建设】** 组织各种专题讲座10期，聘请东北大学、吉林大学、辽宁省委党校等单位的知名学者和专家，讲授了高速铁路的发展、光纤技术的发展及应用、知识产权保护、合同法、管理科学等课程。

组织科研人员到京津高速铁路和武广客运专线考察。组织5名新毕业大学生到基层站段实习，选派4名技术人员参加大连交通大学车辆专业脱产进修三个月。鼓励青年技术人员参加铁道部、铁路局重点课题研究和重点工程施工，注重培养青年技术人员的科技攻关能力和现场管理水平。

（沈阳铁路局科学技术研究所　潘晓蕃）

# 技术创新示范企业选介

# 北方重工沈阳重型机械集团有限责任公司

**【概述】** 2009年，北方重工沈阳重型机械集团有限责任公司在技术创新的推动下，经济规模实现了高速扩张，经营指标实现了高速增长。全年工业总产值达到51亿元，销售收入53.3亿元，利税1.6亿元。

**【新产品研发】** 2009年，公司通过自主创新，开发并研制了一批具有自主知识产权的新产品。新产品销售收入占全年销售收入的80%。其中，大型石油焦立磨、系列脱硫立磨、50兆牛碾环自动化制坯机、Φ3780毫米土压平衡盾构机、日产5000吨水泥生产线用回转窑、日产5000吨水泥生产线用管磨机、Φ1900毫米轮箍轧机、5500毫米滚切式双边剪、MQY7396溢流型球磨机等产品填补了国内空白，产品技术指标达到国际先进水平。

**【科技投入】** 2009年，公司通过自筹资金、银行贷款、国家拨款等多种渠道筹措资金，继续加大技术开发经费的投入，全年支出技术开发经费2.8291亿元，技术开发经费占销售收入的比例达到5.3%。2006—2009年科研投入总额达6.3329亿元。

**【科技人才与队伍建设】** 公司始终将人才战略作为企业发展的第一战略。通过激励政策与环境建设，培育出一支素质高、技能好、业务精的创新人才队伍。

公司十分重视高技能人才的培训工作，为其提供包括专业技术、项目管理及科技英语等多门类、全方位的专业培训，为各类专业技术人员成才创造条件。通过实施TBM全断面掘进机、盾构机和轧钢产品等项目，选派工程技术人员前往德国维尔特、西马克等公司进行培训；举办水泥立式辊磨机、盾构机等培训班，对专业技术人员进行新产品、新工艺、新技术等相关知识的培训；与清华大学、东北大学、大连理工大学合作建立研究生班，委托培养机械工程硕士、工商管理硕士；招收10多名研究生到公司从事研究开发。

**【科技项目】** “Φ5750毫米单护盾全断面岩石掘进机国产化研制”项目被列入辽宁省科技计划项目，“大型锻造操作机研发”项目被列入沈阳市科技计划项目，“Φ5750毫米硬岩掘进机国产化开发研制”项目被列入沈阳市重点技术创新计划项目。

**【科技成果】** “年产1.5万立方米麦秸中密度板成套设备”获得辽宁省科技进步奖一等奖；“QJRN-112泥水平衡盾构机”获得中国机械工业科技进步奖一等奖、沈阳市科技进步奖一等奖；“盾构机开发与产业化”项目获得辽宁省科技成果转化奖一等奖，“MLK2650矿渣立磨”获得沈阳市科技进步奖一等奖，“沈重牌盾构机”获得辽宁省名牌产品称号。

2009年，公司共申请“上传动快锻液压机的快速换砧装置”“风扇磨煤机高速旋转体铸锻焊装置”“直线型TBM滚刀多项参数同步检测试验装置”“筒辊磨试验系统”“湿式球磨机进料循环组合密封装置”“一种用于微型盾构的拼装管片机器人”等12项国家专利，其中发明专利10项，实用新型专利2项；起草了《立式原料/熟料辊磨机》《立磨粉磨系统原料易磨性试验方法》《矿山机械产品型号编制方法》《矿用筒式磨机 金属单耗》《矿用筒式磨机 能耗指标》《球磨机和棒磨机》《矿用自磨机和半自磨机》等7项行业标准。截至2009年年底，公司共拥有专利25项，起草、修订国家和行业标准40余项。

**【产学研合作】** 公司依托名校技术优势，通过共建研究平台的方式，开展多层次、多领域、长期稳定的产学研合作与交流。先后与浙江大学、吉林大学、东北大学等高等学校合作，开展秸秆中密度板成套设备、盾构机、矿渣立磨、废钢破碎机等项目的研发，取得了丰硕的成果。公司完成产学研合作项目近百项，解决了公司在国家重大技术装备开发设计制造等核心技术方面的难题，加快了新产品的研发速度，提高了产品的技术水平。

**【重点科技项目选介】** 50兆牛碾环自动化制坯机于2009年11月通过中国机械工业联合会主持的科技成果鉴定，是当前自行研制并投入运行的首台预应力钢丝缠绕机架的快速锻造液压机，主要性能达到了国际先进水平。该产品用户反映良好，运行节能、环保，取得了较好的经济效益和社会效益，可替代进口。该产品具有自主知识产权。

（北方重工沈阳重型机械集团有限责任公司 孔丹）

# 辽河油田公司

**【概述】** 2009年，辽河油田公司认真落实中国石油天然气集团公司科技工作座谈会和公司一届一次职工代表大会工作部署，坚持主营业务驱动的科技创新理念，以降低成本、提高效益为中心，紧紧围绕“科技大油田”建设，积极开展重大重点项目攻关，取得了丰硕成果。

**【科技经费】** 全年争取到各级科技经费1.69亿元，其中得到国家资金支持3053万元，集团公司层面经费3570万元。

**【学术合作与交流】** 2009年，公司以学会、协会、网络等为载体，加大了学术交流力度，组织召开了稠油技术论坛等重要学术会议，发布学术论文360余篇；充分利用网络平台的即时交流功能，编审发布《科技简讯》47篇，其中被《中国石油报》等报刊转载15篇，促进了优秀成果的共享和交流。

作为挂靠单位，公司获批成立“辽宁省石油石化学会”。辽宁省石油石化学会是全省学术性社会团体。12月26日，公司成功组织召开了辽宁省石油石化学会成立大会，会议讨论通过了学会章程及管理办法，选举产生了学会第一届理事会、常务理事会和领导成员。谢文彦总经理当选为第一届理事长。学会将以此为平台，广泛开展学术交流与技术协作，推进产学研一体化进程。

**【内部科技奖励】** 2009年，公司通过创新形成了科技奖励网上申报评审模式，有效提高了公司科技奖励的评审效率；强化了高级别奖励申报的组织管理，确保了获奖成果质量的逐年提升。当年评选出公司科技进步奖95项。

**【科技成果】** “中深层稠油热采大幅度提高采收率技术与应用”获国家科学技术进步奖二等奖，“高温大排量有杆泵举升技术”获中国石油天然气集团公司科学技术进步奖一等奖，“辽河坳陷潜山内幕油气发现技术与勘探实践”“薄层稠油精细评价技术与开发部署研究”获中国石油天然气集团公司科学技术进步奖二等奖，“水平井均匀注汽技术”获中国石油天然气集团公司科学技术进步奖三等奖，“7000米电动钻机设计制造技术”“超稠油长输管道工艺技术研究”“水平井高效注汽工艺技术”“特种泵举升工艺技术”“稠油油田油井硫化氢产生机理与防治技术研究”获辽宁省科学技术进步奖二等奖，“勘探决策信息化平台构建及在辽河油田应用”“超稠油油藏自生$CO_2$辅助吞吐增效技术”“火驱采油技术研究与应用”获辽宁省科学技术进步奖三等奖，获盘锦市科技进步奖29项。

全年申请国家专利165项，其中发明专利59项，发明专利申请比例首次达到35%以上；获得授权专利91项（其中，国外发明专利1项，国内发明专利18项），发明专利授权比例高出集团公司平均水平1.1个百分点，首次获得中国专利优秀奖1项。

**【国家科技重大专项】** “渤海湾盆地辽河坳陷中深层稠油开发技术示范工程”是公司历史上承担的最高级别的科技项目。2008年项目启动以来，集中组织了三院、两个项目部的优势研发力量，全力推进项目运行，成立了项目协调组，组织完成了可行性研究报告的编写和“十一五”实施计划的编制，规范了项目管理，编写申报了“十一五”各年度预算申请，顺利通过了财政部、能源局等国家层面相关部门的审查，“十一五”争取到国家资金8693万元，“十二五”预期得到国家拨款2.05亿元。2009年，各项建设任务进展顺利，通过了国家委托的中介机构的审计监察与绩效评价。

**【知识产权管理】** 公司注重强化知识产权管理，与公司内部各相关单位签署了《知识产权责任书》，把知识产权指标纳入项目考核管理中，以提高知识产权的管理水平。

**【重点科技项目】** （1）地震高精度成像处理技术。集中力量开展了基岩油气藏勘探、地震资料成像处理等理论研究和技术攻关，形成了深层弱反射信号的能量恢复、补偿及去噪等地震高精度成像处理技术系列，提高了成像精度，平均信噪比达到2.5以上，研究取得重要进展。

（2）基岩潜山/特殊岩性油藏评价技术。完善了基岩地层岩性组合判别与评价技术，建立了前新生界地层框架；突破了“巨厚玄武岩不能成藏”的观念，首次在高升元古界潜山获得工业油气流，将兴隆台潜山含油底界拓深至4700米，纵向拓深500米；集成应用了岩性追踪、沉积相预测等特殊岩性油藏评价技术，解剖了西部洼陷坡洼过渡带、大民屯荣胜堡洼陷等重点勘探领域，新增控制储量6608万吨，取得了显著的勘探成果。

（3）蒸汽驱技术。自主研发了低沉没度无接箍越层抽油泵，申报专利2项，提高泵效10%以上，解决了汽驱井砂埋管柱问题；完善了偏心式分层汽驱技术，常温投放成功率为100%，打捞成功率为90%以上；设计了蒸汽驱分层防砂堵水（采油）一体化管柱，完成了专用工具的加工；完成了全陶瓷泵超细微粉的筛选和烧成工艺的优化，全陶瓷研制取得实质性进展；研制了高温生产井不压井井口防喷及相应配套设备，年内有望进入现场。

（4）SAGD技术。建立了过热蒸汽/湿蒸汽的流动/换热数学模型，设计了400℃过热蒸汽注入的工具材料和结构，推进了高干度注汽技术的研发进程；完成了SAGD举升减载装置的样机加工，现场应用高温大排量泵10井次，最长工作时间达12个月；井下长期直读测试技术实现了高温高压条件下的井口长期密封，完成了4点温度、2点压力测试点的优化设置，申请发明专利3项。

（5）水平井技术。完成了分段完井分段注汽工艺设计，加工了高温管外封隔器等配套工具，申报专利9项（其中发明专项3项）；研制出裸眼封隔器压缩式密封胶筒和低密度高强度密封投堵球材质，使分段完井分段压裂技术取得实质性进展；水平井找堵水技术研发出环空化学封隔分段堵水和液体桥塞分段堵水两种堵水工艺，现场试验日增油幅度达7吨；水平井低温自生气增能技术开发出各类型水平井低温增能剂，获发明专利2项，申报发明专利2项，发表论文3篇，现场施工7井次，单井日增油达7吨。

（6）火烧机理研究。以国家专项和公司重点项目为依托，重点优化了厚层块状稠油油藏油井、注气井射孔方式，确定了厚层块状稠油油藏注气速度与过火面积的关系，揭示了火烧前沿驱油机理与受控因素，解决了室内物模研制、点火器参数确定、举升工艺配套等3项火烧关键技术难题，实现了成功点火及稳定燃烧，为高3618块火烧现场实验提供了理论技术指导。高3618块火烧阶段增油11137吨，阶段最高日产油60吨，平均日产油比转火驱前提高了2.4倍。

（7）二次开发战略规划设计。按照生产目标导向、顶层设计、技术有形化的战略研究思路，进行了二次开发方案的整体规划设计，筛选出未来三年重点攻关的“特殊岩性油藏重建注采系统研究”“可动凝胶深度调驱矿场实验研究”等8个专题，预期形成二次开发理论体系及不同类型油藏二次开发配套技术，大幅提高了实施区块采收率，为二次开发的整体推进奠定了基础。选择牛心坨、洼38等区块进行了实施，在牛心坨油田形成了适合低孔、低渗裂缝性发育油藏的调驱方案，实现了稳油控水，前期试验增油4049.7吨；在洼38块东二段优选出剩余油富集区8个，部署水平井12口，增油5600吨。

（8）稠油污水不除硅回用技术。针对稠油污水除硅成本高、外排不达标的问题，开展了不除硅稠油污水回用技术的前期研究，建立了“去除二三价阳离子”不除硅稠油污水循环利用的技术路线，进行了螯合树脂深度软化稠油污水的实验，研发购置了现场实验的相关设备和装置。预期通过现场中试，建立具有原始创新的不含硅污水回用锅炉和稠油污水达标外排处理两项理论，形成微量二价、三价结垢离子控制、锅炉平稳运行控制等五大技术系列，年可降低污水除硅费用1亿元，促进油田污水处理行业的科技进步，为节能减排提供科技支撑。

（9）提高稠油蒸汽吞吐效果新技术和改善水驱开发效果技术的试验应用。围绕提高稠油蒸汽吞吐效果，进行了稠油油井疏导引流技术、新型分注技术等20项新技术的研究与试验，解决了稠油管外窜槽、储层伤害、气窜、近井堵塞、地层亏空、流动性差、油层动用不均等难题。围绕改善水驱开发效果，开展了三管四配注水、水窜层排查等16项注水配套技术的研究与应用，解决了稀油分注级别低、注水突进等难题。上述技术在沈67等区块取得显著效果。沈67注水区块平均日增油达20.8吨，综合含水率下降7.5%，茨4断块日产油由10吨上升到12.3吨，高升油田稠油助排增效增油5155吨，有效提高了单井产量。

（10）井下作业技术。为解决重大工程技术“瓶颈”，围绕复杂结构井作业、带压作业等领域开展攻关，攻克和掌握了一批核心技术、特色技术。研制了系列钻铣工具和胀管整形工具，研发了暂堵、防窜、携砂、防喷一体化的多功能修井液，开发了17种连续管井下作业工具，完成了水平井水力喷射配套工具及软件的研制开发，集成了电动作业机和井口自动操作系统，攻克了热采井带压作业管柱冷却降温、防喷器耐高温、油管内部堵塞三大技术难题。全年实施水平井大修、压裂、打捞、测试、套管修复等作业61井次，施工成功率为100%，整体提升了工程技术的服务能力。

（11）长输管道施工、大中型管道穿跨越、管道配套防腐及大型储罐设计施工等重点技术。重点开展了长输管道、大型储罐设计施工等技术研究，掌握了复杂条件下顶管隧道施工图的设计技术，完善了管道配套防腐技术，攻克了15万立方米储罐的施工工艺技术，应用内脚手架正装法施工工艺，全年建造了10万立方米大型储罐31具，创产产值7.44亿元。实现了长输管道施工、大中型管道穿跨越、管道配套防腐及大型储罐设计施工等4项重点技术的跨越式发展，有效提高了工程质量，确保了沈兴线、西气东输二线等工程的稳步推进。

（12）重大、关键装备产品与技术攻关。集中力量开展了稠油装备、海洋石油装备等重大项目攻关研究，攻克了50T/h燃油（气）注汽锅炉的设计制造技术，提高了热采井口、游梁式抽油机、空心螺杆泵等稠油产品的技术性能，累计申报国家专利12项（其中发明专利3项）；掌握了自升式采油平台的改造与设计技术，成功地将整平船改造成储油能力为800立方米的自升式采油平台，自主设计出最大储油能力为1000立方米的自升式采油平台；研制出新型ZJ30J撬装式钻机，可实现丛林式作业，最远推移距离达30米；设计了海洋钻井平台9000米模块钻机，攻克了大功率单轴式绞车、海洋专用52米塔型井架、大载荷6750kN的提升系统及双向移动底座平台等多项关键技术，实现了从陆地钻机到海洋钻机的转变，有效拓展了石油装备产品的市场空间。这些项目的实施使得石油装备制造产品质量和性能进一步升级，为打造“石油装备制造基地”提供了强有力的技术支撑。

（13）稠油先导试验基地建设。稠油先导试验基地是集团公司40个重点实验室和试验基地之一。2009年，防砂模拟实验系统等8大标志性装置建设进展顺利，已通过集团公司验收并正式挂牌运行。

**【科技管理】**

（1）创新科技项目管理模式。加强了科技项目过程管理，强化了进度和质量控制。以主营业务驱动、生产目标导向为原则，制定了科技项目立项的五项原则，细化了立项的五个程序，建立了重大项目经理负责制，公司与孙厚利、蔡国刚、司勇等领军人才签订了项目经理责任书。加大了项目开题设计的审查力度，召开了基岩勘探等重大项目集中论证审查会，为项目攻关目标的实现起到了积极的作用。进行了项目的全过程跟踪管理，通过对91个项目的中评估，及时做好研究进度与生产部署的紧密衔接，确保科研成果被及时应用于生产。狠抓项目结题验收工作，将科研补贴与项目评价紧密结合，客观地体现了项目团队的研发价值，项目管理水平得到整体提升，提高了研发效率，确保了预期目标的实现。

（2）编制了千万吨级产量目标导向的科技支撑方案。以主营业务目标为导向，针对制约勘探开发的难题和重大关键技术需求，系统梳理了公司承担的各级各类科技项目，在此基础上规划出新建项目14项，整合了在研课题和新建项目的研发内容与阶段成果，从源头上杜绝了研发工作的低水平重复，形成了《辽河油田公司千万吨级稳产科技支撑专项方案》，进一步优化配置了现有科技资源，为实现科技项目的一体化组织奠定了基础。该方案得到集团公司科技部领导的高度评价，并将辽河油田列为首家试点实施单位，基岩勘探等三个项目获得正式启动，得到1100万元资金支持。

（3）完善了技术路线图研究。技术路线图是一种获取企业技术发展方向，提高企业科技竞争实力的技术方法。2008年以来，在勘探、开发等五大领域，组织了专门的研发队伍，进行了系统研究。截至2009年，公司完成了立项需求手册的编写，优化完善了技术结构模板，明确了公司在勘探、开发等五个领域共包括40个技术领域465项专项技术，开展了技术特性测评法、特尔斐法研究，组织了专家测评，明确了公司总体处于国内一般偏上水平的技术现状，运用技术组合法，规划设计了“十二五”需要攻关的45个重大项目框架。同时，以基岩勘探、二次开发、水平井三个公司重大项目为依托，建立了科技项目标准开题设计模式，实现了开题设计的有形化和模式化。

（4）完善了科技创新体系，加大了科技创新激励力度，提高了研发效率和水平。正式出台了16条科技激励政策，设立了科技进步奖、技术发明奖、优秀项目工作奖、科技成果转化奖等奖项；提高了科研补贴的比例；建立了专利“一奖两酬”机制，加大了对发明专利的奖励力度及专利实施的提成比例；梳理、完善了21项科技管理内控流程，促进了科技管理工作的规范化；简化了21所大专院校、科研院所科技外协的审批程序，有效调动了广大科技人员科研攻关的积极性和主动性。

（辽河油田公司　杨宗霖）

# 辽宁省电力有限公司

**【概述】** 2009年，辽宁省电力有限公司紧密围绕“解放思想、转变观念、科学发展”的主线，突出面向生产服务一线、面向公司发展重点领域、面向世界电力科技前沿，开展科技、信息和电网智能化工作。全年完成技术开发项目55项、电网智能化项目70项、新技术推广项目124项、信息化项目29项。ERP全面上线，信息化SG186工程通过国家电网公司验收。重点在提高线路输送能力、智能变电站技术、直挂66kV母线光控SVC关键技术、用电信息采集、三维数字地理信息系统、无线宽带专网等科技创新方面进行研究与开发，为提高电网技术装备水平奠定了坚实的基础。

**【智能电网建设】** 按照规划环节成立了辽宁电网智能化规划编制工作领导小组，制订了辽宁电网智能化规划编制推进方案，明确了各阶段的时间节点，承担了智能电网在辽宁公司试点工作中的用电信息采集系统试点工程、智能电网调度技术支持系统试点工程，高质量按期完成建设任务并上报国家网电公司。

（1）用电信息采集系统试点工程。以电力线宽带载波、无线宽带、智能电表为核心，以沈阳供电公司铁西区滑翔营业所管辖全部用户为实施对象，采用高速双向实时通信网络，为实现用户互动、优化配网运行方式提供基础，为配用电网智能化提供保障。该项目已完成现场勘察、多种采集方式的典型设计和主站软件、智能电表、采集器、集中器等关键设备的研究与开发。

（2）智能电网调度技术支持系统试点工程。以沈阳供电公司地区调度为实施对象，以地区调度智能电网调度技术支持系统总体设计和功能规范为基础，实现现有调度自动化CC2000A系统的升级，在D5000基础平台上，开发面向地区调度的实时监控与分析类应用、调度计划类应用和调度管理类应用，达到一体化协调监视与控制目标，满足一体化调度运行的需要，提升调度系统的在线化、精细化、实用化和一体化水平。该项目已经完成地区调度系统的总体设计、功能规范、可行性研究报告和初步设计的编写，以及工程实施方案、系统升级过渡方案的确定和系统升级所需硬件环境的调试。

**【信息化建设】** 公司综合数据骨干网已经形成，完成建设主题数据库64个，数据交换平台实现了与国家电网公司的纵向互联，ERP系统初步建成，营销、生产、安全监督、应急指挥、协同办公等业务应用全面上线，为公司管理水平的提升和工作效率的提高提供了有力的信息支撑。其中，营销系统涉及地市级供电公司14个、县区级供电分公司110个、供电营业所318个、系统使用人员8809人，系统服务客户870万户，实现电费账务以财务会计化方式核算，全面支持营销“一部三中心”的管理模式，第一次实现了对任意客户的全生命周期业务进行监管，对各级营销部门的工作质量进行监控的营销业务到户监管功能；ERP系统共设计业务流程321个，数据清理工作投入近7000人，共清理数据342万条，清理资产566亿元，最终账物相符率达到85%，形成各种专业计划、方案、通报、总结汇报和会议纪要等16类286个370多万字；各类培训教材、讲稿、手册等8类25册650多万字。

**【标准化工作】** 公司按照标准化建设总体要求，结合业务流程优化，制定完善各类管理标准，培养员工一切按照标准办事、按照流程执行的工作习惯。组织编制公司企业标准43项，其中7项标准已经发布实施。发布实施4项国家电网公司企业标准：生产技术部承担的《碳纤维复合芯铝绞线施工工艺及验收导则》、电能公司承担的《SVQC10型变电站无功补偿与电压优化成套装置技术规范》、沈阳供电公司承担的《低弧垂耐热钢芯铝合金导线技术标准》、丹东供电公司承担的《小电流接地系统单相接地故障选线装置技术规范》。

**【科技成果】** 2009年，中国电力科学研究院与鞍山供电公司合作完成的“基于信息共享的数字化变电站关键技术研究及示范应用”获得国家电网公司二等奖和中国电力科学技术奖三等奖，东北电力科学研究院有限公司与辽阳供电公司合作完成的“并联无功补偿电容器组群爆现象分析和对策”获得国家电网公司科学技术奖二等奖，大连供电公司与东北电力科学研究院有限公司合作完成的“500/220kV同塔多回路运行维护技术研究”获得国家电网公司科学技术奖三等奖，盘锦供电公司与四平线路器材厂合作完成的“碳纤维复合芯铝绞线金具研制与应用”、阜新供电公司与沈阳三北电力公司合作完成的“66kV输配电系统串联补偿装置”、阜新供电公司与东北电力科学研究院有限公司合作完成的“大型变压器操作波感应耐压现场试验装置的研制”均获得省科技进步奖三等奖，华北电力大学、北京丹华昊博电力科技有限公司与丹东供电公司合作完成的“小电流接地电网单相接地故障离线定位方法的研究”获得中国电力科学技术奖三等奖。沈阳供电公司的“新式抄表设备的研制”获得国家级优秀QC小组成果，锦州供电公司的“提高夜间事故抢修效率”等11项成果被评选为全国电力行业优秀QC小组成果。

2009年，公司申请国家专利81项，包括发明专利12项、实用新型专利65项、外观设计专利4项，其中沈阳、大连、鞍山供电公司各申请11项，超额完成国家电网公司下达的任务指标；获得专利授权48项；获得软件著作权6项。

**【重点科技项目选介】** （1）自主知识产权倍容导线研制与应用。“碳纤维复合芯导线”和“间隙型软铝导线”项目由沈阳供电公司承担，在朝阳供电公司220kV燕龙＃1，＃2线挂网运行。

（2）柔性输电技术。“直挂66kV母线光控SVC关键技术研究及示范应用”项目由鞍山供电公司承担，该项目于2009年12月23日在220kV东鞍山变电站投入运行。

（3）智能变电站技术研究与应用。公司继盘锦66kV三角洲和鞍山66kV小坨子数字化变电站投入运行后，又迅速开展了220kV智能变电站关键技术研究，并在营口220kV大石桥一次变电站改造工程和鞍山220kV王铁变电站新建工程中应用。

（4）三维数字地理信息系统。该系统在辽宁电网的应用研究由本溪供电公司承担，目前，已形成辽宁全境三维地形地貌，输变电设备模型已经完成，各种应用工具正在开发。

（5）小电流接地保护装置关键技术研究。该项目由锦州供电公司承担，现已通过现场试验，并被列入2009年国家电网公司新技术推广目录。

（6）500kV智能变电站技术研究。该项目是利用光纤复合低压电缆实现“四网融合”、无线专网在配电网中的应用。

（辽宁省电力有限公司　李锡臣）

# 鞍山钢铁集团公司

**【概述】** 2009年，鞍山钢铁集团公司以创建国家首批创新型企业和知识产权单位为契机，以明确科技创新战略定位、加快科技创新体制体系建设为前提，以提高公司自主创新能力为抓手，以搞好关键工艺、产品、技术研发为重点，以加快“四个转变”步伐、提高科技引领水平能力为关键，以强化研发手段建设和科技人员队伍建设及创新文化建设为基础，紧紧围绕形成钢铁核心技术、改善主要技术经济指标、落实国家节能减排大政方针等任务和要求开展科技创新工作，取得了一大批科技创新成果，有效地推进了公司加快进入世界五百强企业的步伐，为实现公司早日“全面腾飞”的目标打下了坚实的基础。

截至2009年年底，公司已累计生产钢4亿余吨、铁4亿余吨、钢材3亿余吨；上交利税1200亿元；向全国输送各类人才近5万人。

**【科技投入与创新平台建设】** 公司将科技创新作为企业发展战略，放在优先发展的位置上，对其保持较高的投入水平，年度科技投入占主营业务收入的比重达到5%以上，处于国内领先水平。形成了以企业为创新主体，以技术中心为核心，以基层厂矿工程技术人员为基础，以国内重点高等学校、研究院所教授、专家为借助力量的企业研发体系。其主要研发机构的研发定位如下。

（1）鞍钢技术中心。是国家级企业技术中心。经过系统优化整合，围绕钢铁主体生产工艺，下设冶金工艺、钢铁产品、新型材料、科技信息、理化检验、焦化技术、汽车板、电工钢等8个研究所，重点研究适应企业可持续发展的重大新工艺、新技术、新产品及节能减排技术。

（2）矿业公司设计研究院。是国内最大的矿山企业研究所，下设12个研究室，涵盖采矿、选矿、机械、自动化、化工、材料、监测和信息等专业。具备采矿、选矿、工艺矿物学、岩石力学、炸药及爆破、选矿设备、机械、电气、计算机与自动化、环境保护、化学药剂、岩性测试技术及化学分析等多学科的综合研究及试验能力，主要承担冶金矿山现代采、选工艺各种试验研究任务。

公司各基层厂矿技术室重点围绕本单位改进质量、降低消耗、提高效率、改善管理等方面的具体问题开展研究，谋求实现当年立项、当年见效。

**【科研开发项目及经费】** 公司按照集团公司、二级公司、厂矿三级科研项目管理的模式，对技术研究工作进行规范，近年来，年度开展研发项目达600多个。积极加大国家项目参与力度，承担了“高品质中厚板生产技术”“ASP—冷轧流程生产汽车薄板技术开发”“烧结过程余热资源的分级回收与梯级利用”等一批国家项目；参与了“新一代清洁炼焦工艺与装备开发”“高强抗震用钢产品和技术开发”“钢铁冶炼过程固体废弃物资源化利用技术研究”等一批国家项目的研发工作。2009年，公司共承担10个国家（政府）科研项目，是历年承担国家（政府）项目最多的时期，获国家财政专项资金支持6113万元。

**【科技人才与队伍建设】** 2009年，公司在人才培养方面加大投入力度，着力优化人才成长环境。全年有计划地选派优秀科研人员作为访问学者到德国蒂森克虏伯集团、浦项钢铁公司等国内外先进企业进行学术交流和考察。积极加强与国际知名学府和研究机构的合作关系，为科研人员创造更多的出国深造和考察的机会。积极向国家、省推荐高层次技术人员参评各类技术奖项，为公司国际化发展奠定人才基础。

深入开展技术专家和技术拔尖人才选拔工作，对有特殊贡献的科技人员给予重奖；调高了应届毕业生的工资待遇和其他福利待遇；对取得学历升格人员给予一次性奖励，努力营造有利于科技创新的内部环境和氛围；推进鞍钢博士后工作站建设，通过做好博士后入站、项目评审、出站等相关工作，完善鞍钢博士后工作站的工作机制，提高博士后科研工作质量，确保博士后科研开发课题与鞍钢生产实际紧密结合。

制定了高端人才引进与使用规划，积极为高端人才提供良好的国内外考察、学习条件和进修、深造渠道。公司已与英国利兹大学签订节能项目的合作协定，与美国俄亥俄大学达成为公司培养MBA学员项目合作意向。此外，还与美国莱特州立大学、德国亚琛大学、日本东京工业大学等国外高等学府建立了联系。

全面推行竞争上岗制度，进一步完善专业技术人员管理机制和关键岗位人才激励办法。调整和优化人才流动制度，通过建立人力资源交流大会制度等方式，实现企业内部人才合理配置。

**【产学研合作】** 公司本着“优势互补、互惠互利、真诚合作、共同发展”的原则，已经基本形成了以企业为主体、市场为导向、产学研相结合的科技创新体系。通过加强与国内外科研机构、知名学府和先进企业的合作与交流，开展高水平、深层次的研发合作。与东北大学、中国钢研科技集团有限公司、辽宁科技大学等签署全面战略合作协议；与北京科技大学联合成立冶金技术研发中心，开展多项重大科研项目研究；与韩国STX集团公司、澳大利亚悉尼大学、美国匹斯堡大学等国外公司和高等学校搭建科技合作平台；与美钢联钢铁集团（国际）有限公司、台湾中钢公司签订技术交流合作协议；正式加入世界钢铁协会汽车钢联盟；与上海大学等单位签订多份技术合作合同；与北京科技大学等单位开展了多个项目的合作；成为全国钢铁可循环流程科技创新战略联盟成员单位；启动了“中、低品位矿开发利用”项目，历史性地开创了国内外科技合作的新局面。

**【科技成果及其产业化】** “高性能造船用钢制造技术创新与集成”项目获国家科技进步奖二等奖；6个项目获得冶金行业和辽宁省科技进步奖；“鞍山贫赤（磁）铁矿选矿新工艺、新药剂与新设备研究及工业应用”获得辽宁省科技成果转化奖一等奖。34项科技成果通过省级鉴定。公司获得国家级工法3项、部级工法2项。“一种热风炉预热装置”获第十一届中国专利奖优秀奖。17项创新成果入选第十四批中国企业新纪录。

2009年，公司申请国家专利738件；获得国家专利授权555件，是2008年授权数量的2.8倍；认定备案企业专有技术1034项，是2008年的9.8倍。

公司不断加大研发工作力度，其新产品比例达到25%左右。公司研发出的一批核心产品不断在国内重点工程得到应用。“高强、超高强度汽车钢板的开发和应用技术研究”项目实现了低碳低硅无铝相变诱发塑性钢780MPa级的批量生产，使公司成为一汽轿车该钢种的国内唯一指定供应商；与钢铁研究总院合作的X70/X80抗大变形管线钢在国内率先开发成功；X70经济型管线钢、X80热轧卷板及管线平板站场用钢向西气东输二线、秦沈线工程供货，并被成功应用于北京奥运会“鸟巢”“水立方”等场馆工程。在国内首次全线国产化的川气东送工程中，公司研制的干线管、热煨弯管、冷煨弯管、管件用钢、站场管等系列用钢板为全线国产化作出了突出贡献，被中国石油化工集团公司授予优秀供应商。

公司新投产的鲅鱼圈新区主导产品开发成绩斐然。厚板和热轧共完成了16个新产品钢牌号的试制和批量供货。锅炉和压力容器用钢9个钢牌号获得制造许可证，17个钢牌号通过CE认证。已经生产本部规格以外的超厚、超宽、超长船板、水电蜗壳钢等。核电用钢开发进程更快，试制的SA738钢板各项指标均满足AP1000核电反应堆安全壳用钢板技术规格要求；生产的SA516，A588，A36核电用钢板已经实现对国家核电技术公司的批量供货。形成了一套独立的核电用钢产品体系，能够满足不同用户、不同机组及不同设备用钢的需求。

**【内部科技奖励】** 公司实施2009年度重大科学技术成果奖励，授予“厚规格X60～X80板卷和经济型X70～X80钢板的开发”等4项成果重大科学技术奖一等奖；授予“冶金模拟技术在钢质洁净化生产中的研究与应用”等6项成果重大科学技术奖二等奖；授予“冷轧340～780MPa级汽车用高品质高强度系列钢板开发”等11项成果重大科学技术奖三等奖。

**【知识产权工作】** 2009年，公司重点围绕激励创造、有效运用、依法保护、科学管理四个方面加强知识产权工作。①激励创造，即大幅度增加拥有自主知识产权的核心技术数量，增加专利拥有量。大幅度增加发明专利年度授权量、外国专利申请量。建立健全激励机制，制定各种激励政策。②有效运用，即加强各种类型知识产权人才培养，增加技术贸易收益，合理规避市场风险，建立跟踪、预警机制。③依法保护，即建立有效的保护机制。以双赢为目的，合理维权，不侵犯他人知识产权。④科学管理，即完善管理架构，构建集中化管理机制。建立专利管理绩效考核体系，逐步由考核数量向考核数量、质量和价值并重转变。在子公司及直属单位层面，针对不同企业类型和不同企业定位，实施三种不同战略模式。核心企业以股份公司和矿山公司为代表，以获取核心技术自主知识产权为主导。集中整个公司优势力量和资源进行重点扶植，形成经验，在公司内推广；非核心强势企业以重型机械有限责任公司为代表，以拥有专利产权为主导，以利用国内专利为主、失效和国外专利为辅；非核心弱势企业以建设公司为代表，以合理运用专利制度为主导，以利用失效、国外专利为重点。

2009年，公司通过国家首批企事业知识产权示范单位验收。

**【科技创新规划研究与制定】** （1）抓住重点，使规划的内容更能体现引领的要求。在主导产品开发上，规划了汽车用钢等13个重点产品开发工作；在重点工艺技术的开发上，规划了具有公司自身特点的采矿技术等8大领域的重点工艺技术开发工作；在专项科技规划上，分别对鞍钢建设集团有限公司等10个单位进行了专项科技规划。同时，围绕钢铁冶金基础研究、科技基础平台和中试手段建设、重大科技发展项目、知识资产工作、国际学术交流工作等重点科技工作，以及企业文化战略和技术创新体系战略，建立并完善了技术创新的激励机制，规划了品牌战略、科技投入战略、知识产权战略和人才战略，并对规划的实施与动态管理作出了具体的安排。

（2）突出主线，使科技规划满足国家的政策和公司总体发展要求。重点按照“国家中长期科学和技术发展规划纲要”、国家“十一五”科学技术发展规划、国家“节能减排综合性工作方案”、国家钢铁产业发展政策、公司技术创新试点方案、公司“十一五”发展规划纲要、公司中长期战略发展规划（2010—2015年）的要求，搞好科技规划的编写工作。

（3）科学定位，确保公司科技规划的先进性和可操作性。在科技规划编写中，坚持高水平、突出钢铁流程整体效能、提升竞争力、国际化、注重效益、规划可实施性等原则。

**【创新型企业建设】** 公司拥有一批具有自主知识产权的世界一流技术，拥有在世界相关行业领域有一定影响力的钢铁核心技术。2009年，公司进一步明确科技创新战略的定位，大力推进自主创新；实施精品战略，进一步优化产品结构，实现精品产量和市场占有率国内领先；提高资源利用效率，推动钢铁生产可持续发展；加速成果转化，增强核心技术的输出和移植能力，致力于建成以开放式自主集成为特征的创新型企业。

**【质量管理工作】** 2009年，公司深化了技术革新、技术改革及合理化建议的“两革一化”和QC管理活动。对鞍钢“两革一化”活动立项、实施、评审等工作逐级把关，不断提高活动质量和效果，鼓励和带动职工广泛参与科技创新工作；加强QC质量管理小组的体系建设，认真组织搞好国家重大QC项目的发布和评选工作。

积极推进产品质量名牌管理。不断提高质量活动效果，认真做好质量工作的宣传、培训工作，培养职工质量意识。重点做好名牌产品的培养和选树工作，力争创出中国乃至世界名牌，充分发挥名牌作用，带动质量工作上水平。

（鞍山钢铁集团公司　任子平　陈新　李维兵　潘玲）

# 沈阳鼓风机集团股份有限公司

**【概述】** 截至2009年年底，沈阳鼓风机集团股份有限公司员工总数为6100余人，资产总额为84.5亿元。2009年，公司经营指标快速增长，全年工业总产值达88.0661亿元，利税总额2.1895亿元，营业总收入72.1586亿元。

**【科技人才与队伍建设】** 公司始终将人才战略作为企业发展的第一战略，通过激励政策与环境建设，建设起一支素质高、技能好、业务精的创新人才队伍。公司与西安交通大学、大连理工大学、东北大学长期合作举办研究生班，委托培养工程硕士、工商管理硕士。截至2009年年底，公司在岗员工总数为6182人，其中，拥有大专以上学历的工程技术人员1266人，占总数的20.5%。技术人员中有教授级高级工程师51人，享受政府特殊津贴者41人，高级工程师318人，工程师507人。

**【产学研合作】** 2009年，公司与中国科学院金属研究所签订了全面战略合作协议，并以此为依托开展了多项材料、加工工艺等领域研究合作，形成了多领域、多层次、立体化的产学研合作体系，成为推动企业技术发展的重要智力源泉。此外，公司还将研发试验系统延伸到高等学校，在东北大学建立了压缩机转子非线性振动试验台，专门用于压缩机转子故障分析与试验研究；在西安交通大学建立了轴承试验台、进口导叶试验台、非定常流体试验台等研发设施。其中，非定常流体试验基地建设投资近千万元，建成后，专门用于气体动力学机理研究和工程应用研究，为我国热能专业学科建设和公司技术发展奠定了基础。

**【科技项目与成果】** 2009年，公司承担多项国家重大技术装备开发研制课题，有多项重点研究课题被列入国家级科技计划。其中，“AP1000屏蔽电动泵制造技术”项目被列入国家科技重大专项“大型先进压水堆及高温气冷堆核电站”中的重点课题，“1000MW核电机组核二级泵研制”项目被列入国家科技支撑计划。

获得省、部级科技进步奖10项，市科技进步奖8项，省、市优秀新产品8项，市科技振兴奖1项。其中，“64万吨/年乙烯装置用裂解气压缩机组”获得机械工业联合会科技进步奖一等奖、辽宁省优秀新产品奖，“单轴悬臂多级离心压缩机”获得中国机械工业联合会科技进步奖二等奖、辽宁省优秀新产品奖、沈阳市科技进步奖一等奖，“三元闭式叶轮整体铣制加工工艺研究”获得中国机械工业联合会科技进步奖三等奖、辽宁省科技进步奖二等奖，“大型齿轮增速整体组装式等温型离心压缩机组”获得中国机械工业联合会科技进步奖三等奖、辽宁省优秀新产品奖，“大型乙烯装置用离心压缩机技术开发及成果转化”获得辽宁省科技成果转化奖一等奖。

2009年，公司共申请“百万吨乙烯压缩机机壳的焊接工艺”“一种环硅树脂封严涂层”“一种三元闭式叶轮的加工方法”“一种向心膨胀机闭式透平叶轮的焊接制造方法”“一种大直径三元叶轮的铣制方法”“闭式三元开槽焊叶轮加工及机器人自动焊接控制方法”等6项发明专利；申请“一种大机组推力盘与联轴器同时液压拆装结构”“一种活塞式压缩机气阀的阀片”“一种小口径立式斜流泵的轴承装置”等12项实用新型专利，其中3项获得实用新型专利授权；获得“北极星车间制造执行系统”“北极星办公自动化系统”“数据编码管理维护及查询系统”等3项计算机软件著作权登记授权。

**【重点科技项目选介】** （1）天津石化百万吨乙烯装置用裂解气压缩机组。该机组于2009年1月通过中国机械工业联合会主持的出厂鉴定，整体技术水平达到国际先进水平，是国产化的标志性产品，填补了国内空白。

（2）中石化镇海炼化分公司百万吨乙烯装置用丙烯制冷压缩机。该机组于4月通过中国石油化工股份有限公司主持的出厂验收，是国内首次研制的同类装置中最大的丙烯气压缩机组。该机组的研制实现了我国大型离心压缩机设计制造技术的重大突破，填补了国内空白，实现了国产化，打破了该类产品长期依赖进口的局面。

（沈阳鼓风机集团股份有限公司　高万程）

# 沈阳远大企业集团

**【概述】** 2009年，沈阳远大企业集团主营业务不断延伸，成为同行业中世界级的技术研发中心和人才中心，连续三年荣登中国企业五百强。

沈阳远大机电装备有限公司已全面启动以生产节能电机、风力发电机组为主的新兴产业。高效、节能、环保的远大电机产品，被广泛应用于电站、化工、油田、煤炭、冶建材等多个领域，依靠卓越的性能，不断为用户创造更高的价值。

由公司承建的工程已经遍及世界各地。主要包括：被誉为“欧洲第一高楼”的建筑高度509米的俄罗斯联邦大厦，世界上难度最大的幕墙工程——日本COCOON大厦，2008年北京奥运会主场馆国家游泳中心“水立方”，在国内外独树一帜的标志性建筑——国家体育场“鸟巢”，2010年上海世界博览会永久保留场馆——世博会主题馆、世博中心，世界幕墙工程单笔面积最大项目——阿联酋迪拜商业湾，单笔合同额最高的项目——阿布扎比商业中心，北京新保利大厦，“华南第一高楼”——深圳京基大厦，上海东方艺术中心等全球标志性工程。

作为公司的另一项核心产业，远大博林特电梯是中国最大的自有民族品牌，2009年度实现中国本土品牌出口额第一，凭借卓越的品质和优秀的性价比，赢得世界客户的认可和采购，先后中标2012年伦敦奥运会配套工程——希思罗机场、欧洲交通枢纽——法兰克福航空铁路中心以及北京地铁、沈阳地铁等电梯项目。沈阳博林特电梯（股份）有限公司连续两年入选中国电梯十强企业，预计2010年生产能力将达到5万台。

**【新技术新产品研发】** 2009年4月，公司分别对YKK560-4和TDMK800-36两个主导型号电机产品进行了降低材料成本分析，并在技术环节上降低电机成本6%。

2009年10月，公司研制出第一台1.5MW永磁直驱风力发电机。

**【海外人才与智力引进】** 公司在发展过程中积极兼并和吸收世界级研发设计团队与专家。2009年，国际上一些知名的建筑设计研发机构由于技术上不占优势和经营上举步维艰而纷纷破产，沈阳远大企业集团抓住机遇，积极吸收世界顶级建筑人才，在与国外专家接触和交流后，已有22位高级设计人才加盟沈阳远大企业集团。在此基础上，沈阳远大企业集团在瑞士注册成立了远大欧洲设计研发中心，专门负责承建世界顶级建筑的设计与研发工作，服务于远大各国际、国内公司重点工程的技术投标、方案论证和工程设计指导，这在公司经营发展和技术进步上起到了强有力的推动和保障作用，进一步增强了企业的国际竞争力。

公司之所以能够在国际市场营造自主品牌，掌握核心技术，形成国际化的管理模式，主要得益于国际化人才的培养和引进。为了在海外树立中国幕墙企业的形象，公司在引进一大批技术骨干和管理精英的同时，还采用“引智”方式，聘请瑞士、俄罗斯、英国、新加坡等国外专家共同解决工程设计中的技术难题。解决了公司在施工中遇到的问题，更重要的是在解决问题的过程中积累了经验。

**【科技成果及其产业化】** 沈阳远大铝业集团研发的新产品“空间异型双曲面单元幕墙”已经被应用在德国法兰克福航空铁路中心幕墙工程中，这是中国幕墙企业首次问鼎有着最高行业标准的德国市场。

公司自主研发的“一种单元式幕墙结构及安装方法”已被成功应用于“欧洲第一高楼”——俄罗斯联邦大厦，公司凭借此项技术与意大利帕玛斯迪利莎、德国嘉特纳和旭格等多个幕墙行业的国际知名企业竞争，最终脱颖而出，一举中标，为我国民族品牌在国际高端幕墙市场上赢得一席之地，该项专利获得2009年度沈阳市专利金奖。

公司的发明专利“薄膜幕墙结构”荣获第十一届中国专利奖优秀奖。此专利技术已被成功应用在北京2008年奥运会主场馆——中国国家游泳中心“水立方”。水立方采用了当前世界面积最大、技术难度最高、构造最复杂的ETFE膜气枕结构，属于国内外首创。国家游泳中心“水立方”成为国内外独树一帜的标志性建筑。“ETFE气枕成套技术及其在国家游泳中心的应用”技术获得辽宁省科技进步奖一等奖。

沈阳博林特电梯（股份）有限公司开发的一种节能型自动扶梯“共母线型扶梯”产品通过科技成果鉴定，该产品主要从驱动主机、控制方面进行技术革新，一方面采用永磁同步无齿轮主机作为动力源，取消了传统的减速机构；另一方面采用博林特一体化自动扶梯控制系统，此系统还可以将多套装置直流环节并联使用，达到最大的节能效果。2009年度荣获“自主创新名优产品”“绿色之星”“辽宁省名牌产品”“沈阳市用户满意产品”等称号，产品荣获辽宁优秀新产品奖二等奖。

2009年，公司共申请专利34项，其中，发明专利12项。

（沈阳远大企业集团　包旭东）

# 大连重工·起重集团有限公司

**【概述】** 大连重工·起重集团有限公司是国家装备制造业重点骨干企业。截至2009年年末，企业共有员工5708人。2009年，公司在全国575家国家认定的企业技术中心评价排名中列第34位，居大连市第一位，并再次荣获“国家认定企业技术中心成就奖”，成为重型机械行业和辽宁省唯一连续两次获此殊荣的企业技术中心；被国家科学技术部、国务院国有资产管委员会和中华全国总工会命名为第二批“国家创新型企业”；获得“大连市企业自主创新奖”，被评为“大连市优秀发明单位”；公司所属的大连华锐股份有限公司和大连华锐重工铸钢股份有限公司被认定为高新技术企业。

**【新技术与新产品研发】** 散料装卸机械、冶金机械、起重机械、港口机械四大类传统主导产品朝大型成套、安全可靠、自动高效、环保低耗方向发展，实现了升级换代；风力发电设备、大型船用曲轴、TBM/盾构机、核电产品、高端铸件等新拓展成长型产品重大装备国产化研制取得突破。

完成了6锤捣固机、DBK8000－45型矿石堆料机等30项新产品开发；完成了大型曲轴制造技术提升等64项科研课题攻关；国内最大的90型曲轴等核心部件成功下线；研制出风电双馈变频器、箱变、液压制动器和润滑系统等一批风电核心零部件，成功研制了拥有自主知识产权的3MW海陆两用风电增速机，填补了国内空白；研制出40吨、150吨潮间带风电履带运输车和填补市场空白的打印式数控切割机；研制的9种盾构机系列刀具，性能均达到国际同类产品水平；总承包的天津地铁盾构机等多项重大装备产品研制或运行成功，标志着公司重大装备自主研发和总承包能力再上新台阶。

**【科技投入】** 公司不断加大科技投入力度，改善技术中心软硬件建设条件，技术研发经费投入占产品销售收入的比例逐年稳定增加。2009年，科技研发投入达到9.4326亿元，占产品销售收入的5.09%。

**【科技人才与队伍建设】** 结合新产品开发、主导产品技术优化升级、新产业领域拓展、科技研发等企业技术研发和生产需要，继续采取“外引内培”和激励机制并举方针，大力推进人才培养和技术创新团队建设。人才引进方面，结合新拓展型项目的开发需要，吸引和鼓励国内外各类人才聚集。2009年，公司引进的韩国曲轴专家何台坤获得“2009年辽宁友谊奖”，日本企业管理专家岸良吉晃获得“2009年大连星海友谊奖”。

2009年，公司全面开展机械、电器、液压研发体系优化整合，构建了专业齐全、反应敏捷、具有综合实力的设计研发团队和管理模式。截至2009年年底，公司拥有工程技术人员1445人，占员工总数的25%，其中具有高级职称者197人，具有中级职称者365人，拥有硕士以上学历的科技人员100余人。

**【科技成果】** “企业技术中心创新研发平台建设”以隧道掘进机总体设计和结构件、核电站专用环行起重机、1000兆瓦汽轮机缸体、大型港口散料装卸机械全自动无人化系统等技术试验研究为主要内容，获得机械工业科学技术奖二等奖；三峡70万千瓦水轮机转轮上冠、下环、叶片铸件获得辽宁省科技进步奖二等奖、辽宁省科技成果转化奖三等奖；首台3兆瓦风机增速机填补了国内空白，被认定为第十四批中国企业新纪录，国内首批、海陆两用“3兆瓦风力发电机组”研制成功；QLK11000-50型斗轮取料机和DBK8000-45型矿石堆料机技术居于国内先进水平，被认定为第十四批中国企业新纪录；三车翻车机、7米焦炉机械、5.5米捣固焦炉机械成套设备3项产品均通过新产品投产和科技成果技术鉴定。

修订了JB/T 3260—1999 《LTG系列铁水罐 型式与基本参数》等2项行业标准；负责制定、修订的8项国家标准获批发布，是公司重组成立以来，制定、修订国家标准发布数量最多的一次；制定、修订34项企业标准。

申报专利83项。截至2009年年底，累计拥有授权专利257项。其中“6.2米除尘拦焦机”专利获得国际专利（南非）授权，公司国际专利申报取得零的突破。

**【产学研合作】** 2009年，公司围绕传统主导产品升级换代和新产业拓展，通过以自主研发为主的方式，与大连理工大学、中国科学院金属研究所、大连海事大学、大连交通大学、湖南衡阳镭目科技有限责任公司等5所国内高等学校、科研院所开展了“750吨履带起重机研制”“抓斗卸船机控摆软件开发”“5.5米捣固装煤车载荷谱分析及结构优化研究”等17项产学研合作攻关，共投入科研经费744万元，对公司新产品开发和掌握核心技术起到了重要作用，产学研工作取得突破性进展。

（大连重工·起重集团有限公司
邵龙成　姜明东）

# 中国华录集团有限公司

**【概述】** 近年来，中国华录集团有限公司秉承公司发展规划所确定的思路和产业方向，坚持走原始创新、集成创新和引进消化吸收再创新相结合的道路，逐步完善公司自主创新技术体系，形成合理的研发人员梯队结构，实现部分核心技术的突破，致力于构建拥有一定自主知识产权、自主品牌和持续创新能力的音视频技术创新平台，使公司成为中国数字音视频技术的领跑者。

到2009年，公司已成为世界上重要的数字音视频技术研发和整机产品及关键件的生产基地，并在视听电子产品的研发生产、影音文化产品的制作方面取得了骄人的业绩，成为中国音视频行业的龙头企业，同时也是音视频内容及服务的最大提供商之一。Hualu牌蓝光播放机自上市以来，国内市场占有率已经达到50%，处于市场领军地位。

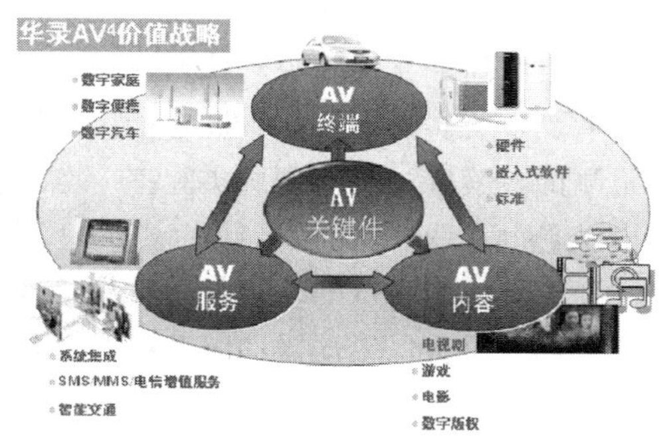


**【技术创新战略与规划】** 公司将国家重点发展的数字音视频产业作为主业，紧紧抓住做强主业的目标，坚定不移地贯彻执行公司的"$AV^4$"（以AV关键件为核心的AV终端、AV服务、AV内容）价值相乘总体战略，以科技创新为动力，制定技术创新的战略目标。适时调整产业与产品发展结构，逐渐形成了一整套成熟的产业发展体系，形成了硬件制造、软件开发和相关内容、信息技术服务有机结合的完整的数字音视频产业链。

为实现公司又好又快发展，在产业发展的整体布局上，公司坚持"一体两翼、协同发展"的指导方针。"一体"是指依托公司长期的制造业优势作为基础保障；"两翼"是指服务业和文化内容产业。三大产业板块协同发展，互为依托，制造业为服务业和文化产业提供终端产品支持，推动服务业和文化内容产业快速成长；服务业和文化内容产业的增长又会提升公司品牌形象，拉动终端销售，从而进一步带动制造业的发展。由此形成三大板块良性循环，实现产业升级。加速形成两个核心竞争力，即以高品质、低成本、技术附加值和品牌附加值综合实力为基础的产品竞争力和以音视频关键件、终端、内容、服务等整体协同发展的产业链综合竞争力。逐步提升服务和文化内容产业板块在集团整体业务中的比重， 为"十二五"期间进一步深化"一体两翼"的战略格局打下坚实的基础。

**【研发条件与能力建设】** 公司拥有国家级企业技术中心，为进一步完善公司三级（即由公司总部、科技公司和研究所、企业技术开发部门构成）技术创新体系，使技术创新更加面向市场、富有活力，公司作出了优化内部资源配置、全面整合研发资源的决定。组建了以大连总部技术中心为核心，以北京、深圳研究所为分中心的"三位一体"的集团研发新体系。对公司技术创新工作统一规划、统一立项、统一组织，集中人、财、物资源，进行技术攻关、产品研发，使公司技术创新有层次、有分工、有合作，协调一致，有序展开。避免因分散和相互封闭造成的产品低水平重复开发，或因工作低效而导致的资源浪费。通过结构调整和资源重组，有效地提高了技术资源综合利用效果，加强三地（大连、北京、深圳）技术研发规范管理，加快技术产业化的步伐。初步形成公司的新产品科技规划、策划和评价机制。公司拥有一支实力较强的科研力量。截至2009年年底，公司技术中心有员工688人，其中博士、硕士研究生163名。拥有韩建国、张坚志、石连方等11名国家、省部级技术专家。

在研究开发条件方面，公司技术中心拥有一批先进的开发仪器和设备，包括软件开发系统、软件编译器、软件仿真器、可靠性实验设备、EMC的测试设备、数字化检测设备、通用的电子仪器仪表、视频分析仪、音频分析仪、矢量分析仪、噪声分析仪等多种测量设备。具备了一套关键件开发、整机测试评价、中间产品试验等比较完备的开发试验环境。主要实验室有光头机芯检调系统、音箱测试实验室、整机测试实验室、电压功率电流测试、机械及其系统的测试检测平台、计算机控制系统的软硬件及其接口技术的开发实验平台、驱动器伺服系统开发与设计开发和测试系统实验平台。具备了Protel，PowerPCB，CAD等硬件开发环境，ProE，AutoCAD等工业设计和结构设计的开发环境，同时建立嵌入式软件开发环境，拥有多种嵌入式操作系统的开发工具。技术中心还建立了一条数字音视频的开发评价和质量评价体系，有音视频测试设备、电磁兼容测试设备多套，同时还建立了适合开发用的信赖性评价环境。

**【科技成果产业化】** 公司基于多年从事碟机产业的技术积累和对碟机技术发展的分析判断，选择了国际主流公司认同度高的BD规格，开始了中国音视频标准国际化的推进历程。组织和主持了与BDA技术组的多次技术说明交流、国际音频权威机构的严格测试和评审、融入国际标准的DRA规格书的起草和修改、音频质量测试工具的开发、主席团评审答辩等大量工作和程序；根据评估的需要，公司建立了基于DRA和AVS标准的节目源的编辑制作中心与蓝光光盘验证试验线，有效地保证了评估的顺利完成。

公司积极参与高清蓝光标准的制定，积极推进具有自主知识产权的标准成为国际标准。2009年3月，由公司提交的具有自主知识产权的DRA音频标准作为蓝光光盘格式的可选编解码技术，被写入BD-ROM格式的2.3版本。这标志着DRA技术已经成为蓝光光盘格式的一部分，也是中国自有技术在音视频领域第一次被国际标准采用。使得我国在数字音视频产业领域首次凭借自主知识产权技术参与国际市场产业竞争，实现了在消费电子产品领域中国技术被国际标准采用的重大突破。

公司自主研发的光盘视盘机光头伺服方法及其装置（即EDPP伺服方法）的信赖性保障程度高，不因时间和环境的变化而使产品特性发生变化，使用所有光盘都可以使循迹误差信号最大化，使光栅扭曲对特性的影响几乎降到了“0”，从而降低了材料和生产成本。光盘视盘机蓝光光头的开发属于大容量高清晰度光存贮领域，掌握蓝光光头的设计开发技术，将突破蓝光光头的设计和量产技术，填补国内在蓝光光头开发方面的技术空白，改变国内光盘产业光头依赖进口的现状。这种新型的不依赖光栅角度的伺服方法的开发成功，将对光学头、视盘机产品开发及更新换代产生重大影响，对相关产业的发展具有重大的促进作用和现实意义。

在内容方面，公司借助蓝光编辑中心等技术手段大力发展AV内容产业集群。联合中国电影集团，在中国成立了第一家蓝光光盘授权中心，成为中国第一家杜比及DTS授权公司，肩负高清产业普及的国家使命及义务。公司建立了包括影视拍摄、影视编辑制作、光盘复制、发行销售在内的整条软件产业链，实现了蓝光技术、影视艺术与硬件的完美结合。截至2009年年底，公司已经拍摄完成的影视剧包括《王贵与安娜》《汉武大帝》《双面胶》《朱元璋》《媳妇的美好时代》《建国大业》《苍穹之昴》《红楼梦》等优秀作品。而华录蓝光编辑中心作为国内首家蓝光编辑机构，将依托公司的光存储技术优势及丰富的文化资源，借助于公司国内首条蓝光光盘复制生产线，致力于向市场发行蓝光光盘格式的中国本土影片。现已生产出7万余张25GB容量的蓝光光盘，包括《赤壁》《门徒》《投名状》《伤城》《梅兰芳》《战鸽总动员》《迁徙的鸟》《魔术师》《建国大业》等35部影片，并且计划每个月发行4部新片，以丰富国内蓝光市场。

**【科技成果】** 2009年，Hualu牌蓝光播放机被认定为辽宁省名牌产品。在第八届中国大企业集团暨第三届企业集团竞争力五百强中，公司排名第158位。在第23届电子信息百强企业中，公司位居第27位。2009年12月18日，在第四届中华电子企业最有价值品牌排行榜中，公司荣膺“中华电子十大创新品牌”称号，品牌价值达到53.48亿元，比2008年增长了20.6亿元，增幅显著。

2008年申报的“DVD核心关键件的开发与设计”和“任天堂游戏机用超薄型吸入式机芯开发”2个项目分别获得大连市科技进步奖二等奖、三等奖。2009年申报的“高清视盘技术的研究与开发”和“光学头调整检查机研发与制作”2个项目分别获得大连市科技进步奖一等奖、二等奖。“互动式游戏手柄套件”于2009年10月被大连市科学技术局、大连市总工会及大连市发明协会评为2006—2008年度大连市优秀发明创新项目。2009年7月，公司被大连市知识产权局认定为大连市知识产权示范试点单位。

2009年，公司申请专利81项，其中发明专利17项；当年获得授权专利81项，办理登记著作权140项。

**【知识产权工作】** 为调动研发人员自主创新的积极性，加强知识产权保护意识，公司通过系列激励措施对申请专利的研发人员给予奖励，并在评定技术职称时，作为评聘高、中级技术职称的条件，也可根据情况破格晋升高、中级技术职务。2009年，总计奖励额度为24.8万元。该项制度的实施，有效地激发了技术人员研究开发的积极性和创新、创造的主观能动性，取得了明显的成果。

（中国华录集团有限公司　廖明慧）

# 鞍钢重型机械有限责任公司

**【概述】** 2009年，鞍钢重型机械有限责任公司实现销售收入20.2亿元，全年技术改造投资2280万元，上缴税金6499万元。公司下设铸钢厂，准备全面投产。5月22日，公司在由中华机冶建材工会和国务院三峡三期工程检查组共同举办的三峡三期工程重大设备国产化立功竞赛总结大会上获得“全国工人先锋号”和“优胜单位”等13块奖牌，是转轮制造单位中获奖最多的公司。

**【科技投入】** 2009年，公司技术改造及产品开发投入资金5848.1万元。国家科技支撑项目“大型水电产品开发”项目资金到位1291万元；辽宁省给予省重大项目“大型船用曲轴开发”100万元资金支持。其余资金全部依靠企业自筹。

**【重点创新项目】** 2009年，公司以解决国家急需和参与国家重点项目为前提，开展技术改造及产品开发，成功开发了大型水电用抗层状撕裂钢板、第三代核电站设备AP1000热段主管道，冷轧工作辊，溪洛渡水电站大型转轮上冠、下环、叶片等产品。

（1）抗层状撕裂钢板。2008年，公司开始研制厚抗层状撕裂钢板，提出了锻造-轧制相结合的制造工艺，并于2009年初成功研制出160毫米和270毫米厚抗层状撕裂钢板。2009年4月5日通过国家三峡第三期工程建设委员会有关部门组织的专家评议，并得出以下结论：在国内率先采用高纯净钢水浇注钢锭—锻造—轧制相结合的制造工艺解决了抗层状撕裂钢板生产的关键技术。工艺技术路线合理、可行，具有创新性。用该工艺生产的160毫米和270毫米厚度的抗层状撕裂钢板的质量，达到了进口同类产品的先进水平。公司生产的抗层状撕裂钢板填补了国内空白，具有国内领先水平。可以用于三峡水轮发电机组制造。公司抗层状撕裂钢板的研制成功，标志着我国大型水轮机发电机组制造中的又一个关键部件实现了国产化。

（2）第三代核电站设备AP1000热段主管道。取代了第二代核电铸造热段主管道，是世界最先进的核电技术。有锻造温度区间窄、抗力大、易开裂、形状复杂等特点。生产难度非常大。公司试锻成功的第三代核电站设备AP1000热段主管道是世界第二件试锻成功的三代核电AP1000热段主管道。

（3）冷轧工作辊。是冷轧机最重要的消耗部件之一，是一项标志企业冶金、锻造、热处理、机械加工、检测综合水平的产品，其质量优劣直接影响冷轧机的作业率、板材质量及吨钢成本。由于工作辊长期承受巨大的轧制力和接触应力，作业条件十分恶劣。因此，其综合机械性能要求苛刻、制作工艺复杂。目前，国内主要有常州冶金机械厂、邢台轧辊厂两家企业生产，其工艺均采用电渣重熔钢锭，双频电磁感应淬火，材质多为Cr2，Cr3，Cr5等，淬硬层深度一般为15～30毫米。国外冷轧辊生产厂家主要有英国、美国、瑞典、日本、韩国等，一般欧洲国家多采用真空冶炼钢锭，而日本多采用电渣重熔钢锭，淬硬层可达30毫米以上。公司现有轧钢机工作辊全部是外购，每年订货资金流失约2亿元。公司开发的冷轧工作辊解决了公司冷轧工作辊外购问题。

（4）大型水轮发电机铸件。公司继续完成“大型水轮机转轮铸件制造技术研究及产业化”课题，并于2009年获得1291万元资金支持。

**【科技人才与队伍建设】** 公司把优秀的科技研发人才作为企业的第一资源，以吸纳优秀的科技研发人才为企业发展提供重要支撑，坚持实施人才战略，加紧培养和造就人才。公司获得人才的主要途径有以下两条。一是内部挖潜和培养。来自企业一线的科技人员具有丰富的实践经验，其研发活动针对性强、成本较低。2009年，又有30名技术人员被公司评为专家。公司坚持“贡献价值化”的人才工作理念，大幅度提高优秀人才的薪酬待遇。公司优秀科技人员年薪水平达到本单位人均收入的2～3倍，关键人才达到3倍以上。二是与科研院所、大专院校联合办学。2009年，公司分别与辽宁科技大学、大连理工大学、中国科学院金属研究所等校所联合办学，培养各类高级管理和工程技术人才。当年选派23名优秀青年技术人员参加学习。

**【产学研合作】** 公司依托国内名校的技术优势，通过共建研发平台等方式，进行多层次、多领域、长期稳定的交流与合作。公司先后与清华大学、东北大学、大连理工大学、北京科技大学、中国科学院金属研究所、辽宁科技大学等高等院校和科研院所合作，针对公司的水电产品、船用曲轴、核电主管道、大型钢锭等主导产品的关键技术、核心技术及难点问题进行联合攻关。截至2009年年底，先后完成产学研项目近百项，解决了企业国家重大技术装备开发设计制造等方面的核心技术难题，弥补了企业自身基础技术领域研发力量的不足，加快了企业新产品的研发速度，提高了企业产品的技术水平和核心竞争力。

（鞍钢重型机械有限责任公司　高元起）

# 北方华锦化学工业集团有限公司

**【概述】** 北方华锦化学工业集团有限公司以生产化学肥料和石油化工为主业，年生产能力为：尿素160万吨、炼油500万吨、乙烯70万吨、聚烯烃树脂97万吨、柴油210万吨等。2009年,公司实现销售收入714882万元，净利润24858万元，税金20989万元。公司总资产达256亿元。“十一五”工程全部投产后，预计年销售收入可达300亿元以上。

**【新技术与新工艺研发】** （1）新型脲酶抑制剂XPT生产工艺技术开发。该项目已经完成中试，得到了最佳工艺参数，筛选最佳的反应设备结构和工艺流程，为工业化设计提供了可靠的基础设计数据。截至2009年年底，该项目处于工业化设计，按照500吨/年计算，可实现年产值300万元，利税额增加170万元。主要可以满足缓释尿素的生产需要。

（2）聚丁二烯（PBL）胶乳新工艺。2009年，该工艺在2008年试验数据的基础上，对装置进行了放大试应用，取得了良好的效果。

（3）高抗冲嵌段共聚聚丙烯注塑专用产品J340质量改进。韩国晓星公司生产的J340聚丙烯产品采用日本三井油化公司工艺专利技术，批次稳定性高，得到市场的高度认可。2009年，公司开发新型高抗冲嵌段共聚聚丙烯注塑J340产品，提高了产品的抗冲击性能，调整熔融指数，满足了用户要求，产品达到韩国晓星公司生产的J340产品性能水平，提高了产品的市场竞争能力，增加了企业效益，稳固和扩大了市场。

（4）成核剂改性聚丙烯PPB管材专用料产品质量提升。公司生产的成核剂改性聚丙烯PPB240新产品与现有产品相比较，质量有较大的提升，拓宽了产品用途，被广泛应用于冷热水给水管及高低温暖气连接管等领域。

**【科技项目与投入】** 2009年，公司投入资金8858万元作为科技研发经费，并通过申报省级重大科技项目的方式获得研发资金。其中，“新型脲酶抑制剂项目”获得辽宁省企业技术中心专项资金；“本体ABS质量改进技术研发”和“超高分子量聚乙烯（UHMWPE）合成技术”2个项目分别获得辽宁省外国专家局海外研发团队专项资金；“20万吨/年轻烃芳构化技术开发延续项目——戊二醛的生产方法”被辽宁省科学技术厅列为2009年重大项目延续项目。

**【科技人才与队伍建设】** 公司坚持实施“人才强企”战略，不断完善人才激励机制，切实加强科技人才队伍建设。鼓励和支持员工通过在职读研、专升本等多种进修深造渠道提高专业素质和科研水平；同时，以重点项目为依托，通过产学研合作的方式，培养技术骨干和技术带头人；建立了以技术中心为核心的技术创新体系，推动了公司技术创新工作的更好开展。

【科技成果及其转化】 2009年，公司与清华大学合作开发的“40万吨大颗粒尿素项目”，在大颗粒尿素的造粒与冷却技术方面，开发了具有自主知识产权的新技术，该成果已转化正式投产，可实现年产值7.6亿元，利税额增加2600万元，为公司创造了可观的经济效益。IM−ABS新工艺开发使聚合反应时间由原来的7.5小时缩短到3小时，接枝率从32%提高到40%，抗冲击强度从180J/m提高到240J/m以上，该科技成果已在公司5万吨ABS生产装置上成功转化。

公司下设的技术中心申请国家发明专利7项，取得国家发明专利授权3项、实用新型专利授权3项。

【产学研合作】 公司十分重视研发工作中的产学研结合，不断加强与大专院校、科研院所的合作。先后与清华大学、大连理工大学、中国科学院长春应用化学研究所、中国科学院沈阳应用生态研究所、华东理工大学等众多国内外知名高等学校和科研院所在精细化工、化学肥料、合成树脂等领域建立了合作关系。

（北方华锦化学工业集团有限公司　范立成）

# 渤海船舶重工有限责任公司

【概述】 2009年，渤海船舶重工有限责任公司主营业务实现又好又快发展，工业总产值、造船总量、利润总额均实现了快速增长。主要产品多次荣获国家科技进步奖、国家级新产品奖等。近年来，公司先后被授予“首届中国功勋企业”“全国质量管理先进企业”“国家级‘守合同、重信用’企业”等荣誉称号。

【新技术与新产品研发】 (1) 船型开发与设计技术。2009年，公司针对国际船舶市场的发展趋势及最新国际公约的要求，在前期开发的基础上，进一步明确了近期船型开发及船型优化的目标。相继完成了“ULOC3600000DWT级船技术开发”“JBP−DSS−CAPESIZE (170000吨级)开发”“5000立方米LPG船开发”“1500米深海钻井船”等项目。正在进行的项目有“40万吨矿砂船”“大型半压半冷和常压全冷LPG”“POST PANAMA型散货船”“20万吨级单壳散货船（包含18.5万吨、20.3万吨、23万吨）”“3200箱集装箱船船型开发”“3000米深海钻井船”等。

(2) 船舶建造技术。“超大型矿砂船设计建造技术开发”项目被国家发展和改革委员会列入高技术船舶计划项目，并于2009年上半年通过项目验收；“PSPC标准合拢采用工装工具研究”和“NAPA软件在船舶设计建造中的二次开发应用研究”等项目正在按照计划开展工作。

(3) 大型转炉制造技术。加快研究包括钢板冷压成型胎具、托圈耳轴与扇形段的一体化装配与焊接、托圈耳轴孔机加工及热镶装、上部炉体三点球铰支撑孔划线及机加工、铰链装置的制作及装焊、两点锲铁连接的炉体与托圈预装时的研配等大型转炉制造关键技术，形成一整套集成技术，从根本上解决大型炼钢转炉制造过程中的一系列难题。

（4）第三代百万千瓦级核电站主冷却剂管道系统大口径厚壁不锈钢弯头研制技术。核电站反应堆用弯头属于大直径大壁厚小曲率半径管子弯头，目前，国外核电站反应堆主管道弯头均采用组焊或铸造成型工艺制造，个别公司采用热压成型工艺制造，但没有整体冷压制造主管道弯头的技术。主管道弯头采用耐热不锈钢，其冷变形性能好、变形抗力大，适宜冷压成形制造。公司在此领域内已拥有弯制此种弯头的技术储备。在此技术基础上，进一步深入开展工艺技术及装备研发，增强此产品的竞争力，为公司新的经济增长开拓新的市场。

（5）多软件系统平台及三维信息共享技术。近年来，公司相继引进国外大型船舶设计制造集成软件TRIBON和CADDS5。下一阶段，将重点研究实现TRIBON和CADDS5系统之间的信息集成，即解决异构CAD系统之间的三维信息共享问题，关键是在产品数据管理平台上制定出专门的数据交换接口技术，从而实现软件资源的集成与优化，最大限度地调用现有的人力资源，从而达到产品的开发周期和成本最小化、产品设计质量的最优化、生产效率的最大化。

（6）复杂曲面钢板自动化热加工技术（数控多点曲面压型）。传统厚板压力成型工艺，是使用设计的模具，借助压力机把钢板压制成型，这种成型工艺的生产成本高。下一阶段，公司将通过装备多点曲面压力机，研究复杂曲面钢板自动化热加工技术，由多点压头取代单点压头，由数字控制机构调整压头的高低位置，使各种型号船舶船体结构上的复杂曲面部件机加工成型，这将大大节省模具制作时间和生产成本。

（7）大型设备安装新工艺技术（艉舵轴孔加工、测量一体化技术和轴套冷装技术）。开发研制非接触式测量系统，高速、低功耗对艉舵轴孔和轴套加工进行全范围在线测量，主要是轴孔、轴套几何参数测量系统，在线实时检测艉舵轴孔、轴套的直径、圆度、圆柱度、锥度、椭圆度等指标。

（8）单元组装和模块化技术（大型散货船模块化、单元化预舾装技术）。研制开发模块化设计工艺规范和生产管理模式及相应的软件。基本实现：按照功能模块和运转能力进行分段划分和预装总段的划分；以预装总段为单位，实现各分段的船体舾装、通风、管系、设备的预装及壳舾涂；将机舱内除主机、辅机等大型设备外的设备、基座、花钢板支架、格栅支架、管路等，按照机舱位置设计成若干个单元，可以在地面上进行舾装作业。

（9）民品分段快速光测技术与基于实测分段尺寸的虚拟装配技术。此类技术对于提高设备安装精度、提高船舶建造速度、缩短造船周期，有着重要的影响。公司将与天津大学、哈尔滨工程大学等高等学校合作，积极开展通过“基于实测尺寸实现虚拟装配”，并指导分段预修正后无余量合拢新技术研究，大尺度轴孔轴套综合参数测量系统研究，船上平面及基座机加工后的快速、数字化测量技术研究等。建设船舶建造大尺度数字化测量技术及动态虚拟装配实验室，以利于今后开展各项数字化测量研究。

（10）钢板预处理过程中的上、下表面缺陷在线自动检测方法。在船舶制造过程中，需要使用大量的钢板——首先对钢板进行预处理，在钢板预处理过程中，经过表面除锈与喷漆工序后，在进入切割工序前需要对钢板的表面缺陷进行检测，对于缺陷超标钢板要进行修补或更换处理，符合标准的钢板才可以进入下一道工序切割。该方法要求做到快速发现流水线上表面缺陷超标钢板，对其进行修补更换，不仅可以提高钢板缺陷检查的可靠性，而且能大幅度提高生产率。

该方法取得的积极效果是：实现对缺陷点的面积和深度进行实时测量，并且钢板在线双面同时检测，工作安全，大大提高了生产效率；测量板材幅度宽，板宽达4m；缺陷点等级自动识别与报警并在线打标，检测准确，不会造成漏检，提高船体结构质量。该技术在2009年获得专利授权。

（11）大型船舶桨舵安装车。船舶的螺旋桨和舵叶都是安装在船艉底部，普通的起重机钩头无法把螺旋桨和舵叶直接吊运到船艉底部的安装位置，因此，大型船舶安装螺旋桨和舵叶有一定难度。该技术实现了在有两条高出地面900毫米的船舶下水滑道的124斜船台上建造大型船舶中，提供一种能从船艉底部把螺旋桨和舵叶直接运送与调整到安装位置的船舶桨舵安装车，实现快捷、安全的机械化作业，缩短了船台上占用周期。该技术在2009年获得专利授权。

**【科技投入】** 2009年，公司通过自筹、国家拨款等多种渠道筹措资金，用于产品与技术研发，其中，技术开发经费支出4.9474亿元，自主投入技术开发经费4.2181亿元，新产品销售利润7732万元，工业增加值18.9亿万元，总资产报酬率为1.59%。

**【科技人才与队伍建设】** 公司依托在建及预研重大专项、核心技术研发及合作项目，同时借助博士后科研工作站，培养造就技术带头人，积极推进创新团队建设。重点发现和培养一批核心技术领域的中青年高级专家。

2009年，博士后科研工作站经过前期的准备工作，办理了王宇博士的进站手续，并经过辽宁省人事厅批准，同意王宇博士进入公司的博士后科研工作站、哈尔滨工业大学博士后流动站，开展博士后项目研究工作。6月，公司博士后科研工作站、大连理工大学博士后流动站联合组织了陈明博士后出站报告会。该名博士后主持完成的“船体结构参数化建模及接口关键技术研究”项目，提出了船体曲面建模定义方法，船体总体分舱参数化建模方法，建立了船体结构参数化建模的技术方案并进行了验证；提出的有限元分析前处理模型生成接口可行、有效，对于解决企业船舶设计中的船体结构建模与分析技术环节具有显著意义，研究成果具有良好的应用前景。

充分发挥创新平台在创新人才队伍建设中的重要作用。自2003年启动“十博百硕”工程以来，已历时7年，2009年有9名工程硕士毕业；在读博士4名，在读工程硕士66名。专业涉及船舶与海洋工程、机械工程、控制工程、计算机技术和化学工程等。

着力培养和吸引创新人才。制订和实施了吸引优秀人才计划——重点是吸引高层次人才和紧缺人才。通过国家认定企业技术中心哈尔滨工业大学分中心、大连理工大学分中心，以及产学研合作高等学校、科研院所，引进博士毕业生进入公司博士后科研工作站，在保证项目研发的同时，带动培养一批优秀的科技创新人才。

积极构建有利于创新人才成长的环境。倡导拼搏进取、自觉奉献的爱国精神，求真务实，勇于创新的科学精神，团结协作、淡泊名利的团队精神。鼓励勇于探索、敢于冒尖的大胆创新。激发创新思维，活跃创新气氛，努力形成宽松和谐、健康向上的创新文化氛围。加强科研职业道德建设，遏制科研中的浮躁和不良风气。

**【产学研合作】** 近年来，公司不断探索建立以企业为主体、市场为导向、产学研相结合的科技创新体系和创新平台。紧紧依托技术中心，积极构建公司内部的科技创新体系，加强与大学及科研院所的合作，积极搭建产学研相结合的科技创新平台。2009年，公司主营业务实现了又好又快发展，工业总产值、造船总量、利润总额均实现了快速增长。在“十博百硕”人才队伍建设工程基础上，公司继续加强与哈尔滨工业大学、大连理工大学、哈尔滨工程大学等高等院校的产学研合作，带动培养更多的理论扎实、实践技能高的创新人才，形成了合理的人才梯队。

**【科研创新成果】** 2009年，公司申请专利20件，其中发明专利申请3件，实用新型专利申请17件；本年度获得授权专利33件，其中授权发明专利25件。据统计，2001—2009年度，公司累计申请专利231件，其中发明专利申请131件，占56.7%；累计获得授权（有效）专利144件，其中授权（有效）发明专利61件。

（渤海船舶重工有限责任公司工艺技术研究所　孙世彤 赵振民 王建国）

# 东软集团股份有限公司

**【概述】** 东软集团股份有限公司创立于1991年，主营业务覆盖软件产品与平台、行业解决方案、产品工程解决方案和IT服务四个领域，是我国首家上市的软件企业、首家通过CMM5和CMMI（V1.2）5级认证的软件企业和国内规模最大的专业化软件公司之一。公司注册资本9.4亿元，总资产62.09亿元，资产负债率31.18%，银行信用等级为AAA。

公司拥有包括国家工程研究中心、国家重点实验室等在内的12个创新平台，研发方向主要集中在多媒体技术、数据库技术、网络安全与管理技术、遍在计算、数据挖掘、图像处理与识别技术、嵌入式软件仿真技术、组件与协同工作技术等方面。

公司的主营业务以软件技术为核心，通过软件与服务的结合、软件与制造的结合、技术与行业管理能力的结合，提供行业解决方案、产品工程解决方案和相关产品与服务。行业解决方案涵盖的领域包括电信、电力、金融、政府（社会保障、财政、税务、公共安全、国土资源、海洋、质量监督、检验检疫、工商、知识产权等）、制造业、商贸流通业、医疗卫生、教育、交通等行业。在产品工程解决方案领域，公司与世界一流的跨国公司开展合作，提供车载信息产品、数字家庭产品、移动终端和IT产品等嵌入式软件开发与服务。

近五年来，公司共承担国家、省市各级科研项目140余项，包括自然科学基金、“863”计划、科技攻关/科技支撑计划和电子基金等，获得国家、省、市科技成果与产品奖励60余项，获得发明专利50余项。

2009年，公司继续保持持续、稳健的增长态势。与2008年相比，各项经济指标均实现了较大突破。实现总收入41.66亿元，较2008年增长12.3%，其中，软件及系统集成业务继续保持健康、平稳、持续的发展态势，实现营业收入34.27亿元，较2008年增长16.8%，占公司营业收入的82.3%。克服国际金融危机带来的影响，在巩固和提高日本市场的优势地位的同时，欧美市场也取得了突破，国际软件业务实现收入2.0148亿美元，比2008年同期增长10.7%。实际上交税金总额达3.37亿元，同比增长10.5%。

【新技术研发及其成果转化】 2009年，公司继续深化实施东软解决方案高效性策略NeuSA，落实公司“开放式创新”战略，持续提升基地两级研发体系的创新能力与规模化的全球交付能力。

（1）在基础研究与应用技术研究方面。公司在软件架构、数据处理与知识管理、网络安全与管理、嵌入式系统、医学影像计算、数字化医疗设备与医疗软件等方面，先后攻克了30余项关键技术。承担了包括“Trustie在大型软件企业中的生产实践与应用示范”“路网中的个人信息服务”等国家“863”计划课题、“劳动保障公共服务业务协同支撑系统”“通用企业应用开发平台研发”等科技支撑计划课题、“信息安全一体化集中管理系统（SOC）”等电子基金项目在内的各级科研项目34项，其中国家及省部级项目22项。

面对中国政府4万亿元扩大内需新政、新型医疗体制改革、3G建设、智能电网和上市公司《企业内部控制基本规范》的实施等带来的新一轮市场机会，公司在交通、医疗、电信、电力行业和业务监察、风险控制、数字安防领域下一代核心业务解决方案的研发等方面加大了投入力度。

（2）在支撑平台方面。投入业务基础平台（UniEAP V4.0）、云管理平台、云安全网关、管理服务平台、移动企业应用支撑平台的研发。

（3）在关键技术方面。重点开展极限事务处理、数据并行处理、嵌入式/桌面计算（基于多核的并行程序设计模式）的研究与积累。公司开发出易用性好、具有成本优势的个人健康设备和个人医疗仪器集成解决方案，突破了超大规模多租户SaaS 核心业务应用关键支撑技术，推出公司的第一个云应用服务“熙康健康管理服务”，并于2009年11月作为中国第一个面向大众的健康管理云服务业务投入商业运营。

2009年，公司对医疗业务进行了重组梳理和整合，形成了医疗设备、医疗IT和健康服务三项业务布局。

（1）在医疗设备领域。公司自主开发的核医学影像设备PET（正电子发射断层扫描装置）研制成功，并获得美国FDA认证，填补了国内空白；泌尿CAD软件获得美国FDA认证，填补了我国医用软件领域的空白；公司相继推出的NeuViz16层螺旋CT、1.5TMRI（磁共振）、直线加速器等新产品，为今后医疗业务的快速发展奠定了基础。

（2）在医疗IT领域。公司成功签订了中国人民解放军第三〇七医院、广州医学院第一附属医院、无锡市医院管理中心等大型医院的数字化医院建设项目。由公司和中国人民解放军总医院联合开发的援助都江堰市的4套远程会诊系统顺利启用，被成功应用于四川地震灾后重建工作中。同时，公司率先针对国家新医改政策，发布了“医药卫生全面解决方案”。

（3）在健康服务领域。公司推出了面向基层医疗机构、家庭、个人的健康管理解决方案和服务平台——“熙康”业务，并与沈阳盛京医院合作成立盛京熙康健康管理中心，建立了公司在健康管理服务领域的产业布局。

【科技投入】 2009年，公司科技活动经费主要来源于政府科研经费和企业自筹经费，共计支出4.5827亿元，占集团营业收入的11%，完成新产品、新技术、新工艺项目21项。其中，用于科技活动人员劳务费3.9856亿元，科技活动消耗原材料费1856万元，非基建科技活动购买与自制设备支出2952万元，用于调研、论证、鉴定、设备维护等其他费用1163万元。

**【科技人才与队伍建设】** 公司十分注重人才培养，通过各种培训班、专题讲座和出国培训等渠道与方式，加强对高级技术和管理人员的培养，不仅为公司提供了大批优秀人才，也为我国软件行业提供了源源不断的人力资源支持，有力地支持了我国软件产业的发展。截至2009年年底，公司总人数已经达到15472人，与2008年同期相比增长2.7%。在现有人员中，拥有博士学位人员49人，拥有硕士学位人员1748人，拥有本科学历人员11878人，有5年以上软件从业经验人员3184人，有2～5年（含2年）软件从业经验人员5858人。

**【科技成果】** 2009年，公司共获得3项科技成果奖励，其中“磁共振医用成像低场永磁体”项目荣获辽宁省科技进步奖一等奖。申请专利46项，其中发明专利37项；获得专利授权15项，其中发明专利12项；获得计算机软件著作权登记39项；在国内外期刊与学术会议上发表论文近50篇。

**【创新平台建设】** 2009年5月，公司在国内率先建设“软件架构新技术国家重点实验室”，围绕“软件架构定义及描述方法、主技术架构和面向特定应用场景的参考架构、企业应用软件产品线开发方法、企业应用统一架构平台、软件架构评估及验证方法”五个研究方向开展工作，这是国家科学技术部通过的第一个在软件架构方向上建设的国家重点实验室。

此外，公司继续加大在计算机软件国家工程研究中心、国家数字化医学影像设备工程技术研究中心、复杂网络系统安全保障技术教育部工程研究中心等创新平台建设与运行方面的投入，为成果研发和转化打造了坚实的平台。

**【产学研合作】** 公司来源于校办企业，有着良好的产学研合作传统，注重依托名校技术优势，通过共建研究平台的方式进行多层次、多领域、长期稳定的交流与合作。针对公司的社保业务、汽车电子、网络安全等核心业务领域难点及核心技术，与清华大学、北京大学、浙江大学、东北大学等高等学校进行联合攻关，提高了产品的技术水平及核心竞争力。近年来，通过采取以企业为核心、以提高企业创新能力为重点的举措，完成产学研项目近百项，弥补了企业自身基础技术领域研发力量的不足，加快了企业新技术与新产品的研发速度，提升了企业研发和成果转化的能力。

2009年7月，公司联合东北大学共同申请的医学影像计算教育部重点实验室顺利通过了教育部论证，研究方向集中在医学影像重建优化与可视化、医学影像处理与分析、医学影像信息检索与挖掘、医学影像计算支撑环境等方面，将在医学影像计算研究的前沿基础和共性关键技术方面开展研发工作。

（东软集团股份有限公司　东软研究院　张宏刚）

# 重要科技成果选介及科技奖励

# 重要科技成果选介

## 一、基础理论

1．基于模拟关系的计算力学新理论和新方法

大连理工大学首次发现并证明控制论与计算力学间的模拟关系，系统地建立了计算力学辛对偶求解理论与方法，形成计算力学整体学科框架下统一的求解理论与方法。基于模拟关系，还建立了非线性力学分析的参变量变分原理与参数二次规划算法，将计算力学中广泛存在的边界待定问题转化为系统控制问题，突破了经典变分原理的限制，可以处理传统理论勉强或无法解决的问题，改变了非线性力学问题的求解手段。提出了计算力学初、边值问题求解的精细积分法，它可以获得计算机意义下的精确解，在处理刚性动力问题时，具有良好的稳定性和精度。该研究成果为非线性与动力学等具有共性计算力学问题分析提供了先进理论和数值方法，并已在解决航空航天等重大装备关键力学问题中发挥了作用。

2．界面和纳米催化中的限域处理

中国科学院大连化学物理研究所的这个项目属于催化与表面化学领域，主要内容如下。

（1）以电子的纳米限域性为理论基础，提出并从实验和理论上论证了催化的“尺度调控法”原理。

（2）自主研制了纳米微探针、光电子发射显微镜、原位高温核磁共振和多通道高压反应器，实现了原位动态条件下催化过程原子和分子层次的研究。

（3）系统研究了规整Ag(111)表面再构和次表层氧物种的生成特性，及其次表层结构和电子性质对表面催化烃类选择氧化反应特性的影响，首次提出催化剂的次表层结构调控催化反应性能的概念，并从理论上拓展出金属催化剂“界面限域”的概念。

（4）将“限域”概念拓展到碳纳米管催化体系，观察到碳纳米管孔道独特的负电子环境对组装在其内的催化剂粒子的物理化学特性的调变作用，首次提出碳纳米管和管内纳米粒子在催化中“协同限域”的概念。

该项目有如下特点。

①系统性。从发现银催化剂的次表层结构到提出界面和孔道限域概念，进而将限域概念拓展到碳纳米管，实现了从界面到孔道、从二维到粒子限域的系统研究，属于系统和持续的创新成果。

②理论与实际紧密联系。利用界面限域效应研制了具有低温活性和选择性的纳米银和FeO/Pt催化剂，解决了重整氢气中微量CO造成燃料电池电极中毒失活的难题；创制了碳纳米管限域的铑–锰催化剂，实现了煤经合成气直接制乙醇的高效催化过程。

该项目的应用推广：

国际上15家研究小组对次表层氧结构进行了实验和理论跟踪研究，并拓展到次表层碳和次表层氢；根据“协同限域”原理研制成功的碳纳米管限域铑–锰催化剂，被《自然 · 中国》和*C&E News*等期刊评论为“开

创了一种由煤经合成气高效制乙醇的新途径”。发表SCI论文194篇，被他人引用1694次；应邀在国际会议上做报告和主题报告28次；申请专利33件，授权10件。

3.金属材料表面纳米化技术和机理

多数材料及器件的破坏损伤均源于表面，通过提高材料的表面性能来提升整体材料及器件的使用寿命，已经成为材料科学与工程领域的重要研究趋势。

中国科学院金属研究所的这个项目在国际上率先提出“金属材料表面纳米化”概念，并利用表面机械研磨处理，在多种金属及合金材料上成功实现表面纳米化，揭示了多种不同结构类型金属材料的表面纳米化微观机制，发现了多种金属表面纳米化样品的优异力学、摩擦磨损、扩散和化学反应性能，发展了低温复合表面纳米化技术，大幅降低了钢铁的渗氮和渗铬温度，实现了表面纳米化技术在工业上的应用。

这些原创性的工作使该项目开创并一直引领的金属材料表面纳米化技术及机理的研究方向目前已成为国际材料研究领域的一大研究热点。

## 二、应用技术

1. 农业综合开发科技增效示范工程

辽宁省农业科学院等单位承担的这个项目是辽宁省农业科学院和辽宁省农业综合开发办以农业综合开发为平台，联合实施的科技增效示范项目。2004—2008年5年间，省农业科学院组织15个研究所的近300名科技人员实施了农业综合开发科技项目162项，投入科技经费2006万元，在全省13个市55个县、区，根据辽宁省农业区域布局，重点实施了以下5项农业综合增产配套技术：①水稻高标准、高产示范田建设技术开发与示范；②优质高产花生新品种综合技术开发与示范；③果树优良品种及标准化生产技术开发与示范；④设施蔬菜高效生产及出口标准化技术开发与示范；⑤东部地区特色农业规范化技术开发与示范”。

累计举办各类技术培训班238场次，培训技术140项次，现场技术指导3750次，发放生产技术手册6.85万册。培训农民15万人次。开发推广新成果、新技术总面积达3123.2万亩，增加经济效益99.434亿元。

2. 测土配方施肥工程关键技术研究与应用

辽宁省土壤肥料总站等单位承担的这个项目，综合运用土壤肥料科学理论，在大量土壤样品采集检测、肥料田间效应试验的基础上，首次摸清了全省不同区域主要农作物科学施肥参数和施肥指标，填补了辽宁肥料分区研究与分区施用指导空白。在研究肥料参数与施肥指标时，采用关键处理设置重复设计方案，极大地提高了试验精确度和成功率；在研究土壤有效养分检测方法时，开展了土壤有效大、中、微量营养元素M3方法与常规方法测试相关性研究，拓展了土壤养分研究范围，实现了两种方法检测数据的互换；在测土配方施肥技术及配方肥料推广上，采取“定配方、定企业、定区域、定经销商和定价格”的五定模式。创新了施肥参数与指标研究试验方法，创新了测土配方施肥技术和配方肥推广方法，与国内外同类研究相比，该研究成果系统性强、范围广，达到国际先进水平。

3.优质专用高产高效粳稻新品种选育

沈阳农业大学为了提高稻谷产量，改善稻米品质，在国家“863”计划及辽宁省科技攻关项目等支持下，进行了该研究。

该研究制定了“多元杂交、混系结合、株型理想、优化选择”的技术路线，选育高产、优质、抗病新品系。为了提高育种效率，进行了水稻新品种产量及品质的比较研究、肥水对水稻品种产量及品质影响的研究、辽宁水稻品种的分子生物学研究和关键性状的遗传研究。选育9个新品种，沈稻7号和沈稻2号赖氨酸及人体其他必需氨基酸含量高。发表论文21篇，阐明了水稻优化育种的理论与技术。首次提出半直立穗型理论，易培育出优质、专用、高产、高效新品种。2006—2008年，在辽宁累计推广水稻新品种605.1万亩，增产稻谷2.26998亿公斤，共增加经济效益7.02352亿元。该项目扶持企业创知名品牌。

4.北方农业节水理论与技术研究

该项目是由辽宁省水文水资源勘测局和沈阳农业大学共同承担完成的。经专家鉴定，达到国际领先水平。2009年获得辽宁水利科学技术奖一等奖。该成果的主要特点：

（1）首次进行了辽宁省农业节水对水资源承载能力及可持续利用影响的研究，提出了农业节水的最大潜力，为发展区域节水型农业提供了科学依据。

（2）首次以流域尺度为单元，建立了水量水质综合评价模型和农业供水模型；提出了节点渗灌土壤水分运移模型和水稻节水高产土壤水分能量调控标准；构建了北方农业节水理论框架，实现了原始创新。

（3）发明了点渗管，填补了国内空白。

（4）对工程节水、农艺节水、管理节水和水资源优化利用进行了有机集成，提出了相应的农业节水集成模式，实现了集成创新。

5. 大伙房水库输水工程特长隧洞设计技术研究

辽宁省水利水电勘测设计研究院大伙房输水工程是辽宁省战略性水资源配置工程，从根本上解决了辽宁省中部6市及大连市工业和居民生活用水，其中长85.32km、直径8m的隧洞为世界最长连续隧洞。该课题重点内容如下。

（1）研究TBM和钻爆法的适用性，合理布置TBM；论证并确定TBM单机掘进20km，为世界领先水平。

（2）突破常规选型经验，创新TBM应用理论，在Ⅲ类围岩为主的洞段，开创性地选用开敞式TBM，合理配置各项设备，TBM月进尺超千米，达到国际领先水平。

（3）国内首次设计采用300米/节的新型风管和连续皮带机，隧洞通风和出渣距离均达到国际领先水平。

（4）国内首次提出TBM地下组装方案。

（5）拓展适合TBM施工特点的支护理论和工艺。

6. 年产1.5万立方米麦秸中密度板成套设备

沈阳重型机械集团有限责任公司生产的该设备是利用麦秸等农业剩余物为原料制作人造板生产线。该生产线是沈阳重型机械集团有限责任公司在世界上首次采用一次铺装成型的新型工艺技术，这是一项具有完全自主知识产权的重要科技成果，是世界上第一条以麦秸为原料，成功地实现工业化运行的生产线，整条生产线的国产化率达到100%。

沈阳重型机械集团有限责任公司开发设计该生产线的铺装机、热压机和板坯输送装置等关键设备，代表了当今麦秸板生产的最新技术水平。经专家鉴定，认为该生产线多项技术为国际首创，整机达到国际先进水平。

该生产线生产的麦秸秆板产品经国家人造板质量监督检验中心检测，主要性能指标完全达到我国木质中密度纤维板国家标准GB/T11718优等品标准。与现有刨花板和中密度纤维板相比，不仅具有密度均匀、内结合强度高防水性能好的特点，而且具有无甲醛释放的优点，产品成本降低10%左右。

7. 兆瓦级风力发电机用长寿命、高可靠性变桨轴承FL－HSN1900DFT

瓦房店轴承集团有限责任公司的这个项目属于先进能源领域。FL－HSN1900DFT轴承应用在1.5MW风力发电机变桨系统上，在极端恶劣的工作环境下，具有20年以上的使用寿命及99%的可靠性。本项目从设计、材料及热处理、关键制造、检测方法、试验技术与装置等方面进行研究攻关。

该技术的创新点是：研究出新型长寿命的密封材料及结构；设计一种新型的隔离块结构，有助于轴承的润滑，并能保证滚动体在承受交变负荷运转时的稳定性；研究出新型负游隙轴承装配工艺，保证了轴承的刚性；研究出大型轴承可靠性试验技术和试验装备。

该产品属于国内首创，填补了国内空白，产品性能达到国际同类产品先进水平。经用户使用证明，轴承完全满足使用要求，可替代国际同类产品。2006—2008年，FL-HSN1900DFT创产值1.008亿元。

8.太阳能路灯系统技术的研究及产业化

沈阳工程学院等单位针对国内外太阳能路灯配置不合理、成本高、寿命短、没有标准及产业化难的情况，在理论上首创太阳能路灯系统的优化理论，在控制技术上发明了蓄电池延寿控制方法，在集成创新上研制出高光效长寿命光源，在行业标准上制订了省级光伏照明技术规程，在无形资产上产生专利20项，专利技术评估价值1398万元。在成果转化上成立了技术股为40%的产业化公司。该项目先后获得省、市发展和改革委员会、科学技术厅（局）、经济委员会及教育厅累计300多万元的资金资助，获得欧洲投资银行应对气候变暖框架贷款2900万欧元。完成了新技术、新方法、新工艺、新产品和新标准。为增加新的就业渠道开辟了新市场。实现了太阳能路灯系统技术的集成创新，解决了太阳能路灯系统产业化的技术“瓶颈”，两年来，新增产值6000万元，新增利税1200万元，增收节支3398万元，直接经济效益1亿多元。

9．核磁共振成像系统医用低场永磁体

东软集团股份有限公司等完成的永磁型医用核磁共振成像系统是现代医院重要的医疗诊断影像设备，永磁体是其核心部件之一，以磁学、波谱学为基础，涉及机械、电子、计算机应用等多学科技术领域。

该项目组通过自主创新，攻克了永磁体在磁场强度、精确度、稳定性、均匀度、开放度、老化、去涡流和剩磁等方面的多项关键技术，其中，永磁体去涡流、剩磁等技术达到国际水平，其应用大幅提高了核磁共振成像系统的成像质量，提升了产品竞争力；研制了具有完全自主知识产权的0.23T，0.35T，0.35HS，0.35Best，0.4T等低场永磁体系列产品，填补了我国在永磁体研制领域的多项技术空白；建立健全了技术、质量、生产管理体系和产品试验与检测环境，实现了产业化，达到年产200台的生产能力。

该项目的主要特点如下。

（1）创新性强。申请专利18项；已授权专利17项，其中发明专利3项、实用新型专利11项、外观设计专利3项；软件著作权2项。国际发明专利“两立柱开放式C型永磁型磁共振磁体”2006年获美国授权，是国内核磁共振成像系统医用永磁体首次在核磁共振领域获得的美国专利。

（2）性价比高。可将我国稀土材料的资源优势转化为产品优势，降低成本，具有较高的性能价格比。

（3）节能环保。永磁体既不需要任何外部能源，也不产生任何有害物质，运行费用低，可节约设备运行资金及大量能源。

2002年配有东软波谱公司自主研发的中国首台0.35T低场永磁体核磁共振成像系统成功实现安装应用。截至2008年年末，累计销售各类永磁体260台，销售收入超过2亿元。以该高品质永磁体作为核心部件的医用核磁共振成像系统产值已超过8亿元，不仅彻底摆脱了我国低场医用核磁共振成像系统依赖进口的局面，而且产品先后通过欧洲CE认证和美国FDA认证，并已出口到欧美和东南亚等20多个国家和地区。

该项目的实施创造了巨大的社会效益，推动了行业技术进步，带动了本地区相关产业链的发展，改善了人民健康生活水平。

10.基于知识管理与智能控制的协同翻译平台

沈航人机智能研究中心（沈阳格微软件有限责任公司）基于知识管理和智能控制的协同翻译平台，首次提出了以用户模型为核心的知识管理与机器翻译技术融合的新思想，关键是在创建用户状态模型和用户行为模型的基础上，将翻译人员作为系统的有机组成部分，进行一体化设计，从而动态地优化系统的全过程控制策略，实现人机双向对翻译知识的动态积累、实时转化、同步增益，进而实现翻译全过程的人机合一。

该平台作为国家“863”计划、国家自然科学基金支持的项目，达到国际领先水平，并荣获我国中文信息处理领域最高科学技术奖——钱伟长中文信息处理科学技术奖一等奖。格微协同翻译产品已经在国防重大引进工程、民用大飞机项目（国家科技战略发展重大专项）、机器翻译产业化基地建设和机器翻译人才培养等领域发挥了巨大作用，并取得显著的应用效果，在国家创新工程——3亿汉字的百万专利翻译项目中，在500用户协同工作，错误率不超过1.5‰（国家翻译质量标准）的前提下，创造了翻译速度快、质量高和规模大等新纪录。为加强我国知识产权保护和推动知识产权服务的国际化进程缩短了时间并提供了保障；基于该项技术推出的国内第一款多文种翻译服务网站Kookge自开通以来，累计访问量达800万人次；格微协同翻译系列产品的累计用户规模已经超过12万人，在国内多文种翻译软件市场中占据绝对领先的地位。正如Windows操作系统对个人计算机的普及和发展起到的巨大推动作用一样，随着格微协同翻译系统的进一步创新、推广和普及，也必将成为翻译人员的得力助手和必备工具，为传统翻译产业带来新的生机和未来。中央电视台新闻频道、辽宁电视台、《人民日报》、《经济日报》、《光明日报》、《中国航空报》等多家媒体对该成果进行了报道。

11．洁净机器人

沈阳新松机器人自动化股份有限公司洁净机器人是一种在洁净环境中使用的工业机器人。通过该项目，沈阳新松机器人自动化股份有限公司开发了能在超净间完成各项任务的洁净机器人系列产品及洁净自动化装备。洁净机器人主要包括大气机械手、洁净镀膜机械手、洁净机械手码垛包装线和洁净AGV等。主要应用领域为IC装备、平板显示（FPD）、电子、生物制药和食品等行业。

大气机器人是在大气环境下用于半导体加工行业，在超净间里负责不同制程间物料搬运的自动化设备。具有运动速度快、定位（重复定位）精度高、结构紧凑、安全可靠、安装和维修方便、使用方便等特点。可以被广泛应用于刻蚀机、离子注入机和PECVD等IC装备中硅片的传输。

洁净镀膜机器人是用于电子等工业的部件镀膜和搬运，适用于1000级以下的洁净环境工作。

洁净机器人码垛包装线主要用于玻璃制造、造纸、医药、食品和烟草等行业的产品出厂码垛与包装，实现全自动的装箱工作，适用于10000级以下的洁净环境工作。

开发出具有自主知识产权的洁净机器人技术和系列产品，能够使我国在洁净机器人方面取得重大突破，打破半导体制造装备的关键部件依赖进口的局面，提升我国在自动化技术及装备的研究开发水平和创新能力，创建我国自己的IC制造技术及装备产业，提高同国外公司竞争的能力。为全面提升我国自动化装备的技术水平，振兴东北老工业基地，带动东北装备制造业的发展作出贡献。

该项目的完成，实现洁净环境机器人产

品的开发与产业化推广，促进我国洁净机器人及洁净自动化装备产业的形成，从而打破国外的垄断和封锁，填补了国内家空白。洁净机器人的研制成功，提高了国产IC装备和电子装备制造商的配套能力，促进了我国信息产业的发展；同时，进一步增强了辽宁省和沈阳市装备制造的实力，为我国的洁净机器人及洁净自动化装备在未来国际上半导体行业自动化装备的激烈竞争中占据一席之地奠定了基础。

12．分支水平井钻完井配套技术研究

中国石油集团长城钻探工程有限公司工程技术研究院的这个项目在于从传统的一个井口一个地下井眼变为一个井口多个地下井眼，从而实现多个井下井眼共用上部重复井段的目的，可降低油田开发边际成本，有效开采边际油气藏。该项目对多分支井油藏筛选、井眼轨迹控制、分叉特殊完井工具、分支井固井、重入、钻完井液和鱼刺型分支井技术等进行了系统研究，形成了9 5/8″、7″两大系列具有自主知识产权的“DF－1”型分支井系统工具及工艺技术，完井级别达到四级水平。该技术已经取得24项专利，发表相关学术论文16篇。

该技术日益成熟，并分别在辽河油田、新疆油田、四川油田、大庆油田、吉林油田等进行了现场试验应用，累计完成各类分支水平井54口。实施的多分支井产量为邻井的2～15倍，节支创效明显，实现了在各种油藏内经济有效开发的目的，具有广阔的发展前景。

13．贝类精深加工关键技术研究及产业化

大连工业大学等单位承担的“贝类精深加工关键技术研究及产业化”项目是大连工业大学利用10年时间研究出的成果。发明了贝类食品加工质构控制技术，集成了低温真空渗透调味技术、阶段式杀菌技术；发明了贝类多糖的自溶酶与外源酶复合提取多糖技术、脱除蛋白技术、贝类多糖的高效分离制备技术和营养食品的开发技术；明确了贝类多糖的活性信息，建立了适用于贝类多糖结构研究的鉴定方法，创建了贝类精深加工理论与技术体系。

该系列研究成果申报发明专利16件，发表学术论文19篇。该技术成果在大连獐子岛渔业集团股份有限公司等多家实现了产业化，创造产值11659万元，并辐射到丹东、葫芦岛等地，产生了巨大的经济效益和社会效益，为海洋贝类资源的深度开发提供了丰富的理论研究基础和科技支撑，为海洋贝类产业的可持续发展提供了重要保障。

14．结构抗灾控制新技术研究与工程应用

大连理工大学等单位承担的这个项目，从建筑结构抗灾控制技术的实际需要出发，以理论研究、数值模拟、模型试验为研究手段，在新型消能装置研发、抗灾控制技术研究和工程设计应用等方面开展了深入系统的研究，获得国家专利14项，对提升我国建筑结构设计水平、抵御强地震灾害的作用，具有重大的科学意义和实用价值，被由院士组成的专家委员会一致认可，项目在关键技术上有重大创新，技术难度大，总体上达到国际先进水平，部分成果达到国际领先，对有关规范的编制提供了重要的参考。该研究成果在辽宁省新建公用与民用建筑、新中国成立初期“北京十大建筑”（如中国革命历史博物馆、北京火车站等）的加固改造、四川地震灾区恢复重建中得到应用，取得了巨大的经济效益与社会效益。

15．选择性开放血脑屏障的机制与应用的研究

中国医科大学等单位为了有效地开放血脑屏障，促进大分子治疗药物进入脑组织，治疗中枢神经系统疾病，运用分子生物学、电生理学、基因工程学等方法，深入研究了缓激肽、EMAP－Ⅱ、低频超声等开放血脑

屏障和血肿瘤屏障的量效关系；明确了上述方法选择性开放血脑屏障和血肿瘤屏障的分子机制；进一步针对脑肿瘤的治疗，采用选择性开放血肿瘤屏障的方法，结合干细胞和基因治疗技术，明确其治疗效果，并深入阐明上述方法提高脑肿瘤疗效的分子机制；最后，通过研究在其他中枢神经系统疾病过程中血脑屏障通透性的变化，为此类疾病的治疗提供了新思路。该项目为确实提高中枢神经系统疾病的药物转运效果，开发新药物，进而提高中枢神经系统疾病的疗效提供了新途径。

16．胃癌转移规律及亚临床转移诊治的系列研究

中国医科大学附属第一医院承担该项目历时15年，在28项科研计划项目的资助下，对胃癌转移规律及亚临床转移早诊与阻断治疗进行了系列研究：提出了早期胃癌新的淋巴结转移分级标准及个体化根治手术和辅助化疗的适应症；提出了进展期胃癌淋巴结转移率分级和计量学分级的新概念；系统地筛查了淋巴结、腹膜及血行转移相关分子标志物，建立了亚临床转移的预警体系；开展了多种腹膜转移综合治疗新技术的实验与临床研究；提出了胃癌生物功能分型和器官亲嗜性转移的新概念。使胃癌根治术后5年生存率从20世纪60年代的19.6%提高到2000年的63.7%，达到国内领先、国际先进水平。发表论文150余篇，被SCI收录20篇。通过学术交流、专题讲座、胃癌进修班等形式在20余个省市推广应用，对推动我国胃癌治疗水平的提高作出了重大贡献。

17．子宫颈癌的早期防治与病因学研究

中国医科大学附属盛京医院承担的这个研究，从20世纪90年代起，获得国家自然基金、科学技术部及省科技攻关等12项课题资助，合计经费266.5万元，对子宫颈癌及癌前病变的预防和治疗，特别是针对子宫颈癌的多因素发病原因进行了基础方面的研究。在国内外首次发现EphB4及EphrinB2在宫颈癌的发生、发展和血管生成过程中起重要作用。在国内外首次报道Galecin–9在子宫颈癌的形成和侵袭过程中发挥保护作用。该研究达国际先进水平。在国内外专业杂志上发表论文58篇，被SCI收录8篇，影响因子累计达到33.811，被引用251次。参加国际国内学术会议近20次，听众达4000人次。培训进修生达500余人，培养博士及硕士生300余人，使宫颈癌患者生存率从46.3%提高到54.2%，有效提高了宫颈癌患者的5年生存率及生活质量。

18．纳米雄黄制备及诱导肿瘤细胞凋亡作用机制研究

中国人民解放军第二一〇医院等单位承担的这个课题研究的中药纳米雄黄及其复方制剂为解放军二一〇医院采用现代工艺方法自主设计研究的新一代白血病治疗药物。该研究应用先进的纳米颗粒制备工艺，同时采用原子力显微镜方法对纳米颗粒进行了粒度检测。结合现代细胞生物学、分子生物学理论，采用现代先进的分子生物检验分析技术，对纳米雄黄诱导肿瘤细胞U937产生凋亡及分子作用机制进行了深入研究，文献查新检索结果证明，处于同类研究中国际、国内领先水平。自2004年开始，含纳米雄黄的复方黄黛制剂产生直接经济效累计达1500万元。研究内容已在国内中国医学科学院血液病医院等几家著名的医疗研究单位应用于临床与基础研究，在国内已成为中药砷剂治疗白血病的典范之一。

19．环糊精包合物技术

环糊精包合物技术是由沈阳药科大学等单位共同承担的。

包合技术是指一种分子被包嵌于另一种分子的空穴结构内，形成包合物的技术。环糊精的重要特点是既能在水溶液中也能在固体状态下将客分子包合在疏水性空腔而形成包合物，提高药物的溶解度、稳定性，促

进吸收，提高生物利用度，降低胃肠道或眼睛刺激性，将液体药物转为微晶粉末，阻止药—药及药—添加剂间相互作用，掩盖不良气味等。

过去常加入增溶剂等，以提高药物的溶解度，这对于注射剂有血管刺激性大、毒性大等缺点。

羟丙基－β－环糊精和磺丁基醚－β－环糊精有良好的注射安全性，可以作为注射剂的增溶剂和稳定剂；甲基化β－环糊精可以作为黏膜给药的增溶剂和吸收促进剂；乙基－β－环糊精可以制备缓释剂型。

环糊精衍生物为口服制剂、注射剂、中药制剂等开发提供了关键技术平台，必将带来极大的经济效益和社会效益，满足当前经济社会发展的需要。

20．数控机床陶瓷电主轴单元技术

沈阳建筑大学承担的这个项目紧密结合国际研究前沿和数控机床行业的需求，以及我国电主轴的发展现状，研制开发了应用于高档数控机床的高速、大功率陶瓷球轴承电主轴单元，在此基础上，首次成功研制了高速无内圈式全陶瓷电主轴单元，并取得了自主知识产权。该数控机床陶瓷电主轴单元具有技术水平高、精度寿命长、运行稳定可靠和成本合理等优点，并从根本上解决了影响数控机床电主轴性能和质量的关键技术问题，大大提高了数控机床高速主轴系统的刚度、精度、使用寿命和可靠性。经推广应用，使用效果反映良好，2008年新增产值2500余万元。不仅可以替代同类进口产品，还具有提升我国高档数控机床用高速主轴系统的整体技术水平等显著的社会效益。

21．高效液流储能电池系统

中国科学院大连化学物理研究所面向利用可再生能源发电、平衡电网负载及提高电能利用效率等对大规模电能储存技术的重大需求，经过8年多的努力，在液流电池关键材料、大功率电池模块、大功率电池系统、系统运行管理策略等方面形成一整套具有自主知识产权的技术体系。在国内首创出额定输出10kW的全钒液流电池模块和额定输出100kW级的全钒液流电池系统，能量转换效率分别达80%和75%。该成果通过了辽宁省科学技术厅组织的成果鉴定，专家组一致认为上述成果达到国内领先、国际先进水平。目前，已逐步形成批量化生产能力，并开展应用示范，组建企业开展工程化、产业化。这些工作对推进可再生能源的普及应用，保障我国能源安全和实现节能减排的重大国策具有重要意义。

22．羟基自由基在船上快速致死船舶压载水中海洋有害生物的方法

大连海事大学针对防治海洋外来生物入侵和保护近岸海域海洋生态安全的国家重大需求，面向远洋船舶压载水治理的国际竞争（《国际公约》立法），依托国家科技支撑计划重点项目等，取得的主要成果是：①建立了大气压强电场（不小于100kV/cm）放电加速电子（不小于10eV）的机理和方法，构建了小型化羟基自由基(OH)发生源；②提出和建立了大气压强电场放电规模高效生成OH的新方法，研制了首台船舶压载水OH产生设备；③首次实现了OH快速（不大于6s）、低浓度（0.6mg/L）、高效率（～100%）、低成本（3分钱/吨水）、无污染致死海洋有害生物，OH致死海洋入侵生物的时间是常规化学法（氯法）的1/400，致死浓度是氯法的1/140，每吨水的处理费用是国际通用方法（在航更换压载水法）的1/30。已授权美国、英国、日本、中国发明专利，获国际专利奖、中国专利奖、大连市技术发明奖一等奖，实现经济效益总额达18376万元。该项目的研究成功，攻克了在船上在排放压载水的过程中快速治理船舶压载水的国际性难题，为开拓全球航运市场提供了技术支撑。

## 三、科技成果转化奖励

1．盾构机开发与产业化

成果转化实施单位：沈阳重型机械集团有限责任公司

合作单位：吉林大学

项目简介：沈阳重型机械集团有限责任公司与吉林大学合作完成了主推进和刀盘驱动扭矩参数研究和软件开发、刀盘地质适应性设计和结构布置等难题攻关，解决了超大型盾构机部件的加工、焊接、组装等制造环节的重大技术难题，打破了国外技术的封锁，极大地提高了盾构机的国产化率，为民族工业振兴作出了巨大贡献。同时，提高了隧道施工的自动化程度，结束了我国全断面掘进机设计制造依赖进口的局面，实质性地提升了我国全断面掘进机产业的装备制造水平，2008年整机出厂15台。

2．大型乙烯装置用离心压缩机技术开发及成果转化

成果转化实施单位：沈阳鼓风机集团有限公司

合作单位：大连理工大学、西安交通大学

项目简介：沈阳鼓风机集团有限公司通过自行研制和产学研合作开发，完成了百万吨级乙烯装置用压缩机组攻关内容及机组的研制任务，通过采用大量的国际先进技术和优秀的科研开发成果，使机组达到国际先进水平。企业先后为茂名石化、沈阳石蜡化工集团有限公司、北方华锦化学工业集团和中国石油化工股份有限公司天津分公司100万吨/年乙烯装置用裂解气压缩机组、中国石油化工股份有限公司镇海炼油化工股份有限公司100万吨/年乙烯装置用丙烯压缩机组等提供设备。大型乙烯装置用压缩机的研制成功，使我国研制乙烯装置用压缩机单机能力明显提高，成为全世界继美国埃理奥特、德国西门子、日本三菱之后第四家具有百万吨级乙烯压缩机产品制造业绩的企业。

3．鞍山贫赤（磁）铁矿选矿新工艺、新药剂与新设备研究及工业应用

成果转化实施单位：鞍山钢铁集团公司

合作单位：长沙矿冶研究院、马鞍山矿山研究院、赣州有色冶金研究院

项目简介：鞍山钢铁集团公司与长沙矿冶研究院、马鞍山矿冶研究院、赣州有色冶金研究所等单位通力合作，针对鞍山地区贫铁矿多而复杂的特点，进行选矿工艺、浮选药剂、选别设备的试验研究工作。通过采用新工艺、新药剂、新设备对齐大山、弓长岭、齐大山选矿分厂三个选矿厂进行技术攻关改造，使鞍山钢铁集团公司的自产铁精矿质量有了显著提高，综合铁精矿品位由改造前的64.65%提高到67.65%，升幅达3个百分点；二氧化硅含量由改造前的7.63%降低到4.42%，降幅达3.21个百分点；高炉入炉品位由改造前的54.79%提高到59.24%，升幅达4.45个百分点。

4．集装箱用SPA－H耐大气腐蚀钢

成果转化实施单位：本溪钢铁（集团）有限责任公司

合作单位：东北大学

项目简介：普通集装箱很容易受到大气侵蚀而损坏，本溪钢铁（集团）有限责任公司专门为此研制的SPA－H耐大气腐蚀钢是在09CuP的基础上加入少量Cr和Ni，以改善其综合性能而研制的，其化学成分设计合理，性能优良。该钢种主要用于制造集装箱及各类耐蚀结构件。实践证明，由于提高了耐大气腐蚀性能，延长了使用寿命，所以取得了较大的社会效益。从大气环境暴露试验和盐雾腐蚀试验结果来分析，本溪钢铁（集团）有限责任公司生产的集装箱用SPA－H钢相对于Q235B有较高的耐蚀率。耐大气腐蚀性能与宝钢集团有限公司生产的B480GNQR水平相当，接近日本SPA－H钢水平，达到国际先进水平。

5．稠油污水循环利用技术与应用

成果转化实施单位：中国石油天然气股份有限公司辽河油田分公司

合作单位：中国科学院沈阳应用生态研究所

项目简介：稠油污水循环利用技术填补了国内外稠油污水循环利用研究和应用空白，促进了油田污水处理行业科技进步，为国内稠油开采和占领世界稠油开发市场提供了技术支撑。该项目共取得11项原创技术，获国家发明专利3项，获2007年辽宁省科技进步一等奖，获2008年国家科技进步二等奖。以2008年度为例，每年可节水$4.343\times10^7m^3$，节省燃料油20.4万吨，回收原油17.5万吨，节支21.9亿元。近3年累计节支47.8亿元。

6．千万亩耐密型玉米新品种辽单565推广

成果转化实施单位：辽宁省农业科学院玉米研究所

合作单位：辽宁东方农业科技有限公司、辽宁省东亚种业有限公司、甘肃富农高科技种业有限公司

项目简介：该项目针对辽宁省缺少密植型玉米品种、生产上普遍应用高秆大穗的高风险稀植品种导致单产水平提高速度缓慢、产量年际间波动大等客观实际，采用S1−S2高密度胁迫鉴定法，并配合抗病接种等方法进行选系，选育出优良自交系辽3162。以外引系中106为母本和自选系辽3162为父本组配成矮秆抗倒玉米新品种辽单565。多年多点试验与广泛生产实践证明，该品种具有耐密、高产、优质、多抗、广适，综合性状优良等优点。结合品种特点，研制了高效栽培技术在辽宁省和黄淮海等玉米主产区大面积推广应用。2004年以来，共推广应用3356万亩。其中，辽宁省2007年、2008年两年共推广1120万亩，创造了较大的社会、经济效益。

# 2009年作为第一完成单位获国家奖项目

| 序号 | 项目名称 | 完成人 | 完成单位 | 推荐单位 | 获奖种类等级 |
|---|---|---|---|---|---|
| 1 | 复杂防洪调度系统的多目标决策及径流预报理论 | 程春田，李登峰，周国荣 | 大连理工大学 | 辽宁省 | 自然科学奖二等 |
| 2 | 北方粳型优质超级稻新品种培育与示范推广 | 陈温福，徐正进，张三元，邵国军，潘国君，隋国民，张俊国，华泽田，闫平，张文忠 | 沈阳农业大学，吉林省农业科学院水稻研究所，辽宁省稻作研究所，黑龙江省农业科学院水稻研究所 | 农业部 | 科技进步奖二等 |
| 3 | 中深层稠油热采大幅度提高采收率技术与应用 | 谢文彦，任芳祥，刘喜林，赵政超，张方礼，张义堂，杨立强，蒋生健，刘德铸，陈韶生 | 中国石油天然气股份有限公司辽河油田分公司，中国石油勘探开发研究院 | 中国石油天然气集团公司 | 科技进步奖二等 |
| 4 | 高性能造船用钢制造技术创新与集成 | 张晓刚，唐复平，贺信莱，王华，马玉璞，尚成嘉，韩鹏，曹忠孝，张晓军，李静 | 鞍山钢铁集团公司，北京科技大学 | 中国钢铁工业协会 | 科技进步奖二等 |
| 5 | 飞机日历寿命定量评价方法及其延寿应用 | 韩恩厚，张栋，柯伟，陈群志，王俭秋，王逾涯，陈荣，李劲，张波，王中光 | 中国科学院金属研究所，中国人民解放军空军装备研究院航空装备研究所 | 中国科学院 | 科技进步奖二等 |
| 6 | 优质铝、镁合金铸件变压反重力铸造成套技术 | 娄延春，冯志军，李玉胜，马志毅，李立善，李巨文，荣福杰，袁伟波，赵连军，申泽骥 | 沈阳铸造研究所 | 中国机械工业联合会 | 科技进步奖二等 |
| 7 | 流程工业现场总线核心芯片、互操作技术及集成控制系统开发 | 于海斌，王宏，杨志家，张军，张彦武，陈小枫，林跃，王平，康凯，魏剑嵬 | 中国科学院沈阳自动化研究所，重庆川仪自动化股份有限公司，沈阳中科博微自动化技术有限公司，北京华控技术有限责任公司，重庆邮电大学 | 中国科学院 | 科技进步奖二等 |
| 8 | 干熄焦引进技术消化吸收“一条龙”开发和应用 | 郑文华，蔡承祐，徐列，于振东，张欣欣，王亮，王吉生，惠建明，高海建，潘立慧 | 鞍山华泰干熄焦工程技术有限公司，中冶焦耐工程技术有限公司，北京科技大学，太原重工股份有限公司，苏州海陆重工股份有限公司，武汉钢铁集团焦化有限责任公司，马鞍山钢铁股份有限公司煤焦化公司 | 中国钢铁工业协会 | 科技进步奖二等 |

# 2009年作为参与单位获国家奖项目

| 序号 | 项目名称 | 完成人 | 完成单位 | 推荐单位 | 获奖种类等 级 |
|---|---|---|---|---|---|
| 1 | 高效低阻气体强化传热技术及其应用 | 何雅玲，陶文铨，屈治国，王学军，何建龙，唐桂华 | | 陕西省 | 技术发明奖二等 |
| 2 | 新一代控制系统高性能现场总线—EPA | 褚健，金建祥，冯冬芹，于海斌，仲崇权，王平 | | 浙江省 | 技术发明奖二等 |
| 3 | 超高压直流输电重大成套技术装备开发及产业化 | 宓传龙，陆剑秋，姚致清，荀锐锋，王健，李文平，班建，方晓燕，卢有盟，毛庆传，郑军，周登洪，汪德华，刘桂雪，朱斌 | 中国西电集团公司（原西安电力机械制造公司），西安电力电子技术研究所，许继集团有限公司，特变电工沈阳变压器集团有限公司，保定天威保变电气股份有限公司，机械工业北京电工技术经济研究所，桂林电力电容器有限责任公司，上海电缆研究所，大连电瓷有限公司 | 中国机械工业联合会 | 科技进步奖一等 |
| 4 | 中国农作物种质资源本底多样性和技术指标体系及应用 | 刘旭，曹永生，董玉琛，江用文，李锡香，王述民，郑殿生，朱德蔚，方嘉禾，卢新雄 | 中国农业科学院作物科学研究所，中国农业科学院茶叶研究所，中国农业科学院蔬菜花卉研究所，中国农业科学院草原研究所，中国农业科学院油料作物研究所，中国农业科学院麻类研究所，中国农业科学院果树研究所 | 农业部 | 科技进步奖二等 |
| 5 | 真菌杀虫剂产业化及森林害虫持续控制技术 | 李增智，王成树，陈洪章，潘宏阳，樊美珍，罗基同，王滨，黄向东，丁德贵，梁小文 | 安徽农业大学，国家林业局森林病虫害防治总站，中国科学院过程工程研究所，中国科学院上海生命科学研究院植物生理生态研究所，江西天人生态工业有限责任公司，广西壮族自治区森林病虫害防治站，广东省森林病虫害防治与检疫总站 | 国家林业局 | 科技进步奖二等 |
| 6 | 菲律宾蛤仔现代养殖产业技术体系的构建与应用 | 张国范，闫喜武，林秋云，梁玉波，方建光，刘庆连，曾志南，翁国新，孙茂 | 中国科学院海洋研究所，大连水产学院，福建省莆田市海源实业有限公司，国家海洋环境监测中心，中国水产科学研究院黄海水产研究所，大连庄河海洋贝类养殖场，福建省水产研究所 | 青岛市 | 科技进步奖二等 |

续表

| 序号 | 项目名称 | 完成人 | 完成单位 | 推荐单位 | 获奖种类等级 |
|---|---|---|---|---|---|
| 7 | 复杂磁场分布的高热容与热导无液氦超导磁体技术 | 王秋良，严陆光，戴银明，赵保志，宋守森，雷沅忠，南和礼，汪建华，王厚生，陈顺中 | 中国科学院电工研究所，抚顺隆基磁电设备有限公司，武汉工程大学 | 北京市 | 科技进步奖二等 |
| 8 | 复杂与高速条件下车载信号安全控制系统关键技术及应用 | 邱宽民，宁滨，徐迅，赵明，赵胜凯，赵林海，张民，赵会兵，王永和，张勇 | 北京交通大学，北京交大思诺科技有限公司，北京铁路信号工厂，上海铁路通信工厂，沈阳铁路信号工厂 | 教育部 | 科技进步奖二等 |
| 9 | 焦化过程主要污染物控制关键技术与应用 | 王光华，魏松波，何选明，梁玉河，欧阳曙光，王光辉，陈奎生，常红兵，程明，李红超 | 武汉科技大学，武汉钢铁(集团)公司，四川省达州钢铁集团有限责任公司，河南中鸿实业集团，大连神和机械有限公司，大连海顺重工环保设备有限公司 | 中国钢铁工业协会 | 科技进步奖二等 |
| 10 | 无线多媒体通信传输与终端系统关键技术的创新及应用 | 何加铭，曹志刚，郑紫微，蒋刚毅，徐铁峰，聂秋华，李有明，徐立华，郑坚江，王泰雷 | 宁波大学，清华大学，大连海事大学，宁波波导股份有限公司，奥克斯集团有限公司，上海优思通信科技有限公司，宁波新然电子信息科技发展有限公司 | 宁波市 | 科技进步奖二等 |
| 11 | 低透气性煤层群无煤柱煤与瓦斯共采关键技术 | 袁亮，张农，卢平，方良才，薛俊华，曹伟，孙道胜，程桦，章立清，刘泽功 | 煤矿瓦斯治理国家工程研究中心，淮南矿业（集团）有限责任公司，安徽建筑工业学院，中国矿业大学，沈阳天安矿山机械科技有限公司，安徽理工大学 | 中国煤炭工业协会 | 科技进步奖二等 |
| 12 | 吉林玉米丰产高效技术体系 | 王立春，边少锋，任军，刘武仁，马兴林，吴春胜，谢佳贵，朱平，刘慧涛，路立平 | 吉林省农业科学院，中国农业科学院作物科学研究所，吉林农业大学，中国农业大学，中国农业科学院农业资源与农业区划研究所，中科院沈阳应用生态研究所，吉林大学 | 吉林省 | 科技进步奖二等 |
| 13 | 难浸金精矿生物氧化提金新技术研究与应用 | 韩晓光，李忠山，武宏岐，刘春谦，具滋范，秦立起，郭普今，张清波，胡春融，高金昌 | 长春黄金研究院，辽宁天利金业有限责任公司，长春黄金设计院 | 中国黄金协会 | 科技进步奖二等 |
| 14 | 客运专线钢轨成套技术开发与应用 | 何华武，康熊，耿志修，康高亮，王澜，周清跃，张银花，吴细水，陈朝阳，胡华锋 | 中国铁道科学研究院，西安铁路局，攀枝花钢铁（集团）公司，鞍钢股份有限公司，包头钢铁（集团）有限责任公司 | 铁道部 | 科技进步奖二等 |

# 2009年辽宁省科学技术功勋奖获奖人员

| 序号 | 获奖人 | 工作单位及职务 |
|---|---|---|
| 1 | 陈洪铎 | 中国医科大学附属第一医院名誉院长　光医学中心主任　中国工程院院士 |

# 2009年辽宁省自然科学奖获奖项目

## 一等奖（3项）

| 序号 | 项目编号 | 项目名称 | 主要完成单位 | 主要完成人 |
|---|---|---|---|---|
| 1 | 2009Z－1－1 | 基于模拟关系的计算力学新理论和新方法 | 大连理工大学 | 钟万勰，张洪武，姚伟岸，高强 |
| 2 | 2009Z－1－2 | 界面和纳米催化中的限域原理 | 中国科学院大连化学物理研究所 | 包信和，潘秀莲，孙军明，陈为，马丁 |
| 3 | 2009Z－1－3 | 金属材料表面纳米化技术和机理 | 中国科学院金属研究所 | 卢柯，吕坚，陶乃镕，王镇波，佟伟平 |

## 二等奖（2项）

| 序号 | 项目编号 | 项目名称 | 主要完成单位 | 主要完成人 |
|---|---|---|---|---|
| 4 | 2009Z－2－1 | 氢化酶活性中心化学模拟与光驱动催化制氢 | 大连理工大学 | 王　梅，刘建辉，孙立成，彭孝军，潘景喜 |
| 5 | 2009Z－2－2 | 岩石破坏失稳机理及其分析方法研究 | 东北大学，大连理工大学，大连大学 | 唐春安，梁正召，杨天鸿，朱万成，徐涛 |

## 三等奖（7项）

| 序号 | 项目编号 | 项目名称 | 主要完成单位 | 主要完成人 |
|---|---|---|---|---|
| 6 | 2009Z－3－1 | 现代信息处理中若干数学技术研究 | 大连理工大学 | 吴微，张鸿庆，于波，罗钟铉，苏志勋 |

续表

| 序号 | 项目编号 | 项目名称 | 主要完成单位 | 主要完成人 |
| --- | --- | --- | --- | --- |
| 7 | 2009Z-3-2 | 复杂系统的稳定控制理论与方法 | 东北大学 | 张颖伟，宋崇辉，孙希明，吴成东，赵春晖 |
| 8 | 2009Z-3-3 | 三种外来杂草胜红蓟、马樱丹和三裂叶豚草的化感作用 | 中国科学院沈阳应用生态研究所 | 孔垂华，王朋，梁文举，姜勇 |
| 9 | 2009Z-3-4 | 功能无机晶体材料的设计、合成及生长机理研究 | 大连理工大学 | 薛冬峰，李克艳，刘军，晏成林，谷晓俊 |
| 10 | 2009Z-3-5 | 高性能燃料油深度加氢精制催化体系的构建 | 大连理工大学 | 王安杰，李翔，王瑶，陈永英，胡永康 |
| 11 | 2009Z-3-6 | 鲁棒控制理论的若干问题研究 | 东北大学 | 杨光红，叶丹，董久祥 |
| 12 | 2009Z-3-7 | 肛提肌解剖学和形态学的影像学研究 | 大连大学附属新华医院 | 郭茂林，李大伟，刘宏琪，王丽娜，王志军 |

# 2009年辽宁省技术发明奖获奖项目

## 一等奖（3项）

| 序号 | 项目编号 | 项目名称 | 主要完成单位 | 主要完成人 |
| --- | --- | --- | --- | --- |
| 1 | 2009F-1-1 | 数控机床陶瓷电主轴单元技术 | 沈阳建筑大学 | 吴玉厚，张珂，李颂华，张丽秀，陆峰，邵萌 |
| 2 | 2009F-1-2 | 高效液流储能电池系统 | 中国科学院大连化学物理研究所 | 张华民，陈剑，高素军，刘宗浩，孙晨曦，衣宝廉 |
| 3 | 2009F-1-3 | 羟基自由基在船上快速致死船舶压载水中海洋有害生物的方法 | 大连海事大学 | 白敏冬，张芝涛，白敏菂，薛晓红，杨波，冷宏 |

## 二等奖（5项）

| 序号 | 项目编号 | 项目名称 | 主要完成单位 | 主要完成人 |
| --- | --- | --- | --- | --- |
| 4 | 2009F-2-1 | 刺参杂交育苗方法 | 大连水产学院 | 常亚青，宋坚，丁君，许淑芬，郭吉德，张玉勇 |
| 5 | 2009F-2-2 | HDS630高速加工中心机床 | 大连机床集团有限责任公司 | 吴平，宋鸿升，周建东，陈永龙，王健，薛孺牛 |
| 6 | 2009F-2-3 | 垂直折流生化反应器污水处理方法与装置 | 大连理工大学 | 周集体，童健，项学敏，张劲松，滕丽曼，曹同川 |

续表

| 序号 | 项目编号 | 项目名称 | 主要完成单位 | 主要完成人 |
|---|---|---|---|---|
| 7 | 2009F-2-4 | X射线、紫外、近红外和生物荧光探测材料与探测和传感器件 | 大连海事大学 | 曹望和,付姚,罗昔贤 |
| 8 | 2009F-2-5 | 农用杀菌剂烯肟菌胺创制及其产业化 | 沈阳化工研究院 | 杨春河,张立新,黄耀师,司乃国,张国生,李志念 |

## 三等奖（6项）

| 序号 | 项目编号 | 项目名称 | 主要完成单位 | 主要完成人 |
|---|---|---|---|---|
| 9 | 2009F-3-1 | 优质多抗高配合力玉米自交系A801培育及利用 | 辽宁东亚种业有限公司,丹东市农业科学院 | 宋儒,董成玉,武明宇,景希强,申军,刘浏 |
| 10 | 2009F-3-2 | 钢管混凝土软索拱桥整体吊装方法和专用吊具 | 大连理工大学 | 苗明,滕儒民,王欣,高顺德,曹旭阳,解春禹 |
| 11 | 2009F-3-3 | 密封式可分离型圆柱滚子轴承关键技术研发与应用 | 瓦房店冶金轴承集团有限公司 | 刘伟齐,于秀丽,韩红兵,刘述新,宋世新,袁飞 |
| 12 | 2009F-3-4 | 大型移动式发电机负荷试验站负荷装置研制技术 | 大连船舶重工集团有限公司 | 戴淮波,杜兆玉,邵立明,王天序,张兴国,牛淑鸿 |
| 13 | 2009F-3-5 | 车用燃料电池发动机系统 | 新源动力股份有限公司 | 侯中军,明平文,燕希强,邢丹敏,王克勇,孙茂喜 |
| 14 | 2009F-3-6 | 无卤阻燃剂水镁石应用的关键技术研究 | 沈阳化工学院 | 梁兵,许志超 |

# 2009年辽宁省科技进步奖获奖项目

## 一等奖（19项）

| 序号 | 项目编号 | 项目名称 | 主要完成单位 | 主要完成人 |
|---|---|---|---|---|
| 1 | 2009J-1-1 | 农业综合开发科技增效示范工程 | 辽宁省农业科学院,辽宁省农业综合开发办公室 | 陶承光,史书强,张景祥,李自刚,侯守贵,蒋春光,万惠民,刘长远,肖千明,于凤泉,娄春荣 |
| 2 | 2009J-1-2 | 测土配方施肥工程关键技术研究与应用 | 辽宁省土壤肥料总站,沈阳农业大学土地与环境学院,辽宁省农业科学院农业环境与农村能源研究所 | 邢岩,韩晓日,李金凤,汪景宽,董环,赵斌,姜娟,刘顺国,徐志强,王永欢,徐玉佩 |
| 3 | 2009J-1-3 | 优质专用高产高效粳稻新品种选育 | 沈阳农业大学 | 王伯伦,王术,于贵瑞,贾宝艳,黄元财,卓亚男,王铮,王洪山,林洪祥,于洪兰,陈丛斌 |

续表

| 序号 | 项目编号 | 项目名称 | 主要完成单位 | 主要完成人 |
|---|---|---|---|---|
| 4 | 2009J－1－4 | 北方农业节水理论与技术研究 | 辽宁省水文水资源勘测局，沈阳农业大学 | 王殿武，迟道才，薛雪娟，张玉龙，李里，彭贺志，代影君，李明宇，程威，王才，李忠心 |
| 5 | 2009J－1－5 | 大伙房水库输水工程特长隧洞设计技术研究 | 辽宁省水利水电勘测设计研究院 | 刘永林，陈永彰，黄柏洪，诸葛妃，李晓明，韩广有，王怀斌，于新宏，韩义超，王希友，杨殿臣 |
| 6 | 2009J－1－6 | 年产1.5万立方米麦秸中密度板成套设备 | 沈阳重型机械集团有限责任公司 | 关丽丽，赵凯军，武东卫，李龙，叶放，刘华，江嵩，赵成名，刘艳光，关志华，刘绍本 |
| 7 | 2009J－1－7 | 兆瓦级风力发电机用长寿命、高可靠性变桨轴承FL－HSN1900DFT | 瓦房店轴承集团有限责任公司 | 邵阳，孙振生，谢盈忠，胡栋，裴宏涛，卫广国，曲圣贤，徐四宁，柳书敏，田世玲 |
| 8 | 2009J－1－8 | 太阳能路灯系统技术的研究及产业化 | 沈阳工程学院，辽宁太阳能研究应用有限公司，辽宁省经济和信息化委员会 | 鞠振河，张铁岩，李实，张振威，蔡云平，宋吉鑫，李智，郑洪，吕勇军，杨文革，彭义 |
| 9 | 2009J－1－9 | 核磁共振成像系统医用低场永磁体 | 东软集团股份有限公司，中国科学院武汉物理与数学研究所，沈阳东软波谱磁共振技术有限公司，国家数字化医学影像设备工程技术研究中心 | 郑全录，刘积仁，肖圣前，赵世杰，陈光然，高国灿，曾凡明，施金泉，卢广，秦松茂，陈瑜 |
| 10 | 2009J－1－10 | 基于知识管理和智能控制的协同翻译平台 | 沈航人机智能研究中心（沈阳格微软件有限责任公司） | 张桂平，蔡东风，尹宝生，陈建军，苗雪雷，季铎，周俏丽，徐立军，柳亮，孙向奎，白宇 |
| 11 | 2009J－1－11 | 洁净机器人 | 沈阳新松机器人自动化股份有限公司 | 曲道奎，徐方，邱晓峰，李学威，魏辉，王金涛，董吉顺，王凤利，邹风山，董存贤，余荣清 |
| 12 | 2009J－1－12 | 分支水平井钻完井配套技术研究 | 中国石油集团长城钻探工程有限公司工程技术研究院 | 高远文，余雷，喻晨，苏涛，邓旭，陈振刚，朱太辉，李松滨，李建成，范志军，吴兴国 |
| 13 | 2009J－1－13 | 贝类精深加工关键技术研究及产业化 | 大连工业大学，大连獐子岛渔业集团股份有限公司 | 朱蓓薇，吴厚刚，董秀萍，李冬梅，周大勇，孙黎明，杨静峰，吴海涛，辛丘岩，张静 |
| 14 | 2009J－1－14 | 结构抗灾控制新技术研究与工程应用 | 大连理工大学，中国建筑科学研究院，沈阳建筑大学 | 李宏男，王亚勇，李云贵，李钢，霍林生，周静海，任文杰，柳国环，伊廷华，白雪霜，钱辉 |
| 15 | 2009J－1－15 | 选择性开放血脑屏障的机制与应用的研究 | 中国医科大学基础医学院，中国医科大学附属盛京医院 | 薛一雪，刘云会，王萍，刘丽波，李少一，商秀丽，赵红宇，王义宝，程鹏，赵天辉，刘莹 |
| 16 | 2009J－1－16 | 胃癌转移规律及亚临床转移诊治的系列研究 | 中国医科大学附属第一医院 | 徐惠绵，王振宁，辛彦，吴云飞，孙哲，黄宝俊，路平，邢承忠，鲁翀，郭澎涛，李凯 |

续表

| 序号 | 项目编号 | 项目名称 | 主要完成单位 | 主要完成人 |
|---|---|---|---|---|
| 17 | 2009J－1－17 | 子宫颈癌的早期防治与病因学研究 | 中国医科大学附属盛京医院 | 张淑兰，林蓓，王敏，孙晓薇，姜涛，程大丽，刘肖然，陆春雪，张瑶，鲁艳明，王诗卓 |
| 18 | 2009J－1－18 | 纳米雄黄制备及诱导肿瘤细胞凋亡作用机制研究 | 中国人民解放军第二一〇医院，沈阳药科大学，大连医科大学，中国人民解放军六五〇一七部队 | 王晓波，袭荣刚，姚文，吴立军，高慧媛，黄健，石焱，隋淼，宋晓楠，崔乔礼，罗琳 |
| 19 | 2009J－1－19 | 环糊精包合物技术 | 沈阳药科大学，石药集团中奇制药技术（石家庄）有限公司 | 何仲贵，孙进，王淑君，唐星，许佑君，毕开顺，张宏武，邓意辉，宋洪涛，孙英华，陈伯成 |

## 二等奖（83项）

| 序号 | 项目编号 | 项目名称 | 主要完成单位 | 主要完成人 |
|---|---|---|---|---|
| 20 | 2009J－2－1 | 葡萄无公害安全优质生产关键技术集成研究与示范 | 辽宁省农业科学院植物保护研究所，辽宁省农业科学院草牧业研究所，辽宁省农业科学院环境资源与农村能源研究所 | 赵奎华，刘长远，金桂华，娄春荣，梁春浩，邹连敏，于天颖，郑治钢，庞占荣 |
| 21 | 2009J－2－2 | 玉米高效吸钾及钾素循环利用研究 | 沈阳农业大学，铁岭郁青种业科技有限责任公司 | 曹敏建，于海秋，闫洪奎，王晓光，蒋春姬，王淑琴，孙光宇，李兴涛，孙晓荣 |
| 22 | 2009J－2－3 | 玉米瑞德微群体创建与利用研究 | 辽宁省农业科学院玉米研究所 | 姜明月，王金君，张丽颖，王建国，姜敏，申军，吴玉群，刘志新，张秀梅 |
| 23 | 2009J－2－4 | 果树生物有机肥研制及其施用效应研究 | 辽宁省果树科学研究所，盘锦茁壮肥料有限责任公司 | 高艳敏，王宝申，刘秀春，高树清，陈宝江，王炳华，王佳军，张秉宇，聂洪超 |
| 24 | 2009J－2－5 | 玉米主要病害病原菌生理分化、抗性机理及防控技术研究 | 沈阳农业大学，上海交通大学 | 高增贵，陈捷，薛春生，张国巍，杨长成，付波，关红，刘限，王晓红 |
| 25 | 2009J－2－6 | 农区鼠害综合防控技术研究与应用推广 | 辽宁省植物保护站，大连市植物保护站，丹东市植物保护站，本溪市植物保护站，锦州市植物保护站 | 王文航，朴春树，郭永旺，曲昌明，张贵锋，吴明勤，孙慕君，杨雨沛，洪晓燕 |
| 26 | 2009J－2－7 | 高产优质专用花生新品种选育及配套技术研究 | 辽宁省风沙地改良利用研究所 | 于洪波，吴占鹏，潘德成，代洪娟，安玉明，王海新，孙英华，吴世光，王明海 |
| 27 | 2009J－2－8 | 大中型病险水库除险加固工程技术研究 | 辽宁省水利水电科学研究院 | 石凤君，杨万志，雷炎，王剑仙，李趋，陈三潮，闫滨，丁立国，张勤 |

续表

| 序号 | 项目编号 | 项目名称 | 主要完成单位 | 主要完成人 |
|---|---|---|---|---|
| 28 | 2009J－2－9 | 森林资源数字化管理体系的建立及应用 | 中国科学院沈阳应用生态研究所 | 代力民，邵国凡，柏广新，王克明，于大炮，周莉，高波，陈道元，匡清华 |
| 29 | 2009J－2－10 | 辽西北荒漠化气候成因及遥感监测研究 | 辽宁省人工影响天气办公室，中国气象局沈阳大气环境研究所 | 班显秀，张玉书，陈鹏狮，纪瑞鹏，冯锐，张淑杰，齐丽丽，赵春雨，武晋雯 |
| 30 | 2009J－2－11 | 美国白蛾周氏啮小蜂生物防治美国白蛾应用技术的研究 | 辽宁省林业科学研究院，凤城市林业局森林病虫害防治工作站 | 顾宇书，邹立亚，范俊岗，刘士军，陈妍，陈军，高军，卢秉文，吴宝军 |
| 31 | 2009J－2－12 | 气候变暖对东北近50年来极端气候事件影响 | 中国气象局沈阳大气环境研究所 | 孙凤华，赵春雨，袁健，杨素英，吴志坚，赵先丽，仉安娜，关颖，孟莹 |
| 32 | 2009J－2－13 | 大连及黄渤海大雾研究与预警业务系统 | 大连市气象局 | 赵国卫，邹耀仁，梁军，朱晶，黄振，张俊峰，刘莉 |
| 33 | 2009J－2－14 | 百合优良新品种选育技术研究与应用 | 沈阳农业大学，沈阳市植物园 | 崔文山，孙晓梅，杨宏光，陆秀君，王洪力，白丽萍，王亚斌，张丽杰，赵桂玲 |
| 34 | 2009J－2－15 | 高致病性禽流感综合防控新技术研究与示范推广 | 辽宁省畜牧科学研究院，辽宁省动物医学研究院，辽宁医学院畜牧兽医学院，锦州市动物疫病预防控制中心，铁岭市动物疫病预防控制中心 | 姜新，付景武，崔玉军，张鹏，柏云江，田颖，徐长顺，张喜臣，关品卿 |
| 35 | 2009J－2－16 | 优质抗逆瘦肉型猪种选育与开发 | 沈阳农业大学 | 边连全，刘显军，邹德华，陈静，张飞，李建涛，潘树德，张吉涛，王彪 |
| 36 | 2009J－2－17 | 绒山羊舍饲半舍饲(健康养殖)关键技术研究与示范 | 辽宁省辽宁绒山羊育种中心，中国农业大学 | 贾志海，张世伟，朱晓萍，刘少卿，张微，秦希杰，周孝峰，宋恒元，曹向宇 |
| 37 | 2009J－2－18 | 高强度铝合金材料工程应用关键技术研究 | 沈阳铸造研究所 | 娄延春，冯志军，袁伟波，闫卫平，王涛，高海峰，边力，宋国金，高志刚 |
| 38 | 2009J－2－19 | KKBKD－40000/500磁控式可控并联电抗器 | 特变电工沈阳变压器集团有限公司 | 钟俊涛，安振，高兴耀，汤焱，刘丰，李志，董国义，章海庭，周绍珠 |
| 39 | 2009J－2－20 | 中华骏捷系列轿车 | 沈阳华晨金杯汽车有限公司 | 刘志刚，谭键，王玉君，遇鸿鹏，赫立远，孙煜，张秀丽，翟刚，陈宏民 |
| 40 | 2009J－2－21 | “国内自主型”VLCC关键技术开发 | 大连船舶重工集团有限公司 | 蔡洙一，关英华，刘立志，张涛，高真所，刘传，邓强，潘永泉，沙明文 |
| 41 | 2009J－2－22 | 三元闭式叶轮整体铣制加工工艺研究 | 沈阳鼓风机集团有限公司，沈阳透平机械股份有限公司 | 崔莲顺，王学军，富岩岩，孙玉莹，王鹰，孔跃龙，马诚，杨树华，刘长胜 |

续表

| 序号 | 项目编号 | 项目名称 | 主要完成单位 | 主要完成人 |
|---|---|---|---|---|
| 42 | 2009J-2-23 | 硬岩掘进机成套设备 | 三一重型装备有限公司，霍州煤电集团李雅庄矿，七台河矿业集团新铁煤矿 | 梁坚毅，李恩龙，陈锷，刘德林，侯宝革，牛建强，马月月 |
| 43 | 2009J-2-24 | 700MW水轮机转轮上冠、下环、叶片不锈钢铸件研制 | 大连重工·起重集团有限公司，大连华锐重工铸钢股份有限公司 | 邹胜，郭永胜，陈历辉，张伟善，王顺利，刘宝惜，于达伟，薛吉庆，周星 |
| 44 | 2009J-2-25 | 4M12-49.3/1-13.7硫化氢压缩机研制 | 沈阳理工大学，沈阳远大压缩机制造有限公司 | 巴鹏，何伟胜，张华，郝相民，孙方亮，江安河，张秀珩，王金良，曲豫 |
| 45 | 2009J-2-26 | 7000米电动钻机设计制造技术 | 中油辽河宝石石油装备有限公司 | 胡德祥，戴克文，王建才，樊岩松，王嘉波，刘德全，张宏涛，聂永晋，张敬 |
| 46 | 2009J-2-27 | 大连港30万吨级矿石专用码头带式输送机系统 | 沈阳矿山机械有限公司 | 任杰，葛文，陶忠坤，赵奎波，刘淑玉，张丽，郝演鲁，张凯军，陶忠革 |
| 47 | 2009J-2-28 | SY2500全深式泡沫沥青就地冷再生机 | 鞍山森远路桥股份有限公司 | 王恩义，齐广田，孙斌武，李艺，任淑晶，韩文韬，杨金凤，付健，张伟 |
| 48 | 2009J-2-29 | 烟煤锅炉掺烧褐煤技术研究及其应用 | 东北电力科学研究院有限公司，中电投东北电力有限公司，吉林电力股份有限公司浑江发电公司，阜新发电有限责任公司 | 张永兴，吴景兴，邹天舒，史明武，金丰，冷杰，蒋翀，李永福，李志强 |
| 49 | 2009J-2-30 | 基于图形化的继电保护计算和分析系统 | 东北电力调度通信中心，华中科技大学 | 高德宾，段献忠，孙正伟，石东源，鲍斌，李银红，孙刚，王开白，梅念 |
| 50 | 2009J-2-31 | 多国纸币数字识别系统 | 辽宁聚龙金融设备股份有限公司，辽宁科技大学 | 柳长庆，崔文华，吴庆洪，柳永诠，刘云江，赵楠楠，沈奇，张振东，柳伟生 |
| 51 | 2009J-2-32 | 多层次结构机械产品整体方案三维创新设计技术 | 沈阳理工大学 | 郝博，胡玉兰，李舒平，王立新，郗凯，胡冰，吕北生，黄松波，杨维明 |
| 52 | 2009J-2-33 | 精密半导体自动划片装备研制 | 中国科学院沈阳仪表科学研究院 | 袁慧珠，白宇，马岩，张明明，余胡平，鞠仁忠，李艳丽，孙家全 |
| 53 | 2009J-2-34 | 汽轮机数字化危急保护系统 | 沈阳化工学院，沈阳华电通电力装备有限公司 | 宗学军，袁德成，樊立萍，杨辉志，杨忠君，陈斌，王国刚，钟伦，于婉丽 |
| 54 | 2009J-2-35 | 超稠油长输管道工艺技术研究 | 辽河油田经济贸易置业总公司 | 刘华勇，张维志，蒋德林，白玉斌，马祥礼，陈国玉，徐辉，周谊，贾路 |

续表

| 序号 | 项目编号 | 项目名称 | 主要完成单位 | 主要完成人 |
|---|---|---|---|---|
| 55 | 2009J–2–36 | 水平井高效注汽工艺技术 | 中国石油天然气股份有限公司辽河油田分公司 | 赵政超，李晶，史国蕊，关仲，郭玉强，何传兴，王显荣，孙勇，朱强 |
| 56 | 2009J–2–37 | 特种泵举升工艺技术 | 中国石油天然气股份有限公司辽河油田分公司 | 张恩臣，梁兴，曲明艺，刘占广，潘建华，高兰，刘海洋，王亚金，李景波 |
| 57 | 2009J–2–38 | 工业废水自动分离处理系列设备 | 丹东北方环保工程有限公司，丹东市水技术机电研究所有限责任公司 | 从安生，姜春波，陈晓东，郑春生，王晓梅，邓威，田力，汪学杰，孙立滨 |
| 58 | 2009J–2–39 | 粉煤灰与造纸废水资源化技术的研究 | 沈阳化工学院，大连水产学院，浙江科技学院 | 于晓彩，杨瑞芹，肖林久，邵红，刘靖，高嵩，姚慧，张学军，王宏光 |
| 59 | 2009J–2–40 | 稠油油田油井硫化氢产生机理与防治技术研究 | 中国石油辽河油田安全环保处，盘锦市安全生产监督管理局，中国石油辽河油田钻采工艺研究院 | 任树刚，于长武，李秉军，侯连春，刘德铸，张洪君，王潜，张国华，吴大鹏 |
| 60 | 2009J–2–41 | 改性膨润土类水处理剂的制备及应用研究 | 沈阳化工学院 | 邵红，刘学贵，肖林久，李辉，刘长凤，梁彦秋，张显龙，冯婧微 |
| 61 | 2009J–2–42 | 大尺寸塑料模具钢研制 | 抚顺特殊钢股份有限公司，上海交通大学 | 杨清凯，张伟民，顾容，陈乃录，康爱军，秋立鹏，王继红，郭强 |
| 62 | 2009J–2–43 | 铁道货车用Q450NQR1高强耐大气腐蚀钢的研制 | 本溪钢铁（集团）有限责任公司 | 文小明，姜育男，李秉强，刘志璞，王鲁宁，李俊峰，宋涛，李德君，徐勇 |
| 63 | 2009J–2–44 | 鞍钢高品质家电板的研制 | 鞍钢股份有限公司 | 高毅，蔡恒君，王越，林彬，王义栋，王衍平，赵德华，崔恒，曹丕智 |
| 64 | 2009J–2–45 | FH–UDS催化剂及生产满足欧Ⅳ标准清洁柴油的工业应用 | 中国石油化工股份有限公司抚顺石油化工研究院，中国石油天然气股份有限公司辽阳石化分公司 | 方向晨，郭蓉，李江松，段为宇，曹阳，陈玉琢，谢玉国，王丽君，王珂琦 |
| 65 | 2009J–2–46 | 大型输水工程用高性能弹性止水带 | 沈阳化工学院，辽宁润中供水有限责任公司 | 陈尔凡，诸葛妃，陈永彰，魏永庆，张晓伟，曲兴辉，庄严，易立，李保华 |
| 66 | 2009J–2–47 | 麻类生态环保汽车内饰材料研发及产业化 | 辽阳艺蒙织毯实业公司，大连工业大学 | 郑来久，褚乃博，赵惠宏，李树海，曾宪玲，杜冰，陈庆军，宫奎峰，寇骞 |
| 67 | 2009J–2–48 | 树莓深加工关键技术研究与应用 | 沈阳农业大学，沈阳新大地现代农业开发有限公司，辽宁今日农业有限公司，辽宁红树莓产业发展有限公司 | 孟宪军，张佰清，李斌，张琦，冯颖，颜廷才，陆秀君，孙晓荣，张秀燕 |

续表

| 序号 | 项目编号 | 项目名称 | 主要完成单位 | 主要完成人 |
|---|---|---|---|---|
| 68 | 2009J－2－49 | 城乡滨水景观生态规划控制技术及应用研究 | 沈阳建筑大学，中国科学院沈阳应用生态研究所，辽宁省城乡建设规划设计院，沈阳市规划设计研究院，盘锦市环境科学研究院 | 石铁矛，朱京海，赵英魁，庞光辉，郗凤明，高畅，王福刚，朱玲，李绥 |
| 69 | 2009J－2－50 | 墩式基础技术研究及工程应用 | 辽宁省建筑设计研究院，辽宁省建设科学研究院，中国建筑东北设计研究院有限公司，东北大学，吉林建筑工程学院 | 刘忠昌，王敏权，单明，张丙吉，王述红，舒昭然，孙广利，杨振凯，彭友君 |
| 70 | 2009J－2－51 | 低温条件下幼龄期混凝土冻害机理及防护研究 | 沈阳建筑大学 | 刘军，刘润清，刘智，戚红，魏源谊，田悦，陈彦文，徐长伟，孙丹 |
| 71 | 2009J－2－52 | 发泡浆料建筑保温技术研究与应用 | 沈阳建筑大学，辽宁省建筑设计研究院，沈阳市城乡建设委员会 | 刘明，孙晓光，张前国，隋明月，李伟，张巨松，毕岩，王红，佟威豪 |
| 72 | 2009J－2－53 | 煤矸石混凝土结构技术研究 | 辽宁省建设科学研究院，辽宁省科学技术厅，辽宁省建筑设计研究院，阜新市建筑设计研究院，阜新市建设工程质量监督站 | 由世岐，王琛，何振明，任满刚，金毅，陈宏亮，高巍，张宝东，于长江 |
| 73 | 2009J－2－54 | 高模量沥青混凝土应用技术研究 | 辽宁省交通科学研究院，中国石化石油化工科学研究院，辽宁省高等级公路建设局 | 刘云全，张肖宁，范兴华，杨彦海，佘玉成，郑达人，王振宇，魏雪巍，刘志明 |
| 74 | 2009J－2－55 | 水路智能交通系统仿真关键技术研究 | 大连海事大学 | 郭晨，孙玉清，沈智鹏，李晖，孙建波，纪玉龙，史成军，杜佳璐，胡江强 |
| 75 | 2009J－2－56 | 节能减排型温拌沥青混合料应用研究 | 辽宁省交通科学研究院，辽宁省交通高等专科学校，哈尔滨工业大学 | 杨彦海，欧阳伟，周纯秀，刘云全，范兴华，吴耀东，南雪峰，王建国，纪伦 |
| 76 | 2009J－2－57 | 开采诱发围岩破坏渗流模型及其工程应用 | 东北大学，中国有色集团抚顺红透山矿业有限公司 | 杨天鸿，黄明利，唐春安，朱万成，于庆磊，石长岩，赵兴东，梁正召，李连崇 |
| 77 | 2009J－2－58 | 复杂环境作用下大面积采动地层演化规律研究 | 辽宁工程技术大学 | 王来贵，刘向峰，何峰，于永江，赵娜，李建新，李喜林，吕明海，姚再兴 |
| 78 | 2009J－2－59 | 多源瓦斯信息在线集成监测及动态预报技术 | 辽宁工程技术大学 | 付华，王雨虹，邵良杉，彭连会，薛永存，徐耀松，阎馨，王东明，孙滨 |
| 79 | 2009J－2－60 | 辽宁人群HLA新等位基因的序列分析和确认 | 辽宁省血液中心（沈阳中心血站） | 李剑平，刘显智，张娟，陈阳，李晓丰，章旭，张坤莲，王群，曲喆 |
| 80 | 2009J－2－61 | 婴幼儿胃肠功能障碍的发生机制及防治的研究 | 中国医科大学附属盛京医院 | 孙梅，吴捷，许玲芬，毛志芹，闻德亮，王丽杰，王虹，荆科，吴秀清 |

续表

| 序号 | 项目编号 | 项目名称 | 主要完成单位 | 主要完成人 |
| --- | --- | --- | --- | --- |
| 81 | 2009J－2－62 | 肺纤维化中基质金属蛋白酶系统的作用及信号传导机制 | 大连医科大学附属第一医院 | 吴泰华，林洪丽，唐海英，杨冬，郭慧淑，刘越坚，马骁驰，周广民，曲承春 |
| 82 | 2009J－2－63 | 冠状动脉微循环研究 | 辽宁省人民医院（辽宁省心血管病医院），徐州市心血管病研究所，辽宁省卫生信息中心，辽阳市第三人民医院 | 侯爱洁，苏玉宏，赵颖军，骆秉铨，黄爱丽，李玲，赵红岩，段娜，李蕙君 |
| 83 | 2009J－2－64 | 卵巢癌发生、转移相关分子生物学及早期诊治的研究 | 中国医科大学附属第四医院 | 陈颖，辛彦，夏志军，吴希英，范春明，魏力，张岩，李洪秀，许敏 |
| 84 | 2009J－2－65 | 危重冠心病外科治疗的基础与临床研究 | 中国医科大学附属第一医院 | 谷天祥，王春，房勤，喻磊，朱兵，张文峰，师恩祎，张玉海，宋惠武 |
| 85 | 2009J－2－66 | 分化后的骨髓基质干细胞修复中枢神经损伤 | 辽宁医学院 | 吕刚，梅晰凡，罗俊生，王伟，刘畅，安沂华，李雷，王岩松，王岩峰 |
| 86 | 2009J－2－67 | 脑血液动力学在颅内动静脉畸形发生发展及颅脑外伤中的生物学效应 | 沈阳军区总医院，沈阳市和平区疾病预防控制中心 | 宋振全，赵明光，范涤，潘冬生，宋惠武，崔晟，薛洪利，王洪富，李艳琳 |
| 87 | 2009J－2－68 | 疟疾感染防御的免疫学和分子生物学研究 | 中国医科大学基础医学院 | 曹雅明，刘英杰，冯辉，王庆辉，郑丽，郑伟，王佐周，王继春，张欣 |
| 88 | 2009J－2－69 | 中国女性乳腺癌筛查优化方案的多中心研究 | 辽宁省肿瘤医院 | 罗娅红，柏和，于韬，潘铁，赵英杰，郑美珍，林吉，郇晓明，罗畅 |
| 89 | 2009J－2－70 | 紫外线暴露对佝偻病防治、眼晶体损伤和皮肤老化作用及其机制研究 | 中国医科大学公共卫生学院 | 刘扬，张劲松，于佳明，阎启昌，安丽，高倩，关宝丽，王阳，胡立文 |
| 90 | 2009J－2－71 | 家族性远端关节弯曲致病基因研究及应用 | 辽宁省计划生育科学研究院，中国医学科学院基础医学研究所 | 李建新，姜淼，边超英，赵秀丽，韩维田，李学付，张学，王格，易东旭 |
| 91 | 2009J－2－72 | 孢子丝菌病快速诊断及菌种基因分型的临床和实验研究 | 大连医科大学附属第一医院 | 刘晓明，张振颖，廉翠红，孙田，金礼吉，吕雪莲，张晓光，王志军，张翠玲 |
| 92 | 2009J－2－73 | 儿童铅中毒智力损伤机制及其防治的研究 | 中国医科大学公共卫生学院 | 金亚平，廖英俊，于飞，逯晓波，张军，刘梅梅，杨军，刘少霞，许剑虹 |
| 93 | 2009J－2－74 | 现代激光技术治疗眼部视网膜脉络膜病变的基础与临床研究 | 中国医科大学附属第一医院 | 陈蕾，柳力敏，万超，胡悦东，刘宁宁，才娜，徐丽，朱爱松，戴凡 |
| 94 | 2009J－2－75 | 内窥镜鼻窦手术智能微型引流器的研制与应用 | 大连医科大学附属第二医院，大连理工大学 | 孙秀珍，刘迎曦，孔慧，王吉喆，付誉，苏英锋，沙丽艳，于申，刘璟 |
| 95 | 2009J－2－76 | 微粒型系列口服缓释制剂研制 | 沈阳药科大学，广州柏赛罗药业有限公司 | 唐星，何仲贵，何海冰，蔡翠芳，王艳娇，林霞，张宇，马向国 |

续表

| 序号 | 项目编号 | 项目名称 | 主要完成单位 | 主要完成人 |
|---|---|---|---|---|
| 96 | 2009J−2−77 | 探索肺动脉高压药物治疗作用靶点，建立肺动脉高压药理学理论体系 | 中国医科大学药学院 | 王怀良，章新华，洪洋，李雪芹，张璐，杨春光，翟凤国，王韵，陶慧林 |
| 97 | 2009J−2−78 | 蛇床子素抗银屑病作用机制的研究与临床应用 | 中国人民解放军第二三〇医院 | 王可，苑振亭，赵中华，王金海，高培平，安景法，丁平田，张菊香，潘志浩 |
| 98 | 2009J−2−79 | 辽宁省国家级名老中医临证经验总结和传承方法研究 | 辽宁中医药大学 | 杨关林，张君，张艳，张杰，王文萍，孙海波，黄春艳，洪奇，谢东生 |
| 99 | 2009J−2−80 | 冠心康对同型半胱氨酸致动脉硬化的实验研究 | 辽宁中医药大学 | 张静生，许斌，宫丽鸿，曹淑艳，伊桐凝，石蕴琦，刘会武，牛广华，姜凯 |
| 100 | 2009J−2−81 | 辽宁省中长期科学技术发展规划研究与制定 | 辽宁省科学技术厅，辽宁省科学技术情报研究所，东北大学 | 栾福森，吴超群，刘延春，朱军，程海，薛丰，佟春杰，李鉴，高峰 |
| 101 | 2009J−2−82 | 发展电子信息产业相关问题研究 | 辽宁省电子技术情报所 | 金喜成，李艳珍，赵凤霞，李屹，王建新，金贤淑，张跃进，王俊霞，赵治山 |
| 102 | 2009J−2−83 | 国有资本经营预算体系问题研究 | 东北财经大学，辽宁省财政厅 | 刘永泽，侯志平，吴作章，于刚，闫灵均，王天昊，王建志，陈艳利，孙光国 |

## 三等奖（142项）

| 序号 | 项目编号 | 项目名称 | 主要完成单位 | 主要完成人 |
|---|---|---|---|---|
| 103 | 2009J−3−1 | 多抗性、高光效优良玉米自交系沈137选育及应用 | 沈阳市农业科学院 | 姜惟廉，卢文经，张振平，赵玉梅，杜贤章，滕涛，安秀英 |
| 104 | 2009J−3−2 | 加工用桃贮藏保鲜技术研究集成及其示范推广 | 大连市金州区金科科技培训服务中心，辽宁省果树科学研究所 | 王岩，林凯，郝义，吕仁强，郝树池，徐凌，王子胜 |
| 105 | 2009J−3−3 | 高产稳产优质大豆品种铁丰31号选育与应用 | 铁岭市农业科学院 | 杨德忠，傅连舜，孙伯铮，梁萍，郭迎伟，王雅珍，董友魁 |
| 106 | 2009J−3−4 | 香菇高效栽培关键技术研究及标准化模式推广 | 辽宁省农业科学院食用菌研究所，沈阳农业大学食用菌研究所 | 苏君伟，肖千明，刘俊杰，刘在民，张季军，陈平，吴丽馥 |
| 107 | 2009J−3−5 | 日光温室杏品种筛选及配套集成技术研究与应用 | 沈阳农业大学，辽宁省朝阳市果树技术推广站 | 吕德国，秦嗣军，刘国成，杜国栋，马怀宇，马桂军，孙晓荣 |
| 108 | 2009J−3−6 | 高产、多抗、优质、广适玉米单交种丹科2151 | 丹东农业科学院，辽宁丹玉种业科技股份有限公司 | 陈刚，刘波，王孝杰，王作英，孙义，佟圣辉，陈丽 |
| 109 | 2009J−3−7 | 马铃薯脱毒小薯雾培繁育基础理论与生产应用技术研究 | 沈阳农业大学 | 孙周平，李天来，余朝阁，陈伟之，齐明芳，刘义玲，郭泳 |

续表

| 序号 | 项目编号 | 项目名称 | 主要完成单位 | 主要完成人 |
| --- | --- | --- | --- | --- |
| 110 | 2009J-3-8 | 连农菜豆系列新品种选育及推广 | 大连市农业科学研究院 | 郭建华，刘学东，李梅，吕彦超，刘志娟，沈镝，那永峰 |
| 111 | 2009J-3-9 | 玫瑰品种资源引进及应用技术研究 | 沈阳市农业科学院 | 迟东明，张曼丽，甄广田，张同臣，李莉，岳玲，宋伟 |
| 112 | 2009J-3-10 | 辽宁省沟蚀发育控制研究 | 沈阳农业大学，辽宁省水土保持局 | 郭成久，王政，苏芳莉，王金伟，郭占平，武敏，孙宝林 |
| 113 | 2009J-3-11 | 中小型水库管理自动化系统技术研究与应用 | 辽宁省水利水电科学研究院 | 庞毅，赵琳，彭凯忠，马涛，马艳霞，郭强，田作佳 |
| 114 | 2009J-3-12 | 辽五味高产配套栽培及烘干关键技术研究 | 本溪满族自治县大地农业技术综合开发有限公司，沈阳农业大学信息与电气工程学院，本溪市农业技术服务中心 | 孟晓刚，赵德伟，纪建伟，张宝路，关欣，毕晓颖，李艳 |
| 115 | 2009J-3-13 | 草莓新品种森研99号选育和丰产栽培技术 | 辽宁省森林经营研究所 | 丁振芳，姜冬，方海峰，姚立海，张利萍，曾凡顺，丁琳琳 |
| 116 | 2009J-3-14 | 彰武松亲本鉴定与繁育技术研究 | 辽宁省固沙造林研究所，彰武章古台固沙造林实验林场 | 雷泽勇，孟鹏，王殿金，尤国春，王曼，吴祥云，于世河 |
| 117 | 2009J-3-15 | 辽河油田防汛三维监视系统开发研究 | 辽宁省水文水资源勘测局，中国石油辽河油田防汛指挥部，北京慧图信息科技有限公司 | 王殿武，王才，付洪涛，孟春利，任崇，宁宗民，陈瑞 |
| 118 | 2009J-3-16 | 西伯利亚花楸引种区域试验及配套栽培技术 | 辽宁省林业科学研究院，辽宁省新宾满族自治县城郊林场 | 周志权，邹学忠，高军，何庆宾，顾宇书，闫立武，孙轶 |
| 119 | 2009J-3-17 | 辽西地区大枣贮藏保鲜关键技术的研究 | 朝阳市林业技术推广站，沈阳农业大学，朝阳县农业综合开发办公室 | 王恩旭，王淑琴，贾甫生，张宝忠，刘丽华，许柏林，潘长林 |
| 120 | 2009J-3-18 | 硬质短纤维生物质颗粒制造技术 | 辽宁省林产工业总公司，辽宁省森林经营研究所，丹东市振兴区隆昌机械设备制造厂 | 张义田，林海，曾光，王喆，于洪亮，卢正才，冯月霞 |
| 121 | 2009J-3-19 | 刺参池塘养殖的关键技术研究 | 大连水产学院，大连壹桥海洋苗业股份有限公司，大连金砣水产食品有限公司 | 赵文，刘德群，杨为东，魏杰，王顺全，邢跃楠，王磊 |
| 122 | 2009J-3-20 | 辽宁绒山羊高产系(多产系)选育及绒毛品质相关性状的研究 | 辽宁师范大学，瓦房店市动物疫病防控中心 | 金梅，高文波，崔义厚，刘晓东，王薇，刁雪涛，郭春莉 |
| 123 | 2009J-3-21 | 基于全固态激光光源的移动式激光加工系统 | 沈阳大陆激光柔性制造技术有限公司 | 张春杰，陈江，葛赭，李娜，刘豫，赵晓白，德江 |

续表

| 序号 | 项目编号 | 项目名称 | 主要完成单位 | 主要完成人 |
|---|---|---|---|---|
| 124 | 2009J-3-22 | MDH系列高速、精密卧式加工中心 | 大连华凯机床有限公司 | 李全普,姜伟,童文利,胡文祥,王坤,高永强,于福才 |
| 125 | 2009J-3-23 | 短流程高强度包装用钢带自动生产线的研发 | 鞍山市发蓝钢带有限责任公司 | 王洪珂,高伟,于晓光,宋华,徐泽宁,蓝文艺,付敏霞 |
| 126 | 2009J-3-24 | 轧机低压二氧化碳灭火系统 | 辽宁省机械研究院有限公司 | 关长石,薄春辉,孙国风,路永洁,刘永旭,薄春魁,甄颖 |
| 127 | 2009J-3-25 | 爆炸法消除焊接应力在三峡等电站中的应用 | 中国科学院金属研究所,国电郑州机械设计研究所,沈阳炮兵学院 | 陈怀宁,马耀芳,谭胜禹,刘贵清,陈静,王富林,林泉洪 |
| 128 | 2009J-3-26 | 单轴悬臂多级离心压缩机 | 沈阳鼓风机集团有限公司 | 郑志国,印明洋,孙玉山,王军,杨树华,左成柱,刘长胜 |
| 129 | 2009J-3-27 | HTM80600sub车铣加工中心 | 沈阳机床（集团）有限责任公司 | 李宪凯,李德珍,崔佩强,刘建生,崔健,吴俊勇,何峰 |
| 130 | 2009J-3-28 | GMC1230u龙门五轴加工中心 | 沈阳机床（集团）有限责任公司 | 张雄,金晓红,徐永明,孙中权,刘永吉,杨丽敏,王丽芳 |
| 131 | 2009J-3-29 | 基于电弧喷涂方法的汽车钢基模具快速制造技术 | 沈阳工业大学,沈阳金杯汽车工业有限公司 | 李德元,刘鹏程,张忠礼,房德和,董晓强,贺传军,王义华 |
| 132 | 2009J-3-30 | 4.3m×9.2m大型香蕉形直线振动筛 | 鞍山重型矿山机器股份有限公司 | 徐文彬,安晓卫,李素妍,李秀艳,陈建中,尔卫江,张建忠 |
| 133 | 2009J-3-31 | 中华酷宝系列轿车 | 沈阳华晨金杯汽车有限公司 | 刘志刚,邢如飞,梁东明,张迎杰,赵珩,赖征海,贾正宇 |
| 134 | 2009J-3-32 | 4M12-90/35氧气压缩机研制 | 辽宁科技学院,沈阳理工大学,沈阳远大压缩机制造有限公司 | 丛树林,李金刚,贺凤伟,巴鹏,夏翠莉,纪丽岩,曲明罡 |
| 135 | 2009J-3-33 | 智能化控制与保护开关（CPS）应用技术研究 | 沈阳工业大学 | 马少华,蔡志远,胡颖媛,王俭,厉伟,李海波 |
| 136 | 2009J-3-34 | 碳纤维复合芯铝绞线金具研制与应用 | 辽宁省电力有限公司盘锦供电公司,四平线路器材厂 | 赵作利,李锡成,姜铁奇,于泳,陈剑峰,翁晓宇,杜继红 |
| 137 | 2009J-3-35 | 大型变压器操作波感应耐压现场试验装置的研制 | 辽宁省电力有限公司阜新供电公司,东北电力科学研究院有限公司,东电高科节能电力有限公司 | 杨衡,韩洪刚,叶旭东,王健斌,金丰,李学田,杨文龙 |
| 138 | 2009J-3-36 | CY4102四气门国Ⅲ系列柴油机开发研制 | 东风朝阳柴油机有限责任公司 | 赵庄,贾贵起,赵霄鹏,孙超,杨明,刘剑峰,李志勇 |
| 139 | 2009J-3-37 | 66kV输配电系统串联补偿装置 | 辽宁省电力有限公司阜新供电公司,沈阳三北电力公司 | 谢诚,王艳娈,李春和,李东,李胜川,刘刚,周巧巧 |
| 140 | 2009J-3-38 | 试验变压器计算机控制系统 | 沈阳工业大学 | 厉伟,蔡志远,胡颖媛,马少华,王俭,李海波,林莘 |

续表

| 序号 | 项目编号 | 项目名称 | 主要完成单位 | 主要完成人 |
| --- | --- | --- | --- | --- |
| 141 | 2009J-3-39 | 辽宁地税金税三期税收征管系统 | 辽宁省地方税务局，神州数码信息系统有限公司 | 刘保林，孙永哲，李永富，王书天，程有臣，姜相义，吴石磊 |
| 142 | 2009J-3-40 | 录井综合信息采集与处理系统开发及应用研究 | 中国石油长城钻探工程有限公司录井公司 | 王悦田，田文武，郝玉春，白玉英，孙岩，曹信儒，王长龙 |
| 143 | 2009J-3-41 | 离散制造企业集成关键技术研究及应用 | 东北大学 | 刘永贤，孙广民，盛忠起，许之伟，谢华龙，王春娟，段有和 |
| 144 | 2009J-3-42 | 用小型机取代大型机构建特大型钢铁企业ERP系统平台技术创新 | 鞍山钢铁集团公司 | 林瑜，赵庆涛，蒋东明，王叙，董军，陈斌，范小元 |
| 145 | 2009J-3-43 | SMS/GPRS/USSD和GIS路灯监控管理系统 | 丹东边境经济合作区三安技术发展有限公司 | 阎志同，戴建中，李廷所，赵建利，韩平，阎志范，马国勇 |
| 146 | 2009J-3-44 | 基于小波的视频对象细粒度可分级编码关键理论与方法研究 | 辽宁师范大学 | 王相海，宋传鸣，刘小丹，王向阳，王大鹏，闫德勤，王健 |
| 147 | 2009J-3-45 | 基于规则的智能控制在电厂节能优化控制中的应用研究 | 东北电力科学研究院有限公司 | 郝欣，牟长信，管庆相，李树强，伍绍斌，刘海 |
| 148 | 2009J-3-46 | 精密自动绝热量热仪研制 | 中国科学院大连化学物理研究所，聊城大学 | 谭志诚，史全，邸友莹，童波，赵军宁，张洪涛，孙立贤 |
| 149 | 2009J-3-47 | XJD-99型微焦点X射线电子元器件检测仪 | 丹东奥龙射线仪器有限公司 | 姜盛杰，桂志国，刘川，刘新利，管春璞，黄志道，崔恩全 |
| 150 | 2009J-3-48 | 汽车发电机用多功能调节器 | 锦州东佑精工有限公司，辽宁工业大学 | 王玲，王晓明，阴革，李春博，陈金星，潘立，陈晓辉 |
| 151 | 2009J-3-49 | 节能型大功率电熔镁炉变频电源 | 鞍山丰源电器有限公司 | 赵敏，吴新军，王良润，赵丛娇，赵海，官红子，佟铁生 |
| 152 | 2009J-3-50 | 勘探决策信息化平台构建及在辽河油田应用 | 中国石油天然气股份有限公司辽河油田分公司 | 张巨星，廉仲元，张天亮，单俊峰，宇振全，程利，张守昌 |
| 153 | 2009J-3-51 | 超稠油油藏自生CO2辅助吞吐增效技术 | 中国石油天然气股份有限公司辽河油田分公司 | 陈铁铮，张守军，宋福军，沈文敏，郎宝山，李湃，曲淑贞 |
| 154 | 2009J-3-52 | 过套管测井解释方法研究 | 中国石油集团长城钻探工程有限公司测井公司 | 赵宝成，原福堂，伍东，王正国，汪浩，杨贵凯，付明波 |
| 155 | 2009J-3-53 | 火驱采油技术研究与应用 | 中国石油辽河油田油气合作开发部 | 宁奎，孙希勇，张弘韬，张成军，付明，陈和平，张守军 |
| 156 | 2009J-3-54 | 基于GIS的海上溢油应急决策与损害评估系统 | 大连海事大学，辽宁海事局 | 熊德琪，陈鹏，廖国祥，管永义，姜玲玲，韩俊松，吕福荣 |
| 157 | 2009J-3-55 | 环保装备的系统集成优化方法与应用研究 | 辽宁省环境科学研究院，大连理工大学 | 李宇斌，史启才，包震宇，徐光，靳君，沈越，袁野 |

续表

| 序号 | 项目编号 | 项目名称 | 主要完成单位 | 主要完成人 |
|---|---|---|---|---|
| 158 | 2009J-3-56 | 室内微污染物复合净化技术及应用 | 沈阳建筑大学 | 冯国会，张宝刚，敖永安，李慧星，李志新，胡艳军，袁泉 |
| 159 | 2009J-3-57 | 北方地区畜禽粪便资源化技术研究与工程示范 | 辽宁省环境科学研究院 | 赵军，郎咸明，汪国刚，杨欣，杨明珍，田博，师晓春 |
| 160 | 2009J-3-58 | 化学融雪剂对城市生态环境的影响与污染防治 | 辽宁大学，沈阳市环境卫生工程设计研究院，中国科学院沈阳应用生态研究所 | 李法云，马溪平，张营，王晓伟，侯伟，王俭，许忠志 |
| 161 | 2009J-3-59 | 辽西水土流失区植被修复与重建技术研究 | 辽宁省水土保持研究所，辽宁省水土保持局 | 郑国相，贾天会，韩树君，蔡大为，李玉斌，刘跃光，何建明 |
| 162 | 2009J-3-60 | 冶金废水资源化研究及工程示范 | 辽宁北方环境保护有限公司 | 赵军，田博，刘万杨，李艳春，郑大为，谷成国，刘峥 |
| 163 | 2009J-3-61 | 大型化工企业危险废物产生系数研究 | 辽宁省固体废物管理中心 | 高魁，李凤鸣，王力兴，刘秀云，许丹，来克立，方晓牧 |
| 164 | 2009J-3-62 | 磁选柱－振动细筛回收铁尾矿工艺技术研究及应用 | 后英集团海城市尾矿加工有限公司，辽宁科技大学 | 何著胜，沈明钢，赵常清，陈广振，丛春台，曲殿利，李静 |
| 165 | 2009J-3-63 | 深冲用热镀锌钢带DC53D+Z | 本溪钢铁（集团）有限责任公司 | 周宏伟，刘晓峰，李鸿友，金月桂，吴华章，荆涛，胡小强 |
| 166 | 2009J-3-64 | 铸造用新型CO2硬化酚醛树脂冷芯盒材料工艺及机理的研究 | 沈阳工业大学 | 李英民，任玉艳，刘伟华，娄桂艳，张颖杰，石娜 |
| 167 | 2009J-3-65 | 镁合金热化学反应型纳米陶瓷涂层制备及性能研究 | 辽宁工程技术大学 | 马壮，马修泉，董世知，胡世菊，赵斌，孙方红，魏宝佳 |
| 168 | 2009J-3-66 | 氧化铝空心球轻质隔热耐火浇注料 | 辽宁丰华耐火材料有限公司 | 刘春福，庞洪良，李正柱，黄启国，凌丽华，邱雷，李玉学 |
| 169 | 2009J-3-67 | 冶炼炉衬废镁砖有价金属回收工艺技术 | 辽宁石油化工大学，葫芦岛锌业股份有限公司 | 姜恒，宋丽娟，奚英洲，高良宾，张晓彤，郭天立，桂建舟 |
| 170 | 2009J-3-68 | 纳米荧光海洋无毒防污涂料的研制 | 大连海事大学 | 张占平，齐育红，马永庆，黑祖昆，季世军，史雅琴，刘红 |
| 171 | 2009J-3-69 | 单晶硅等半导体材料线切割用切削液OXSI-303 | 辽宁奥克化学股份有限公司 | 朱建民，刘兆滨，仲崇纲，董振鹏，宋恩军，富扬，边玉强 |
| 172 | 2009J-3-70 | 稀土顺丁橡胶开发及工业化 | 中国石油天然气股份有限公司锦州石化分公司 | 裴宏斌，张学全，李波，石路颖，刘泳涛，王英伟，王中平 |
| 173 | 2009J-3-71 | 橡塑保温材料用耐热填充剂的研制及橡塑共混材料加工工艺的开发 | 海城市精华微粉厂，沈阳化工学院，海城精华矿产有限公司 | 梁兵，张辉，杨雪，杨文军，黄亮，田华 |
| 174 | 2009J-3-72 | 高性能纳米陶瓷隔热材料 | 辽宁省轻工科学研究院 | 韩绍娟，许壮志，薛健，赵明，程涛，初小葵，朱守丹 |
| 175 | 2009J-3-73 | 液相加氢法糠醇生产工艺技术优化 | 葫芦岛锦明化工有限公司，锦化化工集团氯碱股份有限公司 | 谌晓华，李辉，孙贵臣，姚海滨，陈淑艳，刘庆芝，高文建 |

续表

| 序号 | 项目编号 | 项目名称 | 主要完成单位 | 主要完成人 |
|---|---|---|---|---|
| 176 | 2009J-3-74 | 3K碳纤维的研制与开发 | 大连兴科碳纤维有限公司 | 肖忠渊,肖颖,程显军,栾清杨 |
| 177 | 2009J-3-75 | 化学实验室仪器分析测量体系性能验证技术研究 | 沈阳出入境检验检疫局,辽宁出入境检验检疫局,广东出入境检验检疫局 | 姜莉,王斗文,王继敏,郑建国,蔡延平,李莉,金雁 |
| 178 | 2009J-3-76 | 天然植物染料生态、安全型婴幼儿面料综合技术开发 | 大连工业大学 | 崔永珠,吴坚,魏春艳,叶方,罗丹实,浦卫涛,刘文晶 |
| 179 | 2009J-3-77 | 食品安全评价系统 | 辽宁省分析科学研究院 | 刘成雁,张旭明,王志嘉,于杰,刘渭萍,张素艳,任雪冬 |
| 180 | 2009J-3-78 | 膨化柞绢丝丝绒毯 | 辽宁美麟集团有限公司 | 宋德坤,田喜梅,尹伟,陆建华,郑晓霞 |
| 181 | 2009J-3-79 | 低碱低掺量钢筋混凝土复合阻锈剂的研究 | 辽宁省建设科学研究院 | 张大利,王元,陈翠红,金恒刚,李景欢,吕晶,张福强 |
| 182 | 2009J-3-80 | 辽宁省供热计量技术与管理研究 | 沈阳建筑大学,辽宁环佳高科节能技术工程有限公司 | 周静海,张诚实,冯国会,王岳人,刘亚臣,张沈生,姜成斌 |
| 183 | 2009J-3-81 | 内置CFRP圆管的方钢管高强混凝土受压构件的性能研究 | 沈阳建筑大学 | 李帼昌,王春刚,张壮南,侯东序,杨野,石钧吉,邢娜 |
| 184 | 2009J-3-82 | EPS板现浇混凝土外墙外保温应用研究 | 辽宁省建设科学研究院,沈阳市建筑节能墙体材料改革办公室 | 由世岐,高华,王子,王海刚,王少营,杨芳,郑宝华 |
| 185 | 2009J-3-83 | 新型模卡式拼装节能墙体及施工技术研究 | 沈阳建筑大学 | 王凤池,朱浮声,贾连光,郭晓岩,曹国华,金明君,姜迎 |
| 186 | 2009J-3-84 | 霞浦长大铁路隧道综合施工技术研究 | 中铁十九局集团有限公司 | 王跃进,李忠忱,宗德明,王学忠,尚尔海,吴培荣,陈宝军 |
| 187 | 2009J-3-85 | 结构响应智能信息处理技术与可靠性评定 | 沈阳建筑大学,福州大学,辽宁省建筑设计研究院 | 姜绍飞,张春明,张帅,吕啸斐,张宇,兰国海,许峰 |
| 188 | 2009J-3-86 | 既有建筑动态可靠性系统研究 | 沈阳建筑大学,沈阳建大工程检测咨询有限公司 | 张延年,任传波,孙艳丽,郑怡,王强,单元奇,俞家欢 |
| 189 | 2009J-3-87 | 基于现有传感器的桥梁无线检测成套技术研究 | 辽宁大通公路工程有限公司,哈尔滨工业大学 | 黄侨,于健,沙学军,李忠龙,翁敬国,徐玉滨,张淑文 |
| 190 | 2009J-3-88 | 干线公路沥青路面现场冷再生基层及水泥混凝土路面维修技术研究 | 辽宁省交通厅公路管理局,西安长安大学 | 王振宇,马凌,李巍,王建国,李志军,李佳,赵东 |
| 191 | 2009J-3-89 | 辽宁省高速公路湿陷性黄土处治技术研究 | 辽宁大通公路工程有限公司,辽宁省交通勘测设计院,辽宁省高等级公路建设局 | 邢玉东,匡少华,张新财,翁敬国,田任明,王常明,周悦波 |
| 192 | 2009J-3-90 | 体外预应力技术在桥梁工程中的应用研究(连续箱梁子课题) | 辽宁省交通勘测设计院,同济大学,东北大学 | 席广恒,徐栋,刘斌,刘志明,王吉英,王春雷,陈宇新 |

续表

| 序号 | 项目编号 | 项目名称 | 主要完成单位 | 主要完成人 |
|---|---|---|---|---|
| 193 | 2009J-3-91 | 辽宁省双曲拱桥加固技术研究与应用 | 阜新市公路管理处，辽宁工程技术大学 | 吴静，姜兆华，张向东，周涌波，赵志军，李平，邵家邦 |
| 194 | 2009J-3-92 | 石佛寺超长多折线水坝无线智能GPS四维变形监测系统研究与开发 | 东北大学，石佛寺水库工程建设管理局 | 马洪滨，李兴文，何群，贺黎明，蔡青，李玉芹，田胜龙 |
| 195 | 2009J-3-93 | 辽宁省农用地分等定级与估价 | 辽宁省国土资源调查规划局 | 谢量雄，王敬波，陈祥荣，李洪兴，潘锦华，赵俐，王凤翼 |
| 196 | 2009J-3-94 | 铁矿山排岩系统中高效回收磁铁矿资源工艺及装备研究 | 鞍钢集团矿业公司，北京矿冶研究总院，中钢集团安徽天源科技股份有限公司 | 王陆新，周惠文，张宝才，高志喆，吕成林，史佩伟，吴世清 |
| 197 | 2009J-3-95 | 高效、环保型油母页岩干馏工艺的研究与应用 | 辽宁省抚矿集团工程技术研究中心 | 韩放，鲍明福，高健，星大松，曹福东，王喜章，王阳 |
| 198 | 2009J-3-96 | 高瓦斯矿井以风定产决策支持及其通风系统分析评价研究 | 辽宁工程技术大学 | 贾进章，刘剑，齐庆杰，倪景峰，姜克寒，耿继原，刘新 |
| 199 | 2009J-3-97 | 幽门螺杆菌感染对胃癌癌前病变生物学特性影响研究 | 沈阳医学院 | 张忠，李舒音，王旭光，祁源，刘言厚，徐军，张量 |
| 200 | 2009J-3-98 | HBVS基因变异与其宫内感染及免疫逃逸相关性的研究 | 中国医科大学附属盛京医院 | 窦晓光，白菡，丁洋，马英，周武，何丽霞，马力 |
| 201 | 2009J-3-99 | 预激综合征对QRS终末向量、波形和PJ间期影响的临床和实验研究 | 辽宁医学院 | 刘仁光，陶贵周，徐兆龙，张英杰，刘新纯，路昭，赵丽艳 |
| 202 | 2009J-3-100 | 肺硬化性血管瘤的诊断、鉴别诊断及分子病理学研究 | 中国医科大学基础医学院 | 王妍，李庆昌，徐洪涛，齐凤杰，张秀伟，于光宇，王恩华 |
| 203 | 2009J-3-101 | 310例室性心律失常经射频导管消融治疗 | 沈阳军区总医院 | 王祖禄，韩雅玲，梁延春，梁明，徐凯，孙鸣宇，王守力 |
| 204 | 2009J-3-102 | 惊恐障碍药物心理干预的临床动态研究 | 大连医科大学附属第一医院 | 许晶，刘效巍，周殿运，李青栋，周密，姜国晶，张炳蔚 |
| 205 | 2009J-3-103 | 急性肺损伤的药物治疗研究 | 沈阳医学院奉天医院 | 何晓琳，王实，夏书月，毕英，何晓静，卢丹，陈雷 |
| 206 | 2009J-3-104 | 天疱疮、大疱性类天疱疮的实验室和临床指标分析定位 | 中国医科大学附属第一医院 | 王雅坤，赵玉铭，肖汀，李晓东，李强，徐宏慧，王珺 |
| 207 | 2009J-3-105 | NF-κB和iNOS在慢性酒精中毒性肌病氧化损伤中的作用 | 大连医科大学，大连市中心医院 | 初海鹰，王剑锋，孔力，金伟，高传舟，刘艳丽，赵华 |
| 208 | 2009J-3-106 | 偏头痛发病机制的基础与临床研究 | 辽宁省人民医院，中国医科大学药学院 | 何秋，王怀良，姜希连，冯姝婷，张贺敏，章新华，陈晓虹 |
| 209 | 2009J-3-107 | 大蒜素协同化疗药抗肿瘤作用及其机制的实验研究 | 辽宁省肿瘤医院 | 马锐，董武，于清蕊，邢晓静，王丽，柳星，袁大光 |
| 210 | 2009J-3-108 | 先天性骨骼发育畸形中胰岛素样生长因子家族的调控机制研究 | 中国医科大学附属第一医院 | 郭磊，赵玉岩，都健，赵玉红，曲秀娟，傅强，王郡 |

续表

| 序号 | 项目编号 | 项目名称 | 主要完成单位 | 主要完成人 |
|---|---|---|---|---|
| 211 | 2009J－3－109 | 神经系统Nav1.5电压依赖性钠通道的生理功能及其表达分布研究 | 中国医科大学附属第一医院 | 欧绍武，王运杰，王义宝，杜江，王军，任成涛，刘琰 |
| 212 | 2009J－3－110 | β－葡萄糖醛酸酶与肝细胞癌关系的系列研究 | 沈阳军区总医院，北票市第二人民医院 | 杨波，郑力国，周少华，任玉玲，周文平，张福才，吕文杰 |
| 213 | 2009J－3－111 | 骨质疏松症发病机制与中西医治疗的系列研究 | 中国医科大学附属第一医院 | 杨茂伟，郑洪新，朱悦，孙玲玲，李银燕，王权，杨金秋 |
| 214 | 2009J－3－112 | 利用组织工程技术修复骨与软骨缺损的基础及临床研究 | 中国医科大学附属盛京医院 | 付勤，李建军，赵群，王广斌，杨礼庆，傅永慧，田野 |
| 215 | 2009J－3－113 | 抗NI－35（轴突生长抑制因子）重组单链抗体的制备及临床应用研究 | 中国医科大学附属第一医院 | 王运杰，吴安华，王勇，孙涛，郑伟，公茂青，赵宪林 |
| 216 | 2009J－3－114 | 静脉动脉化再植拇指完全离断的临床研究 | 中国医科大学附属盛京医院 | 田立杰，田芙蓉，田峰，李小川，韩晓辉，王斌，季相禄 |
| 217 | 2009J－3－115 | 声门上型喉癌隐匿性颈淋巴结转移诊断和治疗的研究 | 中国医科大学附属盛京医院，中国医科大学附属第一医院 | 季文樾，柳斌，张爱莲，关超，刘巍，王桂林，贾秀萍 |
| 218 | 2009J－3－116 | 前列腺癌标志物与早期诊断研究 | 沈阳军区联勤部疾病预防控制中心 | 杨国平，谢怀江，桂国平，王洪军，年春志，赵雪俭，于宁 |
| 219 | 2009J－3－117 | 模拟诊治病例计算机化考试系统研制与推广应用 | 中国医科大学 | 孙宝志，赵群，于晓松，左天明，时瑾，刘强，张阳 |
| 220 | 2009J－3－118 | 喉癌临床诊治中的难题攻克与创新 | 中国人民解放军第四六三医院 | 孙兴和，周景春，徐振明，张萍，戴嵩，李家喜，宋津辉 |
| 221 | 2009J－3－119 | 基因重组白眉蝮蛇艾丁比特及其突变体抗肿瘤及抗血小板聚集的研究 | 大连医科大学 | 赵宝昌，徐跃飞，田余祥，王红，任凤，刘淑清，崔秀云 |
| 222 | 2009J－3－120 | 以面貌美学为基础的正畸治疗标准的研究 | 中国医科大学口腔医学院 | 侯志明，代昕，赵震锦，薛明，洪岩松，刘文艳，徐丽 |
| 223 | 2009J－3－121 | 医学科技期刊文献计量分析研究 | 中国医科大学附属盛京医院 | 杨华，赵丽清，李系仁，于光，史书侠，赵悦阳，张静海 |
| 224 | 2009J－3－122 | 涎腺癌嗜神经性的基础研究与临床处理 | 中国医科大学口腔医学院 | 孙长伏，郭澍，韩思源，卢利，尚德浩，刘法昱，王秋旭 |
| 225 | 2009J－3－123 | 分化型甲状腺癌的个体化治疗 | 辽宁省肿瘤医院 | 李振东，暴继敏，樊文竹，刘永煜，黄秀双，崔颖，梁凯 |
| 226 | 2009J－3－124 | 放化同步治疗对脊髓损伤影响的实验研究 | 大连医科大学附属第二医院，大连大学附属中山医院 | 邹丽娟，邵淑娟，王若雨，战丽彬，潘艳，邹忠文，张卓 |
| 227 | 2009J－3－125 | 生物反应器工艺Vero细胞乙型脑炎灭活疫苗 | 辽宁成大生物股份有限公司，辽宁省生物医学工程研究院有限公司 | 周荔葆，高军，王立刚，吴栩涛，赵新，牟军，刘苗苗 |
| 228 | 2009J－3－126 | 中药免疫组学研究平台的构建 | 大连医科大学 | 刘辉，王虹菲，李发胜，徐恒瑰，燕小梅，刘启贵，杨光 |

续表

| 序号 | 项目编号 | 项目名称 | 主要完成单位 | 主要完成人 |
| --- | --- | --- | --- | --- |
| 229 | 2009J-3-127 | 制约人参产业化的关键技术研究 | 辽宁中医药大学，本溪市药品检验所，本溪市中心医院 | 窦德强，刘凤云，沈宁，康廷国，荆淑芹，王进，徐为群 |
| 230 | 2009J-3-128 | 复方磷酸可待因糖浆的研制开发 | 东北制药集团公司沈阳第一制药厂 | 李显林，苏显英，李红，朱柏利，杨冬梅，吕丹，王宁 |
| 231 | 2009J-3-129 | 溃疡性结肠炎治疗药巴柳氮钠原料及片剂的开发研究 | 沈阳药科大学，山西安特生物制药股份有限公司 | 王绍杰，何仲贵，姚娟娟，张天虹，李三鸣，穆清苏，孙进 |
| 232 | 2009J-3-130 | 新药阿司匹林双嘧达莫缓释胶囊的研究与开发 | 沈阳药科大学，江苏飞马药业有限公司 | 孙长山，毕开顺，马荣生，康汝祥，贾宁，张永刚，吴敏 |
| 233 | 2009J-3-131 | 不同活血化瘀中药对糖尿病周围神经病变作用机制研究 | 辽宁中医药大学 | 于世家，冷锦红，王镁，鞠可心，郝颖，高天舒，王巍 |
| 234 | 2009J-3-132 | 射干中ISOFX类成分抗病毒新药开发研究 | 辽宁省中医药大学附属二院 | 李国信，肖斐，吕晓东，郭振武，赵金明，邹桂欣，王光函 |
| 235 | 2009J-3-133 | 龟叶草的药用价值研究 | 中国人民解放军第二〇二医院 | 王强，张国斌，朱晓红，任常顺，叶丽卡，金勇，戴华 |
| 236 | 2009J-3-134 | 鹿力壮骨中药对骨质疏松症骨钙-肠钙-肾脏钙转运的调节机制研究 | 辽宁中医药大学，中国医科大学基础医学院 | 郑洪新，任路，宗志红，李敬林，朱爱松，徐晓东，魏红 |
| 237 | 2009J-3-135 | 瘀毒络损证白塞病MCP1基因多态性位点的临床研究 | 沈阳市第七人民医院 | 李铁男，金春琳，郑洪新，陈晴燕，柳越冬，孙晓杰，王强 |
| 238 | 2009J-3-136 | 中草药抗皮肤光老化筛选的实验研究 | 辽宁中医药大学 | 吴景东，乔铁，周鸿波，徐晓东，王诗晗，顾炜，董宝强 |
| 239 | 2009J-3-137 | 定心方治疗心律失常疗效及作用机理研究 | 辽宁中医药大学 | 张艳，卢秉久，朱爱松，郝芳，陈以国，史玉山，成泽东 |
| 240 | 2009J-3-138 | 清热消痰散结方对热邪干预下S180肉瘤的抗肿瘤作用的实验研究 | 本溪市中心医院 | 张霄峰，刘喜财，乔华，宋亚杰，王艳琳，那立岩，王丽静 |
| 241 | 2009J-3-139 | 鼻力宝胶囊治疗慢性鼻炎临床与实验研究 | 辽宁中医药大学 | 孙海波，冷辉，黄守立，陈杰，石小丹，吕洪，孙科峰 |
| 242 | 2009J-3-140 | 大连科技创新园建设与发展研究 | 大连理工大学 | 刘凤朝，赵人楠，施定国，孙玉涛，杨玲，李滨，蒋鲲 |
| 243 | 2009J-3-141 | 辽宁省工业锅炉能耗现状与对策研究 | 辽宁省质量技术监督局，辽宁省安全科学研究院，大连理工大学能源与动力学院 | 王宏新，王俊，尹洪超，赵小兵，贾胜军，刘金山，李伟光 |
| 244 | 2009J-3-142 | 智能化网上行政审批管理系统 | 大连理工大学，大连市金州区信息产业局，大连倚天软件有限公司 | 王延章，李怀明，王宝福，叶鑫，孙德成，李丽明，王雪华 |

# 2009年辽宁省科技成果转化奖获奖项目

## 一等奖（6项）

| 项目编号 | 项目名称 | 成果转化实施单位 | 主要合作单位 | 主要完成人 |
| --- | --- | --- | --- | --- |
| 2009ZH－1－01 | 盾构机开发与产业化 | 沈阳重型机械集团有限责任公司 | 吉林大学 | 赵凯军，王国强，费学婷，王东，何恩光，高伟贤，巫思荣 |
| 2009ZH－1－02 | 大型乙烯装置用离心压缩机技术开发及成果转化 | 沈阳鼓风机集团有限公司 | 大连理工大学，西安交通大学 | 苏永强，王学军，戴继双，马新民，张勇，徐忠，郭东明 |
| 2009ZH－1－03 | 鞍山贫赤（磁）铁矿选矿新工艺，新药剂与新设备研究及工业应用 | 鞍山钢铁集团公司 | 长沙矿冶研究院，马鞍山矿山研究院，赣州有色冶金研究院 | 陈平，邵安林，刘晓明，余永富，高林章，苏兴国，宋乃斌，张兆元，石伟，张泾生，吕建华 |
| 2009ZH－1－04 | 集装箱用SPA－H耐大气腐蚀钢 | 本溪钢铁（集团）有限责任公司 | 东北大学 | 文小明，郑中，吴华章，荆涛，李秉强，范恩辉，刘志璞，刘忠，赵迪，刘春明，吴春愉 |
| 2009ZH－1－05 | 稠油污水循环利用技术与应用 | 中国石油天然气股份有限公司辽河油田分公司 | 中国科学院沈阳应用生态研究所 | 谢文彦，刘喜林，谢加才，张恩臣，赵政超，吴德兴，陈韶生，郭书海，李刚，张春山，武俊宪 |
| 2009ZH－1－06 | 千万亩耐密型玉米新品种辽单565推广 | 辽宁省农业科学院玉米研究所 | 辽宁东方农业科技有限公司，辽宁省东亚种业有限公司，甘肃富农高科技种业有限公司 | 王延波，石清琢，付祥胜，李哲，王建国，刘志新，张喜华，王国宏，陈长青，姜敏，马云祥，徐亮，白石，杨永华，董成玉 |

## 二等奖（10项）

| 项目编号 | 项目名称 | 成果转化实施单位 | 主要合作单位 | 主要完成人 |
| --- | --- | --- | --- | --- |
| 2009ZH－2－01 | 大型系列龙门五面加工中心产业化 | 沈阳机床（集团）有限责任公司 | 东北大学 | 张雄，夏长涛，金晓红，严昊明，徐永明，刘橙，刘永贤，黄国田，盛忠起 |
| 2009ZH－2－02 | 3万吨／年氟化铝生产用成套设备国产化 | 沈阳东方钛业有限公司 | 东北大学 | 马艳波，张洪军，杨殿强，张雅静，田晓军，郑艳，王军 |
| 2009ZH－2－03 | EBZ160大坡度掘进机 | 三一重型装备有限公司 | 东北大学 | 梁坚毅，李恩龙，陈锷，刘德林，杨素玲，史成建，侯宝革，牛建强，杨松 |

续表

| 项目编号 | 项目名称 | 成果转化实施单位 | 主要合作单位 | 主要完成人 |
|---|---|---|---|---|
| 2009ZH-2-04 | 铜材连续挤压制造技术及设备 | 大连康丰科技有限公司 | 大连交通大学 | 宋宝韫，樊志新，刘元文，高飞，徐振越，贾春博，王延辉，于欣，运新兵 |
| 2009ZH-2-05 | 多功能自走式钻修机 | 海城市石油机械制造有限公司 | 辽宁工学院科技研发中心 | 刘春友，陈宏，盛拥军，鞠波，苏浩，王超，王军，尹玉明，陈勇 |
| 2009ZH-2-06 | 氟碳醇及其深加工产品 | 辽宁天合精细化工股份有限公司 | 美国阿拉巴马大学化学研究所 | 王家夫，张跃臻，李凤顺，桑奎明，赵漩漪 |
| 2009ZH-2-07 | 新型有机高聚物涂层铝型材 | 辽宁忠旺集团有限公司 | 意大利ABB公司 | 钟红，朱凤琴，勾喜辉，于世忠，赵英志，陈玉广，李立山 |
| 2009ZH-2-08 | 高品质海绵钛制备新工艺应用研究成果转化 | 朝阳百盛锆钛股份有限公司 | 北京有色金属研究总院 | 刘远清，刘忠权，刘景宇，王力军，李庆彬，兰志才，王洪宇，弓友政，车小奎 |
| 2009ZH-2-09 | 油气水井不压井作业技术完善配套及规模化推广应用 | 辽河石油勘探局 | 大庆石油学院 | 范玉平，陈韶生，刘宝，严玉中，常玉连，姜初隽，王宁，贾光政，原学玉 |
| 2009ZH-2-10 | 千万亩优质广适型超级稻新品种辽星1号示范推广 | 辽宁省稻作研究所 | 辽宁稻作高新技术产品开发中心，辽宁东亚种业有限公司，沈阳市仙禾种业有限公司，大石桥市种子有限公司 | 隋国民，张艳芝，韩勇，王昌华，郑文静，李建国，代贵金，侯守贵，李跃东，孙俊华，张满利，蒋洪波，朱宏宇，李延平，苑开寅 |

## 三等奖（45项）

| 项目编号 | 项目名称 | 成果转化实施单位 | 主要合作单位 | 主要完成人 |
|---|---|---|---|---|
| 2009ZH-3-01 | 安全环保型饲料的研制与产业化 | 辽宁禾丰牧业股份有限公司 | 沈阳农业大学 | 邵彩梅，王振勇，王玉琳，胡建民，潘玉镯 |
| 2009ZH-3-02 | 500kV高压组合电器补偿器 | 沈阳汇博热能设备有限公司 | 沈阳仪表科学研究院 | 杨彬如，丰艳春，杨知我，丛文滋，何克明，丁艳萍，王计兵 |
| 2009ZH-3-03 | 专利产品，国家新药阿奇霉素细粒剂 | 沈阳金龙药业有限公司 | 沈阳药科大学 | 孙长山，魏永梅，邓娜，徐晖，霍桂兰，赵巍，毕开顺 |
| 2009ZH-3-04 | 污水处理厂污泥干化成套设备 | 沈阳禹华环保有限公司 | 苏州大学 | 黄建，芮延年，贺斌，苏阳，马谊春，王元利，郑科梁 |
| 2009ZH-3-05 | 智能测量建模加工一体装备 | 沈阳新松机器人自动化股份有限公司 | 中国科学院沈阳自动化研究所 | 曲道奎，徐方，邱晓锋，李学威，魏辉，王金涛，贾凯 |
| 2009ZH-3-06 | 应用新胚胎生物技术建立高档肉牛繁育体系 | 大连雪龙产业集团有限公司 | 内蒙古大学 | 邢雪森，吴蒙，王秀利，许红喜，旭日干，庹洪武，张锁链 |
| 2009ZH-3-07 | 精密高速轧机配套轴承开发应用及产业化 | 瓦房店第一轧机轴承制造有限公司 | 上海大学 | 宋海芳，宋伯仁，杜以月，邵光杰，代元刚，宋君庭，鲁平 |

续表

| 项目编号 | 项目名称 | 成果转化实施单位 | 主要合作单位 | 主要完成人 |
|---|---|---|---|---|
| 2009ZH-3-08 | i-MOD系列模块化信号处理平台 | 大连捷成实业发展有限公司 | 大连海事大学 | 程鹏，刘彦呈，王金忠，刘桂英，苑庆斌，柳忠国，孙云霞 |
| 2009ZH-3-09 | 三峡700MW水轮机转轮上冠，下环，叶片不锈钢铸件 | 大连重工·起重集团有限公司 | 中国科学院金属研究所 | 邹胜，郭永胜，陈厉辉，张伟善，王顺利，刘宝惜，李殿中 |
| 2009ZH-3-10 | 海参冻干粉的加工 | 大连海晏堂生物有限公司 | 大连医科大学 | 邵俊杰，樊绘曾，程显峰，易杨华，焦健，韩国柱 |
| 2009ZH-3-11 | 千万吨级煤炭，矿山高性能振动筛产业化 | 鞍山重型矿山机器股份有限公司 | 沈阳理工大学 | 杨永柱，徐文彬，安殿伟，安晓卫，刘春玉，张宝田，李秀艳 |
| 2009ZH-3-12 | 环保型高档着色剂异吲哚啉系列 | 鞍山惠丰化工集团有限公司 | 沈阳化工研究院 | 黄海，王贤丰，张继臣，张志群，朱红卫，梁铁夫，马彬 |
| 2009ZH-3-13 | 天然氢氧化镁无载体树脂母粒 | 海城精华矿产有限公司 | 沈阳化工学院 | 梁兵，洪晓东，王忠宇，孙秀文，郭振，韩宝峰 |
| 2009ZH-3-14 | 复合磺酸钙润滑脂 | 鞍山海华油脂化学有限公司 | 石油化工科学研究院 | 刘鹏，李兴光，石峰，李元鸿，王亮，张殿昌，韦淡平 |
| 2009ZH-3-15 | 高效，环保型油母页岩干馏工艺的研究与应用 | 抚顺矿业集团有限责任公司 | 陕西冶金设计院 | 韩放，何永光，鲍明福，肇永辉，高健，星大松，黄建宁 |
| 2009ZH-3-16 | 龙胆规范化种植技术集成(GAP)与推广 | 辽宁天瑞绿色产业科技开发有限公司 | 沈阳药科大学，清原满族自治县农业发展局，清原满族自治县科技开发中心 | 孙启时，吴小兰，刘敬武，王健，查美娜，潘宜元，孙玉梅 |
| 2009ZH-3-17 | 球形汽水分离器 | 中国石油天然气第八建设有限公司 | 大连理工大学 | 韩建荒，李亚奇，孙新利，缪素景，张洪斌，徐敏，杨建华 |
| 2009ZH-3-18 | 玉米新品种本玉十八选育及推广 | 辽宁省本溪县农业科学研究所 | 北京奥瑞金种业股份有限公司，辽宁益隆综合开发有限公司 | 邓守哲，李丽，孙志玲，李振卓，祁佐宽，景德勇，纪文忠，谢延波，殷满清，张丽 |
| 2009ZH-3-19 | 智能型全自动药用胶囊生产线 | 丹东金丸集团有限公司 | 清华大学 | 贾毅，任重，周德发，王镇奎，何福银，吴志军，唐欣 |
| 2009ZH-3-20 | 转炉干式喷补料 | 东港市圣化耐火材料厂 | 辽宁科技大学 | 杜治宝，冯为民，游杰刚，张玲，赵巍，李志辉，杜国权 |
| 2009ZH-3-21 | 选矿全流程自动控制信息处理系统 | 丹东东方测控技术有限公司 | 朝鲜工业技术会社 | 刘厚乾，谢琼泽，白鹏，张亮，李兴华，王浩，王文田 |
| 2009ZH-3-22 | DE型密度渐变大容尘量空气净化滤材 | 丹东天皓净化材料有限公司 | 东北大学滤料检测中心 | 冀艳芹，柳敬献，邢春双，段吉江，王胜利，许美红，孙金义 |
| 2009ZH-3-23 | 大容量并联电容器 | 新东北电气(锦州)电力电容器有限公司 | 西安交通大学 | 王毅，夏建中，张陵，谷劲松，戈兴茹，李晓军，金核 |

续表

| 项目编号 | 项目名称 | 成果转化实施单位 | 主要合作单位 | 主要完成人 |
|---|---|---|---|---|
| 2009ZH-3-24 | 玉米制备L-阿拉伯糖技术产业化 | 辽宁华宜生物有限公司 | 中国农业科学院农业自然与区划研究所 | 李萍，王多林，石波，王媞，李奇，李君，王海 |
| 2009ZH-3-25 | 大型薄壁耐压铝合金壳体特种铸造技术 | 营口经济技术开发区金达合金铸造有限公司 | 清华大学 | 宋静芝，曾大本，温明峰，李刚，王春林，温丽洪，颜波 |
| 2009ZH-3-26 | 太阳能电池组件层压封装设备自动化生产线 | 营口金辰机械有限公司 | 大连理工大学 | 李义升，李敦信，丛明，刘强，王永，孟凡杰，杜宇 |
| 2009ZH-3-27 | 全自动自清洗叠（盘）片式过滤机 | 罗兰德流体控制（营口）有限公司 | 大连理工大学大连汇能技术服务有限公司 | 王克涛，林玉南，曲兰祥，罗恩惠，张军，张国辉，蒋铁 |
| 2009ZH-3-28 | 移动垃圾液压站 | 阜新盛威液压有限公司 | 辽宁工程技术大学 | 刘兴杰，腾广悦，刘荣，黄权，王文斌，丁淑娴，王惠 |
| 2009ZH-3-29 | DLG-100单螺杆空气压缩机 | 阜新金昊空压机有限公司 | 辽宁工程技术大学 | 梁树金，刘海清，富占军，孟凡英，李文华，包铁元 |
| 2009ZH-3-30 | UOE直缝埋弧焊钢管 | 辽阳钢管有限公司 | 沈阳工业大学 | 王及元，赵时成，张庆跃，刘占星，张国君，杨理践，赵泉柱 |
| 2009ZH-3-31 | 汽车发动机摇臂，摇臂轴总成 | 铁岭天河机械制造有限责任公司 | 沈阳理工大学 | 张岐，张铁斌，刁晓林，刘威，刘宏川，赵辉，邓子玉 |
| 2009ZH-3-32 | 高性能环保卷材涂料 | 铁岭洪泰涂料有限公司 | 大连理工大学 | 解居会，宋占伍，张波武，邢鹏，李江浩，王健，丁鸣岐 |
| 2009ZH-3-33 | 环保水印刷图纹涂装新材料 | 辽宁人天科技有限公司 | 沈阳鲁迅美术学院 | 孙琇芳，孙太平，杨树青，徐振强，杜海斌，程德东，曹人天 |
| 2009ZH-3-34 | HEP系列300～600平方米静电除尘器成果转化 | 北票市波迪机械制造有限公司 | 东北大学环境工程技术研究中心 | 胡筱敏，张玉芬，刘金湖，史兴宏，吕凤秋，吴炜叔，于冬香 |
| 2009ZH-3-35 | 应用内模振动工艺生产大口径钢筋混凝土排水管 | 北票电力电杆制造有限公司 | 苏州混凝土水泥制品研究院 | 周万学，南海亭，张树财，周万军，张建波，孙璐，储建中 |
| 2009ZH-3-36 | 太阳能光电一体化智能采暖供暖设备生产项目 | 北票宝信光电设备有限公司 | 天津大学 | 王志信，娄承芝，李春学，高德春，许宝航，王志敏，张雨 |
| 2009ZH-3-37 | 20型双链条驱动直线往复单天轮重载抽油机产业化 | 辽宁省盘锦橡塑机械厂 | 新疆石油学院 | 季祥云，邱先锋，李宏成，李文福，王晓刚，陈跃平，田静 |
| 2009ZH-3-38 | 中国对虾复合性状良种（黄海1号）养殖模式技术开发 | 盘锦每日集团有限公司 | 中国水产科学研究院黄海水产研究所 | 张玉满，张杨，张琨，王印庚，曲克明，高淳仁，白国福 |
| 2009ZH-3-39 | 测土配方机械化深施肥技术研究与应用 | 葫芦岛市农机管理总站 | 辽宁省农业机械化研究所，绥中县农业机械服务中心 | 谈克俭，朱洪国，丛福滋，邸颖，马国祥，李国菊，袁艳，金亚菊，李晖，金权，郭前彬 |

续表

| 项目编号 | 项目名称 | 成果转化实施单位 | 主要合作单位 | 主要完成人 |
|---|---|---|---|---|
| 2009ZH-3-40 | 环己烯酮系列高效除草剂 | 沈阳科创化学品有限公司 | 沈阳化工研究院 | 龚党生，邹本勤，金守征，王嫱，连伟祥，吴士昊，吕文 |
| 2009ZH-3-41 | 千万亩一化性柞蚕新品种“早秋214”高效示范 | 辽宁省蚕业科学研究所 | 岫岩满族自治县蚕业管理总站，凤城市蚕业管理总站，宽甸满族自治县蚕业管理总站 | 姜德富，何龙，李喜升，白金霞，赵春山，任国栋，陈俊山，刘佩锋，陈增良，王林美，韩兆国 |
| 2009ZH-3-42 | “沈农牌”系列大白菜优良新品种 | 沈阳农业大学 | 沈阳农大种子有限公司，沈阳市万青种子有限公司，沈阳安永园艺有限公司，沈阳孚瑞祺种子有限公司 | 冯辉，孟庆勇，宫万青，李世兵，赵云，林桂荣，王玉刚，冀瑞琴，李承彧，刘志勇，武宇杰 |
| 2009ZH-3-43 | 瘦肉型猪品质改良及高效养殖综合配套技术成果转化 | 沈阳农业大学 | 阜新市祖代猪场，北镇市旺发养殖场，昌图国美绿色养殖场，辽宁省畜牧技术推广站，沈阳树新畜牧有限公司 | 边连全，刘显军，王昕陟，张飞，陈静，马永生，李建涛，丛玉艳，刘希颖，潘树德，李学俭 |
| 2009ZH-3-44 | 沿海泥质海岸防护林体系综合配套技术推广 | 辽宁省林业科学研究院 | 国营凌海市大凌河林场，大洼县苗圃，大洼县二界沟镇宏达苗木繁育中心等9家单位 | 邢兆凯，于雷，潘文利，范俊岗，韩友志，魏忠平，刘红民，田东锦，王珊林，王艳，吴杨 |
| 2009ZH-3-45 | 无动物源稀释液细管冷冻精液及综合配套技术示范 | 辽宁省辽宁绒山羊原种场有限公司 | 辽宁省辽宁绒山羊育种中心等单位 | 张世伟，宋先忱，韩迪，刘兴伟，王世权，豆兴堂，郭丹，杨秋凤，李万波，王连生，李丰田 |

# 大事记

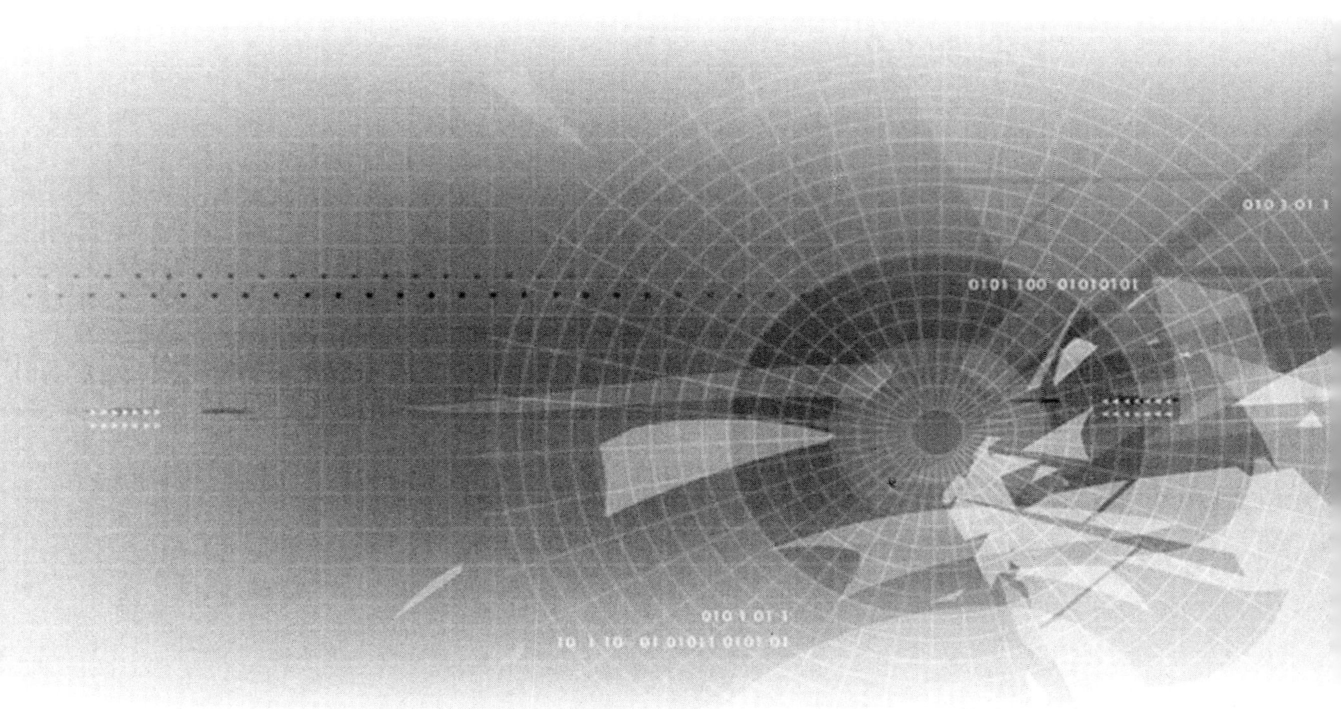

# 2009年度辽宁省科技大事记

## 一月

**3日** 辽宁省省长陈政高到鞍山高新技术产业开发区进行现场调研。省直有关部门负责同志参加调研。鞍山市市长谷春立，市委常委、市委秘书长李德平，副市级干部、高新区管委会主任梁勇等陪同调研。

**8日** 沈阳鼓风机集团股份有限公司首台国产化百万吨级乙烯装置用裂解气压缩机三缸联动机械运转及性能试验成功，这是我国大型石化装备的重大突破，意义重大。中共中央政治局常委、全国人大常委会委员长吴邦国等党和国家领导人作重要批示。

**9日** 国家科学技术奖励大会在北京隆重举行。由辽宁省所在单位为主或参与完成的25个项目获奖，获奖数量较2008年度增长25%，其中，由我省所在单位为主完成的项目为16项，居全国第7位。

**16日** 辽宁省科学技术厅党组成员、副巡视员张强，副巡视员焦明志带领由厅机关和直属单位负责同志组成的扶贫慰问团到朝阳北票市马友营乡进行走访慰问。

**17日** 国家发展和改革委员会东北振兴司司长文振富一行8人到辽阳高新技术产业开发区芳烃基地调研。

**20日** 辽宁省科技系统2008年度总结表彰大会在东北大学汉卿会堂隆重举行。辽宁省副省长滕卫平出席会议并讲话。省科学技术厅党组书记、厅长赵明鹏全面回顾和总结了2008年度全省的科技工作，并就2009年工作做了安排和部署。省科学技术厅党组副书记、副厅长刘晓东主持会议。

会议特邀两院院士代表，中、省直科研院（所）长代表、高等院校校长代表和企业家代表出席会议。各市科学技术局和各高新区管理委员会的主要负责同志、厅机关全体公务员、离退休老同志以及厅直属单位的干部职工共400余人参加会议。

会后举办了科技系统贺新春联欢会，各市科学技术局、各高新区选送的专业文艺团体的艺术家们与广大科技工作者同台表演了精彩的文艺节目。

## 二月

**5日** 为深入学习实践科学发展观，辽宁省科学技术厅厅长赵明鹏，副厅长刘晓东、孟庆海、赵景海一行到锦州调研科技工作。调研期间，省科学技术厅领导与锦州市委书记刘志强，市政协主席李玉霞，市委常委、常务副市长刘伟等进行了座谈，围绕科技发展战略和重点工作，共同分析了锦州市高新技术产业发展面临的困难和问题，深入探讨解决问题的办法和措施，明确了加快推动锦州市新兴支柱产业发展的战略措施。

**11日** 中共辽宁省委副书记、省政协主席岳福洪到鞍山高新技术产业开发区调研。岳福洪一行实地考察了荣信电力电子股份有限公司、宏源自动化工程有限公司、森远路桥股份有限公司等高新技术企业。鞍山市委书记张杰辉，市人大常务委员会主任贾年吉，市委常委、市委秘书长李德平，副市级干部、高新区管理委员会主任梁勇陪同调研。

**12日** 辽宁省科学技术厅厅长赵明鹏率调研组到鞍山调研。调研期间，省科学技术厅领导与鞍山市委书记张杰辉，市委常委、副市长叶冬柏，市委常委、秘书长李德平等进行了座谈。

**16日** 中共中央政治局常委周永康到辽宁考察工作。考察期间，周永康先后深入到鞍山钢铁集团、辽河油田、沈阳鼓风机公司、大连重工·起重集团等国有大中型企业进行调研。周永康强调，要把科学发展的思想贯穿到保增长的决策和执行全过程。东北三省实施国家振兴东北老工业基地战略取得显著成绩，国企改革取得重大进展，为实现经济社会新发展奠定了良好基础，要从实际出发，迎难而上，乘势而进。周永康鼓励企业要着力加强自主创新，不断提高核心竞争力，切实增强抵御金融危机冲击的能力。辽宁省委书记张文岳、省长陈政高陪同考察。

**17日** 辽宁省科学技术厅厅长赵明鹏一行8人到辽阳市就2009年科技发展战略、总体部署和重点工作进行调研，并与市政府领导、市科学技术局等相关部门负责同志进行了座谈。

**20日** 辽宁省省长陈政高视察辽阳高新技术产业开发区芳烃基地，听取了芳烃基地建设情况和项目实施进展情况汇报。辽阳市委书记孙远良、市长唐志国，以及省直有关部门负责同志陪同视察。

**27日** 辽宁省省长陈政高到大连市进行工作调研。调研期间，他实地考察了大连重工·起重集团风电关键部件制造及风电总装项目和瓦房店轴承集团精密技术与制造工业园。

## 三月

**2日** 辽宁省农民技术员创办农业专业技术合作组织座谈会在沈阳农业大学成人教育学院召开。辽宁省科学技术厅党组成员、副巡视员张强出席座谈会并讲话。截至2008年年底，辽宁省农民技术员培养工程已经培养了1927名农民技术员，成立了238个农业专业技术合作组织，已经发展会员近4万人，为当地农业特色产业的发展壮大奠定了坚实的基础，为加速农业技术成果转化、推进社会主义新农村建设作出了重要贡献。

**4日** 辽宁省科学技术厅厅长赵明鹏率调研组到营口调研。调研期间，赵明鹏一行与营口市委书记赵化明、副市长唐心恩等市领导及市科学技术局班子成员进行了座谈。

**6日** 辽宁省各市科学技术局局长工作会议在沈阳召开。辽宁省科学技术厅党组书记、厅长赵明鹏出席会议并讲话。全省14个省辖市的科学技术局局长、省科学技术厅机关各处室负责同志参加会议。

**19日** 中共辽宁省委副书记、省政协主席岳福洪视察辽宁华锦化工（集团）有限责任公司。岳福洪在听取了企业发展概况、产业布局，以及“十一五”时期重点工程项目建设等情况介绍后，对华锦公司的发展给予充分肯定和高度评价，并希望华锦公司能够在提升科技创新能力上下工夫，拉长产业链条，注重下游产品开发，实现产品多元化；希望盘锦市能够发挥企业沿海优势，搞好工业园区建设。省政协秘书长魏敏，中共盘锦市委书记陈淑珍，市委副书记、市长孙国相，市政协主席于捷等陪同视察。

**20—22日** 中共中央政治局常委、国务院总理温家宝来辽宁考察工作。在鞍山、沈阳、大连等地，温家宝深入车间、码头、研发中心，和企业负责人及一线职工亲切交谈，了解企业生产经营情况和市场形势，共商落实《政府工作报告》各项任务，应对当前金融危机的对策。他强调，国家实行振兴东北等老工业基地的战略，为应对国际金融危机奠定了坚实基础，要继续坚定不移地实行这一方针，发挥东北老工业基地的优势，促进经济平稳较快发展。温家宝还先后实地考察了北方重工集团有限公司、三一重型装备有限公司、沈阳远大企业集团公司、特变电工沈阳变压器集团、中国华录集团等13家国有大中型企业，勉励企业树立信心，迎难而上，通过增强自主创新能力，实现内生增长。省委书记张文岳、省长陈政高陪同考察。

**20日** 辽宁（本溪）生物医药产业基地入驻企业开工动员大会在本溪召开。辽宁省人民政府副省长滕卫平出席会议并讲话。

**25日** 辽宁省人民政府副省长滕卫平一行到抚顺考察调研沈抚新城及辽宁（抚顺）先进装备制造业基地建设情况。

**25日** 以“科技创新与现代农业”为主题的第十三届中国（锦州）北方农业新品种、新技术展销会在锦州隆重开幕。辽宁省人民政府副省长陈海波、中国农业科学院党组副书记罗炳文出席开幕式并讲话。

展会历时三天，共组织了农业新品种、种植养殖新技术、新农（兽）药、新肥料等8大类展品展销，共设展位360个，参展技术、产品7850余种。展会期间，参会人数超过6万人次，138个项目正式签约，协议金额15.6亿元，现货成交额940万元。

**27日** 辽宁阜新液压产业项目对接与投资洽谈会在阜新举行。辽宁省人民政府副省长滕卫平在开幕式上讲话。

洽谈会期间，阜新市政府与中国液压气动密封件工业协会签订了共同推进液压产业发展的框架协议，组建了阜新液压产业产学研技术联盟，签订了10个科技合作项目，20个液压产业投资项目，达成合作意向20余项，项目签约金额达11.4亿元。

**30日** 中共辽宁省委副书记、省政协主席岳福洪视察阜新高新技术产业园区。

## 四月

**2日** 第十届中国海外学子辽宁（大连）创业周新闻发布会在北京召开。会议宣布，由科学技术部、教育部、人力资源和社会保障部、国务院侨务办公室、中国科学院、欧美同学会·中国留学人员联谊会、辽宁省人民政府联合主办，大连市人民政府和辽宁省科学技术厅等单位承办的第十届“海创周”将于6月29日在大连世界博览广场拉开帷幕。

辽宁省副省长滕卫平，大连市委常委、副市长戴玉林等出席新闻发布会。辽宁省科学技术厅副厅长巩黎明主持会议。

**8日** 中共辽宁省委书记、省人大常委会主任张文岳到阜新高新技术产业园区调研。

**16日** 国家科学技术部与辽宁省人民政府在沈阳举行2009年度部省工作会商会议。

此次会议以“深入实施国家振兴东北等老工业基地战略，依靠科技创新，积极应对国际金融危机，为辽宁实现全面振兴提供强有力的科技支撑”为主题，双方就推动辽宁积极开展国家技术创新工程工作、推动特色产业化基地建设、支持辽宁参与国家重大专项等国家重大科技任务、推动沈阳辉山农业高新技术园区建设等四方面问题进行了高层次的研究和商讨，并部署了推动和落实会商成果的具体任务及措施。

全国政协副主席、科学技术部部长万钢出席会议并作重要讲话。中共辽宁省委副书记、省长陈政高在会上讲话。辽宁省副省长滕卫平汇报了近几年来部省会商取得的成绩和我省科技工作情况。科学技术部发展计划司副司长刘敏对辽宁省提出的四个方面、十余项会商议题进行了反馈。科学技术部副秘书长王志学和科学技术部发展计划司、高新司、社发司等司局的负责同志出席了会议。辽宁省政府副秘书长马祥图和省政府办公厅、发展和改革委员会、经济和信息化委员会、教育厅、科学技术厅、财政厅等有关部门的负责同志参加会议。科学技术部党组成员、副部长杜占元主持会议。

**19日** 辽宁省省长陈政高、副省长滕卫平到阜新调研，明确将辽宁（阜新）液压产业基地纳入省政府重点扶持基地。

**23日** 国家科技部火炬中心副主任段俊虎到鞍山高新区调研特色产业基地建设情况。

**29日** 国家科学技术部办公厅调研组就特色产业基地建设及科技工作开展情况来辽宁进行专题调研。调研组先后实地考察了本溪生物医药、抚顺先进装备制造业两个特色产业基地，并与省科学技术厅领导及有关负责同志进行了座谈。

## 五月

**6日** 辽宁省对外贸易经济合作厅厅长王金笛到阜新高新技术产业园区考察。

**12日** 省人大教科文卫委有关负责同志到营口就“推进产学研结合，增强科技创新能力”工作进行调研。

**13—14日** 省人大常委会委员、教科文卫委主任张晨一行5人到鞍山就“推进产学研结合，增强科技创新能力”工作进行专项调研，鞍山市委常委、副市长叶冬柏，市人大副主任王公聚，市人大教科文卫委主任高良顺，市科学技术局局长张生灿等陪同。调研组现场考察了辽宁科技大学、中钢集团鞍山热能研究院、鞍山森远集团、鞍山宏源自动化公司、鞍钢重型机械有限责任公司等科研院所和企业。

**14日** 辽宁（阜新）液压产业基地建设领导小组正式成立。领导小组以副省长滕卫平为组长，省科学技术厅厅长赵明鹏、阜新市市长潘利国为副组长，14个省直相关部门的领导为成员，负责全面领导基地建设和发展。

**15日** 由中国生物技术发展中心、辽宁省科学技术厅等14家单位共同主办，本溪市政府承办的“第六届全国健康科技高峰论坛”在本溪成功举办。该论坛旨在深入贯彻辽宁老工业基地振兴战略，扩大本溪生物医药产业基地影响力和知名度，加强健康科技产业学术交流与合作，推动中国北方药谷、本溪生态新城建设，促进区域经济结构调整和经济发展方式转变。

论坛特邀天津中医大学张伯礼院士，中国科学院上海药物所、上海中医药大学陈凯先院士，第四军医大学陈志南院士和中国生物技术发展中心王宏广主任等知名专家作报告。辽宁省副省长滕卫平在论坛上讲话。

**15日** 辽宁（本溪）生物医药产业基地规划论证会在本溪经济开发区召开。会议邀请国内生物医药领域的知名专家和学者、企业高管和先进地区生物医药产业基地的管理者，以专家研讨的形式，征求辽宁（本溪）生物医药产业发展的对策和建议。辽宁省科学技术厅副厅长巩黎明出席规划论证会并作总结讲话。

**15日** 中共中央组织部副部长李建华、教育部人事司司长吴德刚一行8人到东北大学进行深入学习实践科学发展观活动调研。东北大学党委书记孙家学、校长赫冀成分别向调研组介绍和汇报了学校的发展历程，开展学习实践活动的有关情况、建设高水平研究型大学的发展思路等情况。中共辽宁省委常委、组织部部长唐军，省教育厅厅长魏小鹏，省委组织部副部长郭平，省委高等学校工作委员会书记李树森等陪同调研。

**15日** 沈阳鼓风机集团股份有限公司核泵国产化研发生产基地建设项目正式启动。此项目被列入国家拉动内需规划，建设期为三年，从2009年开始建设，2011年年底竣工，2012年投产。

**16日** 2009年鞍山市科技活动周开幕。辽宁省科学技术厅党组成员、厅长助理那波，鞍山市委副书记李宇光，市委常委、副市长叶冬柏，市人大常委会副主任王公聚，市政协副主席李宝昌等出席开幕式。

**16—22日** 2009年辽宁省暨沈阳市科技活动周成功举行。本届科技活动周以“携手建设创新型国家”为主题，围绕“推进自主创新，促进和谐发展”这一主线，突出了科技支撑经济发展、科技惠及民生、依靠科技应对国际金融危机等热点问题。本届科技活动周不仅突出了时代感，而且更加贴近百姓生活，增强了群众参与性，特别是更为关注广大青少年科技创新意识的培养。

辽宁省副省长滕卫平等省、市领导出席了开幕式，并为新审批的科普基地颁发了牌匾，为省青少年创新大赛获奖者颁发了荣誉证书，向“科技专家进企业”服务队授旗。

**18日**　科学技术部党组成员、副部长张来武等一行7人，到辽宁就沈阳沈北新区农业科技园区建设和辽宁省农民技术员培养工程开展情况进行专题调研。省科学技术厅厅长赵明鹏，沈阳市副市长邹大挺，省科学技术厅副厅长刘晓东、副巡视员张强等陪同调研。

**20—24日**　辽宁省在以“科技创新引领发展”为主题的第12届中国北京国际科技产业博览会上，展示了正在紧锣密鼓建设的5个特色产业基地，成为展会上一大亮点。

展会期间，辽宁省副省长滕卫平在省科学技术厅厅长赵明鹏陪同下到场参观，并询问了辽宁省特色产业基地建设及招商情况。

**22日**　中共辽宁省委书记、省人大常委会主任张文岳到鞍山高新技术产业开发区重矿公司、荣信电力电子股份有限公司调研。鞍山市市委书记张杰辉、市长谷春立、副市级干部高新区管理委员会主任梁勇陪同调研。

**26日**　第四期辽宁省农民技术员培训班开学典礼在沈阳农业大学隆重举行。省科学技术厅党组成员、副巡视员张强出席开学典礼并讲话。

第四期农民技术员培训班招收新学员629名，开设了花卉、药用植物、家禽、养猪、蔬菜、果树、食用菌、小浆果栽培、牛羊饲养9个专业。

**26日**　中国石油化工集团公司在沈阳鼓风机集团股份有限公司主持召开中国石化镇海炼化分公司百万吨乙烯装置用丙烯制冷压缩机组（H856）出厂验收会。专家认定，H856机组达到了国际先进水平，实现了我国大型离心压缩机设计制造技术的重大突破，打破了该类产品长期依赖进口的局面，取得了显著的经济效益和社会效益。

**26—27日**　辽宁省科学技术厅副厅长孟庆海带队，先后到营口、鞍山调研省科技成果转化奖励项目和科技成果转化计划项目。

**27日**　中央纪委、中央组织部第六地方巡视组组长金炳华一行到鞍山高新技术产业开发区森远集团、荣信电力电子股份有限公司调研。中共鞍山市委书记张杰辉，副市级干部、高新区管理委员会主任梁勇陪同调研。

## 六月

**6日**　辽宁省副省长陈超英在省委高等学校工作委员会书记李树森陪同下莅临东北大学视察。陈超英先后参观了学校轧制技术及连轧自动化国家重点实验室、流程工业综合自动化教育部重点实验室和校史展，并听取了学校工作汇报。

陈超英对学校近年来的改革与发展工作给予高度评价和充分肯定。他说，东北大学无论是在传统支柱学科还是新兴学科，都保持了非常良好的发展态势，形成了优良传统和办学经验，尤其是在产学研结合方面，培育出了东软集团股份有限公司等一批高科技企业，走出了一条高校办产业的成功道路。他希望东北大学进一步总结产学研工作经验，充分发挥办学优势，积极促进以信息化带动工业化的发展。

**9日**　按照省委的统一部署，中共辽宁省委巡视组正式进驻省科学技术厅，开展为期一个半月的巡视工作。厅党组高度重视，并召开了巡视工作动员大会。

会上，巡视组副组长王启湘代表省委巡视组传达了中央和省委关于巡视工作的总体要求与部署。省科学技术厅厅长赵明鹏代表厅党组作了表态发言。

**11—15日** 中共中央政治局常委、全国政协主席贾庆林到辽宁考察工作。贾庆林和随行的全国政协副主席兼秘书长钱运录等，先后来到锦州、盘锦、营口、大连、鞍山、沈阳等地，深入港口码头、工业企业、农村乡镇、城市社区，与干部群众共商经济社会发展大计。调研期间，贾庆林听取了辽宁省委、省政府的工作汇报，对辽宁近年来改革开放和现代化建设取得的显著成就给予充分肯定，希望辽宁扎实做好保增长、保民生、保稳定的各项工作，努力把辽宁建设成为新型产业基地和我国经济新的重要增长区域。

**16日** 辽宁省委副书记张成寅到鞍山高新技术产业开发区调研。张成寅先后深入到荣信电力电子股份有限公司等企业，详细了解企业研发、生产、经营等各方面情况。中共鞍山市委常委、市委副书记李宇光，市委常委、市委秘书长李德平，副市级干部、高新区管理委员会主任梁勇等陪同调研。

**16日** 辽宁省副省长滕卫平率领省发改委员会、科学技术厅、财政厅等有关部门负责同志到辽宁（本溪）生物医药产业基地调研。

**18日** 生产研发通信级塑料光纤项目的东方光大（辽宁）光纤产业园在辽宁（营口）沿海产业基地奠基。项目计划总投资22亿元，用3年时间分三期建设。

通信级塑料光纤是采用中国科学院国家专利技术生产的高科技产品，同时还可以被应用于室内外光纤照明、工业自动化、车载舰船通信等方面。建成达产后，可年产通信级塑料光纤240万千米，年新增产值120亿元，创利税100亿元，解决1000余人就业。

**19日** 国土资源部部长、国家土地总督察徐绍史，国土资源部副部长、国家测绘局局长徐德明，中国地质调查局党组副书记、副局长钟自然带领调研组到沈阳地质调查中心指导工作。徐绍史对沈阳地质调查中心在东北地区地质找矿工作方面取得的成绩予以肯定，并对东北地区的地质工作作出了重要指示。徐绍史部长一行还参观了中心基础研究室、矿产资源室，与老中青科技人员亲切交谈，了解东北地区地质工作开展情况，听取了松辽外围盆地油气基础地质调查项目和沈阳地质调查中心与大庆油田公司合作开展三江盆地油气勘探的前景和最新成果汇报。辽宁省省长陈政高会见了徐绍史一行。

**20日** 国务委员兼国务院秘书长马凯视察大连高新技术产业开发区。

**20日** 中央纪委、中央组织部巡视组到阜新高新技术产业园区视察。

**20日** 由华创风能自主研发的具有完全自主知识产权的20台1.5兆瓦级风力发电机组在内蒙古赛汗塔拉风场调试成功。首批机组已顺利通过验收，成功实现并网发电，运行指标达到并超过国内外同类产品的先进水平，实现了兆瓦级风电机组自主品牌发展的跨越，标志着我国打破了国外在兆瓦级风电机组核心技术上的垄断。

**23日** 中共辽宁省委书记、省人大常委会主任张文岳到辽阳高新技术产业开发区芳烃基地视察，现场听取了基地建设总体情况和部分入驻企业项目建设情况汇报。

23日 辽宁省科学技术厅厅长赵明鹏一行7人到营口进行工作调研，并召开科技工作研讨会。营口市市长高军，副市长唐心恩、王笑柳等市领导及有关部门负责同志参加了研讨。

**26日** 辽宁省副省长滕卫平到抚顺考察调研辽宁（抚顺）先进装备制造业基地建设工作。滕卫平对基地建设工作所取得的成绩和进展给予肯定，并对基地建设提出了新的要求。省政府副秘书长马祥图，省科学技术厅厅长赵明鹏、副厅长孟庆海等陪同考察调研。

**30日** 辽宁省委巡视组副组长、省委巡视办巡视员王启湘在省科学技术厅党组成员、副巡视员张强陪同下，到鞍山市调研。中共鞍山市委常委、副市长叶冬柏陪同调研，市科学技术局局长张生灿汇报了鞍山市科技工作情况。

## 七月

**3日** 辽宁省人民政府新闻办公室举行新闻发布会，本溪市人民政府副市长陈继壮在会上宣布：由国家科学技术部、辽宁省人民政府主办，由辽宁省科学技术厅、本溪市人民政府承办的第二届辽宁（本溪）生物医药高新技术交易会将于8月5—7日在本溪市举行。省政府副秘书长马祥图、省科学技术厅副厅长巩黎明出席新闻发布会，省委宣传部副巡视员葛本亮主持新闻发布会。

**6—8日** 中共中央政治局常委、中央书记处书记、国家副主席习近平到辽宁调研。在大连重工·起重集团有限公司、鞍山钢铁集团公司等企业，习近平就提高自主创新能力等话题，同干部职工和科研人员进行了探讨。他强调，企业是推动创新发展的主体，要不断取得自主开发和引进、消化、吸收新技术的新成效，为长期可持续发展奠定坚实基础。

**16日** 辽宁省科学技术厅与沈阳农业大学联合启动了“大学生科技特派员、科研助理”计划，从2009年应届毕业生中选拔97名毕业生，分派到参加辽宁省科技龙头企业创建活动的企业担任大学生科技特派员，到省级农业科研项目承担单位担任科研助理。

据了解，服务企业的大学生科技特派员和服务重大科研项目的研究助理服务期限为1年，分别享受每月2000元、1500元的生活补贴。企业为他们办理社会养老保险、人身意外伤害、住院医疗商业保险，并承担相关费用。

省科学技术厅党组成员、副巡视员张强出席启动仪式并讲话。

**16日** 第二次全国R&D资源清查科技系统工作会议在沈阳召开。此次清查工作经国务院批准，由国家统计局、科学技术部、国家发展和改革委员会、教育部、财政部、国防科工局联合开展，主要针对国民经济中R&D活动相对密集行业的法人单位，主要清查R&D活动人员数量、素质及其工作量情况；R&D经费支出、用途及来源情况；研发用仪器设备等固定资产拥有情况等内容。

科学技术部发展计划司副司长秦勇，中国科学技术发展战略研究院副院长杨起全，辽宁省科学技术厅党组副书记、副厅长刘晓东出席会议并讲话。

**16日** 中国科学院大连化学物理研究所与长兴岛临港工业区“合作框架协议签署仪式”在大连宾馆举行。中国科学院副院长施尔畏，中共大连市委副书记、代市长李万才，副市长曲晓飞等出席仪式。长兴岛临港工业区管理委员会主任徐长元、中国科学院大连化学物理研究所所长张涛分别代表双方在协议书上签字。协议签署前，李万才会见了施尔畏一行。

**30日** 辽宁省科学技术厅厅长赵明鹏就光伏产业发展情况到锦州进行专题调研。赵明鹏一行先后深入到光伏产业重点企业锦州新世纪石英玻璃有限公司、锦州华昌光伏科技有限公司及光伏产业园区，了解企业发展及产业园区施工建设情况。锦州市市长王文权会见了赵明鹏一行，双方就省科学技术厅支持锦州光伏产业发展的有关问题进行了深入探讨。

## 八月

**4日** 全国人大常委会副委员长、中国科学院院长路甬祥到大连高新技术产业开发区视察。

**5日** 辽宁省副省长滕卫平到营口进行科技工作调研。

**6日** 由国家科学技术部、辽宁省人民政府主办，辽宁省科技厅、本溪市人民政府承办的辽宁（本溪）第二届生物医药高新技术交易会在本溪开幕。本届药交会以“创新、投资、合作、发展”为主题，围绕“打造中国北方药谷，建设本溪生态新城”这一目标，采取“以会带展，以展促会”的互动模式，举办了企业家和海外学子代表座谈会、2009中国北方新特药及保健品交易会等一系列主体活动，吸引了来自境内外的295家企业参会，171家企业参展，省内外5万余人参与交易，实现合同成交额9600万元。

全国人大常委会副委员长桑国卫宣布辽宁（本溪）第二届生物医药高新技术交易会开幕，并与辽宁省省长陈政高共同为辽宁医药临床研究战略联盟暨辽宁医药临床研究中心揭牌。开幕式后，桑国卫作了题为《我国创新药物重大专项的实施与进展》的主题演讲。国家科技部副部长刘燕华、辽宁省人大常委会副主任王专、省政府秘书长冯韧等有关方面领导出席开幕式。副省长滕卫平主持开幕式。

**6日** 国家商务部外资司司长李志群到阜新高新技术产业园区调研。

**7日** 辽宁省副省长陈海波率省有关部门负责同志，到辽宁华锦化工（集团）有限责任公司视察。陈海波一行先后视察了企业的“十一五”重点工程乙烯、油化等项目和生产指挥控制系统调试作业现场。

**14日** 全国政协副主席、民革中央常务副主席厉无畏视察大连高新技术产业开发区。

**14日** 省委组织部副部长赵战鼓到营口市和鞍山市调研科技特派工作。省科学技术厅党组成员、副巡视员张强陪同调研。

**20日** 2009年东北亚高新技术博览会组委会举行新闻发布会，宣布本届东博会将于9月24—26日在沈阳举办。辽宁省副省长滕卫平、省科学技术厅厅长赵明鹏、沈阳市副市长邹大挺等有关方面领导出席新闻发布会。省政府副秘书长马祥图主持新闻发布会。

**21日** 大连市与俄罗斯自然科学院签订科技合作框架协议，中共大连市委副书记、代市长李万才，俄罗斯自然科学院第一副院长伊万尼茨卡娅·丽达院士，俄罗斯自然科学院智慧圈学部主席及莫斯科分院院长尼基金·阿尔伯特院士，国际钢盟副主席、俄罗斯自然科学院冶金学部副主席切尔内邵夫·维阿切斯拉夫院士出席签字仪式。

**24日** 辽宁省副省长陈超英到沈阳工业大学视察教学与科研工作。

**27日** 辽宁省科学技术厅厅长赵明鹏率领专题调研组到丹东市，就推进辽宁（丹东）仪器仪表产业基地建设进行工作调研。

**27日** 由中共沈阳市委、沈阳市人民政府主办，沈阳市科学技术协会、沈阳建筑大学等单位承办的“第六届沈阳科学学术年会”在沈阳建筑大学隆重召开。本届年会以“促进自主创新，应对金融危机，确保振兴发展”为主题，邀请了18位院士、100余位国内外专家和学者来沈阳开展学术交流活动。会议对第三届沈阳市百家科技创新能手进行了表彰，并为12位受聘的沈阳市科学技术协会特邀外国专家颁发了聘书。

**27—29日** 由沈阳市科学技术协会和东北大学主办的“第八届国际粉体检测与控制学术会议”在沈阳举行。会上，来自全国各地高等院校、科研院所的80多位专家、学者及来自美国、澳大利亚、日本、韩国、德国、英国、意大利等8个国家的16位外国专家和学者，发表了近年来国际上该领域高水平的学术论文130多篇。会议期间，还举行了“第三届国际粉体检测与控制联合会理事会”的换届选举工作，我国温度测试领域的著名专家、东北大学博士生导师谢植教授当选为新一届理事会理事长。

## 九月

**1日** 由特变电工股份有限公司沈阳变压

器集团有限公司投资建设的，世界电压等级最高、单厂生产能力最大的东北输变电科技产业园建成投产，世界第一台正负800千伏特高压直流变压器也研制成功。这标志着辽宁拥有了世界级特高压交直流研制基地。

**2日** 全国人大常务委员会副委员长陈昌智到阜新高新技术产业开发区视察。

**3日** 新疆代表团考察营口高新技术产业开发区、营口经济技术开发区，辽宁省科学技术厅副巡视员焦明志陪同考察。

**6日** 由新浪董事长汪延带领的民建中央信息化技术专业小组考察团一行30余人来到大连高新技术产业开发区考察。中共大连市委常委、副市长戴玉林在大连宾馆会见考察团一行，并介绍了大连市软件和服务外包产业的发展情况。在大连期间，汪延一行了解了高新区的发展现状和未来规划，参观了东软软件园和腾飞软件园，并与园区的多家龙头企业进行了座谈。

**8日** 安博（大连）软件和服务外包人才实训基地奠基暨1000万元大学生实训基金捐赠仪式在大连举行。基地建成后，每年可培养2万名合格的软件与服务外包人才。

**17日** ABS工程12万吨/年丁二烯装置顺利产出合格的丁二烯产品，这标志着由辽宁华锦化工（集团）有限责任公司自行承建的“十一五”重点工程第一套丁二烯生产装置开车告捷。

**24—26日** 2009年东北亚高新技术博览会在沈阳隆重举行。全国政协副主席、科技部部长万钢，全国人大常委、民建中央副主席辜胜阻，国家知识产权局副局长甘绍宁，中国科协党组成员、书记处书记张勤，中国科学院副院长施尔畏，中共辽宁省委副书记张成寅，省委常委、沈阳市委书记曾维，省委常委、秘书长周忠轩等领导，以及朝鲜、日本、韩国、蒙古、俄罗斯5国政要出席开幕式。

本届展会规模宏大，内容丰富，展览总面积近3万平方米，共设展位2000个，特装展位达1706个，展示项目（产品）近700项。吸引了来自东北亚5国和其他16个国家63个代表团630多人，以及全国的近百个科技代表团前来参会，参观总人数近4万人次，并取得了丰硕的科技经济合作成果。据初步统计，参展企业产品交易额达到14.2亿元，共签约项目689项，签约金额69.6亿元，吸引外资额6300万美元。

**24—25日** 由民建中央、国家科学技术部、辽宁省人民政府共同主办，沈阳市人民政府、中国风险投资研究院联合承办的2009中国风险投资论坛——振兴东北投资高峰会在沈阳隆重举行。

本届峰会的主题是“挖掘区域新经济潜力，打造中国第四经济增长极”。会议就全球金融危机经济形势下，如何加深东北地区企业对风险投资的认识、增进风险投资机构对东北投资环境的了解等深层次问题进行了深入的探讨。

全国人大常委、民建中央副主席辜胜阻，科学技术部党组成员、科技日报社社长张景安，辽宁省人民政府副省长滕卫平，科学技术部科技条件与财务司副司长邓天佐分别作了主题讲演。

**24日** 由国家知识产权局办公室、辽宁省知识产权局、辽宁省中小企业厅主办，沈阳市知识产权局承办，中国专利技术开发公司、国际专利技术（沈阳）展示交易中心等单位协办的2009年振兴东北老工业基地专利新技术对接洽谈会在沈阳市青年科学宫隆重举行。国家知识产权局副局长甘绍宁等领导出席会议。省知识产权局局长胡权林主持会议。

**25日** 辽宁省科学技术厅、阜新市人民政府在沈阳共同召开发展液压产业座谈会。会上，来自省内21家装备制造业骨干企业的代表与25家阜新市液压产业基地企业代表根据各自企业需求和生产情况彼此交换了意见，并对阜新液压产业基地的发展提出意见和建议。辽宁省科学技术厅党组副书记、副厅长刘晓东在会上讲话。

**29日** 辽宁（朝阳）新能源电器（超级电容器）产业基地建设研讨会在沈阳召开。会议邀请了国内相关领域的专家、学者和企业代表进行深入研讨，征求朝阳新能源电器产业基地发展的对策和建议。与会专家在听取了朝阳新能源电器产业基地建设进展情况介绍后，对于基地的发展方向、发展模式给予了肯定，并针对加强研究开发、掌握技术和市场、开展招商引资、搭建平台、吸引人才等问题发表了意见和建议。辽宁省省长陈政高出席会议并讲话。辽宁省副省长刘国强主持会议。

**30日** 沈阳远大企业集团承建的作为上海世博会四大永久性场馆之一的世博中心幕墙项目如期竣工。据悉，该工程是上海世博会中施工要求、环保要求最高的项目。

## 十月

**7日** 辽宁省省长陈政高到葫芦岛高新区调研，实地考察高新区聚氨酯产业基地，对高新区提出的打造中国北方聚氨酯产业基地的规划及当前工作给予肯定。

当天，陈政高召集省直有关部门负责人，在葫芦岛高新区现场办公，专题研究聚氨酯产业基地建设及高新区发展问题，同意将高新区纳入省“五点一线”重点支持发展区域，享受“五点一线”优惠政策，协调省开发银行给予高新区贷款3亿元，用于聚氨酯产业基地的发展。解决了高新区发展土地、资金、政策的“瓶颈”问题，为聚氨酯产业基地的快速发展提供了保障。

**15日** 由辽宁省人民政府主办，辽宁省科学技术厅、辽宁省住房和城乡建设厅、抚顺市人民政府承办的“辽宁装备制造基地·沈抚新城黄金水岸”主题概念推介会在抚顺经济开发区举行。

本次推介会以“跨界、融合、超越”的理念，旨在推出一批以辽宁装备制造基地为主的工业项目和以黄金水岸房地产业为主的三产项目，全面展示沈抚新城的发展历程和美好前景，吸引多方力量、资源走进新城、认识新城、参与新城建设，实现沈阳经济区一体化高速发展。

辽宁省省长陈政高在会上发表重要讲话。辽宁省政府秘书长冯韧出席会议。辽宁省科学技术厅厅长赵明鹏主持会议。

**18日** 辽宁省副省长陈海波到阜新高新技术产业园区视察。

**20日** 辽宁省科学技术协会成立50周年纪念大会在辽宁人民会堂隆重举行。会议命名、表彰了第七届辽宁青年科技奖获奖者和获奖项目。中共辽宁省委书记、省人大常委会主任张文岳作重要讲话。省委副书记、省长陈政高，省委副书记张成寅，省人大常委会副主任龚世萍，省政协副主席刘政奎出席会议。中国科学技术协会党组副书记、副主席、书记处书记齐让代表中国科学技术协会致辞。

省直有关部门、人民团体、高等院校、科研院所负责同志，省级学会代表，各市、县(市区)科协代表及科技工作者代表共900多人参加会议。

省科学技术协会还组织开展了以“服务科学发展，助推全面振兴”为主题的系列宣传活动，大力宣传辽宁省科学技术协会成立50年来的辉煌成就。

**22日** 由鞍山市人民政府主办，鞍山市科学技术局承办的鞍山市科技招商说明会在大连举办。辽宁省科学技术厅副厅长赵景海出席会议。

**22—24日** 第十届中国海外学子辽宁（大连）创业周隆重举行。

全国人大常委会副委员长、中国科学院院长路甬祥宣布第十届中国海外学子辽宁（大连）创业周开幕并作重要讲话。中共辽宁省委书记、省人大常委会主任张文岳，国务院侨务办公室主任李海峰分别致辞。国家科学技术部党组书记、副部长李学勇，中央组织部副部长李智勇出席开幕式。省长陈政高主持开幕式暨国家海外高层次人才创新创业基地揭牌仪式。

本届"海创周"以"贯彻国家'千人计划'，汇聚海外高端人才"为主题，以吸引海外高层次人才为核心，紧紧围绕辽宁沿海经济带开发开放战略，坚持"立足辽宁、辐射全国"的区域定位，建设"项目对接、人才对接、资本对接、信息对接"4个平台，吸引了来自世界各地的810多名海外学子、30家海外华人团体、200家国内外投融资机构、500多位政府机构代表、200多位国家海外高层次人才创新创业基地代表参展参会。参会的海外学子携带电子信息、生物医药、先进制造等领域的高科技项目达780个，并与国内近千家企业、科研院所、大专院校等单位签订项目合作意向86项，与企业达成用人意向1450个。

**24日** 第十届中国海外学子（大连）创业周分项活动在朝阳举行。22名来自美国、加拿大、德国、澳大利亚等国家的优秀海外学子携带着技术、项目和资金前来参会。会上，朝阳市市长张铁民介绍了朝阳经济社会发展现状，并特别推介了辽宁（朝阳）新能源电器（超级电容）产业基地。省科学技术厅副厅长赵景海出席会议并讲话。

**25日** 由沈阳工业大学风能技术研究所研制的国内首台具有完全自主知识产权的3MW双馈式变速恒频风电机组的样机在沈阳华创风能有限公司完成装配正式下线。这是国内最大功率的风机，此项目的研制成功标志着中国拥有自主知识产权的风力机组的研发与制造达到新的高度，实现了风电装备自主品牌发展的跨越，打破了国外在3.0兆瓦级核心技术上的国际垄断。

**27日** 瓦房店市举行了大连国家半导体照明产业基地瓦房店光电园开工奠基暨入园项目签约仪式。

大连市政府围绕光电产业基地建设，在基础设施、项目扶持资金等方面出台了一系列优惠政策，并将出巨资建设LED研发、设计、检测中心。同时，规划了5平方公里的大连国家半导体照明产业基地瓦房店光电园。计划引进项目100个，全部达产后，预计可形成工业产值1000亿元，将成为东北地区最大的LED产业集群和LED物流中心。

**28日** 中共大连市委副书记、代市长李万才分别会见了英特尔公司高级副总裁布莱恩·科兹安尼克和思科公司高级副总裁乔·品泊，就加强合作、扩大科技交流领域等问题进行会商。

**28日** 辽宁中医药大学2007—2009年度科技工作总结表彰大会召开。会议对学校的科技工作进行了系统的总结，对获奖项目和获奖科技人员进行了表彰。辽宁省科学技术厅厅长赵明鹏应邀出席会议。

## 十一月

**2日** 第三届辽宁省科技奖励委员会第四次全体委员会议在辽宁友谊宾馆召开。会议听取并审议了由省科技奖励委员会副主任委员、省科学技术厅厅长赵明鹏作的《2009年度辽宁省科技奖励评审委员会工作报告》，通过了由省科技奖励委员会秘书长、省科学技术厅副厅长孟庆海宣读的《2010年度辽宁省科技奖励工作方案》和《辽宁省科技奖励评审费支付标准》；审定了2009年度省科技功勋奖评审结果以及2009年度省科技奖励项目评审结果。辽宁省科技奖励委员会主任委员、副省长滕卫平出席会议并作重要讲话。

**3日** 锦州市300千瓦光伏发电站投产并网发电。300千瓦光伏发电站是由锦州光伏产业的骨干企业——锦州阳光能源公司——建设的东北地区第一座光伏发电站，总投资1200万元，占地面积9045平方米，采用标准型光伏组件、玻璃构造光伏组件、屋瓦构造光伏组件、薄膜式光伏组件及独立型太阳能路灯等建造。

**5日** 投资3.2亿元的丹东欣泰电气股份有限公司磁控并联电抗器系列产品产业化项目正式开工，该项目是迄今国内最大的66kV磁控并联电抗器系列产品产业化项目。

丹东欣泰电气股份有限公司的磁控并联电抗器系列产品和磁控消弧线圈系列产品是我国输变电无功补偿装置中的高科技尖端产品，属于国家级新产品，填补了国内空白，并达到世界领先水平。该项目是中央预算投资项目，中央投资750万元予以支持。项目建成后，年销售收入将达到10亿元。

**10日** 首届“中国产学研合作创新与促进奖”揭晓，我省共有5家单位和2名个人获奖。

企事业获奖单位是中国科学院沈阳自动化研究所、中国科学院大连化学物理研究所、大连理工大学、沈阳重型机械集团有限责任公司和万达集团股份有限公司。中国科学院沈阳应用生态研究所研究员石元亮获首届中国产学研合作创新奖，中国科学院沈阳分院原院长王庆礼获中国产学研合作促进奖。

中国产学研合作创新与促进奖是第一个产学研合作方面的全国性奖项。其中，创新奖主要面向企业、高等学校、科研院所等单位及个人；促进奖主要面向管理部门及金融、中介等单位及个人。

**9—10日** 中共中央政治局委员、国务院副总理王岐山在辽宁大连考察服务外包工作。他强调，服务外包作为异军突起的新兴产业，对于保增长、调结构、稳外需、促就业特别是增加大学生就业，具有重要意义。要按照科学发展观的要求，立足当前，着眼未来，努力做好服务外包这篇大文章。

调研期间，王岐山在省、市领导夏德仁、陈超英、李万才、戴玉林等陪同下，前往大连高新区，听取旅顺南路软件产业带规划建设情况汇报，并深入到大连华信计算机股份有限公司、东软河口国际软件园、简柏特大连有限公司和东软信息技术学院等单位，实地调研了解企业经营发展和软件人才培养等情况。

**19日** 经国家有关部门审查批准，沈阳机床集团、沈阳高精数控技术有限公司、沈阳铸造研究所、东北大学等10家企业及科研院所被列入国家工业和信息化部“高档数控机床与基础制造装备”科技重大专项2009年实施计划，成为首批专项课题实施承担单位，获得中央财政资金支持：16项课题总投资4.9亿元，其中中央财政经费投入1.2亿元。

“高档数控机床与基础制造装备”科技重大专项是《国家中长期科学和技术发展规划纲要》确定的16个重大专项之一，其任务是开发研制航空航天、船舶、汽车制造、发电设备等国家重点行业领域所需要的高档数控机床。

**23日** 辽宁省科学技术厅党组召开贯彻十七届四中全会精神中心组学习（扩大）会议。会议对十七届四中全会精神进行了深入学习和分析，并结合当前科技工作面临的形势和任务，围绕加强科技系统党风廉政建设工作的主题展开了交流与探讨。

省科学技术厅党组书记、厅长赵明鹏在会上讲话。厅党组副书记、副厅长刘晓东主持会议。厅党组成员、纪检组长阎殿儒就认真学习贯彻落实十七届四中全会精神，进一步加强和推进反腐倡廉体系建设作了中心发言。

**27日** 辽宁省副省长滕卫平到本溪生物医药产业基地调研。

## 十二月

**2日** 中国工程院宣布2009年院士增选名单，53岁的沈阳农业大学水稻研究所所长陈温福成功当选；12月4日，中国科学院2009年院士遴选结果揭晓，50岁的中国科学院沈阳分院院长、大连化学物理研究所研究员包信和成功当选。

截至2009年年底，辽宁省“两院院士”总数已经达到49位，成为名副其实的“院士大省”。

**9日** 辽宁省副省长滕卫平一行到抚顺考察沈抚新城及辽宁（抚顺）先进装备制造业基地建设情况。

滕卫平对沈抚新城及辽宁（抚顺）先进装备制造业基地建设工作给予肯定，并提出了“三个同步”的发展目标，即要努力实现新城区建设和园区建设同步发展，工业产业和文化产业同步发展，沈阳和抚顺同步发展。滕卫平强调，要认真规划新区的整体建设，用新兴产业替代枯竭型产业。这对抚顺市、辽宁省，乃至全国都具有十分重要而深远的意义。

省政府副秘书长马祥图、省科学技术厅副厅长孟庆海等陪同考察。

**9—11日** 中共辽宁省委书记、省人大常委会主任王珉，先后到朝阳市、葫芦岛市、阜新市进行工作调研。在葫芦岛市北港工业区和阜新市（国家）液压产业基地，王珉详细了解产业园区的发展规划、功能建设和项目入驻等情况。他指出，产业园区是加速产业集聚、培育产业集群的重要载体和重要平台，是推进工业化、城镇化的重要任务和内容。要进一步作好园区的科学规划，完善功能配套，突出产业特色，充分发挥产业园区对先进生产要素的集聚作用，培育新兴产业，继续做好节能减排工作，把产业园区培育成新的经济增长点。中共辽宁省委常委、秘书长周忠轩，省直有关部门负责同志参加调研。

**11日** 辽宁省副省长陈超英到沈阳化工学院视察，并参观了辽宁省静态混合反应技术工程研究中心等实验室。陈超英对学校近年来在教学与科研等方面所取得的优异成绩，以及师生员工“自强不息、艰苦创业”的精神表示称赞，并针对学校的工作与发展，提出了希望和要求。

**12日** 全国政协副主席、国家科学技术部部长万钢在大连参加达沃斯年会期间，考察了大连市科技绿色产业发展情况。万钢指出，半导体照明和电动汽车都是应对金融危机的新的经济增长点，大连已经在这些方面起到了排头兵作用。特别是大连的市政建设、交通，以及应用部门都为科技创新、培育新增长点做出了突出贡献。

**14日** 中共辽宁省委书记、省人大常委会主任王珉视察大连高新技术产业园区。

**14日** 辽宁省副省长陈超英到沈阳药科大学视察指导工作。陈超英对学校的发展建设成就给予高度评价和充分肯定，尤其对学校成功申请国家新药创新大平台项目提出表扬，并就新校区建设、学科建设、科研平台建设，以及科研成果转化等问题提出了指导意见。

**15日** 中共辽宁省科学技术厅直属机关第五次代表大会在沈阳召开。大会审议并通过了由省科学技术厅党组副书记、副厅长刘晓东代表中共辽宁省科学技术厅直属机关第四届委员会所做的工作报告，并选举产生了新一届中共辽宁省科学技术厅直属机关委员会和纪律检查委员会。省科学技术厅党组书记、厅长赵明鹏在会上讲话。辽宁省科学技术厅系统的102名党员代表参加了会议。部分老领导、民主党派和无党派人士列席了会议。

**18日** 中共辽宁省委书记、省人大常委会主任王珉，先后到大连腾飞软件园、英特尔半导体（大连）芯片制造厂、富士康科技集团（营口）科技园、中钢集团鞍山热能院视察，详细了解企业开发新技术新产品、发展新兴产业情况。他强调，新兴产业是引领未来经济发展的战略“引擎”和决定性因素，要瞄准发展前沿，突出重点，积极培养，引进人才，努力提高自主创新能力，加大核心技术和共性关键技术的突破力度，促进我省新兴产业跨越式发展。

**19日** 辽宁省副省长陈超英到沈阳建筑大学考察工作。陈超英听取了学校领导的工作汇报，并与学校领导班子成员，以及各部门负责人进行了座谈。陈超英对学校的办学成果给予了充分肯定，对校园文化建设给予了高度评价，并对学校的发展提出了殷切希望。

**23日** 由多位中国工程院院士组成的鉴定委员会对鞍钢鲅鱼圈钢铁项目一期进行自主集成与创新科技成果鉴定。鉴定委员会最终认定鞍钢鲅鱼圈钢铁项目一期成果整体上达到国际领先水平。鲅鱼圈钢铁项目的建成投产，标志着鞍钢实现了由内陆资源型向沿海型发展的重大转变，具有重要的现实意义和深远的历史意义。

**24日** 省科学术技厅党组成员、纪检组长阎殿儒率调研组到营口调研。

**24日** 沈阳棋盘山开发区管理委员会与美国系统分析公司举行项目签约仪式，将引进由美国哈佛大学和麻省理工学院的研发团队与中国医科大学合作的蓝图基因检测项目，在这座位于沈抚连接带上的科技之城打造世界级的基因科学研发中心。

蓝图基因检测项目是以个体基因检测服务为开端，建设高质量的中国人群基因和健康信息数据库，运用专利技术提供个性化的基因组监测、常见病专项检测、健康管理咨询服务，同时参与由基因信息指导的临床研究及药物开发。

**25日** 沈阳鼓风机集团有限公司、哈尔滨电气集团公司和鞍山钢铁集团公司与国家核电技术公司签署第三代核电AP1000屏蔽主泵采购合作协议和钢制安全壳（CV）钢板采购合同。中共辽宁省委书记王珉、省长陈政高、国家核电技术公司董事长王炳华出席签字仪式。

根据协议，沈阳鼓风机集团有限公司、哈尔滨电气集团公司为国家核电技术公司提供第三代AP1000核电机组40台屏蔽主泵，鞍山钢铁集团公司为第三代AP1000核电站钢制安全壳提供重厚板材。此举标志着我国第三代核电自主化发展取得重要进展，对于推动我国第三代核电建设自主化和关键设备、材料国产化，提升辽宁先进装备制造业和高加工度原材料工业的整体竞争力都具有深远的影响。

中共辽宁省委常委、秘书长周忠轩，副省长刘国强等出席签字仪式。

**25日** 特变电工沈阳变压器集团有限公司与中国广东核电集团工程有限公司正式签订协议，特变电工沈阳变压器集团有限公司将为广东台山核电项目2×1750MW核电机组提供7台70万千伏安世界单相容量最大的发电机变压器，合同总金额近亿元。这是继广东岭澳核电、辽宁红沿河核电和广东阳江核电等项目后，特变电工沈阳变压器集团有限公司与中国广东核电集团有限公司的又一次合作，标志着特变电工沈阳变压器集团有限公司已成为中国核电市场最大的变压器供应商。

# 附　录

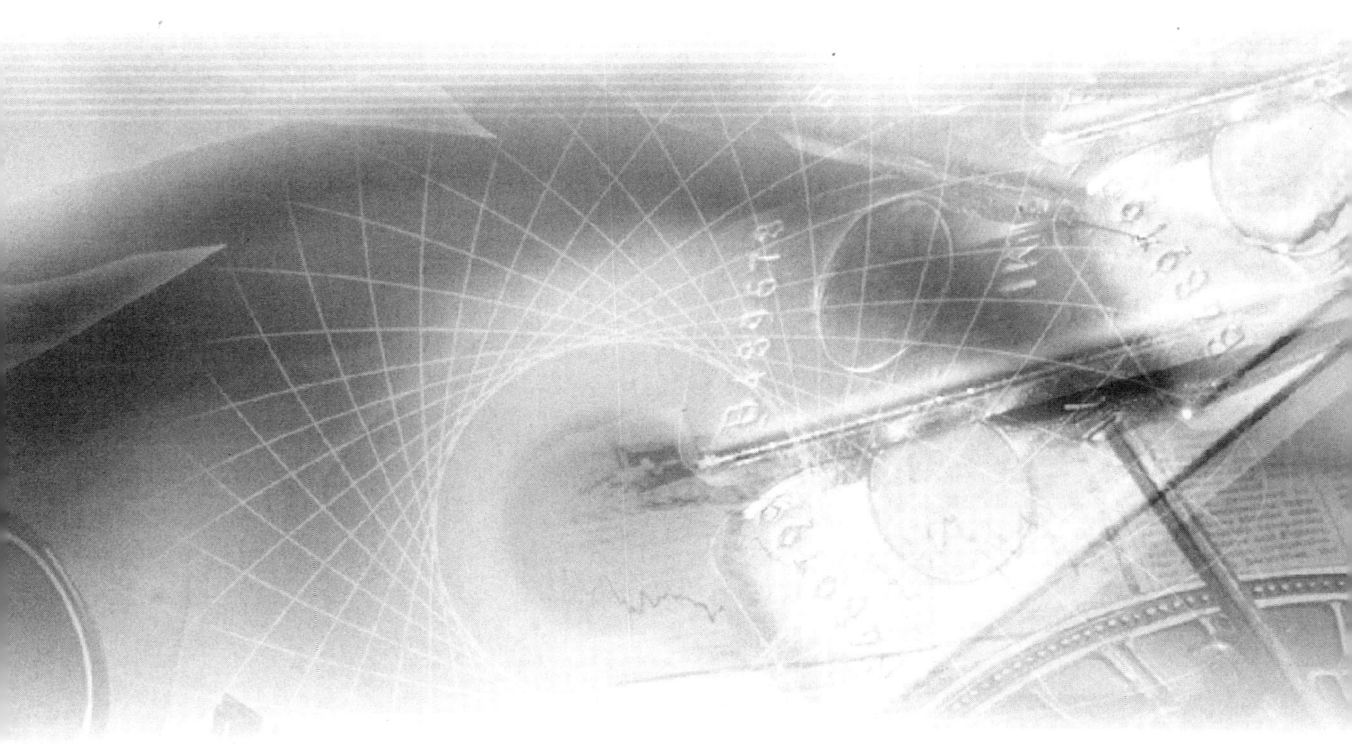

# 辽宁省科技创新工作领导小组成员名录

## 一、领导小组成员

组　长：陈政高　省委副书记、省长
副组长：岳福洪　省委副书记、省政协主席
　　　　许卫国　省委常委、常务副省长
　　　　滕卫平　副省长
成　员：姜　宏　省委副秘书长
　　　　魏　敏　省政府副秘书长、省政府办公厅主任
　　　　马述君　省政府副秘书长
　　　　蔡哲夫　省委组织部副部长
　　　　周连科　省委宣传部副部长
　　　　仲跻权　省发展和改革委员会主任
　　　　张耀军　省经济委员会主任
　　　　张德祥　省教育厅厅长
　　　　赵明鹏　省科学技术厅厅长
　　　　邴志刚　省财政厅厅长
　　　　赵国红　省人事厅厅长
　　　　焉锦林　省国土资源厅厅长
　　　　李　兵　省信息产业厅厅长
　　　　刘　铭　省中小企业厅厅长
　　　　万福民　省农委主任
　　　　张贵新　省对外贸易经济合作厅厅长
　　　　左大光　省国土资源管理委员会主任
　　　　张玉文　省地税局局长
　　　　方晓林　省统计局局长
　　　　李铁民　省工商局局长
　　　　马祥图　省编委办副主任
　　　　胡权林　省知识产权局局长
　　　　葛乐夫　省政府金融办主任
　　　　吴新联　省国税局局长
　　　　于宝国　省总工会常务副主席
　　　　孙国相　团省委书记
　　　　史桂茹　省妇女联合会主席
　　　　康　捷　省科学技术协会党组书记、常务副主席
　　　　包信和　中国科学院沈阳分院院长

## 二、领导小组办公室成员

周喜鼎　省发展和改革委员会副主任
宋跃进　省经济委员会副主任
周浩波　省教育厅副厅长
孟庆海　省科学技术厅副厅长
侯志平　省财政厅副厅长
林国军　省人事厅副厅长
敖凤玲　省农委副主任
马艳竞　省统计局副局长

## 三、联络员

|  |  |  |
|---|---|---|
| 司军校 | 省委办公厅 | 处长 |
| 曹远航 | 省委组织部 | 处长 |
| 陈泰山 | 省委宣传部 | 副处长 |
| 王力宏 | 省政府办公厅 | 处长 |
| 何　睿 | 省发展和改革委员会 | 处长 |
| 马仲彬 | 省经济委员会 | 副处长 |
| 唐国华 | 省教育厅 | 处长 |
| 夏宝箭 | 省科学技术厅 | 处长 |
| 吴作章 | 省财政厅 | 处长 |
| 王育仁 | 省人事厅 | 处长 |
| 田　葳 | 省编委办 | 处长 |

薛卫疆　省国土资源厅　处长
李　屹　省信息产业厅　处长
张为宏　省中小企业厅　处长
陈国华　省农委　处长
郑伟阳　省对外贸易经济合作厅　处长
孙守信　省国土资源管理委员会　处长
戴英骞　省地税局　处长
杨万波　省统计局　处长
刘为东　省工商局　处长
董加林　省知识产权局　处长
刘　波　省政府金融办　处长
王　海　省国税局　处长
于永山　省总工会　部长
冯　多　团省委　部长
李红莉　省妇女联合会　部长
王元立　省科学技术协会　部长
王晓斌　中国科学院沈阳分院　处长

（辽宁省科学技术厅政策法规与体制改革处　邢兰兰）

# 辽宁省两院院士名录

## 中国科学院院士：

| 序号 | 姓　名 | 专业或专长 | 单　　位 | 当选时间 |
|---|---|---|---|---|
| 1 | 卢佩章 | 分析化学、色谱学 | 中国科学院大连化学物理研究所 | 1980 |
| 2 | 张存浩 | 反应动力学、燃烧学、化学激光 | 中科院大化所、国家基金委 | 1980 |
| 3 | 何国钟 | 物理化学 | 中国科学院大连化学物理研究所 | 1991 |
| 4 | 袁　权 | 物理化学 | 中国科学院大连化学物理研究所 | 1991 |
| 5 | 林励吾 | 物理化学、催化 | 中国科学院大连化学物理研究所 | 1993 |
| 6 | 沙国河 | 物理化学 | 中国科学院大连化学物理研究所 | 1997 |
| 7 | 张玉奎 | 分析化学 | 中国科学院大连化学物理研究所 | 2003 |
| 8 | 李　灿 | 物理化学 | 中国科学院大连化学物理研究所 | 2003 |
| 9 | 师昌绪 | 金属学、金属物理 | 中国科学院金属所、国家自然科学基金委 | 1980 |
| 10 | 叶恒强 | 材料科学、金属物理 | 中国科学院金属研究所 | 1991 |
| 11 | 李依依 | 冶金与金属材料 | 中国科学院金属研究所、辽宁省科学技术协会 | 1993 |
| 12 | 卢　柯 | 材料科学 | 中国科学院金属研究所 | 2003 |
| 13 | 曹楚南 | 腐蚀与防护科学 | 中国科学院防腐蚀研究所、浙江大学 | 1991 |
| 14 | 闻邦春 | 机械力学 | 东北大学 | 1991 |
| 15 | 张嗣瀛 | 自动控制 | 东北大学 | 1997 |
| 16 | 邱大洪 | 海洋工程 | 大连理工大学 | 1991 |
| 17 | 钟万勰 | 工程力学、计算力学 | 大连理工大学 | 1993 |
| 18 | 程耿东 | 计算力学及结构优化 | 大连理工大学 | 1995 |
| 19 | 王立鼎 | 微细机械加工 | 大连理工大学 | 1995 |
| 20 | 林　皋 | 水利工程 | 大连理工大学 | 1997 |
| 21 | 李　天 | 飞机空气动力学 | 中国航空第一集团公司沈阳飞机设计研究所 | 2005 |
| 22 | 包信和 | 化学 | 中国科学院沈阳分院 | 2009 |

## 中国工程院院士：

| 序号 | 姓　名 | 专业或专长 | 单　　位 | 当选时间 |
|---|---|---|---|---|
| 1 | 胡壮麒 | 金属材料 | 中国科学院金属研究所 | 1995 |
| 2 | 柯　伟 | 环境断裂与腐蚀 | 中国科学院金属研究所 | 1997 |
| 3 | 闻立时 | 复合材料 | 中国科学院金属研究所 | 1999 |
| 4 | 封锡盛 | 自动控制 | 中国科学院沈阳自动化研究所 | 1999 |
| 5 | 王天然 | 机器人和自动化工程 | 中国科学院沈阳自动化研究所 | 2003 |
| 6 | 孙铁珩 | 生态环境 | 中国科学院沈阳应用生态研究所 | 2001 |
| 7 | 桑凤亭 | 化学激光 | 中国科学院大连化学物理研究所 | 2003 |
| 8 | 衣宝廉 | 燃料电池技术 | 中国科学院大连化学物理研究所 | 2003 |
| 9 | 陆钟武 | 冶金炉热工及冶金能源 | 东北大学 | 1997 |
| 10 | 柴天佑 | 多变量自适应控制 | 东北大学 | 2003 |
| 11 | 王国栋 | 压力加工 | 东北大学 | 2005 |
| 12 | 欧进萍 | 结构监测、控制与防灾减灾工程 | 大连理工大学 | 2003 |
| 13 | 赵国藩 | 土木建筑结构 | 大连理工大学 | 1997 |
| 14 | 王众托 | 系统科学、计算机 | 大连理工大学 | 2001 |
| 15 | 姚新生 | 天然药物化学 | 沈阳药科大学 | 1996 |
| 16 | 陈洪铎 | 皮肤病学 | 中国医科大学附属第一医院 | 1999 |
| 17 | 唐任远 | 稀土永磁电机 | 沈阳工业大学 | 2001 |
| 18 | 丁德文 | 应用物理 | 国家海洋环境监测中心 | 1994 |
| 19 | 李　明 | 飞机自动化 | 中国航空工业总公司沈阳飞机研究所 | 1995 |
| 20 | 胡永康 | 化学分子反应 | 石化总公司抚顺化工院 | 1997 |
| 21 | 刘　玠 | 冶金自动化 | 鞍山钢铁集团公司 | 1997 |
| 22 | 朱英浩 | 变压器制造 | 沈阳变压器厂 | 1995 |
| 23 | 沈闻孙 | 船舶设计与制造 | 大连造船新厂 | 1997 |
| 24 | 黄其励 | 热能动力装置 | 东北电力集团 | 1997 |
| 25 | 安静娴 | 化学制药 | 东北制药总厂 | 1997 |
| 26 | 杨凤田 | 飞机设计 | 中国航空第一集团公司沈阳飞机设计研究所 | 2007 |
| 27 | 陈温福 | 水稻育种 | 沈阳农业大学 | 2009 |

（辽宁省科学技术厅人事处　郎国鹰）

# 辽宁省科学技术厅领导及内设机构负责人名录

**厅领导**

| | |
|---|---|
| 党组书记、厅长 | 赵明鹏 |
| 党组副书记、副厅长 | 刘晓东 |
| 副厅长 | 孟庆海 |
| 党组成员、纪检组长 | 阎殿儒 |
| 党组成员、副厅长 | 巩黎明 |
| 党组成员、副厅长 | 赵景海 |
| 党组成员、助理巡视员 | 张　强 |
| 助理巡视员 | 焦明志 |
| 党组成员、厅长助理 | 那　波 |

**办公室**

主任　沈长青

**政策法规与体制改革处**

处长　夏宝箭

**发展计划处**

处长　闫灵均

**条件财务处**

处长　杨　柯

**国际合作处**

处长　刘延春

**成果市场处**

处长　穆晓森

**高新技术处**

处长　母保志

**农村科技处**

处长　来茂生

**社会发展处**

处长　王经民

**创新平台处**

处长　张庆存

**产业基地处**

处长　张　钢

**创新体系处**

处长　张　昱

**人事处**

处长　谭凤梧

**机关党委**

副书记　吴稔秋

**监察室**

主任　王学来

（辽宁省科学技术厅人事处　郎国鹰）

# 辽宁省市、县（区）科学技术局领导名录

## 沈阳市科学技术局

党组书记、局长　宋锡坤
党组成员、纪检组长　孙　猛
副局长　吴希平
党组成员、副局长　常　亮
党组成员、副局长　郭玉福
党组成员、科技总院副院长　孙晓春
巡视员　李铁夫
副巡视员　李　伟
副巡视员　吕尊方
副巡视员　李朝伟

和平区科学技术局局长　张智勇
沈河区科学技术局局长　王立杰
铁西区科学技术局局长　魏凤英
皇姑区科学技术局局长　卢　明
大东区科学技术局局长　章万林
东陵区科学技术局局长　冯　军
于洪区科学技术局局长　霍广新
新城子区科学技术局局长　张晓飞
蒲河新城科学技术局局长　于　红
棋盘山科学技术局局长　沈晓舒
苏家屯区科学技术局局长　王建群
新民市科学技术局局长　杨力争
辽中县科学技术局局长　王连方
法库县科学技术局局长　黄振廷
康平县科学技术局局长　李阳普

## 大连市科学技术局

局　长　刘晓英
副局长　姜运政
副局长　赵人楠
纪律检查委员会书记　李洪涛
副局长　姜斯进
副巡视员　张　中
副巡视员　孙守仁

中山区科学技术局局长　李赫南
西岗区科学技术局局长　王义杰
沙河口区科学技术局局长　张志军
甘井子区科学技术局局长　闫克右
金州区科学技术局局长　林　凯
旅顺口区科学技术局局长　汤　敏
瓦房店市科学技术局局长　李长春
普兰店市科学技术局局长　管祖臣
庄河市科学技术局局长　王宏雁
长海县科学技术局局长　从晓君

## 鞍山市科学技术局

局　长　张生灿
副局长　马长青
副局长　鞠幼华
副局长　白　轩
副局长　贾　慧
纪检组长　侯宪诗
副局长　薛　钢
副局长　张沈平

海城市科学技术局局长　金明祥
台安县科学技术局局长　李树国

岫岩县科学技术局局长 杜成辉
铁东区科学技术局局长 于　雷
铁西区科学技术局局长 孙　萍
立山区科学技术局局长 李柱成
千山区科学技术局局长 王皎玉

## 抚顺市科学技术局

党组书记、局长 金雅兰
党组成员、副局长 田　旭
副局长 梁建国
党组成员、副局长 吴庆文

新抚区科学技术局局长 陈　凤
望花区科学技术局局长 王朝军
东洲区科学技术局局长 李　华
顺城区科学技术局局长 宋威龙
抚顺经济开发区科学技术局局长 张　韬
抚顺高新区管理委员会主任 张庆民
抚顺县科学技术局局长 王　晓
清原县科学技术局局长 杜　渐
新宾县科学技术局局长 金　毅

## 本溪市科学技术局

党组书记、局长 马晓禾
党组副书记、副局长 董　武
副局长 卢　伟
副局长 陶子玉
纪检组长 张丽伟

本溪县科学技术局局长 于守信
桓仁县科学技术局局长 王玉凤
平山区科学技术局局长 王学义
明山区科学技术局局长 乔玉霞
溪湖区科学技术局局长 张吉刚
南芬区科学技术局局长 单德忠

## 丹东市科学技术局

党组书记、局长 于　波
党组成员、副局长 杨晓妹
党组成员、副局长 曹香安
党组成员、副局长 宋　辉

东港市科学技术局党组书记、局长 孙凤有
凤城市科学技术局党组书记、局长 肖福良
宽甸县科学技术局党组书记、局长 王　友
振安区科学技术局局长 张传发
振兴区科学技术局局长 孙拥珺
元宝区科学技术局局长 周立安
高新技术产业开发区管理委员会主任 唐　亮

## 锦州市科学技术局

局长 王秀锦
党组书记 蔡东升
副局长 李雅亮
副局长 朱　宇
纪检组长 高　昕

黑山县科学技术局局长 王贺元
北镇市科学技术局局长 杨晓红
义县科学技术局局长 刘德杰
凌海市科学技术局局长 张永忱
古塔区科学技术局局长 沈永春
凌河区科学技术局局长 魏　斌
太和区科学技术局局长 杨广星
松山新区科学技术局局长 刘华山

## 营口市科学技术局

局　长 胡　伟
副局长 王永翥
副局长 邱　宏
副局长 崔成玲
纪检组长 江　锋
机关党委专职副书记 李　宏
调研员 游　勇
副调研员 杨福山

站前区科学技术局局长 房国臣
西市区科学技术局局长 孙振胜

大石桥市科学技术局局长 宋 伟
老边区科学技术局局长 邱 欣
盖州市科学技术局局长 陈世一
开发区科学技术局局长 李明宏

## 阜新市科学技术局

局 长 田春来
副局长 赵 冰
副局长 陈宝权
副局长 李继平
纪检组长 黄 禹

阜蒙县科学技术局局长 闫国林
彰武县科学技术局局长 许俊泽
海州区科学技术局局长 杨凤德
太平区科学技术局局长 张 肖
细河区科学技术局局长 马浩苒
新邱区科学技术局局长 张铁臣
清河门区科学技术局局长 周 明
阜新市经济技术开发区科学技术局局长 王文安
阜新市高新科技园区科学技术局局长 闵玉梅

## 辽阳市科学技术局

局 长 吴国纯
党组书记、副局长 朱炳宪
党组成员、副局长 谢春诚
党组成员、副局长 孙国涛

辽阳县科学技术局局长 李文学
灯塔市科学技术局局长 赵福哲
白塔区科学技术局局长 王恩信
宏伟区科学技术局局长 王 科
太子河区科学技术局局长 王吉广
文圣区科学技术局局长 高 莹
弓长岭区科学技术局局长 高春玲

## 铁岭市科学技术局

党组书记、局长 康冠华
市政协副主席、市科技局副局长 赵必先
党组成员、副局长 张晓光
党组成员、纪律检查委员会书记 李常嘉
党组成员、副局长 张 波
知识产权办主任 付清林

开原市科学技术局局长 曾 罡
铁岭县科学技术局局长 孙尔博
昌图县科学技术局局长 李树范
西丰县科学技术局局长 张青林
调兵山市科学技术局局长 张乃英
清河区科学技术局局长 缪广利
银州区科学技术局局长 刘汉生
开发区科学技术局局长 李显山
高新区科学技术局局长 黄振义

## 朝阳市科学技术局

党委书记、局长 赵 璟
副局长 王 信
（2009年6月调出）
副局长 王化宝
副局长 崔永志
纪律检查工作委员会书记 华胜利

北票市科学技术局党组书记、局长 万景生
凌源市科学技术局党组书记、局长 戴成宝
朝阳县科学技术局党组书记、局长 王国华
建平县科学技术局党组书记、局长 霍明光
喀左县科学技术局党组书记、局长 秦玉华
双塔区科学技术局党组书记、局长 冯英杰
龙城区科学技术局党组书记、局长 赵建英

## 盘锦市科学技术局

局 长 张义林
副局长 许香秋
副局长 张承奎
（2009年7月调离）
副局长 朱长元
副局长 卢喜华

（2009年7月上任）

纪检组长 于荣绵

兴隆台区科学技术局局长 孙晓明

双台子区科学技术局局长 陈福江

盘山县科学技术局局长 刘树军

大洼县科学技术局局长 王守贵

（2009年4月调离）

刘忠义

（2009年4月上任）

### 葫芦岛市科学技术局

局 长 李建国

副局长 周 磊

副局长 金纪元

副局长 吴 靖

副局长 段旭芳

副局长 吴传宝

副局长 刘铁军

（2009年5月上任）

纪检组长 李春鹤

连山区科学技术局局长 杨林立

龙港区科学技术局局长 史志勇

南票区科学技术局局长 李立寰

兴城市科学技术局局长 朱庆贵

绥中县科学技术局局长 贾植山

建昌县科学技术局局长 刘和平

# 省级以上高新区管委会领导及科技局负责人名录

### 沈阳高新技术产业开发区

党工委书记、管理委员会主任 黄 凯

副主任 林海波

副主任 孙 红

副主任 吕 凡

党工委副书记 白凤华

管理委员会副主任、公安分局局长 陈广仁

管理委员会副主任 郭士全

管理委员会副主任 银 鹰

管理委员会副主任 赵连渤

新加坡工业园副主任 李树木

新加坡工业园副主任 杨 琦

出口加工区副主任 郝 毅

工会主席 王宏军

巡视员 蒋贵林

副巡视员 孙维华

副巡视员 乔 伟

副巡视员 常宝志

科学技术局局长 姜纯贵

### 大连高新技术产业开发区

党工委书记、主任 栾庆伟

党工委副书记、副主任 林 华

党工委副书记、纪律检查工作委员会书记 王玉华

副主任 李伟民

副主任 邢战坤

副主任 郭长明

副主任 张树良

科学技术创新局局长 闫 斌

## 鞍山高新技术产业开发区

党工委书记、管理委员会主任 梁 勇
党工委副书记、管理委员会副主任 张海宽
党工委副书记 张 涛
党工委委员、副主任 周 禹
党工委委员、副主任 袁世权
党工委委员、副主任 张国林
党工委委员、副主任 汪明亮
党工委委员、副主任 范恩飞
党工委委员、高新区工会主席 董 哲
科学技术经济发展局局长 陈月龙

## 锦州高新技术产业开发区

党工委书记、管理委员会主任、人大工委主任 李健生
党工委副书记、常务副主任 邢恩国
党工委副书记、副主任 张志军
党工委副书记、纪律检查工作委员会书记 佘素绵
党工委副书记 梁 秋
党工委委员、副主任 王德海
党工委委员、副主任 冯长伟
党工委委员、副主任 冷满昌
党工委委员、副主任 邸高顶
党工委委员、组织部部长 牛振勇
科学技术局局长 刘华山

## 营口高新技术产业开发区

营口市委常委、市委组织部长、高新区党工委书记 李和忠
党工委副书记、主任 朱恒南
党工委副书记、常务副主任 邹晓虎
党工委副书记、纪律检查工作委员会书记 邵继祥
党工委副书记、副主任 陈 哲
党工委委员、副主任 姜东厚
党工委委员、副主任 叶晓东
党工委委员、副主任 常中彦
正局级调研员 白尚安
科学技术局副局长 蒋维峰

## 阜新高新技术产业开发区

主 任 刘守祥
副主任 胡庆文
副主任 张立军
副主任 彭福田
副主任 戈 宾
纪律检查工作委员会书记 钱志军
科学技术局局长 闵玉梅

## 辽阳高新技术产业开发区

党工委书记 马立阳
党工委副书记、主任 赵 强
常务副主任 杨 权
副主任 王晓夫
副主任 从静春
副主任 马志刚
副主任 刘 翼
科学技术局局长 王 科

## 葫芦岛高新技术产业开发区

葫芦岛市市长助理、高新区工委书记、管理委员会主任 黄晓霞
党工委副书记、副主任 盛海翔
副主任 高 飞
副主任 原中瑞
纪律检查工作委员会书记 李治军
副主任 纪 敬
副主任 李德徽

# 中直在辽及省属科研院所负责人名录

中国科学院大连化学物理研究所
所　长　张　涛
中国科学院金属研究所
所　长　卢　柯
中国科学院沈阳应用生态研究所
所　长　韩兴国
中国科学院沈阳自动化研究所
所　长　王越超
中国科学院沈阳计算技术研究所
所　长　林　浒
中国科学院沈阳科学仪器研制中心有限公司
董事长　雷震霖
国家海洋环境监测中心
主　任　王玉银
中国气象局沈阳大气环境研究所
副所长　张玉书
公安部沈阳消防研究所
所　长　宋希伟
建设部沈阳煤气热力研究设计院
院　长　王运阁
中国农业科学院果树研究所
所　长　刘凤之
中国地质调查局沈阳地质调查中心（沈阳地质矿产研究所）
所　长　单海平
辽宁省地质矿产研究院
党委书记、院长　张耀华
辽宁省农业机械化研究所
党委书记、所长　丛福滋
辽宁省能源研究所
所　长　林维纪
辽宁省中医药研究院
院　长　吕晓东
辽宁省药物研究院
院　长　高　耸
辽宁省环境科学研究院
院　长　赵　军
辽宁省体育科学研究所
所　长　邓成涛
辽宁省计量科学研究院
院　长　黄　涛
辽宁省科学技术情报研究所
所　长　王永刚
辽宁省分析科学研究院
院　长　刘成雁
辽宁省微生物科学研究院
党委书记、院长　李　莉
辽宁省计划生育科学研究院
院　长　李建新
辽宁省淡水水产科学研究院
党委书记、院长　刘　刚
辽宁省海洋水产科学研究院
院　长　姜连新
辽宁省林业科学研究院
院　长　邢兆凯
辽宁省经济林研究所
所　长　胡崇富
辽宁省干旱地区造林研究所
所　长　马兴华
辽宁省固沙造林研究所

党委书记、所长　王殿金
辽宁省盐碱地利用研究所
所　长　姜存松
辽宁省农业科学院
党组书记、院长　陶承光
辽宁省水土保持研究所
所　长　蒋春光
辽宁省蚕业科学研究所
所　长　姜德富
辽宁省稻作研究所
所　长　隋国民
辽宁省风沙地改良利用研究所
所　长　杨　镇
辽宁省杨树研究所
党委书记、所长　王胜东
沈阳仪表科学研究院
院　长　庞士信
沈阳有色金属研究院
院　长　尹文新
沈阳铁路局科学技术研究所
党委书记　张维民
所　长　陶　毅

# 2009年度重点软科学计划项目名单

1.辽宁省基础有机化工原料产业技术创新战略研究
2.区域协调发展研究
3.辽宁特色产业集群发展战略及对策研究
4.辽宁省科技创新体制与机制研究
5.老工业基地振兴效果评价与战略升级研究
6.提高投融资水平研究
7.产业结构调整与提高竞争力
8.加快县域经济发展的对策措施研究
9.创新型企业研究
10.提高企业技术创新能力对策研究
11.建立现代企业制度的环境与条件研究
12.农民增收措施研究
13.物流业发展战略及对策
14.全省科普资源开发研究
15.资源有效利用
16.科技人才培养体系建设研究
17.政府体制改革中的有关问题研究
18.机关党组织贯彻落实科学发展观中发挥职责作用问题研究
19.节能减排现状分析与对策

20.推进社会主义新农村建设对策研究
21.我省综合科技实力分析
22.自主创新与知识产权保护
23.民生中的若干问题研究
24.产学研合作模式及对策研究
25.辽宁省农药产业发展战略研究
26.辽宁省全社会R&D活动对比研究
27.辽宁省科学技术发展“十二五”规划研究与制定

（辽宁省科学技术厅政策法规与体制改革处　邢兰兰）

# 国家、省级工程技术研究中心名录

| 序号 | 中心名称 | 依托单位 | 所属领域 | 所在地 |
|---|---|---|---|---|
| 1 | 辽宁省CAD/CAM工程技术研究中心 | 东北大学 | 先进装备制造 | 沈阳市 |
| 2 | 辽宁省轧制工程技术研究中心 | 东北大学 | 先进装备制造 | 沈阳市 |
| 3 | 辽宁省硼资源综合开发利用工程技术研究中心 | 东北大学 | 新材料 | 沈阳市 |
| 4 | 辽宁省设备诊断工程技术研究中心 | 东北大学 | 先进装备制造 | 沈阳市 |
| 5 | 辽宁省矿物材料工程技术研究中心 | 东北大学 | 资源与环境 | 沈阳市 |
| 6 | 国家冶金自动化工程技术研究中心 | 东北大学 | 先进装备制造 | 沈阳市 |
| 7 | 辽宁省嵌入式软件工程技术研究中心 | 东北大学，沈阳东大信息技术有限公司 | 电子信息 | 沈阳市 |
| 8 | 辽宁冶金辅助材料工程技术中心 | 沈阳东北大学冶金技术研究所有限公司 | 新材料 | 沈阳市 |
| 9 | 辽宁省工厂化高效农业工程技术研究中心 | 沈阳农业大学 | 农业 | 沈阳市 |
| 10 | 辽宁省生物农药工程技术研究中心 | 沈阳农业大学 | 农业 | 沈阳市 |
| 11 | 辽宁省农产品加工工程技术研究中心 | 沈阳农业大学 | 农业 | 沈阳市 |
| 12 | 辽宁省瘦肉型猪繁育工程技术研究中心 | 沈阳农业大学 | 农业 | 沈阳市 |
| 13 | 辽宁省玉米育种工程技术研究分中心 | 沈阳农业大学 | 农业 | 沈阳市 |
| 14 | 辽宁省高速切削工程技术研究中心 | 沈阳理工大学 | 先进装备制造 | 沈阳市 |
| 15 | 辽宁省通信网络工程技术研究中心 | 沈阳理工大学 | 电子信息 | 沈阳市 |
| 16 | 辽宁省药物制剂工程技术研究中心 | 沈阳药科大学 | 生物与医药 | 沈阳市 |
| 17 | 辽宁省天然药物现代分离与工业化制备工程技术研究中心 | 沈阳药科大学 | 生物与医药 | 沈阳市 |
| 18 | 辽宁省中药炮制工程技术研究中心 | 辽宁中医药大学 | 生物与医药 | 沈阳市 |
| 19 | 辽宁省中药现代化工程技术研究中心 | 辽宁中医药大学 | 生物与医药 | 沈阳市 |

续表

| 序号 | 中心名称 | 依托单位 | 所属领域 | 所在地 |
|---|---|---|---|---|
| 20 | 国家稀土永磁电机工程技术研究中心 | 沈阳工业大学 | 先进装备制造 | 沈阳市 |
| 21 | 辽宁省异型石材数控加工设备工程技术研究中心 | 沈阳建筑大学 | 先进装备制造 | 沈阳市 |
| 22 | 辽宁省异型高耸建筑工程设备工程技术研究中心 | 沈阳建筑大学 | 先进装备制造 | 沈阳市 |
| 23 | 辽宁省化工静态混合反应工程技术研究中心 | 沈阳化工学院 | 新材料 | 沈阳市 |
| 24 | 辽宁省高分子材料工程技术研究中心 | 沈阳化工学院 | 新材料 | 沈阳市 |
| 25 | 辽宁省知识工程与人机交互工程技术研究中心 | 沈阳航空工业学院 | 电子信息 | 沈阳市 |
| 26 | 国家真空仪器装置工程技术研究中心 | 中国科学院沈阳科学仪器研制中心有限公司 | 先进装备制造 | 沈阳市 |
| 27 | 国家金属腐蚀控制工程技术研究中心 | 中国科学院金属研究所 | 新材料 | 沈阳市 |
| 28 | 辽宁省高性能热喷涂涂层工程技术研究中心 | 中国科学院金属研究所 | 新材料 | 沈阳市 |
| 29 | 辽宁省先进制造工程技术研究中心 | 中国科学院沈阳自动化研究所 | 先进装备制造 | 沈阳市 |
| 30 | 辽宁省肥料工程技术研究中心 | 中国科学院沈阳应用生态研究所 | 资源与环境 | 沈阳市 |
| 31 | 辽宁省蔬菜良种工程技术研究中心 | 辽宁省农业科学研究院蔬菜研究所 | 农业 | 沈阳市 |
| 32 | 辽宁省大豆育种工程技术研究中心 | 辽宁省农业科学研究院作物研究所 | 农业 | 沈阳市 |
| 33 | 辽宁省北方杂交粳稻工程技术研究中心 | 辽宁省稻作研究所 | 农业 | 沈阳市 |
| 34 | 辽宁省钛合金精密熔铸工程技术研究中心 | 沈阳铸造研究所 | 先进装备制造 | 沈阳市 |
| 35 | 辽宁省大型装备特殊钢材料及铸造成型工程技术研究中心 | 沈阳铸造研究所 | 先进装备制造 | 沈阳市 |
| 36 | 辽宁省铝镁合金材料及其先进铸造成形工程技术研究中心 | 沈阳铸造研究所 | 先进装备制造 | 沈阳市 |
| 37 | 辽宁省农药工程技术研究中心 | 沈阳化工研究院 | 新材料 | 沈阳市 |
| 38 | 辽宁省有机颜料工程技术研究中心 | 沈阳化工研究院 | 新材料 | 沈阳市 |
| 39 | 辽宁省高性能陶瓷材料及制品工程技术研究中心 | 辽宁省轻工科学研究院 | 新材料 | 沈阳市 |
| 40 | 辽宁省危险废物处置工程技术研究中心 | 沈阳环境科学研究院 | 资源与环境 | 沈阳市 |
| 41 | 辽宁省防洪减灾工程技术研究中心 | 辽宁省水利水电科学研究院 | 资源与环境 | 沈阳市 |
| 42 | 辽宁省生物疫苗工程技术研究中心 | 辽宁省生物医学工程研究院有限公司 | 生物与医药 | 沈阳市 |
| 43 | 辽宁省建筑节能工程技术研究中心 | 辽宁省建设科学研究院 | 新能源与节能 | 沈阳市 |
| 44 | 辽宁省机械研究院有限公司工程技术研究中心 | 辽宁省机械研究院有限公司 | 先进装备制造 | 沈阳市 |
| 45 | 辽宁省选矿行业自动控制工程技术研究中心 | 辽宁省电子研究设计院有限公司 | 电子信息 | 沈阳市 |
| 46 | 辽宁省标准化体系建设工程技术研究中心 | 辽宁省分析科学研究院 | 其他 | 沈阳市 |
| 47 | 辽宁省印刷技术研究所工程技术研究中心 | 辽宁省印刷技术研究所 | 先进装备制造 | 沈阳市 |
| 48 | 辽宁省非织造布工程技术研究中心 | 辽宁天维纺织研究建筑设计有限公司 | 先进装备制造 | 沈阳市 |
| 49 | 国家电站燃烧工程技术研究中心 | 辽宁省燃烧工程技术研究中心 | 新能源与节能 | 沈阳市 |

续表

| 序号 | 中心名称 | 依托单位 | 所属领域 | 所在地 |
|---|---|---|---|---|
| 50 | 国家数字化医学影像设备工程技术研究中心 | 东软集团股份有限公司 | 先进装备制造 | 沈阳市 |
| 51 | 辽宁省网络与信息安全工程技术研究中心 | 东软集团股份有限公司 | 电子信息 | 沈阳市 |
| 52 | 辽宁省抗艾滋病药物工程技术研究中心 | 东北制药总厂 | 生物与医药 | 沈阳市 |
| 53 | 辽宁省汽车工程技术研究中心 | 沈阳华晨金杯汽车有限公司 | 先进装备制造 | 沈阳市 |
| 54 | 辽宁省燃气轮机工程技术研究中心 | 中国一航沈阳黎明航空发动机（集团）有限责任公司 | 先进装备制造 | 沈阳市 |
| 55 | 辽宁省大型风机制造工程技术研究中心 | 沈阳鼓风机(集团)有限公司 | 先进装备制造 | 沈阳市 |
| 56 | 辽宁省超高压输变电工程技术研究中心 | 特变电工沈阳变压器集团有限公司 | 先进装备制造 | 沈阳市 |
| 57 | 辽宁省数控机床（沈阳）工程技术研究中心 | 沈阳机床（集团）有限责任公司 | 先进装备制造 | 沈阳市 |
| 58 | 辽宁省污水处理工程技术研究中心 | 辽宁北方环境保护有限公司 | 资源与环境 | 沈阳市 |
| 59 | 辽宁省兴齐眼科药物工程技术研究中心 | 沈阳兴齐制药有限公司 | 生物与医药 | 沈阳市 |
| 60 | 辽宁省三生基因工程药物工程技术研究中心 | 沈阳三生制药有限责任公司 | 生物与医药 | 沈阳市 |
| 61 | 辽宁省禾丰饲料技术工程技术研究中心 | 辽宁禾丰牧业股份有限公司 | 农业 | 沈阳市 |
| 62 | 辽宁省沈重机械集团工程技术研究中心 | 沈阳重型机械集团有限责任公司 | 先进装备制造 | 沈阳市 |
| 63 | 辽宁省沈泵股份公司工程技术研究中心 | 沈阳水泵股份有限公司 | 新能源与节能 | 沈阳市 |
| 64 | 辽宁省沈阳中药制药企业工程技术研究中心 | 沈阳中药制药有限公司 | 生物与医药 | 沈阳市 |
| 65 | 辽宁省沈阳东方钛业工程技术研究中心 | 沈阳东方钛业有限公司 | 先进装备制造 | 沈阳市 |
| 66 | 辽宁省沈阳中科博微工程技术研究中心 | 沈阳中科博微自动化有限公司 | 先进装备制造 | 沈阳市 |
| 67 | 辽宁省沈阳聚得视频工程技术研究中心 | 沈阳聚得视频技术有限公司 | 电子信息 | 沈阳市 |
| 68 | 辽宁省沈阳何氏眼科工程技术研究中心 | 沈阳何氏眼科医院 | 生物与医药 | 沈阳市 |
| 69 | 辽宁省三一重型装备有限公司工程技术研究中心 | 三一重型装备有限公司 | 先进装备制造 | 沈阳市 |
| 70 | 辽宁沈阳大陆激光技术有限公司工程技术研究中心 | 沈阳大陆激光技术有限公司，沈阳航空工业学院 | 先进装备制造 | 沈阳市 |
| 71 | 辽宁和昌华宝汽车电子有限公司工程技术研究中心 | 辽宁和昌华宝汽车电子有限公司 | 电子信息 | 沈阳市 |
| 72 | 辽宁天久信息科技产业有限公司工程技术研究中心 | 辽宁天久信息科技产业有限公司 | 电子信息 | 沈阳市 |
| 73 | 辽宁省沈阳金德管业集团工程技术研究中心 | 金德管业集团有限公司 | 新 材 料 | 沈阳市 |
| 74 | 辽宁沈阳伟嘉牧业技术有限公司工程技术研究中心 | 沈阳伟嘉牧业技术有限公司 | 农业 | 沈阳市 |
| 75 | 辽宁沈阳东大迪克化工药业有限公司工程技术研究中心 | 沈阳东大迪克化工药业有限公司 | 农业 | 沈阳市 |
| 76 | 辽宁东亚种业有限公司工程技术研究中心 | 辽宁东亚种业有限公司 | 农业 | 沈阳市 |
| 77 | 辽宁沈阳新大地现代农业开发有限公司工程技术研究中心 | 沈阳新大地现代农业开发有限公司 | 农业 | 沈阳市 |

续表

| 序号 | 中心名称 | 依托单位 | 所属领域 | 所在地 |
| --- | --- | --- | --- | --- |
| 78 | 辽宁省沈阳远大铝业工程有限公司工程技术研究中心 | 沈阳远大铝业工程有限公司 | 新能源与节能 | 沈阳市 |
| 79 | 辽宁沈阳风力发电装备制造基地有限公司工程技术研究中心 | 沈阳风力发电装备制造基地有限公司，沈阳工业大学 | 新能源与节能 | 沈阳市 |
| 80 | 辽宁沈阳东昂制药工程技术研究中心 | 沈阳东昂制药有限公司 | 生物与医药 | 沈阳市 |
| 81 | 辽宁省沈阳中药制药企业工程技术研究中心 | 沈阳红药制药有限公司 | 生物与医药 | 沈阳市 |
| 82 | 辽宁沈阳同方多媒体工程技术研究中心 | 沈阳同方多媒体科技有限公司 | 电子信息 | 沈阳市 |
| 83 | 辽宁沈阳马氏信息技术工程技术研究中心 | 沈阳马氏信息技术有限公司 | 电子信息 | 沈阳市 |
| 84 | 辽宁沈阳协合生物制药工程技术研究中心 | 沈阳协合生物制药股份有限公司 | 生物与医药 | 沈阳市 |
| 85 | 辽宁沈阳世润重工工程技术研究中心 | 沈阳世润重工有限公司 | 先进装备制造 | 沈阳市 |
| 86 | 辽宁沈阳远大科技工程技术研究中心 | 沈阳远大科技实业有限公司 | 先进装备制造 | 沈阳市 |
| 87 | 辽宁沈阳市中之杰机电设备制造工程技术研究中心 | 沈阳市中之杰机电设备制造有限公司 | 先进装备制造 | 沈阳市 |
| 88 | 辽宁省沈阳北方交通重工工程技术研究中心 | 沈阳北方交通重工集团有限公司 | 先进装备制造 | 沈阳市 |
| 89 | 辽宁沈阳北恒铜业工程技术研究中心 | 沈阳北恒铜业有限公司 | 新材料 | 沈阳市 |
| 90 | 辽宁省高新过滤材料工程技术研究中心 | 东北大学 | 新材料 | 沈阳市 |
| 91 | 辽宁省植物基因工程技术研究中心 | 沈阳农业大学 | 农业 | 沈阳市 |
| 92 | 辽宁省生物大分子计算模拟与信息处理工程技术研究中心 | 辽宁大学 | 电子信息 | 沈阳市 |
| 93 | 辽宁省药用微生物应用工程技术研究中心 | 沈阳药科大学 | 生物与医药 | 沈阳市 |
| 94 | 辽宁省农业废弃物生物转化与再生工程技术研究中心 | 沈阳师范大学 | 资源与环境 | 沈阳市 |
| 95 | 辽宁省特种储备电源工程技术研究中心 | 沈阳理工大学 | 新材料 | 沈阳市 |
| 96 | 辽宁省污染环境生态修复工程技术研究中心 | 中国科学院沈阳应用生态研究所 | 资源与环境 | 沈阳市 |
| 97 | 辽宁省IP通信工程技术研究中心 | 中国科学院沈阳计算技术研究所有限公司 | 电子信息 | 沈阳市 |
| 98 | 辽宁省集成电路工程技术研究中心 | 中国电子科技集团公司第四十七研究所 | 电子信息 | 沈阳市 |
| 99 | 辽宁省鹿资源现代应用工程技术研究中心 | 辽宁省药物研究院 | 农业 | 沈阳市 |
| 100 | 辽宁省矿山灾害治理工程技术研究中心 | 辽宁有色勘察研究院 | 资源与环境 | 沈阳市 |
| 101 | 辽宁省镍资源开发利用工程技术研究中心 | 沈阳有色金属研究院 | 资源与环境 | 沈阳市 |
| 102 | 辽宁省旱作节水工程技术研究中心 | 辽宁省农业科学院 | 农业 | 沈阳市 |
| 103 | 辽宁立科嵌入式软件应用工程技术研究中心 | 辽宁立科信息工程有限公司 | 电子信息 | 沈阳市 |
| 104 | 辽宁沈阳昂立中小企业信息化工程技术研究中心 | 沈阳昂立信息技术有限公司 | 电子信息 | 沈阳市 |
| 105 | 辽宁沈阳嘉联移动支付软件工程技术研究中心 | 沈阳嘉联软件技术有限公司 | 电子信息 | 沈阳市 |

续表

| 序号 | 中心名称 | 依托单位 | 所属领域 | 所在地 |
|---|---|---|---|---|
| 106 | 辽宁沈阳敏像数字移动通信终端配套组件工程技术研究中心 | 沈阳敏像科技有限公司 | 电子信息 | 沈阳市 |
| 107 | 辽宁沈阳波音预混合饲料工程技术研究中心 | 沈阳波音饲料有限公司 | 农业 | 沈阳市 |
| 108 | 辽宁沈阳昆泰DDS药物工程技术研究中心 | 沈阳昆泰新药技术开发有限公司 | 生物与医药 | 沈阳市 |
| 109 | 辽宁沈阳新华书刊印刷设备工程技术研究中心 | 沈阳新华印刷厂 | 先进装备制造 | 沈阳市 |
| 110 | 辽宁沈阳东大工业锅炉工程技术研究中心 | 沈阳东大工业炉有限公司 | 先进装备制造 | 沈阳市 |
| 111 | 辽宁沈阳华铁汽车中冷散热工程技术研究中心 | 沈阳华铁汽车散热器有限公司 | 先进装备制造 | 沈阳市 |
| 112 | 辽宁沈阳航天三菱汽车发动机工程技术研究中心 | 沈阳航天三菱汽车发动机制造有限公司 | 先进装备制造 | 沈阳市 |
| 113 | 辽宁省先进船舶工程技术研究中心 | 大连理工大学 | 先进装备制造 | 大连市 |
| 114 | 辽宁省精细化工工程技术研究中心 | 大连理工大学 | 新材料 | 大连市 |
| 115 | 辽宁省高性能树脂工程技术研究中心 | 大连理工大学 | 新材料 | 大连市 |
| 116 | 辽宁省工业生态与环境工程技术研究中心 | 大连理工大学 | 资源与环境 | 大连市 |
| 117 | 辽宁省车辆先进设计制造工程技术研究中心 | 大连理工大学 | 先进装备制造 | 大连市 |
| 118 | 辽宁省镀铁工程技术研究中心 | 大连海事大学 | 先进装备制造 | 大连市 |
| 119 | 辽宁省船舶装备维修工程技术研究中心 | 大连海事大学 | 先进装备制造 | 大连市 |
| 120 | 辽宁省水产品深加工工程技术研究中心 | 大连工业大学 | 农业 | 大连市 |
| 121 | 辽宁省海洋牧场工程技术研究中心 | 大连水产学院 | 资源与环境 | 大连市 |
| 122 | 辽宁省现代轨道交通工程技术研究中心 | 大连交通大学 | 先进装备制造 | 大连市 |
| 123 | 国家催化工程技术研究中心（国家级） | 中国科学院大连化学物理研究所 | 新材料 | 大连市 |
| 124 | 辽宁省轨道交通装备电传动及控制工程技术研究中心 | 中国北车集团公司大连电力牵引研发中心 | 电子信息 | 大连市 |
| 125 | 辽宁省干坚果工程技术研究中心 | 辽宁省经济林研究所 | 农业 | 大连市 |
| 126 | 辽宁省智能化装备工业控制嵌入式工程技术研究中心 | 大连光洋科技工程有限公司 | 先进装备制造 | 大连市 |
| 127 | 辽宁省半导体照明与发光工程技术研究中心 | 路明科技集团有限公司 | 新材料 | 大连市 |
| 128 | 辽宁省化纤装备工程技术研究中心 | 大连合成纤维研究所股份有限公司 | 新材料 | 大连市 |
| 129 | 辽宁省数控机床（大连）工程技术研究中心 | 大连机床集团有限责任公司 | 先进装备制造 | 大连市 |
| 130 | 辽宁省氟材料工程技术研究中心 | 大连振邦氟涂料股份有限公司 | 新材料 | 大连市 |
| 131 | 辽宁省大森数控工程技术研究中心 | 大连大森数控技术发展中心有限公司 | 先进装备制造 | 大连市 |
| 132 | 辽宁省环宇移动通信设备工程技术研究中心 | 大连环宇移动科技有限公司 | 电子信息 | 大连市 |
| 133 | 辽宁省盛辉钛合金及制品工程技术研究中心 | 大连盛辉钛业有限公司 | 新材料 | 大连市 |
| 134 | 辽宁省珍奥生物技术工程技术研究中心 | 珍奥集团股份有限公司 | 生物与医药 | 大连市 |

续表

| 序号 | 中心名称 | 依托单位 | 所属领域 | 所在地 |
| --- | --- | --- | --- | --- |
| 135 | 辽宁省础明肉类食品加工工程技术研究中心 | 大连础明集团有限公司 | 农业 | 大连市 |
| 136 | 辽宁省玉磷海洋生物技术工程技术研究中心 | 大连玉璘海洋珍品股份有限公司 | 生物与医药 | 大连市 |
| 137 | 辽宁省大连重工起重集团工程技术研究中心 | 大连重工 · 起重集团有限公司 | 先进装备制造 | 大连市 |
| 138 | 辽宁省瓦轴集团工程技术研究中心 | 瓦房店轴承集团有限责任公司 | 先进装备制造 | 大连市 |
| 139 | 辽宁省大连冰山集团工程技术研究中心 | 大连冰山集团有限公司 | 先进装备制造 | 大连市 |
| 140 | 辽宁省大连太平洋海珍品工程技术研究中心 | 大连太平洋海珍品有限公司 | 农业 | 大连市 |
| 141 | 辽宁省大连船舶重工集团有限公司工程技术研究中心 | 大连船舶重工集团有限公司 | 先进装备制造 | 大连市 |
| 142 | 辽宁大连华信计算机技术有限公司工程技术研究中心 | 大连华信计算机技术股份有限公司 | 电子信息 | 大连市 |
| 143 | 辽宁大连富生天然药物开发有限公司工程技术研究中心 | 大连富生天然药物开发有限公司 | 生物与医药 | 大连市 |
| 144 | 辽宁省大连獐子岛渔业集团股份有限公司工程技术研究中心 | 大连獐子岛渔业集团股份有限公司 | 农业 | 大连市 |
| 145 | 辽宁大连雪龙产业集团有限公司工程技术研究中心 | 大连雪龙产业集团有限公司 | 农业 | 大连市 |
| 146 | 辽宁大连光伏光电工程技术研究中心 | 大连世纪长城科技发展有限公司 | 电子信息 | 大连市 |
| 147 | 辽宁省（大连）环境工程技术研究中心 | 大连市环境工程研究中心有限公司 | 资源与环境 | 大连市 |
| 148 | 辽宁大连普传科技工程技术研究中心 | 大连普传科技股份有限公司 | 电子信息 | 大连市 |
| 149 | 辽宁大连宇宙电子工程技术研究中心 | 大连宇宙电子有限公司 | 电子信息 | 大连市 |
| 150 | 辽宁大连捷成实业工程技术研究中心 | 大连捷成实业发展有限公司 | 电子信息 | 大连市 |
| 151 | 辽宁省大连汇新钛设备开发工程技术研究中心 | 大连汇新钛设备开发有限公司 | 农业 | 大连市 |
| 152 | 辽宁大连医诺生物工程技术研究中心 | 大连医诺生物有限公司 | 生物与医药 | 大连市 |
| 153 | 辽宁大连普瑞康生物技术工程技术研究中心 | 大连普瑞康生物技术有限公司 | 生物与医药 | 大连市 |
| 154 | 辽宁大连依利特分析仪器工程技术研究中心 | 大连依利特分析仪器有限公司 | 生物与医药 | 大连市 |
| 155 | 辽宁大连北方互感器工程技术研究中心 | 大连北方互感器集团有限公司 | 先进装备制造 | 大连市 |
| 156 | 辽宁大连理工安全装备工程技术研究中心 | 大连理工安全装备有限公司 | 先进装备制造 | 大连市 |
| 157 | 辽宁大连裕祥科技工程技术研究中心 | 大连裕祥科技集团有限公司 | 新材料 | 大连市 |
| 158 | 辽宁大连齐化化工工程技术研究中心 | 大连齐化化工有限公司 | 新材料 | 大连市 |
| 159 | 辽宁省刺参良种繁育及健康养殖工程技术研究中心 | 大连水产学院 | 农业 | 大连市 |

续表

| 序号 | 中心名称 | 依托单位 | 所属领域 | 所在地 |
|---|---|---|---|---|
| 160 | 辽宁省发酵工业产品工程技术研究中心 | 大连工业大学 | 生物与医药 | 大连市 |
| 161 | 辽宁省重大装备热加工工程技术研究中心 | 大连交通大学 | 先进装备制造 | 大连市 |
| 162 | 辽宁省起重机械工程技术研究中心 | 大连理工大学 | 先进装备制造 | 大连市 |
| 163 | 辽宁省海洋微生物工程技术研究中心 | 大连大学 | 生物与医药 | 大连市 |
| 164 | 辽宁省大功率中速柴油机工程技术研究中心 | 大连机车车辆有限公司 | 先进装备制造 | 大连市 |
| 165 | 辽宁大连现代城市交通自动化工程技术研究中心 | 大连现代高技术发展有限公司 | 先进装备制造 | 大连市 |
| 166 | 辽宁大连利健甲壳素类海洋生物资源工程技术研究中心 | 大连利健甲壳素股份有限公司 | 生物与医药 | 大连市 |
| 167 | 辽宁大连创思福调速工程技术研究中心 | 大连创思福液力耦合器成套设备有限公司 | 先进装备制造 | 大连市 |
| 168 | 辽宁大连易世达余热利用工程技术研究中心 | 大连易世达新能源发展股份有限公司 | 资源与环境 | 大连市 |
| 169 | 辽宁省静电工程技术研究中心 | 鞍山静电技术研究设计院 | 资源与环境 | 鞍山市 |
| 170 | 辽宁省焦化工程技术研究中心 | 中冶焦耐工程技术有限公司 | 资源与环境 | 鞍山市 |
| 171 | 辽宁省金融设备工程技术研究中心 | 辽宁科大聚龙集团投资有限公司 | 先进装备制造 | 鞍山市 |
| 172 | 辽宁省鞍山森远路桥机械工程技术研究中心 | 鞍山森远路桥养护机械制造有限公司 | 先进装备制造 | 鞍山市 |
| 173 | 辽宁省鞍山荣信电力工程技术研究中心 | 辽宁荣信电力电子股份有限公司 | 电子信息 | 鞍山市 |
| 174 | 辽宁省鞍山惠丰化工工程技术研究中心 | 鞍山市惠丰化工有限责任公司 | 新材料 | 鞍山市 |
| 175 | 辽宁清华同方（鞍山）吉兆电子有限公司工程技术研究中心 | 清华同方（鞍山）吉兆电子有限公司 | 电子信息 | 鞍山市 |
| 176 | 辽宁鞍山宏源自动化工程技术研究中心 | 鞍山市宏源自动化工程有限公司 | 电子信息 | 鞍山市 |
| 177 | 辽宁鞍山重型矿山机器工程技术研究中心 | 鞍山重型矿山机器股份有限公司 | 先进装备制造 | 鞍山市 |
| 178 | 辽宁华冶柔性输配电电工装备工程技术研究中心 | 辽宁华冶集团发展有限公司 | 先进装备制造 | 鞍山市 |
| 179 | 辽宁清华同方（鞍山）大气净化装备工程技术研究中心 | 清华同方（鞍山）环保设备股份有限公司 | 先进装备制造 | 鞍山市 |
| 180 | 辽宁海城精华矿产非金属矿深加工工程技术研究中心 | 海城精华矿产有限公司 | 资源与环境 | 鞍山市 |
| 181 | 辽宁中冶北方烧结球团工程技术研究中心 | 中冶北方工程技术有限公司 | 资源与环境 | 鞍山市 |
| 182 | 辽宁省专用石油化学品工程技术研究中心 | 辽宁石油化工大学 | 新能源与节能 | 抚顺市 |
| 183 | 辽宁省生物及可替代能源工程技术研究中心 | 辽宁石油化工大学 | 新能源与节能 | 抚顺市 |
| 184 | 辽宁省合成材料助剂开发工程技术研究中心 | 抚顺市化工研究设计院 | 新材料 | 抚顺市 |
| 185 | 辽宁省煤矿安全工程技术研究中心 | 煤炭科学研究总院抚顺分院 | 资源与环境 | 抚顺市 |
| 186 | 辽宁省中石化集团抚顺石油化工研究院工程技术研究中心 | 中石化集团抚顺石油化工研究院 | 新材料 | 抚顺市 |

续表

| 序号 | 中心名称 | 依托单位 | 所属领域 | 所在地 |
| --- | --- | --- | --- | --- |
| 187 | 辽宁省抚矿集团工程技术研究中心 | 抚顺矿业集团有限责任公司 | 新能源与节能 | 抚顺市 |
| 188 | 辽宁抚顺挖掘机制造有限公司工程技术研究中心 | 抚顺挖掘机制造有限公司 | 先进装备制造 | 抚顺市 |
| 189 | 辽宁抚顺独凤轩食品工程技术研究中心 | 抚顺市独凤轩食品有限公司 | 农业 | 抚顺市 |
| 190 | 辽宁抚顺高科电瓷电气制造工程技术研究中心 | 抚顺高科电瓷电气制造有限公司 | 先进装备制造 | 抚顺市 |
| 191 | 辽宁抚顺隆基磁电设备工程技术研究中心 | 抚顺隆基磁电设备有限公司 | 先进装备制造 | 抚顺市 |
| 192 | 辽宁抚顺机械设备制造工程技术研究中心 | 抚顺机械设备制造有限公司 | 先进装备制造 | 抚顺市 |
| 193 | 辽宁抚顺佳化聚氨酯工程技术研究中心 | 抚顺佳化聚氨酯有限公司 | 新材料 | 抚顺市 |
| 194 | 辽宁抚顺电瓷制造工程技术研究中心 | 抚顺电瓷制造有限公司 | 先进装备制造 | 抚顺市 |
| 195 | 辽宁省油田化学工程技术研究中心 | 辽宁石油化工大学 | 新材料 | 抚顺市 |
| 196 | 辽宁美亚制药工程技术研究中心 | 辽宁美亚制药有限公司 | 生物与医药 | 抚顺市 |
| 197 | 国家中成药工程技术研究中心 | 辽宁本溪三药有限公司 | 生物与医药 | 本溪市 |
| 198 | 辽宁省好护士药业集团工程技术研究中心 | 辽宁好护士药业（集团）有限责任公司 | 生物与医药 | 本溪市 |
| 199 | 辽宁省本溪北台钢铁（集团）有限责任公司工程技术研究中心 | 北台钢铁（集团）有限责任公司 | 先进装备制造 | 本溪市 |
| 200 | 辽宁本溪北方曲轴有限公司工程技术研究中心 | 辽宁北方曲轴有限公司 | 先进装备制造 | 本溪市 |
| 201 | 辽宁本溪锦程（集团）刀片制造工程技术研究中心 | 本溪锦程（集团）刀片制造有限公司 | 先进装备制造 | 本溪市 |
| 202 | 辽宁省本溪钢铁（集团）起重机制造工程技术研究中心 | 本溪钢铁（集团）起重机制造有限公司 | 先进装备制造 | 本溪市 |
| 203 | 辽宁一一三（集团）化工工程技术研究中心 | 辽宁一一三（集团）化工有限责任公司 | 新材料 | 本溪市 |
| 204 | 辽宁福源现代中药工程技术研究中心 | 辽宁福源药业有限公司 | 生物与医药 | 本溪市 |
| 205 | 辽宁海德手性药物工程技术研究中心 | 辽宁海德制药有限公司 | 生物与医药 | 本溪市 |
| 206 | 辽宁省玉米育种工程技术中心 | 丹东农业科学院 | 农业 | 丹东市 |
| 207 | 辽宁省丹东射线仪表工程技术研究中心 | 辽宁仪表研究所有限责任公司 | 先进装备制造 | 丹东市 |
| 208 | 辽宁省柞蚕丝绸工程技术研究中心 | 辽宁柞蚕丝绸科学研究院有限责任公司 | 农业 | 丹东市 |
| 209 | 辽宁省硼精细化工工程技术研究中心 | 丹东市化工研究所有限责任公司 | 新材料 | 丹东市 |
| 210 | 辽宁省纺织印染化学工程技术研究中心 | 丹东恒星精细化工公司 | 新材料 | 丹东市 |
| 211 | 辽宁省东方工业在线检测与控制工程技术研究中心 | 丹东东方测控技术有限公司 | 先进装备制造 | 丹东市 |
| 212 | 辽宁省曙光汽车集团工程技术研究中心 | 辽宁曙光汽车集团股份有限公司 | 先进装备制造 | 丹东市 |

续表

| 序号 | 中心名称 | 依托单位 | 所属领域 | 所在地 |
|---|---|---|---|---|
| 213 | 辽宁省丹东五一八内燃机配件有限公司工程技术研究中心 | 辽宁五一八内燃机配件有限公司 | 先进装备制造 | 丹东市 |
| 214 | 辽宁丹东东发（集团）有限公司工程技术研究中心 | 丹东东发（集团）有限公司 | 先进装备制造 | 丹东市 |
| 215 | 辽宁欣泰电力电子工程技术研究中心 | 辽宁欣泰股份有限公司 | 先进装备制造 | 丹东市 |
| 216 | 辽宁丹东克隆集团有限责任公司工程技术研究中心 | 丹东克隆集团有限责任公司 | 先进装备制造 | 丹东市 |
| 217 | 辽宁金洋科技发展集团工程技术研究中心 | 辽宁金洋科技发展集团有限公司 | 电子信息 | 丹东市 |
| 218 | 辽宁凤城大梨树科技工程技术研究中心 | 凤城市大梨树科技有限公司 | 农业 | 丹东市 |
| 219 | 辽宁丹东药业工程技术研究中心 | 丹东药业有限公司 | 生物与医药 | 丹东市 |
| 220 | 辽宁丹东金丸工程技术研究中心 | 丹东金丸集团有限公司 | 先进装备制造 | 丹东市 |
| 221 | 辽宁丹东优耐特纺织品工程技术研究中心 | 丹东优耐特纺织品有限公司 | 新材料 | 丹东市 |
| 222 | 辽宁精化科技工程技术研究中心 | 辽宁精化科技有限公司 | 新材料 | 丹东市 |
| 223 | 辽宁丹东北方环保工程技术研究中心 | 丹东北方环保工程有限公司 | 资源与环境 | 丹东市 |
| 224 | 辽宁丹东通博FF现场总线仪表工程技术研究中心 | 丹东通博电器（集团）有限公司 | 先进装备制造 | 丹东市 |
| 225 | 辽宁丹东思凯预付费信息处理设备工程技术研究中心 | 丹东思凯电子发展有限责任公司 | 电子信息 | 丹东市 |
| 226 | 辽宁凤城老窖酒业工程技术研究中心 | 辽宁凤城老窖酒业有限责任公司 | 农业 | 丹东市 |
| 227 | 辽宁恒星泵业工程技术研究中心 | 辽宁恒星泵业有限公司 | 先进装备制造 | 丹东市 |
| 228 | 辽宁天泽工业过滤介质工程技术研究中心 | 辽宁天泽产业集团纺织有限公司 | 新材料 | 丹东市 |
| 229 | 辽宁东港市天安金属波纹管膨胀节工程技术研究中心 | 东港市天安容器有限公司 | 先进装备制造 | 丹东市 |
| 230 | 辽宁省奥鸿药业工程技术研究中心 | 锦州奥鸿药业有限责任公司 | 生物与医药 | 锦州市 |
| 231 | 辽宁省锦州万得工业（集团）工程技术研究中心 | 锦州万得工业（集团）公司 | 先进装备制造 | 锦州市 |
| 232 | 辽宁省天合精细化工工程技术研究中心 | 辽宁天合精细化工股份有限公司 | 新材料 | 锦州市 |
| 233 | 辽宁省锦州矿山机器有限责任公司工程技术研究中心 | 锦州矿山机器有限责任公司 | 先进装备制造 | 锦州市 |
| 234 | 辽宁锦州航星集团有限公司工程技术研究中心 | 锦州航星集团有限公司 | 电子信息 | 锦州市 |
| 235 | 辽宁锦州铁合金股份有限公司工程技术研究中心 | 锦州铁合金股份有限公司 | 新材料 | 锦州市 |
| 236 | 辽宁锦州万得包装机械工程技术研究中心 | 锦州万得包装机械有限公司 | 先进装备制造 | 锦州市 |
| 237 | 辽宁锦州新世纪石英玻璃工程技术研究中心 | 锦州新世纪石英玻璃有限公司 | 新材料 | 锦州市 |
| 238 | 辽宁省锦州石化工程技术研究中心 | 中石油天然气股份有限公司锦州石化分公司 | 新能源与节能 | 锦州市 |

续表

| 序号 | 中心名称 | 依托单位 | 所属领域 | 所在地 |
| --- | --- | --- | --- | --- |
| 239 | 辽宁省汽车振动与噪声技术工程技术研究中心 | 辽宁工业大学 | 资源与环境 | 锦州市 |
| 240 | 辽宁省硅材料工程技术研究中心 | 渤海大学 | 新材料 | 锦州市 |
| 241 | 辽宁锦州拓新电力电子工程技术研究中心 | 锦州拓新电力电子有限公司 | 电子信息 | 锦州市 |
| 242 | 辽宁现代旱作农业机械工程技术研究中心 | 辽宁现代农机装备有限公司 | 先进装备制造 | 锦州市 |
| 243 | 辽宁锦州宏丰印染工程技术研究中心 | 锦州宏丰印染厂有限公司 | 新材料 | 锦州市 |
| 244 | 辽宁省生物质能工程技术研究中心 | 辽宁省能源研究所 | 新能源与节能 | 营口市 |
| 245 | 辽宁省青花耐火材料股份公司工程技术研究中心 | 营口青花耐火材料股份有限公司 | 新材料 | 营口市 |
| 246 | 辽宁省营口冠华胶印机工程技术研究中心 | 营口冠华胶印机有限公司 | 先进装备制造 | 营口市 |
| 247 | 辽宁营口大石桥金龙耐火材料有限公司工程技术研究中心 | 大石桥市金龙耐火材料有限公司 | 新材料 | 营口市 |
| 248 | 辽宁柞蚕丝绢纺工程技术研究中心 | 盖州市暖泉绢纺厂 | 农业（纺织） | 营口市 |
| 249 | 辽宁中冶京诚（营口）装备技术工程技术研究中心 | 中冶京诚（营口）装备技术有限公司 | 先进装备制造 | 营口市 |
| 250 | 辽宁大石桥市荣源镁矿工程技术研究中心 | 大石桥市荣源镁矿有限公司 | 新材料 | 营口市 |
| 251 | 辽宁石桥大豆蛋白制品工程技术研究中心 | 辽宁石桥调味品有限公司 | 农业 | 营口市 |
| 252 | 辽宁银珠化纺工程技术研究中心 | 辽宁银珠化纺集团有限公司 | 新材料 | 营口市 |
| 253 | 辽宁丰华耐火材料工程技术研究中心 | 辽宁丰华耐火材料有限公司 | 新材料 | 营口市 |
| 254 | 辽宁省阜新橡胶工程技术研究中心 | 阜新橡胶（集团）有限公司 | 新材料 | 阜新市 |
| 255 | 辽宁太克液压机械有限公司工程技术研究中心 | 辽宁太克液压机械有限公司 | 先进装备制造 | 阜新市 |
| 256 | 辽宁阜新市阜瑶牧业工程技术研究中心 | 阜新市阜瑶牧业有限责任公司 | 农业 | 阜新市 |
| 257 | 辽宁三沟酒业工程技术研究中心 | 辽宁三沟酒业有限责任公司 | 农业 | 阜新市 |
| 258 | 辽宁北辰电力设备工程技术研究中心 | 辽宁北辰电力设备有限公司 | 先进装备制造 | 阜新市 |
| 259 | 辽宁北辰液压气动工程技术研究中心 | 辽宁北辰液压气动有限公司 | 先进装备制造 | 阜新市 |
| 260 | 辽宁省采矿与矿物开发利用工程技术研究中心 | 辽宁工程技术大学 | 资源与环境 | 阜新市 |
| 261 | 辽宁省液压传动与控制工程技术研究中心 | 辽宁工程技术大学 | 先进装备制造 | 阜新市 |
| 262 | 辽宁省生态经济型防护林工程技术研究中心 | 辽宁省固沙造林研究所 | 资源与环境 | 阜新市 |
| 263 | 辽宁阜新清兴皮革清洁生产工程技术研究中心 | 阜新清兴皮革工业园区发展有限公司 | 新材料 | 阜新市 |
| 264 | 辽宁阜新振隆农副产品精深加工工程技术研究中心 | 阜新振隆土特产有限公司 | 农业 | 阜新市 |

续表

| 序号 | 中心名称 | 依托单位 | 所属领域 | 所在地 |
|---|---|---|---|---|
| 265 | 辽宁阜新市天琪电子工程技术研究中心 | 阜新市天琪电子有限责任公司 | 电子信息 | 阜新市 |
| 266 | 辽宁阜新德尔汽车转向泵工程技术研究中心 | 阜新德尔汽车转向泵有限公司 | 先进装备制造 | 阜新市 |
| 267 | 辽宁阜新驰宇石油机械工程技术研究中心 | 阜新驰宇石油机械有限公司 | 先进装备制造 | 阜新市 |
| 268 | 辽宁省绒山羊育种工程技术研究中心 | 辽宁省辽宁绒山羊育种中心 | 农业 | 辽阳市 |
| 269 | 辽宁省奥克环氧乙烷开发利用工程技术研究中心 | 辽宁奥克集团股份有限公司 | 新材料 | 辽阳市 |
| 270 | 辽宁省益康动物疫苗工程技术研究中心 | 辽宁省益康生物制品有限公司 | 生物与医药 | 辽阳市 |
| 271 | 辽宁省忠旺集团工程技术研究中心 | 辽宁忠旺集团有限公司 | 先进装备制造 | 辽阳市 |
| 272 | 辽宁新风企业集团有限公司工程技术研究中心 | 辽宁新风企业集团有限公司 | 先进装备制造 | 辽阳市 |
| 273 | 辽宁辽阳石化分公司研究院工程技术研究中心 | 辽阳石化分公司研究院 | 新材料 | 辽阳市 |
| 274 | 辽宁辽阳铜业集团铜材厂工程技术研究中心 | 辽阳铜业集团有限公司 | 新材料 | 辽阳市 |
| 275 | 辽宁辽阳瑞兴化工工程技术研究中心 | 辽阳瑞兴化工有限公司 | 新材料 | 辽阳市 |
| 276 | 辽宁辽阳钢管工程技术研究中心 | 辽阳钢管有限公司 | 先进装备制造 | 辽阳市 |
| 277 | 辽宁辽阳金兴汽车内饰件工程技术研究中心 | 辽阳金兴汽车内饰件有限公司 | 先进装备制造 | 辽阳市 |
| 278 | 辽宁顺兴重型内燃机曲轴工程技术研究中心 | 辽宁顺兴重型内燃机曲轴有限公司 | 先进装备制造 | 辽阳市 |
| 279 | 辽宁辽阳市富祥曲轴工程技术研究中心 | 辽阳市富祥曲轴有限公司 | 先进装备制造 | 辽阳市 |
| 280 | 辽宁辽阳科隆化工工程技术研究中心 | 辽阳科隆化工实业有限公司 | 新材料 | 辽阳市 |
| 281 | 辽宁辽阳康达塑胶树脂工程技术研究中心 | 辽阳市宏伟区康达塑胶树脂厂 | 新材料 | 辽阳市 |
| 282 | 辽宁辽阳合成催化剂工程技术研究中心 | 辽阳市宏伟区合成催化剂厂 | 新材料 | 辽阳市 |
| 283 | 辽宁辽阳新鑫国际工程技术研究中心 | 辽阳新鑫国际集团 | 资源与环境 | 辽阳市 |
| 284 | 辽宁省畜牧草业工程技术研究中心 | 辽宁省畜牧科学研究院 | 农业 | 辽阳市 |
| 285 | 辽宁辽阳聚进三维地理信息平台工程技术研究中心 | 辽阳聚进科技有限公司 | 电子信息 | 辽阳市 |
| 286 | 辽宁辽阳石化机械管路器材工程技术研究中心 | 辽阳石化机械设计制造有限公司 | 先进装备制造 | 辽阳市 |
| 287 | 辽宁省铁法煤业（集团）有限责任公司工程技术研究中心 | 辽宁省铁法煤业（集团）有限责任公司 | 资源与环境 | 铁岭市 |
| 288 | 辽宁省铁岭特阀工程技术研究中心 | 铁岭阀门（集团）特种阀门有限责任公司 | 先进装备制造 | 铁岭市 |
| 289 | 辽宁陆平机器股份有限公司工程技术研究中心 | 辽宁陆平机器股份有限公司 | 先进装备制造 | 铁岭市 |
| 290 | 辽宁铁岭永发茧产品工程技术研究中心 | 铁岭市永发茧产品有限公司 | 农业 | 铁岭市 |
| 291 | 辽宁铁岭铁光仪器仪表工程技术研究中心 | 铁岭铁光仪器仪表有限责任公司 | 先进装备制造 | 铁岭市 |
| 292 | 辽宁铁岭盛鑫玉米油脂工程技术研究中心 | 铁岭盛鑫油脂有限公司 | 农业 | 铁岭市 |

续表

| 序号 | 中心名称 | 依托单位 | 所属领域 | 所在地 |
|---|---|---|---|---|
| 293 | 辽宁省朝阳特种电源工程技术研究中心 | 航天长峰朝阳电源有限公司 | 先进装备制造 | 朝阳市 |
| 294 | 辽宁省东风柴油机工程技术研究中心 | 东风朝阳柴油机有限责任公司 | 先进装备制造 | 朝阳市 |
| 295 | 辽宁省凌源钢铁股份有限公司工程技术研究中心 | 辽宁省凌源钢铁股份有限公司 | 新材料 | 朝阳市 |
| 296 | 辽宁朝阳浪马轮胎有限责任公司工程技术研究中心 | 朝阳浪马轮胎有限责任公司 | 新材料 | 朝阳市 |
| 297 | 辽宁朝阳华龙煤矸石综合利用工程技术研究中心 | 朝阳华龙企业集团有限 公司 | 资源与环境 | 朝阳市 |
| 298 | 辽宁省葡萄酿制技术工程技术研究中心 | 辽宁省水土保持研究所 | 农业 | 朝阳市 |
| 299 | 辽宁朝阳朝工机械工程技术研究中心 | 朝阳朝工机械有限公司 | 先进装备制造 | 朝阳市 |
| 300 | 辽宁朝阳金达钛业工程技术研究中心 | 朝阳金达钛业有限责任公司 | 新材料 | 朝阳市 |
| 301 | 辽宁朝阳百盛锆业工程技术研究中心 | 朝阳百盛锆业有限公司 | 新材料 | 朝阳市 |
| 302 | 辽宁红山化工工程技术研究中心 | 辽宁红山化工股份合作公司 | 新材料 | 朝阳市 |
| 303 | 辽宁朝阳森塬活性炭工程技术研究中心 | 朝阳森塬活性炭有限公司 | 新材料 | 朝阳市 |
| 304 | 辽宁省华锦化工集团工程技术研究中心 | 辽宁华锦化工（集团）有限责任公司 | 新材料 | 盘锦市 |
| 305 | 辽宁省中油辽河工程公司工程技术研究中心 | 中油辽河工程有限公司 | 资源与环境 | 盘锦市 |
| 306 | 辽宁盘锦光合水产有限公司工程技术研究中心 | 盘锦光合水产有限公司 | 农业 | 盘锦市 |
| 307 | 辽宁华孚石油高科技股份有限公司工程技术研究中心 | 辽宁华孚石油高科技股份有限公司 | 资源与环境 | 盘锦市 |
| 308 | 辽宁盘锦辽河油田凯特石油设备工程技术研究中心 | 盘锦市辽河油田凯特石油设备有限公司 | 先进装备制造 | 盘锦市 |
| 309 | 辽宁盘锦辽河数码科技工程技术研究中心 | 盘锦辽河数码科技发展有限公司 | 电子信息 | 盘锦市 |
| 310 | 辽宁兴海制药工程技术研究中心 | 辽宁兴海制药有限公司 | 生物与医药 | 盘锦市 |
| 311 | 辽宁杰事杰新材料工程技术研究中心 | 辽宁杰事杰新材料有限公司 | 新材料 | 盘锦市 |
| 312 | 辽宁辽河石油勘探局华油实业工程技术研究中心 | 辽河石油勘探局华油实业公司 | 资源与环境 | 盘锦市 |
| 313 | 辽宁宏冠船舶工程技术研究中心 | 辽宁宏冠船业有限公司 | 先进装备制造 | 盘锦市 |
| 314 | 辽宁盘锦汇明实业工程技术研究中心 | 盘锦汇明实业有限公司 | 先进装备制造 | 盘锦市 |
| 315 | 辽宁省锦化化工集团工程技术研究中心 | 锦化化工（集团）有限责任公司 | 新材料 | 葫芦岛市 |
| 316 | 辽宁省锦西化工机械集团工程技术研究中心 | 锦西化工机械（集团）有限公司 | 先进装备制造 | 葫芦岛市 |
| 317 | 辽宁省锦西天然气化工有限公司工程技术研究中心 | 锦西天然气化工有限责任公司 | 新材料 | 葫芦岛市 |
| 318 | 辽宁萬来轮胎工程技术研究中心 | 辽宁萬来轮胎有限公司 | 新材料 | 葫芦岛市 |

（辽宁省科学技术厅创新平台管理处　张开）

# 2009年辽宁省高新技术企业名录

| 序号 | 企业名称 | 所在市 | 序号 | 企业名称 | 所在市 |
|---|---|---|---|---|---|
| 1 | 辽宁邮电规划设计院有限公司 | 沈阳 | 28 | 沈阳兴华航空电器有限责任公司 | 沈阳 |
| 2 | 辽宁玉皇药业有限公司 | 沈阳 | 29 | 一航沈飞民用飞机有限责任公司 | 沈阳 |
| 3 | 沈阳大陆激光技术有限公司 | 沈阳 | 30 | 中铁九局集团有限公司 | 沈阳 |
| 4 | 沈阳东友仪表成套设备有限公司 | 沈阳 | 31 | 辽宁东科电力有限公司 | 沈阳 |
| 5 | 沈阳红药制药有限公司 | 沈阳 | 32 | 辽宁赛沃斯节能技术有限公司 | 沈阳 |
| 6 | 沈阳汇亚通铸造材料有限责任公司 | 沈阳 | 33 | 沈阳艾派利和科技有限公司 | 沈阳 |
| 7 | 沈阳机床股份有限公司 | 沈阳 | 34 | 沈阳帝信通信电子工程有限公司 | 沈阳 |
| 8 | 沈阳市航达科技有限责任公司 | 沈阳 | 35 | 沈阳哈维尔表面工程技术有限公司 | 沈阳 |
| 9 | 沈阳铁路信号工厂 | 沈阳 | 36 | 沈阳航天新光安全系统有限公司 | 沈阳 |
| 10 | 沈阳新邮通信设备有限公司 | 沈阳 | 37 | 沈阳华岩电力技术有限公司 | 沈阳 |
| 11 | 沈阳兴齐制药有限公司 | 沈阳 | 38 | 沈阳金杯江森自控汽车内饰件有限公司 | 沈阳 |
| 12 | 沈阳昊诚电气有限公司 | 沈阳 | 39 | 沈阳浪潮系统集成工程有限公司 | 沈阳 |
| 13 | 中捷机床有限公司 | 沈阳 | 40 | 沈阳隆达环保节能集团有限公司 | 沈阳 |
| 14 | 沈阳易讯科技股份有限公司 | 沈阳 | 41 | 沈阳沈大内窥镜有限公司 | 沈阳 |
| 15 | 辽宁成大生物股份有限公司 | 沈阳 | 42 | 沈阳时尚实业有限公司 | 沈阳 |
| 16 | 沈阳储隆沥青设备有限公司 | 沈阳 | 43 | 沈阳新光华旭铸造有限公司 | 沈阳 |
| 17 | 沈阳海为电力设备有限公司 | 沈阳 | 44 | 沈阳中科超硬磨具磨削研究所 | 沈阳 |
| 18 | 沈阳金纳新材料有限公司 | 沈阳 | 45 | 鞍山海华油脂化学有限公司 | 鞍山 |
| 19 | 沈阳派司钛设备有限公司 | 沈阳 | 46 | 鞍山市发蓝钢带有限责任公司 | 鞍山 |
| 20 | 沈阳沈变所电气科技有限公司 | 沈阳 | 47 | 鞍山市和丰耐火材料有限公司 | 鞍山 |
| 21 | 沈阳协合生物制药股份有限公司 | 沈阳 | 48 | 辽宁艾海滑石有限公司 | 鞍山 |
| 22 | 贝卡尔特—沈阳钢帘线有限公司 | 沈阳 | 49 | 辽宁福鞍铸业集团有限公司 | 鞍山 |
| 23 | 辽宁宝林集团节能科技有限公司 | 沈阳 | 50 | 鞍山拜尔自控有限公司 | 鞍山 |
| 24 | 沈阳博林特电梯有限公司 | 沈阳 | 51 | 鞍山维盛自动化科技有限公司 | 鞍山 |
| 25 | 沈阳华讯电子技术有限责任公司 | 沈阳 | 52 | 辽宁立信德通信技术服务有限公司 | 鞍山 |
| 26 | 沈阳金杯恒隆汽车转向系统有限公司 | 沈阳 | 53 | 鞍钢钢绳有限责任公司 | 鞍山 |
| 27 | 沈阳新阳光机电科技有限公司 | 沈阳 | 54 | 鞍山市特种耐磨设备厂 | 鞍山 |

续表

| 序号 | 企业名称 | 所在市 | 序号 | 企业名称 | 所在市 |
|---|---|---|---|---|---|
| 55 | 鞍山德善药业有限公司 | 鞍山 | 81 | 锦州光和密封实业有限公司 | 锦州 |
| 56 | 鞍山市安泰安全技术有限公司 | 鞍山 | 82 | 锦州华光电子管有限公司 | 锦州 |
| 57 | 鞍山市戴维冶金科技开发有限公司 | 鞍山 | 83 | 锦州矿山机器（集团）有限公司 | 锦州 |
| 58 | 鞍山市海汇自动化有限公司 | 鞍山 | 84 | 锦州万得机械装备有限公司 | 锦州 |
| 59 | 辽宁海诺建设机械集团有限公司 | 鞍山 | 85 | 锦州阳光能源有限公司 | 锦州 |
| 60 | 中冶焦耐自动化系统有限公司 | 鞍山 | 86 | 辽宁维森信息技术有限公司 | 锦州 |
| 61 | 辽宁今日农业有限公司 | 抚顺 | 87 | 辽宁千里明药业（集团）有限公司 | 营口 |
| 62 | 煤炭科学研究总院沈阳研究院 | 抚顺 | 88 | 辽宁环宇环保技术有限公司 | 营口 |
| 63 | 抚顺抚运安仪救生装备有限公司 | 抚顺 | 89 | 营口金辰机械有限公司 | 营口 |
| 64 | 抚顺机械设备制造有限公司 | 抚顺 | 90 | 营口流体设备制造（集团）有限公司 | 营口 |
| 65 | 抚顺煤矿电机制造有限责任公司 | 抚顺 | 91 | 营口市风光化工有限公司 | 营口 |
| 66 | 抚顺永茂建筑机械有限公司 | 抚顺 | 92 | 营口鲅鱼圈耐火材料有限公司 | 营口 |
| 67 | 辽宁金昌新材料有限公司 | 抚顺 | 93 | 阜新市万达铸业有限公司 | 阜新 |
| 68 | 本溪冶炼集团有限公司 | 本溪 | 94 | 辽宁大金重工股份有限公司 | 阜新 |
| 69 | 丹东北方环保工程有限公司 | 丹东 | 95 | 凯莱英医药化学（阜新）技术有限公司 | 阜新 |
| 70 | 丹东华日理学电气有限公司 | 丹东 | 96 | 辽阳艺蒙织毯实业公司 | 辽阳 |
| 71 | 辽宁达荣信息技术有限公司 | 丹东 | 97 | 灯塔北方化工有限公司 | 辽阳 |
| 72 | 辽宁仪表研究所有限责任公司 | 丹东 | 98 | 辽阳科隆化学品有限公司 | 辽阳 |
| 73 | 丹东科亮电子有限公司 | 丹东 | 99 | 铁岭铁光仪器仪表有限责任公司 | 铁岭 |
| 74 | 丹东星光电器有限公司 | 丹东 | 100 | 辽宁人天科技有限公司 | 铁岭 |
| 75 | 辽宁天泽产业集团纺织有限公司 | 丹东 | 101 | 朝阳森塬活性炭有限公司 | 朝阳 |
| 76 | 锦州万得包装机械有限公司 | 锦州 | 102 | 盘锦环帮节能设备有限公司 | 盘锦 |
| 77 | 锦州新万得汽车部件有限公司 | 锦州 | 103 | 盘锦辽河油田天意石油装备有限公司 | 盘锦 |
| 78 | 锦州秀亭制管有限公司 | 锦州 | 104 | 辽宁瑞达石油技术有限公司 | 盘锦 |
| 79 | 宝钛华神钛业有限公司 | 锦州 | 105 | 锦西化工研究院 | 葫芦岛 |
| 80 | 锦州变压器股份有限公司 | 锦州 | | | |

*大连市为计划单列市，独立开展认定工作。

（辽宁省科学技术厅高新技术发展与产业化处　宋兴奎）

# 2009年新批建重点实验室一览表

| 序号 | 企业国家重点实验室 | 依托单位 |
|---|---|---|
| 1 | 软件架构新技术国家重点实验室 | 东软集团股份有限公司 |
| 2 | 全断面掘进机国家重点实验室 | 北方重工集团有限公司 |

| 序号 | 省级重点实验室名称 | 依托单位 |
|---|---|---|
| 1 | 辽宁省光电功能材料检测与技术重点实验室 | 渤海大学 |
| 2 | 辽宁省复杂结构系统灾害预测防治重点实验室 | 大连大学 |
| 3 | 辽宁省数字化服装工程重点实验室 | 大连工业大学 |
| 4 | 辽宁省船舶机电一体化重点实验室 | 大连海事大学 |
| 5 | 辽宁省新能源电池重点实验室 | 大连交通大学 |
| 6 | 辽宁省机体微生态与疾病控制重点实验室 | 大连医科大学 |
| 7 | 辽宁省动物资源与疫病防治重点实验室 | 辽宁大学 |
| 8 | 辽宁省矿物加工与利用重点实验室 | 辽宁工程技术大学 |
| 9 | 辽宁省光伏材料重点实验室 | 辽宁工业大学 |
| 10 | 辽宁省铜铝板带箔材精整装备技术重点实验室 | 辽宁省机械研究院有限公司 |
| 11 | 辽宁省牧草重点实验室 | 辽宁省农业科学院 |
| 12 | 辽宁省人体耐力重点实验室 | 辽宁省体育科学研究所 |
| 13 | 辽宁省国人体质特征研究重点实验室 | 辽宁医学院 |
| 14 | 辽宁省光电材料与技术重点实验室 | 辽宁师范大学 |
| 15 | 辽宁省中医分子生物学重点实验室 | 辽宁中医药大学 |
| 16 | 辽宁省特种材料制备与应用技术重点实验室 | 沈阳师范大学 |
| 17 | 辽宁省装备制造综合自动化重点实验室 | 沈阳大学 |
| 18 | 辽宁省电网安全运行与监测重点实验室 | 沈阳工业大学 |
| 19 | 辽宁省稀土化学及应用技术重点实验室 | 沈阳化工学院 |
| 20 | 辽宁省金属材料先进加工技术重点实验室 | 沈阳理工大学 |
| 21 | 辽宁省农业机械化重点实验室 | 沈阳农业大学 |
| 22 | 辽宁省抗感染药物小分子合成重点实验室 | 沈阳药科大学 |
| 23 | 辽宁省环境污染与微生态重点实验室 | 沈阳医学院 |

续表

| 序号 | 省级重点实验室名称 | 依托单位 |
| --- | --- | --- |
| 24 | 辽宁省心血管病转化医学研究重点实验室 | 中国人民解放军沈阳军区总医院 |
| 25 | 辽宁省砷生物学作用与砷中毒重点实验室 | 中国医科大学 |
| 26 | 辽宁省食品生物技术重点实验室 | 大连工业大学 |
| 27 | 辽宁省船机修造工程重点实验室 | 大连海事大学 |
| 28 | 辽宁省轨道交通装备数字化设计与制造重点实验室 | 大连交通大学 |
| 29 | 辽宁省高分子科学与工程重点实验室 | 大连理工大学 |
| 30 | 辽宁省数字媒体处理与传输重点实验室 | 大连理工大学 |
| 31 | 辽宁省节能与新能源汽车动力控制与整车技术重点实验室 | 大连理工大学 |
| 32 | 辽宁省节能与新能源汽车控制系统重点实验室 | 大连启明海通信息技术有限公司 |
| 33 | 辽宁省海洋信息技术重点实验室 | 大连水产学院 |
| 34 | 辽宁省中西医结合疑难危重病基础研究重点实验室 | 大连医科大学 |
| 35 | 辽宁省复杂装备多学科设计优化技术重点实验室 | 东北大学 |
| 36 | 辽宁省非煤矿山安全技术及工程重点实验室 | 东北大学 |
| 37 | 辽宁省绿色合成与先进材料制备化学重点实验室 | 辽宁大学 |
| 38 | 辽宁省化学冶金工程重点实验室 | 辽宁科技大学 |
| 39 | 辽宁省海洋生物资源与生态学重点实验室 | 辽宁省海洋水产科学研究院 |
| 40 | 辽宁省干细胞技术治疗心肌损伤重点实验室 | 辽宁省人民医院 |
| 41 | 辽宁省土壤侵蚀与水土保持重点实验室 | 辽宁省水土保持研究所 |
| 42 | 辽宁省中药活性筛选重点实验室 | 辽宁省中医药研究院 |
| 43 | 辽宁省自然地理与空间信息科学重点实验室 | 辽宁师范大学 |
| 44 | 辽宁省石油化工承压设备安全科学与工程重点实验室 | 辽宁石油化工大学 |
| 45 | 辽宁省煤炭采掘机械装备技术重点实验室 | 三一重型装备有限公司 |
| 46 | 辽宁省核泵技术重点实验室 | 沈阳鼓风机集团有限公司 |
| 47 | 辽宁省大规模分布式系统重点实验室 | 沈阳航空工业学院 |
| 48 | 辽宁省人工智能与自然语言处理重点实验室 | 沈阳航空工业学院 |
| 49 | 辽宁省建筑生态物理技术与评价重点实验室 | 沈阳建筑大学 |
| 50 | 辽宁省化工反应风险和工程化放大研究重点实验室 | 沈阳科创化学品有限公司 |
| 51 | 辽宁省现代药物制剂研究重点实验室 | 沈阳药科大学 |
| 52 | 辽宁省微流控芯片重点实验室 | 中国科学院大连化学物理研究所 |
| 53 | 辽宁省能源材料热化学重点实验室 | 中国科学院大连化学物理研究所 |
| 54 | 辽宁省土壤环境质量与农产品安全重点实验室 | 中国科学院沈阳应用生态研究所 |
| 55 | 辽宁省图像理解与视觉计算重点实验室 | 中国科学院沈阳自动化研究所 |
| 56 | 辽宁省男性生殖重点实验室 | 中国人民解放军第二〇二医院 |
| 57 | 辽宁省胃癌分子病理学重点实验室 | 中国医科大学 |

（辽宁省科学技术厅发展计划处　刘佳）

# 辽宁省科学技术协会领导、机关内设机构及直属单位负责人名录

**科学技术协会领导**

主　　席　王天然
党组书记　康　捷（专职副主席）
副 主 席　于天忱
于明才（专职副主席）
王元立（专职副主席）
包信和
刘长江
孙铁珩
苏永强
金太元（专职副主席）
胡永康
唐任远
黄其励
程耿东
鲍振东
赫冀成
秘 书 长　王玉惠

**机关处室**

办公室（老干部处）主任　王玉惠
组织宣传部部长　朱玉宏
学会学术部部长　孙　丹
科学技术普及部（纲要办）副部长　杜　楠
国际联络部部长　孙红军
企业科协工作部副部长　冯玉沈
研究室副主任　方春晟
机关党委副书记　刘中敏

**直属单位**

省科学技术馆馆长　张英群
省科学技术咨询中心副主任　涂多力
省科学技术普及宣传中心主任　丁文忠
省青少年科学技术活动中心主任　宫明照

（辽宁省科学技术协会　刘传彬）

# 辽宁省科学技术协会所属省级学会理事长、秘书长名录

| 理　学 | | | | |
|---|---|---|---|---|
| 序号 | 学会名称 | 挂靠单位 | 理事长 | 秘书长 |
| 1 | 辽宁省数学会 | 辽宁大学数学系 | 张庆灵 | 吕方 |
| 2 | 辽宁省物理学会 | 东北大学理学院物理系 | 鲜于泽 | 李林 |
| 3 | 辽宁省力学学会 | 东北大学理学院力学系 | 顾元宪 | 杨成祥 |
| 4 | 辽宁省化学会 | 辽宁大学化学科学与工程学院 | 臧树良 | 宋溪明 |
| 5 | 辽宁省气象学会 | 辽宁省气象局 | 宋达人 | 王玲 |
| 6 | 辽宁省地质学会 | 辽宁省国土资源局 | 张殿双 | 张清印 |
| 7 | 辽宁省地理学会 | 辽宁师范大学地理系 | 韩增林 | 林宪生 |
| 8 | 辽宁省海洋学会 | 国家海洋局海洋环境监测中心 | 王玉银 | 李月秋 |
| 9 | 辽宁省地震学会 | 辽宁省地震局 | 佟晓辉 | 高艳 |
| 10 | 辽宁省动物学会 | 沈阳师范大学化学与生命科学系 | 李丕鹏 | 杨宝田 |
| 11 | 辽宁省植物学会 | 中国科学院沈阳应用生态研究所 | 曹丛 | 曹伟 |
| 12 | 辽宁省昆虫学会 | 辽宁省农业科学院植保护研究所 | 赵季秋 | 许国庆 |
| 13 | 辽宁省微生物学会 | 辽宁省微生物研究所 | 张忠泽 | 张翠霞 |
| 14 | 辽宁省生物化学学会 | 中国医科大学生物技术研究所 | 张成刚 | 张岐山 |
| 15 | 辽宁省生物物理学会 | 中国医科大学生物物理教研室 | 赵雨杰 | 何群 |
| 16 | 辽宁省遗传学会 | 中国医科大学医学遗传教研室 | 孙开来 | 富伟能 |
| 17 | 辽宁省生态学学会 | 中国科学院沈阳应用生态研究所 | 何兴元 | 金昌杰 |
| 18 | 辽宁省环境科学学会 | 辽宁省环境保护局 | 孔昌俊 | 代宝义 |
| 19 | 辽宁省野生动物保护协会 | 辽宁省林业厅 | 金连成 | 曲健君 |
| 20 | 辽宁省地球物理学会 | 中国石油天然气股份有限公司辽河油田分公司 | 金尚柱 | 石殿祥 |

| 工　学 | | | | |
|---|---|---|---|---|
| 序号 | 学会名称 | 挂靠单位 | 理事长 | 秘书长 |
| 1 | 辽宁省机械工程学会 | 辽宁省机械行业管理办公室 | 甄星耀 | 于盛蓁 |
| 2 | 辽宁省农机学会 | 辽宁省农机局 | 李宝筏 | 刘爱民 |
| 3 | 辽宁省电机工程学会 | 国电东北公司辽宁省电力有限公司 | 钟　俊 | 夏祖芳 |
| 4 | 辽宁省电工技术学会 | 辽宁省电力装备集团公司 | 刘杰 | 陈铁萍 |
| 5 | 辽宁省水利学会 | 辽宁省水利厅 | 邹广岐 | 邢俊英 |
| 6 | 辽宁省人民防空学会 | 辽宁省人民防空办公室 | 果敢 | 姚忠毓 |

续表

| 工　学 | | | | |
|---|---|---|---|---|
| 序号 | 学会名称 | 挂靠单位 | 理事长 | 秘书长 |
| 7 | 辽宁省制冷学会 | 辽宁省制冷工程研究院 | 孙莹 | 王群 |
| 8 | 辽宁省自动化学会 | 中国科学院沈阳 自动化研究所 | 王天然 | 柳成林 |
| 9 | 辽宁省计量测试学会 | 辽宁省质量技术监督局 | 曹君林 | 刘连军 |
| 10 | 辽宁省标准化协会 | 辽宁省质量技术监督局 | 王明元 | 王明元 |
| 11 | 辽宁省图学学会 | 大连大学科研处 | 方昆凡 | 王吉军 |
| 12 | 辽宁省计算机学会 | 中国科学院沈阳计算技术研究所 | 栾贵兴 | 朱忠贵 |
| 13 | 辽宁省通信学会 | 辽宁电信公司 | 刘恒臣 | 夏明 |
| 14 | 辽宁省测绘学会 | 辽宁省测绘局 | 岳铁贵 | 药蔚 |
| 15 | 辽宁省造船工程学会 | 大连船舶工业公司（集团） | 李占一 | 酆加海 |
| 16 | 辽宁省航海学会 | 大连远洋运输（集团）公司 | 孟庆林 | 李刚 |
| 17 | 辽宁省铁道学会 | 沈阳铁路局 | 康维韬 | 刘志华 |
| 18 | 辽宁省公路学会 | 辽宁省交通厅 | 潘国兰 | 熊义 |
| 19 | 辽宁省航空宇航学会 | 沈阳航空学院 | 王维 | 王永谦 |
| 20 | 辽宁省兵工学会 | 沈阳理工大学 | 邢贵和 | 王健 |
| 21 | 辽宁省金属学会 | 辽宁省冶金行业管理办公室 | 赵玉森 | 曹新全 |
| 22 | 辽宁省有色金属学会 | 中国有色金属工业沈阳公司 | 宛吉廷 | 黄卫东 |
| 23 | 辽宁省腐蚀与防护学会 | 中国科学院沈阳金属腐蚀与防护中心 | 韩恩厚 | 张帆 |
| 24 | 辽宁省核学会 | 中国医科大学第一附属医学院 | 李亚明 | 谢怀江 |
| 25 | 辽宁省石油石化学会 | 中石油辽河油田公司 | 谢文彦 | 陈韶生 |
| 26 | 辽宁省可再生能源学会 | 辽宁省能源研究所 | 林维纪 | 蒋崇林 |
| 27 | 辽宁省土木建筑学会 | 沈阳建筑工程学院 | 徐铁南 | 程惠秋 |
| 28 | 辽宁省纺织工程学会 | 辽宁省经济委员会 | 詹惠珍 | 陈庆杰 |
| 29 | 辽宁省印刷技术协会 | 辽宁省新闻出版局 | 曾秀 | 王宁 |
| 30 | 辽宁省职业安全健康协会 | 辽宁省经济贸易委员会 | 胡才修 | 吕宏鹄 |
| 31 | 辽宁省烟草学会 | 辽宁省烟草专卖局 | 宋相国 | 那学贵 |
| 32 | 辽宁省振动工程学会 | 东北大学 | 刘杰 | 任朝晖 |
| 33 | 辽宁省复合材料学会 | 大连理工大学 | 赵国藩 | 王立久 |
| 34 | 辽宁省消防协会 | 辽宁省公安厅消防局 | 赵世君 | 郭树林 |
| 35 | 辽宁省分析测试协会 | 辽宁省分析测试研究中心 | 刘成雁 | 刘成雁 |
| 36 | 辽宁省包装联合会 | 辽宁省经济贸易委员会 | 杨冀轩 | 段洪艳 |
| 37 | 辽宁省互联网学会 | 辽宁省通讯管理局 | 孟广业 | 崔文举 |
| 38 | 辽宁省颗粒学会 | 辽宁仪表研究所 | 于至军 | 洪艳 |
| 39 | 辽宁省人工智能学会 | 东北大学信息科学与工程学院 | 刘建昌 | 魏颖 |
| 40 | 辽宁省仪器仪表学会 | 沈阳德来测控系统有限公司 | 封锡盛 | 刘冰 |

续表

| 农　学 | | | | |
|---|---|---|---|---|
| 序号 | 学会名称 | 挂靠单位 | 理事长 | 秘书长 |
| 1 | 辽宁省农学会 | 辽宁省农业厅 | 万福民 | 马宏达 |
| 2 | 辽宁省林学会 | 辽宁省林业科学研究院 | 邢兆凯 | 范俊岗 |
| 3 | 辽宁省土壤学会 | 中国科学院沈阳应用生态研究所 | 肖笃宁 | 孙毅 |
| 4 | 辽宁省水产学会 | 辽宁省海洋与渔业厅 | 李洪臣 | 尹希万 |
| 5 | 辽宁省畜牧兽医学会 | 辽宁省畜牧局 | 韩荣生 | 刘全 |
| 6 | 辽宁省水土保持学会 | 辽宁省水利厅 | 于晓光 | 霍进臣 |
| 7 | 辽宁省花卉协会 | 辽宁省农业厅 | 杨新华 | 杜建一 |
| 8 | 辽宁省园艺学会 | 辽宁省农业科学研究院 | 陶承光 | 冯辉 |

| 医　学 | | | | |
|---|---|---|---|---|
| 序号 | 学会名称 | 挂靠单位 | 理事长 | 秘书长 |
| 1 | 辽宁省医学会 | 辽宁省卫生厅 | 门振兴 | 迟吉茂 |
| 2 | 辽宁省中医药学会 | 省中医药学会兴华医院陵东门诊 | 龙济瀛 | 丛丹江 |
| 3 | 辽宁省中西医结合学会 | 辽宁省中医学院第二附属医院 | 杨关林 | 张君 |
| 4 | 辽宁省药学会 | 沈阳药科大学 | 吴春福 | 邵大理 |
| 5 | 辽宁省中华护理学会 | 辽宁省医学交流中心 | 于艳秋 | 车光肖 |
| 6 | 辽宁省生理学会 | 中国医科大学生理教研室 | 汤浩 | 李夏松 |
| 7 | 辽宁省解剖学会 | 中国医科大学解剖教研室 | 方秀斌 | 佟晓杰 |
| 8 | 辽宁省营养学会 | 辽宁省卫生监督所 | 刘忠德 | 翟永信 |
| 9 | 辽宁省针灸学会 | 辽宁中医学院 | 马瑞林 | 马铁明 |
| 10 | 辽宁省防痨协会 | 辽宁省疾病预防控制中心 | 郑殿祥 | 苏娅 |
| 11 | 辽宁省心理卫生协会 | 中国医科大学心理卫生医院 | 金魁和 | 刘盈 |
| 12 | 辽宁省抗癌协会 | 辽宁省肿瘤医院 | 王者生 | 赵岩 |
| 13 | 辽宁省体育科学学会 | 辽宁省体育科学研究所 | 崔大林 | 刘明革 |
| 14 | 辽宁省康复医学会 | 辽宁省康复中心 | 梁东明 | 刘昆 |
| 15 | 辽宁省预防医学会 | 辽宁省预防控制中心 | 郑殿祥 | 文道泰 |
| 16 | 辽宁省法医学会 | 辽宁省公安厅 | 姜先华 | 张维东 |
| 17 | 辽宁省性病艾滋病防治协会 | 辽宁省疾病控制中心 | 郑殿祥 | 宋士民 |
| 18 | 辽宁省医学影像学会 | 中国医科大学附属第二医学院 | 吴振华 | 邓丽洁 |
| 19 | 辽宁省按摩协会 | 沈阳工业学院 | 张景桂 | 李光复 |
| 20 | 辽宁省蒙医药学会 | 省卫生厅 | 丛丹江 | 齐宝山 |
| 21 | 辽宁省职工疗养学会 | 辽宁省总工会 | 鲁学良 | 李铎 |
| 22 | 辽宁省病理生理学会 | 中国医科大学 | 张海鹏 | 于艳秋 |
| 23 | 辽宁省卫生法学会 | 省卫生厅 | 窦志勇 | 谷力 |
| 24 | 辽宁省心理咨询师协会 | 沈阳沈信心理学校 | 程刚 | 张国臣 |

续表

| 医　学 | | | | |
|---|---|---|---|---|
| 序号 | 学会名称 | 挂靠单位 | 理事长 | 秘书长 |
| 25 | 辽宁省细胞生物学学会 | 《中国组织工程研究与临床康复》杂志社 | 孙步鑫 | 王莉莎 |
| 26 | 辽宁省亚健康学会 | 沈阳百草回春商贸有限公司 | 宁先杰 | 吴良 |

| 交叉学 | | | | |
|---|---|---|---|---|
| 序号 | 学会名称 | 挂靠单位 | 理事长 | 秘书长 |
| 1 | 辽宁省自然辩证法研究会 | 沈阳师范大学政经系 | 张德祥 | 田鹏颖 |
| 2 | 辽宁省技术经济研究会 | 辽宁省政府发展研究中心 | 张龙治 | 赵永清 |
| 3 | 辽宁省科学技术情报学会 | 辽宁省科技情报研究所 | 李布焰 | 付忠和 |
| 4 | 辽宁省图书馆学会 | 辽宁省图书馆 | 王荣国 | 高贤 |
| 5 | 辽宁省档案学会 | 辽宁省档案局 | 艾鸿举 | 李英 |
| 6 | 辽宁省土地学会 | 辽宁省国土资源厅 | 焉锦林 | 李志 |
| 7 | 辽宁省科技新闻学会 | 辽宁省科学技术协会 | 郭洗尘 | 李述亚 |
| 8 | 辽宁省老科技工作者协会 | 辽宁省科学技术协会 | 林声 | 谢心清 |
| 9 | 辽宁省邮电老科技工作者协会 | 辽宁省科学技术协会 | 李松樵 | 张秀兰 |
| 10 | 辽宁省质量协会 | 辽宁省经济委员会 | 杨承民 | 杨承民 |
| 11 | 辽宁省会计学会 | 辽宁省财政厅 | 邸洪亭 | 刘琦瑶 |
| 12 | 辽宁省珠算协会 | 辽宁省财政厅 | 邸洪亭 | 王燕生 |
| 13 | 辽宁省生命科学学会 | 辽宁省科学技术协会 | 李厚文 | 吴作舟 |
| 14 | 辽宁省农业经济学会 | 辽宁省农业科学研究院 | 李忠国 | 尹进 |
| 15 | 辽宁省发明协会 | 辽宁省科学技术厅 | 孙玺 | 赵洪生 |
| 16 | 辽宁省中直企事业会计学会 | 财政部驻辽宁财政监察专员办事处 | 虞志坚 | 李伟 |
| 17 | 辽宁省人才研究会 | 辽宁省人才中心 | 王建新 | 姬养洲 |
| 18 | 辽宁省继续工程教育协会 | 辽宁省人才中心 | 王建新 | 罗杰 |
| 19 | 辽宁省策划学会 | 辽宁省科学技术协会 | 赵子祥 | 江洪<br>崔守军 |
| 20 | 辽宁省管理科学研究会 | 东北大学管理学院 | 李凯 | 张凤都 |
| 21 | 辽宁省民族科普协会 | 辽宁省科学技术协会 | 朴在林 | 文淑东 |
| 22 | 辽宁省生物技术协会 | 辽宁省经济委员会 | 陈明山 | 张德财 |
| 23 | 辽宁省公共营养师协会 | 辽宁省科学技术协会 | 张迅 | 傅殿学 |

（辽宁省科学技术协会　刘传彬）

# 辽宁省科学技术协会科普活动情况一览表

| 举办活动 | | 省科学技术协会 | 市科学技术协会 | 县（市、区）科学技术协会 | 省级学会 |
|---|---|---|---|---|---|
| 科普讲座 | 次数 | 114 | 3571 | 6261 | 649 |
| | 受众人数 | 151600 | 1067076 | 2680686 | 458074 |
| 科普展览 | 次数 | 70 | 1531 | 1821 | 399 |
| | 受众人数 | 158200 | 4123382 | 2221640 | 890126 |
| 播放科普广播、影视节目 | 分钟 | 260 | 135531 | 101622 | 14019 |
| 科普场馆 | 个数 | 1 | 20 | 15 | |
| | 展厅面积/平方米 | 2000 | 13950 | 8950 | |
| 科普画廊 | 个数 | | 788 | 4682 | |
| | 科普展示单元总长度/米 | | 22640 | 52045 | |
| | 全年更新展示内容次数 | | 6687 | 16684 | |
| 青少年科技竞赛 | 次数 | 5 | 183 | 214 | |
| | 参加人数 | 200000 | 280320 | 154805 | |
| 青少年科技夏（冬）令营 | 次数 | | 67 | 62 | |
| | 参加人数 | | 15372 | 31220 | |
| 科普大篷车下乡 | 次数 | 27 | 408 | 908 | |
| | 受益人数 | 109800 | 169600 | 372500 | |
| 科普网站 | 个数 | 1 | 21 | 42 | |
| | 浏览人数 | 120000 | 1431017 | 1593050 | |
| 科普教育基地/个 | | | 813 | 866 | |
| 科普活动站/个 | | | 1377 | 4563 | |

（辽宁省科学技术协会　刘传彬）

# 第七届辽宁青年科技奖获奖人员名单

| 姓　名 | 学　科 | 所在单位 |
|---|---|---|
| 杨宥人 | 机械工程 | 大连橡胶塑料机械股份有限公司 |
| 王秀丽 | 化学 | 渤海大学化学化工学院 |
| 谢加才 | 环境科学 | 辽河油田公司采油工艺处 |
| 姜钰 | 农学 | 省农业科学研究院植物保护研究所 |
| 杨静玉 | 药学 | 沈阳药科大学 |
| 张哲峰 | 材料科学 | 中国科学院金属研究所 |
| 尤文忠 | 林学 | 省林业科学研究院 |
| 汲涌 | 药学 | 东北制药集团有限责任公司 |
| 于韬 | 临床医学 | 省肿瘤医院 |
| 陈景文 | 环境科学 | 大连理工大学 |
| 李耀祖 | 机械工程 | 沈阳鼓风机集团有限公司 |
| 韩清凯 | 机械工程 | 东北大学 |
| 罗昔贤 | 物理学 | 大连海事大学 |
| 吴迪 | 冶金工程 | 本钢板材公司特钢厂 |
| 孙继昌 | 化学工程 | 辽宁恒星精细化工公司 |
| 魏树和 | 地球科学 | 中国科学院沈阳应用生态研究所 |
| 姜月秋 | 电子通信与自控 | 沈阳理工大学 |
| 孙丽 | 土木建筑 | 沈阳建筑大学 |
| 王绪高 | 林学 | 中国科学院沈阳应用生态研究所 |
| 闻英友 | 电子通信与自控 | 东软集团股份有限公司 |
| 王洋 | 矿山工程 | 鞍钢集团矿业公司 |
| 桂建舟 | 化学 | 辽宁石油化工大学 |
| 姚中哲 | 食品科学 | 辽宁天池葡萄酒有限公司 |
| 辛云峰 | 水利工程 | 省水文水资源勘测局 |
| 赵心清 | 生物能源 | 大连理工大学 |
| 贾进章 | 矿山工程 | 辽宁工程技术大学 |
| 李胜 | 矿山工程 | 辽宁工程技术大学 |

续表

| 姓　名 | 学　科 | 所在单位 |
|---|---|---|
| 李辉 | 临床医学 | 中国医大附属盛京医院 |
| 任甫 | 基础医学 | 辽宁医学院 |
| 梁运涛 | 矿山工程 | 煤炭科学研究总院抚顺分院 |
| 来永斌 | 环境科学 | 抚顺市环境监测中心站 |
| 刘兵 | 数学 | 鞍山师范学院 |
| 顾贵波 | 畜牧兽医科学 | 省动物疫病预防控制中心 |
| 李大勇 | 中医与中药学 | 辽宁中医药大学 |
| 王爱平 | 临床医学 | 中国医大附属第一医院 |
| 马怀英 | 临床医学 | 朝阳市第二人民医院 |
| 刘治国 | 计算机 | 沈阳理工大学 |
| 汪振宇 | 中医学与中药学 | 营口市中心医院 |
| 刘长久 | 矿山工程技术 | 铁法煤业有限责任公司 |
| 段湘宁 | 计算机科学技术 | 葫芦岛市信息中心 |

# 第七届辽宁青年科技奖十大英才名单

| 姓　名 | 性　别 | 所在单位 |
|---|---|---|
| 于韬 | 男 | 省肿瘤医院 |
| 尤文忠 | 男 | 省林业科学研究院 |
| 王秀丽 | 女 | 渤海大学化学化工学院 |
| 汲涌 | 男 | 东北制药集团有限责任公司 |
| 张哲峰 | 男 | 中国科学院金属研究所 |
| 杨宥人 | 男 | 大连橡胶塑料机械股份有限公司 |
| 杨静玉 | 女 | 沈阳药科大学 |
| 陈景文 | 男 | 大连理工大学 |
| 姜钰 | 女 | 省农业科学研究院植物保护研究所 |
| 谢加才 | 男 | 辽河油田公司采油工艺处 |

（辽宁省科学技术协会　刘传彬）

# 辽宁省第五批“百千万人才工程”百千层次人选名单

## 百人层次（279人）

**沈阳市**

李志波　刘　义　贾　凯　刘长勇
黄　勇　张　忠　郝旭红　李晨阳
吴桂平　李爱华　朱　晖　王少洪

**大连市**

郑君民　刘天华　张红岩　崔振泽
董少忠　王卫明　夏　威　郎丰睿
沈洪波　才丽娟　张兴文

**鞍山市**

高兴锁　崔远海　刘艳秋　回　滨
李　超

**抚顺市**

霍中刚　孙　玲　石淑娟　秋立鹏
王　瑞

**本溪市**

杜成武　相玉红

**丹东市**

王　军　谢琼泽　史健君　关国志
鲁宝良

**锦州市**

孙　玲　王东玉　刘泳涛　李　建

**营口市**

邢佐平

**阜新市**

李宫怀　李敬岩　谢春友　杨光丽

**辽阳市**

徐　颖　宋恩军

**铁岭市**

王俊茹

**盘锦市**

李洪秀

**葫芦岛市**

刘明伟　屈跃峰　张　震　王洪刚

**省委党校**

王　曈　高中理

**省发展和改革委员会**

朱　海

**省公安厅**

米　佳　李可强　邵　武

**省财政厅**

连家明

**省交通厅**

席广恒

**省农业委员会**

贾慧群　柳凤敏　刘金昌　吴跃民

**省水利厅**

徐晓刚　李子强　王振颖　栾天新
徐利君　孙秀春

**省林业厅**

范俊岗　孔繁轼　韩文忠　赵宝军
曲　晖　周　义

**省文化厅**

吕　萌

**省环境保护厅**

李　川

**省药品监督管理局**

李洪江

**省动物卫生监督管理局**

张世伟　薛树山

**省农垦局**

李振宇

**省行政学院**

孙庆国

**省社会科学院**

关亚新

**省农业科学研究院**

邹剑秋　李喜升　王延波　董怀玉
邹庆道

**省卫生厅**

贾　莉　王照谦　王衍富　姜大庆
张　新　周玉斌　王　毳　苏玉宏
林洪丽　谭　广　吴泰华　尹　琳
张振秋　罗智博　胡丽萍　高天舒
窦德强　于　韬　刘永煜　周铁忠

**省教育厅**

辽宁大学

陈立江　宋有涛　柳清瑞　武　萍

沈阳农业大学

白义奎　岳喜庆　赵桂玲　刘常富

中国医科大学（含附属医院）

王秋月　李子龙　张　浩　吴安华
郑新宇　夏志军　马晓欣　郝丽英
乔　宠　闻德亮　秦　岭　王华芹
郭　阳　冯　娟　马秀岚　曹志伟

沈阳药科大学

殷　军　王淑君　张为革　华会明
赵临襄

沈阳师范大学

胡玉伟　徐　涵　徐成芳

沈阳工业大学

李英顺　李庆海　颜　华

沈阳航空工业学院

沙云东　姜宝山　刘　晖

沈阳理工大学

黄树涛　姜月秋　邵伟平

沈阳化工学院

张建伟　王国胜

沈阳建筑大学

付　瑶　李　伟　姚宏韬　王　晴

沈阳音乐学院

董德君

鲁迅美术学院

牟达器

沈阳工程学院

武　新

东北财经大学

谷　成　崔惠玉　汪旭晖

辽宁师范大学

李雪铭　刘　文　金　梅

大连交通大学

邱明辉

大连外国语学院

刘　宏　何彤梅

大连水产学院

王秀利

大连工业大学

董晓丽　张　彧　王际辉　田　晶

辽宁石油化工大学

宋丽娟

辽宁工业大学

王　涛

渤海大学

刘鹤岩　钱建华

辽宁工程技术大学

邓存宝　宋伟东　孙可明

辽宁信息职业技术学院

阎卫东

大连理工大学

柳春光　彭　伟　郭　旭　任春生
范　悦　王晓东　徐文骥　王国红
王慧莉　李延喜　姜照华　秦学志
张米尔　黄明亮　李爱民　薛冬峰
马学虎　张捍民

东北大学

张　鑫　赵　勇　冯　健　郑秀萍
杨天鸿　朱万成　周福才　赵　琛
赵　雯　张翠华　李继光　安希忠
徐新阳　佟伟平　胡建设　张晓明

大连海事大学

尹　勇　于双和　李铁山　王世涛

大连民族学院

刘东平　吕国忠

**中国科学院大连化学物理研究所**

陈　萍　陈吉平　秦建华　田志坚
王晓东

**中国科学院金属研究所**

马秀良　王俭秋　郑玉贵　张广平
朱圣龙

**中国科学院沈阳自动化研究所**

杨志家　罗海波　王晓辉

**中国科学院沈阳应用生态研究所**

耿　涌　陈　欣

**中国科学院沈阳计算技术研究所**
郭锐锋

**沈阳化工研究院**
刘君丽　李文胜

**沈阳军区总医院**
杨　波　赵明光　曹军英

**渤海船舶重工有限责任公司**
郭玉琢

**大连船舶重工集团有限公司**
张　涛　张佳宁

**东北电力科学研究院有限公司**
丁品南　吴景兴

**沈阳飞机工业（集团）有限公司**
李　伟　孔繁霁　杜宝瑞

**沈阳飞机设计研究所**
王明皓　张子军

**沈阳黎明航空发动机（集团）有限责任公司**
周年发　李　伟

**沈阳有色金属研究院**
陈　宏

**中石油辽河油田公司**
蔡国刚　吴永宁　卢时林　韩树柏

**中石化抚顺石油化工研究院**
王凤来

**中石油辽阳石化公司**
朱景利

**沈阳仪表科学研究院**
丰艳春

**省出入境检疫局**
曹际娟

**鞍山钢铁集团**
蒋奇武　周明顺　孟劲松　孙　群

**本溪钢铁集团**
吴　刚　吴　迪　薛文辉　郑　中

**铁法煤业（集团）有限公司**
李国君　邵柏库

**沈阳煤业（集团）有限责任公司**
梁俊义

## 千人层次（461人）

**沈阳市**
冯　泉　张荣建　田力威　刘长胜
秦　勇　马明月　景汇泉　张海宏
牛菊敏　裴秀丛　张丽艳　高　兵
战　杰　张　曼　刘新宇　张铁军
陈广友　胡晓钧　侯朝霞　刘大军
关正君

**大连市**
高　巍　阮叁芽　吕宝垒　郭文平
官福山　柯志杰　张德珍　岳永亮
王本杰　尹家俊　姚子昂　刘洪珠
巩永忠　范阿南　张　弼

**鞍山市**
关保余　安殿伟　杨　凯　徐文彬
刘晓东　柳永诠　陈丽杰　李玉秀
柏　杉

**抚顺市**

梁运涛　张宏福　张兴华　张智敏
史红香　徐　铁

**本溪市**

张文涛　韩　凌　黄　鑫　王雪莲
牟立君

**丹东市**

王文田　吕　涛　苏　宁　张　电
裴国林　尚庆敏　张　伟　王天际
陈　丽

**锦州市**

周达岸　张玉驰　廖宝刚　宋连军

**营口市**

汪振宇

**阜新市**

刘继红　陶　春　张丽丽　韩　芳

**辽阳市**

李　伟　罗　红

**铁岭市**

桑立君

**朝阳市**

郭洪春　薛　瑞

**葫芦岛市**

王洪学　张晓晖　李合庆

**省委党校**

刘建伟　沈　强　霍红梅

**省发展和改革委员会**

张　虹

**省公安厅**

黄　斌

**省建设厅**

曹　辉　张　艳

**省交通厅**

祖熙宇　王　昕　范兴华　杨彦海
刘云全

**省农业委员会**

陈绍莉

**省水利厅**

李　锐　刘立权　李春龙　宗兆博
那　利　王剑仙　刘素君

**省林业厅**

陈忠东　吴锈钢　云丽丽　袁春良
杨成超　刘广平　丁玉武　陆爱君

**省海洋渔业厅**

李敬伟

**省文化厅**

焦　洋　王筱雯　吕学明　陈福来

**省质量监督管理局**

于立友

**省环境保护厅**

李　璇　李艳红　满　瀛

**省体育局**

刘　平　邹本旭

**省药品监督管理局**

佟宝光

**省测绘局**

王　哲　滕艳敏　王　峰

**省动物卫生监督管理局**

顾贵波 魏 澍 王占红

**东北煤田地质局**

逄　礴

**省农垦局**

王志兴　陈广红

**省残疾人联合会**

王　薇

**省社会科学院**

马　琳　张万强

**省农业科学院**

李跃东　董绪国　王昌华　姜　钰
王丽娟　郑文静　徐　亮　郎立新
惠成章　杨　巍　陈国秋　张子君
何　明

**省卫生厅**

巩　鹏　方伯言　赵　岩　孙鲜策
朱　亮　马骁驰　刘婷姣　周世昱
张　波　夏云龙　郭慧淑　于雪峰
朱爱松　关雪峰　李春日　李志明
柳越冬　海　英　艾　浩　温有锋
张忠国　柳青峰　马鸣潇

**教育厅**

辽宁大学

边　恕　孙锦玉　闫　海　张国林
郭　放　崔万田　丁　勇

沈阳农业大学

汪　澈　从玉艳　谢立勇　陈　珂
谷祖敏　李海春　刘文合　刘彦群
魏松红　于海秋　邹洪涛

中国医科大学（含附属医院）

师恩祎　朱　刚　江晓菁　李玉姝
杨娉婷　赵传胜　关海霞　郑志红
黄　涛　李庆昌　王　玮　杨茂伟
郭晓英　曲秀娟　都书琪　李　冰
刘雪雁　田玉楼　孔　珺　刘屹立
王振华　佟志勇　丛树艳　崇　巍

沈阳药科大学

毛世瑞　高慧媛　张　嵘　翟　鑫
陈玉文

沈阳师范大学

张冬梅　艾 晶　秦海霞　刘桂秋
叔贵峰　刘春芝

沈阳工业大学

邵　虹　张艳丽　孙兴伟　杨　璐
刘春芳　于兆吉　曹延泅

沈阳航空工业学院

杨晓东　吴　振　席剑辉　尹宝生
李嘉美　张　颖　王　志　杜兴蒿

沈阳理工大学

曾鹏飞　张德育　孙　杰

沈阳化工学院

成泰民　张　展　于三三　毕文军

沈阳建筑大学

王凤池　王　强　包龙生　孙　丽
朴玉顺　张延年　李　军　李颂华
陆　峰　陈其针

沈阳音乐学院

吴基学　于海英

鲁迅美术学院

刘天舒　张哲宇

沈阳工程学院

兰文巧　刘旭东　周振柳

东北财经大学

于　左　郑文全　韵　江　郭劲光
陈艳利　侯　瑜　梁云芳　田成诗

辽宁师范大学

韩　丽　王　辉　刘美英　王　耕
曹永强

大连交通大学

薛齐文　杨鑫华　梁　旭　张生芳
穆　军　运新兵　于洪全　朱少敏

大连水产学院

谭成玉　宋　坚　杨大佐

大连外国语学院

宫　伟　赵　宏　刘风光

大连工业大学

马红超　叶淑红

辽宁石油化工大学

陈　吉

辽宁科技大学

程万胜　赵红阳　顾婷婷

渤海大学

伦淑娴　张　盛　王世凯　张　强
汤立军

辽宁工业大学

霍春宝　齐锦刚　王学志

辽宁工程技术大学

陈学华　肖利萍　贾宝山　杨　逾
李洪珠　王崇倡

辽宁建筑职业技术学院

李国斌

大连理工大学

王哲龙　亢　战　段春争　张振宇
刘军山　梁正召　段雄英　邹德高
杨有福　唐洪祥　王忠涛　黎　胜
侯文彬　邓玉平　季顺迎　闫鸿浩
王　博　于长水　闵庆飞　江　贺
陈艳莹　刘文宇　徐雨森　杨慧民
鲁金明　陈国清　王锦艳　郝　海
王同敏　王宝民　刘志军　赵慧敏
曲媛媛　张　弛

东北大学

何　政　顾晓薇　公卫江　翟　丁
王泽红　杨成祥　李建昌　李　鹤
王永富　王玉涛　王占山　张颖伟
曹春红　杨东升　罗小川　陈德权
张　尧　牛丽萍　庄艳歆　陈旭伟
陈建设　杨　合　陈　敏　耿树江
王　刚　高秀华　赵志浩　张志强

大连海事大学

范颖芳　王春立　任鸿翔　孙怡东
贾宝柱　秦　龙　曲　波　杨国刚

大连民族学院

张俊星　徐　蕾　董　斌　孙　静
张树彪

中国刑事警察学院
刘 丽

**中国科学院大连化学物理研究所**
邵志刚 马 丁 傅 强 任吉中
薛兴亚 吕 元 徐云鹏 吴仁安
张文华 潘立卫 郭方准 葛庆杰

**中国科学院金属研究所**
卢 磊 刘志权 段德莉

**中国科学院沈阳自动化研究所**
向 伟 曾 鹏 李智刚 胡琨元
徐皑冬

**中国科学院沈阳应用生态研究所**
魏树和 李 慧

**中国科学院沈阳计算技术研究所**
雷为民 何 方 王 宁

**沈阳化工研究院**
闫海生

**沈阳军区总医院**
陈会生 韩宏光 王春晖 王 飚
陈 语 孙莹杰

**渤海船舶重工有限责任公司**
张文华

**大连船舶重工集团有限公司**
于逢平 赵 杰 邓昌连 辛运庆

**东北电力科学研究院有限公司**
张军阳 邹天舒

**沈阳飞机工业（集团）有限公司**
吴永林 张绍卓 倪家强 李克明
李 丁 刘 富 王胜任

**沈阳黎明航空发动机（集团）有限责任公司**
黄青松 包宏强 林 成

**中石油辽河油田公司**
张治国 胡英杰 于天忠 龙 华
周大胜 仝 坤 邹德海 刘 伟

**沈阳仪表科学研究院**
刘宏伟 阴晓俊

**省出入境检疫局**
薛 芳 金 雁 王秋艳

**鞍山钢铁集团**
王远志 吴丙恒 刘 齐 高 毅
王 越

**本溪钢铁集团**
史志勇 黄 涛 王 悦 张宝军

**铁法煤业（集团）有限公司**
康永林 刘金龙 沈忠武

**沈阳煤业（集团）有限责任公司**
王 平